쿠버네티스 인 액션

쿠버네티스 인 액션

그림과 상세한 설명으로
명확하게 이해하는

강인호·황주필·이원기·임찬식 옮김

마르코 룩샤 지음

i!i
에이콘

에이콘출판의 기틀을 마련하신 故 정완재 선생님 (1935-2004)

언제나 자신보다 자식이 바라는 것을 먼저 생각하시는 나의 부모님께
이 책을 바칩니다.

| 옮긴이 소개 |

강인호(innoshome@gmail.com)

개발자로 IT 경력을 시작해 EnSOA와 티맥스소프트를 거치면서 CBD & SOA 방법론 컨설팅을 했다. 오라클에서는 클라우드 네이티브, 컨테이너 네이티브 애플리케이션 개발과 운영을 도우며 개발자 생태계를 지원하고 소통하는 역할을 하고 있다. 최근 머신러닝에도 많은 관심을 갖고 있다.

황주필(jupil.hwang@gmail.com)

개발자로 시작해 BEA Systems, Oracle 등에서 소프트웨어 아키텍트, 엔지니어로 일했다. 수많은 기업에서 기업용 소프트웨어 지원과 비즈니스 적용을 도왔다. 컨테이너에 관심이 많아 쿠버네티스 생태계에 참여하고 있으며 클라우드 네이티브 애플리케이션 개발과 운영을 돕고 있다. 현재 피보탈^{Pivotal Software}에서 플랫폼 아키텍트로 일하며, 수많은 고객이 클라우드와 마이크로서비스 아키텍처로 디지털 트랜스포메이션을 성공적으로 하도록 돕고 있다. 주요 번역서는 『코틀린 마이크로서비스 개발』(에이콘, 2019)과 『쿠버네티스로 만나는 손안의 마이크로서비스』(에이콘, 2020)가 있다.

이원기(chuirang1@gmail.com)

여러 삼성 관계사 웹 기반 서비스를 구현하기 위한 인프라 엔지니어로 시작해 H/W, O/S, 미들웨어 등 인프라 전반을 아우르는 경험을 쌓았다. 이후 SDS 클라우드 서비스의 쿠버네티스 기반 시스템을 운영하며 컨테이너와 쿠버네티스에 관심을 갖게 됐다. 현재 클라우드 기술 전문 조직에서 장애 지원과 기술 전문가 역할을 하고 있다. 업계의 변화를 지각하며 클라우드 네이티브를 위한 다양한 기술 분야에 관심을 갖고 있다.

임찬식(chanshik@gmail.com)

백엔드 개발자다. 주로 시스템 인프라를 모니터링하는 서비스 개발 및 데이터 분석 관련 프로젝트를 진행해왔다. 머신러닝 기반 서비스를 효율적으로 제공하기 위해 쿠버네티스와 컨테이너를 적극 도입하고, 프로메테우스와 그라파나를 이용한 통합 모니터링 환경을 구축했다. 쿠버네티스 클러스터를 리눅스 환경에서 직접 구축하며 경험했던 문제점과 해결 방법을 다양한 밋업에서 공유했다. 현재 넥스클라우드에서 쿠버네티스와 프로메테우스를 활용한 모니터링 프로젝트를 진행하고 있다.

2014년 구글이 쿠버네티스를 발표한 이래 쿠버네티스는 빠른 속도로 가장 인기 있는 기술 가운데 하나로 떠올랐다.

비즈니스 민첩성이 점점 더 강조되는 컴퓨팅 환경에서 마이크로서비스 아키텍처^{MSA}는 사실상$^{de\ facto}$ 표준이 됐고 MSA 환경을 구현하기에 가장 적합한 기술로써 쿠버네티스가 최근 각광을 받고 있다.

이뿐만 아니라 쿠버네티스는 IoT 환경에서의 에지 컴퓨팅 영역, 데이터 과학 분야에서 머신러닝 workflow 배포(kubeflow) 지원 영역, 5G에서 통신 인프라의 가상화$^{VNF,\ Virtual}$ $^{Network\ Function}$ 영역, 나아가 하이브리드 또는 멀티 클라우드를 지원하기 위한 핵심 기술로 다양한 분야에서 도입, 활용되고 있다.

이런 뜨거운 열기를 반영하듯 꽤 많은 책이 출간, 번역되고 있음에도 조금은 때가 지난 것 같은 이 책의 재출간판 작업을 맡게 된 이유는 우선 저자의 적절한 시각화와 은유를 섞은 개념 설명에 매료됐고, 여러 사례를 기반한 상황 설정과 설명을 뒷받침하는 실습 그리고 쿠버네티스의 내부 구조에 대한 상세한 설명과 멀티 클라우드와 쿠버네티스 확장까지 아우르는 탄탄한 구성 등으로 가히 쿠버네티스 분야의 바이블이라 할 만한 책이기 때문이다.

이 책의 번역자들은 'Kubernetes Korea Group'에서 이 책을 기반으로 한 스터디 모임인 '100일간의 kubernetes architecture 여행'의 스터디 멤버들로 구성됐으며, 재출간판에 맞춰 최대한 독자의 입장에서 쉽고 부드럽게 읽히도록 노력했다. 용어는 최대한 쿠버네티스 한글화 팀의 용어집을 따르려 노력했고, 예제가 최신 버전의 쿠버네티스에서 실행하는 데 문제가 없는지 확인했으며, 독자의 이해를 돕기 위해 다양한 주석을 추가했다.

원서가 전체적으로 매끄럽게 구성돼 있지만, 개념을 설명하는 부분에서 번역으로 전달하기 어려운 미묘한 부분이 많았고 이런 부분을 우리말로 전달하기 위해 꽤나 많은 공을 들였다. 부디 부드럽고 매끄럽게 읽을 수 있었다는 평을 들을 수 있다면 번역자로서 더할 나위 없이 보람 있을 것 같다.

감사의 글

이 책을 쓰기 전에는 허허벌판에 아무 내용도 없는 원고가 작품으로 완성돼 출판되려면 얼마나 많은 사람의 노력이 필요한지 전혀 알지 못했다. 한마디로 감사할 사람이 많다는 말이다.

먼저 이 책의 집필을 가능하게 해준 에린 투헤이와 첫날부터 지금까지 이 책을 쓸 수 있는 용기를 준 매닝출판사의 마이클 스테판에게 감사의 마음을 전하고 싶다. 그의 격려 덕분에 1년 반이라는 시간 동안 이 책을 쓸 수 있었다.

첫 번째 장을 마련해준 개발 편집자 앤드류 워렌과 앤드류를 이어받아 마지막 장까지 나와 함께 일해준 엘사 하이드에게 감사를 전하고 싶다. 내가 종종 잠수를 타서 힘들었을 텐데 함께 견뎌줘서 고맙게 생각한다.

또한 책을 쓰는 동안 집필한 부분을 자세히 읽고 논평해준 이 책의 첫 번째 비평가 잔 보야스키에게도 감사한다. 잔과 엘레샤는 바라던 대로 이 책을 멋지게 만들어질 수 있도록 도움을 줬다. 둘의 논평이 없었다면 외부 비평가와 독자들에게 지금처럼 좋은 평가를 받지 못했을 것이다.

기술 전문가 안토니오 마그나기와 외부 비평가인 알 크린커, 알레산드로 캄페이스, 알렉산더 밀티세브, 사바사리, 데이비드 디마리아, 엘리어스 랑젤, 이르스크 젤렌카, 파브리지오 쿠치, 재러드 던컨, 케이시 도란드슨, 마이클 브라이트, 파울로 아티노리, 피터 펠레페, 티클루 강글리에게 감사한다. 이들의 긍정적인 논평 덕분에 '완전히 끔찍하고 쓸모없는 내용이면 어쩌나'라는 긱정 속에서도 원고를 계속 써 나갈 수 있었다. 건설적인 비판은 노력 없이 만든 부분을 개선하게 해줬다. 이해하기 힘든 부분을 지적해주고 개선 방안을 제안해줘서 고맙다. 예리한 질문을 해준 점에도 감사한다. 초기 버전에서 틀린 내용을 깨닫게 해줬다.

매닝의 MEAP 프로그램으로 초기 버전을 구입하고 온라인 포럼에서 논평하거나 직접 연락을 해준 독자들에게 감사한다. 특히 바이멀 칸살, 파울로 파티아노와 로날드 허브에게 더욱 감사하다. 꽤 많은 모순과 그 외의 여러 실수를 찾아내줬다. 이 책이 출판되도록 도와주신 매닝의 모든 분께 감사하고 싶다. 마무리하기 전에 레드햇에 나를 초대해준 동료이자 고등학교 친구인 알레스 저스틴과 클라우드 지원 팀의 훌륭한 동료들에게 감사를 표하지 않을 수 없다. 레드햇 소속이 아니었거나 클라우드 지원 팀이 아니었더라면 이 책을 쓸 수 없었을 것이다.

마지막으로 지난 18개월 동안 내가 사무실에 갇혀 있느라 함께 시간을 보내지 못해도 이해하고 지지해준 아내와 아들에게 감사하고 싶다.

모든 이에게 감사한다.

마르코 룩샤^{Marko Lukša}

간단한 웹 애플리케이션에서부터 전체 ERP 시스템, 프레임워크, 미들웨어 소프트웨어에 이르기까지 개발 경력만 20년 이상인 전문 소프트웨어 엔지니어다. 1985년 여섯 살 때 아버지가 사준 중고 ZX 스펙트럼 컴퓨터로 프로그래밍에 첫발을 내디뎠다. 초등학생 때는 로고 프로그래밍 대회에서 전국 챔피언이 됐고, 여름 코딩 캠프에 참석해 파스칼 프로그래밍을 배웠다. 이후 다양한 프로그래밍 언어를 사용해 소프트웨어를 개발했다.

웹이 상대적으로 성숙하지 않았던 고등학생 때 동적 웹사이트를 만들기 시작했다. 그후 슬로베니아 류블랴나대학교^{University of Ljubljana}에서 컴퓨터 과학을 공부하면서 지역 기업의 의료와 통신 산업용 소프트웨어 개발로 분야를 옮겼다. 마침내 JBoss 미들웨어 제품을 기반으로 한 구글 앱 엔진^{Google App Engine} API를 오픈소스로 구현하면서 레드햇에서 일하게 됐다. 아울러 CDI/Weld, Infinispan/JBoss Data-Grid 등의 프로젝트에도 참여했다.

2014년 말부터 레드햇의 클라우드 지원 팀에서 근무하고 있다. 쿠버네티스의 새로운 개발 관련 기술에 대한 최신 정보를 유지하고, 회사의 미들웨어 소프트웨어가 쿠버네티스와 오픈시프트^{OpenShift}의 기능을 최대한 활용할 수 있도록 보장하는 업무를 맡고 있다.

| 지은이의 말 |

레드햇에서 몇 년 동안 근무하다 2014년 말 새로 생긴 클라우드 지원^{Cloud Enablement} 팀에 배정됐다. 임무는 회사의 미들웨어 제품군을 쿠버네티스상에서 개발된 오픈시프트^{OpenShift} 컨테이너 플랫폼으로 변경하는 것이었다. 당시 쿠버네티스는 정식으로 발표되지 않은 초기 버전(1.0)이었다.

소프트웨어의 적절한 방향을 설정하고 쿠버네티스가 제공하는 기능을 이용하려면 쿠버네티스의 모든 기능을 신속하게 파악해야 했다. 문제가 발생하면 우리가 잘못한 건지 아니면 쿠버네티스 초기 버전의 버그인지를 구분하기가 어려웠다.

그 후 쿠버네티스는 눈부시게 발전했고 나도 쿠버네티스를 많이 이해하게 됐다. 나는 쿠버네티스라는 말조차 생소할 때부터 쿠버네티스를 사용하기 시작했다. 지금은 클라우드와 온프레미스^{on-premises} 데이터 센터에서 애플리케이션을 실행하는 데 가장 빠르게 성장하고 가장 많이 사용하는 방법으로, 소프트웨어 엔지니어라면 모르는 사람이 없을 정도다.

쿠버네티스를 접한지 한 달쯤 뒤 오픈시프트/쿠버네티스에서 JBoss 와일드플라이 ^{WildFly} 애플리케이션 서버 클러스터를 실행하는 방법을 두 개의 글로 작성해 블로그에 올렸다. 당시 블로그 글을 보고 매닝출판사 담당자가 쿠버네티스에 관한 책을 써 달라고 연락하리라고는 상상도 못했다. 내가 아니더라도 책을 쓸 만한 누군가에게 연락했을 그 제안을 나는 거절하지 않았다.

그렇게 이 책을 쓰게 됐다. 1년 반 넘게 글쓰기와 연구에 매진한 끝에 마침표를 찍었다. 굉장히 값진 경험이었다. 그저 사용자로서 배울 때보다 책을 쓰면서 쿠버네티스를 훨씬 더 자세히 알 수 있었다. 이 과정에서 쿠버네티스에 관한 지식이 확장됐고, 쿠버네티스도 진화했으므로 이전에 썼던 내용을 고치고 다듬어야 했다. 나는 완벽주의자다. 이 책에 만족하지 않는다. 그럼에도 MEAP^{Manning Early Access Program} 프로그램의 수많은 독자가 이 책을 쿠버네티스를 향한 훌륭한 안내서로 평가해줘서 기쁘다.

내 목표는 독자가 기술 자체를 이해하고 도구를 사용해 쿠버네티스 클러스터에 효과적이고 효율적으로 애플리케이션을 개발해 배포하는 방법을 가르치는 데 있다. 이 책은 실제로 적정 수준의 가용성을 갖는 쿠버네티스 클러스터를 구성하거나 운영하는 것에 중점을 두지 않는다. 그러나 마지막 3부에서는 클러스터의 상세 구성과 클러스터를 다루는 추가 리소스를 독자들이 이해하기 쉽게 작성했다.

쿠버네티스라는 굉장한 시스템으로 최대한의 결과를 얻는 방법을 알아가면서 즐거움을 느끼길 바란다.

| 차례 |

3부 쿠버네티스 심화

11장 쿠버네티스 내부 이해   475

이 책은 쿠버네티스의 전문가가 되려는 독자를 대상으로 한다. 쿠버네티스 환경에서 애플리케이션을 효과적으로 개발하고 실행하기 위해 이해해야 할 모든 개념을 설명한다.

쿠버네티스에 바로 뛰어들기 전에 컨테이너를 만드는 방법을 포함한 도커와 같은 컨테이너 기술 관련 개요를 제공해 이러한 기술을 사용해본 적이 없는 독자들도 쉽게 시작할 수 있다. 그런 다음 쿠버네티스의 기본적인 개념에서부터 깊이 있는 내용까지 천천히 소개한다.

이 책의 대상 독자

주로 애플리케이션 개발자를 대상으로 설명하지만, 운영 관점에서 애플리케이션 관리 개요도 제공한다. 이는 다수 서버 환경에서 컨테이너화된 애플리케이션을 실행하고 관리하는 데 관심이 있는 모든 사용자에게 적합하다.

컨테이너 기술을 배우고 여러 개의 관련된 컨테이너를 규모에 맞게 조정하고자 하는 입문자나 고급 소프트웨어 엔지니어들은 쿠버네티스 환경에서 애플리케이션을 개발하고 컨테이너화하며 실행하는 데 필요한 전문 지식을 얻게 될 것이다.

이전의 컨테이너 기술이나 쿠버네티스 관련 경험을 필요로 하진 않는다. 주제를 점진적으로 상세히 설명하고 있으며, 비전문가 개발자가 이해하기에 어려운 애플리케이션 소스 코드는 사용하지 않았다.

그러나 최소한 프로그래밍, 컴퓨터 네트워킹, 리눅스의 기본 명령 실행과 같은 기본적인 지식과 HTTP처럼 잘 알려진 프로토콜에 관해 이해하고 있어야 한다.

이 책의 구성: 로드맵

이 책은 18장을 세 부분으로 나눠 설명한다.

1부는 도커와 쿠버네티스를 간략하게 소개하고, 쿠버네티스 클러스터를 설치하는 방법과 간단한 애플리케이션을 실행하는 방법 등을 소개한다. 1부에는 두 개의 장이 있다.

- 1장에서는 쿠버네티스가 무엇이고 어떻게 생겨났으며 규모에 맞게 애플리케이션을 관리해야 하는 오늘날의 문제를 해결하는 데 어떻게 도움이 되는지 설명한다.
- 2장에서는 컨테이너 이미지를 빌드해 쿠버네티스 클러스터에서 실행하는 방법의 실습 튜토리얼을 제공한다. 또한 로컬에서 단일 노드 쿠버네티스 클러스터를 실행하는 방법과 클라우드에서 다중 노드 클러스터를 실행하는 방법을 설명한다.

2부에서는 쿠버네티스에서 애플리케이션을 실행하기 위해 반드시 이해해야 하는 핵심 개념을 소개한다. 2부의 각 장은 다음과 같다.

- 3장에서는 쿠버네티스의 기본 구성 블록인 파드^{Pod}를 소개하고, 레이블^{label}을 통해 파드와 기타 쿠버네티스의 오브젝트를 정리하는 방법을 설명한다.
- 4장에서는 컨테이너를 자동으로 다시 시작해 쿠버네티스가 애플리케이션을 정상적으로 유지하는 방법을 알려준다. 또한 관리되는 파드$^{managed\ pod}$를 적절히 실행하고, 수평 확장하며, 클러스터 노드 장애에 내성을 갖게 하고 사전 정의된 시간 또는 주기적으로 실행하는 방법을 알아본다.
- 5장에서는 파드가 제공하는 서비스를 클러스터 내외부 클라이언트에게 노출시키는 방법을 보여준다. 또한 클러스터에서 실행 중인 파드가 클러스터 내부나 외부에 상주하는지에 관계없이 서비스를 검색하고 액세스하는 방법을 보여준다.
- 6장에서는 같은 파드에서 실행뇌는 여러 개의 컨테이너가 파일을 공유하는 방법과 퍼시스턴트 스토리지$^{persistent\ storage}$를 관리하고 파드가 접근할 수 있게 하는 방법을 설명한다.
- 7장에서는 설정 데이터와 자격증명과 같은 중요 정보를 파드 내부에서 실행되는 애플리케이션에 전달하는 방법을 보여준다.

- 8장에서는 애플리케이션이 실행 중인 쿠버네티스 환경 관련 정보를 얻는 방법과 클러스터 상태를 변경하기 위해 쿠버네티스와 통신하는 방법을 설명한다.
- 9장에서는 디플로이먼트^{Deployment} 개념을 소개하고 쿠버네티스 환경에서 애플리케이션을 실행하고 업데이트하는 적절한 방법을 안내한다.
- 10장에서는 안정적인 아이덴티티와 상태를 필요로 하는 스테이트풀^{stateful} 애플리케이션을 실행하는 방법을 소개한다.

3부는 쿠버네티스 클러스터의 내부를 깊이 들여다보며 몇 가지 추가적인 개념을 소개하고 1, 2부에서 배운 것을 좀 더 높은 수준에서 살펴본다. 마지막 부의 구성은 다음과 같다.

- 11장은 쿠버네티스 클러스터를 구성하는 모든 구성 요소와 각 요소의 역할을 설명한다. 또한 파드가 네트워크를 이용해 통신하는 법과 서비스가 여러 파드를 로드밸런싱하는 방법을 설명한다.
- 12장에서는 인증^{authentication}과 인가^{authorization}를 사용해 쿠버네티스 API 서버를 안전하게 보호하는 방법을 설명한다.
- 13장에서는 파드가 노드의 리소스에 접근하는 방법과 클러스터 관리자가 파드의 리소스 접근을 막는 방법을 설명한다.
- 14장에서는 애플리케이션이 사용할 수 있는 컴퓨팅 리소스를 제약하고, 애플리케이션의 서비스 품질$^{QoS, Quality of Service}$ 보증을 구성하고, 개별 애플리케이션의 리소스 사용량을 모니터링하는 방법을 다룬다. 또한 사용자가 너무 많은 리소스를 사용하는 것을 방지하는 방법을 알려준다.
- 15장에서는 애플리케이션에서 실행 중인 레플리카^{replicas} 수를 자동으로 확장하도록 쿠버네티스를 설정하는 방법과 현재 클러스터 노드 수 이상으로 애플리케이션을 수용하기 위해 클러스터 크기를 늘리는 방법을 설명한다.
- 16장에서는 특정 노드에만 파드가 스케줄링되게 하거나 파드가 다른 노드로 예약되지 않게 하는 방법을 알려준다. 또한 파드가 함께 스케줄링되거나 함께 스케줄링되지 않게 하는 방법을 살펴본다.

- 17장에서는 애플리케이션을 쿠버네티스 클러스터에 알맞게 개발하는 방법을 알려준다. 또한 개발 중 마찰을 줄이기 위해 개발 및 테스트 workflow를 설정하는 방법 관련 지침을 몇 가지 제공한다.
- 18장에서는 사용자 정의 오브젝트^{custom objects}로 쿠버네티스를 확장할 수 있는 방법과 다른 사람들이 어떤 방식으로 엔터프라이즈급 애플리케이션 플랫폼을 만들었는지를 보여준다.

위 내용을 통해 여러분은 쿠버네티스의 각 구성 요소를 알게 되고 점차적으로 kubectl 명령줄 도구를 사용하는 법을 배우게 될 것이다.

예제 코드 다운로드

이 책에는 많은 소스 코드를 포함하고 있지는 않지만 YAML 형식의 쿠버네티스 리소스와 출력물, 셸 명령어를 다수 수록하고 있다. 모든 예제 코드는 일반 텍스트와 구분해 표기한다.

셸 명령은 대부분 굵은 글씨로 표기돼 있어 출력물과 명확하게 구분되지만, 때로는 명령의 가장 중요한 부분이나 명령 출력의 일부만을 굵게 강조했다. 대부분 책의 제한된 공간에 맞게 명령 출력을 재구성했다. 또한 쿠버네티스 CLI 도구인 kubectl은 끊임없이 진화하고 있기 때문에, 새로운 버전은 이 책에 표시된 내용보다 더 많은 정보를 출력할 수 있다. 출력 결과가 완전히 일치하지 않아도 당황하지 말자.

예제에는 줄 연속 표시(➡)를 사용해 다음 줄까지 이어지는 텍스트를 표시했다. 또한 중요한 부분을 강조하고 설명하기 위해 주석을 포함했다.

이 책에 수록된 모든 샘플은 구글 쿠버네티스 엔진^{Google Kubernetes Engine}과 Minikube에서 실행되는 로컬 클러스터의 쿠버네티스 버전 1.8로 테스트했다. 전체 소스 코드와 YAML 매니페스트는 https://github.com/luksa/kubernetes-in-action에서 찾을 수 있으며 매닝출판사 웹사이트 https://www.manning.com/books/kubernetes-in-action에서도 다운로드할 수 있다. 또한 에이콘출판사의 도서정보 페이지 http://www.acornpub.co.kr/book/k8s-in-action-new에서도 다운로드할 수 있다.

그 밖의 온라인 리소스

다음 목록에서 추가적인 쿠버네티스 관련 자료를 찾을 수 있다.

- 쿠버네티스 웹사이트: https://kubernetes.io
- 쿠버네티스 블로그: http://blog.kubernetes.io
- 쿠버네티스 커뮤니티 슬랙 채널: http://slack.k8s.io
- 쿠버네티스와 클라우드 네이티브 컴퓨팅 재단[CNCF] 유튜브 채널:
  - https://www.youtube.com/channel/UCZ2bu0qutTOM0tHYa_jkIwg
  - https://www.youtube.com/channel/UCvqbFHwN-nwalWPjPUKpvTA

쿠버네티스가 오픈소스인 만큼 쿠버네티스의 소스 코드 자체에 풍부한 정보가 있다. 소스 코드는 https://github.com/kubernetes/kubernetes와 관련 리포지터리에서 찾을 수 있다.

1

쿠버네티스 소개

1장에서 다루는 내용

- 최근 소프트웨어의 개발과 배포의 변화 이해
- 애플리케이션을 격리하고 컨테이너를 사용해 실행 환경[1] 차이 줄이기
- 쿠버네티스에서 사용되는 컨테이너와 도커의 이해
- 쿠버네티스로 개발자와 시스템 관리자의 작업 간소화하기

몇 년 전만 하더라도 대부분의 소프트웨어 애플리케이션은 하나의 프로세스 또는 몇 개의 서버에 분산된 프로세스로 실행되는 거대한 모놀리스monolith였다. 이런 레거시 시스템은 오늘날에도 여전히 많이 퍼져 있다. 릴리스 주기가 느리고 비교적 업데이트가 자주 되지 않는다. 개발자는 전체 릴리스 주기가 끝날 때마다 전체 시스템을 패키징하고 운영 팀에게 넘기면 운영 팀은 이를 배포하고 모니터링한다. 운영 팀은 하드웨어 장애가 발생하면 이를 사용 가능한 서버로 직접 마이그레이션한다.

---

1   개발, 스테이징, 프로덕션 등 다양한 환경을 의미한다. – 옮긴이

이런 거대한 모놀리스 레거시 애플리케이션은 점차 마이크로서비스라는 독립적으로 실행되는 더 작은 구성 요소로 세분화되고 있다. 마이크로서비스는 서로 분리돼 있기 때문에 개별적으로 개발, 배포, 업데이트, 확장할 수 있다. 이로써 오늘날 급변하는 비즈니스 요구 사항을 충족시킬 만큼 신속하게 자주 구성 요소를 변경할 수 있게 됐다.

하지만 배포 가능한 구성 요소 수가 많아지고 데이터 센터의 규모가 커지면서 전체 시스템을 원활하게 구성, 관리, 유지하는 일이 점점 어려워졌다. 리소스 활용률을 높이고 하드웨어 비용을 낮추며 각 구성 요소를 배치할 위치를 파악하는 것은 훨씬 어렵다. 수동으로 이 모든 것을 수행하는 것은 어려운 일이다. 이런 구성 요소의 서버 배포를 자동으로 스케줄링하고 구성, 관리, 장애 처리를 포함하는 자동화가 필요하다. 이것이 바로 쿠버네티스가 등장한 이유다.

쿠버네티스는 개발자가 운영 팀의 도움 없이도 자신의 애플리케이션을 원하는 만큼 자주 배포할 수 있도록 한다. 그러나 쿠버네티스가 개발자에게만 도움이 되는 것은 아니다. 하드웨어 장애 발생 시 해당 애플리케이션을 자동으로 모니터링하고 스케줄링을 조정해 운영 팀을 도와준다. 시스템 관리자^{sysadmins}의 관심은 개별 애플리케이션을 감독하는 것에서 쿠버네티스와 나머지 인프라를 감독하고 관리하는 것으로 바뀌고 애플리케이션은 쿠버네티스가 관리해준다.

> |**노트**| '쿠버네티스'는 조종사, 조타수(선박의 핸들을 잡고 있는 사람)를 뜻하는 그리스어다. 사람들마다 몇 가지 다른 방식으로 쿠버네티스를 발음한다. 많은 사람들이 그것을 Koo-ber-nay-tace로 발음하고 다른 사람들은 그것을 Koo-ber-netties[2]와 같이 발음한다. 어떻게 발음하든 대부분이 이해할 것이다.

쿠버네티스는 하드웨어 인프라를 추상화하고 데이터 센터 전체를 하나의 기대한 컴퓨팅 리소스로 제공한다. 실제 세세한 서버 정보를 알 필요 없이 애플리케이션 구성 요소를 배포하고 실행할 수 있다. 쿠버네티스로 여러 애플리케이션 구성 요소를 배포할 때 각 구

---

2 Kubernetes.io 한글화 팀에서 쿠버네티스로 합의했다. https://github.com/kubernetes/kubernetes/issues/44308에 발음 관련 스레드가 있다. 읽어보면 재미있을 것이다. – 옮긴이

성 요소 서버를 선택하고 배포하며 애플리케이션의 다른 구성 요소를 쉽게 찾고 통신할 수 있게 한다.

쿠버네티스는 대부분의 사내 데이터 센터뿐만 아니라 클라우드 공급자가 구축, 운영하는 대규모 데이터 센터에서 사용될 때 그 진가를 발휘한다. 쿠버네티스는 개발자가 모든 유형의 애플리케이션을 배포하고 실행할 수 있는 간단한 플랫폼을 제공할 수 있을 뿐만 아니라 클라우드 공급자의 시스템 관리자가 자신들의 하드웨어에서 실행되는 수만 개의 애플리케이션을 일일이 알 필요가 없게 한다.

점점 더 많은 대기업이 쿠버네티스 모델을 최고의 애플리케이션 운영 방법으로 받아들이면서 클라우드뿐만 아니라 사내 자체 인프라에서도 분산 애플리케이션을 실행하는 표준이 되고 있다.

1.1 쿠버네티스와 같은 시스템이 필요한 이유

쿠버네티스를 자세히 알아보기 전에 최근 몇 년 동안 애플리케이션의 개발과 배포 방식이 어떻게 바뀌었는지 살펴보자. 이런 변화는 거대한 모놀리스 애플리케이션을 작은 마이크로서비스로 세분화함과 동시에 해당 애플리케이션을 실행하는 인프라의 변경으로 인한 것이다. 이런 변화를 이해하면 쿠버네티스, 도커^{Docker}와 같은 컨테이너 기술을 사용하는 것의 이점을 더 잘 알 수 있을 것이다.

1.1.1 모놀리스 애플리케이션에서 마이크로서비스로 전환

모놀리스 애플리케이션은 모든 것이 서로 강하게 결합돼 있고, 전체가 하나의 운영체제 프로세스로 실행되기 때문에 하나의 개체로 개발, 배포, 관리돼야 한다. 애플리케이션의 한 부분을 변경하더라도 전체 애플리케이션을 재배포해야 하며, 시간이 지남에 따라 구성 요소 간의 경계가 불분명해지고 상호의존성의 제약이 커지면서 전체 시스템의 복잡성이 증가하고 품질이 저하된다.

일반적으로 모놀리스 애플리케이션을 실행하려면 애플리케이션을 실행하는 데 충분한 리소스를 제공할 수 있는 소수의 강력한 서버가 필요하다. 시스템의 증가하는 부하를 처리하려고 CPU, 메모리, 그 밖의 서버 구성 요소를 추가해 서버를 수직 확장[scale up]하거나 서버를 추가하고 애플리케이션의 복사본(또는 복제본)을 실행해 전체 시스템을 수평 확장[scale out]해야 한다. 수직 확장은 일반적으로 애플리케이션을 변경할 필요가 없지만 비교적 비용이 많이 들고 실제로는 확장에 한계(상한)가 있다. 반면 수평 확장은 상대적으로 저렴하지만 애플리케이션 코드의 큰 변경이 필요할 수 있으며 항상 가능한 것도 아니다(예: 관계형 데이터베이스). 모놀리스 애플리케이션의 일부분이 수평적으로 확장하기 매우 어렵거나 불가능하고, 어떻게든 분할할 수 없다면 전체 애플리케이션을 확장할 수 없다.

마이크로서비스로 애플리케이션 분할

이제 이런 저런 문제로 복잡한 모놀리스 애플리케이션을 마이크로서비스라는 독립적으로 배포할 수 있는 작은 구성 요소로 분할해야 한다. 각 마이크로서비스는 독립적인 프로세스로 실행되며(그림 1.1 참조) 단순하고 잘 정의된 인터페이스[API]로 다른 마이크로서비스와 통신한다.

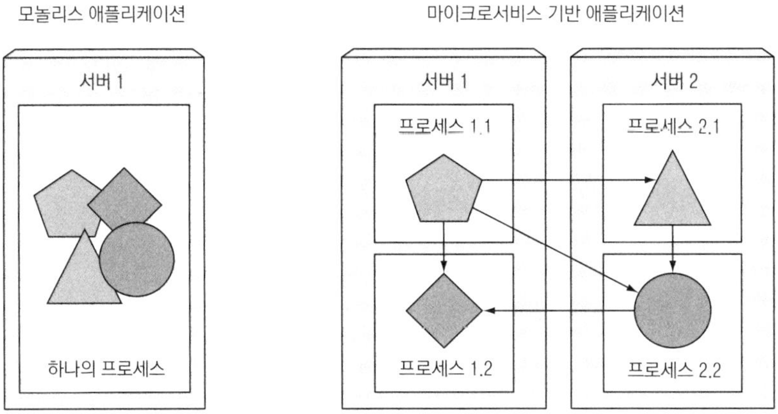

▲ **그림 1.1** 모놀리스 애플리케이션과 독립 실행형 마이크로서비스의 구성 요소 비교

마이크로서비스는 일반적으로 RESTful Representational State Transfer API를 제공하는 HTTP와 같은 동기 프로토콜과 AMQP Advanced Message Queuing Protocol와 같은 비동기 프로토콜로 통신한다.[3] 이런 프로토콜은 단순하고 대부분의 개발자가 잘 이해할 수 있으며 특정 개발 언어에 종속적이지 않다. 각 마이크로서비스는 해당 마이크로서비스를 구현하는 데 가장 적합한 언어로 만들 수 있다.

각 마이크로서비스는 대체로 정적인 외부 API를 제공하는 독립형 프로세스이기 때문에 개별적으로 개발, 배포할 수 있다. API가 변경되지 않거나 이전 버전과 호환되는 방식으로 변경됐다면 이들 중 하나를 변경해도 다른 서비스를 변경하거나 재배포하지 않아도 된다.

마이크로서비스 확장

전체 시스템을 함께 확장해야 하는 모놀리스 시스템과 달리 마이크로서비스 확장은 서비스별로 수행되므로 리소스가 더 필요한 서비스만 별도로 확장할 수 있으며 다른 서비스는 그대로 둬도 된다. 그림 1.2는 그 예를 보여준다.

특정 구성 요소는 서로 다른 서버에 배포된 여러 프로세스로 복제, 실행되며 다른 구성 요소는 애플리케이션 프로세스 하나로 실행된다. 모놀리스 애플리케이션의 구성 요소가 확장 불가능한 경우 애플리케이션을 마이크로서비스 형태로 분할해 수평 확장을 가능하게 하거나, 수평 확장이 불가능한 경우 수직으로 확장할 수 있다.

---

3   최근의 마이크로서비스는 HTTP와 AMQP 이외에 gRPC나 RSocket 등의 다양한 통신 프로토콜을 함께 사용한다. gRPC는 https://grpc.io를 참고하고, RSocket은 https://rsocket.io를 참고하자. – 옮긴이

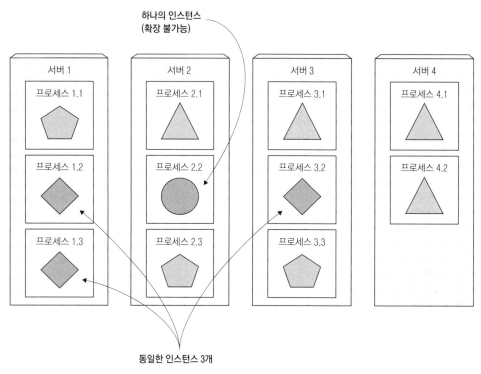

하나의 인스턴스
(확장 불가능)

| 서버 1 | 서버 2 | 서버 3 | 서버 4 |

프로세스 1.1

프로세스 2.1

프로세스 3.1

프로세스 4.1

프로세스 1.2

프로세스 2.2

프로세스 3.2

프로세스 4.2

프로세스 1.3

프로세스 2.3

프로세스 3.3

동일한 인스턴스 3개

▲ **그림 1.2** 각 마이크로서비스는 개별적으로 확장 가능하다.

마이크로서비스 배포

언제나 그렇듯이 마이크로서비스도 단점이 있다. 시스템이 소수의 구성 요소로만 구성되면 구성 요소를 쉽게 관리힐 수 있다. 각 구성 요소를 어디에 배포할지 결정하는 일은 선택 사항이 많지 않기 때문에 간단하다. 하지만 구성 요소가 많아지면 배포 조합의 수뿐만 아니라 구성 요소 간의 상호 종속성 수가 훨씬 더 많아지므로 배포 관련 결정이 점점 어려워진다.

마이크로서비스는 여러 개가 서로 함께 작업을 수행하므로 서로를 찾아 통신해야 한다. 마이크로서비스를 배포할 때 전체가 하나의 시스템처럼 동작할 수 있도록 누군가 또는 무언가가 제대로 구성해야 한다. 마이크로서비스 수가 증가함에 따라 특히 서버 장애 상황에서 시스템 운영 팀이 해야 할 일을 생각해보면, 이 구성 작업은 지루해지며 오류가 발생할 가능성이 높아진다.

또한 마이크로서비스는 여러 프로세스와 시스템에 분산돼 있기 때문에 실행 호출을 디버그하고 추적하기 어렵다. 다행히 이런 문제는 현재 Zipkin과 같은 분산 추적 시스템으로 해결한다.

환경 요구 사항의 다양성

앞서 언급했듯이 마이크로서비스 아키텍처의 구성 요소는 독립적으로 배포될 뿐만 아니라 독립적인 방식으로 개발된다. 마이크로서비스의 독립성과 각 구성 요소를 개발하는 별도의 팀이 있는 것이 일반적이기 때문에 각 팀이 다른 라이브러리를 사용하고 필요할 때마다 교체하는 것을 방해해서는 안 된다. 그림 1.3에 나타낸 것처럼 애플리케이션이 서로 다른 버전의 동일한 라이브러리를 필요로 하는 경우 애플리케이션 구성 요소 간 종속성의 차이는 불가피하다.

모놀리스 애플리케이션을 실행하는 서버

여러 애플리케이션을 실행하는 서버

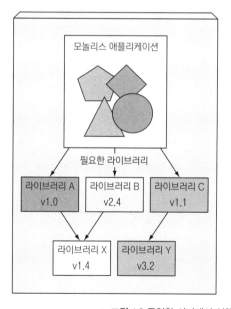
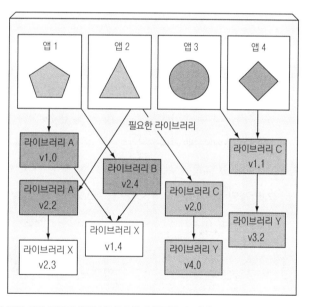

▲ **그림 1.3** 동일한 서버에서 실행 중인 여러 애플리케이션의 종속성이 충돌될 수 있다.

서로 다른 버전의 공유 라이브러리가 필요하거나 환경별로 다른 특수한 요구 사항이 있는 동적으로 연결된 애플리케이션을 배포하는 것은 프로덕션 서버에 이 애플리케이션을 배포하고 관리하는 운영 팀에게는 악몽이 될 수 있다. 동일한 호스트에 배포해야 하는 구성 요소 수가 많을수록 모든 요구 사항을 충족시키려 모든 종속성을 관리하기가 더 어려워진다.

1.1.2 애플리케이션에 일관된 환경 제공

개발 및 배포하는 각 구성 요소의 수가 얼마나 많은가에 상관없이, 개발자와 운영 팀이 항상 해결해야 하는 가장 큰 문제 중 하나는 애플리케이션을 실행하는 환경이 다르다는 것이다. 개발과 프로덕션 환경 사이에 큰 차이가 있을 뿐만 아니라 각 프로덕션 머신 간에도 차이가 있다. 또 하나의 피할 수 없는 사실은 프로덕션 머신의 환경이 시간이 지남에 따라 변한다는 것이다.

이런 차이는 하드웨어에서 운영체제, 각 시스템에서 사용 가능한 라이브러리에 이르기까지 다양하다. 프로덕션 환경은 운영 팀에서 관리하는 반면, 개발자는 주로 자신의 개발 노트북만 관리한다. 이 두 그룹의 사람들이 시스템 관리에 대해 얼마나 많이 알고 있느냐가 큰 차이를 만들게 되며, 시스템 관리자가 최신 보안 패치를 사용해 시스템을 최신 상태로 유지하는 데 주안점을 두는 데 반해, 많은 개발자는 그렇지 않다는 점이 두 시스템 간의 큰 차이를 만들게 된다.

또한 프로덕션 시스템은 여러 개발자나 개발 팀의 애플리케이션을 실행할 수 있으나 개발자의 컴퓨터는 그렇지 않다. 프로덕션 시스템은 심지어 상충되는 서로 다른 버전의 라이브러리를 필요로 할지라도 운영하는 모든 애플리케이션에 적절한 환경을 제공해야 한다.

프로덕션 환경에서만 나타나는 문제를 줄이려면 애플리케이션 개발과 프로덕션이 정확히 동일한 환경에서 실행돼 운영체제, 라이브러리, 시스템 구성, 네트워킹 환경, 기타 모든 것이 동일한 환경을 만들 수 있다면 이상적일 것이다. 또한 시간이 지남에 따라 이 환경이 너무 많이 변하는 것도 원하지 않을 것이다. 가능하면 해당 서버의 기존 애플리케이션에 영향을 주지 않고 동일한 서버에 애플리케이션을 추가할 수 있는 기능을 원할 것이다.

1.1.3 지속적인 배포로 전환: 데브옵스와 노옵스[4]

지난 몇 년 동안 전체 애플리케이션 개발 프로세스와 프로덕션 환경에서 애플리케이션을 관리하는 방식이 바뀌었다. 과거 개발 팀의 업무는 애플리케이션을 만들고 이를 배포[CD]하고 관리하며 계속 운영하는 운영 팀에 넘겨주는 것이었다. 하지만 이제는 개발 팀이 애플리케이션을 배포하고 관리하는 것이 더 낫다는 것을 깨달았다. 즉 개발자, 품질 보증[QA], 운영 팀이 전체 프로세스에서 협업해야 한다는 의미다. 이런 작업 방식을 데브옵스[DevOps]라고 부른다.

데브옵스의 장점

개발자가 프로덕션 환경에서 애플리케이션을 실행하는 데 더 많이 관여하게 되면, 사용자가 무엇을 필요로 하고 어떤 문제가 있는지, 운영 팀이 애플리케이션을 유지하면서 직면하는 문제가 무엇인지 더 잘 이해할 수 있다. 애플리케이션 개발자는 이제 애플리케이션을 신속하게 제공할 수 있으므로 사용자의 피드백을 추가적인 개발에 반영할 수 있다.

최신 버전의 애플리케이션을 더 자주 릴리스하려면 배포 프로세스를 간소화해야 한다. 가장 좋은 방법은 개발자가 운영 담당자를 기다리지 않고 직접 애플리케이션을 배포하는 것이다. 그러나 애플리케이션을 배포하려면 인프라와 데이터 센터의 기본 하드웨어 구성에 관한 이해가 필요한 경우가 많다. 개발자는 이런 세부 정보를 잘 알지 못하며 대개 이런 정보를 알고 싶어 하지도 않는다.

개발자와 시스템 관리자 각자가 최고로 잘하는 것을 하게 하는 것

개발자와 시스템 관리자는 고객이 성공적으로 실행할 수 있는 소프트웨어 애플리케이션을 제공한다는 동일한 목표를 달성하려고 노력하지만 서로 다른 목표와 동기부여 요인이 있다. 개발자는 새로운 기능을 만들고 사용자 경험을 향상시키는 것을 좋아한다. 일반적으로

---

4 일반적으로 노옵스(NoOps)는 자동화로 운영 팀의 손이 거의 필요 없는 환경을 의미한다. – 옮긴이

기본 운영체제나 보안 패치와 같은 것들을 최신 상태를 유지하는 것을 원하지 않으며 시스템 관리자에게 맡기고 싶어 한다.

운영 팀은 프로덕션 환경 배포와 애플리케이션이 실행되는 하드웨어 인프라를 담당한다. 운영 팀은 시스템 보안, 사용률, 개발자에게 우선순위가 높지 않은 다른 측면에 관심을 갖는다. 운영자는 애플리케이션 구성 요소의 암묵적인 상호 종속성을 다루기를 원하지 않으며 기본 운영체제나 인프라의 변경이 애플리케이션 전체에 어떤 영향을 미칠 수 있는지를 생각하고 싶지 않지만, 반드시 해야 한다.

하드웨어 인프라를 전혀 알지 못하더라도 운영 팀을 거치지 않고 개발자가 애플리케이션을 직접 배포하는 방식이 가장 이상적이다. 이를 노옵스^{NoOps}라고 한다. 분명히 하드웨어 인프라를 관리할 누군가가 여전히 필요하지만 이상적으로는, 그 위에서 실행되는 각 애플리케이션의 특성을 다루지 않아도 된다.

쿠버네티스를 사용하면 이 모든 것을 해결할 수 있다. 하드웨어를 추상화하고 이를 애플리케이션 배포, 실행을 위한 플랫폼으로 제공함으로써 개발자는 시스템 관리자의 도움 없이도 애플리케이션을 구성, 배포할 수 있으며 시스템 관리자는 실제 실행되는 애플리케이션을 알 필요 없이 인프라를 유지하고 운영하는 데 집중할 수 있다.

1.2 컨테이너 기술 소개

1.1절에서 개발 팀과 운영 팀이 직면한 포괄적인 문제를 살펴봤다. 이런 문제는 여러 방법으로 해결할 수 있지만 이 책에서는 쿠버네티스로 해결하는 방법에 중점을 둘 것이다.

쿠버네티스는 애플리케이션을 격리하는 기능을 제공하기 위해 리눅스 컨테이너 기술을 사용하므로, 쿠버네티스 자체를 깊이 파고들기 전에 먼저 컨테이너의 기본에 익숙해져야 한다. 또한 도커나 rkt(rock-it, 로킷으로 발음)과 같은 컨테이너 기술이 어떤 문제를 해결하는지 이해해야 한다.

1.2.1 컨테이너 이해

1.1.1절에서 동일한 머신에서 실행되는 서로 다른 소프트웨어의 구성 요소가 서로 다른 혹은 상충될 수 있는, 종속 라이브러리의 버전을 필요로 하는지 또는 일반적으로 다른 환경 요건을 갖는지 보았다.

애플리케이션이 더 작은 수의 커다란 구성 요소로만 이뤄진 경우 각 구성 요소에 전용 가상머신을 제공하고 고유한 운영체제 인스턴스를 제공해 환경을 격리할 수 있다. 그러나 이런 구성 요소가 점점 작아지고 숫자가 많아지기 시작하면 하드웨어 리소스를 낭비하지 않으면서 비용을 줄이려면 각 구성 요소마다 가상머신을 제공할 수 없다. 이는 단지 하드웨어 리소스를 낭비하는 것만이 아니다. 일반적으로 각각의 가상머신을 개별적으로 구성하고 관리해야 해 시스템 관리자의 작업량이 상당히 증가하기 때문에 점점 더 많아지는 가상머신은 인적 자원도 낭비된다.

리눅스 컨테이너 기술로 구성 요소 격리

가상머신을 사용해 각 마이크로서비스(또는 일반적인 소프트웨어 프로세스)의 환경을 격리하는 대신 개발자들은 리눅스 컨테이너 기술로 눈을 돌렸다. 동일한 호스트 시스템에서 여러 개의 서비스를 실행할 수 있으며 동시에 서로 다른 환경을 만들어줄 뿐만 아니라 가상머신과 유사하게 서로 격리하지만 오버헤드가 훨씬 적다.

컨테이너에서 실행되는 프로세스는 다른 모든 프로세스와 마찬가지로 호스트 운영체제 내에서 실행된다(프로세스가 별도의 운영체제에서 실행되는 가상머신과 다르다). 그러나 컨테이너의 프로세스는 여전히 다른 프로세스와 격리돼 있다. 프로세스 입장에서 보면 시스템과 운영체제에서 실행되는 유일한 프로세스인 것처럼 보인다.

컨테이너와 가상머신 비교

컨테이너를 가상머신과 비교하면 컨테이너는 훨씬 더 가벼워서 동일한 하드웨어에서 더 많은 수의 소프트웨어 구성 요소를 실행할 수 있다. 가상머신은 구성 요소 프로세스뿐만 아니라 시스템 프로세스를 실행해야 하기 때문에 추가 컴퓨팅 리소스가 필요하다. 반면 컨테이너는 호스트 OS에서 실행되는 하나의 격리된 프로세스에 지나지 않으며, 애플리케이션이 소비하는 리소스만 소비하고 추가 프로세스의 오버헤드는 없다.

가상머신의 오버헤드로 인해 각 애플리케이션별로 하나의 VM을 전용으로 사용하기에는 리소스가 충분하지 않기 때문에 각 가상머신에 여러 애플리케이션을 그룹으로 배포하는 경우가 종종 있다. 컨테이너를 사용하면 그림 1.4와 같이 애플리케이션마다 하나의 컨테이너를 가질 수 있다. 그 결과 동일한 베어메탈 머신[5]에서 더 많은 애플리케이션을 적재할 수 있다.

▲ **그림 1.4** 가상머신에 애플리케이션을 분리하는 것과 컨테이너로 각 애플케이션을 격리하는 것의 차이점

호스트에 가상머신 세 개를 실행하면 세 개의 완전히 분리된 운영체제가 실행되고 동일한 베어메탈 하드웨어를 공유하게 된다. 이런 가상머신 아래에는 물리적 하드웨어 리소

---

5 어떤 소프트웨어도 설치돼 있지 않은 하드웨어 자체를 의미하지만, 클라우드가 보편화되면서 가상화되지 않은 머신을 의미하기도 한다. – 옮긴이

스를 각 가상머신 내부의 운영체제에서 사용할 수 있는 더 작은 리소스로 나누는 호스트 OS와 하이퍼바이저가 있다. 해당 가상머신 내에서 실행되는 애플리케이션이 가상머신의 게스트 OS 커널에 대한 시스템 콜을 수행하면, 커널은 하이퍼바이저로 호스트의 물리적 CPU에서 x86 명령을 수행한다.

> |**노트**| 두 가지 유형의 하이퍼바이저가 있다. 타입 1 하이퍼바이저는 호스트 OS가 필요하지 않지만, 타입 2는 호스트 OS를 사용한다.[6]

반면 컨테이너는 호스트 OS에서 실행되는 동일한 커널에서 시스템 콜call을 수행한다. 이 커널은 호스트의 CPU에서 x86 명령을 수행하는 유일한 커널이다. CPU는 가상머신과 같은 방식으로 어떠한 종류의 가상화도 필요가 없다(그림 1.5 참조).

가상머신의 주요 이점은 각 가상머신이 자체 리눅스 커널을 실행해 완전한 격리를 제공하는 데 반해 컨테이너는 모두 동일한 커널을 호출함으로 보안 위험이 발생할 수 있다는 것이다. 하드웨어 리소스가 제한된 경우 격리하려는 프로세스가 적은 경우에만 가상머신을 사용할 수 있다. 동일한 시스템에서 더 많은 수의 격리된 프로세스를 실행하려면 컨테이너의 오버헤드가 낮기 때문에 컨테이너를 선택하는 것이 좋다. 각 가상머신은 자체 시스템 서비스를 실행하지만 컨테이너는 모두 동일한 OS에서 실행되므로 컨테이너는 시스템 서비스를 실행하지 않는다는 점을 기억하자. 즉, 컨테이너를 실행하려면 가상머신처럼 부팅할 필요가 없다. 컨테이너에서 실행되는 프로세스는 즉시 시작된다.

---

6 타입 1은 Native 또는 bare-metal이라고 하며, 하이퍼바이저가 직접 하드웨어를 제어하기 때문에 호스트 OS가 없다. Citrix Xen, VMware ESX Server, MS Hyper-V 등이 타입 1이다. 타입 2는 호스트 운영체제에서 실행된다. VMware Server, QEMU, 오라클 VirtualBox 등이 있다. - 옮긴이

여러 개의 가상머신에서 동작 중인 애플리케이션

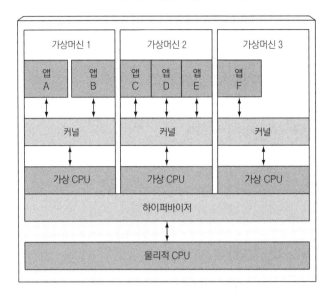

격리된 컨테이너에서 동작 중인 애플리케이션

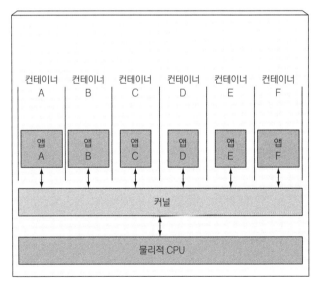

▲ **그림 1.5** 가상머신의 애플리케이션이 CPU를 사용하는 방식과 컨테이너에서 사용하는 방식의 차이점

컨테이너 격리를 가능하게 하는 메커니즘 소개

지금쯤이면 컨테이너가 동일한 운영체제에서 실행 중인 경우 얼마나 정확하게 프로세스를 격리할 수 있는지 궁금할 것이다. 두 가지 메커니즘으로 가능하다.

첫 번째는 리눅스 네임스페이스[namespace]로 각 프로세스가 시스템(파일, 프로세스, 네트워크 인터페이스, 호스트 이름 등)에 대한 독립된 뷰만 볼 수 있도록 한다. 두 번째는 리눅스 컨트롤 그룹[cgroups]으로, 프로세스가 사용할 수 있는 리소스(CPU, 메모리, 네트워크 대역폭 등)의 양을 제한한다.

리눅스 네임스페이스로 프로세스 격리

기본적으로 각 리눅스 시스템은 초기 구동 시 하나의 네임스페이스가 있다. 파일시스템, 프로세스 ID, 사용자 ID, 네트워크 인터페이스 등과 같은 모든 시스템 리소스는 하나의 네임스페이스에 속한다. 그러나 추가 네임스페이스를 생성하고 리소스를 구성할 수 있다. 프로세스를 실행할 때 해당 네임스페이스 중 하나에서 프로세스를 실행한다. 프로세스는 동일한 네임스페이스 내에 있는 리소스만 볼 수 있다. 여러 종류의 네임스페이스가 있기 때문에 프로세스는 하나의 네임스페이스에만 속하는 것이 아니라 여러 네임스페이스에 속할 수 있다.

네임스페이스의 종류는 다음과 같다

- 마운트(mnt)
- 프로세스 ID(pid)
- 네트워크(net)
- 프로세스 간 통신(ipc)
- 호스트와 도메인 이름(uts)[7]
- 사용자 ID(user)

---

7   Unix Time Sharing으로 호스트 이름과 NIS(Network Internet Service) 도메인 이름 관련 네임스페이스다. - 옮긴이

각 네임스페이스는 특정 리소스 그룹을 격리하는 데 사용된다. 예를 들어 UTS는 해당 네임스페이스 내에서 실행 중인 프로세스가 사용할 호스트 이름과 도메인 이름을 결정한다. 두 개의 서로 다른 UTS 네임스페이스를 한 쌍의 프로세스에 각각 지정하면 서로 다른 로컬 호스트 이름을 보게 할 수도 있다. 즉, 두 프로세스를 마치 두 개의 다른 시스템에서 실행 중인 것처럼 보이게 할 수 있다(적어도 호스트 이름에 관해서는 말이다).

마찬가지로 프로세스가 속한 네트워크 네임스페이스는 실행 중인 애플리케이션의 프로세스에서 볼 수 있는 네트워크 인터페이스를 결정한다. 각 네트워크 인터페이스는 정확히 하나의 네임스페이스에 속하지만 한 네임스페이스에서 다른 네임스페이스로 이동할 수 있다. 각 컨테이너는 고유한 네트워크 네임스페이스를 사용하므로 각 컨테이너는 고유한 네트워크 인터페이스 세트를 볼 수 있다.

네임스페이스를 사용해 컨테이너에서 실행하는 애플리케이션을 분리하는 방법을 알 수 있다.

프로세스의 가용 리소스 제한

컨테이너 격리의 나머지 부분은 컨테이너가 사용할 수 있는 시스템 리소스의 양을 제한하는 것이다. 이는 프로세스(또는 프로세스 그룹)의 리소스 사용을 제한하는 리눅스 커널 기능인 cgroups로 이뤄진다. 프로세스는 설정된 양 이상의 CPU, 메모리, 네트워크 대역폭 등을 사용할 수 없다. 이런 방식으로 프로세스는 다른 프로세스용으로 예약된 리소스를 사용할 수 없으며, 이는 가 프로세스가 별노의 시스템에서 실행될 때와 비슷하다.

1.2.2 도커 컨테이너 플랫폼 소개

컨테이너 기술은 오랫동안 사용돼 왔지만 도커 컨테이니 플랫폼의 등장으로 더 널리 알려지게 됐다. 도커는 컨테이너를 여러 시스템에 쉽게 이식 가능하게 하는 최초의 컨테이너 시스템이다.

애플리케이션뿐만 아니라 라이브러리, 여러 종속성, 심지어 전체 운영체제 파일시스템까지도 도커를 실행하는 다른 컴퓨터에 애플리케이션을 프로비저닝하는 데 사용할 수 있는 간편한 이식 가능한 패키지로 패키징하는 과정을 단순화했다.

도커로 패키징된 애플리케이션을 실행하면 함께 제공된 파일시스템 내용을 정확하게 볼 수 있다. 프로덕션 환경 서버가 완전히 다른 리눅스 운영체제를 실행하더라도 개발 머신에서 실행되는지 프로덕션 머신에서 실행되는지에 관계없이 동일한 파일을 볼 수 있다. 애플리케이션은 실행 중인 서버의 내용은 볼 수 없으므로 서버에 개발 컴퓨터와 다른 설치 라이브러리가 설치돼 있는지는 중요하지 않다. 예를 들어 RHEL$^{Red\ Hat\ Enterprise\ Linux}$ 운영 체제의 전체 파일과 함께 애플리케이션을 패키징한 경우 페도라^{Fedora} 개발 컴퓨터나 데비안 또는 다른 리눅스 배포판 서버에서 실행되더라도 애플리케이션은 항상 RHEL 내에서 실행된다고 생각한다. 단지 커널만 다를 뿐이다.

이는 가상머신에 운영체제를 설치하고 그 안에 애플리케이션을 설치한 다음 가상머신 이미지를 배포하고 실행하는 가상머신 이미지를 만드는 것과 유사하다. 도커는 동일한 효과를 얻지만 가상머신을 사용해 애플리케이션을 격리하는 대신 이전 절에서 이야기한 리눅스 컨테이너 기술로 가상머신과 거의 동일한 수준의 격리를 제공한다. 큰 모놀리스 가상머신 이미지를 사용하는 대신 일반적으로 훨씬 작은 컨테이너 이미지를 사용한다.

도커 기반 컨테이너 이미지와 가상머신 이미지의 큰 차이점은 컨테이너 이미지가 여러 이미지에서 공유되고 재사용될 수 있는 레이어로 구성돼 있다는 것이다. 즉, 동일한 레이어를 포함하는 다른 컨테이너 이미지를 실행할 때 다른 레이어가 이미 다운로드된 경우 이미지의 특정 레이어만 다운로드하면 된다.

도커 개념 이해

도커는 애플리케이션을 패키징, 배포, 실행[8]하기 위한 플랫폼이다. 이미 이야기했듯이 애플리케이션을 전체 환경과 함께 패키지화할 수 있다. 애플리케이션에서 필요한 몇 가지 라이브러리나 운영체제의 파일시스템에 설치되는 모든 파일을 포함시킬 수 있다. 도커를 사용하면 이 패키지를 중앙 저장소[9]로 전송할 수 있으며, 도커를 실행하는 모든 컴퓨터에 전

---

8 초기 도커는 Build, ship and run any app, Anywhere라는 슬로건을 제시하면서 등장했다. – 옮긴이
9 도커에서는 중앙 저장소로 Docker Hub를 제공하며, 무료로 사용이 가능하다. https://hub.docker.com – 옮긴이

송할 수 있다(항상 그런 것은 아니지만 대부분은 그렇다. 이 부분은 곧 설명할 것이다).

도커의 세 가지 주요 개념은 다음과 같다.

- **이미지**: 애플리케이션과 해당 환경을 패키지화한 것이다. 여기에는 애플리케이션에서 사용할 수 있는 파일시스템과 이미지가 실행될 때 실행돼야 하는 실행파일 경로와 같은 메타데이터가 포함돼 있다.
- **레지스트리**: 도커 이미지를 저장하고 다른 사람이나 컴퓨터 간에 해당 이미지를 쉽게 공유할 수 있는 저장소다. 이미지를 빌드할 때 빌드하는 컴퓨터에서 이미지를 실행하거나 이미지를 레지스트리로 푸시push(업로드)한 다음 다른 컴퓨터에서 이미지를 풀pull(다운로드)할 수 있다. 일부 공개 레지스트리는 누구나 이미지를 가져올 수 있으며, 비공개 레지스트리는 특정 사람이나 컴퓨터만 액세스할 수 있다.[10]
- **컨테이너**: 도커 기반 컨테이너 이미지에서 생성된 일반적인 리눅스 컨테이너다. 실행 중인 컨테이너는 도커를 실행하는 호스트에서 실행되는 프로세스이지만 호스트와 호스트에서 실행 중인 다른 프로세스와 완전히 격리돼 있다. 또 프로세스는 리소스 사용이 제한[11]돼 있으므로 할당된 리소스의 양(CPU, RAM 등)만 액세스하고 사용할 수 있다.

도커 이미지의 빌드, 배포, 실행

그림 1.6은 세 가지 개념과 각각의 관계를 잘 보여준다. 개발자는 먼저 이미지를 만든 다음 레지스트리로 푸시한다. 이미지는 레지스트리에 접근할 수 있는 모든 사람이 사용할 수 있다. 그런 다음 도커가 실행되는 다른 컴퓨터로 이미지를 가져와 이미지를 실행할 수 있다. 도커는 이미지를 기반으로 격리된 컨테이너를 만들고 이미지의 일부로 지정된 바이너리 실행파일을 실행한다.

---

10 비공개 레지스트리에서 이미지를 가져오기 위해서는 시크릿이 필요하다. 2장에서 이 부분을 다룬다. – 옮긴이

11 앞 절에서 이야기한 cgroups로 구현한다. – 옮긴이

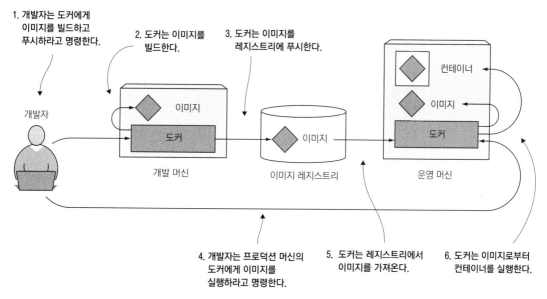

1. 개발자는 도커에게
   이미지를 빌드하고
   푸시하라고 명령한다.

2. 도커는 이미지를
   빌드한다.

3. 도커는 이미지를
   레지스트리에 푸시한다.

개발자

이미지

도커

개발 머신

이미지

이미지 레지스트리

컨테이너

이미지

도커

운영 머신

4. 개발자는 프로덕션 머신의
   도커에게 이미지를
   실행하라고 명령한다.

5. 도커는 레지스트리에서
   이미지를 가져온다.

6. 도커는 이미지로부터
   컨테이너를 실행한다.

▲ **그림 1.6** 도커 이미지, 레지스트리, 컨테이너

가상머신과 도커 컨테이너 비교

리눅스 컨테이너가 일반적으로 가상머신과 비슷하지만 훨씬 가볍다고 설명했다. 이제 도커 컨테이너가 가상머신과 구체적으로 어떻게 다른지 도커 이미지와 가상머신 이미지의 차이점을 살펴보자. 그림 1.7은 가상머신과 도커 컨테이너에서 실행되는 동일한 애플리케이션 여섯 개를 보여준다.

호스트에 실행 중인 여러 가상머신

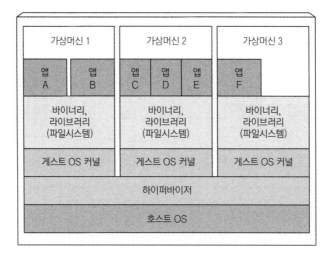

호스트에서 실행 중인 여러 도커 컨테이너

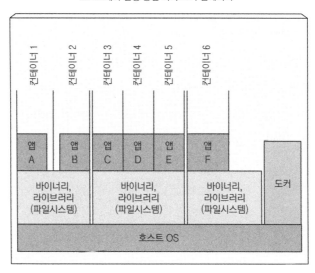

▲ **그림** 1.7 가상머신 세 개와 도커 컨테이너상에서 실행 중인 애플리케이션 여섯 개의 비교

　가상머신에서 실행될 때와 두 개의 별도 컨테이너로 실행될 때 애플리케이션 A와 B가 동일한 바이너리, 라이브러리에 접근할 수 있다. 가상머신에서는 두 애플리케이션이 모두

동일한 파일시스템(가상머신의 파일시스템)에서 실행되므로 의심할 여지가 없다. 그러나 각 컨테이너는 격리된 자체 파일시스템이 있다고 말했다. 애플리케이션 A와 애플리케이션 B가 어떻게 같은 파일을 공유할 수 있을까?

이미지 레이어의 이해

도커 이미지는 레이어로 구성돼 있다고 설명했다. 모든 도커 이미지는 다른 이미지 위에 빌드되며 두 개의 다른 이미지는 기본 이미지로 동일한 부모 이미지를 사용할 수 있으므로 다른 이미지에는 정확히 동일한 레이어가 포함될 수 있다. 이렇게 하면 첫 번째 이미지의 일부로 전송한 레이어를 다른 이미지를 전송할 때 다시 전송할 필요가 없기 때문에 네트워크로 이미지를 배포하는 속도가 빨라진다.[12]

레이어는 배포만 효율적으로 할 뿐만 아니라 이미지의 스토리지 공간을 줄이는 데 도움이 된다. 각 레이어는 동일 호스트에 한 번만 저장된다. 따라서 동일한 기본 레이어를 기반으로 한 두 개의 이미지에서 생성한 두 개의 컨테이너는 동일한 파일을 읽을 수 있지만 그중 하나가 해당 파일을 덮어쓰면 다른 컨테이너는 해당 변경 사항을 볼 수 없다. 따라서 파일을 공유하더라도 여전히 서로 격리돼 있는데 이것은 컨테이너 이미지 레이어가 읽기 전용이기 때문이다. 컨테이너가 실행될 때 이미지 레이어 위에 새로운 쓰기 가능한 레이어가 만들어진다. 컨테이너의 프로세스가 기본 레이어 중 하나에 있는 파일에 쓰면 전체 파일의 복사본의 최상위 레이어에 만들어지고 프로세스는 복사본에 쓴다.[13]

컨테이너 이미지의 제한적인 이식성 이해

이론적으로 컨테이너 이미지는 도커를 실행하는 모든 리눅스 시스템에서 실행될 수 있지만 호스트에서 실행되는 모든 컨테이너가 호스트의 리눅스 커널을 사용한다는 사실과 관련해 주의할 것이 하나 있다. 컨테이너화된 애플리케이션이 특정 커널 버전이 필요하다면

---

12 도커 컨테이너 이미지 v1에서는 각 이미지 레이어는 각자의 해시값 ID를 가지고 있으며, 각 이미지 레이어는 부모 레이어의 해시값 ID를 가진다. 하지만 도커 컨테이너 이미지 v2에서는 각 이미지 레이어의 해시값 ID를 가지고 있는 이미지 메타데이터 파일을 가진다. – 옮긴이

13 도커는 AUFS, OverlayFS와 같은 union filesystem을 사용한다. 읽기 전용 레이어와 쓰기 레이어로 구성된다. 자세한 내용은 https://en.wikipedia.org/wiki/Union_mount를 참고하자. – 옮긴이

모든 시스템에서 작동하지 않을 수 있다. 머신이 다른 버전의 리눅스 커널로 실행되거나 동일한 커널 모듈을 사용할 수 없는 경우 애플리케이션이 실행될 수 없다.

컨테이너는 가상머신에 비해 훨씬 가볍지만 컨테이너 내부에서 실행되는 애플리케이션은 일정한 제약이 있다. 각 가상머신은 자체 커널을 실행하기 때문에 이런 제약이 없다.

이는 커널에만 국한된 게 아니라 특정 하드웨어 아키텍처용으로 만들어진 컨테이너화된 애플리케이션은 해당 아키텍처 시스템에서만 실행될 수 있다는 점을 분명히 해야 한다. x86 아키텍처용으로 만들어진 애플리케이션을 ARM 기반 컴퓨터에서 도커가 실행된다고 해서 컨테이너화할 수 없다. 여전히 가상머신이 필요하다.

1.2.3 도커의 대안으로 rkt 소개

도커는 컨테이너를 주류로 만든 최초의 컨테이너 플랫폼이다. 도커 자체가 프로세스 격리를 제공하지 않는다는 것을 분명히 이해했기를 바란다. 컨테이너의 격리는 리눅스 네임스페이스와 cgroup과 같은 커널 기능으로 리눅스 커널 수준에서 수행된다. 도커는 이런 기능들을 사용하기 쉽게 한다.

도커가 성공한 뒤 컨테이너 형식과 런타임에 관한 개방된 업계 표준을 만들려고 OCI Open Container Initiative가 탄생했다. 도커도 또 다른 리눅스 컨테이너 엔진인 rkt과 마찬가지로 이 이니셔티브의 일부다.

도커와 마찬가지로 rkt도 컨테이너를 실행하기 위한 플랫폼이다. 보안, 결합성, 공개 표준 준수에 중점을 둔다. OCI 컨테이너 이미지 형식을 사용하며 일반 도커 컨테이너 이미지를 실행할 수도 있다.

이 책에서는 쿠버네티스 초기 버전에서 도커가 컨테이너 런타임으로 유일하게 지원됐기 때문에 도커를 쿠버네티스의 컨테이너 런타임으로 사용하는 데 중점을 둔다. 최근 쿠버네티스의 컨테이너 런타임으로 rkt을 지원하기 시작했다.[14]

---

14 이제 rkt은 deprecated됐다. kubelet --help의 container-runtime을 보면 "The container runtime to use. Possible values: 'docker', 'remote', 'rkt (deprecated)'. (default "docker")"라고 나온다. 도커와 rkt 이외에 CRI(Container Runtime Interface)를 준수하는 어떠한 런타임도 사용이 가능하다. 도커 이외에 rktlet, cri-o, frakti 등이 있다. – 옮긴이

지금 rkt을 언급하는 이유는 쿠버네티스가 도커 기반 컨테이너만을 위해 특별히 만들어진 컨테이너 오케스트레이션 시스템이라고 생각하는 실수를 하지 않게 하기 위해서다. 이 책으로 쿠버네티스의 본질이 컨테이너 오케스트레이션이 아님을 알게 될 것이다. 사실 그 이상이다. 컨테이너는 여러 클러스터 노드에서 애플리케이션을 실행하는 가장 좋은 방법이다. 이를 염두에 두고 이 책의 핵심인 쿠버네티스를 살펴보자.

1.3 쿠버네티스 소개

시스템에 배포 가능한 애플리케이션 구성 요소의 수가 많아짐에 따라 모든 구성 요소의 관리가 더 어려워지는 것을 알았다. 아마도 구글은 전 세계에서 소프트웨어 구성 요소와 인프라를 훨씬 더 잘 배치하고 관리하는 방법이 필요하다는 것을 깨달은 최초의 회사일 것이다. 전 세계적으로 수십만 대의 서버를 운영하는 몇 안되는 기업 중 하나로, 엄청난 규모의 배포 관리를 처리해야 했다. 이로 인해 수천 개의 소프트웨어 구성 요소를 관리하고 비용 효율적으로 개발, 배포할 수 있는 솔루션을 개발해야만 했다.

1.3.1 쿠버네티스의 기원

오랜 세월 동안 구글은 보그[Borg](이후 오메가[Omega]로 바뀐 시스템)라는 내부 시스템을 개발해 애플리케이션 개발자와 시스템 관리자가 수천 개의 애플리케이션과 서비스를 관리하는 데 도움을 줬다. 개발과 관리를 단순화할 뿐만 아니라 인프라 활용률을 크게 높일 수 있었는데, 이는 조직이 그만큼 클 때 중요해진다. 수십만 대의 머신을 운영할 때, 사용률이 조금만 향상돼도 수백만 달러가 절약되므로 그러한 시스템을 개발할 동기는 분명하다.

구글은 10년 동안 보그와 오메가를 비밀로 유지하다가 2014년 보그, 오메가, 기타 내부 구글 시스템으로 얻은 경험을 기반으로 하는 오픈소스 시스템인 쿠버네티스를 출시했다.

1.3.2 넓은 시각으로 쿠버네티스 바라보기

쿠버네티스는 컨테이너화된 애플리케이션을 쉽게 배포하고 관리할 수 있게 해주는 소프트웨어 시스템이다. 리눅스 컨테이너의 기능에 의존해 애플리케이션의 내부 세부 사항을 알 필요 없이, 각 호스트에 애플리케이션을 수동으로 배포하지 않고도 이기종 애플리케이션을 실행할 수 있다. 애플리케이션은 컨테이너에서 실행되므로 동일한 서버에서 실행되는 다른 애플리케이션에 영향을 미치지 않으며, 이는 동일한 하드웨어에서 완전히 다른 조직의 애플리케이션을 실행할 때 매우 중요하다. 또한 호스팅된 애플리케이션을 완전히 격리하면서 하드웨어를 최대한 활용하려고 노력하는 클라우드 제공업체에게 매우 중요하다.

쿠버네티스를 사용하면 모든 노드가 하나의 거대한 컴퓨터인 것처럼 수천 대의 컴퓨터 노드에서 소프트웨어 애플리케이션을 실행할 수 있다. 기본 인프라를 추상화하고 개발과 운영 팀 모두의 개발, 배포, 관리를 단순화한다.

클러스터에 노드가 몇 개만 있든 수천 개가 있든, 쿠버네티스에 애플리케이션을 배포하는 것은 항상 동일하다. 클러스터의 크기와는 상관이 없다. 클러스터 노드를 추가하는 것은 단순히 배포된 애플리케이션이 사용 가능한 리소스 양이 추가되는 것을 의미한다.

쿠버네티스 핵심 이해

그림 1.8은 쿠버네티스 시스템의 가장 간단한 모습이다. 시스템은 마스터^{master} 노드와 여러 워커 노드$^{Worker\ node}$로 구성된다. 개발자가 애플리케이션 매니페스트를 마스터에 게시하면 쿠버네티스는 해당 애플리케이션을 워커 노드 클러스터에 배포한다. 구성 요소가 어떤 노드에 배포되든지 개발자나 시스템 관리자에게 중요하지 않다.

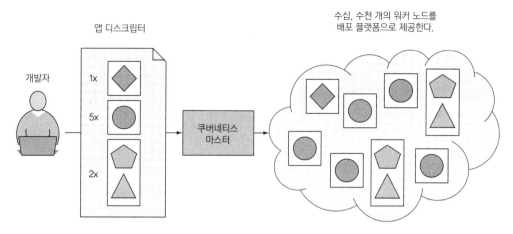

▲ **그림 1.8** 쿠버네티스는 전체 데이터 센터를 하나의 배포 플랫폼으로 제공한다.

개발자는 특정 애플리케이션이 함께 실행되도록 지정할 수도 있으며 쿠버네티스는 여러 애플리케이션을 동일한 워커 노드에 배포한다. 다른 애플리케이션은 클러스터에 걸쳐서 분산되지만 배포된 위치에 상관없이 동일한 방식으로 서로 통신할 수 있다.

개발자가 애플리케이션 핵심 기능에 집중할 수 있도록 지원

쿠버네티스는 클러스터의 운영체제로 생각할 수 있다. 애플리케이션 개발자가 특정 인프라 관련 서비스를 애플리케이션에 구현하지 않아도 된다. 대신 쿠버네티스에 의존해 이런 서비스를 제공한다. 여기에는 서비스 디스커버리, 스케일링, 로드밸런싱, 자가 치유, 리더 선출 같은 것들이 포함된다. 따라서 애플리케이션 개발자는 애플리케이션의 실제 기능을 구현하는 데 집중할 수 있으며 애플리케이션을 인프라와 통합하는 방법을 찾는 데 시간을 낭비하지 않아도 된다.

운영 팀이 효과적으로 리소스를 활용할 수 있도록 지원

쿠버네티스는 클러스터 어딘가에 컨테이너화된 애플리케이션을 실행하고 구성 요소 간에 서로를 찾는 방법에 관한 정보를 제공하고 모든 애플리케이션을 계속 실행하게 한다. 애플리케이션은 어떤 노드에서 실행되든 상관이 없기 때문에 쿠버네티스는 언제든지 애플리케

이션을 재배치하고 애플리케이션을 조합함으로써 리소스를 수동 스케줄링보다 훨씬 더 잘
활용할 수 있다.

1.3.3 쿠버네티스 클러스터 아키텍처 이해

쿠버네티스 아키텍처를 개략적으로 살펴봤다. 이제 쿠버네티스 클러스터가 어떻게 구성돼
있는지 자세히 살펴보자. 하드웨어 수준에서 쿠버네티스 클러스터는 여러 노드로 구성되
며, 두 가지 유형으로 나눌 수 있다.

- 마스터 노드는 전체 쿠버네티스 시스템을 제어하고 관리하는 쿠버네티스 컨트롤
  플레인을 실행한다.
- 워커 노드는 실제 배포되는 컨테이너 애플리케이션을 실행한다.

그림 1.9는 이 두 노드에서 실행되는 구성 요소를 보여준다. 다음에 설명할 것이다.

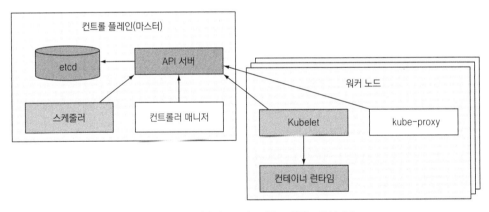

▲ **그림 1.9** 쿠버네티스 클러스터를 구성하는 구성 요소

컨트롤 플레인

컨트롤 플레인Control Plane은 클러스터를 제어하고 작동시킨다. 하나의 마스터 노드에서 실
행하거나 여러 노드로 분할되고 복제돼 고가용성을 보장할 수 있는 여러 구성 요소로 구성
된다. 그 구성 요소는 다음과 같다.

62

- 쿠버네티스 API 서버는 사용자, 컨트롤 플레인 구성 요소와 통신한다.
- 스케줄러는 애플리케이션의 배포를 담당한다(애플리케이션의 배포 가능한 각 구성 요소를 워크 노드에 할당).
- 컨트롤러 매니저는 구성 요소 복제본, 워커 노드 추적, 노드 장애 처리 등과 같은 클러스터단의 기능을 수행한다.
- Etcd는 클러스터 구성을 지속적으로 저장하는 신뢰할 수 있는 분산 데이터 저장소다.

컨트롤 플레인의 구성 요소는 클러스터 상태를 유지하고 제어하지만 애플리케이션을 실행하진 않는다. 이는 노드에 의해 이뤄진다.

노드

워커 노드는 컨테이너화된 애플리케이션을 실행하는 시스템이다. 애플리케이션을 실행하고 모니터링하며 애플리케이션에 서비스를 제공하는 작업은 다음 구성 요소에 의해 수행된다.

- 컨테이너를 실행하는 도커, rkt 또는 다른 컨테이너 런타임
- API 서버와 통신하고 노드의 컨테이너를 관리하는 Kubelet
- 애플리케이션 구성 요소 간에 네트워크 트래픽을 로드밸런싱하는 쿠버네티스 서비스 프록시kube-proxy

11장에서 이런 모든 구성 요소를 자세히 설명할 것이다. 저자는 어떤 일이 어떻게 돌아가는지 먼저 설명하고 사람들에게 그것을 사용하도록 가르치기 전에 동작 방식부터 설명하는 방식을 싫어한다. 차를 운전하는 법을 배울 때를 떠올려보라. 자동차 후드 아래에 무엇이 있는지 알고 싶지 않을 것이다. 먼저 어떻게 A 지점에서 B 지점으로 운전하는지 배우고 싶어 할 것이다. 그 이후 자동차가 어떻게 그렇게 할 수 있는지 관심을 갖게 된다. 결국 자동차 후드 아래에 무엇이 있는지 아는 것은 언젠가 차가 고장 나서 길가에 멈춰 선 후에 다시 움직이게 하는 데 도움이 된다.

1.3.4 쿠버네티스에서 애플리케이션 실행

쿠버네티스에서 애플리케이션을 실행하려면 먼저 애플리케이션을 하나 이상의 컨테이너 이미지로 패키징하고 해당 이미지를 이미지 레지스트리로 푸시한 다음 쿠버네티스 API 서버에 애플리케이션 디스크립션을 게시해야 한다.

이 디스크립션에는 컨테이너 이미지, 애플리케이션 구성 요소가 포함된 이미지, 해당 구성 요소가 서로 통신하는 방법, 동일 서버에 함께 배치돼야 하는 구성 요소와 같은 정보가 포함된다. 실행할 각 구성 요소의 복제본 수를 지정할 수도 있다. 이뿐만 아니라 이 디스크립션에는 내부 또는 외부 클라이언트에 서비스를 제공하는 구성 요소와 하나의 IP 주소로 노출해 다른 구성 요소에서 검색 가능하게 해야 하는 구성 요소가 포함된다.

디스크립션으로 컨테이너를 실행하는 방법 이해

API 서버가 애플리케이션 디스크립션을 처리할 때 스케줄러는 각 컨테이너에 필요한 리소스를 계산하고 해당 시점에 각 노드에 할당되지 않은 리소스를 기반으로 사용 가능한 워커 노드에 지정된 컨테이너를 할당한다. 그런 다음 해당 노드의 Kubelet은 컨테이너 런타임(예: Docker)에 필요한 컨테이너 이미지를 가져와 컨테이너를 실행하도록 지시한다.

그림 1.10을 보면 쿠버네티스에서 애플리케이션을 어떻게 배포하는지 자세히 알 수 있다. 애플리케이션 디스크립터는 세 개 세트로 그룹화된 네 개의 컨테이너를 가진다(이 세트를 파드라고 한다. 3장에서 설명할 것이다). 처음 두 파드는 각각 하나의 컨테이너만 가지고 마지막 파드에는 두 개의 컨테이너가 있다. 즉, 두 컨테이너를 함께 배치해야 하며 서로 격리해서는 안 된다. 각 파드 옆에는 병렬로 실행해야 하는 각 파드의 복제본 수를 나타내는 숫자도 있다. 디스크립터를 쿠버네티스에 제출한 후 각 파드의 지정된 복제본 수를 사용 가능한 워커 노드로 할당한다. 노드의 Kubelet은 도커 이미지 레지스트리에서 컨테이너 이미지를 가져와 컨테이너를 실행하도록 지시한다.

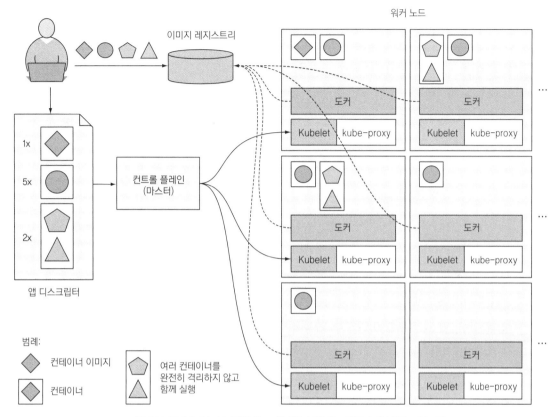

이미지 레지스트리

1x

5x

2x

컨트롤 플레인
(마스터)

도커

Kubelet   kube-proxy

도커

Kubelet   kube-proxy

도커

Kubelet   kube-proxy

도커

Kubelet   kube-proxy

도커

Kubelet   kube-proxy

도커

Kubelet   kube-proxy

앱 디스크립터

범례:

컨테이너 이미지

컨테이너

여러 컨테이너를
완전히 격리하지 않고
함께 실행

▲ **그림 1.10** 쿠버네티스 아키텍처와 그 위에서 실행되는 애플리케이션의 기본 개요

실행된 컨테이너 유지

애플리케이션이 실행되면 쿠버네티스는 애플리케이션의 배포 상태가 사용자가 제공한 디스크립션과 일치하는지 지속적으로 확인한다. 예를 들어 항상 다섯 개의 웹 서버 인스턴스를 실행하도록 지정하면 쿠버네티스는 항상 정확히 다섯 개의 인스턴스를 계속 실행한다. 프로세스가 중단되거나 응답이 중지될 때와 같이 인스턴스가 제대로 작동하지 않으면 쿠버네티스가 자동으로 다시 시작한다.

마찬가지로 워커 노드 전체가 종료되거나 액세스할 수 없게 되면 쿠버네티스는 이 노드에서 실행 중인 모든 컨테이너의 노드를 새로 스케줄링하고, 새로 선택한 노드에서 실행한다.

복제본 수 스케일링

애플리케이션이 실행되는 동안 복제본 수를 늘릴지 줄일지 결정할 수 있으며, 쿠버네티스는 추가 복제본을 기동하거나 초과 복제본을 정지시킬 것이다. 최적의 복제본 수를 결정하는 작업을 쿠버네티스에 맡길 수도 있다. CPU 부하, 메모리 사용량, 초당 요청 수, 애플리케이션이 노출하는 다른 메트릭과 같은 실시간 메트릭을 기반으로 복제본 수를 자동으로 조정할 수 있다.

이동한 애플리케이션에 접근하기

앞에서 쿠버네티스는 컨테이너를 클러스터 안에서 이동시킬 수도 있다고 설명했다. 이는 실행 중인 노드가 정지됐거나 다른 컨테이너를 위한 공간을 만들려고 노드에서 제거됐기 때문에 발생할 수 있다. 컨테이너가 외부 클라이언트나 클러스터에서 실행 중인 다른 컨테이너에 서비스를 제공하는 경우 이 컨테이너가 클러스터에서 지속적으로 이동한다면 컨테이너를 어떻게 적절하게 사용할 수 있을까? 그리고 이 컨테이너가 복제돼 전체 클러스터에 분산되면 클라이언트가 서비스를 제공하는 컨테이너에 어떻게 접근할 수 있을까?

클라이언트가 특정 서비스를 제공하는 컨테이너를 쉽게 찾을 수 있도록 쿠버네티스에게 동일한 서비스를 제공하는 컨테이너를 알려주면 쿠버네티스는 하나의 고정 IP 주소로 모든 컨테이너를 노출하고 해당 주소를 클러스터에서 실행 중인 모든 애플리케이션에 노출한다. 이는 환경변수로 제공되지만 클라이언트는 오래전부터 사용된 DNS로 서비스 IP를 조회할 수도 있다. kube-proxy는 서비스를 제공하는 모든 컨테이너에서 서비스 연결이 로드밸런싱되도록 한다. 서비스의 IP 주소는 일정하게 유지[15]되므로 클라이언트는 컨테이너가 클러스터 내에서 이동하더라도 컨테이너에 항상 연결할 수 있다.

1.3.5 쿠버네티스 사용의 장점

모든 서버에 쿠버네티스를 설치한 경우 운영 팀이 더 이상 애플리케이션 배포를 처리할 필

---

15 컨테이너는 다른 노드로 옮겨져 재시작하면 새 IP를 받지만, 서비스는 여전히 동일한 IP를 가진다. – 옮긴이

요가 없다. 컨테이너화된 애플리케이션은 이미 실행에 필요한 모든 것이 포함돼 있으므로 시스템 관리자는 애플리케이션을 배포하고 실행하기 위해 아무것도 설치할 필요가 없다. 쿠버네티스가 배포된 모든 노드에서는 시스템 관리자의 도움 없이 즉시 애플리케이션을 실행할 수 있다.

애플리케이션 배포의 단순화

쿠버네티스는 모든 워커 노드를 하나의 배포 플랫폼으로 제공하기 때문에 애플리케이션 개발자는 자체적으로 애플리케이션 배포를 시작할 수 있으며 클러스터를 구성하는 서버에 관해 알 필요가 없다.

본질적으로 모든 노드는 이제 애플리케이션이 해당 노드를 사용하기를 기다리는 하나의 컴퓨팅 리소스다. 서버는 애플리케이션에 적절한 시스템 리소스를 제공할 수 있는 한 애플리케이션이 어느 서버에서 실행 중인지 신경 쓰지 않는다.

개발자가 애플리케이션을 특정 종류의 하드웨어에서 실행해야 하는 경우가 있다. 노드가 이기종인 경우 특정 기능이 있는 노드에서 애플리케이션을 실행하고 다른 애플리케이션은 다른 노드에서 실행하는 경우가 있다. 예를 들어 애플리케이션 중 하나가 HDD 대신 SSD^{Solid State Drive}가 있는 시스템에서 실행돼야 하고 다른 애플리케이션은 HDD에서 실행돼도 상관이 없을 경우 특정 애플리케이션이 항상 SSD가 있는 노드에 할당되도록 해야 한다.

쿠버네티스를 사용하지 않으면 시스템 관리자는 SSD가 있는 특정 노드를 하나 선택해 애플리케이션을 배포한다. 그러나 쿠버네티스를 사용하는 경우 애플리케이션을 실행할 특정 노드를 선택하는 대신 쿠버네티스에 SSD가 있는 노드 중 하나만 선택하도록 지시하는 것이 더 적절하다. 이를 수행하는 방법은 3장에서 배울 것이다.

하드웨어 활용도 높이기

서버에 수동으로 애플리케이션을 실행하는 대신 쿠버네티스를 설정하고 애플리케이션을 실행함으로써, 인프라와 애플리케이션을 분리할 수 있다. 쿠버네티스에 애플리케이션을 실행하도록 지시하면 애플리케이션의 리소스 요구 사항에 대한 디스크립션과 각 노드에서 사용 가능한 리소스에 따라 애플리케이션을 실행할 가장 적합한 노드를 선택할 수 있다.

컨테이너를 사용하고 애플리케이션을 클러스터의 특정 노드로 지정하지 않으면 언제든지 애플리케이션이 클러스터 간에 자유롭게 이동할 수 있으므로 클러스터에서 실행되는 다른 애플리케이션 구성 요소를 혼합해 클러스터 노드에 배치할 수 있다. 노드의 하드웨어 리소스를 최대한 활용할 수 있다.

쿠버네티스는 언제든지 클러스터 간에 애플리케이션이 이동할 수 있으므로, 수동으로 수행하는 것보다 훨씬 더 인프라를 잘 활용할 수 있다. 사람은 최적의 조합을 찾는 데 능숙하지 않다. 특히 애플리케이션 구성 요소가 많고 배포할 서버 노드가 많은 경우와 같이, 가능한 옵션의 수가 많을 때 컴퓨터는 분명히 이 작업을 사람보다 훨씬 더 빠르고 더 잘 수행할 수 있다.

상태 확인과 자가 치유

서버 장애 발생 시 언제든지 클러스터 간에 애플리케이션을 이동할 수 있는 시스템을 갖추는 것도 중요하다. 클러스터 크기가 증가하면 컴퓨터 구성 요소의 고장을 더 자주 처리하게 된다.

쿠버네티스는 애플리케이션 구성 요소와 이 애플리케이션이 구동 중인 노드를 모니터링하다가 노드 장애 발생 시 자동으로 애플리케이션을 다른 노드로 스케줄링한다. 이로써 운영 팀은 애플리케이션 구성 요소를 수동으로 마이그레이션할 필요가 없어지고, 애플리케이션을 재배치하는 대신 즉시 노드 자체를 수정해 사용 가능한 하드웨어 리소스 풀에 반환하는 데 집중할 수 있다.

인프라에 장애가 발생한 노드가 없어도 정상적인 시스템 작동이 가능하도록 충분한 예비 자원이 있는 경우 운영 팀은 새벽 3시에 일어난 장애에 즉시 대응할 필요가 없다. 규칙적인 근무 시간 동안 잠을 잘 수 있고, 정규 근무 시간에 장애가 발생한 노드를 처리할 수 있다.

오토스케일링

쿠버네티스를 사용해 배포된 애플리케이션을 관리한다는 것은 급격한 부하 급증에 대응하기 위해 개별 애플리케이션의 부하를 운영 팀이 지속적으로 모니터링할 필요가 없음을 의미한다. 앞서 언급했듯이 쿠버네티스는 각 애플리케이션에서 사용하는 리소스를 모니터링하고 각 애플리케이션의 실행 중인 인스턴스 수를 계속 조정하도록 지시할 수 있다.

클라우드 인프라에서 쿠버네티스가 실행 중인 경우 클라우드 제공업체의 API로 쉽게 노드를 추가하면 배포된 애플리케이션의 부하에 따라 전체 클러스터 크기를 자동으로 확장하거나 축소할 수 있다.[16]

애플리케이션 개발 단순화

앞 절에서 설명한 기능은 대부분 운영 팀에게 도움이 되는 내용이다. 그러나 개발자에게는 어떨까? 쿠버네티스가 개발자에게 제공하는 무언가가 있을까? 확실히 그렇다.

애플리케이션이 개발과 프로덕션 환경이 모두 동일한 환경에서 실행된다는 사실로 돌아가보면 버그가 발견됐을 때 큰 효과가 있다. 버그를 빨리 발견할수록 버그를 수정하는 것이 쉽고, 수정에 더 적은 작업이 필요하다는 데 동의할 것이다. 버그를 해결하는 개발자의 작업이 줄어든다.

또한 개발자가 일반적으로 구현해야 하는 기능을 구현할 필요가 없어진다. 여기에는 클러스터된 애플리케이션에서 서비스나 피어peer를 검색하는 기능도 포함된다. 쿠버네티스가 애플리케이션 대신 이 작업을 수행한다. 일반적으로 애플리케이션은 특정 환경변수만 조회하거나 DNS 조회만 수행하면 된다. 충분하지 않다면 애플리케이션에서 쿠버네티스 API 서버를 직접 쿼리해 해당 정보나 혹은 다른 정보를 얻을 수 있다. 쿠버네티스 API 서버를 쿼리하면 개발자가 리더 선정[17] 같은 복잡한 메커니즘을 구현하지 않아도 된다.

쿠버네티스의 마지막 장점은 새로운 버전의 애플리케이션을 출시할 때 쿠버네티스가 새로운 버전이 잘못됐는지 자동으로 감지하고 즉시 롤아웃을 중지한다는 것을 알고 있는 개발자들이 느끼는 신뢰성 증가를 들 수 있다. 이는 애플리케이션의 지속적인 전달continuous delivery을 가속화해 조직 전체에 도움이 된다.

---

16 자동으로 쿠버네티스 클러스터의 워커 노드를 스케일링할 수 있는 클러스터 API는 번역 시점에 아직 alpha-preview이다. – 옮긴이
17 쿠버네티스 클러스터 위에서 동작하는 애플리케이션이 여러 인스턴스 중 하나를 리더로 선정하고자 할 때 쿠버네티스 API 서버를 이용할 수 있다. 모든 인스턴스가 동일한 리소스 락(Resource Lock)을 획득하려고 API를 호출하면 그중 성공한 인스턴스가 리더가 된다. https://github.com/kubernetes/client-go/tree/master/examples/leader-election 소스 코드를 참고하라. – 옮긴이

1.4 요약

1장에서는 최근 몇 년 동안 애플리케이션이 어떻게 변화됐으며 배포와 관리가 얼마나 더 어려워졌는지 살펴봤다. 쿠버네티스를 소개하고 도커와 기타 컨테이너 플랫폼과 함께 쿠버네티스가 애플리케이션과 애플리케이션이 실행되는 인프라를 배포하고 관리하는 방법을 살펴봤다. 요약하면 다음과 같다.

- 모놀리스 애플리케이션은 구축하기 쉽지만 시간이 지남에 따라 유지 관리하기가 더 어려워지고 때로는 확장이 불가능할 수 있다.
- 마이크로서비스 기반 애플리케이션 아키텍처는 각 구성 요소의 개발을 용이하게 하지만 하나의 시스템으로 작동하도록 배포하고 구성하기가 어렵다.
- 리눅스 컨테이너는 가상머신과 동일한 이점을 제공하지만 훨씬 더 가볍고 하드웨어 활용도를 높일 수 있다.
- 도커는 OS 환경과 함께 컨테이너화된 애플리케이션을 좀 더 쉽고 빠르게 프로비저닝할 수 있도록 지원해 기존 리눅스 컨테이너 기술을 개선했다.
- 쿠버네티스는 전체 데이터 센터를 애플리케이션 실행을 위한 컴퓨팅 리소스로 제공한다.
- 개발자는 시스템 관리자의 도움 없이도 쿠버네티스로 애플리케이션을 배포할 수 있다.
- 시스템 관리자는 쿠버네티스가 고장 난 노드를 자동으로 처리하도록 함으로써 더 편하게 잠을 잘 수 있다.

2장에서는 직접 애플리케이션을 만들고 도커에서 실행한 다음 쿠버네티스에서 실행할 것이다.

2

도커와 쿠버네티스 첫걸음

2장에서 다루는 내용

- 도커를 사용한 컨테이너 이미지 생성, 실행, 공유
- 로컬에 단일 노드 쿠버네티스 클러스터 실행
- 구글 쿠버네티스 엔진에서 쿠버네티스 클러스터 설치
- kubectl CLI 클라이언트 설정과 사용
- 쿠버네티스에서 애플리케이션의 배포와 수평 스케일링

쿠버네티스 개념을 자세히 알아보기 전에 간단한 애플리케이션을 만들어 컨테이너 이미지로 패키징하고 관리형 쿠버네티스 클러스터(구글 쿠버네티스 엔진)나 로컬의 단일 노드 클러스터에서 실행하는 방법을 살펴보자. 2장에서 쿠버네티스 시스템의 전체적인 개요를 살펴보고 나면 쿠버네티스 기본 구성 요소와 개념을 다루는 이후 장들을 더 쉽게 따라갈 수 있을 것이다.

2.1 도커를 사용한 컨테이너 이미지 생성, 실행, 공유하기

1장에서 쿠버네티스에서 구동되는 애플리케이션은 컨테이너 이미지로 패키징해야 한다는 것을 배웠다. 2장에서는 도커를 다뤄보지 못한 사용자를 위해 도커 사용의 기본적인 방법을 소개한다. 다루는 내용은 다음과 같다.

1. 도커 설치와 "Hello world" 컨테이너 실행하기
2. 쿠버네티스에 배포할 간단한 Node.js 애플리케이션 생성하기
3. 격리된 컨테이너로 실행하기 위해 애플리케이션을 컨테이너 이미지로 패키징하기
4. 이미지 기반의 컨테이너 실행하기
5. 누구든 실행할 수 있게 도커 허브^{Docker Hub}에 이미지 푸시하기

2.1.1 도커 설치와 Hello World 컨테이너 실행하기

먼저 리눅스 머신에 도커를 설치해야 한다. 리눅스를 사용하지 않는다면 리눅스 가상머신을 시작하고 가상머신에 도커를 실행해야 한다. 맥이나 윈도우를 사용하는 환경에서 설명에 따라 도커를 설치하면 가상머신이 생성되고, 가상머신 안에 도커 데몬이 구동된다. 호스트 OS에서 도커 클라이언트 실행파일을 사용하면 가상머신에 구동된 도커 데몬과 통신한다.

도커를 설치하려면 http://docs.docker.com/engine/installation/[1]의 설명에 따라 운영체제에 알맞은 방식으로 설치를 진행한다. 설치가 완료되면 도커 클라이언트 실행파일로 다양한 도커 명령을 실행할 수 있다. 예를 들어 도커 공개 레지스트리인 도커 허브에 있는 이미지를 풀^{pull}하거나 실행할 수 있다. 도커 허브는 잘 알려진 소프트웨어 패키지를 위한 즉시 실행 가능한 이미지를 보유하고 있다. 그 가운데 하나가 busybox 이미지이며, 간단하게 echo "Hello world" 명령을 실행하는 데 사용된다.

---

1   해당 URL은 https://docs.docker.com/install/로 리디렉션된다. – 옮긴이

Hello World 컨테이너 실행

busybox에 익숙하지 않겠지만 busybox는 echo, ls, gzip 등과 같은 표준 UNIX 명령줄 도구들을 합쳐 놓은 단일 실행파일(executable)이라 할 수 있다. busybox 이미지를 사용하는 대신에 echo 실행파일이 있는 완전한 OS 이미지인 Fedora, Ubuntu 혹은 이와 유사한 이미지를 사용할 수 있다.

busybox 이미지를 실행하기 위해 어떤 것도 다운로드하거나 설치할 필요가 없다. 단지 docker run 커맨드를 사용해 어떤 이미지를 다운로드하고 실행할지, 필요하다면 실행할 다른 명령어를 추가적으로 기술하면 된다(예제 2.1 참고).

예제 2.1 도커에 Hello world 컨테이너 실행

```
$ docker run busybox echo "Hello world"
Unable to find image 'busybox:latest' locally
latest: Pulling from docker.io/busybox
9a163e0b8d13: Pull complete
fef924a0204a: Pull complete
Digest: sha256:97473e34e311e6c1b3f61f2a721d038d1e5eef17d98d1353a513007cf46ca6bd
Status: Downloaded newer image for docker.io/busybox:latest
Hello world
```

그다지 인상적이지 않겠지만 하나의 명령을 통해 아무런 설치나 추가 작업 없이도 전체 애플리케이션이 다운로드되고 실행된다는 건 꽤 근사한 일임에 틀림없다. 예시에 사용된 애플리케이션은 단일 실행파일(busybox)이지만 다양한 종속성을 가진 복잡한 애플리케이션이 될 수도 있다. 그렇다 할지라도 애플리케이션을 설치하고 실행하는 모든 과정은 동일할 것이다. 중요한 것은 애플리케이션이 컨테이너 내부에서 실행되고, 컴퓨터에서 실행 중인 다른 모든 프로세스로부터 완전히 격리된다는 점이다.

백그라운드에 일어난 동작 이해하기

그림 2.1은 docker run 명령을 수행했을 때 일어나는 일을 보여준다. 먼저 도커는 busybox :latest 이미지가 로컬 컴퓨터에 존재하는지 체크한다. 존재하지 않는다면 도커는 http://

docker.io의 도커 허브 레지스트리에서 이미지를 다운로드한다. 컴퓨터에 이미지의 다운로드가 완료되면 도커는 이미지로부터 컨테이너를 생성하고 컨테이너 내부에서 명령어를 실행한다. echo 명령어는 텍스트를 표준 출력(STDOUT)으로 출력한 후 프로세스를 중단하고 컨테이너도 중지된다.

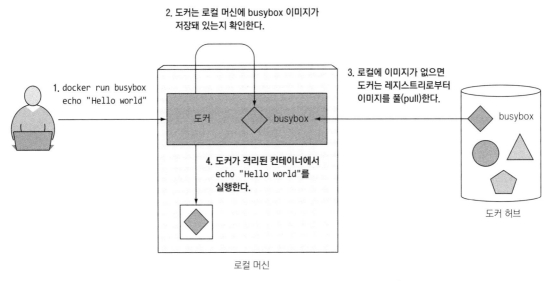

▲ **그림 2.1** busybox 컨테이너 이미지 기반 컨테이너에서 echo "Hello world" 명령 실행하기

다른 이미지 실행하기

나른 이미지를 실행하는 것도 busybox를 실행하는 것과 동일하다. 사실 예제(echo "Hello world")와 다르게 다른 이미지를 실행할 때는 어떤 명령을 실행할지 지정하지 않기 때문에 더 간단할 수 있다. 실행돼야 할 명령어는 보통 이미지를 생성할 때 내부에 넣어 패키징하며, 원하는 경우 이 명령어를 오버라이드할 수 있다. http://hub.docker.com에 공개된 이미지를 검색하거나 탐색한 후 다음과 같이 도커에 이미지를 실행하도록 전달할 수 있다.

```
$ docker run <image>
```

컨테이너 이미지에 버전 지정하기

모든 소프트웨어 패키지는 업데이트되기 때문에 일반적으로 하나 이상의 버전이 존재한다. 도커는 동일한 이미지와 이름에 여러 개의 버전을 가질 수 있다. 각 버전은 고유한 태그를 가져야 한다. 이미지를 참조할 때 명시적으로 태그를 지정하지 않으면, 도커는 latest 태그를 참조한 것으로 간주한다. 다른 버전의 이미지를 실행하려면 다음과 같이 이미지 이름에 태그를 같이 지정해야 한다.

```
$ docker run <image>:<tag>
```

2.1.2 간단한 node.js 애플리케이션 생성하기

도커 설정이 완료됐으므로 이제 애플리케이션을 생성해보자. 간단한 Node.js 웹 애플리케이션을 만들고 컨테이너 이미지로 패키징한다. 애플리케이션은 HTTP 요청[request]을 받아 애플리케이션이 실행 중인 머신의 호스트 이름을 응답[response]으로 반환한다. 이렇게 하면 여느 프로세스와 마찬가지로 호스트 머신에서 실행되고 있음에도 호스트 머신의 호스트 이름을 바라보는 것이 아니라 애플리케이션이 실행 중인 컨테이너 내부의 호스트 이름을 바라보는 것을 알 수 있다. 이런 동작 방식이 쿠버네티스 위에 애플리케이션을 배포하고 스케일 아웃(수평 확장을 통해 다수의 애플리케이션 인스턴스를 기동)을 할 때 유용하게 사용된다. HTTP 요청이 애플리케이션의 다른 인스턴스를 호출하는 것을 볼 수 있다.

애플리케이션은 app.js라고 부르는 단일 파일로 이뤄지고 다음 예제와 같은 내용으로 구성돼 있다.

예제 2.2 단일 Node.js 애플리케이션: app.js

```
const http = require('http');
const os = require('os');

console.log("Kubia server starting...");

var handler = function(request, response) {
  console.log("Received request from " + request.connection.remoteAddress);
```

```
    response.writeHead(200);
    response.end("You've hit " + os.hostname() + "\n");
};

var www = http.createServer(handler);
www.listen(8080);
```

이 코드가 하는 일은 명확하다. 포트 8080으로 HTTP 서버를 시작하고, 서버는 모든 요청에 대해 상태 코드 `200 OK`와 `"You've hit <hostname>"`의 텍스트를 HTTP 응답으로 한다. 요청 핸들러는 나중에 필요한 경우를 위해 클라이언트 IP 주소를 표준 출력에 로깅한다.

> |**노트**| 반환되는 호스트 이름은 클라이언트가 HTTP 요청의 Host 헤더로 보낸 것이 아니라 서버의 실제 호스트 이름이다.

이제 Node.js를 다운로드하고 설치해 직접 테스트해볼 수 있지만 그렇게 할 필요가 없다. 도커를 통해 애플리케이션을 컨테이너 이미지로 패키징하면 다운로드를 하거나 설치하지 않고도 어디에서든 실행할 수 있기 때문이다(단, 컨테이너 이미지를 실행시키는 머신에 도커는 설치해야 한다).

2.1.3 이미지를 위한 Dockerfile 생성

애플리케이션을 이미지로 패키징하기 위해 먼저 Dockerfile이라고 부르는 파일을 생성해야 한다. Dockerfile에는 도커가 이미지를 생성하기 위해 수행해야 할 지시 사항이 담겨 있다. Dockerfile은 app.js 파일과 동일한 디렉터리에 있어야 하며, 다음 예제와 같은 내용을 갖고 있어야 한다.

예제 2.3 애플리케이션을 컨테이너 이미지로 만들기 위한 Dockerfile

```
FROM node:7
ADD app.js /app.js
```

```
ENTRYPOINT ["node", "app.js"]
```

FROM 줄은 시작점(이미지 생성의 기반이 되는 기본 이미지)으로 사용할 컨테이너 이미지를 정의한다. 이 경우에는 node 컨테이너 이미지의 태그 7을 사용한다. 두 번째 줄은 로컬 디렉터리의 app.js 파일을 이미지의 루트 디렉터리에 동일한 이름(app.js)으로 추가한다. 마지막으로 세 번째 줄에서는 이미지를 실행했을 때 수행돼야 할 명령어를 정의한다. 이 경우는 node app.js이다.

> **기본 이미지 선택**
>
> Dockerfile에서 왜 특정한 이미지를 기본 이미지로 선택했는지 궁금할 것이다. 이 애플리케이션은 Node.js 애플리케이션이기 때문에 애플리케이션을 실행하려면 node 바이너리 실행파일이 포함된 이미지가 필요하다. 바이너리가 포함된 다른 이미지를 사용할 수도 있고, Fedora나 Ubuntu와 같은 리눅스 배포판을 기본 이미지로 사용해 이미지 빌드 시 컨테이너에 Node.js를 설치할 수도 있다. 다만 node 이미지는 Node.js 애플리케이션을 실행하기 위해 특별히 만들어진 이미지로, 애플리케이션을 실행하는 데 필요한 모든 것을 포함하고 있으므로 기본 이미지로 사용한다.

2.1.4 컨테이너 이미지 생성

Dockerfile과 app.js 파일을 생성했으므로 이미지를 빌드하기 위한 모든 것이 준비됐다. 이미지를 빌드하려면 다음 도커 명령어를 실행한다.

```
$ docker build -t kubia .
```

그림 2.2는 빌드 과정에서 일어나는 일을 보여준다. 도커에게 현재 디렉터리의 콘텐츠를 기반으로 kubia라고 부르는 이미지를 빌드하라고 요청했다(빌드 명령어 마지막에 있는 .(마침표) 주의). 도커는 디렉터리 내 Dockerfile을 살펴보고 파일에 명시된 지시 사항에 근거해 이미지를 빌드한다.

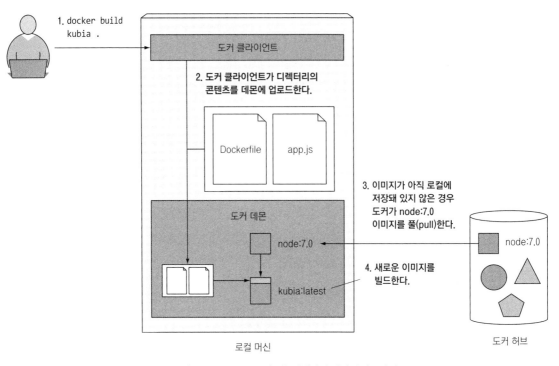

1. docker build kubia .

도커 클라이언트

2. 도커 클라이언트가 디렉터리의 콘텐츠를 데몬에 업로드한다.

Dockerfile   app.js

도커 데몬

node:7.0

kubia:latest

3. 이미지가 아직 로컬에 저장돼 있지 않은 경우 도커가 node:7.0 이미지를 풀(pull)한다.

node:7.0

4. 새로운 이미지를 빌드한다.

로컬 머신   도커 허브

▲ **그림 2.2** Dockerfile로 새로운 컨테이너 이미지 빌드하기

어떻게 이미지가 빌드되는지 이해하기

빌드 프로세스는 도커 클라이언트가 수행하지 않는다. 그 대신 디렉터리의 전체 콘텐츠가 도커 데몬에 업로드되고 그곳에서 이미지가 빌드된다. 도커 클라이언트와 데몬은 같은 머신에 있을 필요는 없다. 리눅스가 아닌 OS에서 도커를 사용하는 경우 도커 클라이언트는 호스트 OS에 위치하고, 데몬은 가상머신 내부에서 실행된다. 빌드 디렉터리의 모든 파일이 데몬에 업로드돼야 하기 때문에 데몬이 로컬로 실행 중이지 않은 상황에서 큰 파일이 다수 포함되면 업로드 시간이 오래 걸릴 수 있다.

> |**팁**| 빌드 디렉터리에 불필요한 파일을 포함시키지 마라. 특히 원격 머신에 도커 데몬이 위치한 경우 이러한 파일이 빌드 프로세스의 속도 저하를 가져온다.

빌드 프로세스 동안 이미지가 사용자 컴퓨터에 저장돼 있지 않다면, 도커는 기본 이미지(node:7)를 퍼블릭 이미지 리포지터리(도커 허브)에서 가져온다.

이미지 레이어에 관해 이해하기

busybox 예제를 실행하면서 이미지라는 것이 하나의 큰 바이너리 덩어리가 아니라 여러 개의 레이어로 구성된다는 것을 아마도 눈치챘을 것이다(예제에서 각 레이어별로 한 행의 Pull complete가 다수 있다). 서로 다른 이미지가 여러 개의 레이어를 공유할 수 있기 때문에 이미지의 저장과 전송에 효과적이다. 예를 들어 동일한 기본 이미지(node:7)를 바탕으로 다수의 이미지를 생성하더라도 기본 이미지를 구성하는 모든 레이어는 단 한 번만 저장될 것이다. 또한 이미지를 가져올 때도 도커는 각 레이어를 개별적으로 다운로드한다. 컴퓨터에 여러 개의 레이어가 이미 저장돼 있다면 도커는 저장되지 않은 레이어만 다운로드한다.

각 Dockerfile이 새로운 레이어를 하나만 생성한다고 생각할 수 있지만 그렇지 않다. 이미지를 빌드하는 동안 기본 이미지의 모든 레이어를 가져온 다음, 도커는 그 위에 새로운 레이어를 생성하고 app.js 파일을 그 위에 추가한다. 그런 다음 이미지가 실행할 때 수행돼야 할 명령을 지정하는 또 하나의 레이어를 추가한다. 이 마지막 레이어는 kubia:latest라고 태그를 지정한다. 이는 그림 2.3에 나와 있으며, 어떻게 other:latest라는 별도의 이미지가 kubia:latest에서 사용하는 것과 동일한 Node.js 이미지의 레이어를 사용할 수 있는지 보여준다.

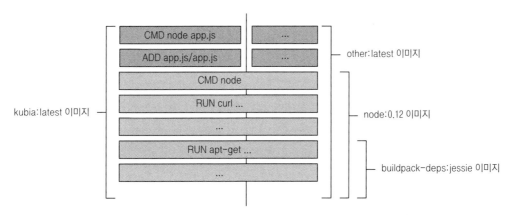

▲ **그림 2.3** 컨테이너 이미지는 다른 이미지에게 공유 가능한 레이어로 구성된다.

이미지 빌드 프로세스가 완료되면 새로운 이미지가 로컬에 저장된다. 예제 2.4와 같이 로컬에 저장된 이미지 리스트를 도커에게 요청할 수 있다.

```
$ docker images
REPOSITORY      TAG        IMAGE ID         CREATED          VIRTUAL SIZE
kubia           latest     d30ecc7419e7     1 minute ago     637.1 MB
...
```

Dockerfile을 이용한 이미지 빌드와 수동 빌드 비교하기

Dockerfile은 도커로 컨테이너 이미지를 생성하는 일반적인 방법이지만, 기존 이미지에서 컨테이너를 실행하고 컨테이너 내부에서 명령어를 수행한 후 빠져나와 최종 상태를 새로운 이미지로 커밋commit하는 방법으로 이미지를 수동으로 생성할 수도 있다. 이것은 Docker file로부터 빌드를 하는 것과 정확히 동일한 방법이지만, Dockerfile을 이용하는 것이 훨씬 반복 가능하고 이미지 빌드를 자동화할 수 있는 방법이다. 이는 모든 명령어를 다시 수동으로 입력할 필요 없이 Dockerfile만 변경하면 언제든지 이미지를 다시 빌드할 수 있기 때문이다.

2.1.5 컨테이너 이미지 실행

이제 다음 명령어를 시용해 이미지를 실행할 수 있다.

```
$ docker run --name kubia-container -p 8080:8080 -d kubia
```

이 명령어는 도커가 kubia 이미지에서 kubia-container라는 이름의 새로운 컨테이너를 실행하도록 한다. 컨테이너는 콘솔에서 분리돼(-d 플래그) 백그라운드에서 실행됨을 의미한다. 로컬 머신의 8080포트가 컨테이너 내부의 8080포트와 매핑되므로(-p 8080:8080 옵션) http://localhost:8080으로 애플리케이션에 접근할 수 있다.

로컬 머신에서 도커 데몬이 실행 중이 아니라면(맥이나 윈도우를 사용하는 경우 데몬은 가상 머신 내부에서 실행 중), localhost 대신에 데몬이 실행 중인 가상머신의 호스트 이름이나 IP

를 사용해야 한다. 이 정보는 DOCKER_HOST 환경변수로 확인 가능하다.

애플리케이션 접근하기

이제 http://localhost:8080의 애플리케이션에 접근해보자(필요한 경우 localhost를 도커 호스트의 호스트 이름 또는 IP로 바꾼다).

```
$ curl localhost:8080
You've hit 44d76963e8e1
```

이것이 애플리케이션의 응답이다. 이 작은 애플리케이션은 격리된 컨테이너 내부에서 실행 중이다. 호스트 이름으로 **44d76963e8e1**을 응답하지만 호스트 머신의 호스트 이름과 다르다는 것을 알 수 있다. 이 16진수는 도커 컨테이너의 ID이다.

실행 중인 모든 컨테이너 조회하기

다음 예제와 같이 실행 중인 모든 컨테이너를 조회해서 리스트를 확인할 수 있다(가시성을 높이기 위해 출력 정보를 수정했다. 마지막 두 줄은 첫 번째 두 줄과 연결된다고 생각하면 된다).

예제 2.5 실행 중인 컨테이너 목록

```
$ docker ps
CONTAINER ID    IMAGE           COMMAND              CREATED         ...
44d76963e8e1    kubia:latest    "/bin/sh -c 'node ap  6 minutes ago   ...
... STATUS          PORTS                NAMES
... Up 6 minutes    0.0.0.0:8080->8080/tcp    kubia-container
```

컨테이너 하나가 실행 중이다. 도커는 각 컨테이너의 ID, 이름, 컨테이너를 실행하는 데 사용된 이미지, 컨테이너 내부에 수행된 명령어를 출력한다.

컨테이너에 관한 추가 정보 얻기

docker ps 명령어는 컨테이너의 기본 정보만 표시한다. 자세한 정보를 보려면 docker inspect 를 사용한다.

```
$ docker inspect kubia-container
```

도커는 컨테이너의 상세 정보를 JSON 형식으로 출력할 것이다.

2.1.6 실행 중인 컨테이너 내부 탐색하기

컨테이너 내부의 환경을 보고 싶다면 어떻게 해야 할까? 하나의 컨테이너 내에 여러 개의 프로세스가 실행될 수 있기 때문에 추가 프로세스를 실행해서 컨테이너 내부를 살펴볼 수 있다. 이미지 내에 실행 가능한 셸 바이너리가 제공된다면 셸을 실행할 수도 있다.

실행 중인 컨테이너 내부에서 셸 실행하기

실행 중인 컨테이너의 기본 이미지인 Node.js는 bash 셸을 포함하고 있으므로 다음과 같이 컨테이너 내부에서 셸을 실행할 수 있다.

```
$ docker exec -it kubia-container bash
```

이 명령어는 현재 실행 중인 kubia-container 컨테이너 내부에 bash를 실행한다. bash 프로세스는 컨테이너의 메인 프로세스와 동일한 리눅스 네임스페이스를 갖는다. 따라서 컨테이너 내부를 탐색할 수 있고, 컨테이너 내부에서 실행될 때 Node.js와 애플리케이션이 시스템을 보는[2] 방법을 알 수 있다. -it 옵션은 두 옵션을 축약한 것이다.

- -i: 표준 입력(STDIN)을 오픈 상태로 유지한다. 셸에 명령어를 입력하기 위해 필요하다.
- -t: 의사pseudo 터미널(TTY)을 할당한다.

일반적인 셸을 사용하는 것과 동일하게 셸을 사용하고 싶다면 두 옵션이 필요하다(첫 번째 옵션을 빼면 명령어를 입력할 수 없고, 두 번째 옵션을 빼면 명령어 프롬프트가 화면에 표시되지 않

---

2 여기서 '본다'는 표현을 썼다. 컨테이너는 리눅스의 네임스페이스를 이용해서 볼 수 있는 범위를 한정해 컨테이너의 격리 기능을 제공한다. - 옮긴이

는다. 또 어떤 명령어들은 TERM 변수가 선언되지 않아 에러가 난다).

내부에서 컨테이너 탐색

다음 예제를 통해 셸을 사용해 컨테이너 내부에 실행 중인 프로세스를 조회하는 방법을 살펴본다.

예제 2.6 컨테이너 내부에서 프로세스 조회하기

```
root@44d76963e8e1:/# ps aux
USER   PID   %CPU  %MEM    VSZ     RSS   TTY  STAT  START  TIME  COMMAND
root    1    0.0   0.1   676380   16504   ?    Sl   12:31  0:00  node app.js
root    10   0.0   0.0    20216   1924    ?    Ss   12:31  0:00  bash
root    19   0.0   0.0    17492   1136    ?    R+   12:38  0:00  ps aux
```

단지 세 개의 프로세스만 볼 수 있고 호스트 운영체제의 다른 프로세스는 볼 수가 없다.

호스트 운영체제에서 실행 중인 컨테이너에서 실행되는 프로세스 이해하기

이제 다른 터미널을 열고 호스트 운영체제의 프로세스를 조회해보면 모든 프로세스를 조회할 수 있는데, 예제 2.7과 같이 컨테이너에서 실행 중인 프로세스도 볼 수 있다.

> |**노트**| 맥 또는 윈도우를 사용하는 경우 도커 데몬이 실행 중인 가상머신에 로그인해야 프로세스를 볼 수 있다.

예제 2.7 호스트 운영체제에서 실행 중인 컨테이너 프로세스

```
$ ps aux | grep app.js
USER  PID  %CPU  %MEM    VSZ    RSS    TTY  STAT  START  TIME  COMMAND
root  382  0.0   0.1   676380  16504   ?    Sl   12:31  0:00  node app.js
```

이는 컨테이너에서 실행 중인 프로세스가 호스트 운영체제에서 실행 중이라는 것을 증명한다. 주의 깊게 살펴봤다면 호스트 운영체제와 컨테이너 내부에서 조회한 프로세스의

ID가 다르다는 것을 발견했을 것이다. 컨테이너는 자체 리눅스 PID 네임스페이스를 사용하며 고유의 시퀀스 번호를 가지고 완전히 분리된 프로세스 트리를 갖고 있다.

격리된 컨테이너 파일시스템

격리된 프로세스를 가진 것과 마찬가지로 각 컨테이너는 격리된 파일시스템을 갖고 있다. 컨테이너 내부에서 루트 디렉터리의 내용을 조회해보면 컨테이너 안의 파일만 보여준다. 예제 2.8을 보면 이 파일들은 이미지에 있는 모든 파일과 컨테이너가 실행하는 동안 생성한 파일(로그 파일 등)을 포함한다.

예제 2.8 컨테이너가 갖고 있는 완전한 파일시스템

```
root@44d76963e8e1:/# ls /
app.js  boot  etc   lib    media  opt   root  sbin  sys  usr
bin     dev   home  lib64  mnt    proc  run   srv   tmp  var
```

app.js 파일과 사용한 node:7 기본 이미지의 일부인 시스템 디렉터리를 포함하고 있다. 컨테이너에서 나오기 위해 exit 명령으로 셸을 빠져나오면, 호스트 머신으로 돌아오게 된다(예: ssh 세션 로그아웃과 유사하다).

> |팁| 이와 같이 실행 중인 컨테이너에 진입하는 것은 컨테이너에 실행 중인 애플리케이션을 디버깅할 때 유용하다. 문제가 있을 때 가장 먼저 해야 할 것은 애플리케이션이 보고 있는 시스템의 실제 상태를 탐색하는 것이다. 애플리케이션이 자체의 고유한 파일시스템을 보고 있을 뿐만 아니라 프로세스, 사용자, 호스트 이름, 네트워크 인터페이스도 고유한 것을 보고 있다는 사실을 명심해야 한다.

2.1.7 컨테이너 중지와 삭제

애플리케이션을 종료하기 위해 도커에게 kubia-container 컨테이너를 중지하도록 명령한다.

```
$ docker stop kubia-container
```

이 명령은 컨테이너에 실행 중인 메인 프로세스를 중지시키며 컨테이너 내부에 실행 중인 다른 프로세스가 없으므로 결과적으로 컨테이너가 중지된다. docker ps -a로 보면 컨테이너 그 자체는 여전히 존재함을 확인할 수 있다. -a 옵션은 실행 중인 컨테이너와 중지된 모든 컨테이너를 출력한다. 컨테이너를 완전히 삭제하려면 docker rm 명령을 수행해야 한다.

```
$ docker rm kubia-container
```

이렇게 하면 컨테이너가 삭제된다. 컨테이너의 모든 내용이 삭제돼 다시 시작할 수 없다.

2.1.8 이미지 레지스트리에 이미지 푸시

지금까지 빌드한 이미지는 로컬 컴퓨터에서만 사용이 가능하다. 다른 컴퓨터에서도 실행하려면 외부 이미지 저장소에 이미지를 푸시해야 한다. 작업을 단순화하기 위해 사설 이미지 레지스트리를 설정하기보다는 공개적으로 사용할 수 있는 레지스트리 중 하나인 도커 허브(http://hub.docker.com)에 이미지를 푸시한다. 널리 사용되는 레지스트리에는 Quay.io나 구글 컨테이너 레지스트리Google Container Registry가 있다.

이미지를 푸시하기 전에 도커 허브의 규칙에 따라 이미지 태그를 다시 지정해야 한다. 도커 허브는 이미지의 리포지터리 이름이 도커 허브 ID로 시작해야만 이미지를 푸시할 수 있다. http://hub.docker.com에 등록해 도커 허브 ID를 생성한다. 예제에서는 저자의 ID(luksa)를 사용하므로 앞으로 나오는 ID를 독자 여러분이 생성한 사용자 ID로 변경하라.

추가 태그로 이미지 태그 지정

ID가 준비됐다면 현재 kubia로 태그된 이미지를 luksa/kubia로 바꿀 준비가 된 것이다 (luksa를 사용자의 도커 허브 ID로 변경하라).

```
$ docker tag kubia luksa/kubia
```

이 명령은 태그를 변경하지 않는다. 같은 이미지에 추가적인 태그를 생성한다. 예제 2.9와 같이 docker images 명령으로 시스템에 저장된 이미지를 조회해 추가된 태그를 확인할 수 있다.

```
$ docker images | head
REPOSITORY        TAG      IMAGE ID        CREATED            VIRTUAL SIZE
luksa/kubia       latest   d30ecc7419e7    About an hour ago  654.5 MB
kubia             latest   d30ecc7419e7    About an hour ago  654.5 MB
docker.io/node    7.0      04c0ca2a8dad    2 days ago         654.5 MB
...
```

예제에서 보는 것처럼 kubia와 luksa/kubia가 동일한 이미지 ID를 가리키고 있으므로 사실 같은 이미지에 두 개의 태그를 갖는 것이다.

도커 허브에 이미지 푸시하기

도커 허브에 이미지를 푸시하기 전에 docker login 명령을 이용해 사용자 ID로 로그인해야 한다. 로그인을 하면 도커 허브에 다음과 같이 yourid/kubia로 이미지를 푸시할 수 있다.

```
$ docker push luksa/kubia
```

다른 머신에서 이미지 실행하기

도커 허브에 이미지 푸시가 완료되면 모든 사람이 이미지를 사용할 수 있다. 이제 다음 명령어를 실행하면 도커를 실행하는 모든 머신에 이미지를 실행할 수 있다.

```
$ docker run -p 8080:8080 -d luksa/kubia
```

이보다 더 간단할 수는 없다. 무엇보다 좋은 점은 애플리케이션이 언제 어디서나 동일한 환경을 유지한다는 것이다. 사용자의 머신에서 정상적으로 실행되면 어느 리눅스 머신에서도 잘 실행된다. 호스트 머신에 Node.js가 설치돼 있는지를 걱정할 필요가 없다. 실제로 설치돼 있다 하더라도 애플리케이션은 Node.js를 사용하지 않고 이미지 내부에 설치된 것을 사용한다.

2.2 쿠버네티스 클러스터 설치

이제 컨테이너 이미지에 애플리케이션을 패키징하고 도커 허브를 통해 사용할 수 있게 됐다. 도커에서 직접 실행하는 대신 쿠버네티스 클러스터에 배포할 수 있다. 하지만 먼저 쿠버네티스 클러스터를 설치해야 한다.

완전한 다중 노드 쿠버네티스 클러스터의 설치는 특히 리눅스와 네트워크 관리에 능숙하지 않다면 단순한 작업이 아니다. 올바른 쿠버네티스 설치는 여러 물리 머신 또는 가상 머신에 걸쳐 수행되며 쿠버네티스 클러스터 내에서 실행되는 모든 컨테이너가 동일한 플랫 네트워킹 공간을 통해 서로 연결되도록 네트워크를 올바르게 설정해야 한다.

쿠버네티스 클러스터를 설치하는 방법은 다양하다. http://kubernetes.io 문서에 상세한 설명이 있다. 문서의 내용이 계속 발전하고 있기 때문에 여기서 모두 나열하진 않겠지만 쿠버네티스는 로컬 개발 머신, 기업 조직의 컴퓨터 클러스터, 클라우드 공급자(구글 컴퓨트 엔진, 아마존 EC2, 마이크로소프트 애저 등)에서 제공된 가상머신에서 실행될 수도 있고 또는 (이전에 구글 컨테이너 엔진으로 알려진) 구글 쿠버네티스 엔진GKE 같은 관리형 쿠버네티스 클러스터를 사용할 수도 있다.[3]

2장에서는 쿠버네티스 클러스터를 손쉽게 실행할 수 있는 두 가지 간단한 옵션을 설명한다. 로컬 머신에 단일 노드 쿠버네티스 클러스터를 실행하는 방법과 구글 쿠버네티스 엔진에 실행 중인 클러스터에 접근하는 방법을 다룬다.

세 번째 옵션은 kubeadm 도구를 사용해 클러스터를 설치하는 방법으로, 부록 B에서 설명한다. 부록에서 가상머신을 활용해 노드 세 개에 쿠버네티스 클러스터를 설치하는 방법을 보여주지만 먼저 이 책의 11장까지 읽어본 뒤 시도해볼 것을 추천한다.

---

3   이와 유사한 서비스로 AWS의 Amazon EKS(Amazon Elastic Kubernetes Service), MS Azure의 AKS(Azure Kubernetes Service)와 Oracle의 OKE(Oracle Kubernetes Engine)가 있다. – 옮긴이

또 다른 옵션은 AWS^{Amazon Web Service}에 쿠버네티스를 설치하는 것이다. 이를 위해서 앞서 언급한 kubeadm을 바탕으로 만들어진 kops 도구를 살펴볼 수 있다. http://github. com/kubernetes/kops에서 구할 수 있다. 이는 AWS 위에 운영 수준의 고가용성을 갖춘 쿠버네티스 클러스터를 배포하는 데 도움을 주며 궁극적으로는 (구글 쿠버네티스 엔진, VMware, vSphere 등) 다른 플랫폼도 지원하게 될 것이다.[4]

2.2.1 Minikube를 활용한 단일 노드 쿠버네티스 클러스터 실행하기

완전하게 동작하는 쿠버네티스를 가장 간단하고 빠르게 접근하는 방법은 Minikube를 사용하는 것이다. Minikube는 로컬에서 쿠버네티스를 테스트하고 애플리케이션을 개발하는 목적으로 단일 노드 클러스터를 설치하는 도구다.

여러 노드에서 애플리케이션을 관리하는 것과 관련된 쿠버네티스 기능들을 볼 수는 없지만 단일 노드 클러스터만으로도 이 책에서 다루는 대부분의 주제를 살펴보기엔 충분하다.

Minikube 설치

Minikube는 단일 이진 파일로 다운로드한 후 실행 가능한 특정 경로^{path}에 저장한다. OSX, 리눅스, 윈도우에서 사용할 수 있다. 설치를 하기 위해서 Minikube GitHub 리포지터리(http://github.com/kubernetes/minikube)에 있는 설명을 따른다.

예를 들어 OSX나 리눅스는 Minikube를 명령어 하나로 다운로드하고 설치할 수 있다. OSX에서의 명령어는 다음과 같다.

```
$ curl -Lo minikube https://storage.googleapis.com/minikube/releases/
➡ v0.23.0/minikube-darwin-amd64 && chmod +x minikube && sudo mv minikube
➡ /usr/local/bin/
```

리눅스에서는 다른 릴리스를 다운로드한다(URL의 darwin을 linux로 바꾼다). 윈도우 환경

---

4   kops는 현재 GCE와 오픈스택은 베타로 지원되며, VMware vSphere는 알파 단계다. – 옮긴이

에서는 파일을 수동으로 다운로드하고 minikube.exe로 이름을 바꿔 실행 가능한 경로path로 이동한다. Minikube는 VirtualBox나 KVM을 통해 실행된 가상머신 내부에 쿠버네티스를 실행하므로 Minikube 클러스터를 시작하기 전에 이 가운데 하나를 설치해야 한다.[5]

Minikube로 쿠버네티스 클러스터 시작하기

Minikube가 로컬에 설치되면 예제 2.10 명령어를 사용해 쿠버네티스 클러스터를 바로 시작할 수 있다

예제 2.10 Minikube 가상머신 시작하기

```
$ minikube start
Starting local Kubernetes cluster...
Starting VM...
SSH-ing files into VM...
...
Kubectl is now configured to use the cluster.
```

클러스터를 시작하는 데 1분 이상 걸리므로 명령어를 완료되기 전에 중단해선 안 된다.

쿠버네티스 클라이언트 설치하기

쿠버네티스를 다루려면 kubectl CLI 클라이언트가 필요하다. 다시 한 번 말하자면 필요한 것은 바이너리를 다운로드하고 실행 가능한 경로에 두는 것이다. 예를 들어 OSX의 최신 안정화 릴리스 버전에서는 다음 명령어를 사용해 다운로드와 설치를 할 수 있다.

```
$ curl -LO https://storage.googleapis.com/kubernetes-release/release
  /$(curl -s https://storage.googleapis.com/kubernetes-release/release
  /stable.txt)/bin/darwin/amd64/kubectl
  && chmod +x kubectl
  && sudo mv kubectl /usr/local/bin/
```

---

5   환경에 따라 Minikube의 다양한 설치 방법이 존재하므로 http://github.com/kubernetes/minikube의 Getting Started Guide에
    따라 진행한다. – 옮긴이

리눅스에서 kubectl을 다운로드하기 위해서 URL의 darwin을 linux로 변경한다. 윈도우에서는 darwin을 windows로 변경하고 맨 뒤에 .exe를 추가한다.[6]

> |**노트**| 여러 개의 쿠버네티스 클러스터를 사용한다면(예: Minikube와 GKE를 동시에 사용), kubectl 컨텍스트를 설정하고 다른 컨텍스트 간에 전환하는 방법을 다룬 부록 A를 참고한다.

클러스터 작동 여부 확인과 kubectl로 사용하기

예제 2.11에 나와 있는 kubectl cluster-info 명령어를 사용해 클러스터가 정상 작동하는지 확인한다.

예제 2.11 클러스터 정보 표시하기

```
$ kubectl cluster-info
Kubernetes master is running at https://192.168.99.100:8443
KubeDNS is running at https://192.168.99.100:8443/api/v1/proxy/...
kubernetes-dashboard is running at https://192.168.99.100:8443/api/v1/...
```

이것은 클러스터가 동작 중임을 나타낸다. API 서버와 웹 콘솔[7]을 비롯한 다양한 쿠버네티스 구성 요소의 URL을 표시한다.

> |**팁**| minikube ssh를 사용해 Minikube 가상머신에 로그인해서 내부를 살펴볼 수 있다. 이를테면 노드에 실행 중인 프로세스가 확인 가능하다.

---

6   자세한 내용은 https://kubernetes.io/docs/tasks/tools/install-kubectl/을 참고한다. - 옮긴이

7   Kubernetes dashboard를 의미한다. - 옮긴이

2.2.2 구글 쿠버네티스 엔진을 활용한 관리형 쿠버네티스 클러스터 사용하기

완전한 다중 노드 쿠버네티스 클러스터를 살펴보려면 관리형 구글 쿠버네티스 엔진 즉, GKE 클러스터를 사용할 수 있다. 이 방법을 사용하면 모든 클러스터 노드와 네트워킹을 수동으로 설정할 필요가 없으며 쿠버네티스를 처음 접하는 사람들의 부담을 줄여준다. GKE와 같은 관리형 솔루션을 사용하면 클러스터를 잘못 설정해 동작하지 않거나 부분적으로만 동작하는 경우는 없을 것이다.

구글 클라우드 프로젝트 설정과 필요한 클라이언트 바이너리 다운로드

새로운 쿠버네티스 클러스터를 생성하기 전에 GKE 환경을 먼저 설정해야 한다. 프로세스는 변경될 수 있으므로 여기에 상세한 방법을 나열하진 않는다. 자세한 설명은 https://cloud.google.com/containerengine/docs/before-you-begin[8]의 안내를 따른다.

전체 절차는 대략 다음과 같다.

1. 아직 계정이 없다면 구글에 가입한다.

2. 구글 클라우드 플랫폼^{Google Cloud Platform} 콘솔에서 프로젝트를 만든다.

3. 빌링을 활성화한다. 신용카드 정보가 필요하지만 구글은 12개월 무료 평가판을 제공한다(무료 평가판이 끝난 후 자동으로 비용을 부과하도록 전환하지 않는다).

4. 쿠버네티스 엔진 API를 활성화한다.

5. 구글 클라우드 SDK를 다운로드하고 설치한다(이는 쿠버네티스 클러스터를 생성하기 위해 사용되는 gcloud 명령행 도구가 포함돼 있다).

6. `gcloud components install kubectl` 명령으로 kubectl 명령행 도구를 설치한다.

---

8   해당 링크는 번역 시점에는 유효하지 않다. https://cloud.google.com/kubernetes-engine/docs/quickstart에서 확인하라.
    – 옮긴이

> |**노트**| 특정 작업(예: 2단계 작업)은 몇 분이 소요될 수 있으므로 그동안 커피를 한 잔 하면서 기다리면 된다.

노드 세 개를 가진 쿠버네티스 클러스터 생성

설치가 완료되면 예제 2.12에 표시된 명령어를 사용해 워커 노드 세 개를 가진 쿠버네티스 클러스터를 생성할 수 있다.

예제 2.12 GKE에서 노드 세 개에 클러스터 생성

```
$ gcloud container clusters create kubia --num-nodes 3
➡ --machine-type f1-micro
Creating cluster kubia...done.
Created [https://container.googleapis.com/v1/projects/kubia1-
1227/zones/europe-west1-d/clusters/kubia].
kubeconfig entry generated for kubia.
NAME    ZONE    MST_VER    MASTER_IP       TYPE      NODE_VER  NUM_NODES  STATUS
kubia   eu-w1d  1.5.3      104.155.92.30   f1-micro  1.5.3     3          RUNNING
```

이제 그림 2.4와 같이 워커 노드 세 개를 가진 쿠버네티스 클러스터를 생성했다. 노드 세 개를 사용하면 다중 노드를 활용하는 기능을 제대로 시연해볼 수 있다. 원한다면 더 적은 수의 노드를 사용할 수도 있다.

클러스터의 개념 이해하기

클러스터의 기본 아이디어와 상호작용하는 방법은 그림 2.4를 참고하라. 각 노드는 도커, Kubelet, kube-proxy를 실행한다. Kubectl 클라이언트 명령어는 마스터 노드에서 실행 중인 쿠버네티스 API 서버로 REST 요청을 보내 클러스터와 상호작용한다.

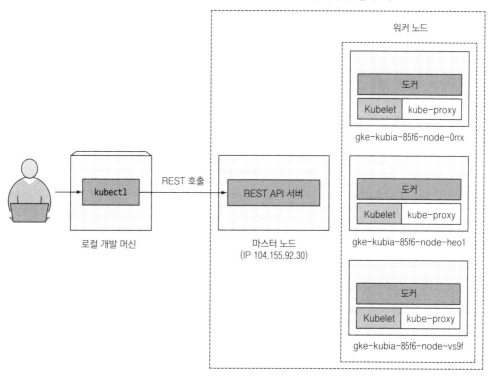

쿠버네티스 클러스터

워커 노드

도커

Kubelet | kube-proxy

gke-kubia-85f6-node-0rrx

도커

Kubelet | kube-proxy

gke-kubia-85f6-node-heo1

도커

Kubelet | kube-proxy

gke-kubia-85f6-node-vs9f

REST 호출

kubectl

REST API 서버

로컬 개발 머신

마스터 노드
(IP 104.155.92.30)

▲ **그림 2.4** 노드 세 개의 쿠버네티스 클러스터와 상호작용하는 방법

클러스터 노드를 조회해 클러스터 동작 상태 확인하기

예제 2.13과 같이 kubectl 명령으로 클러스터의 모든 노드를 조회한다.

예제 2.13 kubectl로 클러스터 노드 조회하기

```
$ kubectl get nodes
NAME                        STATUS  AGE  VERSION
gke-kubia-85f6-node-0rrx    Ready   1m   v1.5.3
gke-kubia-85f6-node-heo1    Ready   1m   v1.5.3
gke-kubia-85f6-node-vs9f    Ready   1m   v1.5.3
```

kubectl 명령어로 모든 종류의 쿠버네티스 오브젝트를 조회할 수 있다. 앞으로 자주
이 명령을 사용할 것이며 일반적으로 오브젝트의 기본적인 정보만 표시한다.

> **|팁|** gcloud compute ssh 〈node-name〉 명령으로 노드에 로그인해 노드에 무엇이 실행 중인지 살펴볼 수 있다.

오브젝트 세부 정보 가져오기

오브젝트에 대한 상세 정보를 보려면 kubectl describe 명령을 사용할 수 있다.

```
$ kubectl describe node gke-kubia-85f6-node-0rrx
```

여기서 describe 명령의 출력 결과는 상당히 길고 완전히 읽기 어려우므로 생략한다. 출력 결과는 CPU와 메모리, 시스템 정보, 노드에 실행 중인 컨테이너 등을 포함한 노드 상태를 보여준다.

Kubectl describe 예제에서 특정 노드의 이름을 명시했지만 노드의 이름을 입력하지 않고 kubectl describe node라고 수행하면 모든 노드의 상세 정보가 출력된다.

> **|팁|** 지정된 타입에 오직 하나의 오브젝트만 있다면 오브젝트의 이름을 명시하지 않고 describe와 get 명령어를 실행하면 된다. 오브젝트 이름을 복사/붙여넣기하거나 입력하기 위한 시간을 낭비할 필요가 없다.

쿠버네티스에서 첫 번째 애플리케이션을 실행하기 전에, 키 입력을 줄이기 위한 방법과 같은 kubectl을 훨씬 쉽게 사용하기 위한 추가적인 방법을 살펴보자.

2.2.3 kubectl의 alias와 명령줄 자동완성 설정하기

Kubectl을 자주 사용하게 될 것이다. 곧 매번 전체 명령어를 입력해야 한다는 사실이 고역임을 깨닫게 될 것이다. 계속 진행하기 전에 몇 분을 투자해 kubectl의 별칭alias과 탭 완성tap completion을 설정해보자.

별칭 설정하기

이 책에서는 항상 kubectl 명령어를 그대로 사용하겠지만 k와 같이 짧은 별칭을 추가하면 매번 kubectl을 입력할 필요가 없어진다. 별칭을 아직 사용해본 적이 없다면 어떻게 정의하는지 알아보자. 다음 행을 ~/.bashrc나 이에 준하는 파일에 추가한다.

```
alias k=kubectl
```

| **노트** | gcloud를 사용해 클러스터를 설정했다면 이미 k 실행파일이 존재할 수도 있다.

kubectl의 탭 완성 설정하기

k와 같은 짧은 별칭을 사용하더라도 생각보다 많은 명령어를 입력해야 한다. 다행히 kubectl 명령어는 bash와 zsh 셸에서 셸 완성 기능을 사용할 수 있다. 명령어 이름뿐만 아니라 오브젝트 이름에 관해서도 탭 완성을 사용할 수 있다. 이전 예제에서는 전체 노드 이름을 입력했다면 다음과 같이 입력할 수 있다.

```
$ kubectl desc<TAB> no<TAB> gke-ku<TAB>
```

bash에서 탭 완성을 활성화하려면 먼저 bash-completion 패키지를 설치하고 다음 명령을 실행해야 한다(~/.bashrc 또는 이에 준하는 파일에 명령을 추가할 수도 있다).

```
$ source <(kubectl completion bash)
```

그러나 주의 사항이 하나 있다. 앞의 명령을 실행하면 탭 완성은 전체 kubectl 이름을 사용할 때만 동작한다(k 별칭을 사용하는 경우 사용할 수 없다). 이 문제를 해결하려면 kubectl 완성 명령의 출력을 일부 변경해야 한다.

```
$ source <(kubectl completion bash | sed s/kubectl/k/g)
```

> |**노트**| 안타깝게도 이 글을 쓰는 시점에서 셸 완성이 맥OS의 별칭에서 동작하지 않는다. 셸 완성을 사용하려면 kubectl 명령어의 전체 이름을 사용해야 한다.[9]

이제 명령어에 많은 입력 없이도 클러스터와 상호작용할 수 있다. 드디어 쿠버네티스에 첫 번째 애플리케이션을 실행할 수 있게 됐다.

2.3 쿠버네티스에 첫 번째 애플리케이션 실행하기

처음으로 접하는 사용자를 위해 쿠버네티스 위에 애플리케이션을 실행할 수 있는 가장 간단한 방법을 사용할 것이다. 보통 배포하고자 하는 모든 구성 요소를 기술한 JSON이나 YAML 매니페스트를 준비해야 하지만 아직 쿠버네티스에서 생성 가능한 구성 요소의 유형을 언급하지 않았기 때문에 간단히 명령어 한 줄로 애플리케이션을 실행해보자.

2.3.1 Node.js 애플리케이션 구동하기

애플리케이션을 배포하기 위한 가장 간단한 방법은 kubectl run 명령어를 사용해 JSON이나 YAML을 사용하지 않고 필요한 모든 구성 요소를 생성하는 방법이다. 이렇게 하면 오브젝트의 구조를 깊이 살펴볼 필요가 없다. 이전에 생성해 도커 허브에 푸시한 이미지를 실행해보자. 쿠버네티스에서 실행하는 방법은 다음과 같다.

```
$ kubectl run kubia --image=luksa/kubia --port=8080 --generator=run/v1
replicationcontroller "kubia" created
```

--image=luksa/kubia 부분은 실행하고자 하는 컨테이너 이미지를 명시하는 것이고 -port=8080 옵션은 쿠버네티스에 애플리케이션이 8080포트를 수신 대기해야 한다는 사실을 알려준다. 마지막 플래그(--generator)는 추가 설명이 필요하다. 보통은 사용하지 않

---

9   번역 시점에는 맥OS에서도 탭 완성은 잘 동작한다. - 옮긴이

지만 여기에서는 쿠버네티스에서 디플로이먼트 대신 레플리케이션컨트롤러를 생성하기 때문에 사용했다. 레플리케이션컨트롤러에 관해 2장 뒷부분에서 다루며 디플로이먼트는 9장에서 설명한다. 그래서 지금은 kubectl로 디플로이먼트를 생성하지 않았다.[10]

앞 명령어의 실행 결과에서 알 수 있듯이 kubia라는 레플리케이션컨트롤러가 생성됐다. 이미 언급한 바와 같이 2장 뒷부분에서 레플리케이션컨트롤러를 살펴볼 것이다. 지금은 생성한 컨테이너에 집중해보자(실행 명령어에 컨테이너 이미지를 명시했으므로 컨테이너가 생성됐다고 가정할 수 있다).

파드 소개

실행 중인 모든 컨테이너를 보여주는 리스트에서 컨테이너를 보는 방법이 궁금할 수 있다. kubectl get containers와 같은 명령어를 사용하면 될까? 하지만 이런 방식으로 쿠버네티스는 동작하지 않는다. 쿠버네티스는 개별 컨테이너들을 직접 다루지 않는다. 대신 함께 배치된 다수의 컨테이너라는 개념을 사용한다. 이 컨테이너의 그룹을 파드[Pod]라고 한다.

파드는 하나 이상의 밀접하게 연관된 컨테이너의 그룹으로 같은 워커 노드에서 같은 리눅스 네임스페이스로 함께 실행된다. 각 파드는 자체 IP, 호스트 이름, 프로세스 등이 있는 논리적으로 분리된 머신이다. 애플리케이션은 단일 컨테이너로 실행되는 단일 프로세스일 수도 있고, 개별 컨테이너에서 실행되는 주 애플리케이션 프로세스와 부가적으로 도와주는 프로세스로 이뤄질 수도 있다. 파드에서 실행 중인 모든 컨테이너는 동일한 논리적인 머신에서 실행하는 것처럼 보이는 반면, 다른 파드에 실행 중인 컨테이너는 같은 워커 노드에서 실행 중이라 할지라도 다른 머신에서 실행 중인 것으로 나타난다.

컨테이너와 파드, 노드 간의 관계를 더 잘 이해하려면 그림 2.5를 살펴보라. 각 파드는 고유한 IP와 애플리케이션 프로세스를 실행하는 하나 이상의 컨테이너를 갖는다. 파드는 다른 워커 노드에 널리 퍼져 있다.

---

10 kubectl run --generator=run/v1은 사용 종료(deprecated)돼 warning 메시지를 확인할 수 있는데, 앞으로는 kubectl run --generator=run-pod/v1 또는 kubectl create를 사용하는 것이 좋다. – 옮긴이

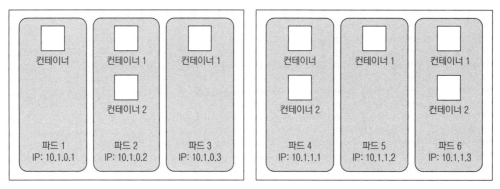

워커 노드 1 워커 노드 2

▲ **그림 2.5** 컨테이너, 파드, 워커 노드 간의 관계

파드 조회하기

컨테이너는 독립적인 쿠버네티스 오브젝트가 아니기 때문에 개별 컨테이너를 조회할 수
없다. 대신 파드를 조회해야 한다. 예제 2.14를 통해 kubectl로 어떻게 파드를 조회하는
지 알아보자.

예제 2.14 파드 조회하기

```
$ kubectl get pods
NAME          READY  STATUS    RESTARTS  AGE
kubia-4jfyf   0/1    Pending   0         1m
```

예제를 보면 파드가 보인다. 파드의 상태가 여전히 보류^{Pending} 상태로 파드의 단일 컨
테이너가 아직 준비가 되지 않은 것으로 보인다(READY 열의 0/1이 의미하는 것이다). 파드가 아
직 실행되지 않은 까닭은 파드가 할당된 워커 노드가 컨테이너를 실행하기 전에 컨테이너
이미지를 다운로드하는 중이기 때문이다. 다운로드가 완료되면 파드의 컨테이너가 생성되
고 파드의 상태가 예제 2.15와 같이 Running 상태로 전환된다.

예제 2.15 파드의 상태가 변경됐는지 확인하기 위해 다시 파드 조회하기

```
$ kubectl get pods
NAME          READY  STATUS    RESTARTS  AGE
kubia-4jfyf   1/1    Running   0         5m
```

이전에 워커 노드에 했던 것처럼 kubectl describe pod 명령어로 파드의 세부 정보를 볼 수 있다. 파드가 Pending 상태로 멈춰 있다면 쿠버네티스가 레지스트리로부터 이미지를 가져오지 못했기 때문일 수도 있다. 자체 이미지를 사용한다면 도커 허브에서 퍼블릭Public으로 표시돼 있는지 확인하라. 이미지를 가져올 수 있는지 확인하기 위해 다른 머신에서 docker pull 명령으로 이미지 풀링pulling을 시도해볼 수 있다.

백그라운드에 일어난 동작 이해하기

어떤 일이 일어났는지 이해하는 데 도움을 주기 위해 그림 2.6으로 시각화했다. 쿠버네티스 내부에서 컨테이너 이미지를 가져오기 위해 수행하는 모든 단계를 보여준다. 먼저 이미지를 빌드해 도커 허브에 푸시한다. 로컬에 빌드한 이미지는 로컬에서만 사용할 수 있기 때문에 도커 데몬이 실행 중인 다른 워커 노드에서 컨테이너 이미지를 접근하게 하고자 이 절차가 필요하다.

kubectl 명령어를 실행하면 쿠버네티스의 API 서버로 REST HTTP 요청을 전달하고 클러스터에 새로운 레플리케이션컨트롤러 오브젝트를 생성한다. 레플리케이션컨트롤러는 새 파드를 생성하고 스케줄러Scheduler에 의해 워커 노드 중 하나에 스케줄링이 된다. 해당 워커 노드의 Kubelet은 파드가 스케줄링됐다는 것을 보고 이미지가 로컬에 없기 때문에 도커에게 레지스트리에서 특정 이미지를 풀pull하도록 지시한다. 이미지를 다운로드한 후 도커는 컨테이너를 생성하고 실행한다.

다른 두 개의 노드는 상황을 보여주기 위해 표시했다. 파드가 스케줄링되지 않았기 때문에 특별한 역할을 하지 않는다.

> |**정의**| 스케줄링(Scheduling)이라는 용어는 파드가 특정 노드에 할당됨을 의미한다. 파드는 즉시 실행된다. 스케줄링이라는 용어의 의미처럼 미래의 특정 시간에 실행됨을 의미하는 것이 아니다.

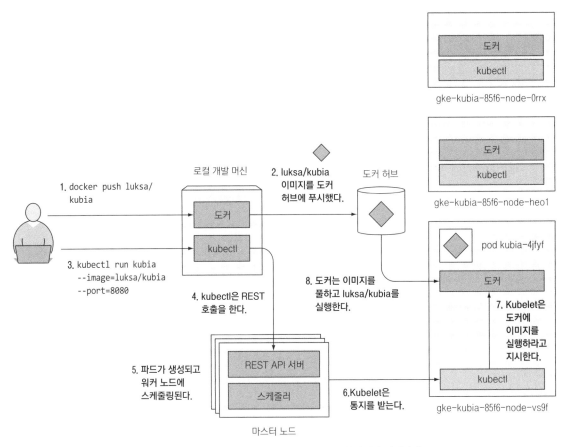

▲ 그림 2.6 쿠버네티스에서 luksa/kubia 컨테이너 이미지 실행하기

2.3.2 웹 애플리케이션에 접근하기

실행 중인 파드에 어떻게 접근할 수 있을까? 각 파드는 자체 IP 주소를 가지고 있지만 이 주소는 클러스터 내부에 있으며 외부에서 접근이 불가능하다. 외부에서 파드에 접근을 가능하게 하려면 서비스 오브젝트를 통해 노출해야 한다. 파드와 마찬가지로 일반적인 서비스(Cluster IP 서비스)를 생성하면 이것은 클러스터 내부에서만 접근 가능하기 때문에 Load Balancer 유형의 특별한 서비스를 생성해야 한다. LoadBalancer 유형의 서비스를 생성하면 외부 로드 밸런서가 생성되므로 로드 밸런서의 퍼블릭 IP를 통해 파드에 연결할 수 있다.

서비스 오브젝트 생성하기

서비스를 생성하기 위해 쿠버네티스에게 앞서 생성한 레플리케이션컨트롤러를 노출하도록 명령한다.

```
$ kubectl expose rc kubia --type=LoadBalancer --name kubia-http
service "kubia-http" exposed
```

> | **노트** | replicationcontroller 대신 rc라는 약어를 사용한다. 대부분의 리소스 유형은 이와 같은 약어를 가지므로 전체 이름을 입력할 필요가 없다(예: pod는 po, service는 svc 등).

서비스 조회하기

expose 명령어의 출력 결과를 보면 kubia-http라는 서비스가 표시된다. 서비스는 파드나 노드 같은 오브젝트로 예제 2.16과 같이 kubectl get services 명령으로 새로 생성된 서비스 오브젝트를 볼 수 있다.

예제 2.16 서비스 조회하기

```
$ kubectl get services
NAME          CLUSTER-IP     EXTERNAL-IP   PORT(S)        AGE
kubernetes    10.3.240.1     <none>        443/TCP        34m
kubia-http    10.3.246.185   <pending>     8080:31348/TCP 4s
```

이 예제는 두 가지 서비스를 보여준다. 여기서 kubernetes 서비스에 관한 설명은 생략하고 생성한 kubia-http 서비스를 살펴보자. 쿠버네티스가 실행 중인 클라우드 인프라스트럭처에서 로드 밸런서를 생성하는 데 시간이 걸리기 때문에 아직 외부 IP 주소는 없다. 로드 밸런서의 가동이 완료되면 서비스의 외부 IP 주소가 표시된다. 잠시 기다렸다가 예제 2.17과 같이 서비스를 다시 조회해보자.

```
$ kubectl get svc
NAME          CLUSTER-IP      EXTERNAL-IP     PORT(S)         AGE
kubernetes    10.3.240.1      <none>          443/TCP         35m
kubia-http    10.3.246.185    104.155.74.57   8080:31348/TCP  1m
```

외부 IP가 확인된다. 이제 애플리케이션이 외부의 어디에서나 http://104.155.74.57
:8080으로 접근이 가능하다.

> |노트| Minikube는 로드밸런서 서비스를 지원하지 않으므로 서비스는 외부 IP를 얻지 못한다. 하지
> 만 외부 포트를 통해 서비스에 접근할 수 있다. 다음 절의 팁에서 그 방법을 설명할 것이다.

External IP를 이용해 서비스 접근하기

이제 서비스의 외부 IP와 포트를 통해 파드에 요청을 보낼 수 있다.

```
$ curl 104.155.74.57:8080
You've hit kubia-4jfyf
```

이제 애플리케이션이 노드 세 개의 쿠버네티스 클러스터(또는 Minikube를 사용하는 경우
단일 노드 클러스터) 중 어디선가 실행되고 있다. 전체 클러스터를 생성하기 위한 절차를 제
외하면 단지 두 개의 간단한 명령어로 애플리케이션을 실행하고 외부 사용자들이 접근 가
능하게 만들었다.

> |팁| Minikube를 사용한다면 minikube service kubia-http를 실행해 서비스에 접근 가능한 IP와
> 포트를 얻을 수 있나.

자세히 살펴보면 애플리케이션에서 파드 이름을 호스트 이름으로 사용한다는 것을 알
수 있다. 앞서 언급했듯이 각 파드는 자체 IP 주소와 호스트 이름을 가진 별도의 독립 머신
처럼 동작한다. 애플리케이션이 워커 노드 운영체제에서 실행 중이라 할지라도 애플리케

이션은 다른 프로세스와 함께 실행 중인 상태가 아니며 애플리케이션 전용으로 분리된 머신에서 실행 중인 것으로 나타난다.

2.3.3 시스템의 논리적인 부분

지금까진 시스템의 실제 물리적인 구성 요소를 설명했다. 여러분은 가상머신 세대로 워커 노드를 만들어 도커와 Kubelet을 실행하고, 전체 시스템을 제어하는 마스터 노드를 가지고 있다. 솔직히 마스터 노드가 단일 마스터 노드에서 호스팅 중인지 혹은 여러 대의 마스터 노드에 분산된 것인지 알 수 없다. 단지 단일 엔드포인트로 접근 가능한 API 서버를 통해 상호작용하고 있기 때문에 큰 상관이 없다.

시스템의 물리적인 관점 외에도 논리적으로 분리된 관점도 있다. 이미 파드, 레플리케이션컨트롤러, 서비스에 관해 언급했다. 이어지는 몇몇 장에서 모두 설명하겠지만 어떻게 서로 어울려 돌아가는지, 각각 어떤 역할을 하는지 짧게 살펴보자.

레플리케이션컨트롤러, 파드, 서비스가 서로 동작하는 방식 이해

앞서 설명했듯이 독자 여러분이 컨테이너를 직접 생성하거나 동작시키지는 않는다. 대신 쿠버네티스의 기본 빌딩 블록인 파드를 이용한다. 그러나 파드도 직접 생성하지 않는다. kubectl run 명령을 수행하면 레플리케이션컨트롤러를 생성하고 레플리케이션컨트롤러가 실제 파드를 생성한다. 클러스터 외부에서 파드에 접근케 하기 위해 쿠버네티스에게 레플리케이션컨트롤러에 의해 관리되는 모든 파드를 단일 서비스로 노출하도록 명령한다. 그림 2.7에 세 가지 구성 요소를 간략하게 표현했다.

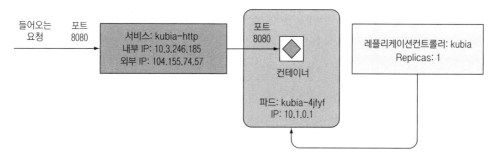

▲ **그림 2.7** 시스템은 레플리케이션컨트롤러, 파드, 서비스로 구성된다.

파드와 컨테이너의 이해

시스템의 가장 중요한 구성 요소는 파드다. 여기에서는 파드가 하나의 컨테이너를 가지고 있지만 보통 파드는 원하는 만큼의 컨테이너를 포함시킬 수 있다. 컨테이너 내부에는 Node.js 프로세스가 있고 포트 8080에 바인딩돼 HTTP 요청을 기다리고 있다. 파드는 자체의 고유한 사설 IP 주소와 호스트 이름을 갖는다.

레플리케이션컨트롤러의 역할 이해

다음 구성 요소는 kubia 레플리케이션컨트롤러다. 항상 정확히 하나의 파드 인스턴스를 실행하도록 지정한다. 보통 레플리케이션컨트롤러는 파드를 복제(즉, 여러 개의 파드 복제본을 생성)하고 항상 실행 상태로 만든다. 여기에서는 파드의 레플리카^{replicas}를 지정하지 않았기 때문에 레플이케이션컨트롤러는 파드를 하나만 생성했다. 어떤 이유로 파드가 사라진다면 레플리케이션컨트롤러는 사라진 파드를 대체하기 위해 새로운 파드를 생성할 것이다.

서비스가 필요한 이유

시스템의 세 번째 구성 요소는 kubia-http 서비스다. 서비스가 필요한 이유를 이해하기 위해 파드의 주요 특성을 알아야 한다. 파드는 일시적^{ephemeral}이다. 파드는 언제든 사라질 수 있다. 파드가 실행 중인 노드가 실패할 수도 있고 누군가 파드를 삭제할 수도 있고, 비정상 노드에서 파드가 제거될 수도 있다. 이러한 상황이 발생하면 앞서 설명한 대로 사라진 파드는 레플리게이션긴드롤러에 의해 생싱된 파드로 대체된다. 새로운 파드는 다른 IP 주소를 할당받는다. 이것이 바로 서비스가 필요한 이유다. 항상 변경되는 파드의 IP 주소 문제와 여러 개의 파드를 단일 IP와 포트의 쌍으로 노출시키는 문제를 해결한다.

서비스가 생성되면 정적 IP를 할당받고 서비스가 존속하는 동안 변경되지 않는다. 파드에 직접 연결하는 대신 클라이언트는 서비스의 IP 주소를 통해 연결해야 한다. 서비스는 어떤 파드가 어디에서 존재하는지(어떤 IP를 갖는지)에 관계없이 파드 중 하나로 연결해 요청을 처리하도록 한다.

서비스는 동일한 서비스를 제공하는 하나 이상의 파드 그룹의 정적 위치를 나타낸다.

서비스의 IP와 포트로 유입된 요청은 그 순간 서비스에 속해 있는 파드 중 하나에게 전달된다.

2.3.4 애플리케이션 수평 확장

이제 실행 중인 애플리케이션은 레플리케이션컨트롤러에 의해 모니터링되고 실행되며 서비스를 통해 외부에 노출된다. 이제 다른 마술을 한번 부려보자.

쿠버네티스를 사용하는 주요 이점 중 하나는 간단하게 배포를 확장할 수 있다는 점이다. 얼마나 쉽게 파드의 개수를 늘리는지 살펴보자. 실행 중인 인스턴스를 세 개로 증가시켜보자.

파드는 레플리케이션컨트롤러에 의해 관리된다. kubectl get 명령으로 살펴보자.

```
$ kubectl get replicationcontrollers
NAME    DESIRED   CURRENT   AGE
kubia   1         1         17m
```

kubectl get으로 모든 리소스 유형 조회하기

지금까지 클러스터에 있는 무언가를 조회하기 위해 기본 kubectl get 명령을 사용했다. 이 명령으로 노드, 파드, 서비스, 레플리케이션컨트롤러 오브젝트를 조회하는 데 사용했다. 유형을 지정하지 않고 kubectl get 명령을 호출하면 사용 가능한 모든 오브젝트 유형의 목록을 얻을 수 있다. 그런 다음 get, describe 등과 같은 다양한 kubectl 명령과 함께 이러한 오브젝트 유형을 사용할 수 있다. 또한 이 조회 결과는 앞서 언급한 약어도 보여준다.

조회 결과에는 kubia라는 단일 레플리케이션컨트롤러가 표시된다. DESIRED 열은 레플리케이션컨트롤러가 유지해야 할 파드의 레플리카 수를 보여주는 반면, CURRENT 열은 현재 실행 중인 파드의 실제 수를 나타낸다. 여기에서는 파드의 레플리카를 하나만 실행하도록 지정했고, 정확히 하나의 레플리카가 실행 중이다.

의도하는 레플리카 수 늘이기

파드의 레플리카 수를 늘리려면 레플리카 컨트롤러에서 의도하는^{Desired} 레플리카 수를 변경해야 한다.

```
$ kubectl scale rc kubia --replicas=3
replicationcontroller "kubia" scaled
```

쿠버네티스에게 파드 인스턴스 세 개를 항상 유지해야 한다는 것을 알려줬다. 쿠버네티스에게 어떤 액션이 필요한지 지시하지 않았다. 두 개의 파드를 추가하도록 지시하는 것이 아니라 원하는 인스턴스 수를 설정해 쿠버네티스가 요청된 상태를 달성하기 위해 어떤 액션을 취해야 하는지 판단하도록 했다.

이것이 가장 기본적인 쿠버네티스 원칙 중 하나다. 쿠버네티스가 어떤 액션을 수행해야 하는지 정확하게 알려주는 대신에 시스템의 의도하는 상태^{desired state}를 선언적으로 변경하고 쿠버네티스가 실제 현재 상태^{current state}를 검사해 의도한 상태로 조정^{reconcile}한다. 쿠버네티스의 전체 기능은 이와 동일한 방식으로 돌아간다.

스케일아웃 결과 보기

레플리카 수를 증가한 것으로 돌아가서 레플리카 수가 업데이트됐는지 레플리케이션컨트롤러를 다시 한 번 조회해보자.

```
$ kubectl get rc
NAME    DESIRED  CURRENT  READY  AGE
kubia   3        3        2      17m
```

실제 파드의 개수가 이미 세 개(CURRENT 열에서 확인)로 증가했으므로 파드의 조회 결과도 한 개가 아닌 세 개로 표시된다.

```
$ kubectl get pods
NAME         READY  STATUS   RESTARTS  AGE
kubia-hczji  1/1    Running  0         7s
```

```
kubia-iq9y6    0/1    Pending    0    7s
kubia-4jfyf    1/1    Running    0    18m
```

보다시피, 파드가 하나가 아니고 세 개가 존재한다. 두 개는 이미 실행 중이고, 하나는 보류 중이지만 컨테이너 이미지를 다운로드하고 컨테이너가 시작하는 즉시 수분 내에 준비 상태가 될 것이다.

애플리케이션 스케일링은 이와 같이 매우 간단하다. 일단 애플리케이션을 프로덕션 환경에서 실행 중이라면 언제든 확장이 필요할 때 새로운 복제본을 수동으로 설치하고 실행하지 않더라도 명령어 하나로 인스턴스를 추가할 수 있다.

애플케이션 자체에서 수평 확장을 지원하도록 만들어야 한다는 것을 유념하자. 쿠버네티스가 마법처럼 애플리케이션을 확장 가능하게 만들어주진 않으며, 단지 애플리케이션의 스케일업이나 스케일다운을 간단하게 만들어줄 뿐이다.

서비스 호출 시 모든 파드가 요청을 받는지 확인

실행 중인 애플리케이션이 다수의 인스턴스를 갖기 때문에 서비스 URL을 호출했을 때 어떤 일이 일어나는지 확인해보자. 항상 동일한 애플리케이션 인스턴스를 호출하는가?

```
$ curl 104.155.74.57:8080
You've hit kubia-hczji
$ curl 104.155.74.57:8080
You've hit kubia-iq9y6
$ curl 104.155.74.57:8080
You've hit kubia-iq9y6
$ curl 104.155.74.57:8080
You've hit kubia-4jfyf
```

요청이 무작위로 다른 파드를 호출하고 있다. 하나 이상의 파드가 서비스 뒤에 존재할 때 쿠버네티스 서비스는 이렇게 행동한다. 서비스는 다수 파드 앞에서 로드밸런서 역할을 한다. 파드가 하나만 있으면 서비스는 이 파드 하나에 정적 주소를 제공한다. 서비스를 지원하는 파드가 하나든지 파드 그룹이든지에 관계없이 해당 파드가 클러스터 내에서 이동하면서 생성되고 삭제되며 IP가 변경되지만, 서비스는 항상 동일한 주소를 가진다. 이런 식으로 얼마나 많은 파드가 존재하고 위치가 변경되는지에 관계없이 클라이언트가 파드에 쉽게 연결할 수 있다.

시스템의 새로운 상태 시각화

이제 이전과 무엇이 달라졌는지 시스템을 시각화해보자. 그림 2.8은 시스템의 새로운 상태를 보여준다. 하나의 서비스와 하나의 레플리케이션컨트롤러가 있지만, 이제 모든 파드 인스턴스 세 개가 모두 레플리케이션컨트롤러에 의해 관리된다. 서비스는 더 이상 모든 요청을 하나의 파드로 보내지 않고, 앞 절의 curl 출력 결과에서 확인했던 것처럼 파드 세 개에 모두 전송한다.

연습 삼아 레플리케이션컨트롤러의 레플리카 수를 늘려 추가 인스턴스를 기동해보고 다시 원복해보자.

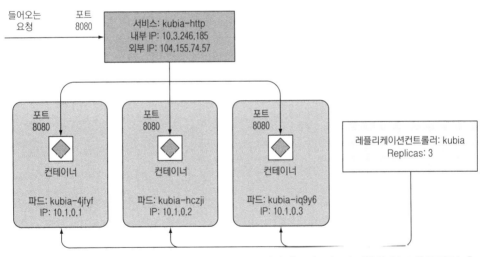

▲ **그림 2.8** 동일한 레플리케이션컨트롤러에 의해 관리되는 세 개의 파드 인스턴스가 단일 서비스 IP와 포트로 노출됐다.

2.3.5 애플리케이션이 실행 중인 노드 검사하기

어떤 노드에 파드가 스케줄링됐는지 궁금할 수 있다. 쿠버네티스에서는 파드가 적절히 실행하는 데 필요한 CPU와 메모리를 제공하는 노드에 스케줄링됐다면, 어떤 노드에 파드가 실행 중인지는 중요하지 않다.

파드가 스케줄링된 노드와 상관없이 컨테이너 내부에 실행 중인 모든 애플리케이션은 동일한 유형의 운영체제 환경을 갖는다. 각 파드는 자체 IP를 가지고 다른 파드가 같은 노드에 있는지 혹은 다른 노드에서 실행 중인지에 상관없이 통신할 수 있다. 각 파드는 요청된 만큼의 컴퓨팅 리소스를 제공받는다. 리소스가 하나의 노드에서 제공되는지 다른 노드에서 제공되는지는 중요하지 않다.

파드를 조회할 때 파드 IP와 실행 중인 노드 표시하기

주의 깊게 살펴보면 kubectl get pods 명령에서 파드가 스케줄링된 노드에 대한 정보가 보이지 않는 것을 알 수 있다. 중요한 정보가 아니기 때문이다.

하지만 -o wide 옵션을 사용하면 추가 열을 요청할 수 있다. 파드를 조회할 때 이 옵션은 파드 IP와 파드가 실행 중인 노드를 표시한다.

```
$ kubectl get pods -o wide
NAME          READY  STATUS    RESTARTS  AGE  IP        NODE
kubia-hczji   1/1    Running   0         7s   10.1.0.2  gke-kubia-85...
```

kubectl describe로 파드 세부 정보 살펴보기

예제 2.18과 같이 kubectl describe 명령을 사용하면 파드의 상세 정보를 보여주므로 노드를 확인할 수 있다.

예제 2.18 kubectl describe로 파드 세부 정보 살펴보기

```
$ kubectl describe pod kubia-hczji
Name:       kubia-hczji
Namespace:  default
Node:       gke-kubia-85f6-node-vs9f/10.132.0.3    ◀── 파드가 스케줄링된
                                                        노드 정보
```

```
Start Time:   Fri, 29 Apr 2016 14:12:33 +0200
Labels:       run=kubia
Status:       Running
IP:           10.1.0.2
Controllers: ReplicationController/kubia
Containers:   ...
Conditions:
  Type Status
  Ready True
Volumes:      ...
Events:       ...
```

파드가 스케줄링된 노드 정보를 포함해 실행된 시간, 실행 중인 이미지와 같은 유용한 정보를 나타낸다.

2.3.6 쿠버네티스 대시보드 소개

첫 번째 실습이 있는 2장을 마무리하기 전에 쿠버네티스 클러스터를 탐색하는 다른 방법을 살펴보자.

지금까진 kubectl 명령줄 도구를 사용했다. 그래픽 웹 인터페이스에 친숙하다면 쿠버네티스 또한 꽤 멋진 (여전히 진화하고 있는) 웹 대시보드를 함께 제공한다는 점을 알게 되면 기뻐할 것이다.

대시보드에서 피드, 레플리케이션컨트롤러, 서비스 같은 클러스터의 많은 오브젝트를 조회할 수 있고 생성, 수정, 삭제 또한 가능하다. 그림 2.9에서 대시보드를 확인할 수 있다.

여기서는 대시보드를 사용하지 않지만 언제든 대시보드를 열어 kubectl로 오브젝트를 생성, 수정한 뒤 클러스터에 무엇이 배포됐는지 그래픽 화면으로 빠르게 확인 가능하다.

GKE에서 쿠버네티스를 사용할 때 대시보드 접근하기

GKE를 사용하는 경우 kubectl cluster-info 명령으로 대시보드 URL을 찾을 수 있다.

```
$ kubectl cluster-info | grep dashboard
kubernetes-dashboard is running at https://104.155.108.191/api/v1/proxy/
➡ namespaces/kube-system/services/kubernetes-dashboard
```

▲ **그림 2.9** 쿠버네티스 웹 기반 대시보드 화면

이 URL을 웹 브라우저에서 열어보면 사용자 이름과 패스워드를 묻는다. 다음 명령을
실행해 사용자 이름과 암호를 알 수 있다.

```
$ gcloud container clusters describe kubia | grep -E "(username|password):"
  password: 32nENgreEJ632A12
  username: admin
```
대시보드의 사용자 이름과
패스워드

Minikube를 사용할 때 대시보드 접근하기

Minikube를 사용해 쿠버네티스 클러스터를 실행 중이라면 다음 명령어를 실행해 대시보
드를 열 수 있다.

```
$ minikube dashboard
```

기본 설정된 웹 브라우저에 대시보드가 열린다. GKE와 다르게 자격증명을 입력할 필요가 없다.

2.4 요약

첫 실습을 통해 쿠버네티스가 사용하기 복잡한 플랫폼이 아니라는 것을 알게 됐고, 모든 기능을 깊이 있게 배울 준비가 됐다. 2장에서 살펴본 주요 내용은 다음과 같다.

- 공개된 컨테이너 이미지를 풀하고 실행할 수 있다.
- 애플리케이션을 컨테이너 이미지로 패키징하고 원격 이미지 레지스트리에 이미지를 푸시해 누구나 사용할 수 있게 한다.
- 실행 중인 컨테이너에 접속해 환경을 확인할 수 있다.
- GKE에 다중 노드 쿠버네티스 클러스터를 설정할 수 있다.
- 쿠버네티스 클러스터의 노드, 파드, 서비스, 레플리케이션컨트롤러를 조회하고 검사할 수 있다.
- 쿠버네티스에 컨테이너를 실행하고 클러스터 외부에서 접근 가능하게 할 수 있다.
- 파드, 레플리케이션컨트롤러, 서비스가 어떻게 연관돼 있는지 기본 개념을 이해할 수 있다.
- 레플리케이션컨트롤러의 레플리카 수를 변경해 애플리케이션을 수평으로 확장할 수 있다.
- Minikube나 GKE의 웹 기반 쿠버네티스 대시보드에 접근할 수 있다.

3

파드: 쿠버네티스에서
컨테이너 실행

3장에서 다루는 내용

- 파드의 생성, 실행, 정지
- 파드와 다른 리소스를 레이블로 조직화하기
- 특정 레이블을 가진 모든 파드에서 작업 수행
- 네임스페이스를 사용해 파드를 겹치지 않는 그룹으로 나누기
- 특정한 형식을 가진 워커 노드에 파드 배치

2장에서는 쿠버네티스에서 생성한 기본 구성 요소의 대략적인 그림과 기본 구성 요소가 하는 일의 개요를 설명했다. 이제 모든 유형의 쿠버네티스 오브젝트(혹은 리소스)를 좀 더 자세히 검토해 각 오브젝트를 언제, 어떻게, 왜 사용해야 하는지 이해하게 될 것이다. 파드는 쿠버네티스에서 가장 중요한 개념이기 때문에 파드부터 살펴본다. 나머지는 파드를 관리하거나 노출하고, 아니면 파드를 직접 사용하는 것들이다.

3.1 파드 소개

이미 배운 것처럼, 파드는 함께 배치된 컨테이너 그룹이며 쿠버네티스의 기본 빌딩 블록이다. 컨테이너를 개별적으로 배포하기보다는 컨테이너를 가진 파드를 배포하고 운영한다. 여기에서 파드가 항상 두 개 이상의 컨테이너를 포함하는 것을 의미하는 것은 아니다. 일반적으로 파드는 하나의 컨테이너만 포함한다. 파드의 핵심 사항은 파드가 여러 컨테이너를 가지고 있을 경우에, 모든 컨테이너는 항상 하나의 워커 노드에서 실행되며 여러 워커 노드에 걸쳐 실행되지 않는다(그림 3.1 참조)

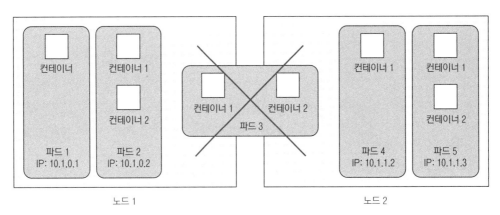

▲ **그림 3.1** 파드 안에 있는 모든 컨테이너는 같은 노드에서 실행된다. 절대로 두 노드에 걸쳐 배포되지 않는다.

3.1.1 파드가 필요한 이유

왜 파드가 필요한가? 컨테이너를 직접 사용할 수 없는 이유는 무엇인가? 왜 여러 컨테이너를 같이 실행할 필요가 있는가? 모든 프로세스를 단일 컨테이너에 넣을 수는 없는가? 이제 이 질문들의 답을 알아보자.

여러 프로세스를 실행하는 단일 컨테이너보다 다중 컨테이너가 나은 이유

IPC^{Inter-Process Communication} 혹은 로컬 파일을 통해 통신하는 여러 프로세스로 구성돼, 같은 노드에서 실행해야 하는 애플리케이션을 상상해보자. 쿠버네티스에서는 프로세스를 항상 컨테이너에서 실행시키고, 이 각 컨테이너는 격리된 머신과 비슷하기 때문에 여러 프로세스를 단일 컨테이너 안에서 실행하는 것이 타당하다고 생각할 수 있지만 실제로는 그렇지 않다.

컨테이너는 단일 프로세스를 실행하는 것을 목적으로 설계했다(프로세스가 자기 자신의 자식 프로세스를 생성하는 것을 제외하면). 단일 컨테이너에서 관련 없는 다른 프로세스를 실행하는 경우 모든 프로세스를 실행하고 로그를 관리하는 것은 모두 사용자 책임이다. 일례로 개별 프로세스가 실패하는 경우 자동으로 재시작하는 메커니즘을 포함해야 한다. 또한 이러한 모든 프로세스는 동일한 표준 출력으로 로그를 기록하기 때문에 어떤 프로세스가 남긴 로그인지 파악하는 것이 매우 어렵다.

따라서 각 프로세스를 자체의 개별 컨테이너로 실행해야 한다. 이것이 도커와 쿠버네티스를 사용하는 방법이다.

3.1.2 파드 이해하기

여러 프로세스를 단일 컨테이너로 묶지 않기 때문에, 컨테이너를 함께 묶고 하나의 단위로 관리할 수 있는 또 다른 상위 구조가 필요하다. 이게 파드가 필요한 이유다.

컨테이너 모음을 사용해 밀접하게 연관된 프로세스를 함께 실행하고 단일 컨테이너 안에서 모두 함께 실행되는 것처럼 (거의) 동일한 환경을 제공할 수 있으면서도 이들을 격리된 상태로 유지할 수 있다. 이런 방식으로 두 개의 장점으로 모두 활용한다. 컨테이너가 제공하는 모든 기능을 활용하는 동시에 프로세스가 함께 실행되는 것처럼 보이게 할 수 있다.

같은 파드에서 컨테이너 간 부분 격리

2장에서 컨테이너가 서로 완벽하게 격리돼 있음을 배웠지만, 이제는 개별 컨테이너가 아닌 컨테이너 그룹을 분리하려 한다. 그룹 안에 있는 컨테이너가 특정한 리소스를 공유하기 위해 각 컨테이너가 완벽하게 격리되지 않도록 한다. 쿠버네티스는 파드 안에 있는 모든 컨테이너가 자체 네임스페이스가 아닌 동일한 리눅스 네임스페이스를 공유하도록 도커를 설정한다.

파드의 모든 컨테이너는 동일한 네트워크 네임스페이스와 UTS 네임스페이스[1] 안에서 실행되기 때문에, 모든 컨테이너는 같은 호스트 이름과 네트워크 인터페이스를 공유한다. 비슷하게 파드의 모든 컨테이너는 동일한 IPC 네임스페이스 아래에서 실행돼 IPC를 통해 서로 통신할 수 있다. 최신 쿠버네티스와 도커에서는 동일한 PID 네임스페이스를 공유할 수 있지만, 기본적으로 활성화돼 있지는 않다.

> |**노트**| 파드 안에 있는 컨테이너가 별도 PID 네임스페이스를 사용할 경우에는 ps aux 명령을 실행하면 해당 컨테이너 안에서 실행되는 프로세스만을 볼 수 있다.

그러나 파일시스템에 한해서는 사정이 조금 다르다. 대부분의 컨테이너 파일시스템은 컨테이너 이미지에서 나오기 때문에, 기본적으로 파일시스템은 다른 컨테이너와 완전히 분리된다. 그러나 쿠버네티스의 볼륨 개념을 이용해 컨테이너가 파일 디렉터리를 공유하는 것이 가능하다. 6장에서 좀 더 살펴볼 것이다.

컨테이너가 동일한 IP와 포트 공간을 공유하는 방법

여기서 강조할 한 가지는 파드 안의 컨테이너가 동일한 네트워크 네임스페이스에서 실행되기 때문에, 동일한 IP 주소와 포트 공간을 공유한다는 것이다. 이는 동일한 파드 안 컨테이너에서 실행 중인 프로세스가 같은 포트 번호를 사용하지 않도록 주의해야 함을 의미한다. 그렇지 않으면 포트 충돌이 발생할 수 있다. 이는 동일한 파드일 때만 해당된다. 다른 파드에 있는 컨테이너는 서로 다른 포트 공간을 갖기 때문에 포트 충돌이 일어나지 않는다. 파드 안에 있는 모든 컨테이너는 동일한 루프백 네트워크 인터페이스를 갖기 때문에, 컨테이너들이 로컬호스트를 통해 서로 통신할 수 있다.

파드 간 플랫 네트워크 소개

쿠버네티스 클러스터의 모든 파드는 하나의 플랫[flat]한 공유 네트워크 주소 공간에 상주하

---

1   UNIX Timesharing System Namespace를 뜻하며, 호스트 이름을 네임스페이스별로 격리한다. - 옮긴이

므로(그림 3.2) 모든 파드는 다른 파드의 IP 주소를 사용해 접근하는 것이 가능하다. 둘 사이에는 어떠한 NAT^{Network Address Translation}도 존재하지 않는다. 두 파드가 서로 네트워크 패킷을 보내면, 상대방의 실제 IP 주소를 패킷 안에 있는 출발지 IP 주소에서 찾을 수 있다.

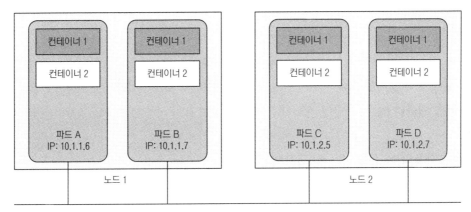

▲ **그림 3.2.** 각 파드는 라우팅 가능한 IP 주소를 얻고 모든 다른 파드는 해당 IP 주소를 통해 파드를 본다.

결과적으로 파드 사이에서 통신은 항상 단순하다. 두 파드가 동일 혹은 서로 다른 워커 노드에 있는지는 중요하지 않으며, 두 경우 모두 파드 안에 있는 컨테이너는 NAT 없는 플랫 네트워크를 통해 서로 통신하는 것이 가능하다. 이것은 실제 노드 간 네트워크 토폴로지에 관계없이, 근거리 네트워크^{LAN}에 있는 컴퓨터 간의 통신과 비슷하다. LAN상에 있는 컴퓨터처럼 각 파드는 고유 IP를 가지며 모든 다른 파드에서 이 네트워크를 통해 접속할 수 있다. 이는 일반적으로 물리 네트워크 위에 추가적인 소프트웨어 정의 네트워크 계층을 통해 달성된다.

이 절에서 다룬 내용을 요약하면, 파드는 논리적인 호스트로서 컨테이너가 아닌 환경에서의 물리적 호스트 혹은 VM과 매우 유사하게 동작한다. 동일한 파드에서 실행한 프로세스는 각 프로세스가 컨테이너 안에 캡슐화돼 있다는 점을 제외하면, 같은 물리적 혹은 가상머신에서 동작하는 것과 동일하다.

3.1.3 파드에서 컨테이너의 적절한 구성

파드를 각각 별도의 머신으로 생각할 수 있지만, 파드는 특정한 애플리케이션만을 호스팅한다. 한 호스트에 모든 유형의 애플리케이션을 넣었던 이전과 달리, 파드는 그렇게 사용하지 않는다. 파드는 상대적으로 가볍기 때문에 오버헤드 없이 필요한 만큼 파드를 가질수 있다. 모든 것을 파드 하나에 넣는 대신에 애플리케이션을 여러 파드로 구성하고, 각 파드에는 밀접하게 관련 있는 구성 요소나 프로세스만 포함해야 한다.

앞서 말한 것처럼, 프론트엔드 애플리케이션 서버와 백엔드 데이터베이스로 구성된 다중 계층 애플리케이션을 단일 파드 또는 두 개의 파드로 구성해야 한다고 생각하는가?

다계층 애플리케이션을 여러 파드로 분할

프론트엔드 서버와 데이터베이스 컨테이너 두 개로 구성된 단일 파드를 실행하지 못할 것은 없지만, 적절한 방법은 아니다. 파드의 모든 컨테이너는 항상 같은 위치에서 실행되지만, 웹 서버와 데이터베이스가 정말로 같은 머신에서 실행돼야 하는가? 대답은 분명히 "아니요"이며, 단일 파드에 넣고 싶어 하지 않을 것이다. 그것을 개의치 않고 단일 파드를 사용하는 것이 잘못된 것일까? 어떤 면에서는 그렇다.

프론트엔드와 백엔드가 같은 파드에 있다면, 둘은 항상 같은 노드에서 실행된다. 만약에 두 노드를 가진 쿠버네티스 클러스터가 있고 이 파드 하나만 있다면, 워커 노드 하나만사용하고 두 번째 노드에서 이용할 수 있는 컴퓨팅 리소스(CPU와 메모리)를 활용하지 않고그냥 버리게 된다. 파드를 두 개로 분리하면 쿠버네티스가 프론트엔드를 한 노드로 그리고백엔드는 다른 노드에 스케줄링해 인프라스트럭처의 활용도를 향상시킬 수 있다.

개별 확장이 가능하도록 여러 파드로 분할

두 컨테이너를 하나의 파드에 넣지 말아야 하는 또 다른 이유는 스케일링 때문이다. 파드는 스케일링의 기본 단위다. 쿠버네티스는 개별 컨테이너를 수평으로 확장할 수 없다. 대신 전체 파드를 수평으로 확장한다. 만약 프론트엔드와 백엔드 컨테이너로 구성된 파드를두 개로 늘리면, 결국 프론트엔드 컨테이너 두 개와 백엔드 컨테이너 두 개를 갖는다.

일반적으로 프론트엔드 구성 요소는 백엔드와 완전히 다른 스케일링 요구 사항을 갖고 있어 개별적으로 확장하는 경향이 있다. 데이터베이스와 같은 백엔드는 (상태를 갖지 않는) 프론트엔드 웹 서버에 비해 확장하기가 훨씬 어렵다. 컨테이너를 개별적으로 스케일링하는 것이 필요하다면, 별도 파드에 배포해야 한다.

파드에서 여러 컨테이너를 사용하는 경우

여러 컨테이너를 단일 파드에 넣는 주된 이유는 그림 3.3과 같이 애플리케이션이 하나의 주요 프로세스와 하나 이상의 보완 프로세스로 구성된 경우다.

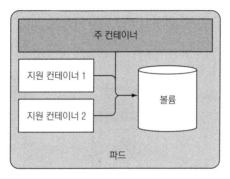

▲ **그림 3.3.** 파드는 밀접하게 관련된 컨테이너로 구성된다. 일반적으로 주 컨테이너와 이를 보조하는 컨테이너로 이뤄진다.

예를 들어 파드 안에 주 컨테이너는 특정 디렉터리에서 파일을 제공하는 웹 서버일 수 있으며, 추가 컨테이너는 (사이드카 컨테이너) 외부 소스에서 주기적으로 콘텐츠를 받아 웹 서버의 디렉터리에 저장한다. 6장에서 두 컨테이너 모두에 마운트하는 쿠버네티스 볼륨을 다룬다.

사이드카 컨테이너의 다른 예제로는 로그 로테이터와 수집기, 데이터 프로세서, 통신 어댑터 등이 있다.

파드에서 여러 컨테이너를 사용하는 경우 결정

컨테이너를 파드로 묶어 그룹으로 만들 때는, 즉 두 개의 컨테이너를 단일 파드로 넣을지 아니면 두 개의 별도 파드에 넣을지를 결정하기 위해 다음과 같은 질문을 할 필요가 있다.

- 컨테이너를 함께 실행해야 하는가, 혹은 서로 다른 호스트에서 실행할 수 있는가?
- 여러 컨테이너가 모여 하나의 구성 요소를 나타내는가, 혹은 개별적인 구성 요소인 가?
- 컨테이너가 함께, 혹은 개별적으로 스케일링돼야 하는가?

기본적으로 특정한 이유 때문에 컨테이너를 단일 파드로 구성하는 것을 요구하지 않는 다면, 분리된 파드에서 컨테이너를 실행하는 것이 좋다. 그림 3.4는 이를 기억하는 데 도 움을 줄 것이다.

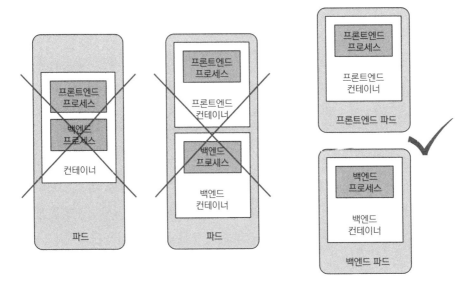

▲ **그림 3.4.** 컨테이너는 여러 프로세스를 실행하지 말아야 한다. 파드는 동일한 머신에서 실행할 필요가 없 다면 여러 컨테이너를 포함하지 말아야 한다.

파드는 여러 컨테이너를 포함할 수 있지만, 지금은 단순하게 유지하기 위해 3장에서는 단일 컨테이너 파드만을 다룬다. 6장에서 동일한 파드에서 여러 컨테이너를 어떻게 사용 하는지 살펴본다.

3.2 YAML 또는 JSON 디스크립터로 파드 생성

파드를 포함한 다른 쿠버네티스 리소스는 일반적으로 쿠버네티스 REST API 엔드포인트에 JSON 혹은 YAML 매니페스트를 전송해 생성한다. 또한 2장에서 사용한 `kubectl run` 명령처럼 다른 간단한 방법으로 리소스를 만들 수 있지만, 제한된 속성 집합만 설정할 수 있다. 그리고 YAML 파일에 모든 쿠버네티스 오브젝트를 정의하면 버전 관리 시스템에 넣는 것이 가능해져, 그에 따른 모든 이점을 누릴 수 있다.

각 유형별 리소스의 모든 것을 구성하려면 쿠버네티스 API 오브젝트 정의를 알고 이해해야 한다. 이 책을 통해 각 리소스 유형을 배울 때 대부분 알게 될 것이다. 모든 속성을 설명하지는 않으므로 오브젝트를 만들 때 https://kubernetes.io/docs/reference/의 쿠버네티스 API Reference 문서를 참고한다.

3.2.1 기존 파드의 YAML 디스크립터 살펴보기

2장에서 이미 생성한 파드가 있으므로, 이 파드 중 하나에 관한 YAML 정의가 어떻게 보이는지 살펴보자. `kubectl get` 명령과 함께 `-o yaml` 옵션을 사용해 다음 예제와 같은 파드의 전체 YAML 정의를 볼 수 있다.

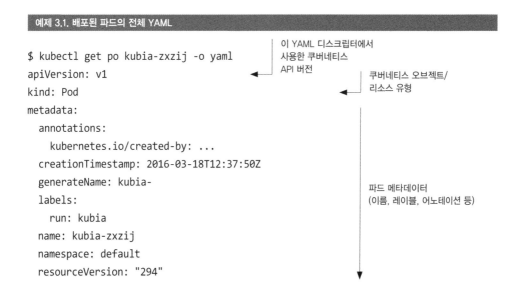

예제 3.1. 배포된 파드의 전체 YAML

```
$ kubectl get po kubia-zxzij -o yaml        이 YAML 디스크립터에서
apiVersion: v1                              사용한 쿠버네티스
kind: Pod                                   API 버전        쿠버네티스 오브젝트/
metadata:                                                  리소스 유형
  annotations:
    kubernetes.io/created-by: ...
  creationTimestamp: 2016-03-18T12:37:50Z
  generateName: kubia-                                     파드 메타데이터
  labels:                                                  (이름, 레이블, 어노테이션 등)
    run: kubia
  name: kubia-zxzij
  namespace: default
  resourceVersion: "294"
```

```
  selfLink: /api/v1/namespaces/default/pods/kubia-zxzij        파드 메타데이터
  uid: 3a564dc0-ed06-11e5-ba3b-42010af00004                    (이름, 레이블, 어노테이션 등)
spec:
  containers:
  - image: luksa/kubia
    imagePullPolicy: IfNotPresent
    name: kubia
    ports:
    - containerPort: 8080
      protocol: TCP
    resources:
      requests:
        cpu: 100m
    terminationMessagePath: /dev/termination-log
    volumeMounts:
    - mountPath: /var/run/secrets/k8s.io/servacc           파드 정의/내용
      name: default-token-kvcqa                             (파드 컨테이너 목록,
      readOnly: true                                        볼륨 등)
  dnsPolicy: ClusterFirst
  nodeName: gke-kubia-e8fe08b8-node-txje
  restartPolicy: Always
  serviceAccount: default
  serviceAccountName: default
  terminationGracePeriodSeconds: 30
  volumes:
  - name: default-token-kvcqa
    secret:
      secretName: default-token-kvcqa
status:
  conditions:
  - lastProbeTime: null
    lastTransitionTime: null
    status: "True"
    type: Ready                                             파드와 그 안의
  containerStatuses:                                        여러 컨테이너의
  - containerID: docker://f0276994322d247ba...              상세한 상태
    image: luksa/kubia
    imageID: docker://4c325bcc6b40c110226b89fe...
    lastState: {}
```

```
      name: kubia
      ready: true
      restartCount: 0
      state:
        running:
          startedAt: 2016-03-18T12:46:05Z
  hostIP: 10.132.0.4
  phase: Running
  podIP: 10.0.2.3
  startTime: 2016-03-18T12:44:32Z
```

파드와 그 안에
여러 컨테이너의
상세한 상태

복잡해 보이지만, 기본적인 내용을 이해하고 중요한 부분과 사소한 부분을 구별하는 방법을 알고 나면 그리 어렵지 않을 것이다. 또한 나중에 살펴보겠지만 새로운 파드를 만들 때는 작성해야 하는 YAML 내용이 훨씬 짧다는 사실에 위안을 얻기 바란다.

파드를 정의하는 주요 부분 소개

파드 정의는 몇 부분으로 구성된다. 먼저 YAML에서 사용하는 쿠버네티스 API 버전과 YAML이 설명하는 리소스 유형이 있다. 이어서 거의 모든 쿠버네티스 리소스가 갖고 있는 세 가지 중요한 부분이 있다.

- Metadata: 이름, 네임스페이스, 레이블 및 파드에 관한 기타 정보를 포함한다.
- Spec: 파드 컨테이너, 볼륨, 기타 데이터 등 파드 자체에 관한 실제 명세를 가진다.
- Status: 파드 상태, 각 컨테이너 설명과 상태, 파드 내부 IP, 기타 기본 정보 등 현재 실행 중인 파드에 관한 현재 정보를 포함한다.

예제 3.1은 실행 중인 파드의 상태를 포함한 자세한 설명을 보여준다. status 부분에는 특정 시간의 리소스 상태를 보여주는 읽기 전용의 런타임 데이터가 포함돼 있다. 새 파드를 만들 때 status 부분은 작성할 필요가 없다.

앞에서 설명한 세 부분은 쿠버네티스 API 오브젝트의 일반적인 구조를 보여준다. 책 전체에서 보여주는 모든 다른 오브젝트는 동일한 구조를 갖고 있다. 동일한 구조는 새로운 오브젝트를 비교적 쉽게 이해할 수 있게 해준다.

앞에서 본 YAML의 모든 개별 속성을 보는 것은 그다지 의미가 없으므로, 파드를 만들기 위해 필요한 가장 기본적인 YAML이 어떤 모습인지 살펴보자.

3.2.2 파드를 정의하는 간단한 YAML 정의 작성하기

kubia-manual.yaml 파일을 만들거나 (원하는 디렉터리 아무 곳이나), 책의 코드 아카이브를 다운로드하면 Chapter03 디렉터리 안에서 파일을 찾을 수 있다. 다음 예제에서 파일 전체 내용을 보여준다.

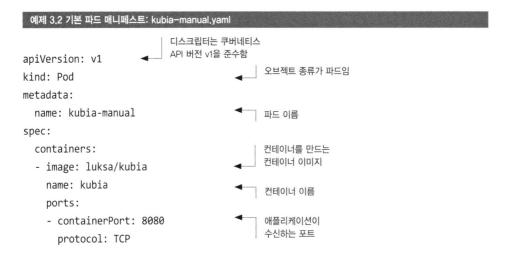

예제 3.2 기본 파드 매니페스트: kubia-manual.yaml

```
apiVersion: v1          ◀──  디스크립터는 쿠버네티스
                             API 버전 v1을 준수함
kind: Pod               ◀──  오브젝트 종류가 파드임
metadata:
  name: kubia-manual    ◀──  파드 이름
spec:
  containers:
  - image: luksa/kubia  ◀──  컨테이너를 만드는
                             컨테이너 이미지
    name: kubia         ◀──  컨테이너 이름
    ports:
    - containerPort: 8080  ◀── 애플리케이션이
      protocol: TCP           수신하는 포트
```

이 정의 파일이 예제 3.1의 정의보다 훨씬 간난하다는 것에 동의할 것이라 확신한다. 이 정의를 자세히 살펴보자. 먼저 이 정의는 쿠버네티스 API v1 버전을 준수한다. 정의하는 리소스 유형은 파드이며 이름은 kubia-manual이다. 파드는 luksa/kubia 이미지 기반 단일 컨테이너로 구성된다. 그리고 컨테이너에 이름을 지정하고 8080포트에서 연결을 기다리는 것을 표시했다.

컨테이너 포트 지정

포트 정의 안에서 포트를 지정해둔 것은 단지 정보에 불과하다. 이를 생략해도 다른 클라이언트에서 포트를 통해 파드에 연결할 수 있는 여부에 영향을 미치지 않는다. 컨테이너가

0.0.0.0 주소에 열어 둔 포트를 통해 접속을 허용할 경우 파드 스펙에 포트를 명시적으로 나열하지 않아도 다른 파드에서 항상 해당 파드에 접속할 수 있다. 그러나 포트를 명시적으로 정의한다면, 클러스터를 사용하는 모든 사람이 파드에서 노출한 포트를 빠르게 볼 수 있다. 또한 포트를 명시적으로 정의하면 포트에 이름을 지정해 편리하게 사용할 수 있다. 이 책의 후반부에서 사용하는 것을 볼 수 있다.

---

kubectl explain을 이용해 사용 가능한 API 오브젝트 필드 찾기

매니페스트를 준비할 때 https://kubernetes.io/docs/concepts/overview/kubernetes-api/ 주소에서 쿠버네티스 레퍼런스 문서를 참조하거나, kubectl explain 명령을 이용해 개별 API 오브젝트에서 지원되는 속성을 확인할 수 있다.

예를 들어 처음부터 파드 매니페스트를 작성할 때, kubectl 명령어로 파드 속성에 관한 설명을 요청하는 것으로부터 시작할 수 있다.

```
$ kubectl explain pods
DESCRIPTION:
Pod is a collection of containers that can run on a host. This resource
            is created by clients and scheduled onto hosts.
FIELDS:
   kind        <string>
     Kind is a string value representing the REST resource this object
     represents...
   metadata    <Object>
     Standard object's metadata...
   spec        <Object>
     Specification of the desired behavior of the pod...
   status      <Object>
     Most recently observed status of the pod. This data may not be up to
     date...
```

kubectl은 오브젝트에 관한 설명과 오브젝트가 가질 수 있는 속성을 출력한다. 각 속성을 자세히 알아보는 것도 가능하다. 다음과 같이 spec 속성을 살펴볼 수 있다.

```
$ kubectl explain pod.spec
RESOURCE: spec <Object>
```

```
DESCRIPTION:
    Specification of the desired behavior of the pod...
    podSpec is a description of a pod.

FIELDS:
   hostPID    <boolean>
     Use the host's pid namespace. Optional: Default to false.
   ...

   volumes    <[]Object>
   List of volumes that can be mounted by containers belonging to the
   pod.

   Containers  <[]Object> -required-
     List of containers belonging to the pod. Containers cannot currently
     Be added or removed. There must be at least one container in a pod.
     Cannot be updated. More info:
     http://releases.k8s.io/release-1.4/docs/user-guide/containers.md
```

3.2.3 kubectl create 명령으로 파드 만들기

YAML 파일을 이용해 파드를 만들려면, kubectl create 명령을 이용한다.

```
$ kubectl create -f kubia-manual.yaml
pod "kubia-manual" created
```

   kubectl create -f 명령은 YAML 또는 JSON 파일로 (파드뿐만 아니라) 리소스를 만드는 데 사용한다.

실행 중인 파드의 전체 정의 가져오기

파드를 만든 후에는 쿠버네티스에 파드의 전체 YAML을 요청할 수 있다. 요청한 결과를 보면 앞에서 본 YAML과 비슷하다는 것을 알 수 있을 것이다. 파드 정의에서 추가된 필드는 다음 절에서 배울 것이다. 다음 명령을 사용해 파드의 전체 정의를 볼 수 있다.

```
$ kubectl get po kubia-manual -o yaml
```

JSON으로 보기 원하면, kubectl 명령으로 YAML 대신에 JSON을 반환하도록 할 수 있다(YAML을 이용해 파드를 만들었더라도 동작한다).

```
$ kubectl get po kubia-manual -o json
```

파드 목록에서 새로 생성된 파드 보기

파드를 생성한 후에 제대로 동작하고 있는지 어떻게 알 수 있을까? 파드를 조회해 상태를 확인해보자.

```
$ kubectl get pods
NAME            READY    STATUS     RESTARTS    AGE
kubia-manual    1/1      Running    0           32s
kubia-zxzij     1/1      Running    0           1d
```

kubia-manual 파드가 실행 중이라는 것을 볼 수 있다. 아마도 파드로부터 직접 상태를 확인하고 싶어 할 수도 있다. 바로 상태를 확인해보자. 먼저 애플리케이션 로그를 보고 오류가 있는지 확인하자.

3.2.4 애플리케이션 로그 보기

이 작은 Node.js 애플리케이션은 로그를 프로세스의 표준 출력에 기록한다. 컨테이너화된 애플리케이션은 로그를 파일에 쓰기보다는 표준 출력과 표준 에러에 로그를 남기는 게 일반적이다. 이를 통해 사용자는 다른 애플리케이션 로그를 간단하고 동일한 방식으로 볼 수 있다.

컨테이너 런타임(여기서는 도커)은 이러한 스트림을 파일로 전달하고, 다음 명령을 이용해 컨테이너 로그를 가져온다.

```
$ docker logs <container id>
```

ssh로 파드가 실행 중인 노드에 접속해 docker logs 명령으로 로그를 가져올 수도 있지만, 쿠버네티스는 더 쉬운 방법을 제공한다.

kubectl logs를 이용해 파드 로그 가져오기

파드 로그(좀 더 정확히는 컨테이너 로그)를 보기 위해서는 로컬 머신(어디든 ssh로 접속할 필요 없다)에서 다음 명령을 실행한다.

```
$ kubectl logs kubia-manual
Kubia server starting...
```

어떠한 웹 요청도 Node.js 애플리케이션으로 보내지 않았기 때문에, 서버가 시작할 때 남긴 로그 한 줄만 표시된다. 파드에 컨테이너 하나만 있다면 애플리케이션 로그를 가져오는 것은 매우 간단하다.

> |**노트**| 컨테이너 로그는 하루 단위로, 로그 파일이 10MB 크기에 도달할 때마다 순환된다. kubectl logs 명령은 마지막으로 순환된 로그 항목만 보여준다.

컨테이너 이름을 지정해 다중 컨테이너 파드에서 로그 가져오기

여러 컨테이너를 포함한 파드인 경우에는, 컨테이너 이름을 kubectl logs 명령에 -c <컨테이너 이름> 옵션과 함께 명시적으로 포함해야 한다. kubia-manual 파드에서는 컨테이너 이름을 kubia로 지정했다. 만약 다른 컨테이너가 존재한다면 로그를 가져오기 위해 다음과 같은 명령을 사용한다.

```
$ kubectl logs kubia-manual -c kubia
Kubia server starting...
```

현재 존재하는 파드의 컨테이너 로그만 가져올 수 있다는 점에 유의해야 한다. 파드가 삭제되면 해당 로그도 같이 삭제된다. 파드가 삭제된 후에도 파드의 로그를 보기 위해서는 모든 로그를 중앙 저장소에 저장하는 클러스터 전체의 중앙집중식 로깅을 설정해야 한다. 17장에서 중앙집중식 로깅이 어떻게 작동하는지 설명한다.

3.2.5 파드에 요청 보내기

파드가 지금 실행 중이다. 적어도 kubectl get과 애플리케이션의 로그가 그렇게 얘기하고 있다. 그렇다면 어떻게 해야 파드의 실제 동작을 볼 수 있을까? 2장에서 kubectl expose 명령으로 외부에서 파드에 접속할 수 있는 서비스를 만들었다. 여기에서는 그렇게 하지 않는다. 서비스만을 다루는 장이 있기 때문이기도 하고 파드에 테스트와 디버깅 목적으로 연결할 수 있는 다른 방법이 있기 때문이다. 그중 하나가 포트 포워딩port forwarding이다.

로컬 네트워크 포트를 파드의 포트로 포워딩

서비스를 거치지 않고 (디버깅이나 다른 이유로) 특정 파드와 대화하고 싶을 때 쿠버네티스는 해당 파드로 향하는 포트 포워딩을 구성해준다. 포트 포워딩 구성은 kubectl port-forward 명령으로 할 수 있다. 다음 명령은 머신의 로컬 포트 8888을 kubia-manual 파드의 8080포트로 향하게 한다.

```
$ kubectl port-forward kubia-manual 8888:8080
... Forwarding from 127.0.0.1:8888 -> 8080
... Forwarding from [::1]:8888 -> 8080
```

포트 포워딩이 실행돼 이제 로컬 포트로 파드에 연결할 수 있다.

포트 포워딩을 통해 파드 연결

이제 다른 터미널에서 curl을 이용해 localhost:8888에서 실행되고 있는 kubectl port-forward 프록시를 통해 HTTP 요청을 해당 파드에 보낼 수 있다.

```
$ curl localhost:8888
You've hit kubia-manual
```

그림 3.5는 요청을 보낼 때 발생하는 상황을 매우 간략하게 보여준다. 실제로는 몇 가지 추가적인 구성 요소가 kubectl 프로세스와 파드 사이에 있지만, 지금은 관련이 없다.

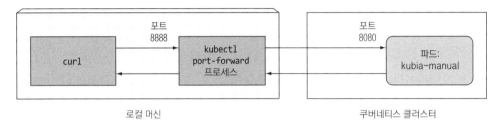

로컬 머신   쿠버네티스 클러스터

▲ **그림 3.5** curl을 kubectl port-forward와 함께 사용할 때 일어나는 일을 간략하게 설명한다.

이렇게 포트 포워딩을 사용해 개별 파드를 효과적으로 테스트할 수 있다. 이 책에서 다른 비슷한 방법을 배울 것이다.

3.3 레이블을 이용한 파드 구성

이제 파드 두 개가 클러스터에서 실행되고 있다. 실제 애플리케이션을 배포할 때 대부분의 사용자는 더 많은 파드를 실행하게 될 것이다. 파드 수가 증가함에 따라 파드를 부분 집합으로 분류할 필요가 있다.

예를 들어 마이크로서비스 아키텍처의 경우 배포된 마이크로서비스의 수는 매우 쉽게 20개를 초과한다. 이러한 구성 요소는 복제돼(동일한 구성 요소의 여러 복사본이 배포된다) 여러 버전 혹은 릴리스(안정, 베타, 카나리 등)가 동시에 실행된다. 이로 인해 시스템에 수백 개 파드가 생길 수 있다. 파드를 정리하는 메커니즘이 없다면, 그림 3.6처럼 크고 이해하기 어려운 난장판이 된다. 그림은 여러 개 레플리카를 실행하는 여러 마이크로서비스에 속해 있는 파드와 동일한 마이크로서비스의 다른 릴리스에 속한 파드를 보여준다.

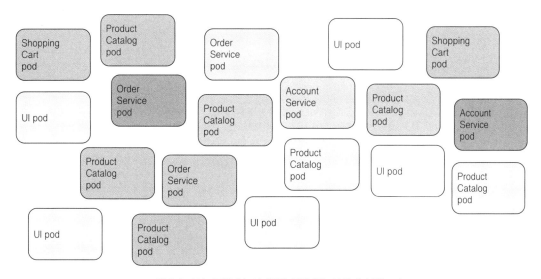

▲ **그림 3.6** 마이크로서비스 아키텍처 안에 있는 분류되지 않는 파드

모든 개발자와 시스템 관리자는 어떤 파드가 어떤 것인지 쉽게 알 수 있도록 임의의 기준에 따라 작은 그룹으로 조직하는 방법이 필요하다. 각 파드에 대해 개별적으로 작업을 수행하기보다 특정 그룹에 속한 모든 파드에 관해 한 번에 작업하기를 원할 것이다.

레이블 labels 을 통해 파드와 기타 다른 쿠버네티스 오브젝트의 조직화가 이뤄진다.

3.3.1 레이블 소개

레이블은 파드와 모든 다른 쿠버네티스 리소스를 조직화할 수 있는 단순하면서 강력한 쿠버네티스 기능이다. 레이블은 리소스에 첨부하는 키-값 쌍으로, 이 쌍은 레이블 셀렉터를 사용해 리소스를 선택할 때 활용된다(리소스는 셀렉터에 지정된 레이블을 포함하는지 여부에 따라 필터링된다). 레이블 키가 해당 리소스 내에서 고유하다면, 하나 이상 원하는 만큼 레이블을 가질 수 있다. 일반적으로 리소스를 생성할 때 레이블을 붙이지만, 나중에 레이블을 추가하거나 기존 레이블 값을 수정할 수도 있다.

그림 3.6 마이크로서비스 예제로 돌아가보자. 파드에 레이블을 붙여 누구나 쉽게 이해할 수 있는 훨씬 체계적인 시스템을 구성할 수 있다. 각 파드에는 레이블 두 개를 붙였다.

- app: 파드가 속한 애플리케이션, 구성 요소 혹은 마이크로서비스를 지정한다.
- rel: 파드에서 실행 중인 애플리케이션이 안정stable, 베타 혹은 카나리 릴리스인지 보여준다.

> |**정의**| 카나리 릴리스는 안정 버전 옆에 새 버전을 배포하고, 모든 사용자에게 배포하기 전에 소수의 사용자만이 새로운 버전을 사용할 수 있도록 해서 어떻게 동작하는지 볼 수 있게 하는 것이다. 이렇게 하면 문제 있는 릴리스가 많은 사용자에게 노출되는 것을 방지할 수 있다.

두 레이블을 추가해 그림 3.7처럼 파드를 2차원으로 구성했다(애플리케이션은 수평으로, 릴리스는 수직으로)

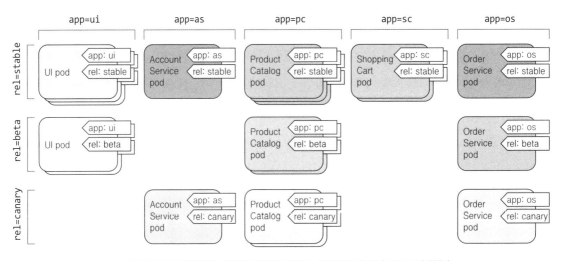

▲ **그림 3.7.** 파드 레이블을 이용해 마이크로서비스 아키텍처 안에 파드를 조직화했다.

클러스터에 접속할 수 있는 개발자와 운영자는 이제 파드 레이블을 보고 시스템 구조와 각 파드가 적합한 위치에 있는지 볼 수 있다.

3.3.2 파드를 생성할 때 레이블 지정

레이블 두 개를 가진 파드를 생성해 실제로 레이블이 어떻게 동작하는지 살펴보자. 다음 예제에 있는 내용으로 kubia-manual-with-labels.yaml 파일을 만들자.

예제 3.3 레이블이 있는 파드: kubia-manual-with-labels.yaml

```
apiVersion: v1
kind: Pod
metadata:
  name: kubia-manual-v2
  labels:
    creation_method: manual        레이블 두 개를 파드에 붙였다.
    env: prod
spec:
  containers:
  - image: luksa/kubia
    name: kubia
    ports:
    - containerPort: 8080
      protocol: TCP
```

레이블 creation_method=manual과 env=prod를 metadata.labels 섹션에 포함했다. 이제 이 파드를 생성하자.

```
$ kubectl create -f kubia-manual-with-labels.yaml
pod "kubia-manual-v2" created
```

kubectl get pods 명령은 레이블을 표시하지 않는 것이 기본값이라 --show-labels 스위치를 사용해 레이블을 볼 수 있다.

```
$ kubectl get po --show-labels
NAME             READY  STATUS   RESTARTS  AGE  LABELS
kubia-manual     1/1    Running  0         16m  <none>
kubia-manual-v2  1/1    Running  0         2m   creat_method=manual,env=prod
kubia-zxzij      1/1    Running  0         1d   run=kubia
```

모든 레이블을 나열하는 대신 특정 레이블에만 관심 있는 경우 해당 레이블을 -L 스위치로 지정해 각 레이블을 자체 열에 표시할 수 있다. 파드를 다시 나열하면서 kubia-manual-v2 파드에 부착한 레이블 두 개만 표시해보자.

```
$ kubectl get po -L creation_method,env
NAME              READY   STATUS    RESTARTS   AGE   CREATION_METHOD   ENV
kubia-manual      1/1     Running   0          16m   <none>            <none>
kubia-manual-v2   1/1     Running   0          2m    manual            prod
kubia-zxzij       1/1     Running   0          1d    <none>            <none>
```

3.3.3 기존 파드 레이블 수정

기존 파드에 레이블을 추가하거나 수정할 수 있다. kubia-manual 파드를 수동으로 생성했으니, 여기에 creation_method=manual 레이블을 추가하자.

```
$ kubectl label po kubia-manual creation_method=manual
pod "kubia-manual" labeled
```

기존에 가지고 있던 레이블을 어떻게 변경하는지 보기 위해 kubia-manual-v2 파드의 env=prod 레이블을 env=debug 레이블로 변경하자.

> |**노트**| 기존 레이블을 변경할 때는 ––overwrite 옵션이 필요하다.

```
$ kubectl label po kubia-manual-v2 env=debug --overwrite
pod "kubia-manual-v2" labeled
```

갱신된 레이블을 보기 위해 파드를 나열한다.

```
$ kubectl get po -L creation_method,env
NAME              READY   STATUS    RESTARTS   AGE   CREATION_METHOD   ENV
kubia-manual      1/1     Running   0          16m   manual            <none>
```

```
kubia-manual-v2    1/1    Running   0        2m      manual     debug
kubia-zxzij        1/1    Running   0        1d      <none>     <none>
```

앞에서 본 것처럼 리소스에 레이블을 붙이거나 기존 리소스에 있는 레이블을 변경하는 일은 간단하다. 아직은 잘 모르겠지만 이것은 매우 강력한 기능이다. 이를 4장에서 계속 살펴본다. 먼저 레이블로 할 수 있는 일 가운데 파드를 나열할 때 레이블을 표시하는 방법 외에 더 할 수 있는 일이 무엇인지 살펴보자.

3.4 레이블 셀렉터를 이용한 파드 부분 집합 나열

리소스를 조회할 때 각 리소스 옆에 부착된 레이블을 같이 표시하는 것은 그다지 흥미로운 일이 아니다. 중요한 것은 레이블이 레이블 셀렉터와 함께 사용된다는 점이다. 레이블 셀렉터는 특정 레이블로 태그된 파드의 부분 집합을 선택해 원하는 작업을 수행한다. 레이블 셀렉터는 특정 값과 레이블을 갖는지 여부에 따라 리소스를 필터링하는 기준이 된다.

레이블 셀렉터는 리소스 중에서 다음 기준에 따라 리소스를 선택한다.

- 특정한 키를 포함하거나 포함하지 않는 레이블
- 특정한 키와 값을 가진 레이블
- 특정한 키를 갖고 있지만, 다른 값을 가진 레이블

3.4.1 레이블 셀렉터를 사용해 파드 나열

만들어 둔 파드에 레이블 셀렉터를 사용해보자. 수동으로 생성한 모든 파드를 보려면 (creation _method=manual 레이블을 붙인) 다음 명령을 실행한다.

```
$ kubectl get po -l creation_method=manual
NAME              READY    STATUS     RESTARTS    AGE
kubia-manual      1/1      Running    0           51m
kubia-manual-v2   1/1      Running    0           37m
```

env 레이블을 가지고 있지만, 값은 무엇이든 상관없는 파드를 보려면 다음 명령을 실행한다.

```
$ kubectl get po -l env
NAME              READY    STATUS     RESTARTS    AGE
kubia-manual-v2   1/1      Running    0           37m
```

그리고 다음은 env 레이블을 가지고 있지 않은 파드다.

```
$ kubectl get po -l '!env'
NAME              READY    STATUS     RESTARTS    AGE
kubia-manual      1/1      Running    0           51m
kubia-zxzij       1/1      Running    0           10d
```

> |**노트**| !env를 작은따옴표로 감싸, 배시(bash) 셸이 느낌표를 처리하지 않도록 한다.

마찬가지로 다음 레이블 셀렉터를 이용해 일치하는 파드를 찾을 수 있다.

- creation_method!=manual: creation_method 레이블을 가지고 있는 파드 중에 값이 manual이 아닌 것
- env in (prod,devel): env 레이블 값이 prod 또는 devel로 설정돼 있는 파드
- env notin (prod,devel): env 레이블 값이 prod, devel이 아닌 파느

마이크로서비스 지향 아키텍처 예제로 돌아가 제품 카탈로그 마이크로서비스에 속해 있는 모든 파드는 app=pc 레이블 셀렉터를 이용해 선택할 수 있다.

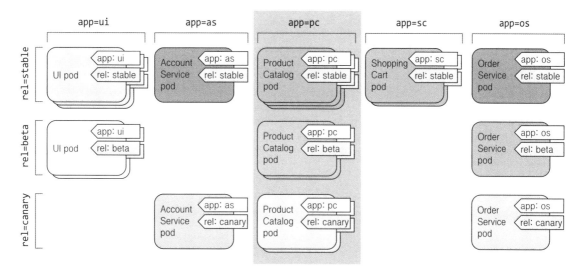

▲ **그림 3.8.** "app=pc" 레이블 셀렉터를 이용해 제품 카탈로그 마이크로서비스에 속한 파드를 선택한다.

3.4.2 레이블 셀렉터에서 여러 조건 사용

셀렉터는 쉼표로 구분된 여러 기준을 포함하는 것도 가능하다. 셀렉터를 통해 선택하기 위해서는 리소스가 모든 기준을 만족해야 한다. 예를 들어 제품 카탈로그 마이크로서비스의 베타 릴리스인 파드를 선택하기 위해서는 **app=pc,rel=beta** 셀렉터를 사용한다(그림 3.9에 표시).

레이블 셀렉터는 파드 목록을 나열하는 것뿐만 아니라, 파드 부분 집합에 작업을 수행할 때도 유용하다. 예를 들어 3장 후반부에서는 레이블 셀렉터를 이용해 여러 파드를 한 번에 삭제하는 것을 볼 것이다. 또한 레이블 셀렉터는 **kubectl**에서만 사용하는 것이 아니고 내부적으로도 사용된다. 이어서 살펴보자.

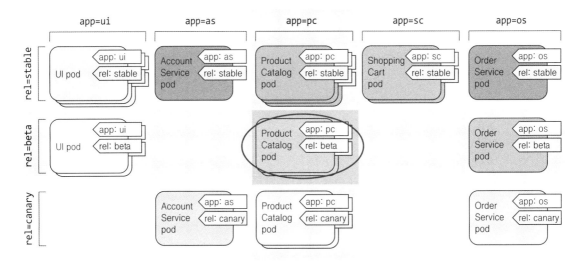

▲ **그림 3.9.** 여러 개의 레이블 셀렉터를 이용한 파드 선택

3.5 레이블과 셀렉터를 이용해 파드 스케줄링 제한

지금까지 생성한 모든 파드는 워커 노드 전체에 걸쳐 무작위로 스케줄링됐다. 2장에서 언급한 것처럼 이것이 쿠버네티스에서의 적절한 동작 방식이다. 쿠버네티스는 모든 노드를 하나의 대규모 배포 플랫폼으로 노출하기 때문에, 파드가 어느 노드에 스케줄링됐느냐는 중요하지 않다. 각 파드는 요청한 만큼의 정확한 컴퓨팅 리소스(CPU, 메모리 등)를 할당받는다. 그리고 다른 파드에서 해당 파드로 접근하는 것은 파드가 스케줄링된 노드에 아무런 영향을 받지 않는다. 그렇기 때문에 쿠버네티스에게 파드를 어디에 스케줄링할지 알려줄 필요는 없다.

하지만 파드를 스케줄링할 위치를 결정할 때 약간이라도 영향을 미치고 싶은 상황이 있다. 예를 들어 하드웨어 인프라가 동일하지 않은 경우를 들 수 있다. 워커 노드 일부는 HDD를 가지고 있고 나머지에는 SSD를 가지고 있는 경우, 특정 파드를 한 그룹에 나머지 파드는 다른 그룹에 스케줄링되도록 할 수 있다. 또 다른 예는 GPU 가속을 제공하는 노드에만 GPU 계산이 필요한 파드를 스케줄링하는 것을 들 수 있다.

쿠버네티스의 전체적인 아이디어는 그 위에 실행되는 애플리케이션으로부터 실제 인프라스트럭처를 숨기는 것에 있기에 파드가 어떤 노드에 스케줄링돼야 하는지 구체적으로 지정하고 싶지는 않을 것이다. 그로 인해 애플리케이션이 인프라스트럭처에 결합되기 때문이다. 그러나 정확한 노드를 지정하는 대신 필요한 노드 요구 사항을 기술하고 쿠버네티스가 요구 사항을 만족하는 노드를 선택하도록 한다. 이는 노드 레이블과 레이블 셀렉터를 통해 할 수 있다.

3.5.1 워커 노드 분류에 레이블 사용

앞에서 배운 것처럼 파드는 레이블을 부착할 수 있는 유일한 쿠버네티스 리소스가 아니다. 노드를 포함한 모든 쿠버네티스 오브젝트에 레이블을 부착할 수 있다. 일반적으로 ops 팀은 새 노드를 클러스터에 추가할 때, 노드가 제공하는 하드웨어나 파드를 스케줄링할 때 유용하게 사용할 수 있는 기타 사항을 레이블로 지정해 노드를 분류한다.

클러스터에 범용 GPU 컴퓨팅에 사용할 수 있는 GPU를 가지고 있는 노드가 있다고 가정하자. 이 기능을 가지고 있음을 보여주는 레이블을 노드에 추가하려고 한다. gpu=true 레이블을 노드 중 하나에 추가하자(kubectl get nodes 실행 결과 중에 하나를 선택).

```
$ kubectl label node gke-kubia-85f6-node-0rrx gpu=true
node "gke-kubia-85f6-node-0rrx" labeled
```

이제 파드를 나열할 때처럼 노드를 나열할 때 레이블 셀렉터를 사용할 수 있다. 노드 중에 gpu=true 레이블을 가진 노드를 나열하자.

```
$ kubectl get nodes -l gpu=true
NAME                      STATUS   AGE
gke-kubia-85f6-node-0rrx  Ready    1d
```

예상대로 한 노드만 이 레이블을 가지고 있다. kubectl을 이용해 모든 노드를 나열하고 각 노드의 gpu 레이블 값을 보여주는 추가 열을 표시하도록 하는 것도 가능하다(kubectl get nodes -L gpu).

3.5.2 특정 노드에 파드 스케줄링

이제 GPU를 필요로 하는 새로운 파드를 배포해야 한다고 가정해보자. 스케줄러가 GPU를 제공하는 노드를 선택하도록 요청하려면, 파드의 YAML 파일에 노드 셀렉터를 추가해야 한다. 다음 예제 내용으로 kubia-gpu.yaml 파일을 작성하고 `kubectl create -f kubia-gpu.yaml` 명령을 실행한다.

예제 3.4. 레이블 셀렉터를 이용해 특정 노드에 파드 스케줄링하기: kubia-gpu.yaml

```
apiVersion: v1
kind: Pod
metadata:
  name: kubia-gpu
spec:
  nodeSelector:            nodeSelector는 쿠버네티스에
    gpu: "true"            gpu=true 레이블을 포함한 노드에
  containers:              이 파드를 배포하도록 지시한다.
  - image: luksa/kubia
    name: kubia
```

spec 섹션 안에 nodeSelector 필드를 추가했다. 파드를 생성할 때, 스케줄러는 gpu=true 레이블을 가지고 있는 노드 중에서 선택한다(이 경우 단일 노드만 존재).

3.5.3 하나의 특정 노드로 스케줄링

마찬가지로 각 노드에는 키를 kubernetes.io/hostname으로 하고 값에는 호스트 이름이 설정돼 있는 고유한 레이블이 있기 때문에, 파드를 특정한 노드로 스케줄링하는 것도 가능하다. 그러나 nodeSelector에 실제 호스트 이름을 지정할 경우에 해당 노드가 오프라인 상태인 경우 파드가 스케줄링되지 않을 수 있다. 개별 노드로 생각해서는 안 된다. 레이블 셀렉터를 통해 지정한 특정 기준을 만족하는 노드의 논리적인 그룹을 생각해야 한다.

앞에서 본 예제는 레이블과 레이블 셀렉터가 동작하는 방식과 쿠버네티스 운영에 어떻게 영향을 주는지 볼 수 있는 간단한 데모였다. 레이블 셀렉터의 중요성과 유용함은 다음

두 장에서 레플리케이션컨트롤러^{Replication-Controller}와 서비스^{Services}를 이야기할 때 더욱 분명해질 것이다.

| **노트** | 노드에 파드를 스케줄링할 때 영향을 줄 수 있는 추가 방법은 16장에서 다룬다.

3.6 파드에 어노테이션 달기

파드 및 다른 오브젝트는 레이블 외에 어노테이션^{annotations}을 가질 수 있다. 어노테이션은 키-값 쌍으로 레이블과 거의 비슷하지만 식별 정보를 갖지 않는다. 레이블은 오브젝트를 묶는 데 사용할 수 있지만, 어노테이션은 그렇게 할 수 없다. 레이블 셀렉터를 통해서 오브젝트를 선택하는 것이 가능하지만 어노테이션 셀렉터와 같은 것은 없다.

반면 어노테이션은 훨씬 더 많은 정보를 보유할 수 있다. 이는 주로 도구들^{tools}에서 사용된다. 특정 어노테이션은 쿠버네티스에 의해 자동으로 오브젝트에 추가되지만, 나머지 어노테이션은 사용자에 의해 수동으로 추가된다.

어노테이션은 쿠버네티스에 새로운 기능을 추가할 때 흔히 사용된다. 일반적으로 새로운 기능의 알파 혹은 베타 버전은 API 오브젝트에 새로운 필드를 바로 도입하지 않는다. 필드 대신 어노테이션을 사용하고, 필요한 API 변경이 명확해지고 쿠버네티스 개발자가 이에 동의하면 새로운 필드가 도입된다. 그리고 관련된 어노테이션은 사용이 중단된다.

어노테이션이 유용하게 사용되는 경우는 파드나 다른 API 오브젝트에 설명을 추가해 두는 것이다. 이렇게 하면 클러스터를 사용하는 모든 사람이 개별 오브젝트에 관한 정보를 신속하게 찾아볼 수 있다. 예를 들어 오브젝트를 만든 사람 이름을 어노테이션으로 지정해 두면, 클러스터에서 작업하는 사람들이 좀 더 쉽게 협업할 수 있다.

3.6.1 오브젝트의 어노테이션 조회

2장에서 파드를 생성할 때 쿠버네티스가 자동으로 추가한 어노테이션을 예로 살펴보자.

어노테이션을 보기 위해서 kubectl describe 명령을 이용하거나 YAML 전체 내용을 요청해야 한다. 다음 예제 안에 있는 첫 번째 옵션을 사용하자.

예제 3.5 파드의 어노테이션

```
$ kubectl get po kubia-zxzij -o yaml
apiVersion: v1
kind: pod
metadata:
  annotations:
    kubernetes.io/created-by: |
      {"kind":"SerializedReference", "apiVersion":"v1",
      "reference":{"kind":"ReplicationController", "namespace":"default", ...
```

자세히 보지 않아도 Kubernetes.io/created-by 어노테이션이 오브젝트를 사용할 때 사용한 JSON 데이터를 갖고 있는 것을 볼 수 있다. 이런 데이터는 레이블에 넣고 싶어 하는 데이터가 아닐 것이다. 레이블에는 짧은 데이터를, 그에 비해 어노테이션에는 상대적으로 큰 데이터를 넣을 수 있다(총 256KB까지).

> | **노트** | kubernetes.io/created-by 어노테이션은 버전 1.8에서 더 이상 사용되지 않으며, 1.9에서 제거돼 더 이상 YAML 안에서 볼 수 없다.

3.6.2 어노테이션 추가 및 수정

레이블을 만들 때와 같은 방법으로 파드를 생성할 때 어노테이션을 추가할 수 있다. 물론 이미 존재하는 파드에 어노테이션을 추가하거나 수정하는 것도 가능하다. 어노테이션을 추가하는 가장 간단한 방법은 kubectl annotate 명령을 사용하는 것이다.

kubia-manual 파드에 어노테이션을 추가해보자.

```
$ kubectl annotate pod kubia-manual mycompany.com/someannotation="foo bar"
pod "kubia-manual" annotated
```

mycompany.com/someannotation 어노테이션을 foo bar라는 값과 함께 추가했다. 키 충돌을 방지하기 위해 어노테이션 키로 이런 형식을 사용하는 것이 좋다. 앞에서 사용한 것처럼 고유한 접두사를 사용하지 않았을 때 다른 도구나 라이브러리가 오브젝트에 어노테이션을 추가하면서 기존에 있던 어노테이션을 덮어버릴 수 있다.

kubectl describe 명령을 이용해 추가한 어노테이션을 볼 수 있다.

```
$ kubectl describe pod kubia-manual
...
Annotations:     mycompany.com/someannotation=foo bar
...
```

3.7 네임스페이스를 사용한 리소스 그룹화

잠시 레이블로 돌아가자. 레이블을 이용해 파드와 다른 오브젝트를 그룹으로 묶는 것을 봤다. 각 오브젝트는 여러 레이블을 가질 수 있기 때문에, 오브젝트 그룹은 서로 겹쳐질 수 있다. 또한 클러스터에서 작업을 수행할 때 (예를 들어 kubectl 명령을 통해) 레이블 셀렉터를 명시적으로 지정하지 않으면 항상 모든 오브젝트를 보게 된다.

오브젝트를 겹치지 않는 그룹으로 분할하고자 할 때는 어떻게 해야 할까? 한 번에 하나의 그룹 안에서만 작업하고 싶을 것이다. 이러한 이유로 쿠버네티스는 오브젝트를 네임스페이스로 그룹화한다. 여기서 네임스페이스는 2장에서 얘기했던, 프로세스를 격리하는 데 사용하는 리눅스 네임스페이스가 아니다. 쿠버네티스 네임스페이스는 오브젝트 이름의 범위를 제공한다. 모든 리소스를 하나의 단일 네임스페이스에 두는 대신에 여러 네임스페이스로 분할할 수 있으며, 이렇게 분리된 네임스페이스는 같은 리소스 이름을 다른 네임스페이스에 걸쳐 여러 번 사용할 수 있게 해준다.

3.7.1 네임스페이스의 필요성

여러 네임스페이스를 사용하면 많은 구성 요소를 가진 복잡한 시스템을 좀 더 작은 개별 그룹으로 분리할 수 있다. 또한 멀티테넌트multi-tenant 환경처럼 리소스를 분리하는 데 사용된다. 리소스를 프로덕션, 개발, QA 환경 혹은 원하는 다른 방법으로 나누어 사용할 수 있다. 리소스 이름은 네임스페이스 안에서만 고유하면 된다. 서로 다른 두 네임스페이스는 동일한 이름의 리소스를 가질 수 있다. 대부분의 리소스 유형은 네임스페이스 안에 속하지만 일부는 그렇지 않다. 그 가운데 하나는 노드 리소스인데, 이 리소스는 전역^{global}이며 단일 네임스페이스에 얽매이지 않는다. 4장에서 클러스터 수준 리소스를 다룰 것이다.

이제 네임스페이스를 사용하는 방법을 알아보자.

3.7.2 다른 네임스페이스와 파드 살펴보기

먼저 클러스터에 있는 모든 네임스페이스를 나열하자.

```
$ kubectl get ns
NAME           LABELS     STATUS    AGE
default        <none>     Active    1h
kube-public    <none>     Active    1h
kube-system    <none>     Active    1h
```

지금까지는 default 네임스페이스에서만 작업을 진행했다. kubectl get 명령을 이용해 리소스를 나열할 때 네임스페이스를 명시적으로 지정한 적이 없기 때문에 kubectl 명령어는 항상 기본적으로 default 네임스페이스에 속해 있는 오브젝트만 표시했다. 그러나 목록을 보면 kube-public과 kube-system 네임스페이스도 존재하는 것을 알 수 있다. kube-system 네임스페이스에 속해 있는 파드를 kubectl 명령어를 이용해 나열해보자.

```
$ kubectl get po --namespace kube-system
NAME                              READY    STATUS    RESTARTS    AGE
fluentd-cloud-kubia-e8fe-node-txje   1/1      Running   0           1h
heapster-v11-fz1ge                1/1      Running   0           1h
kube-dns-v9-p8a4t                 0/4      Pending   0           1h
kube-ui-v4-kdlai                  1/1      Running   0           1h
l7-lb-controller-v0.5.2-bue96     2/2      Running   92          1h
```

> |팁| --namespace 대신 -n 옵션을 사용할 수 있다.

여기서 나열된 파드는 이 책 후반부에서 배울 것이다(여기서 보이는 파드와 여러분의 시스템에 설치돼 있는 파드가 다르더라도 걱정하지 말자). 네임스페이스 이름으로 유추해보건대, 쿠버네티스 시스템 자체와 관련된 리소스임이 분명하다. 이 분리된 네임스페이스에 해당 리소스를 포함시켜 모든 것이 깔끔하게 정돈되도록 유지한다. 만약 이것들이 default 네임스페이스 안에 있고 자신이 직접 생성한 리소스와 섞여 있다면, 어떤 리소스가 어디에 속해 있는 것인지 구분하기 어렵고 실수로 시스템 리소스를 삭제할 수도 있다.

네임스페이스를 사용해 서로 관계없는 리소스를 겹치지 않는 그룹으로 분리할 수 있다. 여러 사용자 또는 그룹이 동일한 쿠버네티스 클러스터를 사용하고 있고, 각자 자신들의 리소스를 관리한다면 각각 고유한 네임스페이스를 사용해야 한다. 이렇게 하면 다른 사용자의 리소스를 수정하거나 삭제하지 않도록 주의를 기울일 필요가 없다. 또한 이미 언급한 것처럼 네임스페이스가 리소스 이름에 관한 접근 범위를 제공하기 때문에 리소스 이름이 충돌하는 경우를 걱정할 필요가 없다.

네임스페이스는 리소스를 격리하는 것 외에도 특정 사용자가 지정된 리소스에 접근할 수 있도록 허용하고, 개별 사용자가 사용할 수 있는 컴퓨팅 리소스를 제한하는 데에도 사용된다. 이에 대해서는 12~14장을 통해 배울 것이다.

3.7.3 네임스페이스 생성

네임스페이스는 다른 것과 마찬가지로 쿠버네티스 리소스이기 때문에 YAML 파일을 쿠버네티스 API 서버에 요청해 생성할 수 있다. 어떻게 하는지 살펴보자.

YAML 파일에서 네임스페이스 생성

먼저 다음 예제의 내용으로 custom-namespace.yaml 파일을 생성한다(책의 코드 아카이브에서 파일을 찾을 수 있다).

```
apiVersion: v1                          네임스페이스를
kind: Namespace                         정의한다.
metadata:                               네임스페이스의
  name: custom-namespace                이름
```

이제 kubectl 명령을 사용해 해당 파일을 쿠버네티스 API 서버로 전송하자.

```
$ kubectl create -f custom-namespace.yaml
namespace "custom-namespace" created
```

kubectl create namespace 명령으로 네임스페이스 생성

앞에서 살펴본 파일을 작성하는 것은 큰 문제가 아니지만, 여전히 번거롭다. 운 좋게도 kubectl create namespace 명령을 사용해 네임스페이스를 생성할 수 있다. 이 방법은 YAML 파일을 작성하는 것보다 빠르다. 여기에서는 네임스페이스를 생성하기 위해 YAML 매니페스트를 만들게 했으며, 이를 통해 쿠버네티스 안에 있는 모든 것은 그에 상응하는 API 오브젝트를 가지고 있으며 YAML 매니페스트를 API 서버에 전송해 생성, 읽기, 갱신, 삭제할 수 있음을 좀 더 강조하고 싶었다.

다음과 같이 네임스페이스를 만들 수 있다.

```
$ kubectl create namespace custom-namespace
namespace "custom-namespace" created
```

> |**노트**| 대부분의 오브젝트 이름은 RFC 1035(도메인 이름)에 지정된 규칙을 준수해야 한다. 이는 글자, 숫자, 대시, 점을 포함할 수 있음을 의미한다. 하지만 네임스페이스(그리고 몇몇 다른 리소스)는 점을 포함할 수 없다.

3.7.4 다른 네임스페이스의 오브젝트 관리

생성한 네임스페이스 안에 리소스를 만들기 위해서는 metadata 섹션에 namespace: custom
-namespace 항목을 넣거나 kubectl create 명령을 사용할 때 네임스페이스를 지정한다.

```
$ kubectl create -f kubia-manual.yaml -n custom-namespace
pod "kubia-manual" created
```

이제 동일한 이름을 가진 두 파드가 있다. 하나는 default 네임스페이스에 있고 나머
지는 custom-namespace에 있다.

다른 네임스페이스 안에 있는 오브젝트를 나열하거나 어노테이션 달기, 수정 또는 삭
제할 때는 --namespace (또는 -n) 플래그를 kubectl에 전달해야 한다. 네임스페이스를 지
정하지 않으면 kubectl은 현재 kubectl 컨텍스트^{context}에 구성돼 있는 기본 네임스페이스
에서 작업을 수행한다. 현재 컨텍스트의 네임스페이스와 현재 컨텍스트 자체는 kubectl
config 명령으로 변경할 수 있다.

kubectl 컨텍스트 관리에 관한 자세한 설명은 부록 A를 참고하자.

| 팁 | 다른 네임스페이스로 빠르게 전환하려면 다음 별칭(alias)을 설정한다.

```
alias kcd='kubectl config set-context $(kubectl config current-context)
--namespace '
```

그런 다음 kcd some-namespace 명령을 이용해 네임스페이스를 전환할 수 있다.

3.7.5 네임스페이스가 제공하는 격리 이해

네임스페이스에 관한 절을 마무리하기 위해, (기본 틀에서 벗어나지 않는 선에서) 네임스페이
스에서 제공하지 않는 것을 설명하겠다. 네임스페이스를 사용하면 오브젝트를 별도 그룹
으로 분리해 특정한 네임스페이스 안에 속한 리소스를 대상으로 작업할 수 있게 해주지만,
실행 중인 오브젝트에 대한 격리는 제공하지 않는다.

예를 들어 다른 사용자들이 서로 다른 네임스페이스에 파드를 배포할 때 해당 파드가 서로 격리돼 통신할 수 없다고 생각할 수 있지만, 반드시 그런 것은 아니다. 네임스페이스에서 네트워크 격리를 제공하는지는 쿠버네티스와 함께 배포하는 네트워킹 솔루션에 따라 다르다. 네트워크 솔루션이 네임스페이스 간 격리를 제공하지 않는 경우 foo 네임스페이스 안에 있는 파드가 bar 네임스페이스 안에 있는 파드의 IP 주소를 알고 있었다면, HTTP 요청과 같은 트래픽을 다른 파드로 보내는 것에 아무런 제약 사항이 없다.

3.8 파드 중지와 제거

여기에서 생성한 여러 파드는 여전히 실행 중일 것이다. default 네임스페이스에 네 개의 파드가 있고, custom-namespace 안에 하나의 파드가 있다. 더 이상 필요하지 않기 때문에 모두 중지하도록 하자.

3.8.1 이름으로 파드 삭제

먼저 kubia-gpu 파드를 이름으로 삭제한다.

```
$ kubectl delete po kubia-gpu
pod "kubia-gpu" deleted
```

피드를 삭제하면 쿠버네티스는 파드 안에 있는 모든 컨테이너를 종료하도록 지시한다. 쿠버네티스는 SIGTERM 신호를 프로세스에 보내고 지정된 시간(기본값 30초) 동안 기다린다. 시간 내에 종료되지 않으면 SIGKILL 신호를 통해 종료한다. 프로세스가 항상 정상적으로 종료되게 하기 위해서는 SIGTERM 신호를 올바르게 처리해야 한다.

> |팁| 여러 파드의 이름을 공백으로 구분해 지정하면, 두 개 이상의 파드를 삭제할 수 있다(예를 들어 kubectl delete po pod1 pod2).

3.8.2 레이블 셀렉터를 이용한 파드 삭제

이름을 지정해 파드를 삭제하는 대신 레이블 셀렉터에 관해 배운 내용을 사용해 kubia-manual과 kubia-manual-v2 파드 모두를 중지할 수 있다. 두 파드 모두 creation_method=manual 레이블을 가지고 있으므로 레이블 셀렉터를 이용해 삭제할 수 있다.

```
$ kubectl delete po -l creation_method=manual
pod "kubia-manual" deleted
pod "kubia-manual-v2" deleted
```

예를 들어 이전 마이크로서비스 예제처럼, 수십 개 (혹은 수백 개) 파드를 가지고 있을 때 rel=canary 레이블을 지정해 모든 canary 파드를 한 번에 지울 수 있다(그림 3.10에 표시).

```
$ kubectl delete po -l rel=canary
```

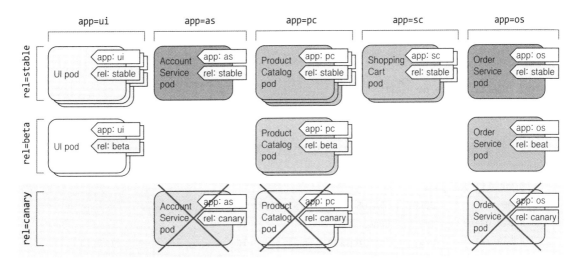

▲ 그림 3.10. rel=canary 레이블 셀렉터를 이용해 모든 canary 파드를 선택해 삭제한다.

3.8.3 네임스페이스를 삭제한 파드 제거

다시 실제 파드로 돌아가자. custom-namespace 안에 있는 파드는 어떤가? 더 이상 해당 네임스페이스 안에 있는 파드나 네임스페이스 자체를 필요로 하지 않는다. 이런 경우 다음 명령을 사용해 네임스페이스 전체(파드는 네임스페이스와 함께 자동으로 삭제된다)를 삭제할 수 있다.

```
$ kubectl delete ns custom-namespace
namespace "custom-namespace" deleted
```

3.8.4 네임스페이스를 유지하면서 네임스페이스 안에 있는 모든 파드 삭제

이제 거의 모두 정리했다. 하지만 2장에서 kubectl run 명령으로 생성한 파드는 어떤가? 그중 하나는 아직도 실행 중이다.

```
$ kubectl get pods
NAME            READY   STATUS     RESTARTS   AGE
kubia-zxzij     1/1     Running    0          1d
```

여기서는 특정 파드를 삭제하는 대신 --all 옵션을 이용해 쿠버네티스가 현재 네임스페이스에 있는 모든 파드를 삭제하도록 한다.

```
$ kubectl delete po --all
pod "kubia-zxzij" deleted
```

실행 중인 파드가 남아 있는지 다시 한 번 확인해보자.

```
$ kubectl get pods
NAME            READY   STATUS       RESTARTS   AGE
kubia-09as0     1/1     Running      0          1d
kubia-zxzij     1/1     Terminating  0          1d
```

잠깐, kubia-zxzij 파드는 종료되고 있지만 새로운 파드 kubia-09as0가 생성됐다. 모든 파드를 계속 삭제하더라도 kubia-something이라는 파드는 계속 생성될 것이다. kubectl run 명령으로 첫 번째 파드를 만든 것을 기억할 것이다. 2장에서 이것은 파드를 직접 만드는 대신 레플리케이션컨트롤러^{ReplicationController}를 만들고 그다음 파드를 만든다고 언급했다. 레플리케이션컨트롤러에 의해 생성된 파드를 삭제하면 즉시 새로운 파드를 생성한다. 파드를 삭제하기 위해서는 레플리케이션컨트롤러도 삭제해야 한다.

3.8.5 네임스페이스에서 (거의) 모든 리소스 삭제

하나의 명령으로 현재 네임스페이스에 있는 모든 리소스(레플리케이션컨트롤러, 파드, 생성한 모든 서비스)를 삭제할 수 있다.

```
$ kubectl delete all --all
pod "kubia-09as0" deleted
replicationcontroller "kubia" deleted
service "kubernetes" deleted
service "kubia-http" deleted
```

명령의 첫 번째 all은 모든 유형의 리소스를 삭제하도록 지정하고, --all 옵션으로 리소스 이름이 아닌 모든 리소스 인스턴스를 삭제할 것을 지정한다(이전 삭제 명령을 실행할 때 이미 이 옵션을 사용해봤다).

> |**노트**| all 키워드를 이용해 모든 것을 삭제하려 해도 모든 것이 완전히 삭제되는 것은 아니다. (7장에서 소개할 시크릿 등) 특정 리소스는 보존돼 있으며, 명시적으로 삭제할 필요가 있다.

리소스를 삭제할 때 kubectl은 삭제되는 리소스 이름을 표시한다. 예제 안에서 2장에서 만들었던 kubia 레플리케이션컨트롤러와 kubia-http 서비스를 확인하게 될 것이다.

> |**노트**| kubectl delete all --all 명령은 kubernetes 서비스도 삭제하지만 잠시 후에 자동으로 다시 생성된다.

3.9 요약

3장을 읽음으로써 여러분은 쿠버네티스의 중심이 되는 빌딩 블록에 관해 제대로 된 지식을 갖게 됐을 것이다. 이후 몇 장에서 배울 개념은 파드와 직접 관련이 있다.

3장에서 배운 내용은 다음과 같다.

- 특정 컨테이너를 파드로 묶어야 하는지 여부를 결정하는 방법
- 파드는 여러 프로세스를 실행할 수 있으며 컨테이너가 아닌 세계의 물리적 호스트와 비슷하다.
- YAML 또는 JSON 디스크립터를 작성해 파드를 작성하고 파드 정의와 상태를 확인할 수 있다.
- 레이블과 레이블 셀렉터를 사용해 파드를 조직하고 한 번에 여러 파드에서 작업을 쉽게 수행할 수 있다.
- 노드 레이블과 셀렉터를 사용해 특정 기능을 가진 노드에 파드를 스케줄링할 수 있다.
- 어노테이션을 사용하면 사람 또는 도구, 라이브러리에서 더 큰 데이터를 파드에 부착할 수 있다.
- 네임스페이스는 다른 팀들이 동일한 클러스터를 별도 클러스터를 사용하는 것처럼 이용할 수 있게 해준다.
- `kubectl explain` 명령으로 쿠버네티스 리소스 정보를 빠르게 찾을 수 있다.

4장에서는 파드를 관리하는 레플리케이션컨트롤러와 다른 리소스를 살펴본다.

4

레플리케이션과 그 밖의 컨트롤러: 관리되는 파드 배포

4장에서 다루는 내용

- 파드의 안정적인 유지
- 동일한 파드의 여러 인스턴스 실행
- 노드 장애 시 자동으로 파드 재스케줄링
- 파드의 수평 스케줄링
- 각 클러스터 노드에서 시스템 수준의 파드 실행
- 배치 잡 실행
- 잡을 주기적 또는 한 번만 실행하도록 스케줄링

지금까지 살펴본 바와 같이 쿠버네티스에서 파드는 배포 가능한 기본 단위다. 파드를 수동으로 생성, 감독, 관리하는 방법을 배웠지만 실환경에서는 배포한 애플리케이션이 자동으로 실행되고 수동적인 개입 없이도 안정적인 상태로 유지되길 원할 것이다. 이렇게 하기 위해 여러분이 파드를 직접 생성하는 일은 거의 없을 것이다. 대신 레플리케이션컨트롤러 또는 디플로이먼트와 같은 유형의 리소스를 생성해 실제 파드를 생성하고 관리한다.

3장에서 만든 것과 같은 관리되지 않는 파드[1]를 생성하면 파드를 실행할 클러스터 노드가 선택되고 파드의 컨테이너가 해당 노드에서 실행된다. 4장에서는 쿠버네티스가 해당 컨테이너를 모니터링하고 실패하면 자동으로 다시 시작하는 방법을 배울 것이다. 그러나 노드 전체에 장애가 발생하면 노드에 있는 파드는 유실되며, 이전에 언급한 레플리케이션 컨트롤러나 그와 유사한 기능을 하는 컨트롤러가 해당 파드를 관리하지 않는 한 새로운 파드로 대체되지 않는다. 4장에서는 쿠버네티스가 어떻게 컨테이너가 여전히 살아 있는지 체크하고 그렇지 않은 경우 다시 시작하는지 배울 것이다. 또한 관리되는 파드를 활용해 지속적으로 실행되는 파드를 실행하는 방법과 한 가지 작업만 수행한 뒤 중지되는 파드를 실행하는 방법을 배울 것이다.

4.1 파드를 안정적으로 유지하기

쿠버네티스를 사용하면 얻을 수 있는 주요 이점은 쿠버네티스에 컨테이너 목록을 제공하면 해당 컨테이너를 클러스터 어딘가에서 계속 실행되도록 할 수 있다는 것이다.

파드 리소스를 생성하고 쿠버네티스가 이 파드를 실행할 워커 노드를 지정하며 해당 노드에서 파드의 컨테이너가 실행되도록 함으로써 이 작업을 수행한다. 그러나 그 컨테이너 중 하나가 죽으면 어떻게 될까? 또는 파드 안에 있는 모든 컨테이너가 죽으면 어떻게 될까?

파드가 노드에 스케줄링되는 즉시, 해딩 노드의 Kubelet은 파드의 컨테이너를 실행하고 파드가 존재하는 한 컨테이너가 계속 실행되도록 할 것이다. 컨테이너의 주 프로세스에 크래시crash가 발생하면 Kubelet이 컨테이너를 다시 시작한다. 만약 여러분의 애플리케이션에 버그가 있어 가끔씩 크래시가 발생하는 경우 쿠버네티스가 애플리케이션을 자동으로 다시 시작하므로, 애플리케이션에서 특별한 작업을 하지 않더라도 쿠버네티스에서 애플리케이션을 실행하는 것만으로도 자동으로 치유할 수 있는 능력이 주어진다.

---

1   저자는 컨트롤러를 이용한 파드의 관리를 강조하기 위해 관리되지 않는 파드(unmanaged pods)와 관리되는 파드(managed pods)라는 표현을 사용했다. – 옮긴이

그러나 때때로 애플리케이션은 프로세스의 크래시 없이도 작동이 중단되는 경우가 있다. 일례로 자바 애플리케이션이 메모리 누수가 있어서 `OutofMemoryErrors`를 발생시키기 시작하더라도 JVM 프로세스는 계속 실행될 것이다. 애플리케이션이 더 이상 제대로 동작하지 않는다는 신호를 쿠버네티스에 보내서, 쿠버네티스가 애플리케이션을 다시 시작하도록 하는 방법이 있다면 좋을 것이다.

크래시가 발생한 컨테이너는 자동으로 다시 시작한다고 말했으므로 아마도 이러한 유형의 오류를 캐치해서 프로세스를 종료할 수 있다고 생각할 수 있다. 물론 그렇게 할 수는 있지만 모든 문제를 해결하지는 못한다.

예들 들어 애플리케이션이 무한 루프나 교착 상태에 빠져서 응답을 하지 않는 상황이라면 어떨까? 이런 경우 애플리케이션이 다시 시작되도록 하려면 애플리케이션 내부의 기능에 의존하지 말고 외부에서 애플리케이션의 상태를 체크해야 한다.

4.1.1 라이브니스 프로브 소개

쿠버네티스는 라이브니스 프로브liveness probe를 통해 컨테이너가 살아 있는지 확인할 수 있다. 파드의 스펙specification에 각 컨테이너의 라이브니스 프로브를 지정할 수 있다. 쿠버네티스는 주기적으로 프로브를 실행하고 프로브가 실패할 경우 컨테이너를 다시 시작한다.

> |**노트**| 쿠버네티스는 레디니스 프로브(readiness probe)도 지원한다. 5장에서 배울 것이다. 두 가지를 혼동하지 않도록 주의하자. 이 둘은 쓰임새가 다르다.

쿠버네티스는 세 가지 메커니즘을 사용해 컨테이너에 프로브를 실행한다.

■ HTTP GET 프로브는 지정한 IP 주소, 포트, 경로에 HTTP GET 요청을 수행한다. 프로브가 응답을 수신하고 응답 코드가 오류[2]를 나타내지 않는 경우(즉, HTTP 응답 코드가 2xx 또는 3xx인 경우)에 프로브가 성공했다고 간주된다. 서버가 오류 응답 코

---

2   HTTP 응답 코드가 4xx 또는 5xx을 의미한다. – 옮긴이

드를 반환하거나 전혀 응답하지 않으면 프로브가 실패한 것으로 간주돼 컨테이너를 다시 시작한다.

- TCP 소켓 프로브는 컨테이너의 지정된 포트에 TCP 연결을 시도한다. 연결에 성공하면 프로브가 성공한 것이고, 그렇지 않으면 컨테이너가 다시 시작된다.

- Exec 프로브는 컨테이너 내의 임의의 명령을 실행하고 명령의 종료 상태 코드를 확인한다. 상태 코드가 0이면 프로브가 성공한 것이다. 모든 다른 코드는 실패로 간주된다.

4.1.2 HTTP 기반 라이브니스 프로브 생성

Node.js 애플리케이션에 라이브니스 프로브를 추가하는 방법을 살펴보자. 웹 애플리케이션이므로 웹 서버가 요청을 처리하는지 체크하는 라이브니스 프로브를 추가하는 것이 좋다. 그러나 이 Node.js 애플리케이션은 너무 단순해서 쉽게 실패가 발생하지 않으므로 인위적으로 실패하게 만들어야 한다.

적절한 라이브니스 프로브 데모를 위해 애플리케이션을 약간 수정해 다섯 번째 이후의 요청부터는 500 Internal Server Error HTTP 상태 코드를 반환하도록 한다.

처음 다섯 번째까지는 적절히 처리하고 이후의 모든 요청은 오류를 반환한다. 라이브니스 프로브 덕분에 이런 현상이 발생하면 컨테이너가 다시 시작돼 클라이언트의 요청을 다시 적절히 처리하게 된다.

이 책의 코드 아카이브(Chapter04/kubia-unhealthy)에서 새로운 애플리케이션의 코드를 확인할 수 있다. 저자가 컨테이너 이미지를 도커 허브에 푸시했기 때문에 직접 이미지를 빌드할 필요는 없다.

HTTP GET 라이브니스 프로브가 포함된 새 파드를 생성한다. 예제 4.1은 파드 YAML을 보여준다.

예제 4.1 파드에 라이브니스 프로브 추가: kubia-liveness-probe.yaml

```
apiVersion: v1
kind: pod
```

```
metadata:
  name: kubia-liveness
spec:
  containers:
  - image: luksa/kubia-unhealthy          약간 문제가 있는 애플리케이션을
    name: kubia                            포함한 이미지
    livenessProbe:                         HTTP GET을 수행하는
      httpGet:                             라이브니스 프로브
        path: /                            HTTP 요청 경로
        port: 8080        프로브가 연결해야 하는
                          네트워크 포트
```

이 파드 디스크립터는 쿠버네티스가 주기적으로 "/" 경로와 **8080**포트에 HTTP GET을 요청해서 컨테이너가 정상 동작하는지 확인하도록 `httpGet` 라이브니스 프로브를 정의한다. 이런 요청은 컨테이너가 실행되는 즉시 시작된다.

다섯 번의 요청 (또는 실제 클라이언트 요청) 후에 애플리케이션은 HTTP 상태 코드 500을 반환하기 시작하고 쿠버네티스가 프로브를 실패한 것으로 간주해 컨테이너를 다시 시작한다.

4.1.3 동작 중인 라이브니스 프로브 확인

라이브니스 프로브의 기능을 보기 위해 지금 파드를 하나 만들어보자. 약 1분 30초 후 컨테이너가 시작된다. `kubectl get`을 실행해 확인할 수 있다.

```
$ kubectl get po kubia-liveness
NAME              READY   STATUS    RESTARTS   AGE
kubia-liveness    1/1     Running   1          2m
```

RESTARTS 열에는 파드의 컨테이너가 한 번 다시 시작했음을 보여준다(약 1분 30초 더 기다리면 다시 시작할 것이고, 이 주기를 무한으로 계속할 것이다).

3장에서는 kubectl logs를 사용해 애플리케이션 로그를 출력하는 방법을 배웠다. 컨테이너가 다시 시작되면 kubectl logs 명령은 현재 컨테이너의 로그를 표시한다.

이전 컨테이너가 종료된 이유를 파악하려는 경우 현재 컨테이너의 로그 대신 이전 컨테이너의 로그를 보고 싶을 것이다. --previous 옵션을 사용하면 된다.

```
$ kubectl logs mypod --previous
```

다음 예제에서 볼 수 있듯이 kubectl describe로 출력되는 내용을 보면, 컨테이너가 다시 시작된 이유를 확인할 수 있다.

예제 4.2 컨테이너가 다시 시작된 후의 파드 디스크립션

```
$ kubectl describe po kubia-liveness
Name: kubia-liveness
...
Containers:
  kubia:
    Container ID: docker://480986f8
    Image:        luksa/kubia-unhealthy
    Image ID:     docker://sha256:2b208508
    Port:
    State:        Running                                  ← 컨테이너가 현재 실행 중이다.
      Started:    Sun, 14 May 2017 11:41:40 +0200
    Last State:   Terminated
      Reason:     Error
      Exit Code:  137                                      ← 이전 컨테이너가 에러로 인해
      Started:    Mon, 01 Jan 0001 00:00:00 +0000            코드 137을 반환하고 중지됐다.
      Finished:   Sun, 14 May 2017 11:41:38 +0200
    Ready:        True
    Restart Count: 1
    Liveness:     http-get http://:8080/ delay=0s timeout=1s  ← 컨테이너가
                  period=10s #success=1 #failure=3             한 번 다시
                                                               시작됐다.
    ...
Events:
```

158

```
... Killing container with id docker://95246981:pod "kubia-liveness ..."
   container "kubia" is unhealthy, it will be killed and re-created.
```

컨테이너가 현재 실행 중이지만 오류로 인해 이전에 종료된 것을 알 수 있다. 종료 코드는 137이며 특별한 의미를 가진다. 이는 프로세스가 외부 신호에 의해 종료됐음을 나타낸다. 숫자 137은 두 숫자를 합한 값으로, 128 + x다. 여기서 x는 프로세스에 전송된 시그널 번호이며, 이 시그널로 인해 컨테이너가 종료됐다. 이 예에서 x는 SIGKILL 시그널 번호인 9이며, 프로세스가 강제로 종료됐음을 의미한다.

아래쪽에 나열된 이벤트(Events)는 컨테이너가 종료된 이유를 보여준다. 쿠버네티스는 컨테이너가 비정상 상태임을 감지해 컨테이너를 종료했다가 다시 생성했다.

> |**노트**| 컨테이너가 종료되면 완전히 새로운 컨테이너가 생성된다. 동일한 컨테이너가 다시 시작되는 것이 아니다.

4.1.4 라이브니스 프로브의 추가 속성 설정

kubectl describe는 라이브니스 프로브에 관한 추가적인 정보도 표시된다는 것을 알게 됐을 것이다.

```
Liveness: http-get http://:8080/ delay=0s timeout=1s period=10s #success=1
          ⮕ #failure=3
```

명시적으로 지정한 라이브니스 프로브 옵션 외에도 지연(delay), 제한 시간(timeout), 기간(period) 등과 같은 추가 속성을 볼 수도 있다. delay=0s 부분은 컨테이너가 시작된 후 바로 프로브가 시작된다는 것을 나타난다. 제한 시간이 1초로 설정돼 있으므로(timeout=1s) 컨테이너가 1초 안에 응답해야 한다. 그렇지 않으면 프로브가 실패한 것으로 카운트된다. 컨테이너는 10초마다 프로브를 수행하며(period=10s) 프로브가 3번 연속 실패하면 (#failure=3) 컨테이너가 다시 시작된다.

이런 추가적인 매개변수는 프로브를 정의할 때 지정할 수 있다. 이를테면 초기 지연을 설정하려면 다음 예제와 같이 initialDelaySeconds 속성을 라이브니스 프로브에 추가한다.

```
livenessProbe:
  httpGet:
    path: /
    port: 8080
  initialDelaySeconds: 15        ◀── 쿠버네티스는 첫 번째 프로브 실행까지
                                      15초를 대기한다.
```

초기 지연을 설정하지 않으면 프로브는 컨테이너가 시작되자마자 프로브를 시작한다. 이 경우 대부분 애플리케이션이 요청을 받을 준비가 돼 있지 않기 때문에 프로브가 실패한다. 실패 횟수가 실패 임곗값을 초과하면 요청을 올바르게 응답하기 전에 컨테이너가 다시 시작된다.

| **팁** | 애플리케이션 시작 시간을 고려해 초기 지연을 설정해야 한다는 점을 명심하자.

저자는 이런 경우를 많이 봤다. 사용자들은 왜 컨테이너가 다시 시작됐는지 혼란스러워했다. 만약 사용자가 kubectl describe를 사용했더라면 컨테이너가 종료 코드 137 또는 143으로 종료됐으며 외부에서 파드를 종료했음을 알 수 있었을 것이다. 또한 파드의 이벤트 목록에 라이브니스 프로브 실패로 인해 컨테이너가 종료됐다는 것을 파악했을 것이다. 파드 시작 시 이 문제가 발생한다면, initialDelaySeconds를 적절하게 설정하지 않았기 때문이다.

| **노트** | 종료 코드 137은 외부 시그널에 의해 프로세스가 종료됐음을 나타낸다(종료 코드는 128 + 9 (SIGKILL)). 마찬가지로 종료 코드 143은 128 + 15 (SIGTERM)에 해당한다.

4.1.5 효과적인 라이브니스 프로브 생성

운영 환경에서 실행 중인 파드는 반드시 라이브니스 프로브를 정의해야 한다. 정의하지 않으면 쿠버네티스가 애플리케이션이 살아 있는지를 알 수 있는 방법이 없다. 프로세스가 실행되는 한 쿠버네티스는 컨테이너가 정상적이라고 간주할 것이다.

라이브니스 프로브가 확인해야 할 사항

위에서 만든 간단한 라이브니스 프로브는 단순히 서버가 응답하는지만 검사한다. 지나치게 단순해 보일 수 있지만, 이런 라이브니스 프로브마저도 기적적인 일을 한다. 컨테이너 내에서 실행 중인 웹 서버가 HTTP 요청에 응답하지 않으면 컨테이너가 다시 시작되기 때문이다. 라이브니스 프로브가 없는 것에 비하면 커다란 개선 사항이며, 대부분 이것으로 충분할 것이다.

그러나 더 나은 라이브니스 프로브를 위해 특정 URL 경로(예를 들어 /health)에 요청하도록 프로브를 구성해 애플리케이션 내에서 실행 중인 모든 주요 구성 요소가 살아 있는지 또는 응답이 없는지 확인하도록 구성할 수 있다.

> **|팁|** HTTP 엔드포인트(/health)에 인증이 필요하지 않은지 확인하라. 그렇지 않으면 프로브가 항상 실패해 컨테이너가 무한정으로 재시작된다.

라이브니스 프로브는 애플리케이션의 내부만 체크하고, 외부 요인의 영향을 받지 않도록 해야 한다. 예를 들어 프론트엔드 웹서버의 라이브니스 프로브는 웹서버가 백엔드 데이터베이스에 연결할 수 없을 때 실패를 반환해서는 안 된다. 근본적인 원인이 데이터베이스 자체에 있는 경우, 웹 서버 컨테이너를 재시작한다 하더라도 문제가 해결되지 않는다.

프로브를 가볍게 유지하기

라이브니스 프로브는 너무 많은 연산 리소스를 사용해서는 안 되며, 완료하는 데 너무 오래 걸리지 않아야 한다. 기본적으로 프로브는 비교적 자주 실행되며 1초 내에 완료돼야 한다.

너무 많은 일을 하는 프로브는 컨테이너의 속도를 상당히 느려지게 만든다. 이 책의 후반부에서 컨테이너가 사용할 수 있는 CPU 시간을 제한하는 방법도 배울 것이다. 프로브의 CPU 사용 시간은 컨테이너의 CPU 시간 할당량으로 계산되므로, 라이브니스 프로브를 무겁게 만들면 메인 애플리케이션 프로세스에서 사용할 수 있는 CPU 시간이 줄어들게 된다.

> |팁| 컨테이너에서 자바 애플리케이션을 실행하는 경우 라이브니스 정보를 얻기 위해 Exec 프로브로 전체 JVM을 새로 기동하는 대신 HTTP GET 라이브니스 프로브를 사용하자. 기동 절차에 상당한 연산 리소스가 필요한 JVM 기반 또는 유사한 애플리케이션의 경우도 마찬가지다.

프로브에 재시도 루프를 구현하지 마라

프로브의 실패 임곗값을 설정할 수 있으며, 컨테이너가 강제 종료되려면 프로브가 여러 번 실패해야 함을 알게 됐다. 그러나 실패 임곗값을 1로 설정하더라도, 쿠버네티스는 실패를 한 번했다고 간주하기 전에 프로브를 여러 번 재시도한다. 따라서 프로브에 자체적인 재시도 루프를 구현하는 것은 헛수고다.

라이브니스 프로브 요약

이제 컨테이너에 크래시가 발생하거나 라이브니스 프로브가 실패한 경우 쿠버네티스가 컨테이너를 재시작해 컨테이너가 계속 실행되도록 한다는 점을 이해하게 됐다. 이 작업은 파드를 호스팅하는 노드의 Kubelet에서 수행한다. 마스터에서 실행 중인 쿠버네티스 컨트롤 플레인 구성 요소는 이 프로세스에 관여하지 않는다.

그러나 노드 자체에 크래시가 발생한 경우 노드 크래시로 중단된 모든 파드의 대체 파드를 생성해야 하는 것은 컨트롤 플레인의 몫이다. 여러분이 직접 생성한 파드는 그렇지 않다. 이런 파드들은 Kubelet에서만 관리되는데, Kubelet은 노드에서 실행되기 때문에 노드 자체가 고장 나면 아무것도 할 수 없다.

애플리케이션이 다른 노드에서 다시 시작되도록 하려면 4장의 나머지 부분에서 설명하는 레플리케이션컨트롤러 또는 이와 유사한 메커니즘으로 파드를 관리해야 한다.

4.2 레플리케이션컨트롤러 소개

레플리케이션컨트롤러는 쿠버네티스 리소스로서 파드가 항상 실행되도록 보장한다. 어떤 이유에서든 파드가 사라지면, 쉽게 말해 클러스터에서 노드가 사라지거나 노드에서 파드가 제거된 경우, 레플리케이션컨트롤러는 사라진 파드를 감지해 교체 파드를 생성한다. 그림 4.1은 파드가 두 개 있는 노드가 다운될 때 어떤 일이 일어나는지 보여준다. 파드 A는 직접 생성해 관리되지 않는 파드인 반면, 파드 B는 레플리케이션컨트롤러에 의해 관리된다. 노드에 장애가 발생한 후 레플리케이션컨트롤러는 사라진 파드 B를 교체하기 위해 새 파드(Pod B2)를 생성하지만 파드 A는 완전히 유실된다.

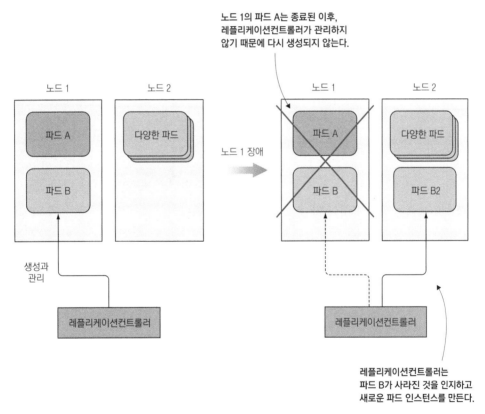

▲ **그림 4.1** 노드가 실패하면 레플리케이션컨트롤러가 관리하는 파드만 다시 생성된다.

그림 4.1의 레플리케이션컨트롤러는 하나의 파드만 관리하지만 일반적으로 레플리케이션컨트롤러는 파드의 여러 복제본(레플리카)을 작성하고 관리하기 위한 것이다. 이것이 레플리케이션컨트롤러란 이름의 유래다.

4.2.1 레플리케이션컨트롤러의 동작

레플리케이션컨트롤러는 실행 중인 파드 목록을 지속적으로 모니터링하고, 특정 "유형 type"의 실제 파드 수가 의도하는 수와 일치하는지 항상 확인한다. 이런 파드가 너무 적게 실행 중인 경우 파드 템플릿에서 새 복제본을 만든다. 너무 많은 파드가 실행 중이면 초과 복제본이 제거된다.

어떻게 의도하는 수의 복제본보다 많은 복제본이 생길 수 있는지 궁금할 것이다. 다음과 같은 이유로 발생할 수 있다.

- 누군가 같은 유형의 파드를 수동으로 만든다.
- 누군가 기존 파드의 "유형 type"을 변경한다.
- 누군가 의도하는 파드 수를 줄인다.

파드 "유형 type"이라는 용어를 몇 번 사용했으나 그런 것은 존재하지 않는다. 레플리케이션컨트롤러는 파드 유형이 아니라 특정 레이블 셀렉터 label selector와 일치하는 파드 세트에 작동한다(3장에서 배웠다).

컨트롤러 조정 루프 소개

레플리케이션컨트롤러의 역할은 정확한 수의 파드가 항상 레이블 셀렉터와 일치하는지 확인하는 것이다. 그렇지 않은 경우 레플리케이션컨트롤러는 의도하는 파드 수와 실제 파드 수를 일치시키기 위한 적절한 조치를 취한다. 레플리케이션컨트롤러의 작동은 그림 4.2에 나와 있다.

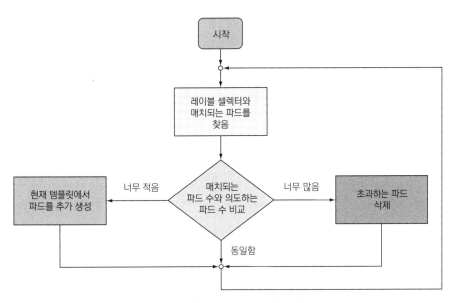

▲ **그림 4.2** 레플리케이션컨트롤러의 조정 루프

레플리케이션컨트롤러의 세 가지 요소 이해

레플리케이션컨트롤러에는 세 가지 필수 요소가 있다(그림 4.3에 표시).

- 레이블 셀렉터^{label selector}는 레플리케이션컨트롤러의 범위에 있는 파드를 결정한다.
- 레플리카 수^{replica count}는 실행할 파드의 의도하는^{desired} 수를 지정한다.
- 파드 템플릿^{pod template}은 새로운 파드 레플리카를 만들 때 사용된다.

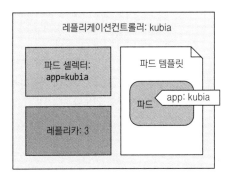

▲ **그림 4.3** 레플리케이션컨트롤러의 세 가지 핵심
요소(파드 셀렉터, 레플리카 수, 파드 템플릿)

레플리케이션컨트롤러의 레플리카 수, 레이블 셀렉터, 심지어 파드 템플릿은 언제든지 수정할 수 있지만 레플리카 수의 변경만 기존 파드에 영향을 미친다.

컨트롤러의 레이블 셀렉터 또는 파드 템플릿 변경의 영향 이해

레이블 셀렉터와 파드 템플릿을 변경해도 기존 파드에는 영향을 미치지 않는다. 레이블 셀렉터를 변경하면 기존 파드가 레플리케이션컨트롤러의 범위를 벗어나므로 컨트롤러가 해당 파드에 대한 관리를 중지한다. 또한 레플리케이션컨트롤러는 파드를 생성한 후에는 파드의 실제 "콘텐츠"(컨테이너 이미지, 환경변수 및 기타 사항)에 신경을 쓰지 않는다. 따라서 템플릿은 이 레플리케이션컨트롤러로 새 파드를 생성할 때만 영향을 미친다. 템플릿을 새 파드를 만들기 위한 쿠키 커터cookie cutter[3]라고 생각할 수 있다.

레플리케이션컨트롤러 사용 시 이점

쿠버네티스의 많은 기능과 마찬가지로 레플리케이션컨트롤러는 매우 단순한 개념이지만, 다음과 같은 강력한 기능을 제공하거나 가능하게 한다.

- 기존 파드가 사라지면 새 파드를 시작해 파드(또는 여러 파드의 복제본)가 항상 실행되도록 한다.
- 클러스터 노드에 장애가 발생하면 장애가 발생한 노드에서 실행 중인 모든 파드(레플리케이션컨트롤러의 제어하에 있는 파드)에 관한 교체 복제본이 생성된다.
- 수동 또는 자동으로 파드를 쉽게 수평으로 확장할 수 있게 한다(15장의 '수평적 파드 오토 스케일링' 참조).

> |노트| 파드 인스턴스는 다른 노드로 재배치되지 않는다. 대신에 레플리케이션컨트롤러는 교체되는 인스턴스와 관련 없는 완전히 새로운 파드 인스턴스를 만든다.

---

3 쿠키를 만들 때 반죽에 쿠키 틀을 이용해 동일한 모양으로 만드는 것과 같이, 파드 템플릿을 이용해 동일한 모양의 (동일한 스펙의 동일한 기능을 하는) 파드 복제본을 만들 수 있다. - 옮긴이

4.2.2 레플리케이션컨트롤러 생성

레플리케이션컨트롤러를 생성하는 방법을 살펴본 다음, 이 컨트롤러가 파드의 실행을 유
지하는 방법을 살펴보자. 파드를 비롯해 기타 다른 쿠버네티스 리소스와 마찬가지로 쿠버
네티스 API 서버에 JSON 또는 YAML 디스크립터를 게시해 레플리케이션컨트롤러를 만
든다.

다음 예제에 보이는 것처럼 레플리케이션컨트롤러를 위한 kubia-rc.yaml이라는
YAML 파일을 만든다.

예제 4.4 레플리케이션컨트롤러의 YAML 정의: kubia-rc.yaml

```
apiVersion: v1                          레플리케이션컨트롤러(RC)의
kind: ReplicationController    ◀──      매니페스트 정의
metadata:
  name: kubia               ◀──────    레플리케이션컨트롤러 이름
spec:
  replicas: 3               ◀──────    의도하는 파드 인스턴스 수
  selector:                           파드 셀렉터로 레플리케이션컨트롤러가
    app: kubia                        관리하는 파드 선택
template:
  metadata:
    labels:
      app: kubia
  spec:                               새 파드에 사용할
    containers:                       파드 템플릿
    - name: kubia
      image: luksa/kubia
      ports:
      - containerPort: 8080
```

파일을 API 서버에 게시하면, 쿠버네티스는 레이블 셀렉터 app=kubia와 일치하는 파
드 인스턴스가 세 개를 유지하도록 하는 kubia라는 이름의 새로운 레플리케이션컨트롤러
를 생성한다. 파드가 충분하지 않으면 제공된 파드 템플릿에서 새 파드가 만들어질 것이
다. 템플릿의 내용은 3장에서 작성한 파드 정의와 거의 동일하다.

템플릿의 파드 레이블은 레플리케이션컨트롤러의 레이블 셀렉터와 완전히 일치해야 한다. 그렇지 않으면 컨트롤러에서 새 파드를 무한정 생성할 수 있다. 이는 새로운 파드를 기동시키더라도 실제 복제본 수가 의도하는 복제본 수와 일치하지 않기 때문이다. 이런 경우를 방지하기 위해 API 서버는 레플리케이션컨트롤러의 정의를 검증하고 잘못 구성된 경우 이를 받아들이지 않는다.

셀렉터를 지정하지 않는 것도 선택 가능한 옵션이다. 셀렉터를 지정하지 않으면 템플릿의 레이블로 자동 설정된다.

> |**팁**| 레플리케이션컨트롤러를 정의할 때 파드 셀렉터를 지정하지 말라. 쿠버네티스가 파드 템플릿에서 이를 추출하도록 하라. 이렇게 하면 YAML을 좀 더 간결하고 단순하게 유지할 수 있다.

레플리케이션컨트롤러를 생성하려면 이미 알고 있는 kubectl create 명령을 사용한다.

```
$ kubectl create -f kubia-rc.yaml
replicationcontroller "kubia" created
```

레플리케이션컨트롤러가 생성되자마자 작동한다. 무엇을 하는지 살펴보자.

4.2.3 레플리케이션컨트롤러 작동 확인

app=kubia인 레이블을 가신 파느가 없으므로 레플리케이션컨트롤러는 파드 템플릿에서 세 개의 새로운 파드를 기동시켜야 한다. 파드를 조회해 레플리케이션컨트롤러가 해야 할 작업을 수행했는지 확인해보자.

```
$ kubectl get pods
NAME           READY   STATUS             RESTARTS   AGE
kubia-53thy    0/1     ContainerCreating  0          2s
kubia-k0xz6    0/1     ContainerCreating  0          2s
kubia-q3vkg    0/1     ContainerCreating  0          2s
```

실제로 파드가 생성됐다. 여러분은 세 개의 파드를 원했고, 레플리케이션컨트롤러가 세 개의 파드를 만들었다. 레플리케이션컨트롤러는 이제 이 세 개의 파드를 관리한다. 다음으로 레플리케이션컨트롤러가 어떻게 반응하는지 보기 위해 파드를 약간 망가뜨릴 것이다.

삭제된 파드에 관한 레플리케이션컨트롤러의 반응 확인

먼저 파드 중 하나를 수동으로 삭제해서, 레플리케이션컨트롤러가 어떻게 새로운 파드를 즉시 기동해 파드의 수를 세 개로 되돌리는지 확인한다.

```
$ kubectl delete pod kubia-53thy
pod "kubia-53thy" deleted
```

파드를 다시 조회하면 네 개가 표시된다. 이는 여러분이 삭제한 파드가 종료 중^{terminating}이고 새 파드는 이미 생성됐기 때문이다.

```
$ kubectl get pods
NAME            READY   STATUS             RESTARTS   AGE
kubia-53thy     1/1     Terminating        0          3m
kubia-oini2     0/1     ContainerCreating  0          2s
kubia-k0xz6     1/1     Running            0          3m
kubia-q3vkg     1/1     Running            0 3m
```

레플리케이션컨트롤러가 다시 제 역할을 수행했다. 작지만 아주 멋진 도우미 아닌가?

레플리케이션컨트롤러 정보 얻기

이제 kubectl get 명령으로 레플리케이션컨트롤러의 정보를 살펴보자.

```
$ kubectl get rc
NAME    DESIRED   CURRENT   READY   AGE
kubia   3         3         2       3m
```

| **노트** | 여기서는 레플리케이션컨트롤러의 약어로 rc를 사용한다.

의도하는^{desired} 파드 수, 실제 파드^{current} 수, 준비된^{ready} 파드 수를 표시하는 세 개의 열이 표시된다(5장에서 레디니스 프로브를 이야기할 때, 준비된 파드 수(ready)가 의미하는 바를 알게 될 것이다).

다음 예제와 같이 kubectl describe 명령을 사용해 레플리케이션컨트롤러의 추가 정보를 볼 수 있다.

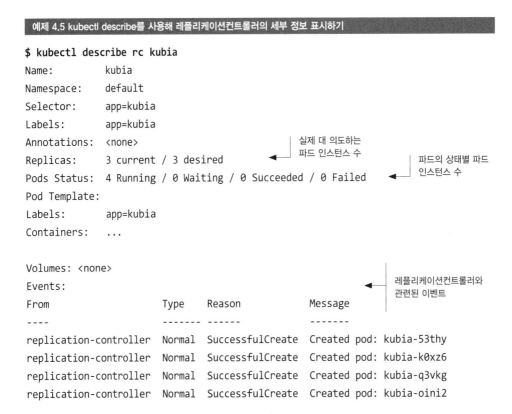

예제 4.5 kubectl describe를 사용해 레플리케이션컨트롤러의 세부 정보 표시하기

```
$ kubectl describe rc kubia
Name:          kubia
Namespace:     default
Selector:      app=kubia
Labels:        app=kubia
Annotations:   <none>
Replicas:      3 current / 3 desired          ◀── 실제 대 의도하는
                                                   파드 인스턴스 수
Pods Status:   4 Running / 0 Waiting / 0 Succeeded / 0 Failed   ◀── 파드의 상태별 파드
                                                                      인스턴스 수
Pod Template:
Labels:        app=kubia
Containers:    ...

Volumes: <none>
Events:                                        ◀── 레플리케이션컨트롤러와
                                                   관련된 이벤트
From                     Type     Reason           Message
----                     -------  ------           -------
replication-controller   Normal   SuccessfulCreate Created pod: kubia-53thy
replication-controller   Normal   SuccessfulCreate Created pod: kubia-k0xz6
replication-controller   Normal   SuccessfulCreate Created pod: kubia-q3vkg
replication-controller   Normal   SuccessfulCreate Created pod: kubia-oini2
```

컨트롤러가 이미 새 파드를 생성했기 때문에 현재 레플리카 수는 의도하는 수와 일치한다. 현재 레플리카 수에 포함되지 않지만 종료 중인 파드는 여전히 실행 중인 것으로 간주되므로 네 개의 실행 중인 파드가 표시된다.

하단의 이벤트 목록은 레플리케이션컨트롤러가 수행한 작업을 보여준다. 지금까지 네 개의 파드를 만들었다.

컨트롤러가 새로운 파드를 생성한 원인 정확히 이해하기

컨트롤러가 새 교체 파드를 만들어 파드 삭제에 대응한다(그림 4.4 참조). 엄밀히 말하면 그 것은 삭제 그 자체에 대한 대응이 아니라 결과적인 상태(부족한 파드 수)에 대응하는 것이다.

　레플리케이션컨트롤러는 삭제되는 파드에 대해 즉시 통지를 받지만(API 서버는 클라이언 트가 리소스 및 리소스 목록의 변경을 감시할 수 있도록 허용한다), 이 통지 자체가 대체 파드를 생 성하게 하는 것은 아니다. 이 통지는 컨트롤러가 실제 파드 수를 확인하고, 적절한 조치를 취하도록 하는 트리거 역할을 한다.

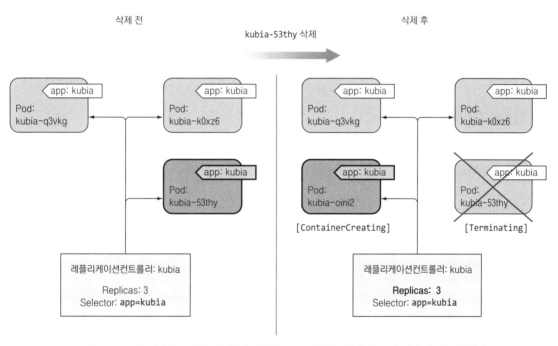

▲ **그림 4.4** 파드가 사라지면 레플리케이션컨트롤러는 파드의 수가 적음을 알고 새 대체 파드를 생성한다.

노드 장애 대응

레플리케이션컨트롤러가 파드의 수동 삭제에 대응하는 것을 확인하는 것은 그리 흥미로운 예제가 아니다. 더 나은 예를 보자. 이 예제를 구글 쿠버네티스 엔진에서 실행 중이라면 쿠 버네티스 클러스터에 노드가 세 개 있을 것이다. 노드 장애를 시뮬레이션하기 위해 노드 중 하나의 네트워크 연결을 끊을 것이다.

> |**노트**| Minikube를 사용하는 경우 마스터와 워커 노드 역할을 하는 노드가 하나만 있으므로 이 예제를 수행할 수 없다.

쿠버네티스를 사용하지 않는 환경에서 노드에 장애가 발생하면 운영 팀은 해당 노드에서 실행 중인 애플리케이션을 수동으로 다른 시스템에 마이그레이션해야 할 것이다. 반면 쿠버네티스는 이를 자동으로 수행한다. 레플리케이션컨트롤러는 노드의 파드가 다운됐음을 감지하자마자 파드를 대체하기 위해 새 파드를 기동한다.

이제 실습을 통해 살펴보자. 다음 예제와 같이 `gcloud compute ssh` 명령을 사용해 노드 중 하나에 ssh로 접속한 다음 `sudo ifconfig eth0 down`을 사용해 네트워크 인터페이스를 종료한다.

> |**노트**| -o wide 옵션으로 파드를 조회해서 파드가 적어도 하나 이상 실행 중인 노드를 선택하라.

예제 4.6 네트워크 인터페이스를 종료한 뒤의 노드 장애 시뮬레이션

```
$ gcloud compute ssh gke-kubia-default-pool-b46381f1-zwko
Enter passphrase for key '/home/luksa/.ssh/google_compute_engine':

Welcome to Kubernetes v1.6.4!
...
luksa@gke-kubia-default-pool-b46381f1-zwko ~ $ sudo ifconfig eth0 down
```

네트워크 인터페이스를 종료하면 ssh 세션의 응답이 중단되므로, 다른 터미널을 열거나 ssh 세션을 강제 종료해야 한다. 새로운 터미널에서 노드를 조회하면 노드가 다운된 것을 쿠버네티스가 감지했는지 확인할 수 있다. 이 작업은 약 1분 정도 소요된다. 그런 다음 노드의 상태가 NotReady로 표시된다.

```
$ kubectl get node
NAME                                  STATUS    AGE
gke-kubia-default-pool-b46381f1-opc5  Ready     5h
gke-kubia-default-pool-b46381f1-s8gj  Ready     5h
gke-kubia-default-pool-b46381f1-zwko  NotReady  5h  ◄──── 노드가 네트워크와
                                                          연결돼 있지 않기 때문에,
                                                          준비돼 있지 않다(NotReady).
```

지금 파드를 조회하면 쿠버네티스가 파드를 다시 스케줄링하기 전에 잠시 대기하기 때문에 (즉, 일시적인 네트워크 결함이나 Kubelet이 다시 시작하는 이유로 노드에 도달할 수 없는 경우) 이전과 동일하게 세 개의 파드가 계속 표시된다. 노드가 몇 분 동안 접속할 수 없는 상태로 유지될 경우 해당 노드에 스케줄된 파드는 상태가 알 수 없음^{Unknown}으로 변경된다.

이때 레플리케이션컨트롤러는 즉시 새 파드를 기동할 것이다. 파드를 다시 조회해 이를 확인할 수 있다.

```
$ kubectl get pods
NAME         READY  STATUS   RESTARTS  AGE
kubia-oini2  1/1    Running  0         10m
kubia-k0xz6  1/1    Running  0         10m
kubia-q3vkg  1/1    Unknown  0         10m  ◄──── 노드에 연결할 수 없기 때문에
                                                 이 파드의 상태는 알 수 없음이다.
kubia-dmdck  1/1    Running  0         5s   ◄──── 이 파드는 5초 전에 생성됐다.
```

파드의 AGE를 보면 kubia-dmdck 파드가 새로 생성된 것임을 알 수 있다. 다시 세 개의 파드 인스턴스가 실행 중이다. 이는 레플리케이션컨트롤러가 시스템의 실제 상태를 의도하는 상태로 만드는 작업을 다시 수행했음을 의미한다.

노드에 장애가 발생한 경우(고장이 났거나 연결이 안 되는 경우)도 마찬가지다. 즉각적인 인간의 개입이 필요하지 않다. 시스템이 자동으로 스스로 치유한다.

노드를 되돌리려면 다음 명령으로 노드를 재설정해야 한다.

```
$ gcloud compute instances reset gke-kubia-default-pool-b46381f1-zwko
```

노드가 다시 부팅되면 노드가 준비^{Ready} 상태로 돌아오고, 알 수 없는^{Unknown} 상태가 된 파드는 삭제된다.

4.2.4 레플리케이션컨트롤러의 범위 안팎으로 파드 이동하기

레플리케이션컨트롤러가 생성한 파드는 어떤 식으로든 이 레플리케이션컨트롤러와 묶이지 않는다. 레플리케이션컨트롤러는 레이블 셀렉터와 일치하는 파드만을 관리한다. 파드의 레이블을 변경하면 레플리케이션컨트롤러의 범위에서 제거되거나 추가될 수 있다. 한 레플리케이션컨트롤러에서 다른 레플리케이션컨트롤러로 이동할 수도 있다.

> | **팁** | 파드가 레플리케이션컨트롤러에 묶여 있지는 않지만, 파드는 metadata.ownerReferences 필드에서 레플리케이션컨트롤러를 참조한다. 이 필드를 사용해 파드가 속한 레플리케이션컨트롤러를 쉽게 찾을 수 있다.

파드의 레이블을 변경해 더 이상 레플리케이션컨트롤러의 레이블 셀렉터와 일치하지 않게 만들면 해당 파드는 수동으로 만든 다른 파드처럼 된다. 더 이상 아무도 이 파드를 관리하지 않는다. 파드를 실행하는 노드에 장애가 발생하면, 파드는 당연히 다시 스케줄링되지 않는다. 그러나 파드의 레이블을 변경하면 파드가 하나 사라진 것을 레플리케이션컨트롤러가 감지하고 사라진 파드를 대체하기 위해 새로운 파드를 기동함을 명심하라.

독자 여러분이 만든 파드를 이용해 실습해보자. 여러분의 레플리케이션컨트롤러는 레이블이 app=kubia인 파드를 관리하기 때문에 이 레이블을 제거하거나 값을 변경해 파드를 레플리케이션컨트롤러의 범위 밖으로 이동시켜야 한다. 레플리케이션컨트롤러는 파드에 추가 레이블이 있는지를 상관하지 않기 때문에 별도의 레이블을 추가하는 것은 아무런 효과가 없다. 오직 파드가 레이블 셀렉터에서 참조하는 모든 레이블을 갖고 있는지만 고려한다.

레플리케이션컨트롤러가 관리하는 파드에 레이블 추가

관리되는 파드에 레이블을 추가하더라도 레플리케이션컨트롤러가 정말로 상관하지 않는지 확인해보자.

```
$ kubectl label pod kubia-dmdck type=special
pod "kubia-dmdck" labeled
```

```
$ kubectl get pods --show-labels
NAME          READY  STATUS   RESTARTS  AGE  LABELS
kubia-oini2   1/1    Running  0         11m  app=kubia
kubia-k0xz6   1/1    Running  0         11m  app=kubia
kubia-dmdck   1/1    Running  0         1m   app=kubia,type=special
```

파드 중 하나에 type=special 레이블을 추가했다. 레플리케이션컨트롤러와 관련해서 어떤 변경도 발생하지 않았기 때문에 전체 파드를 다시 조회해도 이전과 동일하게 파드 세 개가 표시된다.

관리되는 파드의 레이블 변경

이제 레이블 app=kubia를 다른 것으로 변경할 것이다. 이렇게 하면 파드가 더 이상 레플리케이션컨트롤러의 레이블 셀렉터와 일치하지 않게 돼 두 개의 파드만 일치하게 된다. 따라서 레플리케이션컨트롤러는 파드의 수를 세 개로 되돌리기 위해 새로운 파드를 시작해야 한다.

```
$ kubectl label pod kubia-dmdck app=foo --overwrite
pod "kubia-dmdck" labeled
```

--overwrite 인수가 필요하다. 그렇지 않으면 kubectl은 경고만 표시하고 레이블을 변경하지 않는다. 이는 새로운 레이블을 추가하려고 할 때 실수로 기존 레이블 값을 변경하지 않도록 하기 위함이다.

전체 파드를 다시 조회하면 이제 네 개의 파드가 표시된다.

```
$ kubectl get pods -L app
NAME          READY  STATUS             RESTARTS  AGE  APP
kubia-2qneh   0/1    ContainerCreating  0         2s   kubia   ◄───  레플리케이션컨트롤러의 범위에서 제거한 파드를 대체해 새롭게 생성된 파드
kubia-oini2   1/1    Running            0         20m  kubia
kubia-k0xz6   1/1    Running            0         20m  kubia
kubia-dmdck   1/1    Running            0         10m  foo     ◄───  더 이상 레플리케이션컨트롤러가 관리하지 않는 파드
```

이제 네 개의 파드가 있다. 하나는 레플리케이션컨트롤러에서 관리하지 않는 것이고,
세 개는 관리되는 것이다. 그중에는 새로 만든 파드도 있다.

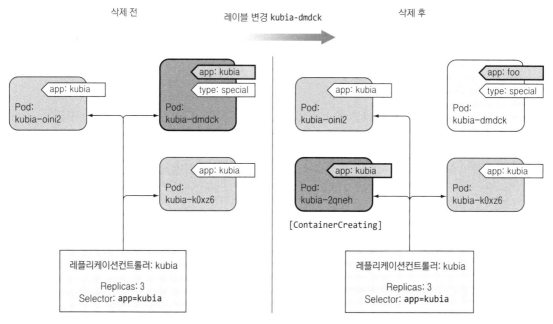

▲ **그림 4.5** 레이블을 변경해 레플리케이션컨트롤러 범위에서 파드를 제거했다.

그림 4.5는 파드 레이블이 더 이상 레플리케이션컨트롤러의 파드 셀렉터와 일치하지
않도록 변경했을 때 발생한 상황을 보여준다. 세 개의 파드와 레플리케이션컨트롤러를 볼
수 있다. 파드의 레이블을 app=kubia에서 app=foo로 변경하면 레플리케이션컨트롤리가
더 이상 해당 파드를 신경 쓰지 않는다. 컨트롤러의 레플리카 수가 3으로 설정돼 있고, 두
개의 파드만 레이블 셀렉터와 일치하므로, 레플리케이션컨트롤러는 파드 kubia-2qneh를
기동시켜 파드 수를 다시 세 개로 만든다. 파드 kubia-dmdck는 이제 완전히 독자적인 파
드가 됐으며, 수동으로 삭제할 때까지 계속 실행된다(더 이상 필요하지 않기 때문에 지금 삭제할
수 있다).

컨트롤러에서 파드를 제거하는 실제 사례

특정 파드에 어떤 작업을 하려는 경우 해당 파드를 레플리케이션컨트롤러의 범위에서 제거하면 작업이 훨씬 수월해진다. 예를 들어 일정 시간이 지난 후 또는 특정 이벤트가 발생한 후에 파드가 제대로 동작하지 않는 버그가 있다고 가정해보자. 파드가 오작동한다는 것을 안다면 파드를 레플리케이션컨트롤러의 범위 밖으로 빼내 컨트롤러가 새 파드로 교체하도록 한 다음, 원하는 방식으로 파드를 디버그하거나 문제를 재연해볼 수 있다. 완료되면 파드를 삭제한다.

레플리케이션컨트롤러의 레이블 셀렉터 변경

레플리케이션컨트롤러를 완전히 이해했는지 확인하기 위해 다음 질문에 답해보자. 파드의 레이블을 변경하는 대신 레플리케이션컨트롤러의 레이블 셀렉터를 수정하면 어떻게 될까?

모든 파드가 레플리케이션컨트롤러의 범위를 벗어나게 되기 때문에 세 개의 새로운 파드를 생성하게 될 것이라고 답했다면 정답이다. 이는 또한 여러분이 레플리케이션컨트롤러의 작동 방식을 이해했음을 보여준다.

쿠버네티스는 레플리케이션컨트롤러의 레이블 셀렉터를 변경하도록 허용하지만 4장 후반부에서 다루는 다른 리소스들의 경우(이 리소드들도 파드를 관리하는 데 사용됨)는 그렇지 않다. 여러분이 이런 컨트롤러의 레이블 셀렉터를 변경할 수는 없겠으나, 일반적으로 해당 파드 템플릿은 변경하게 될 것이다. 파드 템플릿을 한번 살펴보자.

4.2.5 파드 템플릿 변경

레플리케이션컨트롤러의 파드 템플릿은 언제든지 수정할 수 있다. 파드 템플릿을 변경하는 것은 쿠키 커터를 다른 것으로 교체하는 것과 같다. 나중에 잘라낼 쿠키에만 영향을 줄 뿐 이미 잘라낸 쿠키에는 아무런 영향을 미치지 않는다(그림 4.6 참조). 기존 파드를 수정하려면 해당 파드를 삭제하고 레플리케이션컨트롤러가 새 템플릿을 기반으로 새 파드로 교체하도록 해야 한다.

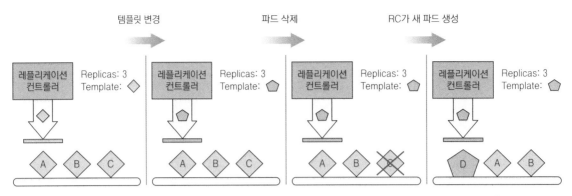

▲ **그림 4.6** 레플리케이션컨트롤러의 파드 템플릿을 변경하면 변경 이후에 생성된 파드만 영향을 미치며 기존 파드는
영향을 받지 않는다.

연습 삼아 레플리케이션컨트롤러를 편집하고 파드 템플릿에 레이블을 추가할 수 있다.
다음 명령을 사용해 레플리케이션컨트롤러를 편집할 수 있다.

```
$ kubectl edit rc kubia
```

그러면 기본 텍스트 편집기에서 레플리케이션컨트롤러의 YAML 정의가 열린다. 파드
템플릿 섹션을 찾아 메타데이터에 레이블을 추가한다. 변경 사항을 저장하고 편집기를 종
료하면 kubectl이 레플리케이션컨트롤러를 업데이트하고 다음 메시지를 출력한다.

```
replicationcontroller "kubia" edited
```

이제 레이블이 출력되도록 파드를 조회해서, 기존 파드에 변경이 없음을 확인한다. 그
러나 파드를 삭제하고 교체 파드가 생성될 때까지 기다리면 새로운 레이블을 갖는 새로운
파드를 볼 수 있다. 이와 같이 레플리케이션컨트롤러의 파드 템플릿을 편집해 컨테이너 이
미지를 변경하고 기존 파드를 삭제함으로써 새로운 템플릿을 사용해 기존 파드를 새로운
파드로 업그레이드하는 데 사용할 수 있지만, 9장에서 이를 수행하는 더 나은 방법을 배우
게 될 것이다.

다른 텍스트 편집기를 사용하도록 kubectl edit 설정

KUBE_EDITOR 환경변수를 설정해 원하는 텍스트 편집기를 사용하도록 kubectl에 지시할 수 있다. 예를 들어 nano를 사용해 쿠버네티스 리소스를 편집하려면 다음 명령을 실행하거나 ~ /.bashrc 또는 이에 상응하는 설정 파일에 넣으면 된다.

```
export KUBE_EDITOR = "/usr/bin/nano"
```

KUBE_EDITOR 환경변수가 설정돼 있지 않으면 kubectl edit는 일반적으로 EDITOR 환경변수에 정의된 기본 편집기를 사용한다.

4.2.6 수평 파드 스케일링

지금까지 레플리케이션컨트롤러가 특정 수의 파드 인스턴스를 항상 실행하도록 보장하는 방법을 살펴봤다. 원하는 복제본 수를 변경하는 것은 매우 간단한 일이며, 이는 파드를 수평으로 스케일링(확장)하는 것이 무척 쉬운 일임을 의미한다.

파드 수를 늘리거나 줄이는 것은 레플리케이션컨트롤러 리소스의 replicas 필드 값을 변경하기만 하면 된다. 변경하면 레플리케이션컨트롤러가 파드가 많으면 (축소할 때) 일부를 삭제하거나, 너무 적으면 (확대할 때) 파드를 추가로 생성한다.

레플리케이션컨트롤러 스케일 업(확장)하기

여러분이 만든 레플리케이션컨트롤러는 세 개의 파드 인스턴스가 실행되도록 유지한다. 이제 그 수를 최대 10개로 조정할 것이다. 알다시피 이미 2장에서 레플리케이션컨트롤러를 스케일링했다. 이전과 동일한 명령을 사용할 수 있다.

```
$ kubectl scale rc kubia --replicas=10
```

하지만 이번에는 다른 방식으로 할 것이다.

레플리케이션컨트롤러의 정의를 편집해 스케일링하기

kubectl scale 명령을 사용하는 대신 레플리케이션컨트롤러의 정의를 편집해 선언적인 방식으로 확장할 것이다.

```
$ kubectl edit rc kubia
```

텍스트 편집기가 열리면 다음 예제와 같이 `spec.replicas` 필드를 찾아 값을 10으로 변경한다.

예제 4.7 kubectl edit를 실행해 텍스트 편집기를 이용해 RC 변경

```
# Please edit the object below. Lines beginning with a '#' will be ignored,
# and an empty file will abort the edit. If an error occurs while saving
# this file will be reopened with the relevant failures.
apiVersion: v1
kind: ReplicationController
metadata:
...
spec:
replicas: 3        ◄── 3을 10으로 변경
selector:
app: kubia
...
```

파일을 저장하고 편집기를 닫으면 레플리케이션컨트롤러가 업데이트되고, 즉시 파드의 수가 10개로 확장된다.

```
$ kubectl get rc
NAME    DESIRED  CURRENT  READY  AGE
kubia   10       10       4      21
```

이제 됐다. kubectl scale 명령은 쿠버네티스에게 무엇을 해야 할지 정확히 알려주는 것처럼 보인다면, 이제는 쿠버네티스에게 무언가를 하라고 알려주는 게 아니라 레플리케이션컨트롤러의 의도하는 상태$^{\text{desired states}}$를 선언적으로 변경한다는 것이 훨씬 명확해 보인다.

kubectl scale 명령으로 스케일 다운(축소)하기

이제 이전 상태인 세 개로 축소해보자. kubectl scale 명령을 사용할 수 있다.

```
$ kubectl scale rc kubia --replicas=3
```

이 명령은 kubectl edit를 통해 변경했을 때와 같이 레플리케이션컨트롤러 정의의 spec.replicas 필드의 값을 수정하는 것이다.

스케일링에 대한 선언적 접근 방법 이해

쿠버네티스에서 파드를 수평으로 확장한다는 것은 "x개의 인스턴스가 실행되게 하고 싶다"와 같이 의도하는 바를 언급하는 것이다. 쿠버네티스에게 무엇을 어떻게 하라고 말하는 게 아니라 의도하는 상태를 지정할 뿐이다.

이 선언적 접근 방식을 통해 쿠버네티스 클러스터와 쉽게 상호작용할 수 있다. 현재 실행 중인 인스턴스 수를 수동으로 판단해서 추가로 실행해야 할 인스턴스 수를 쿠버네티스에게 명시적으로 알려줘야 한다고 상상해보라. 이는 더 많은 작업이 필요하며 오류 발생 가능성이 훨씬 높다. 간단히 숫자를 변경하는 것이 훨씬 쉽다. 15장에서는 수평 파드 오토 스케일링을 활성화해 쿠버네티스가 이를 직접 수행하는 방식을 배운다.

4.2.7 레플리케이션컨트롤러 삭제

kubectl delete를 통해 레플리케이션컨트롤러를 삭제하면 파드도 삭제된다. 그러나 레플리케이션컨트롤러로 생성한 파드는 레플리케이션컨트롤러의 필수적인 부분이 아니며 관리만 받기 때문에 그림 4.7과 같이 레플리케이션컨트롤러만 삭제하고 파드는 실행 상태로 둘 수 있다.

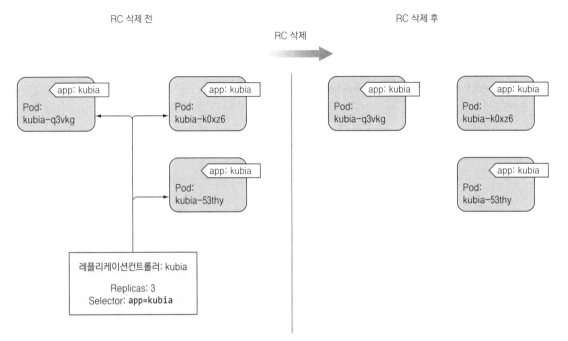

RC 삭제 전　　　　　　　　　　　　　　　　　　RC 삭제 후

RC 삭제

app: kubia
Pod:
kubia-q3vkg

app: kubia
Pod:
kubia-k0xz6

app: kubia
Pod:
kubia-53thy

레플리케이션컨트롤러: kubia

Replicas: 3
Selector: app=kubia

app: kubia
Pod:
kubia-q3vkg

app: kubia
Pod:
kubia-k0xz6

app: kubia
Pod:
kubia-53thy

▲ **그림 4.7** --cascade=false 옵션으로 레플리케이션컨트롤러를 삭제해 관리되지 않는 파드로 만든다.

이 기능은 예를 들어 처음에 레플리케이션컨트롤러가 관리하는 파드를 가지고 있다가 레플리케이션컨트롤러를 레플리카셋(다음에 자세히 알아볼 것이다)으로 바꾸기로 결정할 경우 유용할 수 있다. 이 작업은 파드에 영향을 주지 않고 수행할 수 있으며 파드를 관리하는 레플리케이션컨트롤러를 교체하는 동안 중단 없이 실행할 수 있다.

kubectl delete를 사용해 레플리케이션컨트롤러를 삭제할 때, 명령에 --cascade=false 옵션을 추가해 해당 파드를 계속 실행시킬 수 있다. 지금 바로 시도해보자.

```
$ kubectl delete rc kubia --cascade=false
replicationcontroller "kubia" deleted
```

레플리케이션컨트롤러를 삭제해서 파드가 어디에도 속해 있지 않다. 더 이상 관리되지 않는다. 그러나 언제든 적절한 레이블 셀렉터를 사용하는 새 레플리케이션컨트롤러를 작성해 다시 관리할 수 있다.

4.3 레플리케이션컨트롤러 대신 레플리카셋 사용하기

초기에는 레플리케이션컨트롤러가 파드를 복제하고 노드 장애가 발생했을 때 재스케줄링하는 유일한 쿠버네티스 구성 요소였다. 후에 레플리카셋^{ReplicaSet}이라는 유사한 리소스가 도입됐다. 이는 차세대 레플리케이션컨트롤러이며, 레플리케이션컨트롤러를 완전히 대체할 것이다(레플리케이션컨트롤러는 결국 사용되지 않게 될 것이다).

4장을 레플리케이션컨트롤러 대신 레플리카셋을 만드는 것으로 시작할 수도 있었지만 초기에 쿠버네티스에서 사용하던 것부터 알아가는 것이 좋다고 생각했다. 또한 현장에서는 여전히 레플리케이션컨트롤러가 계속 사용되고 있으므로 이를 잘 이해하는 게 좋다. 즉, 지금부터는 항상 레플리케이션컨트롤러 대신 레플리카셋을 만들어야 한다. 이 둘은 거의 동일하기 때문에 대신해서 사용하는 데 아무 문제가 없을 것이다.

일반적으로 레플리카셋을 직접 생성하지는 않고, 9장에서 배울 상위 수준의 디플로이먼트 리소스를 생성할 때 자동으로 생성되게 한다. 어쨌든 레플리카셋을 이해해야 하므로 레플리케이션컨트롤러와 어떻게 다른지 확인해보자.

4.3.1 레플리카셋과 레플리케이션컨트롤러 비교

레플리카셋은 레플리케이션컨트롤러와 똑같이 동작하지만 좀 더 풍부한 표현식을 사용하는 파드 셀렉터를 갖고 있다. 레플리케이션컨트롤러의 레이블 셀렉터는 특정 레이블이 있는 파드만을 매칭시킬 수 있는 반면, 레플리카셋의 셀렉터는 특정 레이블이 없는 파드나 레이블의 값과 상관없이 특정 레이블의 키를 갖는 파드를 매칭시킬 수 있다.

또한 예를 들어 하나의 레플리케이션컨트롤러는 레이블이 env=production인 파드와 레이블이 env=devel인 파드를 동시에 매칭시킬 수 없다. 레이블이 env=production인 파드 또는 레이블이 env=devel인 파드만 매칭시킬 수 있다. 그러나 레플리카셋은 하나의 레플리카셋으로 두 파드 세트를 모두 매칭시켜 하나의 그룹으로 취급할 수 있다.

마찬가지로 레플리케이션컨트롤러는 값에 상관없이 레이블 키의 존재만으로 파드를 매칭시킬 수 없지만, 레플리카셋은 가능하다. 예를 들어 레플리카셋은 실제 값이 무엇이든 env 키가 있는 레이블을 갖는 모든 파드를 매칭시킬 수 있다(env=*로 생각할 수 있다).

4.3.2 레플리카셋 정의하기

이제 레플리카셋을 생성해 이전에 레플리케이션컨트롤러에서 생성했다가 버려져서 혼자 남겨진 파드를 레플리카셋이 어떻게 취하는지 살펴보겠다. 먼저 다음 예제처럼 kubia-replicaset.yaml이라는 새 파일을 만들어 레플리케이션컨트롤러를 레플리카셋으로 다시 작성한다.

예제 4.8 레플리카셋 정의 YAML: kubia-replicaset.yaml

```
apiVersion: apps/v1beta2          레플리카셋은 v1 API에
kind: ReplicaSet                  속하지 않고 API 그룹 apps,
metadata:                         버전 v1beta2[4]에 속한다.
  name: kubia
spec:
  replicas: 3
  selector:                       여기서는 레플리케이션컨트롤러와
    matchLabels:                  유사한 간단한 matchLabels
      app: kubia                  셀렉터를 사용한다.
  template:
    metadata:
      labels:
        app: kubia                템플릿은
    spec:                         레플리케이션컨트롤러와
      containers:                 동일하다.
      - name: kubia
        image: luksa/kubia
```

가장 먼저 주목할 점은 레플리카셋이 v1 API의 일부가 아니기 때문에 리소스를 생성할 때 적절한 `apiVersion`을 지정해야 한다는 것이다. 앞에서 만든 레플리케이션컨트롤러와 내용이 동일한 레플리카셋 유형의 리소스를 생성한다.

유일한 차이점은 셀렉터에 있다. 파드가 가져야 하는 레이블은 `selector` 속성 바로 아래 나열하는 대신 `selector.matchLables` 아래에 지정한다. 이는 레플리카셋에서 레이블

---

4 현재 레플리카셋은 v1이며, 쿠버네티스는 api의 하위 호환성이 지원되므로 실습에는 지장이 없는 것을 확인했다. – 옮긴이

셀렉터를 정의하는 가장 단순한 (덜 표현적인) 방법이다. 나중에 더 풍부한 표현 옵션을 살펴볼 것이다.

API 버전 속성에 대해

처음으로 apiVersion 속성이 아래 두 가지를 지정한다는 것을 볼 수 있는 기회다.

- API 그룹(이 경우 apps)
- API 버전(v1beta2)

core API 그룹에 속하는 어떤 쿠버네티스 리소스들은 apiVersion 필드를 지정할 필요가 없다는 것을 책 전체에 걸쳐서 보게 될 것이다(단지 버전만 지정하면 된다. 예를 들어 파드 리소스를 정의할 때 apiVersion: v1을 사용했다). 최신 쿠버네티스 버전에서 도입된 다른 리소스는 여러 API 그룹으로 분류된다. 모든 리소스와 해당 API 그룹을 보려면 832쪽의 '책에서 다루는 쿠버네티스 리소스' 항목을 살펴보라.

---

app=kubia 셀렉터와 매칭되는 이전에 실행한 세 개의 파드가 여전히 실행 중이기 때문에 이 레플리카셋을 생성해도 새 파드가 생성되지는 않는다. 레플리카셋은 기존 세 개의 파드를 자신의 관리하에 둔다.

4.3.3 레플리카셋 생성 및 검사

kubectl create 명령을 사용해 YAML 파일로 레플리카셋을 생성하라. 그런 다음 kubectl get 및 kubectl describe를 사용해 레플리카셋을 검사할 수 있다.

```
$ kubectl get rs
NAME    DESIRED   CURRENT   READY   AGE
kubia   3         3         3       3s
```

| 팁 | 레플리카셋(replicatset)의 약자인 rs를 명령에 사용하자.

```
$ kubectl describe rs
Name:          kubia
Namespace:     default
Selector:      app=kubia
Labels:        app=kubia
Annotations:   <none>
Replicas:      3 current / 3 desired
Pods Status:   3 Running / 0 Waiting / 0 Succeeded / 0 Failed
Pod Template:
  Labels:      app=kubia
  Containers: ...
  Volumes:     <none>
Events:        <none>
```

보다시피 레플리카셋은 레플리케이션컨트롤러와 다르지 않다. 셀렉터와 일치하는 세 개의 복제본이 있음을 보여준다. 전체 파드를 조회해보면 여전히 전에 있던 세 개의 파드와 동일하다는 것을 알 수 있다. 레플리카셋은 어떤 새로운 파드도 만들지 않았다.

4.3.4 레플리카셋의 더욱 표현적인 레이블 셀렉터 사용하기

레플리케이션컨트롤러에 비해 레플리카셋의 주요 개선 사항은 좀 더 표현적인 레이블 셀렉터다. 첫 번째 레플리카셋 예제에서는 의도적으로 단순한 `matchLabels` 셀렉터를 사용해 레플리카셋이 레플리카컨트롤러와 다르지 않다는 것을 확인했다. 이제 더 강력한 `matchExpressions`를 사용하도록 셀렉터를 다시 삭성한다.

예제 4.9 matchExpressions 셀렉터 : kubia-replicatset-matchexpressions.yaml

```
selector:
  matchExpressions:
    - key: app          ◄─── 이 셀렉터는 파드의 키가
      operator: In            "app"인 레이블을 포함해야 한다.
      values:
        - kubia         ◄─── 레이블의 값은
                             "kubia"여야 한다.
```

186

셀렉터에 표현식을 추가할 수 있다. 예제와 같이 각 표현식은 키, 연산자, 가능한 값(연산자에 따라 다름)이 포함돼야 한다. 다음은 네 가지 유효한 연산자다.

- In은 레이블의 값이 지정된 값 중 하나와 일치해야 한다.
- NotIn은 레이블의 값이 지정된 값과 일치하지 않아야 한다.
- Exists는 파드는 지정된 키를 가진 레이블이 포함돼야 한다(값은 중요하지 않음). 이 연산자를 사용할 때는 값^{value} 필드를 지정하지 않아야 한다.
- DoesNotExist는 파드에 지정된 키를 가진 레이블이 포함돼 있지 않아야 한다. 값 필드를 지정하지 않아야 한다.

여러 표현식을 지정하는 경우 셀렉터가 파드와 매칭되기 위해서는, 모든 표현식이 true여야 한다. matchLabels와 matchExpressions를 모두 지정하면, 셀렉터가 파드를 매칭하기 위해서는, 모든 레이블이 일치하고, 모든 표현식이 true로 평가돼야 한다.

4.3.5 레플리카셋 정리

레플리케이션컨트롤러의 대안으로 레플리카셋을 간단히 소개했다. 항상 레플리케이션컨트롤러 대신 이 컨트롤러를 사용해야 하지만 다른 사람의 배포 환경에서 여전히 레플리케이션컨트롤러를 발견할 수 있다는 점을 기억하라.

이제 레플리카셋을 삭제해 클러스터를 약간 정리하자. 레플리케이션컨트롤러를 삭제하는 것과 같은 방법으로 레플리카셋을 삭제할 수 있다.

```
$ kubectl delete rs kubia
replicaset "kubia" deleted
```

---

[5] https://github.com/luksa/kubernetes-in-action에서 찾을 수 있다. - 옮긴이

레플리카셋을 삭제하면 모든 파드가 삭제된다. 파드를 조회해 파드가 잘 삭제됐는지 확인하라.

4.4 데몬셋을 사용해 각 노드에서 정확히 한 개의 파드 실행하기

레플리케이션컨트롤러와 레플리카셋은 쿠버네티스 클러스터 내 어딘가에 지정된 수만큼의 파드를 실행하는 데 사용된다. 그러나 클러스터의 모든 노드에, 노드당 하나의 파드만 실행되길 원하는 경우(그림 4.8에 표시된 것처럼 각 노드는 정확히 하나의 파드 인스턴스를 실행해야 한다)가 있을 수 있다.

시스템 수준의 작업을 수행하는 인프라 관련 파드가 이런 경우다. 예를 들면 모든 노드에서 로그 수집기와 리소스 모니터를 실행하려는 경우가 좋은 예다. 또 다른 좋은 예는 쿠버네티스의 kube-proxy 프로세스이며, 서비스를 작동시키기 위해 모든 노드에서 실행돼야 한다.

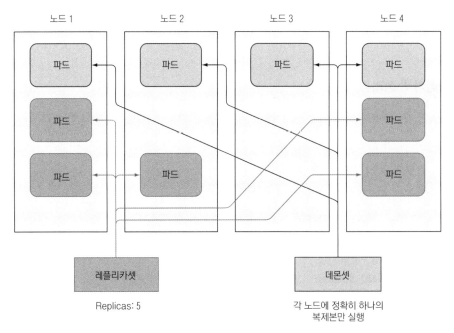

▲ **그림 4.8** 데몬셋은 각 노드에서 하나의 파드 복제본만 실행하지만 레플리카셋은 클러스터 전체에서 무작위로 파드를 분산시킨다.

쿠버네티스를 사용하지 않는 환경에서는 일반적으로 노드가 부팅되는 동안에 시스템 초기화 스크립트^{init script} 또는 systemd 데몬을 통해 시작된다. 쿠버네티스 노드에서도 여전히 systemd를 사용해 시스템 프로세스를 실행할 수도 있지만, 그렇게 하면 쿠버네티스가 제공하는 모든 기능을 최대한 활용할 수가 없다.

4.4.1 데몬셋으로 모든 노드에 파드 실행하기

모든 클러스터 노드마다 파드를 하나만 실행하려면 데몬셋^{DaemonSet} 오브젝트를 생성해야 한다. 데몬셋에 의해 생성되는 파드는 타깃 노드가 이미 지정돼 있고 쿠버네티스 스케줄러를 건너뛰는 것을 제외하면 이 오브젝트는 레플리케이션컨트롤러 또는 레플리카셋과 매우 유사하다. 파드가 클러스터 내에 무작위로 흩어져 배포되지 않는다.

데몬셋은 그림 4.8과 같이 노드 수만큼 파드를 만들고 각 노드에 배포된다.

레플리카셋(또는 레플리케이션컨트롤러)이 클러스터에 원하는 수의 파드 복제본이 존재하는지 확인하는 반면, 데몬셋에는 원하는 복제본 수라는 개념이 없다. 파드 셀렉터와 일치하는 파드 하나가 각 노드에서 실행 중인지 확인하는 것이 데몬셋이 수행해야 하는 역할이기 때문에 복제본 개념이 필요하지 않다.

노드가 다운되면 데몬셋은 다른 곳에서 파드를 생성하지 않는다. 그러나 새 노드가 클러스터에 추가되면 데몬셋은 즉시 새 파드 인스턴스를 새 노드에 배포한다. 또한 누군가 실수로 파드 중 하나를 삭제해 노드에 데몬셋의 파드가 없는 경우에도 마찬가지다. 레플리카셋과 마찬가지로 데몬셋은 그 안에 구성된 파드 템플릿으로 파드를 생성한다.

4.4.2 데몬셋을 사용해 특정 노드에서만 파드를 실행하기

파드가 노드의 일부에서만 실행되도록 지정하지 않으면 데몬셋은 클러스터의 모든 노드에 파드를 배포한다. 데몬셋 정의의 일부인 파드 템플릿에서 node-Selector 속성을 지정하면 된다(레플리카셋 또는 레플리케이션컨트롤러의 파드 템플릿과 유사).

3장에서 이미 노드 셀렉터를 사용해 특정 노드에 파드를 배포했다. 데몬셋의 노드 셀렉터도 유사하며 데몬셋이 파드를 배포해야 하는 노드를 정의한다.

| **노트** | 이 책의 후반부에서 노드에 스케줄링되지 않게 해서 파드가 노드에 배포되지 않도록 하는 방법을 배운다.[6] 데몬셋은 이런 노드에도 파드를 배포할 것이다. 이는 스케줄링이 되지 않도록 하는 속성은 스케줄러에서만 사용되며, 데몬셋이 관리하는 파드는 스케줄러와는 무관하기 때문이다. 일반적으로 스케줄링되지 않는 노드에서도 시스템 서비스를 실행할 수 있어야 하기 때문에 데몬셋을 사용하는 것이 바람직하다.

예제를 사용한 데몬셋 설명

SSD를 갖는 모든 노드에서 실행돼야 하는 `ssd-monitor`라는 데몬이 있다고 가정해보자. SSD를 갖고 있다고 표시된 모든 노드에서 이 데몬을 실행하는 데몬셋을 만든다. 클러스터 관리자가 이런 모든 노드에 `disk=ssd` 레이블을 추가했으므로 그림 4.9와 같이 해당 레이블이 있는 노드만 선택하는 노드 셀렉터를 사용해 데몬셋을 작성한다.

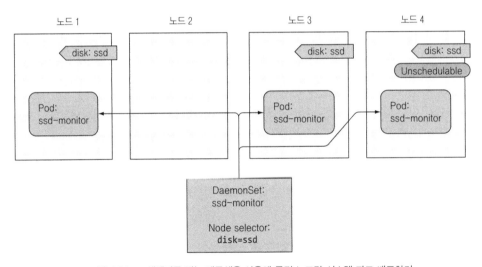

▲ **그림 4.9** 노드 셀렉터를 갖는 데몬셋을 사용해 특정 누드만 시스템 파드 배포하기

---

6   taints, tolerations, affinity, anti-affinity와 같은 것을 배우게 될 것이다. – 옮긴이

데몬셋 YAML 정의 생성

5초마다 표준 출력으로 "SSD OK"를 출력하는 모의 ssd-monitor 프로세스를 실행하는 데
몬셋을 생성한다. 이미 모의 컨테이너 이미지를 준비해서 도커 허브로 푸시했기 때문에 직
접 빌드하는 대신 이 이미지를 사용할 수 있다. 다음 예제와 같이 데몬셋에 대한 YAML을
작성한다.

예제 4.10 데몬셋 YAML: ssd-monitor-daemonset.yml

```
apiVersion: apps/v1beta2          데몬셋은 API 그룹 apps의
kind: DaemonSet                    v1beta2 버전[7]에 있다.
metadata:
  name: ssd-monitor
spec:
  selector:
    matchLabels:
      app: ssd-monitor
  template:
    metadata:
      labels:
        app: ssd-monitor
    spec:                          파드 템플릿은 disk=ssd 레이블이 있는
      nodeSelector:                노드를 선택하는 노드 셀렉터를 갖는다.
        disk: ssd
      containers:
      - name: main
        image: luksa/ssd-monitor
```

luksa/ssd-monitor 컨테이너 이미지를 기반으로 컨테이너를 한 개만 갖는 데몬셋을
정의한다. 이 파드의 인스턴스는 disk=ssd 레이블이 있는 각 노드에 생성될 것이다.

데몬셋 생성

지금까지 YAML 파일로 리소스를 만든 것처럼 YAML로 데몬셋을 생성한다.

---

7   현재 데몬셋은 v1이며, 쿠버네티스는 api의 하위호환성이 지원되므로 실습에는 지장이 없음을 확인했다. – 옮긴이

```
$ kubectl create -f ssd-monitor-daemonset.yaml
daemonset "ssd-monitor" created
```

생성된 데몬셋을 보자.

```
$ kubectl get ds
NAME          DESIRED   CURRENT   READY   UP-TO-DATE   AVAILABLE   NODE-SELECTOR
ssd-monitor   0         0         0       0            0           disk=ssd
```

위의 0이 이상해 보인다. 데몬셋이 파드를 배포하지 않은 것일까? 파드 목록을 조회해
보자.

```
$ kubectl get po
No resources found.
```

파드는 어디에 있을까? 독자 여러분은 어떻게 된 것인지 알겠는가? 그렇다. 노드에
disk=ssd 레이블을 추가하는 것을 잊었다. 괜찮다. 지금 바로 하면 된다. 데몬셋은 노드의
레이블이 변경됐음을 감지하고 해당 레이블이 있는 모든 노드에 파드를 배포한다. 사실인
지 확인해보자.

필요한 레이블을 노드에 추가하기

Minikube, GKE 또는 어떤 멀티 노드 클러스터를 사용하든 상관없이 레이블을 지정하려
면 노드 이름을 알아야 하기 때문에 먼저 노드 목록을 조회해보자.

```
$ kubectl get node
NAME       STATUS   AGE   VERSION
minikube   Ready    4d    v1.6.0
```

이제 다음과 같이 **disk=ssd** 레이블을 노드 중 하나에 추가한다.

```
$ kubectl label node minikube disk=ssd
node "minikube" labeled
```

이제 데몬셋이 파드 하나를 생성했을 것이다.

```
$ kubectl get po
NAME              READY   STATUS     RESTARTS   AGE
ssd-monitor-hgxwq  1/1    Running    0          35s
```

지금까지는 잘되고 있다. 노드가 여러 개 있는 경우 다른 노드에 같은 레이블을 추가하면 데몬셋이 각 노드마다 파드를 기동하는 것을 볼 수 있다.

노드에서 레이블 제거하기

이제 실수로 노드 중 하나에 레이블을 잘못 기재했다고 가정해보자. ssd가 아니라 회전식 디스크 드라이브^{hdd}라고 기재했다. 노드의 레이블을 변경하면 어떻게 될까?

```
$ kubectl label node minikube disk=hdd --overwrite
node "minikube" labeled
```

변경 사항이 해당 노드에서 실행 중인 파드에 영향을 미치는지 확인해보자.

```
$ kubectl get po
NAME              READY   STATUS        RESTARTS   AGE
ssd-monitor-hgxwq  1/1    Terminating   0          4m
```

파드가 종료되고 있다. 하지만 여러분은 이렇게 될 것이란 걸 알고 있었을 것이다. 그렇지 않은가? 이는 여러분이 데몬셋을 이해한다는 것을 보여주는 것으로, 아마도 ssd-monitor 데몬셋을 삭제하고 싶을 것이다. 여전히 다른 데몬 파드가 실행 중이라면, 데몬셋을 삭제하면 해당 파드도 삭제됨을 확인할 수 있을 것이다.

4.5 완료 가능한 단일 태스크를 수행하는 파드 실행

지금까지는 계속 실행돼야 하는 파드에 관해서만 이야기했다. 작업을 완료한 후에는 종료되는 태스크만 실행하려는 경우가 있을 것이다. 레플리케이션컨트롤러, 레플리카셋, 데몬셋은 완료됐다고 간주되는 않는 지속적인 태스크를 실행한다. 이런 파드의 프로세스는 종료되면 다시 시작된다. 그러나 완료 가능한 태스크completable task에서는 프로세스가 종료된 후에 다시 시작되지 않는다.

4.5.1 잡 리소스 소개

쿠버네티스는 잡Job 리소스로 이런 기능을 지원하며, 4장에서 논의된 다른 리소스와 유사하지만 잡은 파드의 컨테이너 내부에서 실행 중인 프로세스가 성공적으로 완료되면 컨테이너를 다시 시작하지 않는 파드를 실행할 수 있다. 일단 그렇게 되면 파드는 완료된 것으로 간주된다.

노드에 장애가 발생한 경우 해당 노드에 있던 잡이 관리하는 파드는 레플리카셋 파드와 같은 방식으로 다른 노드로 다시 스케줄링된다. 프로세스 자체에 장애가 발생한 경우(프로세스가 에러 종료 코드를 리턴할 때), 잡에서 컨테이너를 다시 시작할 것인지 설정할 수 있다.

그림 4.10은 초기에 스케줄링된 노드에 장애가 발생했을 때 잡에 의해 생성된 파드를 새 노드로 다시 스케줄링하는 방법을 보여준다. 또한 관리되지 않는 파드(다시 스케줄링되지 않음)와 레플리카셋이 관리하는 파드를 보여준다.

예를 들어 잡은 작업이 제대로 완료되는 것이 중요한 임시 작업에 유용하다. 관리되지 않은 파드에서 작업을 실행하고 완료될 때까지 기다릴 수 있지만 작업이 수행되는 동안 노드에 장애가 발생하거나 파드가 노드에서 제거되는 경우 수동으로 다시 생성해야 한다. 특히 잡을 완료하는 데 몇 시간이 걸리는 경우 이 작업을 수동으로 수행한다는 것은 말이 안되는 일이다.

이러한 잡의 예로는 데이터를 어딘가에 저장하고 있고, 이 데이터를 변환해서 어딘가로 전송해야 하는 경우를 들 수 있다. busybox 이미지를 기반으로 2분 동안 sleep 명령을 호출하는 컨테이너 이미지를 실행해 이를 에뮬레이션해볼 것이다. 이미 이미지를 빌드해서 도커 허브에 푸시해뒀으며, 책의 코드 아카이브에서 Dockerfile을 확인해볼 수 있다.

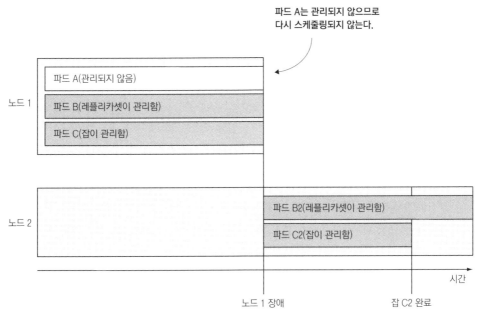

▲ **그림 4.10** 잡에서 관리하는 파드는 성공적으로 끝날 때까지 다시 스케줄링된다.

4.5.2 잡 리소스 정의

다음 예제와 같이 잡 매니페스트를 만든다.

예제 4.11 잡 YAML 정의: exporter.yaml

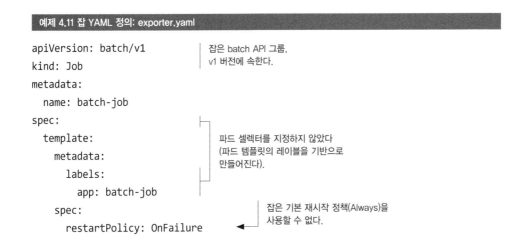

```
    containers:
    - name: main
      image: luksa/batch-job
```

잡은 batch API 그룹과 v1 API 버전에 속한다. YAML은 `luksa/batch-job` 이미지를 실행할 Job 유형의 리소스를 정의한다. 이 이미지는 정확히 120초 동안 실행된 후 종료되는 프로세스를 호출한다.

파드 스펙^{specification}에서는 컨테이너에서 실행 중인 프로세스가 종료될 때 쿠버네티스가 수행할 작업을 지정할 수 있다. 이 작업은 파드 스펙 속성인 `restartPolicy`로 수행되며 기본값은 Always이다. 잡 파드는 무한정 실행하지 않으므로 기본 정책을 사용할 수 없다. 따라서 `restartPolicy`를 `OnFailure`나 `Never`로 명시적으로 설정해야 한다. 이 설정은 컨테이너가 종료될 때 재시작되지 않도록 하는 것이다(이는 컨테이너가 종료 후에 재시작되지 않는 이유가 파드를 잡 리소스로 관리하기 때문이 아니라는 뜻이다).

4.5.3 파드를 실행한 잡 보기

`kubectl create` 명령으로 이 잡을 생성하면 즉시 파드가 시작되는 것을 볼 수 있다.

```
$ kubectl get jobs
NAME        DESIRED   SUCCESSFUL   AGE
batch-job   1         0            2s

$ kubectl get po
NAME            READY   STATUS    RESTARTS   AGE
batch-job-28qf4 1/1     Running   0          4s
```

2분이 지나면 파드가 더 이상 파드 목록에 표시되지 않고 잡이 완료된^{Completed} 것으로 표시된다. 파드 목록을 조회할 때 `--show-all` (또는 -a) 스위치를 사용하지 않으면 기본적으로 완료된 파드는 표시되지 않는다.

```
$ kubectl get po -a
NAME            READY   STATUS      RESTARTS   AGE
batch-job-28qf4 0/1     Completed   0          2m
```

파드가 완료될 때 파드가 삭제되지 않은 이유는 해당 파드의 로그를 검사할 수 있게 하기 위해서다. 예를 들면 다음과 같다.

```
$ kubectl logs batch-job-28qf4
Fri Apr 29 09:58:22 UTC 2016 Batch job starting
Fri Apr 29 10:00:22 UTC 2016 Finished succesfully
```

파드를 삭제하거나 해당 파드를 생성한 잡을 삭제하면 파드가 삭제된다. 그 전에 잡 리소스를 다시 살펴보자.

```
$ kubectl get job
NAME DESIRED SUCCESSFUL AGE
batch-job 1 1 9m
```

작업이 성공적으로 완료된 것으로 표시된다. 그러나 왜 그 정보가 yes나 true가 아닌 숫자로 표시될까? DESIRED 컬럼은 무엇을 나타내는 것일까?

4.5.4 잡에서 여러 파드 인스턴스 실행하기

잡은 두 개 이상의 파드 인스턴스를 생성해 병렬 또는 순차적으로 실행하도록 구성할 수 있다. 이는 잡 스펙에 completions와 parallelism 속성을 설정해 수행한다.

순차적으로 잡 파드 실행하기

잡을 두 번 이상 실행해야 하는 경우 잡의 파드를 몇 번 실행할지를 completions에 설정한다. 다음 예제를 보자.

예제 4.12 다수의 완료가 필요한 잡: multi-completion-batch-job.yaml

```
apiVersion: batch/v1
kind: Job
metadata:
  name: multi-completion-batch-job
spec:
```

```
    completions: 5
    template:
        <template is the same as in listing 4.11>
```

Completions를 5로 설정하면
이 잡은 다섯 개의 파드를
순차적으로 실행한다.

이 잡은 차례로 다섯 개의 파드를 실행한다. 처음에는 파드를 하나 만들고, 파드의 컨테이너가 완료되면 두 번째 파드를 만들어 다섯 개의 파드가 성공적으로 완료될 때까지 위의 과정을 계속한다. 파드 중 하나가 실패하면 잡이 새 파드를 생성하므로 잡이 전체적으로 다섯 개 이상의 파드를 생성할 수 있다.

병렬로 잡 파드 실행하기

잡 파드를 하나씩 차례로 실행하는 대신 잡이 여러 파드를 병렬로 실행할 수도 있다. 다음 예제에서 볼 수 있는 것과 같이 잡 스펙의 **parallelism** 속성을 이용해 병렬로 실행할 파드 수를 지정한다.

예제 4.13 병렬로 잡 파드 실행하기: multi-completion-parallel-batch-job.yaml

```
apiVersion: batch/v1
kind: Job
metadata:
  name: multi-completion-batch-job
spec:
  completions: 5
  parallelism: 2
  template:
    <same as in listing 4.11>
```

이 잡은 다섯 개의 파드를
성공적으로 완료해야 한다.

두 개까지 병렬로
실행할 수 있다.

parallelism을 2로 설정하면 잡은 파드를 두 개 생성하고 병렬로 실행한다.

```
$ kubectl get po
NAME                                READY  STATUS   RESTARTS  AGE
multi-completion-batch-job-lmmnk    1/1    Running  0         21s
multi-completion-batch-job-qx4nq    1/1    Running  0         21s
```

이 가운데 하나가 완료되면 다섯 개의 파드가 성공적으로 완료될 때까지 잡이 다음 파드를 실행한다.

잡 스케일링

잡이 실행되는 동안 잡의 parallelism 속성을 변경할 수도 있다. 이것은 레플리카셋이나 레플리케이션컨트롤러를 스케일링하는 것과 유사하며, kubectl scale 명령을 사용해 수행할 수 있다.

```
$ kubectl scale job multi-completion-batch-job --replicas 3
job "multi-completion-batch-job" scaled
```

parallelism을 2에서 3으로 증가시켰기 때문에 다른 파드가 즉시 기동돼, 이제 세 개의 파드가 실행 중이다.

4.5.5 잡 파드가 완료되는 데 걸리는 시간 제한하기

이제 잡에 관해 논의해야 할 마지막 한 가지만 남겨 놓고 있다. 잡은 파드가 완료될 때까지 얼마나 기다려야 할까? 파드가 특정 상태에 빠져서 도무지 완료할 수 없는 경우 (또는 충분히 빠르게 완료할 수 없는 경우) 어떻게 해야 할까?

파드 스펙에 activeDeadlineSeconds 속성을 설정해 파드의 실행 시간을 제한할 수 있다. 파드가 이보다 오래 실행되면 시스템이 종료를 시도하고 잡을 실패한 것으로 표시한다.

> |**노트**| 잡의 매니페스트에서 spec.backoffLimit 필드를 지정해 실패한 것으로 표시되기 전에 잡을 재시도할 수 있는 횟수를 설정할 수 있다. 명시적으로 지정하지 않으면 기본값은 6이다.

4.6 잡을 주기적으로 또는 한 번 실행되도록 스케줄링하기

잡 리소스를 생성하면 즉시 해당하는 파드를 실행한다. 그러나 많은 배치 잡이 미래의 특정 시간 또는 지정된 간격으로 반복 실행해야 한다. 리눅스나 유닉스 같은 운영체제에서 이런 작업을 크론[cron] 작업이라 한다. 쿠버네티스에서도 이를 지원한다.

쿠버네티스에서의 크론 작업은 크론잡[CronJob] 리소스를 만들어 구성한다. 잡 실행을 위한 스케줄은 잘 알려진 크론 형식으로 지정하므로, 일반적인 크론 작업에 익숙하다면 금방 쿠버네티스의 크론잡을 이해할 수 있을 것이다.

쿠버네티스는 설정된 시간에 잡 리소스를 크론잡 오브젝트에 설정한 잡 템플릿에 따라 생성한다. 잡 리소스가 생성되면 앞에서 배운 것처럼 하나 이상의 파드 복제본이 잡의 파드 템플릿에 따라 생성되고 시작된다. 그 이상 아무것도 없다. 크론잡을 생성하는 방법을 살펴보자.

4.6.1 크론잡 생성하기

이전 예제에서 매 15분마다 배치 잡을 실행해야 한다고 가정해보자. 그렇게 하려면 다음 스펙으로 크론잡 리소스를 생성해야 한다.

예제 4.14 크론잡 리소스를 위한 YAML: cronjob.yaml

```
apiVersion: batch/v1beta1          ◀─┐  API 그룹은 batch,
kind: CronJob                         │  버전은 v1beta1이다.
metadata:
  name: batch-job-every-fifteen-minutes
spec:
  schedule: "0,15,30,45 * * * *"    ◀──── 이 잡은 매일, 매시간 0, 15, 30,
  jobTemplate:                             45분에 실행해야 한다.
    spec:
      template:
        metadata:
          labels:
            app: periodic-batch-job
        spec:                            크론잡이 생성하는
          restartPolicy: OnFailure       잡 리소스의 템플릿
          containers:
          - name: main
            image: luksa/batch-job
```

보다시피 많이 복잡하지 않다. 잡 오브젝트를 생성할 스케줄과 템플릿을 지정했다.

스케줄 설정하기

크론의 스케줄 형식에 익숙하지 않은 사용자라면 온라인에서 훌륭한 자습서와 설명을 찾아볼 수 있지만 간단히 소개하자면 스케줄은 왼쪽에서 오른쪽으로 다섯 개의 항목을 갖고 있다.

- 분
- 시
- 일
- 월
- 요일

이 예제에서는 15분마다 잡을 실행하고자 하므로, 스케줄은 "0,15,30,45 * * * *"이어야 한다. 이는 매시간(첫 번째 별표), 매일(두 번째 별표), 매월(세 번째 별표), 모든 요일(네 번째 별표)의 0, 15, 30, 45분에 실행됨을 의미한다.

매달 첫째 날에 30분마다 실행하고 싶다면, 스케줄을 "0,30 * 1 * *"로 설정해야 하고, 일요일 3AM마다 실행하려면 "0 3 * * 0"(마지막 0은 일요일을 나타냄)으로 설정해야 한다.

잡 템플릿 설정하기

크론잡은 크론잡 스펙에 설정한 `jobTemplate` 특성에 따라 잡 리소스를 생성한다. 설정에 관한 자세한 사항은 4.5절을 참조하라.

4.6.2 스케줄된 잡의 실행 방법 이해

잡 리소스는 대략 예정된 시간에 크론잡 리소스에서 생성된다. 그러면 잡은 파드를 생성한다.

잡이나 파드가 상대적으로 늦게 생성되고 실행될 수 있다. 예정된 시간을 너무 초과해 시작돼서는 안 된다는 엄격한 요구 사항을 갖는 경우도 있다. 이런 경우 다음 예제처럼 크론잡 스펙의 startingDeadlineSeconds 필드를 지정해 데드라인을 설정할 수 있다.

```
apiVersion: batch/v1beta1                  ┌─ 파드는 예정된 시간에서 늦어도
kind: CronJob                          ◄───┘  15초 내에 시작해야 한다.
spec:
  schedule: "0,15,30,45 * * * *"
  startingDeadlineSeconds: 15
  ...
```

예제 4.15의 예에서 잡이 예정된 실행 시간 중 하나는 10:30:00이다. 어떤 이유에서든 10:30:15까지 시작하지 않으면 잡이 실행되지 않고 실패로 표시된다.

일반적인 상황에서 크론잡은 스케줄에 설정한 각 실행에 항상 하나의 잡만 생성하지만 두 개의 잡이 동시에 생성되거나 전혀 생성되지 않을 수 있다. 첫 번째 문제를 해결하려면 잡이 멱등성(한 번 실행이 아니라 여러 번 실행해도 원치 않는 결과가 초래되지 않음)을 가져야 한다. 두 번째 문제점의 경우 다음 번 잡 실행이 이전의 (누락된) 실행에서 완료했어야 하는 작업을 수행하는지 확인해야 한다.

4.7 요약

이제 노드 장애 발생 시, 파드를 계속 실행하고 재스케줄링하는 방법을 배웠다. 요약하면 다음과 같다.

- 컨테이너가 더 이상 정상적이지 않으면 즉시 쿠버네티스가 컨테이너를 다시 시작 하도록 라이브니스 프로브를 지정할 수 있다(애플리케이션이 정상이라고 간주되는 조건 을 정의하는 경우).
- 파드는 실수로 삭제되거나 실행 중인 노드에 장애가 발생하거나 노드에서 퇴출되 면 다시 생성되지 않기 때문에 파드를 직접 생성하면 안 된다.

- 레플리케이션컨트롤러는 의도하는 수의 파드 복제본^{replica}을 항상 실행 상태로 유지한다.

- 파드를 수평으로 스케일링(확장)하려면, 쉽게 레플리케이션컨트롤러에 의도하는 레플리카 수를 변경하는 것만으로도 가능하다.

- 파드는 레플리케이션컨트롤러가 소유하지 않으며, 필요한 경우 레플리케이션컨트롤러 간에 이동할 수 있다.

- 레플리케이션컨트롤러는 파드 템플릿에서 새로운 파드를 생성한다. 템플릿을 변경해도 기존의 파드에는 영향을 미치지 않는다.

- 레플리케이션컨트롤러는 레플리카셋과 디플로이먼트로 교체해야 하며, 레플리카셋과 디플로이먼트는 동일한 기능을 제공하면서 추가적인 강력한 기능을 제공한다.

- 레플리케이션컨트롤러와 레플리카셋은 임의의 클러스터 노드에 파드를 스케줄링하는 반면, 데몬셋은 모든 노드에 데몬셋이 정의한 파드의 인스턴스 하나만 실행되도록 한다.

- 배치 작업을 수행하는 파드는 쿠버네티스의 잡 리소스로 생성해야 하며, 직접 생성하거나 레플리케이션컨트롤러 또는 유사한 오브젝트로 생성하지 말아야 한다.

- 나중에 언젠가 실행해야 하는 잡은 크론잡 리소스를 통해 생성할 수 있다.

5

서비스: 클라이언트가 파드를 검색하고 통신을 가능하게 함

5장에서 다루는 내용

- 단일 주소로 파드를 노출하는 서비스 리소스 만들기
- 클러스터 안에서 서비스 검색
- 외부 클라이언트에 서비스 노출
- 클러스터 내에서 외부 서비스 접속
- 파드가 서비스할 준비가 됐는지 제어하는 방법
- 서비스 문제 해결

지금까지 파드와 파드를 계속 실행하도록 보장하는 레플리카셋과 같은 리소스로 파드를 배포하는 방법을 배웠다. 특정 파드는 외부 요청 없이 독립적으로 작업을 수행할 수 있지만 대다수의 애플리케이션은 외부 요청에 응답하기 위한 것이다. 마이크로서비스의 경우 파드는 대개 클러스터 내부의 다른 파드나 클러스터 외부의 클라이언트에서 오는 HTTP 요청에 응답한다.

파드가 다른 파드에게 제공하는 서비스를 사용하려면 다른 파드를 찾는 방법이 필요하다. 쿠버네티스가 아닌 세계에서는 시스템 관리자가 클라이언트 구성 파일에 서비스를 제공하는 서버의 정확한 IP 주소나 호스트 이름을 지정해 각 클라이언트 애플리케이션을 구성하는 것과 달리, 쿠버네티스에서 동일한 작업을 수행하면 다음과 같은 이유로 동작하지 않는다.

- 파드는 일시적이다. 파드가 다른 파드를 위한 공간을 확보하려고 노드에서 제거되거나, 누군가 파드 수를 줄이거나, 클러스터 노드의 장애로 언제든 다른 노드로 이동할 수 있다.
- 쿠버네티스는 노드에 파드를 스케줄링한 후 파드가 시작되기 바로 전에 파드의 IP 주소를 할당한다. 따라서 클라이언트는 서버인 파드의 IP 주소를 미리 알 수 없다.
- 수평 스케일링은 여러 파드가 동일한 서비스를 제공할 수 있음을 의미한다. 각 파드는 고유한 IP 주소가 있다. 클라이언트는 서비스를 지원하는 파드의 수와 IP에 상관하지 않아야 한다. 파드의 개별 IP 목록을 유지할 필요가 없다. 그 대신, 모든 파드는 단일 IP 주소로 액세스할 수 있어야 한다.

쿠버네티스는 이런 문제를 해결하려고 또 다른 리소스 유형인 서비스[Service]를 제공한다.

5.1 서비스 소개

쿠버네티스의 서비스는 동일한 서비스를 제공하는 파드 그룹에 지속적인 단일 접점을 만들려고 할 때 생성하는 리소스다. 긱 시비스는 서비스가 존새하는 동안 절대 바뀌지 않는 IP 주소와 포트가 있다. 클라이언트는 해당 IP와 포트로 접속한 다음 해당 서비스를 지원하는 파드 중 하나로 연결된다. 이런 방식으로 서비스의 클라이언트는 서비스를 제공하는 개별 파드의 위치를 알 필요 없으므로, 이 파드는 언제든지 클러스터 안에서 이동할 수 있다.

예제를 통한 서비스 설명

프론트엔드 웹 서버와 백엔드 데이터베이스 서버가 있는 예제를 다시 살펴보자. 프론트엔드 역할을 하는 파드는 여러 개 있을 수 있지만 백엔드 데이터베이스 파드는 하나만 있을 것이다. 시스템이 기동하려면 두 가지 문제를 해결해야 한다.

- 웹 서버가 하나든 수백 개든 상관없이 외부 클라이언트는 프론트엔드 파드에 연결할 수 있어야 한다.
- 프론트엔드 파드는 백엔드 데이터베이스에 연결해야 한다. 데이터베이스는 파드 내에서 실행되므로 시간이 지남에 따라 클러스터 주위를 이동해 IP 주소가 변경될 수 있다. 백엔드 데이터베이스가 이동할 때마다 프론트엔드 파드를 재설정하고 싶지 않을 것이다.

프론트엔드 파드에 관한 서비스를 만들고 클러스터 외부에서 액세스할 수 있도록 구성하면 외부 클라이언트가 파드에 연결할 수 있는 하나의 고정 IP 주소가 노출된다. 마찬가지로 백엔드 파드에 관한 서비스를 생성해 안정적인 주소를 만든다. 파드의 IP 주소가 변경되더라도 서비스의 IP 주소는 변경되지 않는다. 또한 서비스를 생성하면 프론트엔드 파드에서 환경변수 또는 DNS 이름으로 백엔드 서비스를 쉽게 찾을 수 있다. 시스템의 모든 구성 요소는 그림 5.1에서 확인할 수 있다(두 개의 서비스와 해당 서비스를 지원하는 두 파드 세트 그리고 이들 간의 상호 종속성).

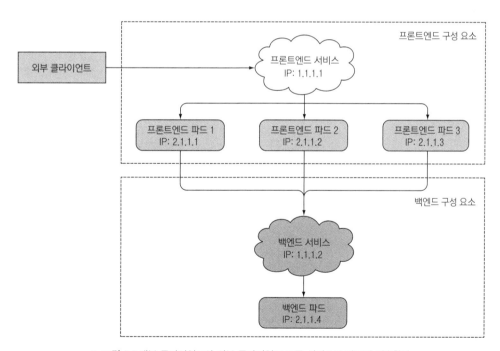

▲ **그림 5.1** 내부 클라이언트와 외부 클라이언트 모두 서비스로 파드에 접속한다.

이제 서비스의 기본 개념을 이해하게 됐다. 이제 서비스가 어떻게 만들어지는지 살펴보자.

5.1.1 서비스 생성

보다시피 서비스를 지원하는 파드가 한 개 혹은 그 이상일 수 있다. 서비스 연결은 서비스 뒷단의 모든 파드로 로드밸런싱된다. 그러나 정확히 어떤 파드가 서비스의 일부분인지 아닌지를 어떻게 정의할까?

레이블 셀렉터^{Label selector}를 기억할 것이다. 그리고 레플리케이션컨트롤러와 기타 파드 컨트롤러에서 레이블 셀렉터를 사용해 동일한 세트에 속하는 파드를 지정하는 방법을 기억할 것이다. 그림 5.2에서 보면 알 수 있듯이 동일한 메커니즘이 서비스에도 그대로 사용된다.

4장에서는 Node.js 애플리케이션이 포함된 파드의 세 개의 인스턴스를 실행하는 레플리케이션컨트롤러를 만들었다. 레플리케이션컨트롤러를 다시 생성하고 파드 인스턴스 세 개가 시작돼 실행 중인지 확인한다. 그런 다음 이 파드 세 개에 관한 서비스를 만든다.

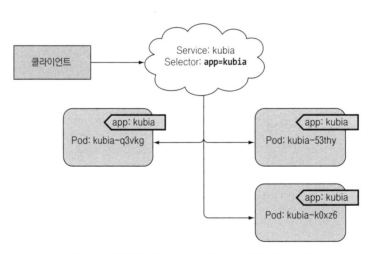

▲ **그림 5.2** 레이블 셀렉터는 어떤 파드가 서비스에 속하는지 정한다.

kubectl expose로 서비스 생성

서비스를 생성하는 가장 쉬운 방법은 kubectl expose를 사용하는 것이다. 이미 2장에서 kubectl expose를 사용해 레플리케이션컨트롤러를 노출하는 데 사용했다. expose 명령어는 레플리케이션컨트롤러에서 사용된 것과 동일한 파드 셀렉터를 사용해 서비스 리소스를 생성하고 모든 파드를 단일 IP 주소와 포트로 노출한다.

이제 expose 명령어를 사용하는 대신 Kubernetes API 서버에 YAML을 게시해 서비스를 수동으로 생성할 것이다.

YAML 디스크립터를 통한 서비스 생성

다음과 같이 kubia-svc.yaml 파일을 만든다.

예제 5.1 서비스 정의: Kubia-svc.yaml

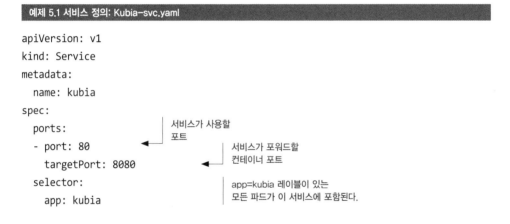

```
apiVersion: v1
kind: Service
metadata:
  name: kubia
spec:
  ports:
  - port: 80                    서비스가 사용할
                                포트
    targetPort: 8080            서비스가 포워드할
                                컨테이너 포트
  selector:
    app: kubia                  app=kubia 레이블이 있는
                                모든 파드가 이 서비스에 포함된다.
```

kubia라는 서비스를 정의한 것이다. 이 서비스는 포트 80의 연결을 허용하고 각 연결을 app=kubia 레이블 셀렉터와 일치하는 파드의 포트 8080으로 라우팅한다.

kubectl create를 사용해 yaml 파일을 게시해 서비스를 생성하자.

새 서비스 검사하기

YAML을 게시한 후 네임스페이스의 모든 서비스 리소스를 조회하고 서비스에 내부 클러스터 IP$^{cluster IP}$가 할당됐는지 확인할 수 있다.

```
$ kubectl get svc
NAME          CLUSTER-IP       EXTERNAL-IP    PORT(S)    AGE
kubernetes    10.111.240.1     <none>         443/TCP    30d
kubia         10.111.249.153   <none>         80/TCP     6m    ◀──   이것이 생성된 서비스다.
```

이 예제는 서비스에 할당된 IP 주소가 10.111.249.153임을 보여준다. 클러스터 IP이
므로 클러스터 내부에서만 액세스할 수 있다. 서비스의 기본 목적은 파드 그룹을 클러스터
의 다른 파드에 노출시키는 것이지만 대개 서비스를 외부로 노출하기를 원할 것이다. 나중
에 그 방법을 알게 될 것이다. 지금은 클러스터 내에서 서비스를 사용해보고 어떻게 동작
하는지 살펴보자.

클러스터 내에서 서비스 테스트

몇 가지 방법으로 클러스터 내에서 서비스로 요청을 보낼 수 있다.

- 확실한 방법은 서비스의 클러스터 IP로 요청을 보내고 응답을 로그로 남기는 파드
  를 만드는 것이다. 그런 다음 파드의 로그를 검사해 서비스의 응답이 무엇인지 확
  인할 수 있다.
- 쿠버네티스 노드로 ssh 접속하고 curl 명령을 실행할 수 있다.
- kubectl exec 명령어로 기존 파드에서 curl 명령을 실행할 수 있다.

마지막 방법으로 기존 파드에서 명령어를 실행하는 방법을 배워보자.

실행 중인 컨테이너에 원격으로 명령어 실행

kubectl exec 명령어를 사용하면 기존 파드의 컨테이너 내에서 원격으로 임의의 명령어
를 실행할 수 있다. 컨테이너의 내용, 상태, 환경을 검사할 때 유용하다. kubectl get
pods 명령어로 파드를 조회하고 exec 명령어의 대상으로 하나를 선택한다(다음 예제에는
kubia-7nog1 파드를 대상으로 선택했다). 또한 서비스의 클러스터 IP를 알아야 한다(예: kubectl
get svc 명령어 사용). 다음 명령어를 실행할 때는 파드 이름과 서비스 IP를 상황에 맞게 변
경해 사용하자.

```
$ kubectl exec kubia-7nog1 -- curl -s http://10.111.249.153
You've hit kubia-gzwli
```

이전에 ssh를 사용해 원격 시스템에서 명령을 실행해봤다면 kubectl exec가 크게 다르지 않다는 것을 알게 될 것이다.

더블 대시를 사용하는 이유

명령어의 더블 대시(--)는 kubectl 명령줄 옵션의 끝을 의미한다. 더블 대시 뒤의 모든 것은 파드 내에서 실행돼야 하는 명령이다. 명령줄에 대시로 시작하는 인수가 없는 경우 더블 대시를 사용할 필요가 없다. 그러나 이전 예시에서는 더블 대시를 사용하지 않으면 -s 옵션이 kubectl exec의 옵션으로 해석돼 다음과 같이 이상하고 잘못된 오류가 발생한다.

```
$ kubectl exec kubia-7nog1 curl -s http://10.111.249.153
The connection to the server 10.111.249.153 was refused - did you
specify the right host or port?
```

이것은 서비스가 연결을 거부하는 것과 아무런 관련이 없다. kubectl은 10.111.249.153에서 API 서버에 연결할 수 없기 때문이다(-s 옵션은 kubectl에게 기본값과 다른 API 서버에 연결하도록 지시하는 데 사용된다).

명령을 실행했을 때 무슨 일이 일어났는지 살펴보자. 그림 5.3은 명령을 실행한 후 이벤트 순서를 나타낸다. 파드의 컨테이너 내에서 curl 명령을 실행하도록 쿠버네티스에 지시했다. curl은 HTTP 요청을 서비스 IP로 보냈다. 이 IP에는 세 개의 파드가 연결돼 있다. 쿠버네티스 서비스 프록시가 연결을 가로채서 세 개의 파드 중 임의의 파드로 요청을 전달한다. 해당 파드 내에서 실행 중인 Node.js는 요청을 처리하고 해당 파드의 이름을 포함하는 HTTP 응답을 반환한다. curl은 표준 출력으로 응답을 출력하고 이를 kubectl이 있는 로컬 시스템의 표준 출력에 다시 표시한다.

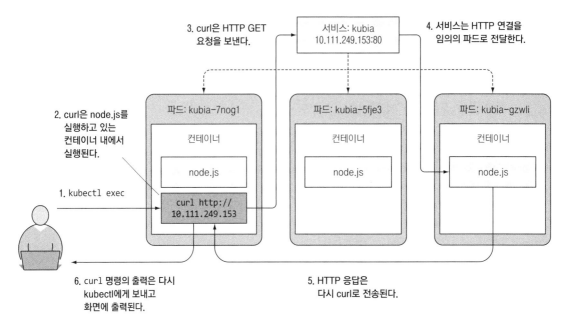

서비스: kubia
10.111.249.153:80

3. curl은 HTTP GET
요청을 보낸다.

4. 서비스는 HTTP 연결을
임의의 파드로 전달한다.

파드: kubia-7nog1

컨테이너

node.js

2. curl은 node.js를
실행하고 있는
컨테이너 내에서
실행된다.

1. kubectl exec

curl http://
10.111.249.153

파드: kubia-5fje3

컨테이너

node.js

파드: kubia-gzwli

컨테이너

node.js

6. curl 명령의 출력은 다시
kubectl에게 보내고
화면에 출력된다.

5. HTTP 응답은
다시 curl로 전송된다.

▲ **그림 5.3** kubectl exec를 사용해 파드에서 curl 명령어를 실행한 서비스 연결 테스트

이전 예제에서는 파드의 컨테이너 내에서 curl 명령을 별도의 프로세스로 실행했다. 이는 컨테이너 내의 주 프로세스가 서비스와 통신하는 것과 크게 다르지 않다.

서비스의 세션 어피니티 구성

동일한 명령을 몇 번 더 실행하면 동일한 클라이언트에서 요청하더라도 서비스 프록시가 각 연결을 임의의 파드를 선택해 연결을 다시 전달forward하기 때문에 요청할 때마다 다른 파드가 선택된다.

반면 특정 클라이언트의 모든 요청을 매번 같은 파드로 리디렉션하려면 서비스의 세션 어피니티sessionAffinity 속성을 기본값 None 대신 ClientIP로 설정한다.

예제 5.2 클라이언트 IP 세션 어피니티가 구성된 서비스의 예

```
apiVersion: v1
kind: Service
spec:
```

```
sessionAffinity: ClientIP
...
```

이로써 서비스 프록시는 동일한 클라이언트 IP의 모든 요청을 동일한 파드로 전달한다. 연습으로, 세션 어피니티가 ClientIP로 설정된 추가 서비스를 작성하고 요청을 보내자.

쿠버네티스는 None과 ClientIP라는 두 가지 유형의 서비스 세션 어피니티만 지원한다. 쿠키 기반 세션 어피니티^{cookie-based session affinity} 옵션이 없지만 쿠버네티스 서비스가 HTTP 수준에서 작동하지 않는다는 것을 이해하면 크게 놀랍지 않다. 서비스는 TCP와 UDP 패킷을 처리하고 그들이 가지고 있는 페이로드^{payload}는 신경 쓰지 않는다. 쿠키는 HTTP 프로토콜의 구성이기 때문에 서비스는 쿠키를 알지 못하며, 세션 어피니티를 쿠키 기반으로 할 수 없는 이유다.

동일한 서비스에서 여러 개의 포트 노출

서비스는 단일 포트만 노출하지만 여러 포트를 지원할 수도 있다. 예를 들어 파드가 두 개의 포트(예: HTTP의 경우 8080, HTTPS의 경우 8443)를 수신한다면 하나의 서비스를 사용해 포트 80과 443을 파드의 포트 8080과 8443으로 전달할 수 있다. 이 경우 굳이 두 개의 서비스를 만들 필요가 없다. 하나의 서비스를 사용해 멀티 포트 서비스를 사용하면 단일 클러스터 IP로 모든 서비스 포트가 노출된다.

> |**노트**| 여러 포트가 있는 서비스를 만들 때는 각 포트의 이름을 지정해야 한다.

멀티 포트 서비스의 스펙은 예제 5.3에 나와 있다.

예제 5.3 서비스 정의에서 멀티 포트 지정

```
apiVersion: v1
kind: Service
metadata:
  name: kubia
spec:
```

```
  ports:
  - name: http
    port: 80
    targetPort: 8080
  - name: https
    port: 443
    targetPort: 8443
  selector:
    app: kubia
```

포트 80은 파드의
포트 8080에 매핑된다.

포트 443은 파드의
포트 8443에 매핑된다.

레이블 셀렉터는 항상
모든 서비스에 적용된다.

> |**노트**| 레이블 셀렉터는 서비스 전체에 적용되며 각 포트를 개별적으로 구성할 수는 없다. 다른 포트가 다른 파드 서브세트에 매핑되도록 하려면 서비스를 두 개 만들어야 한다.

kubia 파드는 여러 포트로 서비스하지 않기 때문에 멀티 포트 서비스와 멀티 포트 파드를 만드는 것은 독자의 몫으로 남겨두겠다.

이름이 지정된 포트 사용

지금까지 살펴본 모든 예제에서는 대상 포트를 번호로 참조했지만 각 파드의 포트에 이름을 지정하고 서비스 스펙에서 이름으로 참조할 수도 있다. 따라서 포트 번호가 잘 알려진 경우가 아니더라도 서비스 스펙을 좀 더 명확하게 한다.

다음 예제와 같이 파드가 포트 이름을 정의한다고 가정해보자.

예제 5.4 파드 정의에 포트 이름 사용

```
kind: Pod
spec:
  containers:
  - name: kubia
    ports:
    - name: http
      containerPort: 8080
    - name: https
      containerPort: 8443
```

컨테이너 포트 8080은
http라고 한다.

포트 8443을
https라고 한다.

다음 예제와 같이 서비스 스펙에서 이름으로 해당 포트를 참조할 수 있다.

```
예제 5.5 서비스에 이름이 지정된 포트 참조하기
```

```
apiVersion: v1
kind: Service
spec:
  ports:
  - name: http
    port: 80                      포트 80은 http라는
    targetPort: http              컨테이너 포트에 매핑된다.
  - name: https
    port: 443                     포트 443은 컨테이너 포트의
    targetPort: https             이름이 https인 것에 매핑된다.
```

그런데 포트 이름을 지정하는 것까지 신경을 써야 하나? 이렇게 하면 나중에 서비스 스펙을 변경하지 않고도 포트 번호를 변경할 수 있다는 큰 장점이 있다. 파드는 현재 http 라는 이름에 포트 8080을 사용하고 있지만 나중에 포트 80으로 변경하기로 결정하면 어떻게 할까?

이름이 지정된 포트를 사용하는 경우 포트 이름을 변경하지 않고 파드 스펙에서 포트 번호를 변경하기만 하면 된다. 새 포트로 파드를 기동하면 연결을 수신하는 파드(이전 파드의 포트 8080와 새 파드의 포트 80)에 따라 클라이언트 연결이 적절한 포트 번호로 전달된다.

5.1.2 서비스 검색

서비스를 만들면 파드에 액세스할 수 있는 안정적인 IP 주소와 포트가 생긴다. 이 주소는 서비스가 유지되는 동안 변경되지 않는다. 이 서비스의 파드는 생성되기도 하고 사라지기도 하고 파드 IP가 변경되거나 파드 수는 늘어나거나 줄어들 수 있지만, 항상 서비스의 IP 주소로 액세스할 수 있어야 한다.

그러나 클라이언트 파드는 서비스의 IP와 포트를 어떻게 알 수 있을까? 서비스를 생성한 다음 IP 주소를 수동으로 찾아서 클라이언트 파드의 구성 옵션에 IP를 전달해야 할까?

아니다. 쿠버네티스는 클라이언트 파드가 서비스의 IP와 포트를 검색할 수 있는 방법을 제공한다.

환경변수를 통한 서비스 검색

파드가 시작되면 쿠버네티스는 해당 시점에 존재하는 각 서비스를 가리키는 환경변수 세트를 초기화한다. 클라이언트 파드를 생성하기 전에 서비스를 생성하면 해당 파드의 프로세스는 환경변수를 검사해 서비스의 IP 주소와 포트를 얻을 수 있다.

현재 실행 중인 파드 중 하나의 환경을 검사해 이러한 환경변수가 어떻게 보이는지 살펴보자. 이미 kubectl exec 명령을 사용해 파드에서 명령어를 실행할 수 있다는 것은 배웠지만 파드를 만든 후에 서비스를 만들면 서비스에 대한 환경변수를 설정할 수 없다. 이를 먼저 해결해야 한다.

서비스에 대한 환경변수를 보려면 먼저 모든 파드를 삭제하고 레플리케이션컨트롤러에서 새로 파드를 만들어야 한다. 다음과 같이 이름을 지정하지 않고 모든 파드를 삭제할 수 있다.

```
$ kubectl delete po --all
pod "kubia-7nog1" deleted
pod "kubia-bf50t" deleted
pod "kubia-gzwli" deleted
```

이제 새 파드를 조회하고(방법을 알고 있을 거라 믿는다) 파드를 kubectl exec 명령어의 대상으로 선택할 수 있다. 대상 파드를 선택하면 다음 예제와 같이 컨테이너 내부에서 env 명령어를 실행해 환경변수를 조회할 수 있다.

예제 5.6 컨테이너 내의 서비스와 연관된 환경변수

```
$ kubectl exec kubia-3inly env
PATH=/usr/local/sbin:/usr/local/bin:/usr/sbin:/usr/bin:/sbin:/bin
HOSTNAME=kubia-3inly
KUBERNETES_SERVICE_HOST=10.111.240.1
KUBERNETES_SERVICE_PORT=443
```

```
...
KUBIA_SERVICE_HOST=10.111.249.153          ◀─────  서비스의 클러스터 IP다.
KUBIA_SERVICE_PORT=80                       ◀─────  서비스가 제공되는 포트다.
...
```

클러스터에는 kubernetes와 kubia라는 두 개의 서비스가 정의돼 있다(kubectl get svc 명령으로 이전에 확인했다). 결과적으로 두 세트의 서비스 관련 환경변수가 목록에 있다. 5장의 시작 부분에서 생성한 kubia 서비스와 관련된 변수 중에 서비스 IP 주소와 포트 정보를 갖는 KUBIA_SERVICE_HOST와 KUBIA_SERVICE_PORT 환경변수를 확인할 수 있다.

5장에서 시작한 프론트엔드와 백엔드 예제로 돌아가서 백엔드 데이터베이스 서버 파드를 사용해야 하는 프론트엔드 파드가 있는 경우 backend-database라는 서비스로 백엔드 파드를 노출하면 프론트엔드 파드에서 환경변수 BACKEND_DATABASE_SERVICE_HOST와 BACKEND_DATABASE_SERVICE_PORT로 백엔드 데이터베이스 서비스의 IP 주소와 포트를 찾을 수 있다.

> |**노트**| 서비스 이름의 대시(-)는 밑줄(_)로 변환되고 서비스 이름이 환경변수 이름의 접두어로 쓰이면서 모든 문자는 대문자로 표시된다.

환경변수는 서비스의 IP와 포트를 찾는 한 가지 방법은 될 수 있지만 대개 DNS의 도메인을 사용하는 것이 일반적이지 않을까? 대신 쿠버네티스에 DNS 서버를 포함하고 DNS를 통해 서비스 IP를 찾게 하는 것은 어떨까? 곧 그 이유가 밝혀질 것이다!

DNS를 통한 서비스 검색

kube-system 네임스페이스에 파드를 조회한 3장을 기억할 것이다? 파드 중 하나는 kube-dns라고 불렀다. kube-system 네임스페이스에는 동일한 이름의 해당 서비스가 있다.

이름에서 알 수 있듯이 이 파드는 DNS 서버를 실행하며 클러스터에서 실행 중인 다른 모든 파드는 자동으로 이를 사용하도록 구성된다(쿠버네티스는 각 컨테이너의 /etc/resolv.conf 파일을 수정해 이를 수행한다). 파드에서 실행 중인 프로세스에서 수행된 모든 DNS 쿼리는 시스템에서 실행 중인 모든 서비스를 알고 있는 쿠버네티스의 자체 DNS 서버로 처리된다.

> |**노트**| 파드가 내부 DNS 서버를 사용할지 여부는 각 파드 스펙의 dnsPolicy 속성으로 구성할 수 있다.

각 서비스는 내부 DNS 서버에서 DNS 항목을 가져오고 서비스 이름을 알고 있는 클라이언트 파드는 환경변수 대신 FQDN(정규화된 도메인 이름)으로 액세스할 수 있다.

FQDN을 통한 서비스 연결

프론트엔드-백엔드 예제를 다시 보면 프론트엔드 파드는 다음 FQDN로 백엔드 데이터베이스 서비스에 연결할 수 있다.

```
backend-database.default.svc.cluster.local
```

backend-database는 서비스 이름이고 default는 서비스가 정의된 네임스페이스를 나타내며 svc.cluster.local은 모든 클러스터의 로컬 서비스 이름에 사용되는 클러스터의 도메인 접미사다.

> |**노트**| 클라이언트는 여전히 서비스의 포트 번호를 알아야 한다. 서비스가 표준 포트(예: HTTP의 경우 80, Postgres의 경우 5432)를 사용히는 경우 문제가 되지 않는다. 그렇지 않은 경우 클라이언트는 환경변수에서 포트 번호를 얻을 수 있어야 한다.

서비스에 연결하는 것은 훨씬 간단하다. 프론트엔드 파드가 데이터베이스 파드와 동일한 네임스페이스에 있는 경우 svc.cluster.local 접미사와 네임스페이스는 생략할 수 있다. 따라서 서비스를 단순히 backend-database라고 할 수 있다. 매우 간단하다.

IP 대신 FQDN으로 kubia 서비스에 액세스하자. 다시 한 번 말하지만 기존 파드 내에서 수행해야 한다. 이미 kubectl exec를 사용해 파드의 컨테이너에서 명령어를 실행하는 방법을 알지만 이번에는 curl 명령어를 직접 실행하는 대신 bash 셸을 실행해 컨테이너에서 여러 명령어를 실행할 수 있다. 이는 2장에서 docker exec -it bash 명령어를 사용해 도커로 실행한 컨테이너에 들어갔던 것과 비슷하다.

파드의 컨테이너 내에서 셸 실행

kubectl exec 명령어를 사용해 파드의 컨테이너 내에서 bash(또는 다른 셸)를 실행할 수 있다. 이렇게 하면 실행하려는 모든 명령어를 kubectl exec로 수행할 필요 없이 원하는 만큼 컨테이너를 자유롭게 탐색할 수 있다.

> | **노트** | 이 작업을 수행하려면 컨테이너 이미지에서 셸 바이너리 실행파일이 사용 가능해야 한다.[1]

셸을 올바르게 사용하려면 -it 옵션을 kubectl exec에 넣어야 한다.

```
$ kubectl exec -it kubia-3inly bash
root@kubia-3inly:/#
```

이제 컨테이너 안으로 들어왔다. curl 명령어를 사용해 다음 방법으로 kubia 서비스에 액세스할 수 있다.

```
root@kubia-3inly:/# curl http://kubia.default.svc.cluster.local
You've hit kubia-5asi2

root@kubia-3inly:/# curl http://kubia.default
You've hit kubia-3inly

root@kubia-3inly:/# curl http://kubia
You've hit kubia-8awf3
```

요청 URL에서 호스트 이름으로 서비스 이름을 사용해 서비스에 엑세스할 수 있다. 각

---

1   요즘 기본 이미지로 많이 사용하는 alpine은 기본으로 bash가 포함돼 있지 않다. bash 대신 ash 또는 sh가 포함돼 있다. 따라서 kubectl exec 〈파드이름〉 bash가 아니라 kubectl exec 〈파드이름〉 sh로 실행해야 한다. – 옮긴이

파드 컨테이너 내부의 DNS resolver가 구성돼 있기 때문에 네임스페이스와 `svc.cluster.`
`local` 접미사를 생략할 수 있다. 컨테이너에서 /etc/resolv.conf 파일을 보면 이해할 수
있다.

```
root@kubia-3inly:/# cat /etc/resolv.conf
search default.svc.cluster.local svc.cluster.local cluster.local ...
```

서비스 IP에 핑을 할 수 없는 이유

좀 더 나아가기 전에 마지막으로 한 가지만 더 확인해보자. 이제 서비스를 만들 줄 아니까
자신만의 서비스를 만들 수 있을 것이다. 그러나 어떤 이유로든 서비스에 액세스할 수 없
으면 어떻게 할까?

기존 파드를 입력하고 마지막 예와 같이 서비스에 액세스해 문제를 파악하려고 시도할
것이다. 그런 다음 간단한 curl 명령어로 서비스에 액세스할 수 없는 경우 서비스 IP를 핑
ping해 작동 여부를 확인할 수 있다. 지금 해보자.

```
root@kubia-3inly:/# ping kubia
PING kubia.default.svc.cluster.local (10.111.249.153): 56 data bytes
^C--- kubia.default.svc.cluster.local ping statistics --54 packets transmitted,
0 packets received, 100% packet loss
```

서비스로 curl은 동작하지만 핑은 응답이 없다. 이는 서비스의 클러스터 IP가 가상 IP
이므로 서비스 포트와 결합된 경우에만 의미가 있기 때문이다.

11장에서 그 의미와 서비스의 동작 방식을 설명할 것이다. 여기서 언급하고 싶은 것은
사람들이 비정상적인 서비스를 디버깅하려고 할 때 가장 먼저 핑을 테스트하지만 이와 같
은 결과가 사람들을 당황하게 만들 수 있다는 점이다.

5.2 클러스터 외부에 있는 서비스 연결

지금까지는 클러스터 내부에서 실행 중인 하나 이상의 파드와의 통신을 지원하는 서비스

를 설명했다. 그러나 쿠버네티스 서비스 기능으로 외부 서비스를 노출하려는 경우가 있을 수 있다. 서비스가 클러스터 내에 있는 파드로 연결을 전달하는 게 아니라, 외부 IP와 포트로 연결을 전달하는 것이다.

이 경우 서비스 로드밸런싱과 서비스 검색 모두 활용할 수 있다. 클러스터에서 실행 중인 클라이언트 파드는 내부 서비스에 연결하는 것처럼 외부 서비스에 연결할 수 있다.

5.2.1 서비스 엔드포인트 소개

이 작업을 수행하기 전에 먼저 서비스를 좀 더 자세히 설명하겠다. 서비스는 파드에 직접 연결^{link}되지 않는다. 대신 엔드포인트 리소스가 그 사이에 있다. 다음 예제에 표시된 것처럼 서비스에서 kubectl describe 명령을 사용하면 엔드포인트를 확인할 수 있다.

예제 5.7 kubectl describe로 표시된 서비스의 자세한 설명

```
$ kubectl describe svc kubia
Name:               kubia
Namespace:          default
Labels:             <none>
Selector:           app=kubia              ◄─── 서비스의 파드 셀렉터는
                                                엔드포인트 목록을 만드는 데
                                                사용된다.
Type:               ClusterIP
IP:                 10.111.249.153
Port:               <unset> 80/TCP
Endpoints:          10.108.1.4:8080,10.108.2.5:8080,10.108.2.6:8080   ◄─── 이 서비스의
                                                                          엔드포인트를
                                                                          나타내는
Session Affinity:   None                                                  파드 IP와
No events.                                                                포트 목록
```

엔드포인트 리소스는 서비스로 노출되는 파드의 IP 주소와 포트 목록이다. 엔드포인트 리소스는 다른 쿠버네티스 리소스와 유사하므로 kubectl get을 사용해 기본 정보를 표시할 수 있다.

```
$ kubectl get endpoints kubia
NAME     ENDPOINTS                                            AGE
kubia    10.108.1.4:8080,10.108.2.5:8080,10.108.2.6:8080      1h
```

파드 셀렉터는 서비스 스펙에 정의돼 있지만 들어오는 연결을 전달할 때 직접 사용하지는 않는다. 대신 셀렉터는 IP와 포트 목록을 작성하는 데 사용되며 엔드포인트 리소스에 저장된다. 클라이언트가 서비스에 연결하면 서비스 프록시는 이들 중 하나의 IP와 포트 쌍을 선택하고 들어온 연결을 대상 파드의 수신 대기 서버로 전달한다.

5.2.2 서비스 엔드포인트 수동 구성

이미 알겠지만 서비스의 엔드포인트를 서비스와 분리하면 엔드포인트를 수동으로 구성하고 업데이트할 수 있다.

파드 셀렉터 없이 서비스를 만들면 쿠버네티스는 엔드포인트 리소스를 만들지 못한다 (파드 셀렉터가 없어, 서비스에 포함된 파드가 무엇인지 알 수 없다). 서비스를 위한 엔드포인트 목록을 엔드포인트 리소스로 설정하는 것은 독자에게 달렸다.

수동으로 관리되는 엔드포인트를 사용해 서비스를 만들려면 서비스와 엔드포인트 리소스를 모두 만들어야 한다.

셀렉터 없이 서비스 생성

먼저 다음 예제에 표시된 대로 서비스 자체에 관한 YAML을 만든다.

예제 5.8 파드 셀렉터가 없는 서비스: external-service.yaml

```
apiVersion: v1
kind: Service
metadata:                          서비스 이름은 엔드포인트
  name: external-service    ◀──── 오브젝트 이름과 일치해야 한다
                                   (예제 5.9 확인).
spec:                       ◀──── 이 서비스에는 셀렉터가
  ports:                           정의돼 있지 않다.
  - port: 80
```

포트 80으로 들어오는 연결을 허용하는 **external-service**라는 서비스를 정의하는 것이다. 서비스에 대한 파드 셀렉터를 정의하지 않았다.

셀렉터가 없는 서비스에 관한 엔드포인트 리소스 생성

엔드포인트는 별도의 리소스이며, 서비스 속성은 아니다. 셀렉터가 없는 서비스를 생성했기 때문에 엔드포인트 리소스가 자동으로 생성되지 않는다. 엔드포인트 서비스를 생성해야 한다. 다음 예제는 YAML 매니페스트를 보여준다.

예제 5.9 수동으로 생성된 엔드포인트 리소스: external-service-endpoints.yaml

```
apiVersion: v1
kind: Endpoints
metadata:
  name: external-service          ◄─── 엔드포인트 오브젝트의 이름은
                                        서비스 이름과 일치해야 한다
                                        (예제 5.8 확인).
subsets:
  - addresses:
    - ip: 11.11.11.11             ─── 서비스가 연결을 전달할
    - ip: 22.22.22.22                 엔드포인트의 IP
    ports:
    - port: 80                    ◄─── 엔드포인트의 대상 포트
```

엔드포인트 오브젝트는 서비스와 이름이 같아야 하고 서비스를 제공하는 대상 IP 주소와 포트 목록을 가져야 한다. 서비스와 엔드포인트 리소스가 모두 서버에 게시되면 파드 셀렉터가 있는 일반 서비스처럼 서비스를 사용할 수 있다. 서비스가 만들어진 후 만들어진 컨테이너에는 서비스의 환경변수가 포함되며 IP:포트 쌍에 대한 모든 연결은 서비스 엔드포인트 간에 로드밸런싱한다.

그림 5.4는 외부 엔드포인트를 사용해 서비스에 연결하는 파드 세 개를 보여준다.

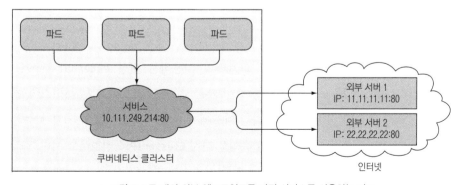

▲ **그림 5.4** 두 개의 외부 엔드포인트를 가진 서비스를 사용하는 파드

나중에 외부 서비스를 쿠버네티스 내에서 실행되는 파드로 마이그레이션하기로 결정한 경우 서비스에 셀렉터를 추가해 엔드포인트를 자동으로 관리할 수 있다. 서비스에서 셀렉터를 제거하면 쿠버네티스는 엔드포인트 업데이트를 멈춘다. 이는 서비스의 실제 구현이 변경되는 동안에도 서비스 IP 주소가 일정하게 유지될 수 있음을 의미한다.

5.2.3 외부 서비스를 위한 별칭 생성

서비스의 엔드포인트를 수동으로 구성해 외부 서비스를 노출하는 대신 좀 더 간단한 방법으로 FQDN(정규화된 도메인 이름)으로 외부 서비스를 참조할 수 있다.

ExternalName 서비스 생성

외부 서비스의 별칭으로 사용되는 서비스를 만들려면 유형^{type} 필드를 ExternalName으로 설정해 서비스 리소스를 만든다. api.somecompany.com에 공개 API가 있다고 가정하자. 다음 예제에 표시된 대로 이를 가리키는 서비스를 정의할 수 있다.

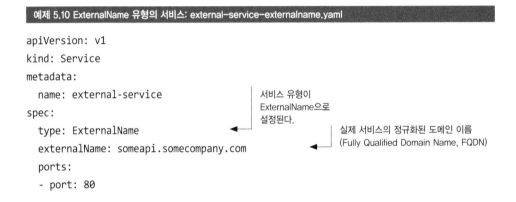

예제 5.10 ExternalName 유형의 서비스: external-service-externalname.yaml

```
apiVersion: v1
kind: Service
metadata:
  name: external-service
spec:
  type: ExternalName          ◀── 서비스 유형이
                                   ExternalName으로
                                   설정된다.
                                        ◀── 실제 서비스의 정규화된 도메인 이름
  externalName: someapi.somecompany.com    (Fully Qualified Domain Name, FQDN)
  ports:
  - port: 80
```

서비스가 생성되면 파드는 서비스의 FQDN을 사용하는 대신 `external-service.default.svc.cluster.local` 도메인 이름(또는 external-service)으로 외부 서비스에 연결할 수 있다. 이렇게 하면 서비스를 사용하는 파드에서 실제 서비스 이름과 위치가 숨겨져 나중에 `externalName` 속성을 변경하거나 유형을 다시 `ClusterIP`로 변경하고 서비스 스펙을 만들어 서비스 스펙을 수정하면 나중에 다른 서비스를 가리킬 수 있다. 서비스를 위한

엔드포인트 오브젝트를 수동 혹은 서비스에 레이블 셀렉터를 지정해 엔드포인트가 자동으로 생성되도록 한다.

ExternalName 서비스는 DNS 레벨에서만 구현된다. 서비스에 관한 간단한 CNAME DNS 레코드가 생성된다. 따라서 서비스에 연결하는 클라이언트는 서비스 프록시를 완전히 무시하고 외부 서비스에 직접 연결된다. 이러한 이유로 ExternalName 유형의 서비스는 ClusterIP를 얻지 못한다.

> |**노트**| CNAME 레코드는 IP 주소 대신 FQDN(정규화된 도메인 이름)을 가리킨다.

5.3 외부 클라이언트에 서비스 노출

지금까지는 클러스터 내부에서 파드가 서비스를 사용하는 방법을 알아봤다. 그러나 그림 5.5와 같이 프론트엔드 웹 서버와 같은 특정 서비스를 외부에 노출해 외부 클라이언트가 액세스할 수 있게 하고 싶을 수도 있다.

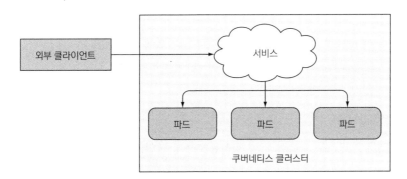

▲ **그림 5.5** 외부 클라이언트에 서비스 노출

외부에서 서비스를 액세스할 수 있는 몇 가지 방법이 있다.

- **노드포트로 서비스 유형 설정**: 노드포트^{NodePort} 서비스의 경우 각 클러스터 노드는 노드 자체에서 포트를 열고 해당 포트로 수신된 트래픽을 서비스로 전달한다. 이 서

비스는 내부 클러스터 IP와 포트로 액세스할 수 있을 뿐만 아니라 모든 노드의 전용 포트로도 액세스할 수 있다.

- **서비스 유형을 노드포트 유형의 확장인 로드밸런서로 설정**: 쿠버네티스가 실행 중인 클라우드 인프라에서 프로비저닝된 전용 로드밸런서^{LoadBalancer}로 서비스에 액세스할 수 있다. 로드밸런서는 트래픽을 모든 노드의 노드포트로 전달한다. 클라이언트는 로드밸런서의 IP로 서비스에 액세스한다.

- **단일 IP 주소로 여러 서비스를 노출하는 인그레스 리소스 만들기**: HTTP 레벨(네트워크 7계층[2])에서 작동하므로 4계층 서비스[3]보다 더 많은 기능을 제공할 수 있다. 5.4절에서 인그레스^{Ingress} 리소스를 설명할 것이다.

5.3.1 노드포트 서비스 사용

파드 세트를 외부 클라이언트에 노출시키는 첫 번째 방법은 서비스를 생성하고 유형을 노드포트로 설정하는 것이다. 노드포트 서비스를 만들면 쿠버네티스는 모든 노드에 특정 포트를 할당하고(모든 노드에서 동일한 포트 번호가 사용된다) 서비스를 구성하는 파드로 들어오는 연결을 전달한다.

이것은 일반 서비스(실제 유형은 ClusterIP)와 유사하지만 서비스의 내부 클러스터IP뿐만 아니라 모든 노드의 IP와 할당된 노드포트로 서비스에 액세스할 수 있다.

이것은 노드포트 서비스와 상호작용할 때 더 큰 의미가 있다.

노드포트 서비스 생성

이제 노드포트 서비스를 만들어 어떻게 사용하는지 확인할 것이다. 다음 예제는 서비스의 YAML을 보여준다.

---

2 네트워크의 기본이라 할 수 있는 OSI 7 레이어 중에 7번째 애플리케이션 레이어를 의미한다. – 옮긴이

3 OSI 7 레이어의 4번째 전송(Transport) 레이어로 TCP/UDP 등을 처리한다. – 옮긴이

```
apiVersion: v1
kind: Service
metadata:
  name: kubia-nodeport
spec:
  type: NodePort          ◄──  서비스 유형을
                               노드포트로 설정
  ports:
  - port: 80              ◄──  서비스 내부
                               클러스터 IP의 포트
    targetPort: 8080      ◄──  서비스 대상 파드의 포트
    nodePort: 30123       ◄──  각 클러스터 노드의
  selector:                    포트 30123으로 서비스에
    app: kubi                  액세스할 수 있다.
```

유형을 노드포트로 설정하고 이 서비스가 모든 클러스터 노드에 바인딩돼야 하는 노드
포트를 지정한다. 노드포트를 반드시 지정해야 하는 것은 아니다. 생략하면 쿠버네티스가
임의의 포트를 선택할 것이다.

| **노트** | GKE에서 서비스를 만들 때, kubelet은 방화벽 규칙을 설정하라는 내용의 경고를 보여줄 것
이다. 그럴 때 어떻게 해야 하는지 다음 절에서 설명한다.

노드포트 서비스 확인

서비스에 관한 자세한 내용은 서비스의 기본 정보를 살펴보자.

```
$ kubectl get svc kubia-nodeport
NAME              CLUSTER-IP        EXTERNAL-IP    PORT(S)       AGE
kubia-nodeport    10.111.254.223    <nodes>        80:30123/TCP  2m
```

EXTERNAL-IP 열을 보자. <nodes>라고 표시돼 있고 클러스터 노드의 IP 주소로 서비스
에 액세스할 수 있음을 나타낸다. PORT(S) 열에는 클러스터 IP의 내부 포트 (80)과 노드
포트 (30123)이 모두 표시된다. 이 서비스는 다음 주소에서 액세스할 수 있다.

- `10.111.254.223:80`

- `<첫 번째 노드의 IP>:30123`

- `<두 번째 노드의 IP>:30123` 등

그림 5.6은 두 클러스터 노드의 포트 30123에 노출된 서비스를 보여준다(GKE에서 이를 실행하면 적용된다. Minikube는 단일 노드만을 갖고 있지만 원칙은 동일하다). 이런 포트에 대한 수신 연결은 임의로 선택된 파드로 전달되며, 연결 중인 노드에서 실행 중인 포트일 수도 있고 아닐 수도 있다.

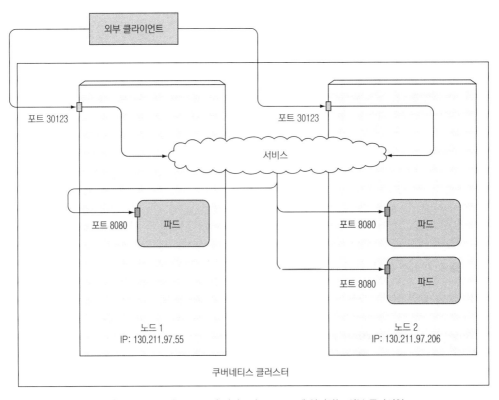

▲ **그림 5.6** 노드 1 또는 노드 2의 서비스의 노드포트에 연결하는 외부 클라이언트

첫 번째 노드의 포트 30123에서 수신된 연결은 첫 번째 노드에서 실행 중인 파드 또는 두 번째 노드에서 실행 중인 파드로 전달될 수 있다.

외부 클라이언트가 노드포트 서비스에 액세스할 수 있도록 방화벽 규칙 변경

앞서 언급했듯이 노드포트로 서비스에 액세스하려면 해당 노드포트에 대한 외부 연결을 허용하도록 구글 클라우드 플랫폼^{Google Cloud Platform}의 방화벽을 구성해야 한다. 이제 이 작업을 수행해보자.

```
$ gcloud compute firewall-rules create kubia-svc-rule --allow=tcp:30123
Created [https://www.googleapis.com/compute/v1/projects/kubia-
    1295/global/firewalls/kubia-svc-rule].
NAME            NETWORK    SRC_RANGES    RULES      SRC_TAGS   TARGET_TAGS
kubia-svc-rule  default    0.0.0.0/0     tcp:30123
```

노드 IP와 포트 30123으로 서비스에 액세스할 수 있다. 그러나 먼저 노드의 IP를 알아야 한다. 확인하는 방법은 다음을 참조한다.

JSONPath를 사용해 모든 노드의 IP 가져오기

노드의 JSON 또는 YAML 요약에서 IP를 찾을 수 있다. 그러나 비교적 큰 JSON에서 찾아보거나 전체 서비스 정의를 요청하는 대신 kubectl에게 노드 IP만 출력하도록 지시할 수 있다.

```
$ kubectl get nodes -o jsonpath='{.items[*].status.
➡ addresses[?(@.type=="ExternalIP")].address}'
130.211.97.55 130.211.99.206
```

kubectl에게 JSONPath를 지정해 원하는 정보만 출력하도록 지시한다. XML과 XPath 사용법에 익숙할 것이다. JSONPath는 기본적으로 JSON용 XPath다. 이전 예제의 JSONPath는 kubectl에게 다음을 수행하도록 지시한다.

- items 속성의 모든 항목을 조회한다.
- 각 항목의 status 속성을 조회한다.
- addresses 속성의 항목에서 type 속성이 ExternalIP로 설정된 항목으로 필터링한다.
- 마지막으로 필터링된 항목의 address 속성을 출력한다.

kubectl과 함께 JSONPath를 사용하는 방법에 관한 자세한 내용은 다음을 참고하자. http://kubernetes.io/docs/user-guide/jsonpath

---

노드의 IP를 알고 나면 서비스에 액세스할 수 있다.

```
$ curl http://130.211.97.55:30123
You've hit kubia-ym8or
$ curl http://130.211.99.206:30123
You've hit kubia-xueq1
```

> |팁| Minikube를 사용할 때는 minikube service ⟨service-name⟩ [-n ⟨namespace⟩]를 실행해
> 브라우저로 노드포트 서비스에 쉽게 액세스할 수 있다.

이제 인터넷에서 어떤 노드든 포트 30123으로 파드에 액세스할 수 있다. 클라이언트가
요청을 보내는 노드는 중요하지 않다. 그러나 클라이언트가 첫 번째 노드에만 요청하면 해
당 노드가 장애가 나면 클라이언트는 더 이상 서비스에 액세스할 수 없다. 그렇기 때문에
모든 노드에 요청을 분산시키고 해당 시점에 오프라인 상태인 노드로 요청을 보내지 않도
록 노드 앞에 로드밸런서를 배치하는 것이 좋다.

쿠버네티스 클러스터가 이를 지원하는 경우(클라우드 인프라에 쿠버네티스를 배포하면 대부
분 지원됨) 노드포트 서비스 대신 로드밸런서를 생성해 로드밸런서를 자동으로 프로비저닝
할 수 있다. 다음에 살펴보자.

5.3.2 외부 로드밸런서로 서비스 노출

클라우드 공급자[4]에서 실행되는 쿠버네티스 클러스터는 일반적으로 클라우드 인프라에서
로드밸런서를 자동으로 프로비저닝하는 기능을 제공한다. 노드포트 대신 서비스 유형을
로드밸런서로 설정하기만 하면 된다. 로드밸런서는 공개적으로 액세스 가능한 고유한 IP
주소를 가지며 모든 연결을 서비스로 전달한다. 따라서 로드밸런서의 IP 주소로 서비스에
액세스할 수 있다.

---

4   대체로 퍼블릭 클라우드 제공업체인 AWS, GCP, Azure를 뜻한다. − 옮긴이

쿠버네티스가 로드밸런서 서비스를 지원하지 않는 환경에서 실행 중인 경우 로드밸런서는 프로비저닝되지 않지만 서비스는 여전히 노드포트 서비스처럼 작동한다. 로드밸런서 서비스는 노드포트 서비스의 확장이기 때문이다. 로드밸런서 서비스를 지원하는 구글 쿠버네티스 엔진에서 이 예제를 실행한다. Minikube는 이 글을 쓰는 시점에는 이런 기능을 제공하지 않는다.

로드밸런서 서비스 생성

앞에서 로드밸런서를 사용해 서비스를 생성하려면 다음 예제와 같이 YAML 매니페스트에 따라 서비스를 생성한다.

예제 5.12 로드밸런서 유형 서비스: kubia-svc-loadbalancer.yaml

```
apiVersion: v1
kind: Service
metadata:
  name: kubia-loadbalancer
spec:
  type: LoadBalancer        ◄──  이 유형의 서비스는 쿠버네티스 클러스터를
  ports:                         호스팅하는 인프라에서 로드밸런서를
  - port: 80                     얻을 수 있다.
    targetPort: 8080
  selector:
    app: kubia
```

서비스 유형은 노드포트 대신 로드밸런서로 설정돼 있다. 특정 노드포트를 지정할 수 있지만 지정하지 않는다(대신 쿠버네티스가 포트를 선택하게 한다).

로드밸런서를 통한 서비스 연결

서비스를 생성한 후 클라우드 인프라가 로드밸런서를 생성하고 IP 주소를 서비스 오브젝트에 쓰는 데 시간이 걸린다. 그것이 완료되면 로드밸런서 IP 주소가 서비스의 external IP 주소로 표시된다.

```
$ kubectl get svc kubia-loadbalancer
NAME                  CLUSTER-IP       EXTERNAL-IP      PORT(S)        AGE
kubia-loadbalancer    10.111.241.153   130.211.53.173   80:32143/TCP   1m
```

이 경우 로드밸런서는 IP 130.211.53.173로 사용할 수 있으므로 이제 해당 IP 주소로 서비스에 액세스할 수 있다.

```
$ curl http://130.211.53.173
You've hit kubia-xueq1
```

성공이다! 노드포트 서비스와는 달리 이번에는 방화벽을 설정할 필요가 없었다.

세션 어피니티와 웹 브라우저

현재 서비스가 외부에 노출돼 있으므로 웹 브라우저를 사용해 서비스에 액세스할 수 있다. 이때 이상한 것을 보게 될 것이다. 브라우저는 매번 정확히 같은 파드를 호출한다. 그동안 서비스의 세션 어피니티가 변경됐을까? kubectl describe를 사용해보면 서비스의 세션 어피니티가 여전히 None으로 설정돼 있음을 확인할 수 있다. 그렇다면 왜 curl을 사용할 때와 같이 브라우저 요청이 다른 파드로 가지 않을까?

이유를 설명하겠다. 브라우저는 keep-alive 연결을 사용하고 같은 연결로 모든 요청을 보내는 반면, curl은 매번 새로운 연결을 연다. 서비스는 연결 수준에서 동작하므로 서비스에 대한 연결을 처음 열면 임의의 파드가 선택된 다음 해당 연결에 속하는 모든 네트워크 패킷은 모두 같은 파드로 전송된다. 세션 어피니티가 None으로 설정돼 있어도 사용자는 항상 동일한 파드에 연결된다(연결이 종료될 때까지).

파드에 HTTP 요청이 전달되는 방법을 보려면 그림 5.7을 참고하자. 외부 클라이언트(이 경우에는 curl)는 로드밸런서의 포트 80에 연결하고 노드에 암묵적으로 할당된 노드포트로 라우팅된다. 여기에서 연결은 파드 인스턴스로 전달된다.

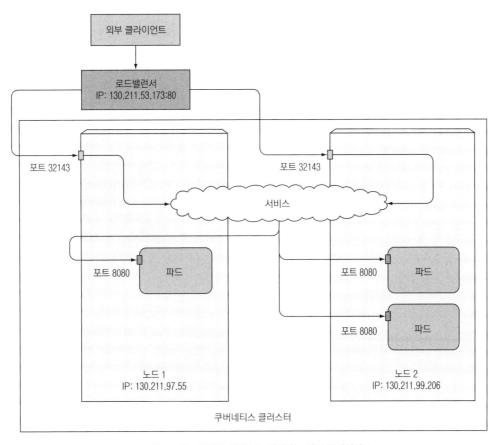

외부 클라이언트

로드밸런서
IP: 130.211.53.173:80

포트 32143

포트 32143

서비스

포트 8080 | 파드

포트 8080 | 파드

포트 8080 | 파드

노드 1
IP: 130.211.97.55

노드 2
IP: 130.211.99.206

쿠버네티스 클러스터

▲ **그림 5.7** 로드밸런서 서비스로 연결하는 외부 클라이언트

이미 언급했듯이 로드밸런서 유형 서비스는 추가 인프라 제공 로드밸런서가 있는 노드
포트 서비스다. `kubectl describe`를 사용해 서비스에 대한 추가 정보를 보면 서비스에
노드포트가 선택됐음을 알 수 있다. 이전 절에서 수행한 방식으로 노드포트 서비스에 대한
포트의 방화벽을 여는 경우 노드 IP로도 서비스에 액세스할 수 있다.

| **팁** | Minikube를 사용하는 경우 로드밸런서는 프로비저닝되지 않지만 (Minikube 가상머신의 IP
주소의) 노드포트로 서비스에 계속 액세스할 수 있다.

5.3.3 외부 연결의 특성 이해

외부에서 서비스로 들어오는 연결과 관련해 알아둬야 할 몇 가지가 있다.

불필요한 네트워크 홉의 이해와 예방

외부 클라이언트가 노드포트로 서비스에 접속할 경우(로드밸런서를 먼저 통과하는 경우도 포함한다) 임의로 선택된 파드가 연결을 수신한 동일한 노드에서 실행 중일 수도 있고, 그렇지 않을 수도 있다. 파드에 도달하려면 추가적인 네트워크 홉[5]이 필요할 수 있으며 이것이 항상 바람직한 것은 아니다.

외부의 연결을 수신한 노드에서 실행 중인 파드로만 외부 트래픽을 전달하도록 서비스를 구성해 이 추가 홉을 방지할 수 있다. 서비스의 스펙 섹션의 `externalTrafficPolicy` 필드를 설정하면 된다.

```
spec:
  externalTrafficPolicy: Local
  ...
```

서비스 정의에 이 설정이 포함돼 있고 서비스의 노드포트로 외부 연결이 열린 경우 서비스 프록시는 로컬에 실행 중인 파드를 선택한다. 로컬 파드가 존재하지 않으면 연결이 중단된다(어노테이션을 사용하지 않을 때 연결이 임의의 글로벌 파드로 전달되지 않음). 따라서 로드밸런서는 그러한 파드가 하나 이상 있는 노드에만 연결을 전달하도록 해야 한다.

이 어노테이션을 사용하면 또 다른 단점이 있다. 일반적으로 연결은 모든 파드에 균등하게 분산되지만 이 어노테이션을 사용할 때는 더 이상 적용되지 않는다.

노드 두 개와 파드 세 개가 있다고 상상해보자. 노드 A가 하나의 파드를 실행하고 노드 B가 다른 두 개를 실행한다고 가정해보자. 로드밸런서가 두 노드에 걸쳐 연결을 균등하게 분산하면 그림 5.8에 표시된 것처럼 노드 A의 파드는 모든 연결의 50%를 수신하지만 노드 B의 두 파드는 각각 25%만 수신한다.

---

5   network hop. 홉(hop)은 컴퓨터 네트워크에서 출발지와 목적지 사이에 위치한 경로의 한 부분을 의미한다. – 옮긴이

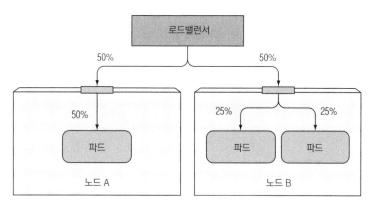

▲ **그림 5.8** 로컬 외부 트래픽 정책을 사용하는 서비스는 파드 간 부하가 고르지 않을 수 있다.

클라이언트 IP가 보존되지 않음 인식

일반적으로 클러스터 내의 클라이언트가 서비스로 연결할 때 서비스의 파드는 클라이언트의 IP 주소를 얻을 수 있다. 그러나 노드포트로 연결을 수신하면 패킷에서 소스 네트워크 주소 변환^{SNAT}이 수행되므로 패킷의 소스 IP가 변경된다.

파드는 실제 클라이언트의 IP를 볼 수 없다. 이는 클라이언트의 IP를 알아야 하는 일부 애플리케이션에서 문제가 될 수 있다. 예를 들어 웹 서버의 경우 액세스 로그에 브라우저의 IP를 표시하지 못한다는 것을 의미한다.

이전 절에서 설명한 로컬 외부 트래픽 정책^{Local External Traffic Policy}은 연결을 수신하는 노드와 대상 파드를 호스팅하는 노드 사이에 추가 홉이 없기 때문에 클라이언트 IP 보존에 영향을 미친다(SNAT가 수행되지 않는다).

5.4 인그레스 리소스로 서비스 외부 노출

클러스터 외부의 클라이언트에 서비스를 노출하는 두 가지 방법을 살펴봤다. 아직 인그레스 리소스를 생성하는 방법이 더 있다.

| **정의** | 인그레스(Ingress): (명사) 들어가거나 들어가는 행위, 들어갈 권리, 들어갈 수단이나 장소, 진입로

먼저 외부에서 쿠버네티스에 접속할 수 있는 또 다른 방법이 필요한 이유를 설명하겠다.

인그레스가 필요한 이유

한 가지 중요한 이유는 로드밸런서 서비스는 자신의 공용 IP 주소를 가진 로드밸런서가 필요하지만, 인그레스는 한 IP 주소로 수십 개의 서비스에 접근이 가능하도록 지원해준다. 클라이언트가 HTTP 요청을 인그레스에 보낼 때, 요청한 호스트와 경로에 따라 요청을 전달할 서비스가 결정된다(그림 5.9 참조).

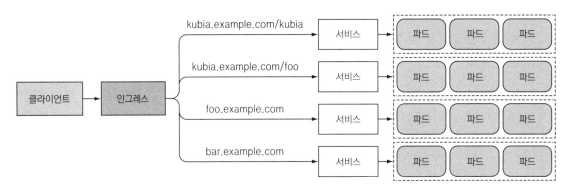

▲ **그림 5.9** 여러 서비스를 하나의 인그레스로 노출할 수 있다.

인그레스는 네트워크 스택의 애플리케이션 계층(HTTP)에서 작동하며 서비스가 할 수 없는 쿠키 기반 세션 어피니티 등과 같은 기능을 제공할 수 있다.

인그레스 컨트롤러가 필요한 경우

인그레스 오브젝트가 제공하는 기능을 살펴보기 전에 인그레스 리소스를 작동시키려면 클러스터에 인그레스 컨트롤러를 실행해야 한다. 쿠버네티스 환경마다 다른 컨트롤러 구현을 사용할 수 있지만 일부는 기본 컨트롤러를 전혀 제공하지 않는다.

예를 들어 구글 쿠버네티스 엔진은 구글 클라우드 플랫폼의 고유한 HTTP 로드밸런싱 기능을 사용해 인그레스 기능을 제공한다. 초기에 Minikube는 기본 인그레스 컨트롤러를 제공하지 않았지만 이제 인그레스 기능을 시험해볼 수 있는 애드온을 제공한다. 다음과 같이 사용이 설정돼 있는지 확인해보자.

Minikube에서 인그레스 애드온 활성화

이 책의 예제를 실행하려고 Minikube를 사용하는 경우 인그레스 애드온이 활성화돼 있는지 확인해야 한다. 모든 애드온을 조회해 활성화 여부를 확인할 수 있다.

```
$ minikube addons list
- default-storageclass: enabled
- kube-dns: enabled
- heapster: disabled
- ingress: disabled       ◄── 인그레스 애드온이
                              활성화돼 있지 않음
- registry-creds: disabled
- addon-manager: enabled
- dashboard: enabled
```

이 책을 통해 Minikube 애드온이 무엇인지 배우게 되겠지만 대시보드와 kube-dns 애드온이 무엇을 하는지는 분명히 알 것이다. 인그레스 애드온을 활성화하면 인그레스가 어떻게 작동하는지 확인할 수 있다.

```
$ minikube addons enable ingress
ingress was successfully enabled
```

이렇게 하면 인그레스 컨트롤러가 또 다른 파드로 기동된다. 컨트롤러 파드는 kube-system 네임스페이스에 있을 수 있지만 반드시 그런 것은 아니므로 --all-namespaces 옵션을 사용해 모든 네임스페이스에서 실행 중인 모든 파드를 조회해보자.

```
$ kubectl get po --all-namespaces
NAMESPACE     NAME                         READY STATUS   RESTARTS AGE
default       kubia-rsv5m                  1/1   Running  0        13h
default       kubia-fe4ad                  1/1   Running  0        13h
default       kubia-ke823                  1/1   Running  0        13h
kube-system   default-http-backend-5wb0h   1/1   Running  0        18m
```

```
kube-system     kube-addon-manager-minikube     1/1    Running    0    6d
kube-system     kube-dns-v20-101vq              3/3    Running    0    6d
kube-system     kubernetes-dashboard-jxd9l      1/1    Running    0    6d
kube-system     nginx-ingress-controller-gdts0  1/1    Running    0    18m
```

결과 출력 하단에 인그레스 컨트롤러 파드가 표시된다. 이름은 nginx(오픈소스 HTTP 서버/ 리버스 프록시)가 인그레스 기능을 제공하는 데 사용됨을 나타낸다.

| **팁** | --all-namespaces 옵션은 파드(또는 다른 유형의 리소스)의 네임스페이스를 모르거나 모든 네임스페이스에서 리소스를 나열할 때 유용하다.

5.4.1 인그레스 리소스 생성

클러스터에서 인그레스 컨트롤러가 실행 중인 것을 확인했으니 이제 인그레스 리소스를 만들 수 있다. 다음 예제는 인그레스에 대한 YAML 매니페스트를 보여준다.

예제 5.13 인그레스 리소스 정의: kubia-ingress.yaml

```
apiVersion: extensions/v1beta1
kind: Ingress
metadata:
  name: kubia
spec:
  rules:
  - host: kubia.example.com      ◄──  인그레스는 kubia.example.com 도메인
    http:                             이름을 서비스에 매핑한다.
    paths:
    - path: /                         ─┐
      backend:                         │ 모든 요청은 kubia-nodeport
        serviceName: kubia-nodeport    │ 서비스의 포트 80으로 전달된다.
        servicePort: 80               ─┘
```

238

Host kubia.example.com으로 요청되는 인그레스 컨트롤러에 수신된 모든 HTTP 요청을 포트 80의 kubia-nodeport 서비스로 전송하도록 하는 인그레스 규칙을 정의했다.

> |**노트**| 클라우드 공급자(예: GKE)의 인그레스 컨트롤러는 인그레스가 노드포트 서비스를 가리킬 것을 요구한다. 하지만 그것이 쿠버네티스 자체의 요구 사항은 아니다.

5.4.2 인그레스로 서비스 액세스

http://kubia.example.com 서비스에 액세스하려면 도메인 이름이 인그레스 컨트롤러의 IP와 매핑되도록 확인해야 한다.

인그레스의 IP 주소 얻기

IP를 찾으려면 인그레스 목록을 확인해야 한다.

```
$ kubectl get ingresses
NAME     HOSTS               ADDRESS          PORTS   AGE
kubia    kubia.example.com   192.168.99.100   80      29m
```

> |**노트**| 클라우드에서 실행하는 경우 인그레스 컨트롤러가 뒷단에서 로드밸런서를 프로비저닝하기 때문에 주소가 표시되는 데 시간이 걸릴 수 있다.[6]

IP는 ADDRESS 열에 표시된다.

---

6 뿐만 아니라 의도치 않은 비용이 발생할 수 있으니 사용 시 주의해야 한다. – 옮긴이

인그레스 컨트롤러가 구성된 호스트의 IP를 인그레스 엔드포인트로 지정

IP를 알고 나면 kubia.example.com을 해당 IP로 확인하도록 DNS 서버를 구성하거나, 다음 줄을 /etc/hosts(또는 윈도우의 C:\windows\system32\drivers\etc\hosts)에 추가할 수 있다.

```
192.168.99.100     kubia.example.com
```

인그레스로 파드 액세스

이제 모든 것이 설정됐으므로 브라우저 또는 curl을 사용해 http://kubia.example.com 서비스에 액세스할 수 있다.

```
$ curl http://kubia.example.com
You've hit kubia-ke823
```

인그레스로 서비스에 성공적으로 액세스했다. 어떻게 액세스할 수 있는지 좀 더 자세히 살펴보자.

인그레스 동작 방식

그림 5.10은 클라이언트가 인그레스 컨트롤러로 파드에 연결하는 방식을 보여준다. 클라이언트는 먼저 kubia.example.com의 DNS 조회를 수행했으며 DNS 서버(또는 로컬 운영 체제)가 인그레스 컨트롤러의 IP를 반환한다. 그런 다음 클라이언트는 HTTP 요청을 인그레스 컨트롤러로 전송하고 host 헤더에서 kubia.example.com을 지정한다. 컨트롤러는 해당 헤더에서 클라이언트가 액세스하려는 서비스를 결정하고 서비스와 관련된 엔드포인트 오브젝트로 파드 IP를 조회한 다음 클라이언트 요청을 파드에 전달한다.

보다시피 인그레스 컨트롤러는 요청을 서비스로 전달하지 않는다. 파드를 선택하는 데만 사용한다. 모두는 아니지만 대부분의 컨트롤러는 이와 같이 동작한다.

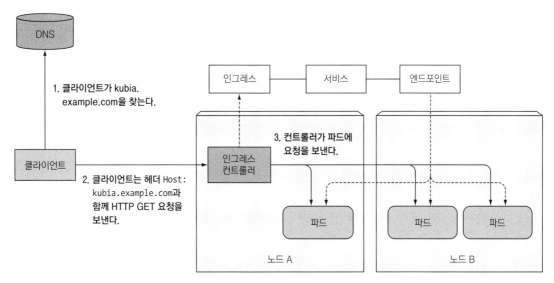

▲ 그림 5.10 인그레스로 파드 액세스

5.4.3 하나의 인그레스로 여러 서비스 노출

인그레스 스펙을 자세히 보면 규칙과 경로가 모두 배열이므로 여러 항목을 가질 수 있다. 인그레스는 다음에서 볼 수 있듯이 여러 호스트^{host}와 경로^{path}를 여러 서비스$^{backend.}$ ^{serviceName}에 매핑할 수 있다. 먼저 경로에 초점을 맞추겠다.

동일한 호스트의 다른 경로로 여러 서비스 매핑

다음 예제에 표시된 것처럼 동일한 호스트의 여러 경로를 다른 서비스에 매핑할 수 있다.

예제 5.14 동일한 호스트의 다른 경로로 여러 서비스를 노출하는 인그레스

```
...
  - host: kubia.example.com
    http:
      paths:
      - path: /kubia          │  kubia.example.com/kubia으로의
        backend:              │  요청은 kubia 서비스로 라우팅된다.
          serviceName: kubia
          servicePort: 80
```

```
      - path: /bar
        backend:
          serviceName: bar
          servicePort: 80
```

kubia.example.com/bar로의
요청은 bar 서비스로 라우팅된다.

이 경우 요청은 URL의 경로에 따라 두 개의 다른 서비스로 전송된다. 따라서 클라이언트는 단일 IP 주소(인그레스 컨트롤러의 IP 주소)로 두 개의 서비스에 도달할 수 있다.

서로 다른 호스트로 서로 다른 서비스 매핑하기

다음 예제와 같이 경로 대신 HTTP 요청의 호스트host를 기반으로 서로 다른 서비스를 매핑할 수 있다.

예제 5.15 서로 다른 호스트로 여러 서비스를 노출하는 인그레스

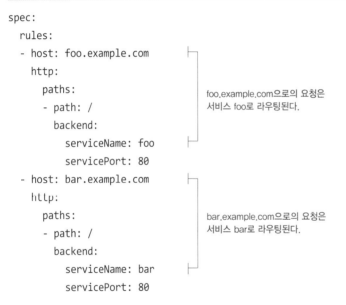

```
spec:
  rules:
  - host: foo.example.com
    http:
      paths:
      - path: /
        backend:
          serviceName: foo
          servicePort: 80
  - host: bar.example.com
    hllp:
      paths:
      - path: /
        backend:
          serviceName: bar
          servicePort: 80
```

foo.example.com으로의 요청은
서비스 foo로 라우팅된다.

bar.example.com으로의 요청은
서비스 bar로 라우팅된다.

컨트롤러가 수신한 요청은 요청의 호스트 헤더(웹 서버에서 가상 호스트가 처리되는 방식)에 따라 서비스 **foo** 또는 **bar**로 전달된다. DNS는 foo.example.com과 bar.example.com 도메인 이름을 모두 인그레스 컨트롤러의 IP 주소로 지정해야 한다.

5.4.4 TLS 트래픽을 처리하도록 인그레스 구성

인그레스가 HTTP 트래픽을 전달하는 방법을 봤다. 그러면 HTTPS는 어떨까? TLS를 지원하도록 인그레스를 구성하는 방법을 간단히 살펴보자.

인그레스를 위한 TLS 인증서 생성

클라이언트가 인그레스 컨트롤러에 대한 TLS 연결을 하면 컨트롤러는 TLS 연결을 종료한다.[7] 클라이언트와 컨트롤러 간의 통신은 암호화되지만 컨트롤러와 백엔드 파드 간의 통신은 암호화되지 않는다. 파드에서 실행 중인 애플리케이션은 TLS를 지원할 필요가 없다. 예를 들어 파드가 웹 서버를 실행하는 경우 HTTP 트래픽만 허용하고 인그레스 컨트롤러가 TLS와 관련된 모든 것을 처리하도록 할 수 있다. 컨트롤러가 그렇게 하려면 인증서와 개인 키를 인그레스에 첨부해야 한다. 이 두 개는 시크릿[secret]이라는 쿠버네티스 리소스에 저장하며 인그레스 매니페스트에서 참조한다. 7장에서 시크릿을 자세히 설명하겠다. 지금은 너무 신경 쓰지 않고 시크릿을 만들 것이다.

먼저 개인 키와 인증서를 만들어야 한다.

```
$ openssl genrsa -out tls.key 2048
$ openssl req -new -x509 -key tls.key -out tls.cert -days 360 -subj
➥ /CN=kubia.example.com
```

그런 다음 두 파일로 시크릿을 만든다.

```
$ kubectl create secret tls tls-secret --cert=tls.cert --key=tls.key
secret "tls-secret" created
```

---

7 일반적으로 TLS Termination이라고 한다. – 옮긴이

CertificateSigningRequest 리소스로 인증서 서명

인증서를 직접 서명하는 대신 CSR(CertificateSigningRequest) 리소스를 만들어 인증서에 서명할 수 있다. 사용자 또는 해당 애플리케이션이 일반 인증서 요청을 생성할 수 있고 CSR에 넣으면 그다음 운영자나 자동화된 프로세스가 다음과 같이 요청을 승인할 수 있다.

```
$ kubectl certificate approve <name of the CSR>
```

그런 다음 CSR의 status.certificate 필드에서 서명된 인증서를 검색할 수 있다.

인증서 서명자(signer) 구성 요소가 클러스터에서 실행 중이어야 한다. 그렇지 않으면 Certificate SigningRequest의 생성과 승인 또는 거부가 전혀 작동하지 않는다.

개인 키와 인증서는 이제 **tls-secret**이라는 시크릿에 저장된다. 인그레스 오브젝트를 업데이트하면 kubia.example.com에 대한 HTTPS 요청도 수락할 수 있다. 인그레스 매니페스트는 다음 예제와 같이 보일 것이다.

예제 5.16 TLS 트래픽을 처리하는 인그레스: kubia-ingress-tls.yaml

```
apiVersion: extensions/v1beta1
kind: Ingress
metadata:
  name: kubia
spec:
  tls:                                      전체 TLS 구성이
  - hosts:                                  이 속성 아래에 있다.
    - kubia.example.com                     kubia.example.com 호스트
    secretName: tls-secret                  이름의 TLS 연결이 허용된다.
  rules:                                    개인 키와 인증서는 이전에
  - host: kubia.example.com                 작성한 tls-secret을 참조한다.
    http:
      paths:
      - path: /
        backend:
          serviceName: kubia-nodeport
          servicePort: 80
```

이제 HTTPS로 인그레스를 통해 서비스에 액세스할 수 있다.

```
$ curl -k -v https://kubia.example.com/kubia
* About to connect() to kubia.example.com port 443 (#0)
...
* Server certificate:
*
subject: CN=kubia.example.com
...
> GET /kubia HTTP/1.1
> ...
You've hit kubia-xueq1
```

명령어의 출력에는 애플리케이션의 응답과 인그레스에 구성한 서버 인증서가 표시된다.

인그레스는 비교적 새로운 쿠버네티스 기능이므로 향후 많은 개선과 새로운 기능을 기대할 수 있다. 현재 L7(HTTP/HTTPS) 수준의 로드밸런싱만 지원하지만 L4 수준의 로드밸런싱 지원도 계획돼 있다.

5.5 파드가 연결을 수락할 준비가 됐을 때 신호 보내기

서비스와 인그레스에서 살펴봐야 할 것이 하나 더 있다. 파드의 레이블이 서비스의 파드 셀렉터와 일치할 경우 파드가 서비스의 엔드포인트로 포함된다는 것을 이미 배웠다. 적절한 레이블을 가진 새 파드가 만들어지자마자 서비스의 일부가 돼 요청이 파드로 전달되기 시작한다. 하지만 만약 그 파드가 즉시 요청을 처리할 준비가 돼 있지 않다면 어떻게 될까?

파드는 구성에 시간이 걸리거나 데이터를 로드하는 데 시간이 필요할 수도 있고, 첫 번째 사용자 요청이 너무 오래 걸리거나 사용자 경험에 영향을 미치는 것을 방지하고자 준비 절차를 수행해야 할 수도 있다. 이러한 경우 특히 이미 실행 중인 인스턴스가 요청을 적절하고 신속하게 처리할 수 있는 경우 파드가 요청을 즉시 받기 시작하는 것을 원하지 않을 수 있다. 완전히 준비될 때까지 기동 중인 파드에 요청을 전달하지 않는 것이 좋다.

5.5.1 레디니스 프로브 소개

4장에서는 라이브니스 프로브와 불안전한 컨테이너를 자동으로 다시 시작해 애플리케이션의 상태를 원활히 유지하는 방법을 배웠다. 쿠버네티스에서는 라이브니스 프로브와 비슷하게 파드에 레디니스 프로브^{readiness probe}를 정의할 수 있다.

레디니스 프로브는 주기적으로 호출되며 특정 파드가 클라이언트 요청을 수신할 수 있는지를 결정한다. 컨테이너의 레디니스 프로브가 성공을 반환하면 컨테이너가 요청을 수락할 준비가 됐다는 신호다.

준비가 됐다^{being ready}라는 표시는 분명히 각 컨테이너마다 다르다. 쿠버네티스는 컨테이너에서 실행되는 애플리케이션이 간단한 GET / 요청에 응답하는지 또는 특정 URL 경로를 호출할 수 있는지 확인하거나 필요에 따라 애플리케이션이 준비됐는지 확인하기 위해 전체적인 항목을 검사하기도 한다. 애플리케이션 특성에 따라 상세한 레디니스 프로브를 작성하는 것은 애플리케이션 개발자의 몫이다.

레디니스 프로브 유형

라이브니스 프로브와 마찬가지로 세 가지 유형의 레디니스 프로브가 있다.

- 프로세스를 실행하는 Exec 프로브는 컨테이너의 상태를 프로세스의 종료 상태 코드로 결정한다.

- HTTP GET 프로브는 HTTP GET 요청을 컨테이너로 보내고 응답의 HTTP 상태 코드를 보고 컨테이너가 준비됐는지 여부를 결정한다.
- TCP 소켓 프로브는 컨테이너의 지정된 포트로 TCP 연결을 연다. 소켓이 연결되면 컨테이너가 준비된 것으로 간주한다.

레디니스 프로브의 동작

컨테이너가 시작될 때 쿠버네티스는 첫 번째 레디니스 점검을 수행하기 전에 구성 가능한 시간이 경과하기를 기다리도록 구성할 수 있다.[8] 그런 다음 주기적으로 프로브를 호출하고 레디니스 프로브의 결과에 따라 작동한다. 파드가 준비되지 않았다고 하면 서비스에서 제거된다. 파드가 다시 준비되면 서비스에 다시 추가된다.[9]

라이브니스 프로브와 달리 컨테이너가 준비 상태 점검에 실패하더라도 컨테이너가 종료되거나 다시 시작되지 않는다. 이는 라이브니스 프로브와 레디니스 프로브 사이의 중요한 차이다. 라이브니스 프로브는 상태가 좋지 않은 컨테이너를 제거하고 새롭고 건강한 컨테이너로 교체해 파드의 상태를 정상으로 유지하는 반면, 레디니스 프로브는 요청을 처리할 준비가 된 파드의 컨테이너만 요청을 수신하도록 한다. 이것은 컨테이너를 시작할 때 주로 필요하지만 컨테이너가 작동한 후에도 유용하다.

그림 5.11에서 보듯이 파드의 레디니스 프로브가 실패하면 파드는 엔드포인트 오브젝트에서 제거된다. 서비스로 연결하는 클라이언트의 요청은 파드로 전달되지 않는다. 파드의 레이블이 서비스의 레이블 셀렉터와 일치하지 않을 때와 같은 효과다.

---

8 이 구성 가능한(configurable) 시간을 initialDelaySeconds로 지정할 수 있다. – 옮긴이
9 실제로는 엔드포인트에 추가되거나 제거된다. – 옮긴이

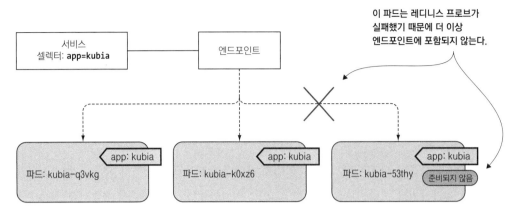

이 파드는 레디니스 프로브가
실패했기 때문에 더 이상
엔드포인트에 포함되지 않는다.

▲ **그림 5.11** 레디니스 프로브가 실패한 파드는 서비스의 엔드포인트에서 제거된다.

레디니스 프로브가 중요한 이유

파드 그룹(예: 애플리케이션 서버를 실행하는 파드)이 다른 파드(예: 백엔드 데이터베이스)에서 제공하는 서비스에 의존한다고 가정해보자. 프론트엔드 파드 중 하나에 연결 문제가 발생해 더 이상 데이터베이스에 연결할 수 없는 경우, 해당 시점에 파드가 해당 요청을 처리할 준비가 되지 않았다는 신호를 레디니스 프로브가 쿠버네티스에게 알리는 것이 현명할 수 있다. 다른 파드 인스턴스에 동일한 유형의 연결 문제가 발생하지 않는다면 정상적으로 요청을 처리할 수 있다. 레디니스 프로브를 사용하면 클라이언트가 정상 상태인 파드하고만 통신하고 시스템에 문제가 있다는 것을 절대 알아차리지 못한다.

5.5.2 파드에 레디니스 프로브 추가

다음으로 레플리케이션컨트롤러의 파드 템플릿을 수정해 기존 파드에 레디니스 프로브를 추가한다.

파드 템플릿에 레디니스 프로브 추가

kubectl edit 명령어로 기존 레플리케이션컨트롤러의 파드 템플릿에 프로브를 추가한다.

```
$ kubectl edit rc kubia
```

텍스트 편집기에서 레플리케이션컨트롤러 YAML이 열리면 파드 템플릿에 컨테이너 스펙을 찾고 spec.template.spec.containers 아래의 첫 번째 컨테이너에 다음 레디니스 프로브 스펙을 추가한다. YAML은 다음 예제처럼 보여야 한다.

예제 5.17 레디니스 프로브를 가진 파드를 생성하기 위한 RC(레플리케이션컨트롤러): kubia-rc-readinessprobe.yaml

```
apiVersion: v1
kind: ReplicationController
...
spec:
  ...
  template:
  ...
    spec:
      containers:
      - name: kubia
        image: luksa/kubia
        readinessProbe:
          exec:                    파드의 각 컨테이너에
            command:               레디니스 프로브가
            - ls                   정의될 수 있다.
            - /var/ready
      ...
```

레디니스 프로브는 컨테이너 내부에서 ls /var/ready 명령어를 주기적으로 수행한다. ls 명령어는 파일이 존재하면 종료 코드 0을 반환하고 그렇지 않으면 0이 아닌 값을 반환한다. 파일이 있으면 레디니스 프로브가 성공한다. 그렇지 않으면 실패한다.

다소 이상한 레디니스 프로브를 정의하는 이유는 문제의 파일을 생성하거나 제거해 그 결과를 바로 전환할 수 있기 때문이다. 아직 파일이 없으므로 모든 파드가 준비되지 않았다고 보고해야 한다. 하지만 꼭 그렇진 않다. 4장에서 배운 것을 기억하겠지만 레플리케이션컨트롤러의 파드 템플릿을 변경해도 기존 파드에는 영향을 미치지 않는다.

즉, 기존 파드는 여전히 레디니스 프로브가 정의돼 있지 않다. kubectl get pods로 파드를 조회하고 READY 열을 보면 확인할 수 있다. 파드를 삭제하면 레플리케이션컨트롤러

가 다시 파드를 생성한다. 새 파드는 레디니스 점검에 실패하고 각각에 /var/ready 파일을 만들 때까지 서비스의 엔드포인트에 포함되지 않는다.

파드의 레디니스 상태 확인과 수정

파드를 다시 조회하고 준비가 됐는지 확인한다.

```
$ kubectl get po
NAME          READY  STATUS    RESTARTS  AGE
kubia-2r1qb   0/1    Running   0         1m
kubia-3rax1   0/1    Running   0         1m
kubia-3yw4s   0/1    Running   0         1m
```

READY 열을 보면 준비된 컨테이너가 없음으로 표시된다. 그중 하나의 파드에 /var/ready 파일을 만들어 레디니스 프로브가 성공을 반환하도록 하고, 그로 인해 모의 레디니스 프로브가 성공하게 한다.

```
$ kubectl exec kubia-2r1qb -- touch /var/ready
```

kubectl exec 명령어로 kubia-2r1qb 파드의 컨테이너 내에 touch 명령어를 실행했다. touch 명령어는 파일이 아직 없으면 파일을 만든다. 파드의 레디니스 프로브 명령이 이제 상태 코드 0으로 종료돼야 한다. 즉 프로브가 성공했음을 의미하며 이제 파드가 준비 상태로 표시돼야 한다. 맞는지 확인해보자.

```
$ kubectl get po kubia-2r1qb
NAME          READY  STATUS    RESTARTS  AGE
kubia-2r1qb   0/1    Running   0         2m
```

파드가 아직 준비되지 않았다. 무슨 문제가 있는 걸까? 아니면 예상된 결과일까? kubectl describe로 자세히 살펴보자. 결과 출력에 다음 줄이 있다.

```
Readiness: exec [ls /var/ready] delay=0s timeout=1s period=10s #success=1
 ➥ #failure=3
```

레디니스 프로브는 기본으로 10초마다 주기적으로 프로브가 실행된다. 레디니스 프로브가 아직 호출되지 않았으므로 파드가 준비되지 않은 것이다. 그러나 늦어도 10초 안에 파드는 준비 상태가 되고 해당 IP가 서비스의 유일한 엔드포인트로 조회돼야 한다(kubectl get endpoints kubia-loadbalancer를 실행해 확인).

하나의 READY 파드로 서비스를 호출

이제 서비스 URL을 몇 번 눌러 각 요청이 하나의 파드로 전달되는지 확인한다.

```
$ curl http://130.211.53.173
You've hit kubia-2r1qb
$ curl http://130.211.53.173
You've hit kubia-2r1qb
...
$ curl http://130.211.53.173
You've hit kubia-2r1qb
```

세 개의 파드가 실행 중이지만 하나의 파드만 준비됐음을 보고했기 때문에 이 파드가 요청을 수신하는 유일한 파드다. 이제 /var/ready 파일을 삭제하면 서비스에서 파드가 다시 제거된다.

5.5.3 실제 환경에서 레디니스 프로브가 수행해야 하는 기능

이 모의 레디니스 프로브는 레디니스 프로브의 기능을 보여줄 때만 유용하다. 실제 환경에서 레디니스 프로브는 애플리케이션이 클라이언트 요청을 수신할 수 있는지 여부에 따라 성공 또는 실패를 반환해야 한다.

서비스에서 파드를 수동으로 제거하려면 수동으로 프로브의 스위치를 전환하는 대신 파드를 삭제하거나 파드 레이블을 변경해야 한다.

> **|팁|** 서비스에서 파드를 수동으로 추가하거나 제거하려면 파드와 서비스의 레이블 셀렉터에 enabled=true 레이블을 추가한다. 서비스에서 파드를 제거하려면 레이블을 제거하라.

레디니스 프로브를 항상 정의하라

이번 절을 마치기 전에 레디니스 프로브에서 강조해야 할 두 가지 사항이 있다. 먼저 파드에 레디니스 프로브를 추가하지 않으면 파드가 시작하는 즉시 서비스 엔드포인트가 된다. 애플리케이션이 수신 연결을 시작하는 데 너무 오래 걸리는 경우 클라이언트의 서비스 요청은 여전히 시작 단계로 수신 연결을 수락할 준비가 되지 않은 상태에서 파드로 전달된다. 따라서 클라이언트는 "Connection refused" 유형의 에러를 보게 된다.

> | **팁** | 기본 URL에 HTTP 요청을 보내더라도 항상 레디니스 프로브를 정의해야 한다.

레디니스 프로브에 파드의 종료 코드를 포함하지 마라

하나 더 강조하고 싶은 것은 파드의 라이프사이클 마지막 단계(파드 종료)에서 고려해야 하며 연결 오류가 발생한 클라이언트와 관련된 내용이다.

파드가 종료할 때, 실행되는 애플리케이션은 종료 신호를 받자마자 연결 수락을 중단한다. 그렇기 때문에 종료 절차가 시작되는 즉시 레디니스 프로브가 실행하도록 만들어 파드가 모든 서비스에서 확실하게 제거돼야 한다고 생각할 수 있다. 그러나 그건 필요하지 않다. 쿠버네티스는 파드를 삭제하자마자 모든 서비스에서 파드를 제거하기 때문이다.

5.6 헤드리스 서비스로 개별 파드 찾기

지금까지 서비스의 파드(또는 엔드포인트)에 클라이언트의 연결을 허용하려고 서비스가 안정적인 IP 주소를 제공하는 방법을 살펴봤다. 서비스의 연결은 임의의 파드로 전달된다. 그러나 클라이언트가 모든 파드에 연결해야 하는 경우 어떻게 해야 할까? 파드가 다른 파드에 각각 연결해야 하는 경우 어떻게 해야 할까? 서비스로 연결하는 것은 확실한 방법이 아니다. 그러면 어떻게 해야 할까?

클라이언트가 모든 파드에 연결하려면 각 파드의 IP를 알아야 한다. 한 가지 옵션은 클라이언트가 쿠버네티스 API 서버를 호출해 파드와 IP 주소 목록을 가져오도록 하는 것이다. 하지만 애플리케이션을 쿠버네티스와 무관하게 유지하려고 노력해야 하기 때문에 항상 API 서버를 사용하는 것은 바람직하지 않다.

다행히 쿠버네티스는 클라이언트가 DNS 조회로 파드 IP를 찾을 수 있도록 한다. 일반적으로 서비스에 대한 DNS 조회를 수행하면 DNS 서버는 하나의 IP(서비스의 클러스터 IP)를 반환한다. 그러나 쿠버네티스 서비스에 클러스터 IP가 필요하지 않다면 (서비스 스펙에서 clusterIP 필드를 None으로 설정해 이를 수행하면) DNS 서버는 하나의 서비스 IP 대신 파드 IP들을 반환한다.

DNS 서버는 하나의 DNS A 레코드를 반환하는 대신 서비스에 대한 여러 개의 A 레코드를 반환한다. 각 레코드는 해당 시점에 서비스를 지원하는 개별 파드의 IP를 가리킨다. 따라서 클라이언트는 간단한 DNS A 레코드 조회를 수행하고 서비스에 포함된 모든 파드의 IP를 얻을 수 있다. 그런 다음 클라이언트는 해당 정보를 사용해 하나 혹은 다수의 또는 모든 파드에 연결할 수 있다.

5.6.1 헤드리스 서비스 생성

서비스 스펙의 clusterIP 필드를 None으로 설정하면 쿠버네티스는 클라이언트가 서비스의 파드에 연결할 수 있는 클러스터 IP를 할당하지 않기 때문에 서비스가 헤드리스headless 상태가 된다.

이제 kubia-headless라는 헤드리스 서비스를 만들 것이다. 다음 예제는 그 정의를 보여준다.

예제 5.18 헤드리스 서비스: kubia-svc-headless.yaml

```
apiVersion: v1
kind: Service
metadata:
  name: kubia-headless
spec:
  clusterIP: None          이 부분이 서비스를
  ports:                   헤드리스 서비스로 만든다.
  - port: 80
```

```
    targetPort: 8080
  selector:
    app: kubia
```

kubectl create로 서비스 생성 후 kubectl get과 kubectl describe로 서비스를 살펴볼 수 있다. 클러스터 IP가 없고 엔드포인트에 파드 셀렉터와 일치하는 파드가(일부) 포함돼 있음을 알 수 있다. 파드에 레디니스 프로브가 포함돼 있기 때문에 준비된 파드만 서비스의 엔드포인트로 조회된다.

계속하기 전에 이전 예제와 같이 /var/ready 파일을 만들어 두 개 이상의 파드가 준비돼 있는지 확인하자.

```
$ kubectl exec <pod name> -- touch /var/ready
```

5.6.2 DNS로 파드 찾기

파드가 준비되면 DNS 조회로 실제 파드 IP를 얻을 수 있는지 확인할 수 있다. 파드 내부에서 조회해야 한다. 안타깝게도 kubia 컨테이너 이미지에는 nslookup (또는 dig) 바이너리가 포함돼 있지 않으므로 DNS 조회를 수행하는 데 사용할 수 없다.

클러스터에서 실행 중인 파드 내부에서 DNS 조회를 수행하기만 하면 된다. 필요한 바이너리가 포함된 이미지를 기반으로 새 파드를 실행하자. DNS 관련 작업을 수행하려면 도커 허브의 nslookup 및 dig 바이너리를 모두 포함하는 tutum/dnsutils 컨테이너 이미지를 사용할 수 있다. 파드를 실행하려면 YAML 매니페스트를 만들어 kubectl create로 전달하는 전체 프로세스를 수행할 수 있지만 지나치게 많은 작업이 필요하다. 다행히 좀 더 빠른 방법이 있다.

YAML 매니페스트를 쓰지 않고 파드 실행

1장에서는 kubectl run 명령어를 사용해 이미 YAML 매니페스트를 작성하지 않고 파드를 만들었다. 그러나 이번에는 파드만 만든다. 파드를 관리하려고 레플리케이션컨트롤러를 만들 필요는 없다. 다음과 같이 할 수 있다.

```
$ kubectl run dnsutils --image=tutum/dnsutils --generator=run-pod/v1
➥ --command -- sleep infinity
pod "dnsutils" created
```

트릭은 --generator=run-pod/v1 옵션에 있으며, kubectl은 어떤 종류의 레플리케이션컨트롤러나 그와 유사한 장치 없이 파드를 직접 생성하도록 지시한다.

헤드리스 서비스를 위해 반환된 DNS A 레코드

새 파드로 DNS 조회를 수행해보자.

```
$ kubectl exec dnsutils nslookup kubia-headless
...
Name:     kubia-headless.default.svc.cluster.local
Address:  10.108.1.4
Name:     kubia-headless.default.svc.cluster.local
Address:  10.108.2.5
```

DNS 서버는 kubia-headless.default.svc.cluster.local FQDN에 대해 서로 다른 두 개의 IP를 반환한다. 바로 준비됐다고 보고된 파드 두 개의 IP다. kubectl get pods -o wide로 파드를 조회하면 이를 확인할 수 있는데, 이것은 파드의 IP를 보여준다.

이는 kubia 서비스와 같이 일반(헤드리스가 아닌) 서비스를 DNS가 반환하는 것과 다르다. 반환된 IP는 서비스의 클러스터 IP다.

```
$ kubectl exec dnsutils nslookup kubia
...
Name:
kubia.default.svc.cluster.local
Address: 10.111.249.153
```

헤드리스 서비스는 일반 서비스와 다르게 보일 수 있지만 클라이언트의 관점에서는 다르지 않다. 헤드리스 서비스를 사용하더라도 클라이언트는 일반 서비스와 마찬가지로 서비스의 DNS 이름에 연결해 파드에 연결할 수 있다. 그러나 헤드리스 서비스에서는 DNS

가 파드의 IP를 반환하기 때문에 클라이언트는 서비스 프록시 대신 파드에 직접 연결한다.

> | **노트** | 헤드리스 서비스는 여전히 파드 간에 로드밸런싱을 제공하지만 서비스 프록시 대신 DNS 라
> 운드 로빈 메커니즘으로 제공한다.

5.6.3 모든 파드 검색 – 준비되지 않은 파드도 포함

준비된 파드만 서비스의 엔드포인트가 되는 것을 보았다. 그러나 때로는 서비스 레이블 셀
렉터에 매칭되는 모든 파드를 찾는 서비스 검색 메커니즘을 원할 때가 있다(준비되지 않은
것 포함).

다행히 쿠버네티스 API 서버를 쿼리할 필요가 없다. DNS 조회 메커니즘을 사용해 준
비되지 않은 파드도 찾을 수 있다. 쿠버네티스가 파드의 레디니스 상태에 관계없이 모든
파드를 서비스에 추가되게 하려면 서비스에 다음 어노테이션을 추가해야 한다.

```
kind: Service
metadata:
  annotations:
    service.alpha.kubernetes.io/tolerate-unready-endpoints: "true"
```

> | **경고** | 어노테이션 이름에서 알 수 있듯이 이 글을 쓸 때는 알파 비전이었다. 쿠버네티스 서비스 API는
> 이미 publishNotReadyAddresses라는 새로운 서비스 스펙 필드를 지원하며, 이는 tolerate-unready
> -endpoints 어노테이션을 대체한다. 쿠버네티스 버전 1.9.0에서는 이 필드가 아직 유효하지 않다(어
> 노테이션은 준비되지 않은 엔드포인트가 DNS에 포함되는지 여부를 결정한다). 변경 사항이 있는지는
> 관련 문서를 확인하자.[10]

---

10 서비스 어노테이션인 tolerate-unready-endpoints는 deprecated됐다. https://github.com/kubedb/project/issues/242를 확
    인하자. 대신 위에서 언급한 publishNotReadyAddresses를 사용하자. – 옮긴이

5.7 서비스 문제 해결

서비스는 쿠버네티스의 중요한 개념이며 많은 개발자가 좌절하는 이유다. 많은 개발자들이 서비스 IP 또는 FQDN으로 파드에 연결할 수 없는 이유를 파악하는 데 많은 시간을 허비하는 것을 봤다. 이런 이유로 서비스 문제를 해결하는 방법을 간략히 살펴보고자 한다.

서비스로 파드에 액세스할 수 없는 경우 다음과 같은 내용을 확인한 후에 다시 시작해보자.

- 먼저 외부가 아닌 클러스터 내에서 서비스의 클러스터 IP에 연결되는지 확인한다.
- 서비스에 액세스할 수 있는지 확인하려고 서비스 IP로 핑을 할 필요 없다(서비스의 클러스터 IP는 가상 IP이므로 핑되지 않는다).
- 레디니스 프로브를 정의했다면 성공했는지 확인하라. 그렇지 않으면 파드는 서비스에 포함되지 않는다.
- 파드가 서비스의 일부인지 확인하려면 `kubectl get endpoints`를 사용해 해당 엔드포인트 오브젝트를 확인한다.
- FQDN이나 그 일부(예: myservice.mynamespace.svc.cluster.local 또는 myservice.mynamespace)로 서비스에 액세스하려고 하는데 작동하지 않는 경우, FQDN 대신 클러스터 IP를 사용해 액세스할 수 있는지 확인한다.
- 대상 포트가 아닌 서비스로 노출된 포트에 연결하고 있는지 확인한다.
- 파드 IP에 직접 연결해 파드가 올바른 포트에 연결돼 있는지 확인한다.
- 파드 IP로 애플리케이션에 액세스할 수 없는 경우 애플리케이션이 로컬호스트localhost에만 바인딩하고 있는지 확인한다.

위의 내용은 서비스 관련된 대부분의 문제를 해결하는 데 도움이 될 것이다. 11장에서는 서비스의 동작 방식을 더 깊이 배운다. 구현 방식을 정확하게 이해하면 서비스 문제를 해결하기 훨씬 쉬워질 것이다.

5.8 요약

5장에서는 각 서비스를 제공하는 파드 인스턴스 수에 관계없이 쿠버네티스 서비스 리소스를 생성해 애플리케이션에서 사용 가능한 서비스를 노출하는 방법을 배웠다.

- 안정된 단일 IP 주소와 포트로 특정 레이블 셀렉터와 일치하는 여러 개의 파드를 노출한다.
- 기본적으로 클러스터 내부에서 서비스에 액세스할 수 있지만 유형을 노드포트 또는 로드밸런서로 설정해 클러스터 외부에서 서비스에 액세스할 수 있다.
- 파드가 환경변수를 검색해 IP 주소와 포트로 서비스를 검색할 수 있다.
- 관련된 엔드포인트 리소스를 만드는 대신 셀렉터 설정 없이 서비스 리소스를 생성해 클러스터 외부에 있는 서비스를 검색하고 통신할 수 있다.
- ExternalName 서비스 유형으로 외부 서비스에 대한 DNS CNAME 별칭[alias]을 제공한다.
- 단일 인그레스로 여러 HTTP 서비스를 노출한다(단일 인그레스 컨트롤러 IP 사용).
- 파드 컨테이너의 레디니스 프로브는 파드를 서비스 엔드포인트에 포함해야 하는지 여부를 결정한다.
- 헤드리스 서비스를 생성하면 DNS로 파드 IP를 검색할 수 있다.

서비스에 대한 이해도를 높이고 다음과 같은 내용도 배웠다.

- 다양한 상황에서 문제 해결
- 구글 쿠버네티스/컴퓨트 엔진에서 방화벽 규칙 수정
- kubectl exec로 파드 컨테이너에서 명령어 실행
- 기존 파드의 컨테이너에서 bash 셸 실행
- kubectl apply 명령어로 쿠버네티스 리소스 수정
- kubectl run --generator=run-pod/v1로 관리되지 않는 애드혹[ad hoc] 파드[11] 실행

---

11 레플리케이션컨트롤러나 레플리카셋으로 관리되지 않고 파드로만 존재한다. – 옮긴이

6

볼륨: 컨테이너에 디스크 스토리지 연결

앞의 세 개 장에서 파드와 레플리케이션컨트롤러, 레플리카셋, 데몬셋, 잡 서비스와 같은 파드와 상호작용하는 쿠버네티스 리소스를 소개했다. 이제 파드 내부로 다시 돌아가 컨테이너가 어떻게 외부 디스크 스토리지에 접근하는지, 어떻게 컨테이너 간에 스토리지를 공유하는지를 살펴보자.

파드는 내부에 프로세스가 실행되고 CPU, RAM, 네트워크 인터페이스 등의 리소스를 공유하는 논리적 호스트와 유사하다고 했다. 프로세스가 디스크 또한 공유할 수 있을 것이라 예상하겠지만 사실은 그렇지 않다. 파드 내부의 각 컨테이너는 고유하게 분리된 파일시스템을 가진다. 파일시스템은 컨테이너 이미지에서 제공되기 때문이다.

　새로운 컨테이너가 시작할 때마다 컨테이너 이미지를 빌드할 때 추가한 파일들을 갖는 컨테이너를 시작한다. 이를 파드 내의 컨테이너가 재시작된다(프로세스가 종료되거나 라이브니스 프로브가 쿠버네티스에 컨테이너가 정상이 아니라는 신호를 보냈기 때문이다)는 사실과 결부해 보면, 새로 시작한 컨테이너는 이전에 실행했던 컨테이너에 쓰여진 파일시스템의 어떤 것도 볼 수가 없다. 새로 시작된 컨테이너가 같은 파드에 실행된다고 해도 마찬가지다.

　특정 시나리오에서는 물리 머신에서 프로세스를 다시 시작하는 것과 같이 새로운 컨테이너가 이전에 종료된 위치에서 계속되기를 원할 수 있다. 전체 파일시스템이 유지될 필요는 없지만 실제 데이터를 가진 디렉터리를 보존하고 싶을 수도 있다.

　쿠버네티스는 스토리지 볼륨을 정의하는 방법으로 이 기능을 제공한다. 스토리지 볼륨은 파드와 같은 최상위 리소스는 아니지만 파드의 일부분으로 정의되며 파드와 동일한 라이프사이클을 가진다. 이는 파드가 시작되면 볼륨이 생성되고, 파드가 삭제되면 볼륨이 삭제된다는 것을 의미한다. 이 때문에 볼륨의 콘텐츠는 컨테이너를 다시 시작해도 지속된다. 컨테이너가 다시 시작되면 새로운 컨테이너는 이전 컨테이너가 볼륨에 기록한 모든 파일들을 볼 수 있다. 또한 파드가 여러 개의 컨테이너를 가진 경우 모든 컨테이너가 볼륨을 공유할 수 있다.

6.1　볼륨 소개

쿠버네티스 볼륨^{Volume}은 파드의 구성 요소로 컨테이너와 동일하게 파드 스펙에서 정의된다. 볼륨은 독립적인 쿠버네티스 오브젝트가 아니므로 자체적으로 생성, 삭제될 수 없다. 볼륨은 파드의 모든 컨테이너에서 사용 가능하지만 접근하려는 컨테이너에서 각각 마운트돼야 한다. 각 컨테이너에서 파일시스템의 어느 경로에나 볼륨을 마운트할 수 있다.

6.1.1　예제의 볼륨 설명

컨테이너 세 개가 있는 파드를 가정해보자(그림 6.1 참고). 첫 번째 컨테이너는 /var/htdocs 디렉터리에서 HTML 페이지를 서비스하고 /var/logs에 액세스 로그를 저장하는 웹 서버를 실행한다. 두 번째 컨테이너는 /var/html에 HTML 파일을 생성하는 에이전트를 실행한다. 세 번째 컨테이너는 /var/logs 디렉터리의 로그를 처리한다(로그 순환, 압축, 분석 등).

각 컨테이너는 잘 정의된 단일 책임을 갖고 있지만 각각 컨테이너 자체만으로는 큰 쓸모가 없다. 콘텐츠 생성기는 생성한 HTML 파일을 자체 컨테이너 내에 저장하고, 웹 서버는 별도의 분리된 컨테이너에서 실행되므로 이 파일에 접근할 수 없기 때문에 세 컨테이너 간에 디스크 스토리지를 공유하지 않는 파드를 생성하는 것은 의미가 없다. 파일을 공유하는 대신 웹 서버는 컨테이너 이미지안의 빈 디렉터리나 여러분이 /var/htdocs 디렉터리에 넣은 파일을 서비스할 수 있다. 비슷하게 로그 순환기도 /var/logs 디렉터리가 항상 비어 있고 아무것도 로그를 쓰지 않기 때문에 아무런 일을 하지 않게 된다. 이런 세 개의 컨테이너 구성에 볼륨이 없다면 파드는 아무런 동작을 하지 않는다.

그러나 볼륨 두 개를 파드에 추가하고 세 개의 컨테이너 내부의 적절한 경로에 마운트한다면 그림 6.2와 같이 부분의 합보다 더 나은 시스템이 생성된다.

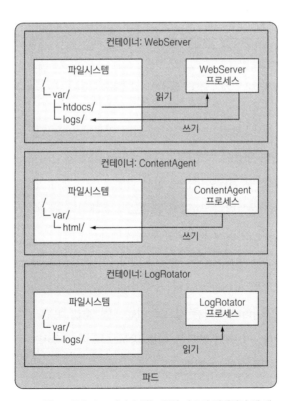

▲ **그림 6.1** 공유 스토리지가 없는 동일 파드의 컨테이너 세 개

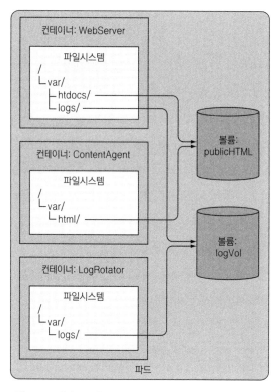

▲ **그림 6.2** 두 개의 볼륨을 공유하고 각 경로에 마운트한 컨테이너 세 개

리눅스에서는 파일시스템을 파일 트리의 임의 경로에 마운트할 수 있다. 이렇게 하면 마운트된 파일시스템의 내용은 마운트된 디렉터리에서 접근 가능하다. 같은 볼륨을 두 개의 컨테이너에 마운트하면 컨테이너는 동일한 파일로 동작할 수 있다. 이 경우 볼륨 두 개를 컨테이너 세 개에 마운트한다. 이렇게 함으로써 컨테이너 세 개는 함께 동작할 수 있고 유용한 작업을 수행한다. 어떻게 동작되는지 살펴보자.

첫째, 파드에는 publicHTML이라는 볼륨이 있다. 이 볼륨은 WebServer 컨테이너의 /var/htdocs에 마운트됐고 웹 서버는 이 디렉터리의 파일을 서비스한다. 동일 볼륨이 Content Agent 컨테이너에 /var/html에 다른 경로로 마운트돼 있고, 콘텐츠 에이전트는 생성된 파일을 해당 경로에 쓴다. 이 단일 볼륨을 이런 방식으로 마운트하면 콘텐츠 생성기가 작성한 내용을 웹 서버가 서비스할 수 있다.

비슷하게 파드는 로그를 저장하는 logVol 볼륨을 가진다. 이 볼륨은 WebServer와 Log Rotator 컨테이너의 /var/logs에 마운트된다. 이 볼륨은 ContentAgent 컨테이너에는 마운트되지 않는다. 컨테이너와 볼륨이 같은 파드에서 구성됐더라도 컨테이너는 그 파일에 접근할 수 없다. 컨테이너에서 접근하려면 파드에서 볼륨을 정의하는 것만으로는 충분하지 않고 VolumeMount를 컨테이너 스펙에 정의해야 한다.

이 예제의 두 볼륨은 빈 상태로 초기화되므로 emptyDir 유형의 볼륨을 사용할 수 있다. 쿠버네티스는 볼륨을 초기화하며 외부 소스의 내용을 채우거나, 볼륨 내부에 기존에 존재하는 디렉터리를 마운트하는 것과 같은 다른 유형의 볼륨도 지원한다. 볼륨을 채우거나 마운트하는 프로세스는 파드의 컨테이너가 시작되기 전에 수행된다.

볼륨이 파드의 라이프사이클에 바인딩되면 파드가 존재하는 동안 유지될 수 있지만 볼륨 유형에 따라 파드와 볼륨이 사라진 후에도 볼륨의 파일이 유지돼 새로운 볼륨으로 마운트될 수 있다. 어떤 유형의 볼륨이 존재하는지 살펴보자.

6.1.2 사용 가능한 볼륨 유형 소개

다양한 유형의 볼륨이 사용 가능하다. 일반적인 것도 있지만 실제 스토리지 기술에 특화된 것들도 있다. 이런 기술을 들어보지 못했다고 하더라도 걱정할 필요는 없다. 저자도 이들 중 절반을 들어보지 못했다. 아마 이미 알고 사용했던 기술의 볼륨 유형만 사용할 것이다. 사용 가능한 볼륨 유형의 목록은 다음과 같다.

- emptyDir: 일시적인 데이터를 저장하는 데 사용되는 간단한 빈 디렉터리다.
- hostPath: 워커 노드의 파일시스템을 파드의 디렉터리로 마운트하는 데 사용한다.
- gitRepo: 깃 리포지터리의 콘텐츠를 체크아웃해 초기화한 볼륨이다.
- nfs: NFS 공유를 파드에 마운트한다.
- gcePersistentDisk(Google Compute Engine Persistent Disk), awsElasticBlockStore(Amazon Web Services Elastic Block Store Volume), azureDisk(Microsoft Azure Disk Volume): 클라우드 제공자의 전용 스토리지를 마운트하는 데 사용한다.

- cinder, cephfs, iscsi, flocker, glusterfs, quobyte, rbd, flexVolume, vsphere Volume, photonPersistentDisk, scaleIO: 다른 유형의 네트워크 스토리지를 마운트하는 데 사용한다.
- configMap, secret, downwardAPI: 쿠버네티스 리소스나 클러스터 정보를 파드에 노출하는 데 사용되는 특별한 유형의 볼륨이다.
- persistentVolumeClaim: 사전에 혹은 동적으로 프로비저닝된 퍼시스턴트 스토리지를 사용하는 방법이다(6장 마지막 절에서 설명한다).

볼륨 유형은 다양한 목적을 위해 사용된다. 다음 절에서 몇 가지 유형을 배울 것이다. 특수한 유형의 볼륨(secret, downwardAPI, configMap)은 데이터를 저장하는 데 사용되지 않고 쿠버네티스 메타데이터를 파드에 실행 중인 애플리케이션에 노출하는 데 사용되며 7장과 8장에서 설명할 것이다.

단일 파드는 동시에 여러 유형의 여러 볼륨을 사용할 수 있으며, 앞서 설명한 바와 같이 파드의 각 컨테이너는 볼륨을 마운트할 수도 있고 하지 않을 수도 있다.

6.2 볼륨을 사용한 컨테이너 간 데이터 공유

단일 컨테이너에서도 볼륨은 유용하지만 먼저 하나의 파드에 있는 여러 컨테이너에서 데이터를 공유하는 방법을 살펴보자.

6.2.1 emptyDir 볼륨 사용

가장 간단한 볼륨 유형은 emptyDir 볼륨으로 어떻게 파드에 볼륨을 정의하는지 첫 번째 예제에서 살펴보자. 이름에서 알 수 있듯이 볼륨이 빈 디렉터리로 시작된다. 파드에 실행 중인 애플리케이션은 어떤 파일이든 볼륨에 쓸 수 있다. 볼륨의 라이프사이클이 파드에 묶여 있으므로 파드가 삭제되면 볼륨의 콘텐츠는 사라진다.

emptyDir 볼륨은 동일 파드에서 실행 중인 컨테이너 간 파일을 공유할 때 유용하다.

그러나 단일 컨테이너에서도 가용한 메모리에 넣기에 큰 데이터 세트의 정렬 작업을 수행하는 것과 같이 임시 데이터를 디스크에 쓰는 목적인 경우 사용할 수 있다. 데이터는 컨테이너 자체 파일시스템에도 쓸 수 있지만(컨테이너 최상단의 Read/Write 레이어를 기억하는가?) 이 두 가지 옵션에는 미묘한 차이가 있다. 컨테이너의 파일시스템은 쓰기가 불가할 수도 있고(이 책의 마지막에서 설명한다) 마운트된 볼륨에 쓰는 것이 유일한 옵션일 수 있다.

파드에 emptyDir 볼륨 사용

앞서 설명한 예제에서 웹 서버, 콘텐츠 에이전트, 로그 순환기가 볼륨 두 개를 공유한다고 했는데 이를 좀 더 단순화해보자. 단지 웹 서버 컨테이너와 콘텐츠 에이전트, HTML을 위한 단일 볼륨으로 파드를 구성한다.

Nginx를 웹 서버로 사용하고 유닉스 fortune 명령으로 HTML 콘텐츠를 생성한다. Fortune 명령은 실행할 때마다 임의의 인용문을 출력한다. 매 10초마다 fortune 명령을 실행하고 출력을 index.html에 저장하는 스크립트를 생성한다. 도커 허브에서 사용 가능한 Nginx 이미지를 찾아 직접 fortune 이미지를 생성하거나, 저자가 생성해서 도커 허브에 푸시해놓은 luksa/fortune 이미지를 사용할 수 있다. 도커 이미지를 어떻게 빌드하는지 바로 다음의 'Fortune 컨테이너 이미지 빌드하기'를 참고하자.

Fortune 컨테이너 이미지 빌드하기

이미지를 빌드하는 방법은 다음과 같다. fortune이라는 새 디렉터리를 생성하고 안으로 들어가 fortuneloop.sh 셸 스크립트에 다음 내용을 작성한다.

```
#!/bin/bash
trap "exit" SIGINT
while :
do
  echo $(date) Writing fortune to /var/htdocs/index.html
  /usr/games/fortune > /var/htdocs/index.html
  sleep 10
done
```

그런 다음 동일 디렉터리에서 Dockerfile을 생성하고 다음 내용을 작성한다.

```
FROM ubuntu:latest
RUN apt-get update ; apt-get -y install fortune
ADD fortuneloop.sh /bin/fortuneloop.sh
ENTRYPOINT /bin/fortuneloop.sh
```

ubuntu:latest 이미지를 기반으로 한 이미지는 fortune 바이너리를 기본적으로 포함하지 않는다. 그러므로 Dockerfile의 두 번째 행에서 apt-get으로 설치한다. 그런 다음 fortuneloop.sh 스크립트를 이미지의 /bin 폴더에 추가한다. Dockerfile의 마지막 행에서 이미지가 실행되면 fortuneloop.sh 스크립트가 실행돼야 함을 명시한다.

파일 두 개를 준비한 후 다음 두 명령으로 이미지를 빌드하고 도커 허브에 업로드한다(luksa를 도커 허브의 사용자 ID로 교체한다).

```
$ docker build -t luksa/fortune .
$ docker push luksa/fortune
```

파드 생성하기

파드를 실행하기 위한 두 개의 이미지가 준비됐으므로 이제 파드 매니페스트를 생성해보자. 예제 6.1의 내용을 포함한 fortune-pod.yaml 파일을 생성한다.

예제 6.1 동일한 볼륨을 공유하는 컨테이너 두 개가 있는 파드: fortune-pod.yaml

```
apiVersion: v1
kind: Pod
metadata:
  name: fortune
spec:
  containers:
  - image: luksa/fortune          첫 번째 컨테이너는 html-generator라고 이름 짓고
    name: html-generator          luksa/fortune 이미지를 실행한다.
    volumeMounts:
    - name: html                  html이란 이름의 볼륨을 컨테이너의
      mountPath: /var/htdocs      /var/htdocs에 마운트한다.
```

266

```
 - image: nginx:alpine
   name: web-server
   volumeMounts:
   - name: html
     mountPath: /usr/share/nginx/html
     readOnly: true
   ports:
   - containerPort: 80
     protocol: TCP
volumes:
- name: html
  emptyDir: {}
```

> 두 번째 컨테이너는 web-server라고 이름 짓고
> nginx:alpine 이미지를 실행한다.

> 위와 동일한 볼륨을
> /usr/share/nginx/html에
> 읽기 전용으로 마운트한다.

> html이란 단일 emptyDir 볼륨을
> 위의 컨테이너 두 개에 마운트한다.

파드는 컨테이너 두 개와 각 컨테이너에 각기 다른 경로로 마운트된 단일 볼륨을 갖는다. `html-generator` 컨테이너가 시작하면 매 10초마다 `fortune` 명령의 결과를 /var/htdocs/index.html에 쓰기 시작한다. 볼륨이 /var/htdocs에 마운트됐으므로 index.html 파일은 컨테이너의 최상단 레이어가 아닌 볼륨에 쓰여진다. `web-server` 컨테이너가 시작하자마자 컨테이너는 /usr/share/nginx/html 디렉터리(Nginx 서버가 서비스하는 기본 디렉터리)의 HTML 파일을 서비스하기 시작한다. 볼륨이 정확한 경로에 마운트됐으므로, Nginx는 fortune 루프를 실행하는 컨테이너가 작성한 index.html 파일을 서비스한다. 결과적으로 클라이언트가 파드의 포트 80으로 보낸 HTTP 요청은 fortune 메시지를 응답으로 받는다.

실행 중인 파드 보기

Fortune 메시지를 보려면 파드의 접근을 활성화해야 한다. 이 작업은 로컬 머신의 포트를 파드로 포워딩하면 된다.

```
$ kubectl port-forward fortune 8080:80
Forwarding from 127.0.0.1:8080 -> 80
Forwarding from [::1]:8080 -> 80
```

> |**노트**| 또한 포트 포워딩 대신 서비스로 파드를 노출시킬 수도 있다.

이제 로컬 머신의 포트 8080으로 Nginx 서버에 접근할 수 있다. curl을 사용하라.

```
$ curl http://localhost:8080
Beware of a tall blond man with one black shoe.
```

몇 분을 기다린 뒤 다시 요청을 보내면 다른 메시지를 받을 것이다. 컨테이너 두 개를 합쳐 어떻게 볼륨이 컨테이너 두 개를 결합시키고 각 컨테이너의 기능을 향상시키는지를 살펴보기 위해 간단한 애플리케이션을 생성했다.

emptyDir을 사용하기 위한 매체 지정하기

볼륨으로 사용한 emptyDir은 파드를 호스팅하는 워커 노드의 실제 디스크에 생성되므로 노드 디스크가 어떤 유형인지에 따라 성능이 결정됐다. 반면 쿠버네티스에 emptyDir을 디스크가 아닌 메모리를 사용하는 tmpfs 파일시스템으로 생성하도록 요청할 수 있다. 이 작업을 위해 다음과 같이 emptyDir의 medium을 Memory로 지정한다.

```
volumes:
  - name: html
    emptyDir:                    이 emptyDir의 파일들은
        medium: Memory    ◀───   메모리에 저장될 것이다.
```

emptyDir 볼륨은 가장 단순한 볼륨의 유형이지만 다른 유형들도 이 볼륨을 기반으로 한다. 빈 디렉터리가 생성된 후 데이터로 채워진다. 그런 볼륨 유형 중 하나가 gitRepo 볼륨 유형이나. 다음 절에서 소개할 것이다.[1]

---

1   이 책이 집필되던 시점에는 gitRepo 볼륨 유형이 있었으나, 현재는 유지 보수가 중단(deprecated)됐다. 다음 링크를 참고하라.
    https://kubernetes.io/docs/concepts/storage/volumes/#gitrepo – 옮긴이

6.2.2 깃 리포지터리를 볼륨으로 사용하기

gitRepo 볼륨은 기본적으로 emptyDir 볼륨이며 파드가 시작되면 (컨테이너가 생성되기 전에)
깃 리포지터리를 복제하고 특정 리비전을 체크아웃해 데이터로 채운다. 그림 6.3은 이것
이 어떻게 전개되는지 보여준다.

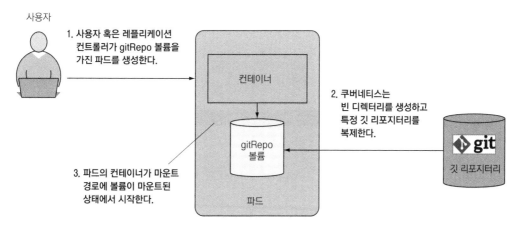

▲ **그림 6.3** gitRepo 볼륨은 시작 시점에 깃 리포지터리의 콘텐츠로 채워진 emptyDir 볼륨이다.

| **노트** | gitRepo 볼륨이 생성된 후에는 참조하는 리포지터리와 동기화하지 않는다. 깃 리포지터리에
추가 커밋을 푸시해도 볼륨에 있는 파일은 변경되지 않는다. 그러나 레플리케이션컨트롤러가 파드를
관리하는 경우 파드를 삭제하면 새 파드가 생성되고 이 파드의 볼륨은 최신 커밋을 포함한다.

예를 들어 깃 리포지터리에 웹사이트의 정적 HTML 파일을 저장하고 **gitRepo** 볼륨과
웹 서버 컨테이너를 가진 파드를 생성할 수 있다. 매번 파드가 생성될 때 웹사이트의 최신
버전을 가져와 서비스할 것이다. 단점은 **gitRepo**에 변경을 푸시할 때마다 웹사이트의 새
버전을 서비스하기 위해 파드를 삭제해줘야 한다는 점이다.

지금 당장 해보자. 이전에 했던 것과 다르지 않다.

복제된 깃 리포지터리 파일을 서비스하는 웹 서버 실행하기

파드를 생성하기 전에 HTML 파일이 있는 실제 깃 리포지터리가 필요하다. 책의 예제를 위해 https://github.com/luksa/kubia-website-example.git에 깃허브^{GitHub} 리포지터리를 생성했다. 나중에 변경 사항을 푸시하기 위해서 리포지터리를 포크해야 한다(깃허브에 리포지터리 복사본을 만들어라).

포크를 생성했으면 이제 파드를 생성할 차례다. 이번에는 파드에 Nginx 컨테이너 하나와 **gitRepo** 볼륨 하나만 있으면 된다(gitRepo 볼륨이 예제 리포지터리를 포크한 여러분의 리포지터리를 가리키는지 확인하라). 예제 6.2를 참고하라.

예제 6.2 gitRepo 볼륨을 사용하는 파드: gitrepo-volume-pod.yaml

```
apiVersion: v1
kind: Pod
metadata:
  name: gitrepo-volume-pod
spec:
  containers:
  - image: nginx:alpine
    name: web-server
    volumeMounts:
    - name: html
      mountPath: /usr/share/nginx/html
      readOnly: true
    ports:
    - containerPort: 80
      protocol: TCP
  volumes:
  - name: html                                gitRepo 볼륨을
    gitRepo:                                  생성한다.
                                                                                       볼륨은
                                                                                       이 깃 리포지터리를
      repository: https://github.com/luksa/kubia-website-example.git  ◀──              복제한다.
      revision: master                               master 브랜치를
      directory: .  ◀──                              체크아웃한다.
                           볼륨의
                           루트 디렉터리에
                           리포지터리를 복제한다.
```

270

파드를 생성하면 볼륨은 먼저 빈 디렉터리를 초기화한 다음 특정 깃 리포지터리를 복제한다. directory를 .(점)으로 지정하지 않으면 의도치 않게 리포지터리가 kubia-website-example 하위 디렉터리로 복제됐을 것이다. 리포지터리는 볼륨의 루트 디렉터리에 복제돼야 한다. 리포지터리를 지정함과 동시에 볼륨이 생성되는 시점에 쿠버네티스에게 master 브랜치가 가리키는 버전을 체크아웃하도록 지정했다.

파드가 실행되면 포트 포워딩, 서비스 또는 파드 내부(혹은 클러스터 내부의 또 다른 파드)에서 curl 명령을 실행해 호출할 수 있다.

깃 리포지터리와 파일 동기화 여부 확인하기

이제 깃허브 리포지터리의 index.html 파일을 변경해보자. 로컬에서 깃을 사용하지 않는다면 깃허브에서 직접 파일을 수정할 수 있다. 깃허브 리포지터리에서 파일을 클릭해 열고 연필 모양의 아이콘을 클릭하면 편집을 시작한다. 텍스트를 변경하고 페이지의 맨 아래에 있는 버튼을 클릭해 변경 사항을 커밋한다.

이제 깃 리포지터리의 master 브랜치에는 변경된 HTML 파일이 들어 있다. gitRepo 볼륨은 깃 리포지터리와 동기화하지 않기 때문에 이 변경 사항이 Nginx 웹 서버에서는 보이지 않는다. 파드를 다시 호출해 확인해보자.

웹사이트의 새 버전을 보려면 파드를 삭제하고 다시 생성해야 한다. 변경 사항이 있을 때마다 파드를 삭제하는 대신에 볼륨이 항상 깃 리포지터리와 동기화하도록 추가 프로세스를 실행할 수 있다. 자세한 사항을 설명하진 않는다. 대신 직접 연습해보자. 하지만 고려해야 할 사항이 몇 가지 있다.

사이드카 컨테이너 소개

깃 동기화 프로세스가 Nginx 웹 서버와 동일 컨테이너에서 실행되면 안 되며 두 번째 컨테이너인 사이드카sidecar 컨테이너에서 실행돼야 한다. 사이드카 컨테이너는 파드의 주 컨테이너의 동작을 보완한다. 새로운 로직을 메인 애플리케이션 코드에 밀어 넣어 복잡성을 더하고 재사용성을 떨어뜨리는 대신에 파드에 사이드카를 추가하면 기존 컨테이너 이미지를 사용할 수 있다.

로컬 디렉터리를 깃 리포지터리와 동기화되도록 유지하는 기존의 컨테이너 이미지를 찾으려면 도커 허브로 가서 "git sync"로 검색해본다. 이런 동작을 하는 많은 이미지를 찾을 수 있다. 예제의 파드에서 새 컨테이너에 그 이미지를 사용하고 기존 gitRepo 볼륨을 새 컨테이너에 마운트한 뒤, 깃 동기화 컨테이너가 깃 리포지터리와 파일 동기화를 유지하도록 설정한다. 모든 것이 올바르게 설정됐다면 웹 서버가 서비스하는 파일이 항상 깃허브 리포지터리와 동기화될 것이다.

> **│노트│** 18장의 예제는 여기서 설명한 것과 같은 깃 동기화 컨테이너의 사용을 포함하므로 여기서 직접 연습해보는 대신 18장의 단계별 지시 사항을 따라도 된다.

프라이빗 깃 리포지터리로 gitRepo 볼륨 사용하기

깃 동기화 사이드카 컨테이너를 사용해야 하는 또 다른 이유가 있다. 프라이빗 깃 리포지터리로 gitRepo 볼륨을 사용할 수 있는지 아직 설명하지 않았다. 사실 그럴 수는 없다. 쿠버네티스 개발자들의 공통된 결론은 gitRepo 볼륨을 단순하게 유지하고 프라이빗 리포지터리를 SSH 프로토콜을 통해 복제하는 방식의 지원을 추가하지 않은 것이다. gitRepo 볼륨에 추가 설정 옵션을 필요로 하기 때문이다.

프라이빗 깃 리포지터리를 컨테이너에 복제하려면 깃 동기화 사이드카나 아니면 gitRepo 볼륨을 대신하는 다른 유사 방법을 사용해야 한다.

gitRepo 볼륨에 대한 정리

gitRepo 볼륨은 emptyDir 볼륨과 유사하게 기본적으로 볼륨을 포함하는 파드를 위해 특별히 생성되고 독점적으로 사용되는 전용 디렉터리다. 파드가 삭제되면 볼륨과 콘텐츠는 삭제된다. 그러나 다른 유형의 볼륨은 새 디렉터리를 생성하지 않고 대신 기존에 존재하는 외부 디렉터리를 파드의 컨테이너 파일시스템에 마운트한다. 볼륨의 콘텐츠는 파드 인스턴스 여러 개에서 살아남을 수 있다. 다음에는 이런 볼륨 유형을 알아본다.

6.3 워커 노드 파일시스템의 파일 접근

대부분의 파드는 호스트 노드를 인식하지 못하므로 노드의 파일시스템에 있는 어떤 파일에도 접근하면 안 된다. 그러나 특정 시스템 레벨의 파드(보통 데몬셋으로 관리되는 것을 기억하라)는 노드의 파일을 읽거나 파일시스템을 통해 노드 디바이스를 접근하기 위해 노드의 파일시스템을 사용해야 한다. 쿠버네티스는 hostPath 볼륨으로 가능케 한다.

6.3.1 hostPath 볼륨 소개

hostPath 볼륨은 노드 파일시스템의 특정 파일이나 디렉터리를 가리킨다(그림 6.4 참고). 동일 노드에 실행 중인 파드가 hostPath 볼륨의 동일 경로를 사용 중이면 동일한 파일이 표시된다.

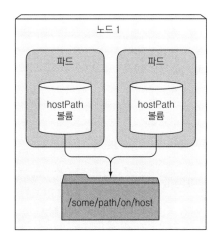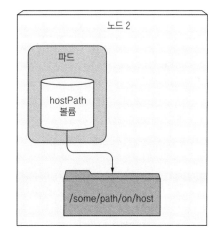

▲ **그림 6.4** hostPath 볼륨은 워커 노드의 특정 파일이나 디렉터리를 컨테이너의 파일시스템에 마운트한다.

hostPath 볼륨은 퍼시스턴트 스토리지 중 처음으로 소개하는 유형이다. gitRepo나 emptyDir 볼륨의 콘텐츠는 파드가 종료되면 삭제되는 반면, hostPath 볼륨의 콘텐츠는 삭제되지 않는다. 파드가 삭제되면 다음 파드가 호스트의 동일 경로를 가리키는 hostPath 볼륨을 사용하고, 이전 파드와 동일한 노드에 스케줄링된다는 조건에서 새로운 파드는 이전 파드가 남긴 모든 항목을 볼 수 있다.

hostPath 볼륨을 데이터베이스의 데이터 디렉터리를 저장할 위치로 사용할 생각이라면 다시 고려해볼 필요가 있다. 볼륨의 콘텐츠는 특정 노드의 파일시스템에 저장되므로 데이터베이스 파드가 다른 노드로 다시 스케줄링되면 더 이상 이전 데이터를 볼 수 없다. hostPath 볼륨은 파드가 어떤 노드에 스케줄링되느냐에 따라 민감하기 때문에[2] 일반적인 파드에 사용하는 것은 좋은 생각이 아니다.

6.3.2 hostPath 볼륨을 사용하는 시스템 파드 검사하기

hostPath를 적절하게 사용하는 방법을 살펴보자. 새로운 파드를 생성하는 대신 이미 이 볼륨 유형을 사용하는 시스템 전역 파드가 있는지 확인해보자. 5장에서 다룬 내용을 기억한다면 여러 개의 시스템 파드가 kube-system 네임스페이스에서 실행 중이다. 다음과 같이 조회해보자.

```
$ kubectl get pod s --namespace kube-system
NAME                          READY   STATUS    RESTARTS   AGE
fluentd-kubia-4ebc2f1e-9a3e   1/1     Running   1          4d
fluentd-kubia-4ebc2f1e-e2vz   1/1     Running   1          31d
...
```

첫 번째로 조회된 파드가 어떤 종류의 볼륨을 사용하는지 살펴보자(예제 6.3 참고).

예제 6.3 노드 로그에 접근하기 위해 hostPath 볼륨을 사용하는 파드

```
$ kubectl describe po fluentd-kubia-4ebc2f1e-9a3e --namespace kube-system
Name:        fluentd-cloud-logging-gke-kubia-default-pool-4ebc2f1e-9a3e
Namespace:   kube-system
...
  Volumes:
   varlog:
     Type:   HostPath (bare host directory volume)
     Path:   /var/log
```

---

2   상태가 유지돼야 하는 파드의 경우 10장에서 소개하는 스테이트풀셋(statefulSet)을 사용해야 한다. – 옮긴이

```
varlibdockercontainers:
   Type:      HostPath (bare host directory volume)
   Path:      /var/lib/docker/containers
```

> |팁| Minikube를 사용한다면 kube-addon-manager-minikube 파드를 살펴본다.

파드가 노드의 /var/log와 /var/lib/docker/containers 디렉터리에 접근하기 위해 hostPath 두 개를 사용한다. 첫 시도만에 운 좋게 hostPath 볼륨을 사용하는 파드를 찾았다고 생각할지 모르지만 실제로는 그렇지 않다(적어도 GKE에서는 아니다). 다른 파드를 살펴보면 대부분이 노드의 로그파일이나 kubeconfig(쿠버네티스 구성 파일), CA 인증서를 접근하기 위해 이 유형의 볼륨을 사용한다는 것을 볼 수 있다.

다른 파드를 검사해보면 그중 어느 것도 hostPath 볼륨을 자체 데이터를 저장하기 위한 목적으로 사용하지 않는다는 것을 볼 수 있다. 단지 노드 데이터에 접근하기 위해 사용한다. 그러나 6장 후반부를 보면 Minikube로 생성된 것과 같은 단일 노드 클러스터에서 hostPath 볼륨을 퍼시스턴트 스토리지를 테스트하는 데 종종 사용한다. 다중 노드 클러스터에서 퍼시스턴트 데이터를 적절히 저장하는 데 사용하는 다른 유형의 볼륨을 계속 살펴보자.

> |팁| 노드의 시스템 파일에 읽기/쓰기를 하는 경우에만 hostPath 볼륨을 사용한다는 것을 기억하라. 여러 파드에 걸쳐 데이터를 유지하기 위해서는 절대 사용하지 말라.

6.4 퍼시스턴트 스토리지 사용

파드에서 실행 중인 애플리케이션이 디스크에 데이터를 유지해야 하고 파드가 다른 노드로 재스케줄링된 경우에도 동일한 데이터를 사용해야 한다면 지금까지 언급한 볼륨 유형은 사용할 수 없다. 이러한 데이터는 어떤 클러스터 노드에서도 접근이 필요하기 때문에

NAS^{Network-Attached Storage} 유형에 저장돼야 한다.

영구 데이터를 허용하는 볼륨을 알아보기 위해 MongoDB(문서 기반 NoSQL 데이터베이스의 일종)[3]를 실행하는 파드를 생성해보자. 볼륨이 없거나 비영구적 볼륨을 통해 데이터베이스를 실행하는 것은 테스트 목적이 아니라면 상식에 맞지 않으므로 적절한 유형의 볼륨을 파드에 추가하고 MongoDB 컨테이너에 마운트한다.

6.4.1 GCE 퍼시스턴트 디스크를 파드 볼륨으로 사용하기

GCE에 클러스터 노드가 실행 중인 구글 쿠버네티스 엔진에서 예제를 실행한다면 GCE 퍼시스턴트 디스크를 기반 스토리지 메커니즘으로 사용한다.

초기 버전의 쿠버네티스는 기반 스토리지를 수동으로 프로비저닝해야 했다. 이제 자동 프로비저닝이 가능하므로 6장 후반부에서 배우게 되지만 먼저 스토리지를 수동으로 프로비저닝하는 것부터 시작한다. 이런 방법은 내부에서 무슨 일이 일어나는지 정확히 배우는 기회가 될 것이다.

GCE 퍼시스턴트 디스크 생성하기

먼저 GCE 퍼시스턴트 디스크를 생성하는 것부터 시작한다. 쿠버네티스 클러스터가 있는 동일한 영역^{zone}에 생성한다. 어떤 영역에 클러스터를 생성했는지 기억하지 못한다면 다음 gcloud 명령으로 쿠버네티스 클러스터를 조회해보자.

```
$ gcloud container clusters list
NAME    ZONE           MASTER_VERSION    MASTER_IP        ...
kubia   europe-west1-b  1.2.5            104.155.84.137   ...
```

명령의 결과는 클러스터가 Europe-west1-b 영역에 생성됐다는 것을 표시하므로 GCE 퍼시스턴트 디스크도 동일한 영역에 생성해야 한다. 다음과 같이 생성한다.

---

3 Document-oriented Database, Document Store 또는 Document Database는 JSON 유사 형식의 문서로 데이터를 저장 또는 쿼리하도록 설계된 NoSQL 데이터베이스 유형이다. - 옮긴이

```
$ gcloud compute disks create --size=1GiB --zone=europe-west1-b mongodb
WARNING: You have selected a disk size of under [200GB]. This may result in
    poor I/O performance. For more information, see:
    https://developers.google.com/compute/docs/disks#pdperformance.
Created [https://www.googleapis.com/compute/v1/projects/rapid-pivot-
    136513/zones/europe-west1-b/disks/mongodb].
NAME      ZONE            SIZE_GB  TYPE          STATUS
mongodb   europe-west1-b  1        pd-standard   READY
```

이 명령은 mongodb라고 이름 붙여진 1GiB 크기의 GCE 퍼시스턴트 디스크를 생성한
다. 수행하는 테스트에서 디스크 성능은 고려하지 않으므로 디스크 사이즈에 대한 경고는
무시할 수 있다.

GCE 퍼시스턴트 디스크 볼륨을 사용하는 파드 생성하기

이제 물리 스토리지가 적절하게 구성됐으므로 MongoDB 파드에서 볼륨으로 사용할 수
있다. 예제 6.4와 같이 파드를 위한 YAML을 준비한다.

예제 6.4 gcePersistentDisk 볼륨을 사용하는 파드: mongodb-pod-gcepd.yaml

```
apiVersion: v1
kind: Pod
metadata:
  name: mongodb
spec:
  volumes:
  - name: mongodb-data           볼륨의 유형은
    gcePersistentDisk:           GCE 퍼시스턴트
      pdName: mongodb⁴           디스크다.
      fsType: ext4                               퍼시스턴트 디스크의 이름은
  containers:                                    반드시 이전에 생성한
  - image: mongo                                 실제 PD⁴와 일치해야 한다.
    name: mongodb
    volumeMounts:                파일시스템 유형은 EXT4
                                 (리눅스 파일시스템 유형 중 하나)이다.
```

볼륨의 이름
(볼륨을
마운트할 때
참조한다)

---

4   GCE에서 퍼시스턴트 디스크를 뜻한다. – 옮긴이

```
  - name: mongodb-data
    mountPath: /data/db
ports:
- containerPort: 27017
    protocol: TCP
```

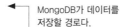 MongoDB가 데이터를
저장할 경로다.

> |노트| Minikube를 사용한다면 GCE 퍼시스턴트 디스크를 사용할 수 없지만, 대신 hostPath 볼륨
> 을 사용하는 mongo-pod-hostpath.yaml로 배포할 수 있다.

파드는 생성한 GCE 퍼시스턴트 디스크를 기반으로 한 단일 볼륨과 단일 컨테이너로 이뤄진다(그림 6.5 참고). 볼륨을 컨테이너 내부의 MongoDB가 데이터를 저장하는 /data/db에 마운트한다.

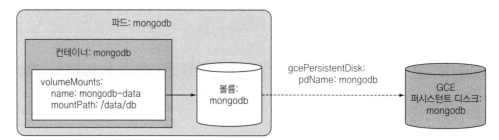

▲ 그림 6.5 외부 GCE 퍼시스턴트 디스크를 참조하는 볼륨을 마운트하고 MongoDB를 실행하는 단일 컨테이너가 있는 파드

MongoDB 데이터베이스에 도큐먼트를 추가해 퍼시스턴트 스토리지에 데이터 쓰기

파드를 생성해 컨테이너가 시작됐으므로 컨테이너 내부에 MongoDB 셸을 실행해 데이터 스토리지에 데이터를 쓰는 데 사용할 수 있다.

예제 6.5와 같이 셸을 실행한다.

예제 6.5 mongodb 파드 내부의 MongoDB 셸로 접근하기

```
$ kubectl exec -it mongodb mongo
MongoDB shell version: 3.2.8
```

```
connecting to: mongodb://127.0.0.1:27017
Welcome to the MongoDB shell.
For interactive help, type "help".
For more comprehensive documentation, see
    http://docs.mongodb.org/
Questions? Try the support group
    http://groups.google.com/group/mongodb-user
...
>
```

MongoDB는 JSON 도큐먼트 저장을 허용하므로 한 건의 데이터를 저장해 영구적으로 저장되는지와 파드가 다시 생성된 후에 데이터를 가져올 수 있는지 살펴본다. 다음 명령으로 JSON 도큐먼트를 추가한다.

```
> use mystore
switched to db mystore
> db.foo.insert({name:'foo'})
WriteResult({ "nInserted" : 1 })
```

간단한 JSON 도큐먼트를 단일 속성(name: 'foo')으로 추가했다. 이제 find() 명령으로 추가한 도큐먼트를 확인한다.

```
> db.foo.find()
{ "_id" : ObjectId("57a61eb9de0cfd512374cc75"), "name" : "foo" }
```

이제 도큐먼트는 GCE 퍼시스턴트 디스크에 저장돼 있어야 한다.

파드를 다시 생성하고 이전 파드가 저장한 데이터를 읽을 수 있는지 확인하기

Mongodb 셸을 종료하고(exit 입력 후 엔터 누름) 파드를 삭제하고 다시 생성해보자.

```
$ kubectl delete pod mongodb
pod "mongodb" deleted
$ kubectl create -f mongodb-pod-gcepd.yaml
pod "mongodb" created
```

새로운 파드가 이전 파드와 같이 정확히 동일한 GCE 퍼시스턴트 디스크를 사용하고 MongoDB 컨테이너가 실행 중이므로 파드가 다른 노드에 스케줄링됐다 할지라도 정확히 동일한 데이터를 볼 수 있어야 한다.

> |**팁**| kubectl get po -o wide를 실행해 어떤 노드에 파드가 스케줄링됐는지 확인한다.

컨테이너가 가동되면 예제 6.6에 표시된 것과 같이 다시 MongoDB 셸을 실행해 이전에 저장한 도큐먼트가 다시 검색되는지 확인한다.

예제 6.6 새로운 파드에서 MongoDB의 영구 데이터 가져오기

```
$ kubectl exec -it mongodb mongo
MongoDB shell version: 3.2.8
connecting to: mongodb://127.0.0.1:27017
Welcome to the MongoDB shell.
...
> use mystore
switched to db mystore
> db.foo.find()
{ "_id" : ObjectId("57a61eb9de0cfd512374cc75"), "name" : "foo" }
```

예상한 바와 같이 파드를 삭제하고 재 생성해도 데이터는 그대로 유지된다. 이런 식으로 GCE 퍼시스턴트 디스크를 파드 인스턴스 여러 개에서 데이터를 유지하는 데 사용할 수 있다.

MongoDB 파드를 모두 사용했으므로 다시 삭제하되 기반 GCE 퍼시스턴트 디스크는 삭제하지 않는다. 6장 후반부에서 다시 사용할 것이다.

6.4.2 기반 퍼시스턴트 스토리지로 다른 유형의 볼륨 사용하기

GCE 퍼시스턴트 디스크 볼륨을 생성했던 이유는 쿠버네티스 클러스터를 구글 쿠버네티스 엔진에서 실행 중이기 때문이었다. 다른 곳에서 클러스터를 실행 중이라면 기반 인프라스트럭처에 따라 다른 유형의 볼륨을 사용해야 한다.

예를 들어 쿠버네티스 클러스터가 아마존 AWS EC2에서 실행 중이라면 파드에 퍼시스턴트 스토리지를 제공하기 위해 awsElasticBlockStore 볼륨을 사용할 수 있다. 마이크로소프트 Azure에서 클러스터를 실행 중이라면 azureFile이나 azureDisk 볼륨을 사용할 수 있다. 여기서 어떻게 사용하는지를 상세히 다루진 않겠지만 이전 예제와 거의 같다. 먼저 실제 기반 스토리지를 생성하고 파드 정의에서 적절한 속성을 지정한다.

AWS Elastic Block Store 볼륨 사용하기

예를 들어 GCE 퍼시스턴트 볼륨 대신 awsElasticBlockStore를 사용하려면 예제 6.7과 같이 볼륨 정의를 변경해야 한다(굵은 글자로 표시된 행 참고).

예제 6.7 awsElasticBlockStore 볼륨을 사용하는 파드: mongodb-pod-aws.yaml

```
apiVersion: v1
kind: Pod
metadata:
  name: mongodb
spec:
  volumes:
  - name: mongodb-data              gcePersistentDisk 대신
    awsElasticBlockStore:           awsElasticBlockStore를
                                    사용한다.
      volumeId: my-volume           생성한 EBS 볼륨의
      fsType: ext4                  ID를 지정한다.
  ontainers:                        파일시스템 유형은
  - ...                             EXT4로 이전과 같다.
```

NFS 볼륨 사용하기

클러스터가 여러 대의 서버로 실행되는 경우 외장 스토리지를 볼륨에 마운트하기 위한 다양한 지원 옵션이 제공된다. 예를 들어 NFS 공유를 마운트하기 위해서 예제 6.8과 같이 NFS 서버와 서버에서 익스포트 경로[5]를 지정하면 된다.

---

5 NFS-Server에서는 서버의 특정 경로를 외부에서 마운트할 수 있도록 익스포트 경로를 지정한다. 대체로 /etc/exports 파일에 지정한다. – 옮긴이

```
volumes:
- name: mongodb-data          이 볼륨은 NFS 공유를
  nfs:                        사용한다.
    server: 1.2.3.4      ◄──┤ NFS 서버의 IP이다.
    path: /some/path    ◄──┤ 서버의 익스포트된 경로다.
```

다른 스토리지 기술 사용하기

지원되는 다른 옵션으로 ISCSI 디스크 리소스를 마운트하기 위한 iscsi, GlusterFS 마운 트를 위한 glusterfs, RADOS 블록 디바이스를 위한 rdb, 그 외 flexVolume, cinder, cephfs, flocker, fc(Fiber Channel) 등이 있다. 사용하지 않는다면 모든 것을 알 필요는 없 다. 쿠버네티스가 다양한 스토리지 기술을 지원하며 원하는 기술이나 사용 중인 기술을 모 두 사용할 수 있다는 것을 보여주기 위해 언급했다.

각 볼륨 유형별로 필요한 속성의 세부 정보를 보려면 쿠버네티스 API 레퍼런스의 API 정의를 확인하거나 3장에서 설명한 것처럼 kubectl explain을 통해 정보를 찾아봐야 한 다. 특정 스토리지 기술에 익숙하다면 explain 명령을 사용해 적절한 유형의 볼륨을 어떻 게 마운트하고 파드에서 사용하는지 쉽게 확인할 수 있다.

하지만 개발자가 이 모든 것을 알아야 할까? 개발자가 파드를 생성할 때 인프라스트럭 처와 관련된 스토리지 세부 사항을 처리해야 할까? 아니면 클러스터 관리자에게 맡겨야 할까?

파드의 볼륨이 실제 기반 인프라스트럭처를 참조한다는 것은 쿠버네티스가 추구하는 바가 아니다. 예를 들어 개발자가 NFS 서버의 이름을 지정해야 한다는 것은 뭔가가 잘못 된 느낌이다. 심지어 최악이 아니라 더 복잡한 상황도 있다.

이런 유형의 인프라스트럭처 관련 정보를 파드 정의에 포함한다는 것은 파드 정의가 특정 쿠버네티스 클러스터에 밀접하게 연결됨을 의미한다. 동일한 파드 정의를 다른 클러 스터에서는 사용할 수 없다. 이것이 바로 볼륨을 이런 방식으로 사용하는 것이 파드에 퍼 시스턴트 스토리지를 연결하는 최적의 방법이 아닌 이유다. 다음 절에서 이를 어떻게 개선 하는지 배울 것이다.

6.5 기반 스토리지 기술과 파드 분리

지금까지 살펴본 모든 퍼시스턴트 볼륨 유형은 파드 개발자가 실제 네트워크 스토리지 인프라스트럭처에 관한 지식을 갖추고 있어야 한다. NFS 기반의 볼륨을 생성하려면 개발자는 NFS 익스포트가 위치하는 실제 서버를 알아야 한다. 이는 인프라스트럭처의 세부 사항에 대한 걱정을 없애고, 클라우드 공급자나 온프레미스 데이터센터를 걸쳐 이식 가능한 애플리케이션을 만들고, 애플리케이션과 개발자로부터 실제 인프라스트럭처를 숨긴다는 쿠버네티스의 기본 아이디어에 반한다.

이상적으로는 쿠버네티스에 애플리케이션을 배포하는 개발자는 기저에 어떤 종류의 스토리지 기술이 사용되는지 알 필요가 없어야 하고, 동일한 방식으로 파드를 실행하기 위해 어떤 유형의 물리 서버가 사용되는지 알 필요가 없어야 한다. 인프라스트럭처 관련 처리는 클러스터 관리자만의 영역이어야 한다.

개발자가 애플리케이션을 위해 일정량의 퍼시스턴트 스토리지를 필요로 하면 쿠버네티스에 요청할 수 있어야 하고, 동일한 방식으로 파드 생성 시 CPU, 메모리와 다른 리소스를 요청할 수 있어야 한다. 시스템 관리자는 클러스터를 구성해 애플리케이션이 요구한 것을 제공할 수 있어야 한다.

6.5.1 퍼시스턴트볼륨과 퍼시스턴트볼륨클레임 소개

인프라스트럭처의 세부 사항을 처리하지 않고 애플리케이션이 쿠버네티스 클러스터에 스토리지를 요청할 수 있도록 하기 위해 새로운 리소스 두 개가 도입됐다. 바로 퍼시스턴트볼륨^{PV, PersistentVolume}과 퍼시스턴트볼륨클레임^{PVC, PersistentVolumeClaim}이다. 이전 절에서 살펴본 것과 같이 일반 쿠버네티스 볼륨도 영구적인 데이터를 저장하는 데 사용할 수 있기 때문에 이름에 오해의 소지가 있을 수 있다.

파드에서 퍼시스턴트볼륨을 사용하면 일반 파드 볼륨을 사용하는 것에 비해 조금 복잡하므로 파드, 퍼시스턴트볼륨, 퍼시스턴트볼륨클레임과 실제 기반 스토리지가 어떻게 관련되는지 그림 6.6에서 살펴보자.

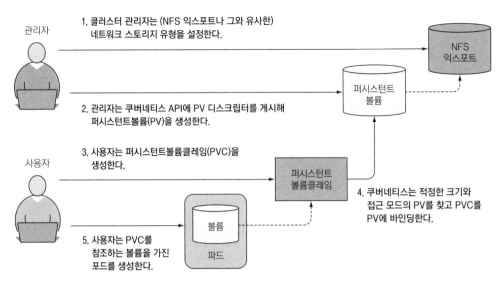

관리자

1. 클러스터 관리자는 (NFS 익스포트나 그와 유사한)
   네트워크 스토리지 유형을 설정한다.

2. 관리자는 쿠버네티스 API에 PV 디스크립터를 게시해
   퍼시스턴트볼륨(PV)을 생성한다.

사용자

3. 사용자는 퍼시스턴트볼륨클레임(PVC)을
   생성한다.

4. 쿠버네티스는 적절한 크기와
   접근 모드의 PV를 찾고 PVC를
   PV에 바인딩한다.

5. 사용자는 PVC를
   참조하는 볼륨을 가진
   포드를 생성한다.

NFS
익스포트

퍼시스턴트
볼륨

퍼시스턴트
볼륨클레임

볼륨

파드

▲ **그림 6.6** 클러스터 관리자가 퍼시스턴트볼륨을 프로비저닝하면 파드는 퍼시스턴트볼륨클레임을 통해 이를 사용
한다.

　개발자가 파드에 기술적인 세부 사항을 기재한 볼륨을 추가하는 대신 클러스터 관리
자가 기반 스토리지를 설정하고 쿠버네티스 API 서버로 퍼시스턴트볼륨 리소스를 생성해
쿠버네티스에 등록한다. 퍼시스턴트볼륨이 생성되면 관리자는 크기와 지원 가능한 접근
모드를 지정한다.

　클러스터 사용자가 파드에 퍼시스턴트 스토리지를 사용해야 하면 먼저 최소 크기와 필
요한 접근 모드를 명시한 퍼시스턴트볼륨클레임 매니페스트를 생성한다. 그런 다음 사용
자는 퍼시스턴트볼륨클레임 매니페스트를 쿠버네티스 API 서버에 게시하고 쿠버네티스는
적절한 퍼시스턴트볼륨을 찾아 클레임에 볼륨을 바인딩한다.

　그런 다음 퍼시스턴트볼륨클레임은 파드 내부의 볼륨 중 하나로 사용될 수 있다. 퍼시
스턴트볼륨클레임의 바인딩을 삭제해 릴리스될 때까지 다른 사용자는 동일한 퍼시스턴트
볼륨을 사용할 수 없다.

6.5.2 퍼시스턴트볼륨 생성

MongoDB 예제를 다시 살펴보자. 이전과 달리 파드에서 직접 GCE 퍼시스턴트 볼륨을 참조하지 않는다. 그 대신 여러분이 클러스터 관리자의 역할이라고 가정하고 GCE 퍼시스턴트 볼륨을 기반으로 한 퍼시스턴트볼륨을 생성한다. 그런 다음 애플리케이션 개발자의 역할이라 가정하고 퍼시스턴트볼륨을 클레임해서 이것을 파드에서 사용한다.

6.4.1절에서 GCE 퍼시스턴트 디스크로 프로비저닝된 물리 스토리지를 생성했다면 여기서 다시 수행할 필요는 없다. 여러분이 해야 할 일은 예제 6.9에서 표시된 매니페스트를 만들고 API 서버에 게시해 퍼시스턴트볼륨을 생성하는 것이다.

예제 6.9 gcePersistentDisk 퍼시스턴트볼륨: mongodb-pv-gcepd.yaml

```
apiVersion: v1
kind: PersistentVolume
metadata:
  name: mongodb-pv
spec:
  capacity:                                    PersistentVolume 사이즈를
    storage: 1Gi                               지정한다.
  accessModes:                                 이 PV는 단일 클라이언트의 읽기/쓰기용
  - ReadWriteOnce                              (ReadWirteOnce)이나 여러 클라이언트를 위한
  - ReadOnlyMany                               읽기 전용(ReadOnlyMany)으로 마운트된다.
  persistentVolumeReclaimPolicy: Retain        클레임이 해제된 후
  gcePersistentDisk:                           퍼시스턴트볼륨은 유지돼야 한다
    pdName: mongodb                            (지워지거나 삭제되면 안 된다).
    fsType: ext4                  퍼시스턴트볼륨은 이전에
                                  생성한 GCE 퍼시스턴트
                                  디스크를 기반으로 한다.
```

> | **노트** | Minikube를 사용하는 경우 mongodb-pv-hostpath.yaml 파일로 PV를 생성한다.

퍼시스턴트볼륨을 생성할 때 관리자는 쿠버네티스에게 용량이 얼마가 되는지 단일 노드나 동시에 다수 노드에 읽기나 쓰기가 가능한지 여부를 알려야 한다. 또한 쿠버네티스에게 퍼시스턴트볼륨이 해제되면 어떤 동작을 해야 할지 알려야 한다(바인딩된 퍼시스턴트볼륨

클레임이 삭제되는 경우). 마지막으로 퍼시스턴트볼륨을 지원하는 실제 스토리지의 유형, 위치, 그 밖의 속성 정보를 지정해야 한다. 자세히 살펴보면 마지막 부분은 앞서 파드 볼륨으로 GCE 퍼시스턴트 디스크를 직접 참조하는 것과 동일하다(예제 6.10 참고).

예제 6.10 파드 볼륨에서 GCE PD 참조하기

```
spec:
  volumes:
  - name: mongodb-data
    gcePersistentDisk:
      pdName: mongodb
      fsType: ext4
  ...
```

kubectl create 명령으로 퍼시스턴트볼륨을 생성하고 나면 클레임할 준비가 됐다. 어떤 퍼시스턴트볼륨이 있는지 조회해보자.

```
$ kubectl get pv
NAME          CAPACITY   RECLAIMPOLICY   ACCESSMODES   STATUS      CLAIM
mongodb-pv    1Gi        Retain          RWO,ROX       Available
```

| **노트** | 몇 개 열은 생략했다. 또한 pv는 persistentvolume의 약어다.

예상한 대로 아직 퍼시스턴트볼륨클레임을 생성하지 않았으므로 퍼시스턴트볼륨이 Available로 표시된다.

| **노트** | 퍼시스턴트볼륨은 특정 네임스페이스에 속하지 않는다(그림 6.7 참고). 퍼시스턴트볼륨은 노드와 같은 클러스터 수준 리소스다.

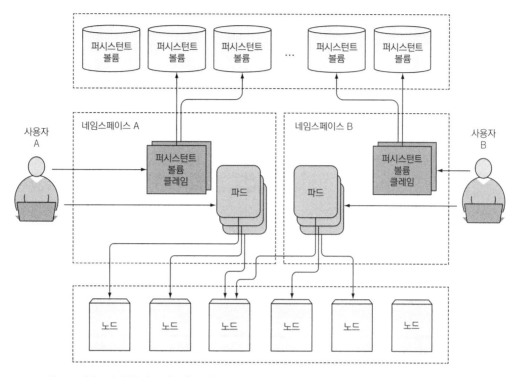

▲ **그림 6.7** 퍼시스턴트볼륨과 클러스터 노드는 파드나 퍼시스턴트볼륨클레임과 달리 특정 네임스페이스에 속하지 않는다.

6.5.3 퍼시스턴트볼륨클레임 생성을 통한 퍼시스턴트볼륨 요청

이제 관리자의 모자를 내려놓고 개발자의 모자를 다시 써 보자. 퍼시스턴트 스토리지가 필요한 파드를 배포해야 한다. 이전에 생성한 퍼시스턴트볼륨을 사용할 것이다. 하지만 파드에 직접 사용할 수는 없고 클레임을 먼저 해야 한다.

파드가 재스케줄링되더라도 동일한 퍼시스턴트볼륨클레임이 사용 가능한 상태로 유지되기를 원하므로 퍼시스턴트볼륨에 대한 클레임은 파드를 생성하는 것과 별개의 프로세스다(재스케줄링은 이전의 파드가 삭제되고 새로운 파드가 생성되는 것을 의미한다).

퍼시스턴트볼륨클레임 생성하기

이제 클레임을 생성한다. 예제 6.11과 같이 퍼시스턴트볼륨클레임 매니페스트를 준비하고 `kubectl create` 명령으로 쿠버네티스 API에 게시한다.

예제 6.11 퍼시스턴트볼륨클레임: mongodb-pvc.yaml

```
apiVersion: v1
kind: PersistentVolumeClaim
metadata:
  name: mongodb-pvc          ◀──── 퍼시스턴트볼륨클레임의 이름으로 나중에
                                   파드의 볼륨을 요청할 때 사용한다.
spec:
  resources:
    requests:
      storage: 1Gi           ◀──── 1GiB의 스토리지를 요청한다.
  accessModes:
  - ReadWriteOnce            ◀──── 단일 클라이언트를 지원하는 스토리지다
                                   (읽기/쓰기를 모두 수행한다).
  storageClassName: ""       ◀──── 이 부분은 '동적 프로비저닝'
                                   절에서 배운다.
```

퍼시스턴트볼륨클레임이 생성되자마자 쿠버네티스는 적절한 퍼시스턴트볼륨을 찾고 클레임에 바인딩한다. 퍼시스턴트볼륨의 용량은 퍼시스턴트볼륨클레임의 요청을 수용할 만큼 충분히 커야 한다. 추가로 볼륨 접근 모드는 클레임에서 요청한 접근 모드를 포함해야 한다. 이 경우 퍼시스턴트볼륨클레임은 1GiB의 스토리지와 `ReadWriteOnce` 접근 모드를 요청한다. 이전에 요청한 퍼시스턴트볼륨은 두 가지 요구 사항을 만족하므로 퍼시스턴트볼륨클레임에 바인딩된다. 퍼시스턴트볼륨클레임을 검사해 이를 확인할 수 있다.

퍼시스턴트볼륨클레임 조회하기

PVC^{PersistentVolumeClaim}의 상대를 보기 위해 모든 퍼시스턴드볼륨클레임을 조회한다.

```
$ kubectl get pvc
NAME            STATUS   VOLUME        CAPACITY   ACCESSMODES   AGE
mongodb-pvc     Bound    mongodb-pv    1Gi        RWO,ROX       3s
```

288

> **| 노트 |** PersistentVolumeClaim의 약어인 pvc를 사용한다.

클레임이 퍼시스턴트볼륨 mongodb-pv에 Bound됐다고 나온다. 다음은 접근 모드로 사용되는 약어다.

- RWO(ReadWriteOnce): 단일 노드만이 읽기/쓰기용으로 볼륨을 마운트할 수 있다.
- ROX(ReadOnlyMany): 다수 노드가 읽기용으로 볼륨을 마운트할 수 있다.
- RWX(ReadWriteMany): 다수 노드가 읽기/쓰기용으로 볼륨을 마운트할 수 있다.

> **| 노트 |** RWO, ROX, RWX는 파드 수가 아닌 볼륨을 동시에 사용할 수 있는 워커 노드 수와 관련이 있다.

퍼시스턴트볼륨 조회하기

kubectl get으로 확인해보면 퍼시스턴트볼륨이 Bound 상태가 돼 더 이상 Available로 표시되지 않는다.

```
$ kubectl get pv
NAME          CAPACITY   ACCESSMODES   STATUS   CLAIM                 AGE
mongodb-pv    1Gi        RWO,ROX       Bound    default/mongodb-pvc   1m
```

퍼시스턴트볼륨이 default/mongodb-pvc 클레임에 바인딩됨을 보여준다. default 부분은 클레임이 있는 네임스페이스다(퍼시스턴트볼륨클레임을 default 네임스페이스에 생성했다). 퍼시스턴트볼륨은 클러스터 수준의 리소스이므로 특정 네임스페이스에 생성할 수 없다. 그리고 동일한 네임스페이스의 파드에서만 사용할 수 있다.

6.5.4 파드에서 퍼시스턴트볼륨클레임 사용하기

이제 퍼시스턴트볼륨을 사용 중에 있다. 볼륨을 해제할 때까지 다른 사용자는 동일한 볼륨에 클레임을 할 수 없다. 파드 내부에서 볼륨을 사용하기 위해 예제 6.12와 같이 파드 볼륨에서 이름으로 퍼시스턴트볼륨클레임을 참조한다(퍼시스턴트볼륨이 아니라 퍼시스턴트볼륨클레임이다).

예제 6.12 퍼시스턴트볼륨클레임 볼륨을 사용하는 파드: mongodb-pod-pvc.yaml

```
apiVersion: v1
kind: Pod
metadata:
  name: mongodb
spec:
  containers:
  - image: mongo
    name: mongodb
    volumeMounts:
    - name: mongodb-data
      mountPath: /data/db
    ports:
    - containerPort: 27017
      protocol: TCP
  volumes:
  - name: mongodb-data
    persistentVolumeClaim:           파드 볼륨에서 이름으로 퍼시스턴트
      claimName: mongodb-pvc         볼륨클레임을 참조한다.
```

계속해서 파드를 생성한다. 이제 파드가 실제로 동일 퍼시스턴트볼륨과 기반 GCE PD를 사용하는지 확인해본다. 예제 6.13에서와 같이 MongoDB 셸을 다시 실행해보면 이전에 저장한 데이터를 확인할 수 있어야 한다.

예제 6.13 PVC와 PV를 사용한 파드에서 MongoDB에 영구적으로 저장된 데이터 가져오기

```
$ kubectl exec -it mongodb mongo
MongoDB shell version: 3.2.8
connecting to: mongodb://127.0.0.1:27017
Welcome to the MongoDB shell.
...
> use mystore
switched to db mystore
```

```
> db.foo.find()
{ "_id" : ObjectId("57a61eb9de0cfd512374cc75"), "name" : "foo" }
```

이제 이전에 MongoDB에 저장한 도큐먼트를 가져올 수 있다.

6.5.5 퍼시스턴트볼륨과 퍼시스턴트볼륨클레임 사용의 장점 이해하기

그림 6.8은 파드가 GCE 퍼시스턴트 디스크를 직접 사용하는 방법과 퍼시스턴트볼륨과 퍼시스턴트볼륨클레임으로 사용하는 방법을 보여준다.

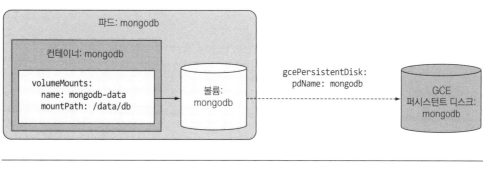

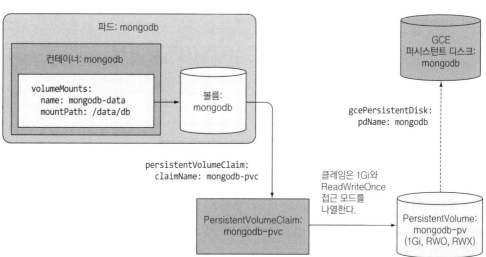

▲ **그림 6.8** GCE 퍼시스턴트 디스크를 직접 사용하는 경우와 PVC와 PV를 사용하는 경우

애플리케이션 개발자(또는 클러스터 사용자)에게 인프라스트럭처에서 스토리지를 가져오는 간접적인 방식을 사용하는 것이 얼마나 간단한지 생각해보자. 퍼시스턴트볼륨과 퍼시스턴트볼륨클레임을 생성하는 추가 절차가 필요한 것은 맞지만 개발자는 기저에 사용된 실제 스토리지 기술을 알 필요가 없다.

게다가 동일한 파드와 클레임 매니페스트는 인프라스트럭처와 관련된 어떤 것도 참조하지 않으므로 이제 다른 쿠버네티스 클러스터에서도 사용할 수 있다. 클레임은 "x만큼의 스토리지가 필요하고 한 번에 하나의 클라이언트에서 읽기와 쓰기를 할 수 있어야 한다"라고 말한다. 그러면 파드는 볼륨 중 하나에서 해당 클레임을 이름으로 참조한다.

6.5.6 퍼시스턴트볼륨 재사용

퍼시스턴트볼륨에 관해 이 절을 마무리하기 전에 마지막으로 간단한 실험을 하나 해본다. 파드와 퍼시스턴트볼륨클레임을 삭제한다.

```
$ kubectl delete pod mongodb
pod "mongodb" deleted
$ kubectl delete pvc mongodb-pvc
persistentvolumeclaim "mongodb-pvc" deleted
```

퍼시스턴트볼륨클레임을 다시 생성하면 어떻게 될까? 퍼시스턴트볼륨에 바인딩될까? 클레임을 생성한 뒤 kubectl get pvc가 보여주는 결과는 어떠한가?

```
$ kubectl get pvc
NAME          STATUS    VOLUME   CAPACITY   ACCESSMODES   AGE
mongodb-pvc   Pending                                     13s
```

클레임의 상태가 Pending으로 표시된다. 흥미롭다. 이전에 클레임을 생성했을 때는 클레임은 즉시 퍼시스턴트볼륨에 바인딩됐는데 왜 이번엔 바인딩되지 않을까? 퍼시스턴트볼륨을 조회해보면 더 잘 알 수 있을 것이다.

```
$ kubectl get pv
NAME C      APACITY  ACCESSMODES  STATUS    CLAIM               REASON AGE
mongodb-pv  1Gi      RWO,ROX      Released  default/mongodb-pvc  5m
```

STATUS 열은 퍼시스턴트볼륨을 Released로 표시하고 이전과 같은 Available이 아니다. 이미 볼륨을 사용했기 때문에 데이터를 가지고 있으므로 클러스터 관리자가 볼륨을 완전히 비우지 않으면 새로운 클레임에 바인딩할 수 없다. 클러스터 관리자가 볼륨을 비우지 않았다면 동일한 퍼시스턴트볼륨을 사용하는 새 파드는 다른 네임스페이스(다른 클러스터 테넌트에 속할 수도 있음)에서 클레임과 파드가 생성됐다고 할지라도 이전 파드가 저장한 데이터를 읽을 수 있다.

퍼시스턴트볼륨을 수동으로 다시 클레임하기

쿠버네티스에 persistentVolumeClaimPolicy를 Retain으로 설정하면 퍼시스턴트볼륨이 이러한 동작을 할 수 있다. 쿠버네티스가 클레임이 해제돼도 볼륨과 콘텐츠를 유지하도록 한다. 퍼시스턴트볼륨을 수동으로 재사용할 수 있는 유일한 방법은 퍼시스턴트볼륨 리소스를 삭제하고 다시 생성하는 것이다. 이렇게 할 때 기반 스토리지의 파일을 어떻게 할지 결정해야 한다. 삭제할 수도 있고 다음 파드에서 다시 사용하도록 남겨둘 수도 있다.

퍼시스턴트볼륨을 자동으로 다시 클레임하기

다른 두 가지 리클레임 정책은 Recycle과 Delete다. Recycle은 볼륨의 콘텐츠를 삭제하고 볼륨이 다시 클레임될 수 있도록 볼륨을 사용 가능하게 만든다. 이렇게 하면 그림 6.9와 같이 퍼시스턴트볼륨은 여러 번 다른 퍼시스턴트볼륨클레임과 다른 파드에서 재사용할 수 있다.

반대로 Delete 정책은 기반 스토리지를 삭제한다. Recycle 옵션은 현재 GCE 퍼시스턴트 디스크에서 사용할 수 없다. 이 유형의 퍼시스턴트볼륨은 Retain과 Delete 정책만 지원한다. 다른 퍼시스턴트볼륨 유형도 이들 옵션을 지원할 수도 있고, 지원하지 않을 수도 있으므로 퍼시스턴트볼륨을 생성하기 전에 볼륨으로 사용하는 특정 기반 스토리지에서

어떤 리클레임 정책을 지원하는지 확인해야 한다.[6]

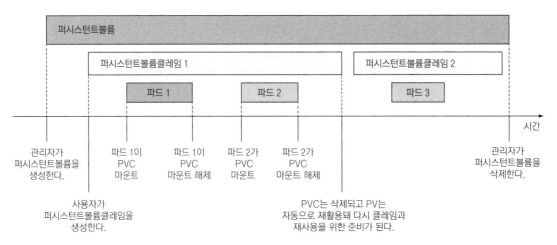

▲ **그림 6.9** 퍼시스턴트볼륨, 퍼시스턴트볼륨클레임과 이를 사용하는 파드의 수명

> | **팁** | 기존 퍼시스턴트볼륨의 리클레임 정책을 변경할 수 있다. 예를 들어 Delete로 초기 설정했을
> 경우 데이터의 손실을 방지하기 위해 Retain으로 쉽게 변경할 수 있다.

6.6 퍼시스턴트볼륨의 동적 프로비저닝

지금까지 퍼시스턴트볼륨과 퍼시스턴트볼륨클레임을 사용함으로써 개발자가 내부적으로
사용된 실제 스토리지 기술을 처리할 필요 없이 얼마나 쉽게 퍼시스턴트 스토리지를 사용
할 수 있는지 살펴봤다. 그러나 여전히 클러스터 관리자는 실제 스토리지를 미리 프로비저
닝해둬야 한다. 다행히 쿠버네티스는 퍼시스턴트볼륨의 동적 프로비저닝을 통해 이 작업
을 자동으로 수행할 수 있다.

---

6   이 책이 집필되던 시점에는 Recycle 정책이 유효했으나, 현재는 유지 보수가 중단됐다. 다음 링크를 참고하라. https://kubernetes.
io/docs/concepts/storage/persistent-volumes/#recycle - 옮긴이

클러스터 관리자가 퍼시스턴트볼륨을 생성하는 대신 퍼시스턴트볼륨 프로비저너를 배포하고 사용자가 선택 가능한 퍼시스턴트볼륨의 타입을 하나 이상의 스토리지클래스 StorageClass 오브젝트로 정의할 수 있다. 사용자가 퍼시스턴트볼륨클레임에서 스토리지클래스를 참조하면 프로비저너provisioner가 퍼시스턴트 스토리지를 프로비저닝할 때 이를 처리한다.

| **노트** | 퍼시스턴트볼륨과 비슷하게 스토리지클래스 리소스도 네임스페이스에 속하지 않는다.

쿠버네티스는 대부분 인기 있는 클라우드 공급자의 프로비저너를 포함하므로 관리자가 항상 프로비저너를 배포하지 않아도 된다. 그러나 온프레미스에 배포된 쿠버네티스는 사용자 정의 프로비저너가 배포돼야 한다.

관리자가 많은 퍼시스턴트볼륨을 미리 프로비저닝하는 대신 하나 혹은 그 이상의 스토리지클래스를 정의하면 시스템은 누군가 퍼시스턴트볼륨클레임을 통해 요청 시 새로운 퍼시스턴트볼륨을 생성한다. 가장 큰 장점은 퍼시스턴트볼륨이 부족할 일이 없다는 것이다 (물론, 스토리지 용량이 부족할 수 있다).

6.6.1 스토리지클래스 리소스를 통한 사용 가능한 스토리지 유형 정의하기

사용자가 퍼시스턴트볼륨클레임을 생성하면 결과적으로 새로운 퍼시스턴트볼륨이 프로비저닝되므로 관리자는 하나 혹은 그 이상의 스토리지클래스 리소스를 생성해야 한다. 예제 6.14를 살펴보자.

예제 6.14 스토리지클래스 정의: storageclass-fast-gcepd.yaml

```
apiVersion: storage.k8s.io/v1
kind: StorageClass
metadata:
  name: fast
provisioner: kubernetes.io/gce-pd          ◀─── 퍼시스턴트볼륨 프로비저닝을 위해
parameters:                                      사용되는 볼륨 플러그인이다.
```

```
  type: pd-ssd                          이런 파라미터가
  zone: europe-west1-b                  프로비저너로 전달된다.
```

> |**노트**| Minikube를 사용하는 경우 storageclass-fast-hostpath.yaml 파일로 배포한다.

스토리지클래스 리소스는 퍼시스턴트볼륨클레임이 스토리지클래스에 요청할 때 어떤
프로비저너가 퍼시스턴트볼륨을 프로비저닝하는 데 사용돼야 할지를 지정한다. 스토리지
클래스에 정의된 파라미터들은 프로비저너에 전달되며, 파라미터는 각 프로비저너 플러그
인마다 다르다.

이 스토리지클래스는 구글 클라우드 엔진[GCE]의 퍼시스턴트 디스크[PD] 프로비저너를 사
용하므로 GCE에서 쿠버네티스가 실행 중일 때 사용할 수 있다는 의미다. 다른 클라우드
공급자인 경우 다른 프로비저너를 사용해야 한다.

6.6.2 퍼시스턴트볼륨클레임에서 스토리지 클래스 요청하기

스토리지클래스 리소스가 생성되면 사용자는 퍼시스턴트볼륨클레임의 이름에 스토리지클
래스를 참조할 수 있다.

특정 스토리지클래스를 요청하는 PVC 정의 생성하기

Mongodb-pvc를 동적 프로비저닝을 사용하도록 수정한다. 예제 6.15는 업데이트된 PVC의
YAML 정의이다.

예제 6.15 동적 프로비저닝 PVC: mongodb-pvc-dp.yaml

```
apiVersion: v1
kind: PersistentVolumeClaim
metadata:
  name: mongodb-pvc
spec:
  storageClassName: fast   ◀──   PVC는 사용자 정의 스토리지
                                  클래스를 요청한다.
```

```
  resources:
   requests:
    storage: 100Mi
   accessModes:
    - ReadWriteOnce
```

크기와 접근 모드를 지정하는 것 외에도 퍼시스턴트볼륨클레임에 사용할 스토리지클래스를 지정해야 한다. 클레임을 생성하면 fast 스토리지클래스 리소스에 참조된 프로비저너가 퍼시스턴트볼륨을 생성한다. 프로비저너는 수동으로 프로비저닝된 퍼시스턴트볼륨과 퍼시스턴트볼륨클레임을 매핑하는 데도 사용된다.

> | **노트** | PVC에서 존재하지 않은 스토리지클래스를 참조하면 PV 프로비저닝은 실패한다(PVC를 kubectl describe 명령으로 보면 ProvisioningFailed 이벤트가 표시된다).

동적 프로비저닝된 PV와 생성된 PVC 검사하기

다음으로 PVC를 생성하고 kubectl get을 사용해 확인한다.

```
$ kubectl get pvc mongodb-pvc
NAME          STATUS   VOLUME         CAPACITY   ACCESSMODES   STORAGECLASS
mongodb-pvc   Bound    pvc-1e6bc048   1Gi        RWO           fast
```

VOLUME 열은 클레임에 바인딩된 퍼시스턴트볼륨을 표시한다(실제 이름은 표시된 것보다 길다). 퍼시스턴트볼륨을 조회해서 실제로 PV가 자동으로 생성됐는지 확인해본다.

```
$ kubectl get pv
NAME          CAPACITY   ACCESSMODES   RECLAIMPOLICY   STATUS     STORAGECLASS
mongodb-pv    1Gi        RWO,ROX       Retain          Released
pvc-1e6bc048  1Gi        RWO           Delete          Bound      fast
```

> | **노트** | 관련된 열만 표시한다.

동적으로 프로비저닝된 퍼시스턴트볼륨을 볼 수 있다. 퍼시스턴트볼륨의 용량과 접근 모드가 PVC에서 요청한 것과 동일하다. 리클레임 정책은 Delete로 PVC가 삭제되면 퍼시스턴트볼륨이 삭제됨을 의미한다. PV 외에 프로비저너는 실제 스토리지도 프로비저닝했다. fast 스토리지클래스는 GCE 퍼시스턴트 디스크를 프로비저닝하는 kubernetes.io/gce-pd 프로비저너를 사용하도록 설정됐다. 다음 명령으로 디스크를 확인한다.

```
$ gcloud compute disks list
NAME                            ZONE              S IZE_GB   TYPE          STATUS
gke-kubia-dyn-pvc-1e6bc048      europe-west1-d    1          pd-ssd        READY
gke-kubia-default-pool-71df     europe-west1-d    100        pd-standard   READY
gke-kubia-default-pool-79cd     europe-west1-d    100        pd-standard   READY
gke-kubia-default-pool-blc4     europe-west1-d    100        pd-standard   READY
mongodb                         europe-west1-d    1          pd-standard   READY
```

확인한 바와 같이 첫 번째 퍼시스턴트 디스크의 이름은 동적으로 프로비저닝됐음을 나타내고 유형은 이전에 생성한 스토리지 클래스에서 지정한 대로 SSD임을 나타낸다.

스토리지 클래스 사용하는 법 이해하기

클러스터 관리자는 성능이나 기타 특성이 다른 여러 스토리지 클래스를 생성할 수 있다. 그런 다음 개발자는 생성할 각 클레임에 가장 적합한 스토리지 클래스를 결정한다.

스토리지클래스의 좋은 점은 클레임 이름으로 이를 참조한다는 사실이다. 그러므로 다른 클러스터 간 스토리지클래스 이름을 동일하게 사용한다면 PVC 정의를 다른 클러스터로 이식 가능하다. 이를 확인하려면 지금까지 GKE를 사용한 경우 Minikube에서 같은 예제를 실행해볼 수 있다. 클러스터 관리자는 다른 스토리지 클래스를 생성해야 한다(이름은 같게 함). storageclass-fasthostpath.yaml 파일에 정의된 스토리지 클래스는 Minikube에서 사용하도록 맞춤형으로 제작됐다. 스토리지클래스를 배포하면 클러스터 사용자는 이전과 동일한 PVC 매니페스트와 파드 매니페스트를 배포할 수 있다. 이로써 어떻게 서로 다른 클러스터 간 파드와 PVC가 이식 가능한지 확인했다.

6.6.3 스토리지 클래스를 지정하지 않은 동적 프로비저닝

6장을 진행하면서 파드에 퍼시스턴트 스토리지를 연결하는 것이 훨씬 간단해졌다. 이 절에서는 초기 버전의 쿠버네티스에서 지금까지 스토리지 프로비저닝이 어떻게 진화했는지 설명한다. 마지막 절에서 퍼시스턴트볼륨을 파드에 연결하는 가장 간단한 방법을 살펴본다.

스토리지 클래스 조회하기

fast라는 사용자 정의 스토리지 클래스를 생성할 때 클러스터에 스토리지 클래스가 이미 정의돼 있는지 확인하지 않았다. 지금 확인해보자. GKE에서 사용 가능한 스토리지 클래스는 다음과 같다.

```
$ kubectl get sc
NAME                TYPE
fast                kubernetes.io/gce-pd
standard (default)  kubernetes.io/gce-pd
```

> |**노트**| storageclass의 약어로 sc를 사용한다.

직접 생성한 fast 스토리지 클래스 외에 standard 스토리지 클래스가 기본값^{default}으로 표시돼 있다. 이것이 무슨 의미인지 배워보자. Minikube에서 사용 가능한 스토리지 클래스를 조회해서 비교해본다.

```
$ kubectl get sc
NAME                TYPE
fast                k8s.io/minikube-hostpath
standard (default)  k8s.io/minikube-hostpath
```

여기에도 생성한 fast 스토리지 클래스가 있고 기본값으로 standard 스토리지 클래스가 존재한다. 두 조회 결과에서 TYPE 열을 비교해보면 GKE는 kubernetes.io/gce-pd 프로비저너를 사용하고 Minikube는 k8s.io/Minikube-hostpath를 사용한다.

기본 스토리지 클래스 확인하기

예제 6.16과 같이 kubectl get을 사용해 GKE 클러스터의 standard 스토리지 클래스를
자세히 살펴본다.

```
$ kubectl get sc standard -o yaml
apiVersion: storage.k8s.io/v1
kind: StorageClass
metadata:
  annotations:
    storageclass.beta.kubernetes.io/is-default-class: "true"      ◀── 이 어노테이션에서
                                                                      스토리지 클래스를
                                                                      기본값으로 표시한다.
  creationTimestamp: 2017-05-16T15:24:11Z
  labels:
    addonmanager.kubernetes.io/mode: EnsureExists
    kubernetes.io/cluster-service: "true"
  name: standard
  resourceVersion: "180"
  selfLink: /apis/storage.k8s.io/v1/storageclassesstandard
  uid: b6498511-3a4b-11e7-ba2c-42010a840014
parameters:
  type: pd-standard          type 파라미터는 프로비저너가 어떤 유형의
                             GCE PD를 생성할지 알려준다.
provisioner: kubernetes.io/gce-pd  ◀── GCE 퍼시스턴트 디스크 프로비저너는
                                       이 클래스의 PV를 프로비저닝하는 데 사용한다.
```

예제의 맨 위를 자세히 살펴보면 스토리지 클래스 정의에 어노테이션이 포함돼 있으므
로 이 스토리지 클래스가 기본값이 된다. 기본 스토리지 클래스는 퍼시스턴트볼륨클레임
에서 명시적으로 어떤 스토리지 클래스를 사용할지 지정하지 않은 경우 퍼시스턴트볼륨을
동적 프로비저닝하는 데 사용된다.

스토리지 클래스를 지정하지 않고 퍼시스턴트볼륨클레임 생성하기

storageClassName 속성을 지정하지 않고 PVC를 생성하면 구글 쿠버네티스 엔진에서는
pd-standard 유형의 GCE 퍼시스턴트 디스크가 프로비저닝된다. 예제 6.17의 YAML로
클레임을 생성해보자.

```
apiVersion: v1
kind: PersistentVolumeClaim
metadata:
  name: mongodb-pvc2
spec:
  resources:
    requests:            이전 예제와 다르게
      storage: 100Mi     storageClassName 속성을
  accessModes:           지정하지 않았다.
  - ReadWriteOnce
```

이 PVC 정의는 단지 스토리지 사이즈와 의도된 접근 모드만을 지정하고 스토리지 클래스를 포함하지 않는다. PVC를 생성하면 기본값으로 표시된 스토리지 클래스가 사용된다. 다음과 같이 확인할 수 있다.

```
$ kubectl get pvc mongodb-pvc2
NAME           STATUS   VOLUME          CAPACITY   ACCESSMODES   STORAGECLASS
mongodb-pvc2   Bound    pvc-95a5ec12    1Gi        RWO           standard

$ kubectl get pv pvc-95a5ec12
NAME           CAPACITY   ACCESSMODES   RECLAIMPOLICY   STATUS   STORAGECLASS
pvc-95a5ec12   1Gi        RWO           Delete          Bound    standard

$ gcloud compute disks list
NAME                        ZONE             SIZE_GB   TYPE          STATUS
gke-kubia-dyn-pvc-95a5ec12  europe-west1-d   1         pd-standard   READY
...
```

퍼시스턴트볼륨클레임을 미리 프로비저닝된 퍼시스턴트볼륨으로 바인딩 강제화하기

마지막으로 예제 6.11에서 storageClassName을 빈 문자열로 설정한 이유를 살펴보자(PVC가 수동으로 프로비저닝된 PV에 바인딩하려는 경우). PVC 정의에서 관련 있는 행을 다시 살펴본다.

```
kind: PersistentVolumeClaim
spec:
  storageClassName: ""
```

빈 문자열을 스토리지클래스 이름으로 지정하면
PVC가 새로운 PV를 동적 프로비저닝하는 대신
미리 프로비저닝된 PV에 바인딩된다.

storageClassName 속성을 빈 문자열로 지정하지 않으면 미리 프로비저닝된 퍼시스턴트볼륨이 있다고 할지라도 동적 볼륨 프로비저너는 새로운 퍼시스턴트볼륨을 프로비저닝할 것이다. 예제 6.11에서는 수동으로 미리 프로비저닝된 퍼시스턴트볼륨이 어떻게 클레임에 바인딩되는지를 보여주고 싶었다. 동적 프로비저너가 간섭하는 것을 원하지 않았다.

> |팁| PVC를 미리 프로비저닝된 퍼시스턴트볼륨에 바인딩하려면 명시적으로 storageClassName을 ""(큰따옴표)로 지정해야 한다.

퍼시스턴트볼륨 동적 프로비저닝의 전체 그림 이해하기

이것으로 6장을 마친다. 요약하면 파드에 퍼시스턴트 스토리지를 연결하는 최적의 방법은 (storageClassName을 명시적으로 지정한) PVC와 (PVC를 이름으로 참조한) 파드만 생성하는 것이다. 이외의 다른 모든 것은 동적 퍼시스턴트볼륨 프로비저너가 처리한다.

동적 프로비저닝된 퍼시스턴트볼륨을 가져오는 것을 포함한 전체 절차를 그림 6.10에서 확인하자.

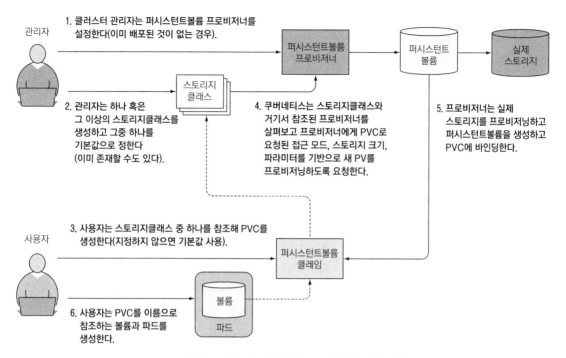

1. 클러스터 관리자는 퍼시스턴트볼륨 프로비저너를 설정한다(이미 배포된 것이 없는 경우).

관리자

2. 관리자는 하나 혹은 그 이상의 스토리지클래스를 생성하고 그중 하나를 기본값으로 정한다 (이미 존재할 수도 있다).

스토리지 클래스

퍼시스턴트볼륨 프로비저너

퍼시스턴트 볼륨

실제 스토리지

4. 쿠버네티스는 스토리지클래스와 거기서 참조된 프로비저너를 살펴보고 프로비저너에게 PVC로 요청된 접근 모드, 스토리지 크기, 파라미터를 기반으로 새 PV를 프로비저닝하도록 요청한다.

5. 프로비저너는 실제 스토리지를 프로비저닝하고 퍼시스턴트볼륨을 생성하고 PVC에 바인딩한다.

사용자

3. 사용자는 스토리지클래스 중 하나를 참조해 PVC를 생성한다(지정하지 않으면 기본값 사용).

퍼시스턴트볼륨 클레임

볼륨

파드

6. 사용자는 PVC를 이름으로 참조하는 볼륨과 파드를 생성한다.

▲ 그림 6.10 퍼시스턴트볼륨 동적 프로비저닝의 전체 그림

6.7 요약

6장에서는 파드의 컨테이너에 임시 혹은 영구적인 스토리지를 제공하기 위해 어떻게 볼륨이 사용되는지 살펴봤다. 6장에서 살펴본 주요 내용은 다음과 같다.

- 다중 컨테이너 파드 생성과 파드의 컨테이너들이 볼륨을 파드에 추가하고 각 컨테이너에 마운트해 동일한 파일로 동작하게 한다.
- emptDir 볼륨을 사용해 임시, 비영구 데이터를 저장한다.
- gitRepo 볼륨을 사용해 파드의 시작 시점에 깃 리포지터리의 콘텐츠로 디렉터리를 쉽게 채운다.
- hostPath 볼륨을 사용해 호스트 노드의 파일에 접근한다.
- 외부 스토리지를 볼륨에 마운트해 파드가 재시작돼도 파드의 데이터를 유지한다.

- 퍼시스턴트볼륨과 퍼시스턴트볼륨클레임을 사용해 파드와 스토리지 인프라스트럭처를 분리한다.
- 각 퍼시스턴트볼륨클레임을 위해 퍼시스턴트볼륨을 원하는 (혹은 기본값의) 스토리지클래스로 동적 프로비저닝한다.
- 퍼시스턴트볼륨클레임을 미리 프로비저닝된 퍼시스턴트볼륨과 바인딩하고자 할 때 동적 프로비저너가 간섭하는 것을 막는다.

7장에서는 어떤 메커니즘으로 쿠버네티스가 설정 데이터, 시크릿 정보, 파드와 컨테이너의 메타데이터를 파드 내부에서 실행 중인 프로세스에게 전달하는지 살펴볼 것이다. 이는 6장에서 언급은 됐지만 살펴보지 않은 특별한 유형의 볼륨에서 수행된다.

7

컨피그맵과 시크릿: 애플리케이션 설정

7장에서 다루는 내용

- 컨테이너의 주 프로세스 변경
- 애플리케이션에 명령줄 옵션 전달
- 애플리케이션에 노출되는 환경변수 설정
- 컨피그맵으로 애플리케이션 설정
- 시크릿으로 민감한 정보 전달

지금까지 이 책의 실습 과정에서 실행한 애플리케이션에는 어떠한 종류의 설정 데이터도 전달할 필요가 없었다. 거의 모든 애플리케이션은 빌드된 애플리케이션 자체에 포함하지 말아야 하는 설정(배포된 인스턴스별로 다른 세팅, 외부 시스템 액세스를 위한 자격증명 등)이 필요하다. 쿠버네티스에서 이런 애플리케이션을 실행할 때 설정 옵션을 어떻게 전달하는지 살펴보자.

7.1 컨테이너화된 애플리케이션 설정

쿠버네티스 안에서 실행되는 애플리케이션에 설정 데이터를 전달하는 방법을 알아보기 전에 일반적으로 컨테이너화된 애플리케이션이 어떻게 구성되는지 살펴보자.

새 애플리케이션 개발을 시작할 때 필요한 모든 설정을 애플리케이션에 포함하는 경우를 제외하면 일반적으로 명령줄 인수로 애플리케이션에 필요한 설정을 넘겨주는 것으로 시작한다. 이후 설정할 옵션 목록이 커지면 설정을 파일에 저장하고 사용할 수 있다.

컨테이너화된 애플리케이션에서 설정을 애플리케이션에 전달할 때 널리 사용하는 또 다른 방법은 환경변수를 사용하는 것이다. 애플리케이션이 설정을 파일이나 명령줄 인수에서 읽는 대신 특정 환경변수의 값을 찾는다. 예를 들어 MySQL 공식 컨테이너 이미지는 루트 슈퍼 사용자 계정의 암호를 설정할 때 MYSQL_ROOT_PASSWORD 환경변수를 사용한다.

왜 환경변수를 사용하는 것이 컨테이너에서 널리 사용될까? 도커 컨테이너 내부에 있는 설정 파일을 사용하는 것은 약간 까다롭다. 설정 파일을 컨테이너 이미지 안에 포함하거나 파일이 포함돼 있는 볼륨을 컨테이너에 마운트해야 하기 때문이다. 파일을 이미지 안에 넣고 빌드하는 것은 애플리케이션 소스 코드에 설정 내용을 넣고 하드코딩하는 것과 비슷하다. 그로 인해 인증 정보나 암호화 키와 같이 비밀로 유지해야 하는 내용을 포함해 어떤 정보가 됐든, 해당 이미지에 접근할 수 있는 모든 사람이면 볼 수 있게 된다. 물론 볼륨을 사용하는 것이 더 좋지만 컨테이너를 시작하기 전에 파일이 볼륨에 기록돼 있는지 확인하는 것이 필요하다.

6장을 읽었다면 gitRepo 볼륨을 설정 소스로 사용하는 것을 생각해볼 수 있다. 설정을 버전별로 관리할 수 있고 언제든지 설정을 롤백[rollback]할 수 있기 때문에 나쁘지 않은 생각이다. 그러나 좀 더 간단한 방법으로 설정 데이터를 최상위 레벨의 쿠버네티스 리소스에 저장하고 이를 기타 다른 리소스 정의와 마찬가지로 깃 저장소 혹은 다른 파일 기반 스토리지에 저장할 수 있다. 설정 데이터를 저장하는 쿠버네티스 리소스를 컨피그맵[ConfigMap]이라고 한다. 7장에서 컨피그맵을 사용하는 방법을 배울 것이다.

컨피그맵을 사용해 설정 데이터를 저장할지 여부에 관계없이 다음 방법을 통해 애플리케이션을 구성할 수 있다.

- 컨테이너에 명령줄 인수 전달
- 각 컨테이너를 위한 사용자 정의 환경변수 지정
- 특수한 유형의 볼륨을 통해 설정 파일을 컨테이너에 마운트

모든 옵션을 다음 몇 절을 통해 살펴볼 것이다. 하지만 그 전에 설정 옵션을 보안 관점에서 살펴보자. 대부분의 설정 옵션에는 민감한 정보가 포함돼 있지 않지만, 어떤 것에는 포함돼 있을 수 있다. 여기에는 자격증명, 개인 암호화 키, 보안을 유지해야 하는 유사한 데이터가 포함된다. 이런 종류의 정보는 특별히 주의를 기울여 처리해야 하는데, 이를 위해 쿠버네티스는 시크릿^{Secret}이라는 또 다른 유형의 중요한 오브젝트를 제공한다. 7장 후반부에서 배울 것이다.

7.2 컨테이너에 명령줄 인자 전달

지금까지 모든 예제에서 컨테이너 이미지에 정의된 기본 명령을 실행하는 컨테이너를 만들었지만, 쿠버네티스는 파드 컨테이너 정의에 지정된 실행 명령 대신 다른 실행파일을 실행하거나 다른 명령줄 인자를 사용해 실행하는 것이 가능하다. 어떻게 하는지 살펴보자.

7.2.1 도커에서 명령어와 인자 정의

가장 먼저 설명해야 할 것은 컨테이너에서 실행하는 전체 명령이 명령어와 인자의 두 부분으로 구성돼 있다는 것이다.

ENTRYPOINT와 CMD 이해

Dockerfile에서 두 개의 지침은 다음 두 부분을 정의한다.

- ENTRYPOINT는 컨테이너가 시작될 때 호출될 명령어를 정의한다.
- CMD는 ENTRYPOINT에 전달되는 인자를 정의한다.

CMD 명령어를 사용해 이미지가 실행될 때 실행할 명령어를 지정할 수 있지만, 올바른 방법은 ENTRYPOINT 명령어로 실행하고 기본 인자를 정의하려는 경우에만 CMD를 지정하는 것이다. 그러면 아무런 인자도 지정하지 않고 이미지를 실행할 수 있다.

```
$ docker run <image>
```

또는 추가 인자를 지정해 Dockerfile 안의 CMD에 정의된 값을 재정의한다.

```
$ docker run <image> <arguments>
```

shell과 exec 형식 간의 차이점

두 명령어는 두 가지 서로 다른 형식을 지원한다.

- shell 형식 – 예: ENTRYPOINT node app.js
- exec 형식 – 예: ENTRYPOINT ["node", "app.js"]

차이점은 내부에서 정의된 명령을 셸shell로 호출하는지 여부다.

2장에서 생성한 kubia 이미지에서는, ENTRYPOINT에서 exec 형식을 사용했다.

```
ENTRYPOINT ["node", "app.js"]
```

이렇게 하면 컨테이너 내부에서 node 프로세스를 직접 실행한다(셸 내부가 아니다). 컨테이너 내부에서 실행 중인 프로세스 목록을 나열해 직접 실행된 것을 볼 수 있다.

```
$ docker exec 4675d ps x
  PID TTY      STAT   TIME COMMAND
    1 ?        Ssl    0:00 node app.js
   12 ?        Rs     0:00 ps x
```

만약 shell 형식(ENTRYPOINT node app.js)을 사용했을 경우 컨테이너의 프로세스 목록은 다음과 같다.

```
$ docker exec -it e4bad ps x
  PID TTY       STAT    TIME COMMAND
    1 ?         Ss      0:00 /bin/sh -c node app.js
    7 ?         Sl      0:00 node app.js
   13 ?         Rs+     0:00 ps x
```

보는 것처럼 메인 프로세스(PID 1)는 node 프로세스가 아닌 shell 프로세스다. 노드 프로세스(PID 7)는 shell에서 시작된다. shell 프로세스는 불필요하므로 ENTRYPOINT 명령에서 exec 형식을 사용해 실행한다.

fortune 이미지에서 간격을 설정할 수 있도록 만들기

fortune 스크립트와 이미지에서 반복하는 주기를 변경할 수 있도록 수정해보자. INTERVAL 변수를 추가하고 첫 번째 명령줄 인자의 값으로 초기화한다.

예제 7.1 인자로 간격을 설정할 수 있는 fortune 스크립트: fortune-args/fortuneloop.sh

```
#!/bin/bash
trap "exit" SIGINT
INTERVAL=$1
echo Configured to generate new fortune every $INTERVAL seconds
mkdir -p /var/htdocs
while :
do
  echo $(date) Writing fortune to /var/htdocs/index.html
  /usr/games/fortune > /var/htdocs/index.html
  sleep $INTERVAL
done
```

추가하거나 수정한 줄을 굵은 글꼴로 표시했다. Dockerfile을 수정해 exec 버전 ENTRY POINT 명령을 사용하도록 하고 기본 간격으로 10초를 CMD 명령으로 지정한다.

예제 7.2. 수정된 fortune 이미지 Dockerfile: fortune-args/Dockerfile

```
FROM ubuntu:latest
RUN apt-get update ; apt-get -y install fortune
```

```
ADD fortuneloop.sh /bin/fortuneloop.sh
ENTRYPOINT ["/bin/fortuneloop.sh"]
CMD ["10"]
```

exec 형태의
ETNRYPOINT 명령

실행할 때 사용할 기본 인자

이제 이미지를 빌드하고 도커 허브에 푸시할 수 있다. 이번에는 이미지 태그를 latest 대신 args로 지정한다.

```
$ docker build -t docker.io/luksa/fortune:args .
$ docker push docker.io/luksa/fortune:args
```

로컬에서 도커로 이미지를 실행해 테스트할 수 있다.

```
$ docker run -it docker.io/luksa/fortune:args
Configured to generate new fortune every 10 seconds
Fri May 19 10:39:44 UTC 2017 Writing fortune to /var/htdocs/index.html
```

> | **노트** | Control + C를 입력해 스크립트를 중지할 수 있다.

또한 기본 sleep 시간 간격을 인자로 전달해 재정의할 수 있다.

```
$ docker run -it docker.io/luksa/fortune:args 15
Configured to generate new fortune every 15 seconds
```

이미지가 전달된 인자를 제대로 가져온 것을 확인했으니, 파드에서 이 인자들을 어떻게 사용하는지 알아보자.

7.2.2 쿠버네티스에서 명령과 인자 재정의

쿠버네티스에서 컨테이너를 정의할 때, ENTRYPOINT와 CMD 둘 다 재정의할 수 있다. 그러기 위해 다음과 같이 컨테이너 정의 안에 command와 args 속성을 지정한다.

```
kind: Pod
spec:
  containers:
  - image: some/image
    command: ["/bin/command"]
    args: ["arg1", "arg2", "arg3"]
```

대부분 사용자 정의 인자만 지정하고 명령을 재정의하는 경우는 거의 없다(ENTRYPOINT 를 정의하지 않는 busybox와 같은 범용 이미지는 제외).

> |**노트**| command와 args 필드는 파드 생성 이후에 업데이트할 수 없다.

두 개의 Dockerfile 명령과 그에 상응하는 파드 사양 필드는 표 7.1에 나와 있다.

▼ **표 7.1** 도커와 쿠버네티스의 실행파일과 인자를 지정하는 방법 비교

도커	쿠버네티스	설명
ENTRYPOINT	command	컨테이너 안에서 실행되는 실행파일
CMD	args	실행파일에 전달되는 인자

사용자 정의 주기로 fortune 파드 실행

fortune 파드를 사용자 정의 지연 간격으로 실행하려면 fortune-pod.yaml을 fortune-pod-args.yaml로 복사하고 다음 예제와 같이 수정한다.

```
apiVersion: v1
kind: Pod
metadata:
  name: fortune2s          ◄─┤ 파드 이름 변경
spec:
```

```
    containers:
    - image: luksa/fortune:args
      args: ["2"]
      name: html-generator
      volumeMounts:
      - name: html
        mountPath: /var/htdocs
...
```

fortune:latest 대신에
fortune:args 이미지 사용

스크립트가 2초마다 새로운
fortune 메시지를 생성하도록
인자 지정

컨테이너 정의에 args 배열을 추가했다. 파드를 생성하고 실행하면 배열 값들이 컨테이너에 명령줄 인자로 전달된다.

위 목록에서 사용한 배열 표기법은 하나 혹은 몇 개의 인자를 가진 경우 유용하다. 여러 인자를 가졌을 때는 다음 표기법을 사용할 수 있다.

```
    args:
    - foo
    - bar
    - "15"
```

> |팁| 문자열 값을 따옴표로 묶을 필요는 없다(숫자는 묶어야 한다).

인자를 지정하는 것은 명령줄 인자로 설정 옵션을 컨테이너에 전달하는 한 방법이다. 다음으로 환경변수를 이용하는 방법을 살펴보자.

7.3 컨테이너의 환경변수 설정

이미 언급한 것처럼 컨테이너화된 애플리케이션은 종종 환경변수를 설정 옵션의 소스로 사용한다. 쿠버네티스는 그림 7.1에서 보는 것처럼 파드의 각 컨테이너를 위한 환경변수 리스트를 지정할 수 있다. 파드 수준에서 환경변수를 설정하고 컨테이너에서 상속받는 것도 유용하지만 지금은 이러한 옵션이 없다.

> **|노트|** 컨테이너 명령이나 인자와 마찬가지로 환경변수 목록도 파드 생성 후에는 업데이트할 수 없다.

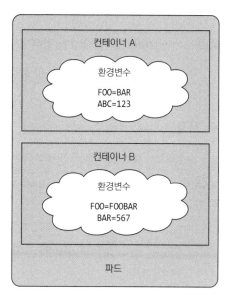

▲ **그림 7.1.** 컨테이너별로 환경변수를 설정할 수 있다.

환경변수로 fortune 이미지 안에 간격을 설정할 수 있도록 만들기

fortuneloop.sh 스크립트를 다음 예제처럼 수정해서 환경변수로 애플리케이션을 설정하는 방법을 살펴보자.

예제 7.5 환경변수로 간격을 설정할 수 있는 fortune 스크립트: fortune-env/fortuneloop.sh

```
#!/bin/bash
trap "exit" SIGINT
echo Configured to generate new fortune every $INTERVAL seconds
mkdir -p /var/htdocs
while :
do
  echo $(date) Writing fortune to /var/htdocs/index.html
  /usr/games/fortune > /var/htdocs/index.html
```

```
  sleep $INTERVAL
done
```

INTERVAL 변수를 초기화하는 행을 제거하면 된다.[1] 파드의 애플리케이션^{app}은 간단한 bash 스크립트이기 때문에 다른 작업을 할 필요가 없다. 애플리케이션이 자바로 작성된 경우에는 System.getenv("INTERVAL"), Node.JS로 작성된 경우에는 process.env.INTERVAL, 파이썬으로 작성된 경우에는 os.environ['INTERVAL']을 사용하면 된다.

7.3.1 컨테이너 정의에 환경변수 지정

새로운 이미지(luksa/fortune:env 태그를 붙인 이미지)를 생성한 뒤에 도커 허브로 푸시한 후, 새 파드를 만들 때 예제 7.6처럼 환경변수를 컨테이너 정의에 포함해 스크립트에 전달할 수 있다.

예제 7.6. 파드 안에 환경변수 정의: fortune-pod-env.yaml

```
kind: Pod
spec:
  containers:
  - image: luksa/fortune:env
    env:
    - name: INTERVAL          환경변수 목록에
      value: "30"             단일 변수 추가
    name: html-generator
...
```

앞에서 언급한 것처럼 환경변수는 파드 레벨이 아닌 컨테이너 정의 안에 설정한다.

---

1   예제 7.1의 INTERVAL=$1 행을 제거했다. – 옮긴이

| **노트** | 각 컨테이너를 설정할 때, 쿠버네티스는 자동으로 동일한 네임스페이스에 안에 있는 각 서비스에 환경변수를 노출한다는 것을 잊지 말아야 한다. 이러한 환경변수는 기본적으로 자동 주입식 (auto-injected) 설정이다.

7.3.2 변숫값에서 다른 환경변수 참조

이전 예에서는 환경변수에 고정 값을 설정했지만, $(VAR) 구문을 사용해 이미 정의된 환경변수나 기타 기존 변수를 참조할 수도 있다. 두 개의 환경변수를 정의할 때, 두 번째 환경변수는 다음 예제와 같이 첫 번째 변숫값을 포함할 수 있다.

예제 7.7. 다른 환경변숫값 참조

```
env:
- name: FIRST_VAR
  value: "foo"
- name: SECOND_VAR
  value: "$(FIRST_VAR)bar"
```

이 경우 SECOND_VAR의 값은 "foobar"가 된다. 마찬가지로 7.2절에서 배운 command와 args 속성 모두 이렇게 환경변수를 참조할 수 있다. 7.4.5절에서 이 방법을 사용할 것이다.

7.3.3 하드코딩된 환경변수의 단점

파드 정의에 하드코딩된 값을 가져오는 것은 효율적이지만, 이는 프로덕션과 개발을 위해 서로 분리된 파드 정의가 필요하다는 것을 뜻한다. 여러 환경에서 동일한 파드 정의를 재사용하려면 파드 정의에서 설정을 분리하는 것이 좋다. 다행히 컨피그맵 리소스를 이런 목적에 사용할 수 있다. value 필드 대신 valueFrom으로 환경변숫값의 원본 소스로 사용할 수 있다. 다음에 이어서 알아보자.

7.4 컨피그맵으로 설정 분리

애플리케이션 구성의 요점은 환경에 따라 다르거나 자주 변경되는 설정 옵션을 애플리케이션 소스 코드와 별도로 유지하는 것이다. 만약에 파드 정의를 애플리케이션의 소스 코드로 생각한다면(그리고 마이크로서비스 아키텍처 안에서는 파드 정의가 실제로 그러하다. 개별 구성 요소를 기능 시스템으로 구성하는 방법을 규정하기 때문이다), 설정을 파드 정의에서 밖으로 이동시켜야 한다는 것은 명확하다.

7.4.1 컨피그맵 소개

쿠버네티스에서는 설정 옵션을 컨피그맵이라 부르는 별도 오브젝트로 분리할 수 있다. 컨피그맵은 짧은 문자열에서 전체 설정 파일에 이르는 값을 가지는 키/값 쌍으로 구성된 맵이다.

애플리케이션은 컨피그맵을 직접 읽거나 심지어 존재하는 것을 몰라도 된다. 대신 맵의 내용은 컨테이너의 환경변수 또는 볼륨 파일로 전달된다. 또한 환경변수는 $(ENV_VAR) 구문을 사용해 명령줄 인수에서 참조할 수 있기 때문에, 컨피그맵 항목을 프로세스의 명령줄 인자로 전달할 수도 있다.

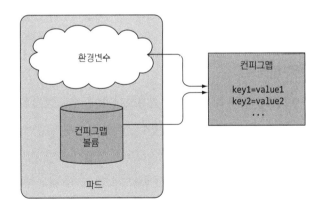

▲ **그림 7.2** 파드는 컨피그맵을 환경변수나 컨피그맵 볼륨을 통해 사용할 수 있다.

애플리케이션은 필요한 경우 쿠버네티스 REST API 엔드포인트를 통해 컨피그맵의 내용을 직접 읽을 수 있지만, 반드시 필요한 경우가 아니라면 애플리케이션은 쿠버네티스와는 무관하도록 유지해야 한다.

애플리케이션이 컨피그맵을 사용하는 방법에 관계없이, 별도의 독립적인 오브젝트에 설정을 포함하면 각각 다른 환경(개발, 테스트, QA, 프로덕션 등)에 관해 동일한 이름으로 컨피그맵에 관한 여러 매니페스트를 유지할 수 있다. 파드는 컨피그맵을 이름으로 참조하기 때문에, 모든 환경에서 동일한 파드 정의를 사용해 각 환경에서 서로 다른 설정을 사용할 수 있다.

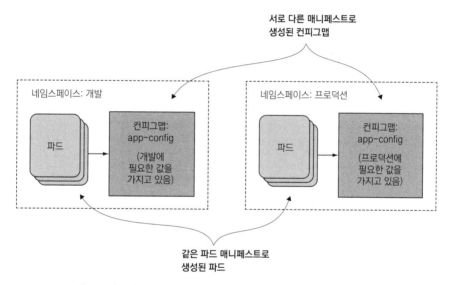

▲ **그림 7.3.** 서로 다른 환경에서 사용하는 동일한 이름을 가진 두 개의 다른 컨피그맵

7.4.2 컨피그맵 생성

앞에서 만든 파드에 컨피그맵을 사용하는 방법을 알아보자. 가장 간단한 예제로, 단일 키를 가진 맵을 생성하고 이를 사용해 이전 예제의 INTERVAL 환경변수를 채워 넣는 것이다. kubectl create -f 명령어로 YAML 파일을 게시하는 대신에 kubectl create configmap 명령으로 컨피그맵을 생성할 수 있다.

kubectl create configmap 명령 사용

문자열[literal] 값을 kubectl 명령에 전달하거나 디스크에 저장된 파일에서 컨피그맵을 정의할 수 있다. 먼저 간단한 문자열을 이용해보자.

```
$ kubectl create configmap fortune-config --from-literal=sleep-interval=25
configmap "fortune-config" created
```

> |**노트**| 컨피그맵 키는 유효한 DNS 서브도메인(subdomain)이어야 한다(영숫자, 대시, 밑줄, 점만
> 포함 가능). 필요한 경우 점이 먼저 나올 수 있다.

위 명령을 통해 `sleep-interval=25`라는 단일 항목을 가진 `fortune-config` 컨피그맵을 생성한다(그림 7.4 참조).

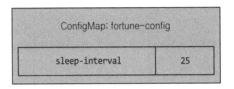

▲ **그림 7.4.** 단일 항목을 가진 fortune-config 컨피그맵

컨피그맵은 일반적으로 두 개 이상의 항목을 포함한다. 여러 문자열 항목을 가진 컨피그맵을 생성하려면 여러 개의 `--from-literal` 인자를 추가한다.

```
$ kubectl create configmap myconfigmap
    --from-literal=foo=bar --from-literal=bar=baz --from-literal=one=two
```

앞에서 생성한 컨피그맵을 kubectl get 명령으로 YAML 정의를 출력해 살펴보자.

예제 7.8. 컨피그맵 정의

```
$ kubectl get configmap fortune-config -o yaml
apiVersion: v1
```

```
data:
  sleep-interval: "25"        ◀──┤  이 맵의 단일 항목
kind: ConfigMap                               ┤  이 디스크립터는
                                          ◀──    컨피그맵을 설명한다.
metadata:
  creationTimestamp: 2016-08-11T20:31:08Z
  name: fortune-config         ◀──┤  이 맵의 이름
  namespace: default                   (해당 이름으로 참조)
  resourceVersion: "910025"
  selfLink: /api/v1/namespaces/default/configmaps/fortune-config
  uid: 88c4167e-6002-11e6-a50d-42010af00237
```

특별한 것 없다. 이 YAML 파일을 쉽게 작성할 수 있을 것이다(물론 메타데이터[metadata] 섹션에 name을 뺀 나머지를 지정할 필요는 없다). 그리고 이 파일을 쿠버네티스 API에 게시한다.

```
$ kubectl create -f fortune-config.yaml
```

파일 내용으로 컨피그맵 생성

컨피그맵에는 전체 설정 파일 같은 데이터를 통째로 저장하는 것도 가능하다. kubectl create configmap 명령을 이용해 파일을 디스크에서 읽어 개별 항목으로 저장할 수 있다.

```
$ kubectl create configmap my-config --from-file=config-file.conf
```

앞의 명령을 실행하면, kubectl을 실행한 디렉터리에서 config-file.conf 파일을 찾는다. 그리고 파일 내용을 컨피그맵의 config-file.conf 키 값으로 저장한다. 물론 키 이름을 직접 지정할 수도 있다.

```
$ kubectl create configmap my-config --from-file=customkey=config-file.conf
```

이 명령은 파일 내용을 customkey라는 키 값으로 저장한다. 문자열과 마찬가지로 --from-file 인수를 여러 번 사용해 여러 파일을 추가할 수 있다.

디렉터리에 있는 파일로 컨피그맵 생성

각 파일을 개별적으로 추가하는 대신, 디렉터리 안에 있는 모든 파일을 가져올 수도 있다.

```
$ kubectl create configmap my-config --from-file=/path/to/dir
```

이 명령에서 kubectl은 지정한 디렉터리 안에 있는 각 파일을 개별 항목으로 작성한다. 이때 파일 이름이 컨피그맵 키로 사용하기에 유효한 파일만 추가한다.

다양한 옵션 결합

컨피그맵을 생성할 때 여기에서 언급한 모든 옵션을 조합해 사용할 수 있다(이 파일들은 책 코드 저장소에 포함돼 있지 않다. 명령어를 시도해보려면 직접 작성해야 한다).

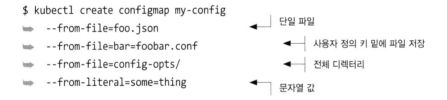

```
$ kubectl create configmap my-config
➡  --from-file=foo.json            ◀─── 단일 파일
➡  --from-file=bar=foobar.conf     ◀─── 사용자 정의 키 밑에 파일 저장
➡  --from-file=config-opts/        ◀─── 전체 디렉터리
➡  --from-literal=some=thing       ◀─── 문자열 값
```

여기에서는 전체 디렉터리, 파일, 다른 파일, 문자열 값 등 다양한 소스에서 컨피그맵을 생성했다. 그림 7.5는 이런 모든 소스와 결과 컨피그맵을 보여준다.

320

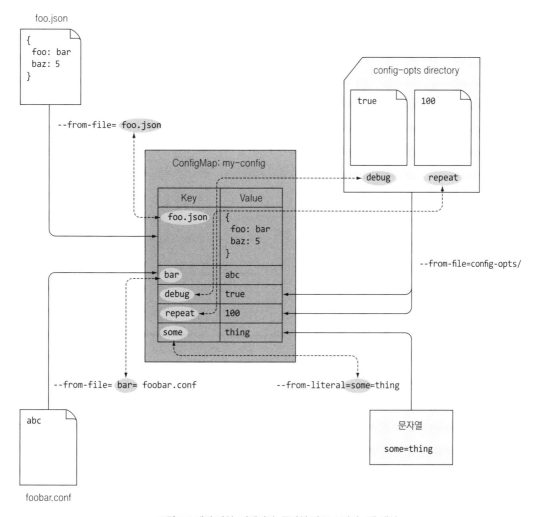

▲ **그림 7.5** 개별 파일, 디렉터리, 문자열 값으로 컨피그맵 생성

7.4.3 컨피그맵 항목을 환경변수로 컨테이너에 전달

이렇게 생성한 맵의 값을 어떻게 파드 안의 컨테이너로 전달할 수 있을까? 여기에는 세 가지 옵션이 있다. 가장 간단한 환경변수를 설정하는 것부터 시작하자. 이를 위해서 7.3.3절에서 언급한 valueFrom 필드를 사용한다. 파드 정의는 예제 7.9와 비슷할 것이다.

```
apiVersion: v1
kind: Pod
metadata:
  name: fortune-env-from-configmap
spec:
  containers:
  - image: luksa/fortune:env
    env:                                    INTERVAL 환경변수를 설정하는 중
    - name: INTERVAL
      valueFrom:                            고정 값을 설정하는 대신 컨피그맵 키에서
        configMapKeyRef:                    값을 가져와 초기화한다.
          name: fortune-config              참조하는 컨피그맵 이름
          key: sleep-interval               컨피그맵에서 해당 키
...                                         아래에 저장된 값으로 변수 설정
```

INTERVAL 환경변수를 선언하고 `fortune-config` 컨피그맵에 안에 있는 `sleep-interval` 키를 이용해 가져온 값으로 설정했다. `html-generator` 컨테이너 안에서 실행 중인 프로세스는 INTERVAL 환경변수를 읽을 때 25를 가져온다(그림 7.6 참조).

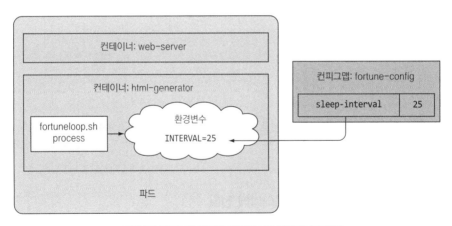

▲ **그림 7.6** 컨피그맵 항목을 환경변수로 컨테이너에 전달

파드에 존재하지 않는 컨피그맵 참조

파드를 생성할 때 존재하지 않는 컨피그맵을 지정하면 어떻게 되는지 궁금할 것이다. 쿠버네티스는 파드를 스케줄링하고 그 안에 있는 컨테이너를 실행하려고 시도한다. 컨테이너가 존재하지 않는 컨피그맵을 참조하려고 하면 컨테이너는 시작하는 데 실패한다. 하지만참조하지 않는 다른 컨테이너는 정상적으로 시작된다. 그런 다음 누락된 컨피그맵을 생성하면 실패했던 컨테이너는 파드를 다시 만들지 않아도 시작된다.

> |**노트**| 컨피그맵 참조를 옵션으로 표시할 수도 있다(configMapKeyRef.optional: true로 지정). 이런 경우에는 컨피그맵이 존재하지 않아도 컨테이너는 시작한다.

이 예제는 파드 정의와 설정을 분리하는 방법을 보여준다. 이렇게 하면 파드 정의 주변에 설정을 나눠 갖고 있지 않아도 되고, 심지어 여러 파드를 위한 모든 설정 옵션을 한곳에 모아서 관리할 수 있다.

7.4.4 컨피그맵의 모든 항목을 한 번에 환경변수로 전달

컨피그맵에 여러 항목이 포함돼 있을 때 각 항목을 일일이 환경변수로 생성하는 일은 지루하고 오류가 발생하기 쉽다. 다행히 쿠버네티스 버전 1.6부터는 컨피그맵의 모든 항목을 환경변수로 노출하는 방법을 제공한다.

FOO, BAR, FOO-BAR라는 세 개의 키를 갖고 있는 컨피그맵을 생각해보자. 이전 예제에서 사용한 env 속성 대신 envFrom 속성을 사용해 환경변수로 모두 노출할 수 있다. 예제7.10에서 그 내용을 보여준다.

예제 7.10 컨피그맵의 모든 항목을 환경변수로 갖고 있는 파드

```
spec:
  containers:
  - image: some-image        env대신
    envFrom:              ◀── envFrom 사용
    - prefix: CONFIG_     ◀── 모든 환경변수는
                              CONFIG_ 접두사를 가짐
```

```
configMapRef:
    name: my-config-map
```
my-config-map이란
이름의 컨피그맵 참조

```
...
```

환경변수 앞에 붙을 접두사를 지정할 수 있다(여기에서는 `CONFIG_`). 결과적으로 이 컨테이너 안에는 두 개의 환경변수가 존재한다. `CONFIG_FOO`와 `CONFIG_BAR`다.

|**노트**| 접두사는 선택 사항이고 이를 생략하면 환경변수의 이름은 키와 동일한 이름을 갖게 된다.

앞에서 두 개의 변수가 있다고 얘기했지만, 이 컨피그맵은 세 개의 항목(FOO, BAR, FOO-BAR)을 가지고 있다고 말했다. 컨피그맵에 있는 **FOO-BAR** 항목은 왜 환경변수로 존재하지 않을까?

`CONFIG_FOO-BAR`는 대시[dash]를 가지고 있어 올바른 환경변수 이름이 아니기 때문이다. 이런 경우에 쿠버네티스는 어떤 형태로든 임의로 키로 변환하지 않는다(예를 들어 대시를 밑줄로 변환하지 않는다). 컨피그맵의 키가 올바른 형식이 아닌 경우 항목을 건너뛴다(단, 건너뛰었다는 것을 알려주는 이벤트가 기록된다).

7.4.5 컨피그맵 항목을 명령줄 인자로 전달

이제 컨피그맵 값을 컨테이너 안에서 실행되는 프로세스의 인자로 전달하는 방법을 살펴보자. `pod.spec.containers.args` 필드에서 직접 컨피그맵 항목을 참조할 수는 없지만 컨피그맵 항목을 환경변수로 먼저 초기화하고 이 변수를 그림 7.7처럼 인자로 참조하도록 지정할 수 있다.

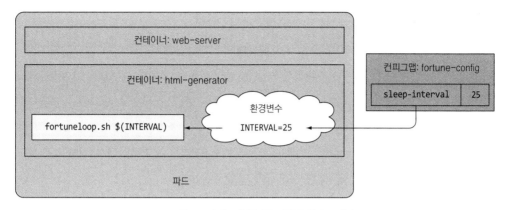

▲ **그림 7.7** 컨피그맵 항목을 명령줄 인자로 전달

예제 7.11은 YAML 안에서 이 작업을 수행하는 예를 보여준다.

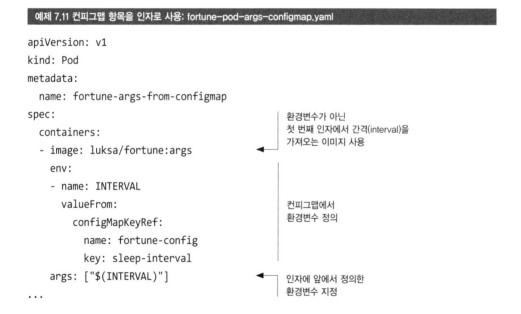

예제 7.11 컨피그맵 항목을 인자로 사용: fortune-pod-args-configmap.yaml

```
apiVersion: v1
kind: Pod
metadata:
  name: fortune-args-from-configmap
spec:
  containers:
  - image: luksa/fortune:args          환경변수가 아닌
    env:                                첫 번째 인자에서 간격(interval)을
    - name: INTERVAL                    가져오는 이미지 사용
      valueFrom:
        configMapKeyRef:                컨피그맵에서
          name: fortune-config          환경변수 정의
          key: sleep-interval
    args: ["$(INTERVAL)"]               인자에 앞에서 정의한
...                                     환경변수 지정
```

앞에서 한 것과 동일하게 환경변수를 정의했지만 $(ENVVARIABLENAME) 문법을 사용해 쿠버네티스가 해당 변수의 값을 인자에 주입한다.

7.4.6 컨피그맵 볼륨을 사용해 컨피그맵 항목을 파일로 노출

환경변수 또는 명령줄 인자로 설정 옵션을 전달하는 것은 일반적으로 짧은 변숫값에 대해서 사용된다. 앞에서 본 것처럼 컨피그맵은 모든 설정 파일을 포함할 수 있다. 이 파일들을 컨테이너에 노출시키려면, 6장에서 언급한 특수 볼륨 유형 중 하나인 컨피그맵 볼륨을 사용할 수 있다.

컨피그맵 볼륨은 파일로 컨피그맵의 각 항목을 노출한다. 컨테이너에서 실행 중인 프로세스는 이 파일 내용을 읽어 각 항목의 값을 얻을 수 있다.

이는 대부분 대형 설정 파일들을 컨테이너에 전달하기 위한 방법이지만, 짧은 단일 값을 전달할 때도 문제없다.

컨피그맵 생성

fortuneloop.sh 스크립트를 수정하는 대신 다른 예를 시도해보자. fortune 파드의 웹 서버 컨테이너 안에서 실행되는 Nginx 웹 서버의 환경 설정을 위해 설정 파일을 사용할 것이다. Nginx 서버가 클라이언트로 응답을 압축해서 보내려고 한다고 가정해보자. 압축을 사용하도록 설정하려면 Nginx 설정 파일에 예제 7.12와 같은 내용이 포함돼야 한다.

예제 7.12 gzip 압축이 활성화된 Nginx 설정: my-nginx-config.conf

```
server {
  listen              80;
  server_name         www.kubia-example.com;

  gzip on;
  gzip_types text/plain application/xml;      │ 일반 텍스트와 XML 파일에
                                              │ 대해 gzip 압축 활성화

  location / {
    root    /usr/share/nginx/html;
    index   index.html index.htm;
  }
}
```

이제 kubectl delete configmap fortune-config 명령으로 기존 fortune-config 컨피그맵을 삭제하고 Nginx 설정 파일을 포함하는 새로운 컨피그맵으로 교체할 수 있다. 로컬 디스크에 저장된 파일을 이용해 컨피그맵을 생성하자.

configmap-files라는 새 디렉터리를 생성하고 앞 예제 Nginx 설정 파일을 configmap –files/my-nginx-config.conf 파일로 저장한다. 컨피그맵에 sleep-interval 항목도 포함시키려면, 동일한 디렉터리에 sleep-interval이라는 일반 텍스트 파일을 생성하고 25를 저장한다(그림 7.8 참조).

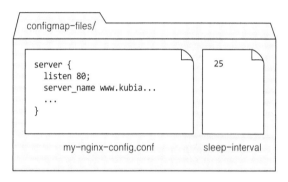

▲ **그림 7.8** configmap-files 디렉터리와 각 파일 내용

이제 디렉터리 안에 있는 모든 파일을 이용해 컨피그맵을 생성하자.

```
$ kubectl create configmap fortune-config --from-file=configmap-files
configmap "fortune-config" created
```

예제 7.13은 이 컨피그맵의 YAML 정의를 보여준다.

예제 7.13 파일로 생성한 컨피그맵의 YAML 정의

```
$ kubectl get configmap fortune-config -o yaml
apiVersion: v1
data:
  my-nginx-config.conf: |
    server {
      listen              80;
```

Nginx 설정 파일 내용을 담고 있는 항목

```
      server_name          www.kubia-example.com;

      gzip on;
      gzip_types text/plain application/xml;                    Nginx 설정 파일 내용을
                                                                담고 있는 항목
      location / {
        root    /usr/share/nginx/html;
        index  index.html index.htm;

      }
    }
  sleep-interval: |
                                             sleep-interval 항목
      25
kind: ConfigMap
...
```

> |**노트**| 두 항목 가운데 첫 번째 줄에서 콜론 뒤 파이프라인(|) 문자는 여러 줄의 문자열이 이어진다
> 는 것을 나타낸다.

컨피그맵은 두 항목을 포함하며 각 키는 해당 항목을 생성한 파일 이름으로 돼 있다.
이제 이 컨피그맵을 파드의 두 컨테이너에서 사용하자.

볼륨 안에 있는 컨피그맵 항목 사용

컨피그맵의 내용을 가진 볼륨을 생성하는 것은, 컨피그맵 이름으로 참조하는 볼륨을 만들
고 이 볼륨을 컨테이너에 마운트하는 만큼 간단하다. 이미 볼륨을 생성하고 마운트하는 방
법을 배웠으니 컨피그맵 항목에서 생성된 파일로 볼륨을 초기화하는 방법만 배우면 된다.

Nginx는 /etc/nginx/nginx.conf 파일의 설정을 읽는다. Nginx 이미지는 기본 설정
옵션을 가진 파일을 이미 포함하며, 이 파일이 가진 기본 옵션을 모두 무시하고 싶지는 않
다. 다행히 기본 설정 파일은 /etc/nginx/conf.d/ 디렉터리 안에 있는 모든 .conf 파일을
포함하기 때문에 원하는 설정 파일을 해당 디렉터리에 추가하면 된다. 그림 7.9에서 달성
하고자 하는 것을 보여준다.

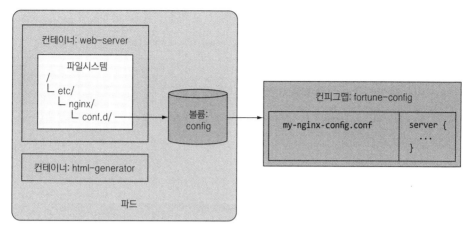

▲ **그림 7.9** 컨피그맵 항목을 볼륨 안에 있는 파일로 파드에 전달

파드 정의는 예제 7.14에서 볼 수 있다(관련 없는 부분은 생략됐지만, 코드 아카이브에서 전체 파일을 찾을 수 있다).

예제 7.14 컨피그맵 항목을 파일로 마운트한 파드: fortune-pod-configmap-volume,yaml

```
apiVersion: v1
kind: Pod
metadata:
  name: fortune-configmap-volume
spec:
  containers:
  - image: nginx:alpine
    name: web-server
    volumeMounts:
    ...
    - name: config
      mountPath: /etc/nginx/conf.d          컨피그맵 볼륨을
      readOnly: true                        마운트하는 위치
    ...
  volumes:
  ...
  - name: config
    configMap:                              이 볼륨은 fortune-config
      name: fortune-config                  컨피그맵을 참조한다.
...
```

이 파드 정의에는 `fortune-config` 컨피그맵을 참조하는 볼륨이 포함돼 있다. 해당 볼륨을 Nginx에서 사용할 수 있도록 /etc/nginx/conf.d 디렉터리로 마운트한다.

Nginx 서버가 마운트한 설정 파일을 사용하는지 확인

이제 웹 서버는 응답을 압축해서 보내주도록 설정돼 있어야 한다. 이를 검증하려면 local host:8080을 파드의 80번 포트로 전달하도록 연결하고, 예제 7.15처럼 `curl` 명령을 이용해 서버 응답을 확인할 수 있다.

예제 7.15 nginx 응답에 압축이 활성화돼 있는지 확인

```
$ kubectl port-forward fortune-configmap-volume 8080:80 &
Forwarding from 127.0.0.1:8080 -> 80
Forwarding from [::1]:8080 -> 80
$ curl -H "Accept-Encoding: gzip" -I localhost:8080
HTTP/1.1 200 OK
Server: nginx/1.11.1
Date: Thu, 18 Aug 2016 11:52:57 GMT
Content-Type: text/html
Last-Modified: Thu, 18 Aug 2016 11:52:55 GMT
Connection: keep-alive
ETag: W/"57b5a197-37"
Content-Encoding: gzip          ◀─┤ 응답이 압축됐음을 나타냄
```

마운트된 컨피그맵 볼륨 내용 살펴보기

응답을 통해 원하는 것을 달성했음을 확인할 수 있다. 이제 /etc/nginx/conf.d 디렉터리에 무엇이 있는지 살펴보자.

```
$ kubectl exec fortune-configmap-volume -c web-server ls /etc/nginx/conf.d
my-nginx-config.conf
sleep-interval
```

컨피그맵의 두 항목이 모두 디렉터리에 파일로 추가돼 있다. `sleep-interval` 항목은 `fortuneloop` 컨테이너에서 사용되고 여기에서는 사용되지 않지만, 같이 포함돼 있다. 서

로 다른 두 개의 컨피그맵을 작성해 하나는 fortuneloop 컨테이너에 사용하고, 나머지 하나는 web-server 컨테이너에 사용하도록 할 수 있다. 그러나 여러 컨피그맵을 동일한 파드의 컨테이너들을 구성하는 데 사용하는 것은 무언가 잘못된 느낌이다. 결국 동일한 파드에 있는 컨테이너들은 컨테이너가 서로 밀접한 관계를 가지고 있어 하나의 유닛으로 설정돼야 함을 의미한다.

볼륨에 특정 컨피그맵 항목 노출

다행히 컨피그맵 볼륨을 컨피그맵 항목의 일부만으로 채울 수 있다(여기에서는 my-nginx-config.conf 항목만). sleep-interval 항목은 볼륨이 아닌 환경변수로 전달해 fortuneloop 컨테이너에 영향을 주지 않는다.

컨피그맵 볼륨 안에 파일로 노출될 항목을 정의하려면, 예제 7.16에 표시된 대로 볼륨의 items 속성을 사용한다.

예제 7.16 지정한 컨피그맵 항목을 파일 디렉터리에 마운트한 파드: fortune-pod-configmap-volume-with-items.yaml

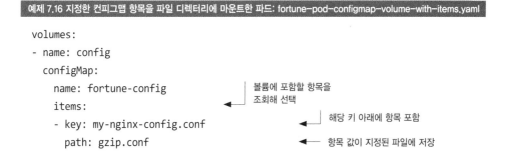

```
volumes:
- name: config
  configMap:
    name: fortune-config
    items:                                  볼륨에 포함할 항목을
    - key: my-nginx-config.conf             조회해 선택
      path: gzip.conf                       해당 키 아래에 항목 포함
                                            항목 값이 지정된 파일에 저장
```

개별 항목을 지정할 때 항목 키와 함께 각 개별 항목의 파일 이름을 설정하는 것이 필요하다. 이전 예제를 이용해 파드를 실행하면 /etc/nginx/conf.d 디렉터리는 gzip.conf 파일만 포함하고, 그 밖에 다른 것은 포함하지 않아 멋지고 깨끗하게 유지된다.

디렉터리를 마운트할 때 디렉터리의 기존 파일을 숨기는 것 이해

이 시점에서 논의해야 할 중요한 사항이 있다. 이 예제와 이전 예제에서 볼륨을 디렉터리에 마운트했다. 이는 컨테이너 이미지 자체에 있던 /etc/nginx/conf.d 디렉터리 안에 저장된 파일을 숨겼음을 의미한다.

이는 일반적으로 리눅스에서 파일시스템을 비어 있지 않은 디렉터리에 마운트할 때 발생한다. 해당 디렉터리는 마운트한 파일시스템에 있는 파일만 포함하고, 원래 있던 파일은 해당 파일시스템이 마운트돼 있는 동안 접근할 수 없게 된다.

이번 경우에는 부작용이 크지 않지만, 일반적으로 중요한 파일을 포함하는 /etc 디렉터리에 볼륨을 마운트한다고 상상해보자. /etc 디렉터리에 있어야 하는 모든 원본 파일이 더 이상 존재하지 않기 때문에 전체 컨테이너가 손상될 수 있다. 만약 /etc 디렉터리와 같은 곳에 파일을 추가하는 것이 필요하다면, 이 방법을 사용할 수 없다.

디렉터리 안에 다른 파일을 숨기지 않고 개별 컨피그맵 항목을 파일로 마운트

컨피그맵의 항목을 개별 파일로 기존 디렉터리 안에 있는 모든 파일을 숨기지 않고 추가하는 방법을 궁금해할 것이다. 전체 볼륨을 마운트하는 대신 volumeMount에 subPath 속성으로 파일이나 디렉터리 하나를 볼륨에 마운트할 수 있다. 그림으로 설명하는 것이 더 쉬울 것이다(그림 7.10 참조).

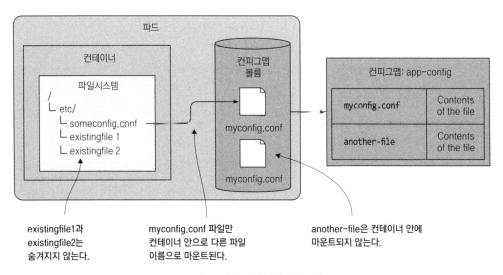

▲ **그림 7.10** 볼륨에서 단일 파일 마운트

myconfig.conf 파일을 포함하는 컨피그맵 볼륨을 갖고 있고, 이 파일을 /etc 디렉터리에 someconfig.conf 파일로 추가하려고 한다. subPath 속성으로 디렉터리에 있는 다른 파일에 영향을 주지 않고 마운트할 수 있다. 관련 있는 파드 정의는 예제 7.17에서 볼 수 있다.

예제 7.17 특정 파일에 마운트된 컨피그맵 항목을 가진 파드

```
spec:
  containers:
  - image: some/image
    volumeMounts:
    - name: myvolume
      mountPath: /etc/someconfig.conf        디렉터리가 아닌
                                              파일을 마운트
      subPath: myconfig.conf                  전체 볼륨을 마운트하는 대신
                                              myconfig.conf 항목만 마운트
```

subPath 속성은 모든 종류의 볼륨을 마운트할 때 사용할 수 있다. 전체 볼륨을 마운트하는 대신에 일부만을 마운트할 수 있다. 하지만 개별 파일을 마운트하는 이 방법은 파일 업데이트와 관련해 상대적으로 큰 결함을 가지고 있다. 이어지는 절에서 이를 알아볼 것이다. 그 전에 먼저 파일 권한에 대해 짧게 이야기하며 컨피그맵 볼륨 초기 상태에 관해 이야기하는 것으로 이 절을 마무리하자.

컨피그맵 볼륨 안에 있는 파일 권한 설정

기본적으로 컨피그맵 볼륨의 모든 파일 권한은 644(-rw-r-r--)[2]로 설정된다. 예제 7.18과 같이 볼륨 정의 안에 있는 defaultMode 속성을 설정해 변경할 수 있다.

예제 7.18 파일 권한 설정: fortune-pod-configmap-volume-defaultMode.yaml

```
volumes:
- name: config
  configMap:
```

---

2 644와 owner는 read/write가 가능하고, group과 other는 read만 가능한 권한이다. – 옮긴이

```
    name: fortune-config          모든 파일 권한을
    defaultMode: "6600"     ◀──── -rw-rw-----로 설정
```

컨피그맵은 중요하지 않은 설정 데이터에만 사용해야 하지만 이전 예제처럼 파일을 소유한 사용자와 그룹만 파일을 읽고 쓸 수 있도록 만들 수 있다.

7.4.7 애플리케이션을 재시작하지 않고 애플리케이션 설정 업데이트

환경변수 또는 명령줄 인수를 설정 소스로 사용할 때의 단점은 프로세스가 실행되고 있는 동안에 업데이트할 수 없다는 것이다. 컨피그맵을 사용해 볼륨으로 노출하면 파드를 다시 만들거나 컨테이너를 다시 시작할 필요 없이 설정을 업데이트할 수 있다.

컨피그맵을 업데이트하면, 이를 참조하는 모든 볼륨의 파일이 업데이트된다. 그런 다음 변경됐음을 감지하고 다시 로드하는 것은 프로세스에 달려 있다. 그러나 쿠버네티스는 파일 업데이트 후 컨테이너에 신호를 보내는 것을 지원할 가능성이 높다.

> |주의| 컨피그맵을 업데이트한 후에 파일이 업데이트되기까지 놀라울 정도로 오랜 시간이 걸릴 수 있음을 다시 한 번 강조하고 싶다(최대 1분까지 걸릴 수 있다).

컨피그맵 편집

컨피그맵을 변경하고 파드 안에서 실행 중인 프로세스가 컨피그맵 볼륨에 노출된 파일을 다시 로드하는 방법을 살펴보자. 이전 Nginx 설정 파일을 편집해 파드 재시작 없이 Nginx가 새 설정을 사용하도록 만들자. kubectl edit 명령으로 fortune-config 컨피그맵을 편집해 gzip 압축을 해제하자.

```
$ kubectl edit configmap fortune-config
```

편집기가 열리면 gzip on을 gzip off로 변경하고 파일을 저장한 다음 편집기를 닫자. 컨피그맵이 업데이트되면 곧 볼륨의 실제 파일도 업데이트된다. 파일 내용을 kubectl exec 명령으로 출력해 확인해보자.

```
$ kubectl exec fortune-configmap-volume -c web-server
    cat /etc/nginx/conf.d/my-nginx-config.conf
```

업데이트된 내용이 보이지 않으면 기다렸다가 다시 시도해보자. 파일이 업데이트되려면 시간이 걸린다. 결국에는 변경된 설정 파일을 볼 수 있지만, Nginx에는 아무런 영향이 없는 것을 알게 될 것이다. Nginx는 파일의 변경을 감시하지 않으며 자동으로 다시 로드하지 않기 때문이다.

설정을 다시 로드하기 위해 Nginx에 신호 전달

Nginx는 설정 파일을 다시 로드하라는 다음 명령을 실행하기 전까지 응답을 계속 압축한다.

```
$ kubectl exec fortune-configmap-volume -c web-server -- nginx -s reload
```

이제 curl 명령어를 이용해 서버에 다시 접속하면, 더 이상 응답이 압축되지 않는 것을 볼 수 있다(더 이상 Content-Encoding: gzip 헤더를 포함하지 않는다). 이렇게 컨테이너를 재시작하거나 파드를 재생성하지 않고도 애플리케이션의 설정을 효과적으로 변경했다.

파일이 한꺼번에 업데이트되는 방법 이해하기

쿠버네티스가 컨피그맵 볼륨에 있는 모든 파일을 업데이트하기 전에 애플리케이션이 설정 파일의 변경 사항을 자체적으로 감지하고 다시 로드할 경우에 어떻게 되는지 궁금해할 수 있다. 운 좋게도 모든 파일이 한 번에 동시에 업데이트되기 때문에 이런 일이 발생할 수 없다. 쿠버네티스는 심볼릭 링크를 사용해 이를 수행한다. 만약에 마운트된 컨피그맵 볼륨의 모든 파일을 조회하면 예제 7.19와 같은 내용을 보게 될 것이다.

예제 7.19 마운트된 컨피그맵 볼륨의 파일 목록

```
$ kubectl exec -it fortune-configmap-volume -c web-server -- ls -lA
    /etc/nginx/conf.d
```

```
total 4
drwxr-xr-x  ... 12:15 ..4984_09_04_12_15_06.865837643
lrwxrwxrwx  ... 12:15 ..data -> ..4984_09_04_12_15_06.865837643
lrwxrwxrwx  ... 12:15 my-nginx-config.conf -> ..data/my-nginx-config.conf
lrwxrwxrwx  ... 12:15 sleep-interval -> ..data/sleep-interval
```

보는 것처럼 마운트된 컨피그맵 볼륨 안의 파일은 ..data 디렉터리의 파일을 가리키는 심볼릭 링크다. ..data 디렉터리 또한 ..4984_09_04_something 디렉터리를 가리키는 심볼릭 링크다. 컨피그맵이 업데이트되면 쿠버네티스는 이와 같은 새 디렉터리를 생성하고, 모든 파일을 여기에 쓴 다음 ..data 심볼릭 링크가 새 디렉터리를 가리키도록 해, 모든 파일을 한 번에 효과적으로 변경한다.

이미 존재하는 디렉터리에 파일만 마운트했을 때 업데이트가 되지 않는 것 이해하기

한 가지 주의 사항은 컨피그맵 볼륨 업데이트와 관련이 있다. 만약 전체 볼륨 대신 단일 파일을 컨테이너에 마운트한 경우 파일이 업데이트되지 않는다. 적어도 7장을 집필하는 시점에서는 그렇다.[3]

만일 개별 파일을 추가하고 원본 컨피그맵을 업데이트할 때 파일을 업데이트해야 하는 경우 한 가지 해결 방법은 전체 볼륨을 다른 디렉터리에 마운트한 다음 해당 파일을 가리키는 심볼릭 링크를 생성하는 것이다. 컨테이너 이미지에서 심볼릭 링크를 만들거나, 컨테이너를 시작할 때 심볼릭 링크를 만들 수 있다.

컨피그맵 업데이트의 결과 이해하기

컨테이너의 가장 중요한 기능은 불변성immutability이다. 즉, 동일한 이미지에서 생성된 여러 실행 컨테이너 간에 차이가 없는지 확인할 수 있으므로 컨테이너를 실행히는 데 사용되는 컨피그맵을 수정해 이 불변성을 우회하는 것이 잘못된 것일까?

---

3 아직까지 쿠버네티스 최신 버전에서도 subPath를 사용하는 컨피그맵은 자동으로 업데이트되지 않는다. 다음 링크를 참고하라. https://kubernetes.io/docs/tasks/configure-pod-container/configure-pod-configmap/#add-configmap-data-to-a-specific-path-in-the-volume – 옮긴이

애플리케이션이 설정을 다시 읽는 기능을 지원하지 않는 경우에 심각한 문제가 발생한다. 이로 인해 서로 다른 설정을 가진 인스턴스가 실행되는 결과를 초래한다. 컨피그맵을 변경한 이후 생성된 파드는 새로운 설정을 사용하지만 예전 파드는 계속해서 예전 설정을 사용한다. 그리고 이것은 새로운 파드에만 국한되는 문제가 아니다. 파드 컨테이너가 어떠한 이유로든 다시 시작되면 새로운 프로세스는 새로운 설정을 보게 된다. 따라서 애플리케이션이 설정을 자동으로 다시 읽는 기능을 가지고 있지 않다면, 이미 존재하는 컨피그맵을 (파드가 사용하는 동안) 수정하는 것은 좋은 방법이 아니다.

애플리케이션이 다시 읽기^{reloading}를 지원한다면, 컨피그맵을 수정하는 것은 그리 큰 문제는 아니다. 하지만 컨피그맵 볼륨의 파일이 실행 중인 모든 인스턴스에 걸쳐 동기적으로 업데이트되지 않기 때문에, 개별 파드의 파일이 최대 1분 동안 동기화되지 않은 상태로 있을 수 있음을 알고 있어야 한다.

7.5 시크릿으로 민감한 데이터를 컨테이너에 전달

지금까지 컨테이너에 전달한 정보는 보안을 유지할 필요가 없는 일반적이고 민감하지 않은 데이터였다. 그러나 7장의 시작 부분에서 언급한 것처럼, 설정 안에는 보안이 유지돼야 하는 자격증명과 개인 암호화 키와 같은 민감한 정보도 포함돼 있다.

7.5.1 시크릿 소개

이러한 정보를 보관하고 배포하기 위해 쿠버네티스는 시크릿이라는 별도 오브젝트를 제공한다. 시크릿은 키-값 쌍을 가진 맵으로 컨피그맵과 매우 비슷하다. 시크릿은 컨피그맵과 같은 방식으로 사용할 수 있다. 시크릿을 다음과 같은 상황에서 사용할 수 있다.

- 환경변수로 시크릿 항목을 컨테이너에 전달
- 시크릿 항목을 볼륨 파일로 노출

쿠버네티스는 시크릿에 접근해야 하는 파드가 실행되고 있는 노드에만 개별 시크릿을 배포해 시크릿을 안전하게 유지한다. 또한 노드 자체적으로 시크릿을 항상 메모리에만 저장되게 하고 물리 저장소에 기록되지 않도록 한다. 물리 저장소는 시크릿을 삭제한 후에도 디스크를 완전히 삭제^{wiping}하는 작업이 필요하기 때문이다.

마스터 노드(구체적으로 etcd)에는 시크릿을 암호화되지 않은 형식으로 저장하므로, 시크릿에 저장한 민감한 데이터를 보호하려면 마스터 노드를 보호하는 것이 필요하다. 이렇게 보호할 대상에는 etcd 저장소를 안전하게 하는 것뿐만 아니라 권한 없는 사용자가 API 서버를 이용하지 못하게 하는 것도 포함된다. 파드를 만들 수 있는 사람은 누구나 시크릿을 파드에 마운트하고 민감한 데이터에 접근하는 것이 가능하기 때문이다. 쿠버네티스 1.7 부터는 etcd가 시크릿을 암호화된 형태로 저장해 시스템을 좀 더 안전하게 만든다. 따라서 언제 시크릿을 사용할지, 컨피그맵을 사용할지 올바르게 선택하는 것이 필요하다. 둘 중 어느 것을 사용할지 선택하는 일은 간단하다.

- 민감하지 않고, 일반 설정 데이터는 컨피그맵을 사용한다.
- 본질적으로 민감한 데이터는 시크릿을 사용해 키 아래에 보관하는 것이 필요하다. 만약 설정 파일이 민감한 데이터와 그렇지 않은 데이터를 모두 가지고 있다면 해당 파일을 시크릿 안에 저장해야 한다.

5장에서 인그레스 리소스를 생성할 때, TLS 인증서를 저장하면서 이미 시크릿을 사용했다. 이제 시크릿을 자세히 살펴보자.

7.5.2 기본 토큰 시크릿 소개

모든 실행 컨테이너가 마운트해서 갖고 있는 시크릿을 살펴보면서 한번 알아보자. 아마도 파드에 대해 kubectl describe 명령어를 사용할 때 본 적이 있을 것이다. 명령 결과는 항상 다음과 비슷한 내용이 포함돼 있다.

```
Volumes:
  default-token-cfee9:
    Type:       Secret (a volume populated by a Secret)
    SecretName: default-token-cfee9
```

모든 파드에는 secret 볼륨이 자동으로 연결돼 있다. 이전 kubectl describe 명령어의 출력은 default-token-cfee9이라는 시크릿을 참조한다. 시크릿은 리소스이기 때문에 kubectl get secrets 명령어로 목록을 조회하고 거기서 default-token 시크릿을 찾을수 있다. 다음 결과를 보자.

```
$ kubectl get secrets
NAME                  TYPE                                   DATA   AGE
default-token-cfee9   kubernetes.io/service-account-token    3      39d
```

kubectl describe 명령어를 사용해 좀 더 자세히 살펴볼 수 있다. 예제 7.20을 살펴보자.

예제 7.20 시크릿에 관한 설명

```
$ kubectl describe secrets
Name:        default-token-cfee9
Namespace:   default
Labels:      <none>
Annotations: kubernetes.io/service-account.name=default
             kubernetes.io/service-account.uid=cc04bb39-b53f-42010af00237
Type:        kubernetes.io/service-account-token

Data
====
ca.crt:      1139 bytes
namespace:   7 bytes
token:       eyJhbGciOiJSUzI1NiIsInR5cCI6IkpXVCJ9...
```

이 시크릿은 세 가지 항목을 갖고 있다.

시크릿이 갖고 있는 세 가지 항목(ca.crt, namespace, token)은 파드 안에서 쿠버네티스 API 서버와 통신할 때 필요한 모든 것을 나타낸다. 이상적으로는 애플리케이션이 완전히 쿠버네티스를 인지하지 않도록 하고 싶지만, 쿠버네티스와 직접 대화하는 방법 외에 다른 대안이 없으면 secret 볼륨을 통해 제공된 파일을 사용한다.

kubectl describe pod 명령어는 secret 볼륨이 마운트된 것을 보여준다.

```
Mounts:
  /var/run/secrets/kubernetes.io/serviceaccount from default-token-cfee9
```

> |**노트**| 기본적으로 default-token 시크릿은 모든 컨테이너에 마운트되지만, 파드 스펙 안에 auto
> mountService-AccountToken 필드 값을 false로 지정하거나 파드가 사용하는 서비스 어카운트를
> false로 지정해 비활성화할 수 있다(서비스 어카운트는 이 책의 후반부에서 배운다).

기본 토큰 시크릿이 마운트된 위치와 방법을 시각화해 이해하려면 그림 7.11을 보자.

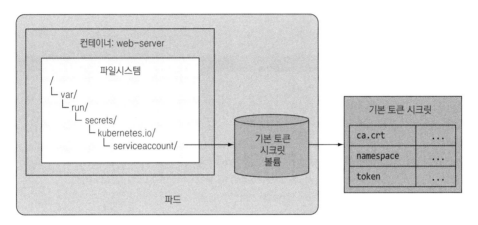

▲ **그림 7.11** default-token 시크릿은 자동으로 생성돼 각 파드에 자동으로 마운트된다.

이미 얘기한 것처럼 시크릿은 컨피그맵과 비슷하기 때문에 secret 볼륨이 마운트된 디
렉터리에서 세 개의 파일을 볼 수 있을 것이라 예상할 수 있다. kubectl exec 명령어로 간
단하게 확인할 수 있다.

```
$ kubectl exec mypod ls /var/run/secrets/kubernetes.io/serviceaccount/
ca.crt
namespace
token
```

8장에서 이 파일들을 사용해 API 서버에 접근하는 방법을 살펴볼 것이다.

7.5.3 시크릿 생성

이제 직접 시크릿을 만들자. fortune-serving Nginx 컨테이너가 HTTPS 트래픽을 제공할 수 있도록 개선해보자. 이를 위해 인증서와 개인 키를 만들어야 한다. 개인 키는 안전하게 유지해야 하므로 개인 키와 인증서를 시크릿에 넣자.

먼저 인증서와 개인 키 파일을 만들자(로컬 시스템에서 수행). 이 책 코드 아카이브에 있는 파일을 사용할 수도 있다(인증서와 키 파일은 fortune-https 디렉터리에 있다).

```
$ openssl genrsa -out https.key 2048
$ openssl req -new -x509 -key https.key -out https.cert -days 3650 -subj
    /CN=www.kubia-example.com
```

시크릿에 대해 몇 가지 사항을 잘 설명하기 위해 foo라는 추가 더미 파일을 만들고 그 안에 bar라는 문자열을 저장하자. 잠시 뒤 왜 이런 작업이 필요한지 이해할 수 있다.

```
$ echo bar > foo
```

이제 kubectl create secret 명령으로 세 가지 파일에서 시크릿을 만들 수 있다.

```
$ kubectl create secret generic fortune-https --from-file=https.key
➥ --from-file=https.cert --from-file=foo
secret "fortune-https" created
```

컨피그맵을 작성하는 것과 크게 다르지 않다. 여기에서 fortune-https 이름을 가진 generic[4] 시크릿을 생성했다. 이 시크릿은 두 가지 항목을 갖고 있다(https.key 파일 내용을 가진 https.key 항목 그리고 비슷하게 https.cert 키와 파일). 앞에서 배운 대로 --from-file=fortune-https 옵션을 이용해 개별 파일을 지정하는 대신 디렉터리 전체를 포함할 수 있다.

---

4 시크릿의 세 가지 유형에는 도커 레지스트리를 사용하기 위한 docker-registry, TLS 통신을 위한 tls, generic이 있다. – 옮긴이

> |**노트**| 여기에서는 일반적인(generic) 시크릿을 작성하지만, 5장에서 한 것처럼 kubectl create
> secret tls 명령을 이용해 tls 시크릿을 생성할 수도 있다. 이렇게 하면 다른 항목 이름으로 시크릿을
> 생성할 수 있다.

7.5.4 컨피그맵과 시크릿 비교

시크릿과 컨피그맵은 매우 큰 차이가 있다. 이는 쿠버네티스 개발자들이 시크릿을 지원하
다가 컨피그맵을 생성하게 한 이유다. 예제 7.21은 앞에서 생성한 시크릿의 YAML 내용을
보여준다.

예제 7.21 시크릿의 YAML 정의

```
$ kubectl get secret fortune-https -o yaml
apiVersion: v1
data:
  foo: YmFyCg==
  https.cert: LS0tLS1CRUdJTiBDRVJUSUZJQ0FURS0tLS0tCk1JSURCekNDQ...
  https.key: LS0tLS1CRUdJTiBSU0EgUFJJVkFURSBLRVktLS0tLQpNSUlFcE...
kind: Secret
...
```

이를 이전에 작성한 컨피그맵의 YAML과 비교해보자. 예제 7.22를 참고하라.

예제 7.22 컨피그맵의 YAML 정의

```
$ kubectl get configmap fortune-config -o yaml
apiVersion: v1
data:
  my-nginx-config.conf: |
    server {
      ...
    }
  sleep-interval: |
    25
kind: ConfigMap
...
```

차이점을 알아볼 수 있는가? 시크릿 항목의 내용은 Base64 인코딩 문자열로 표시되고, 컨피그맵의 내용은 일반 텍스트로 표시된다. 처음에는 시크릿 안에 있는 YAML과 JSON 매니페스트를 다루는 것이 고통스러울 것이다. 각 항목을 설정하고 읽을 때마다 인코딩과 디코딩을 해야 하기 때문이다.

바이너리 데이터 시크릿 사용

Base64 인코딩을 사용하는 까닭은 간단하다. 시크릿 항목에 일반 텍스트뿐만 아니라 바이너리^{binary} 값도 담을 수 있기 때문이다. Base64 인코딩은 바이너리 데이터를 일반 텍스트 형식인 YAML이나 JSON 안에 넣을 수 있다.

| **팁** | 민감하지 않은 데이터도 시크릿을 사용할 수 있지만, 시크릿의 최대 크기는 1MB로 제한된다.

---

stringData 필드 소개

모든 민감한 데이터가 바이너리 형태는 아니기 때문에, 쿠버네티스는 시크릿의 값을 string Data 필드로 설정할 수 있게 해준다. 예제 7.23에서 사용 방법을 볼 수 있다.

예제 7.23 stringData 필드로 일반 텍스트를 시크릿에 추가

```
kind: Secret
apiVersion: v1
stringData:            ◀── stringData는 바이너리 데이터가 아닌
  foo: plain text           시크릿 데이터에 사용할 수 있다.
data:                  ◀── "plain text"는 Base64로 인코딩되지
  https.cert: LS0tLS1CRUdJTiBDRVJUSUZJQ0FURS0tLS0tCk1JSURRekNNDQ...    않는 것을 볼 수 있다.
  https.key: LS0tLS1CRUdJTiBSU0EgUFJJVkFURSBLRVktLS0tLQpNSUlFcE...
```

stringData 필드는 쓰기 전용이다(읽기 전용이 아니라 쓰기 전용). 값을 설정할 때만 사용할 수 있다. kubectl get -o yaml 명령으로 시크릿의 YAML 정의를 가져올 때, stringData 필드는 표시되지 않는다. 대신 stringData 필드(앞의 예제에서 foo 항목)로 지정한 모든 항목

은 data 항목 아래에 다른 모든 항목처럼 Base64로 인코딩돼 표시된다.

파드에서 시크릿 항목 읽기

secret 볼륨을 통해 시크릿을 컨테이너에 노출하면, 시크릿 항목의 값이 일반 텍스트인지 바이너리 데이터인지에 관계없이 실제 형식으로 디코딩돼 파일에 기록된다. 환경변수로 시크릿 항목을 노출할 때도 마찬가지다. 두 경우 모두 애플리케이션에서 디코딩할 필요는 없이 파일 내용을 읽거나 환경변숫값을 찾아 직접 사용할 수 있다.

7.5.5 파드에서 시크릿 사용

인증서와 키 파일을 모두 포함하는 fortune-https 시크릿을 Nginx에서 사용할 수 있도록 설정하는 것이 필요하다.

HTTPS를 활성화하도록 fortune-config 컨피그맵 수정

먼저 컨피그맵을 편집해 설정 파일을 다시 수정한다.

```
$ kubectl edit configmap fortune-config
```

텍스트 편집기가 열리면, my-nginx-config.conf 항목을 예제 7.24처럼 수정한다.

예제. 7.24 fortune-config 컨피그맵 데이터 수정

```
...
data:
  my-nginx-config.conf: |
    server {
      listen          80;
      listen          443 ssl;
      server_name     www.kubia-example.com;
      ssl_certificate     certs/https.cert;        각 경로는 /etc/nginx를
      ssl_certificate_key certs/https.key;         기준으로 지정
      ssl_protocols      TLSv1 TLSv1.1 TLSv1.2;
      ssl_ciphers        HIGH:!aNULL:!MD5;
```

344

```
        location / {
          root    /usr/share/nginx/html;
          index   index.html index.htm;
        }
      }
    sleep-interval: |
...
```

설정에서 서버가 인증서와 키 파일을 /etc/nginx/certs 경로에서 읽도록 지정했기 때문에 secret 볼륨을 해당 위치에 마운트하는 것이 필요하다.

fortune-https 시크릿을 파드에 마운트

다음으로 새로운 fortune-https 파드를 만들고 예제 7.25를 참고해 인증서와 키를 가지고 있는 secret 볼륨을 web-server 컨테이너 안에 적당한 위치에 마운트한다.

예제 7.25 fortune-https 파드 YAML 정의: fortune-pod-https.yaml

```
apiVersion: v1
kind: Pod
metadata:
  name: fortune-https
spec:
  containers:
  - image: luksa/fortune:env
    name: html-generator
    env:
    - name: INTERVAL
      valueFrom:
        configMapKeyRef:
          name: fortune-config
          key: sleep-interval
    volumeMounts:
    - name: html
      mountPath: /var/htdocs
  - image: nginx:alpine
    name: web-server
```

```
        volumeMounts:
        - name: html
          mountPath: /usr/share/nginx/html
          readOnly: true
        - name: config
          mountPath: /etc/nginx/conf.d
          readOnly: true
        - name: certs
          mountPath: /etc/nginx/certs/
          readOnly: true
        ports:
        - containerPort: 80
        - containerPort: 443
  volumes:
  - name: html
    emptyDir: {}
  - name: config
    configMap:
      name: fortune-config
      items:
      - key: my-nginx-config.conf
        path: https.conf
  - name: certs
    secret:
      secretName: fortune-https
```

Nginx 서버가 인증서와 키를 /etc/nginx/certs에서
읽도록 설정했기 때문에 시크릿 볼륨을 해당 위치에
마운트한다.

fortune-https 시크릿을 참조하도록
시크릿 볼륨을 정의한다.

이 파드 정의에서는 많은 작업이 진행되고 있으므로 시각화해서 이해하는 데 도움을
주려고 한다. 그림 7.12는 YAML에 정의된 구성 요소를 보여준다. 그림에 표시되지 않은
default-token 시크릿, 볼륨, 볼륨 마운트는 YAML의 구성 요소는 아니지만 파드에 자동
으로 추가된다.

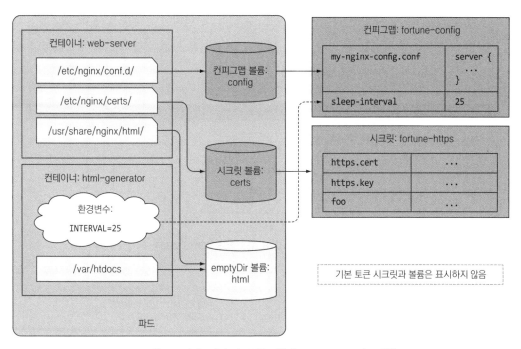

▲ **그림 7.12** 컨피그맵과 시크릿을 결합해 fortune-https 파드 실행

| **노트** | 컨피그맵 볼륨과 마찬가지로 secret 볼륨 또한 defaultMode 속성을 통해 볼륨에 노출된 파일 권한을 지정할 수 있는 기능을 지원한다.

Nginx가 시크릿의 인증서와 키를 사용하는지 테스트

파드가 실행되면 포트 포워드 터널링으로 파드의 443번 포트로 열고 curl 명령으로 요청을 보내 HTTPS 트래픽을 제공하는지 확인할 수 있다.

```
$ kubectl port-forward fortune-https 8443:443 &
Forwarding from 127.0.0.1:8443 -> 443
Forwarding from [::1]:8443 -> 443
$ curl https://localhost:8443 -k
```

서버를 올바르게 설정했다면 응답을 얻을 수 있다. 서버의 인증서를 앞에서 생성한 인증서와 일치하는지 확인할 수 있다. curl 명령을 -v 옵션을 켜고 실행해 상세 로깅을 설정하면 예제 7.26과 같은 결과를 볼 수 있다.

예제 7.26 Nginx가 보낸 서버 인증서 표시

```
$ curl https://localhost:8443 -k -v
* About to connect() to localhost port 8443 (#0)
*   Trying ::1...
* Connected to localhost (::1) port 8443 (#0)
* Initializing NSS with certpath: sql:/etc/pki/nssdb
* skipping SSL peer certificate verification
* SSL connection using TLS_ECDHE_RSA_WITH_AES_256_GCM_SHA384
* Server certificate:
*     subject: CN=www.kubia-example.com
*     start date: aug 16 18:43:13 2016 GMT                    서버 인증서는 앞에서 생성해
*     expire date: aug 14 18:43:13 2026 GMT                   시크릿에 저장한 인증서와
*     common name: www.kubia-example.com                      일치한다.
*     issuer: CN=www.kubia-example.com
```

시크릿 볼륨을 메모리에 저장하는 이유

인증서와 개인 키를 secret 볼륨에 마운트해 파드에 성공적으로 전달했다. secret 볼륨은 시크릿 파일을 저장하는 데 인메모리 파일시스템(tmpfs)을 사용한다. 컨테이너에 마운트된 볼륨을 조회하면 이를 볼 수 있다.

```
$ kubectl exec fortune-https -c web-server -- mount | grep certs
tmpfs on /etc/nginx/certs type tmpfs (ro,relatime)
```

tmpfs를 사용하는 이유는 민감한 데이터를 노출시킬 수도 있는 디스크에 저장하지 않기 위해서다.

환경변수로 시크릿 항목 노출

볼륨을 사용하는 대신 컨피그맵에서 `sleep-interval` 항목을 노출한 것처럼, 시크릿의 개별 항목을 환경변수로 노출할 수 있다. 예를 들어 시크릿에서 foo 키를 환경변수 FOO_SECRET으로 노출하고자 한다면 예제 7.27 코드 조각을 컨테이너 정의에 추가한다.

예제 7.27 시크릿의 항목을 환경변수로 노출

```
env:
- name: FOO_SECRET                         변수는 시크릿 항목에서
  valueFrom:                               설정된다.
    secretKeyRef:
      name: fortune-https        ◄──── 키를 갖고 있는 시크릿의 이름
      key: foo                   ◄──── 노출할 시크릿의 키 이름
```

이것은 INTERVAL 환경변수를 설정하는 것과 거의 비슷하다. 단지 이번에는 컨피그맵을 참조하는 데 `configMapKeyRef` 대신 `secretKeyRef`를 사용해 시크릿을 참조한다는 점이 다르다.

쿠버네티스에서 시크릿을 환경변수로 노출할 수 있게 해주지만, 이 기능을 사용하는 것이 가장 좋은 방법은 아니다. 애플리케이션은 일반적으로 오류 보고서에 환경변수를 기록하거나 시작하면서 로그에 환경변수를 남겨 의도치 않게 시크릿을 노출할 수 있다. 또한 자식 프로세스는 상위 프로세스의 모든 환경변수를 상속받는데, 만약 애플리케이션이 타사(third-party) 바이너리를 실행할 경우 시크릿 데이터를 어떻게 사용하는지 알 수 있는 방법이 없다.

> **|팁|** 환경변수로 시크릿을 컨테이너에 전달하는 것은 의도치 않게 노출될 수 있기 때문에 심사숙고해서 사용해야 한다. 안전을 위해서는 시크릿을 노출할 때 항상 secret 볼륨을 사용한다.

7.5.6 이미지를 가져올 때 사용하는 시크릿 이해

애플리케이션에 시크릿을 전달하고 그 안에 있는 데이터를 사용하는 방법을 배웠다. 하지

만 쿠버네티스에서 자격증명을 전달하는 것이 필요할 때가 있다(예를 들어 프라이빗 컨테이너 이미지 레지스트리를 사용하려는 경우). 이때에도 시크릿을 통해 이뤄진다.

지금까지 사용한 모든 이미지는 공개 이미지 레지스트리에 저장돼 있었기 때문에 이미지를 가져오는 데 특별한 자격증명을 필요로 하지 않았다. 하지만 대부분의 조직은 자신들의 이미지를 모든 사람들이 사용하는 것을 원하지는 않기 때문에 프라이빗 이미지 레지스트리를 사용한다. 파드를 배포할 때 컨테이너 이미지가 프라이빗 레지스트리 안에 있다면, 쿠버네티스는 이미지를 가져오기 위해 필요한 자격증명을 알아야 한다. 이를 어떻게 할 수 있는지 살펴보자.

도커 허브에서 프라이빗 이미지 사용

도커 허브는 공용 이미지 레지스트리 외에도 프라이빗 레지스트리를 만들 수 있게 해준다. 웹 브라우저로 http://hub.docker.com에 로그인한 뒤 원하는 저장소를 찾아 프라이빗용으로 표시할 수 있다.

프라이빗 저장소를 사용하는 파드를 실행하려면 다음 두 가지 작업이 필요하다.

- 도커 레지스트리 자격증명을 가진 시크릿 생성
- 파드 매니페스트 안에 imagePullSecrets 필드에 해당 시크릿 참조

도커 레지스트리 인증을 위한 시크릿 생성

도커 레지스트리 인증에 필요한 자격증명을 저장하는 시크릿을 생성하는 것은 7.5.3절에서 작성한 generic 시크릿과 다르지 않다. 동일한 kubectl create secret 명령을 사용하지만 유형과 옵션이 다르다.

```
$ kubectl create secret docker-registry mydockerhubsecret \
  --docker-username=myusername --docker-password=mypassword \
  --docker-email=my.email@provider.com
```

generic 시크릿을 생성하는 것과 다르게, docker-registry 형식을 가진 mydockerhub secret이라는 시크릿을 만든다. 여기에 사용할 도커 허브 사용자 이름, 패스워드, 이메일을 지정한다. kubectl describe 명령으로 새로 생성한 시크릿을 살펴보면 .dockercfg 항목을 갖고 있는 것을 볼 수 있다. 이는 홈 디렉터리에 docker login 명령을 실행할 때 생성된 .dockercfg 파일과 동일하다.

파드 정의에서 도커 레지스트리 시크릿 사용

쿠버네티스가 프라이빗 도커 허브 저장소에서 이미지를 가져올 때 시크릿을 사용하려면 예제 7.28에 나온 것처럼 시크릿의 이름을 지정하는 것이 필요하다.

예제 7.28 이미지 풀 시크릿을 사용하는 파드 정의: pod-with-private-image.yaml

```
apiVersion: v1
kind: Pod
metadata:
  name: private-pod
spec:
  imagePullSecrets:          ┐ 프라이빗 이미지 레지스트리에서
  - name: mydockerhubsecret  ┘ 이미지를 가져올 수 있도록 설정
  containers:
  - image: username/private:tag
    name: main
```

앞 예제 파드 정의에 보면 mydockerhubsecret 시크릿을 imagePullSecrets 항목으로 지정한다. 프라이빗 컨테이너 이미지를 다루게 될 것이므로 직접 해보길 권장한다.

모든 파드에서 이미지를 가져올 때 사용할 시크릿을 모두 지정할 필요는 없다

사람들이 일반적으로 여러 다양한 파드를 시스템에서 실행하는 것을 감안하면, 모든 파드에 이미지를 가져올 때 사용할 시크릿을 지정하는 것이 필요한지 궁금할 것이다. 다행히 그렇지는 않다. 12장에서 이미지를 가져올 때 사용할 시크릿을 서비스어카운트^{ServiceAccount}에 추가해 모든 파드에 자동으로 추가될 수 있게 하는 법을 배울 것이다.

7.6 요약

7장에서 컨테이너에 설정 데이터를 전달하는 방법을 다뤘다. 여기서 배운 내용은 다음과 같다.

- 컨테이너 이미지에 정의된 기본 명령어를 파드 정의 안에 재정의
- 주 컨테이너 프로세스에 명령줄 인자 전달
- 컨테이너에서 사용할 환경변수 설정
- 파드 사양에서 설정을 분리해 컨피그맵 안에 넣기
- 민감한 데이터를 시크릿 안에 넣고 컨테이너에 안전하게 전달
- docker-registry 시크릿을 만들고 프라이빗 이미지 레지스트리에서 이미지를 가져올 때 사용

8장에서는 파드와 컨테이너 메타데이터를 내부에서 실행되는 애플리케이션으로 전달하는 방법을 설명할 것이다. 또한 7장에서 배운 default 토큰 시크릿이 파드와 API 서버 통신에 어떻게 사용되는지 살펴볼 것이다.

8

애플리케이션에서
파드 메타데이터와
그 외의 리소스에 액세스하기

8장에서 다루는 내용

- 컨테이너에 정보를 전달하기 위해 Downward API 사용
- 쿠버네티스 REST API 살펴보기
- 인증과 서버 검증을 kubectl proxy에 맡기기
- 컨테이너 내에서 API 서버에 접근하기
- 앰배서더 컨테이너 패턴의 이해
- 쿠버네티스 클라이언트 라이브러리 사용

애플리케이션은 때때로 애플리케이션 자신에 관한 상세 정보를 포함해 실행 중인 환경 관련 정보와 클러스터 내의 다른 구성 요소에 관한 정보가 필요할 수 있다. 이미 쿠버네티스가 어떻게 환경변수나 DNS로 서비스 검색을 가능하게 하는지 살펴봤지만, 다른 정보는 어떻게 가져올까? 8장에서는 특정 파드와 컨테이너 메타데이터를 컨테이너로 전달하는 방법과 컨테이너 내에서 실행 중인 애플리케이션이 쿠버네티스 API 서버와 통신해 클러스터에 배포된 리소스의 정보를 얻는 것이 얼마나 쉬운지를, 더 나아가 이런 리소스를 생성하거나 수정하는 방법을 다룰 것이다.

8.1 Downward API로 메타데이터 전달

7장에서는 환경변수 또는 컨피그맵과 시크릿 볼륨으로 설정 데이터를 애플리케이션에 전달하는 방법을 살펴봤다. 이는 사용자가 데이터를 직접 설정하거나 파드가 노드에 스케줄링돼 실행되기 이전에 이미 알고 있는 데이터에는 적합하다. 그러나 파드의 IP, 호스트 노드 이름 또는 파드 자체의 이름(파드의 이름이 생성되는 경우, 예를 들어 레플리카셋이나 그와 유사한 컨트롤러에 의해 파드가 생성되는 경우)과 같이 실행 시점까지 알려지지 않은 데이터의 경우는 어떨까? 파드의 레이블이나 어노테이션과 같이 어딘가에 이미 설정된 데이터라면 어떨까? 아마도 동일한 정보를 여러 곳에 반복해서 설정하고 싶지는 않을 것이다.

이 두 가지 문제는 쿠버네티스의 Downward API로 해결된다. 환경변수 또는 (downwardAPI 볼륨 내에 있는) 파일로 파드와 해당 환경의 메타데이터를 전달할 수 있다. 이름 때문에 혼동하지 말자. Downward API는 애플리케이션이 호출해서 데이터를 가져오는 REST 엔드포인트와 다르다. 그림 8.1과 같이 환경변수 또는 파일에 파드의 스펙 또는 상태값이 채워지도록 하는 방식이다.

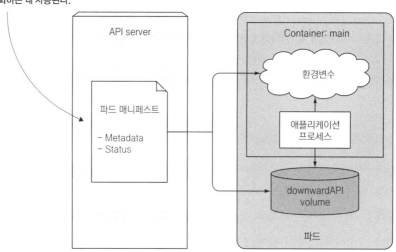

▲ **그림 8.1** Downward API는 환경변수 또는 파일로 파드 메타데이터를 노출한다.

8.1.1 사용 가능한 메타데이터 이해

Downward API를 사용하면 파드 자체의 메타데이터를 해당 파드 내에서 실행 중인 프로세스에 노출할 수 있다. 현재 다음 정보를 컨테이너에 전달할 수 있다.

- 파드의 이름
- 파드의 IP 주소
- 파드가 속한 네임스페이스
- 파드가 실행 중인 노드의 이름
- 파드가 실행 중인 서비스 어카운트 이름
- 각 컨테이너의 CPU와 메모리 요청
- 각 컨테이너의 CPU와 메모리 제한
- 파드의 레이블
- 파드의 어노테이션

아직 소개하지 않은 서비스 어카운트$^{Service\ Account}$, CPU/메모리 요청^{request}과 제한^{limit}을 제외하고는 목록에 있는 대부분의 항목은 별도의 설명 없이도 이해가 될 것이다. 서비스 어카운트에 관해서는 12장에서 자세히 다룰 것이다. 지금은 서비스 어카운트란 파드가 API 서버와 통신할 때 인증하는 계정 정도로만 알고 있으면 된다. CPU/메모리 요청 및 제한은 14장에 설명돼 있다. 이는 컨테이너에 보장되는 CPU와 메모리의 양과 컨테이너가 얻을 수 있는 최대 양을 나타낸다.

목록에 있는 대부분의 항목은 환경변수 또는 downwardAPI 볼륨으로 컨테이너에 전달될 수 있지만 레이블과 어노테이션은 볼륨으로만 노출될 수 있다. 일부 데이터는 다른 방법(이를테면 운영체제에서 직접)으로도 얻을 수 있지만, Downward API는 더 간단한 대안을 제공한다.

컨테이너 내부에 있는 프로세스에 메타데이터를 전달하는 예를 살펴보자.

8.1.2 환경변수로 메타데이터 노출하기

먼저 환경변수로 파드와 컨테이너의 메타데이터를 컨테이너에 전달하는 방법을 살펴보겠다. 다음 예제의 매니페스트를 이용해 컨테이너가 하나인 간단한 파드를 만든다.

예제 8.1 환경변수에 사용되는 Downward API: downward-api-env.yaml

```
apiVersion: v1
kind: Pod
metadata:
  name: downward
spec:
  containers:
  - name: main
    image: busybox
    command: ["sleep", "9999999"]
    resources:
      requests:
        cpu: 15m
        memory: 100Ki
      limits:
        cpu: 100m
        memory: 4Mi
    env:
    - name: POD_NAME
      valueFrom:
        fieldRef:
          fieldPath: metadata.name
    - name: POD_NAMESPACE
      valueFrom:
        fieldRef:
          fieldPath: metadata.namespace
    - name: POD_IP
      valueFrom:
        fieldRef:
          fieldPath: status.podIP
    - name: NODE_NAME
      valueFrom:
        fieldRef:
```

특정 값을 설정하는 대신 파드 매니페스트의 metadata.name을 참조한다.

```
    fieldPath: spec.nodeName
- name: SERVICE_ACCOUNT
  valueFrom:
    fieldRef:
    fieldPath: spec.serviceAccountName
- name: CONTAINER_CPU_REQUEST_MILLICORES      컨테이너의 CPU/메모리 요청과 제한은
  valueFrom:                                  fieldRef 대신 resourceFieldRef를
    resourceFieldRef:                         사용해 참조한다.
      resource: requests.cpu
      divisor: 1m                             리소스 필드의 경우
- name: CONTAINER_MEMORY_LIMIT_KIBIBYTES      필요한 단위의 값을 얻으려면
  valueFrom:                                  제수(divisor)를 정의한다.
    resourceFieldRef:
      resource: limits.memory
      divisor: 1Ki
```

프로세스가 실행되면 파드 스펙에 정의한 모든 환경변수를 조회할 수 있다. 그림 8.2는 환경변수와 그 값이 어디에서 왔는지를 보여준다. 파드의 이름, IP와 네임스페이스는 각각 POD_NAME, POD_IP와 POD_NAMESPACE 환경변수로 노출된다. 컨테이너가 실행 중인 노드의 이름은 NODE_NAME 변수로 노출된다. 서비스 어카운트 이름은 SERVICE_ACCOUNT 환경변수로 사용 가능하다. 그리고 이 컨테이너에 요청된 CPU 양과 컨테이너가 사용할 수 있는 최대 메모리 양을 갖는 두 개의 환경변수를 작성한다.

자원 제한^{limits} 또는 요청^{requests}을 노출시키는 환경변수의 경우 제수^{divisor}[1]를 지정한다. 제한 또는 요청의 실제 값은 제수로 나누고 결괏값을 환경변수로 노출한다. 이 예제에서는 CPU 요청에 대한 제수를 1m(1밀리코어 또는 1000분의 1 CPU 코어)로 설정했다. CPU 요청을 15m로 설정했기 때문에 환경변수 CONTAINER_CPU_REQUEST_MILLICORES는 15로 설정된다. 마찬가지로 메모리 제한을 4Mi(4메비바이트^{Mebibyte})로 설정하고 제수를 1Ki(1키비바이트^{Kibibyte})로 설정했으므로 CONTAINER_MEMORY_LIMIT_KIBIBYTES 환경변수는 4096으로 설정된다.

---

1   제수(除數)는 어떤 수를 나누는 수로, 여기서는 CPU나 메모리를 요청하거나 제한할 때 사용하는 단위 정도로 이해하면 된다.
    – 옮긴이

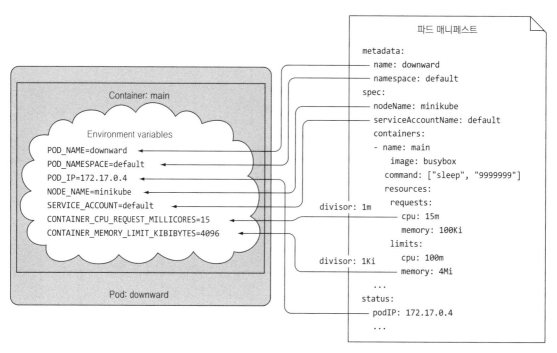

```
                                                   파드 매니페스트

                                          metadata:
                                            name: downward
                                            namespace: default
                                          spec:
                                            nodeName: minikube
                                            serviceAccountName: default
                                            containers:
                                            - name: main
                                                image: busybox
                                                command: ["sleep", "9999999"]
                                                resources:
                                                  requests:
                              divisor: 1m            cpu: 15m
                                                    memory: 100Ki
                                                  limits:
                                                    cpu: 100m
                              divisor: 1Ki           memory: 4Mi
                                            ...
                                          status:
                                            podIP: 172.17.0.4
                                            ...
```

▲ **그림 8.2** 환경변수를 이용해 파드의 메타데이터와 속성을 파드에 노출한다.

CPU 제한과 요청의 제수는 1(전체 코어 하나를 의미함) 또는 1m(1밀리코어)로 설정한다. 메모리 제한/요청의 제수는 1(바이트), 1k(킬로바이트) 또는 1Ki(키비바이트), 1M(메가바이트) 또는 1Mi(메비바이트) 등이 될 수 있다.

파드를 만든 후에는 kubectl exec를 사용해 다음 예제와 같이 컨테이너에 있는 모든 환경변수를 볼 수 있다.

```
$ kubectl exec downward env
PATH=/usr/local/sbin:/usr/local/bin:/usr/sbin:/usr/bin:/sbin:/bin
HOSTNAME=downward
CONTAINER_MEMORY_LIMIT_KIBIBYTES=4096
POD_NAME=downward
POD_NAMESPACE=default
POD_IP=10.0.0.10
NODE_NAME=gke-kubia-default-pool-32a2cac8-sgl7
```

```
SERVICE_ACCOUNT=default
CONTAINER_CPU_REQUEST_MILLICORES=15
KUBERNETES_SERVICE_HOST=10.3.240.1
KUBERNETES_SERVICE_PORT=443
...
```

컨테이너 내부에서 실행되는 모든 프로세스는 해당 변수를 읽을 수 있고, 필요한 대로 사용할 수 있다.

8.1.3 downwardAPI 볼륨에 파일로 메타데이터 전달

환경변수 대신 파일로 메타데이터를 노출하려는 경우 downwardAPI 볼륨을 정의해 컨테이너에 마운트할 수 있다. 환경변수로 파드의 레이블이나 어노테이션을 노출할 수 없기 때문에 downwardAPI 볼륨을 사용해야 한다. 나중에 이유를 설명할 것이다.

환경변수와 마찬가지로 메타데이터를 프로세스에 노출시키려면 각 메타데이터 필드를 명시적으로 지정해야 한다. 다음 예제에서 환경변수 대신 볼륨을 사용하도록 이전 예제를 수정하는 방법을 살펴보자.

예제 8.3 downwardAPI 볼륨을 갖는 파드: downward-api-volume.yaml

```
apiVersion: v1
kind: Pod
metadata:
  name: downward
  labels:
    foo: bar
  annotations:
    key1: value1              이 레이블과 어노테이션은
    key2: |                   downwardAPI 볼륨으로 노출된다.
      multi
      line
      value
spec:
  containers:
  - name: main
```

```yaml
    image: busybox
    command: ["sleep", "9999999"]
    resources:
      requests:
        cpu: 15m
        memory: 100Ki
      limits:
        cpu: 100m
        memory: 4Mi
    volumeMounts:
    - name: downward
      mountPath: /etc/downward
volumes:
- name: downward
  downwardAPI:
    items:
    - path: "podName"
      fieldRef:
        fieldPath: metadata.name
    - path: "podNamespace"
      fieldRef:
        fieldPath: metadata.namespace
    - path: "labels"
      fieldRef:
        fieldPath: metadata.labels
    - path: "annotations"
      fieldRef:
        fieldPath: metadata.annotations
    - path: "containerCpuRequestMilliCores"
      resourceFieldRef:
        containerName: main
        resource: requests.cpu
        divisor: 1m
    - path: "containerMemoryLimitBytes"
      resourceFieldRef:
        containerName: main
        resource: limits.memory
        divisor: 1
```

downward 볼륨은
/etc/downward
아래에 마운트한다.

downwardAPI 볼륨을
downward라는 이름으로 정의한다.

파드의 이름(매니페스트에 있는
metadata.name 필드에 있다)은
podName 파일에 기록된다.

파드의 레이블은
/etc/downward/labels
파일에 기록된다.

파드의 어노테이션을
/etc/downward/annotations
파일에 기록한다.

환경변수로 메타데이터를 전달하는 대신 downward라는 볼륨을 정의하고 컨테이너의 /etc/downward 아래에 마운트한다. 이 볼륨에 포함된 파일들은 볼륨 스펙의 `downward API.items` 속성 아래에 설정된다.

각 항목은 메타데이터를 기록할 경로(파일 이름)와 파일에 저장할 값의 파드 수준의 필드나 컨테이너 리소스 필드에 대한 참조를 지정한다(그림 8.3 참조).

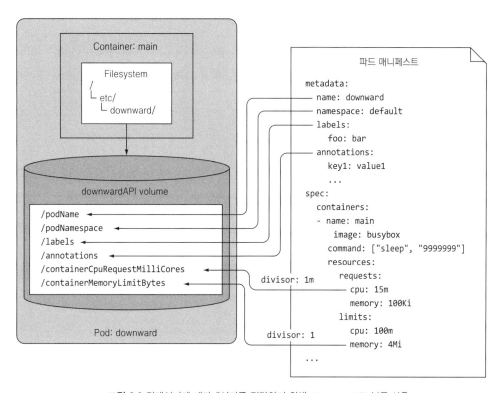

▲ **그림 8.3** 컨테이너에 메타데이터를 전달하기 위해 downwardAPI 볼륨 사용

이전에 만든 파드를 삭제하고 이전 예제의 매니페스트를 사용해 새로운 파드를 만든다. 그런 다음 마운트된 downwardAPI 볼륨 디렉터리의 내용을 살펴보자. /etc/downward/ 아래에 볼륨을 마운트했으므로 다음 예제에 표시된 것처럼 파일을 나열해보자.

```
$ kubectl exec downward -- ls -lL /etc/downward
-rw-r--r--  1 root  root  134  May 25 10:23 annotations
-rw-r--r--  1 root  root    2  May 25 10:23 containerCpuRequestMilliCores
-rw-r--r--  1 root  root    7  May 25 10:23 containerMemoryLimitBytes
-rw-r--r--  1 root  root    9  May 25 10:23 labels
-rw-r--r--  1 root  root    8  May 25 10:23 podName
-rw-r--r--  1 root  root    7  May 25 10:23 podNamespace
```

> |**노트**| 컨피그맵과 시크릿 볼륨과 마찬가지로 파드 스펙에서 downwardAPI 볼륨의 defaultMode
> 속성으로 파일 권한을 변경할 수 있다.

각 파일은 볼륨 정의의 항목^{item}에 해당한다. 파일의 내용은 환경변수를 사용하는 이전 예제와 동일하기 때문에 여기서는 표시하지 않았다. 그러나 환경변수로는 레이블과 어노테이션을 노출할 수 없었기 때문에 다음 예제로 노출하려는 내용이 두 파일에 저장돼 있는지 확인하자.

```
$ kubectl exec downward cat /etc/downward/labels
foo="bar"

$ kubectl exec downward cat /etc/downward/annotations
key1="value1"
key2="multi\nline\nvalue\n"
kubernetes.io/config.seen="2016-11-28T14:27:45.664924282Z"
kubernetes.io/config.source="api"
```

보다시피 각 레이블/어노테이션은 별도의 줄에 키=값 형식으로 저장된다. 값이 여러 줄인 경우 줄 바꾸기 문자가 \n으로 표시돼 한 줄로 기록된다.

레이블과 어노테이션 업데이트

파드가 실행되는 동안 레이블과 어노테이션을 수정할 수 있다는 것을 기억할 것이다. 예상 대로 레이블이나 어노테이션이 변경될 때 쿠버네티스가 이 값을 가지고 있는 파일을 업데이트해서 파드가 항상 최신 데이터를 볼 수 있도록 한다. 이는 또한 레이블과 어노테이션이 왜 환경변수로 노출될 수 없는지도 설명한다. 환경변숫값은 나중에 업데이트할 수 없기 때문에 파드의 레이블 또는 어노테이션이 환경변수로 노출된 경우 변경이 발생한 다음에 새로운 값을 노출할 수 있는 방법이 없다.

볼륨 스펙에서 컨테이너 수준의 메타데이터 참조

이 절을 마무리하기 전에 한 가지 짚고 넘어갈 필요가 있다. 컨테이너의 리소스 제한 또는 요청(resourceFieldRef를 사용해 수행)과 같은 컨테이너 수준의 메타데이터를 노출하는 경우 다음 예제에 표시된 것처럼 리소스 필드를 참조하는 컨테이너의 이름을 지정해야 한다.

예제 8.6 downwardAPI 볼륨에서 컨테이너 수준의 메타데이터 참조

```
spec:
  volumes:
  - name: downward
    downwardAPI:
      items:
      - path: "containerCpuRequestMilliCores"
        resourceFieldRef:
          containerName: main        ◀──── 컨테이너 이름이 반드시
          resource: requests.cpu            지정돼야 한다.
          divisor: 1m
```

볼륨이 컨테이너가 아니라 파드 수준에서 정의됐다고 생각하면 그 이유가 분명해진다. 볼륨 스펙 내에서 컨테이너의 리소스 필드를 참조할 때는 참조하는 컨테이너의 이름을 명시적으로 지정해야 한다. 컨테이너가 하나인 파드에서도 마찬가지다.

볼륨을 사용해 컨테이너의 리소스 요청이나 제한을 노출하는 것은 환경변수를 사용하는 것보다 약간 더 복잡하지만 필요할 경우 한 컨테이너의 리소스 필드를 다른 컨테이너에

전달할 수 있는 장점이 있다(단, 두 컨테이너는 모두 같은 파드에 있어야 한다). 환경변수로는 컨테이너 자신의 리소스 제한과 요청만 전달할 수 있다.

Downward API 사용 시기 이해

앞에서 본 바와 같이 Downward API 사용은 복잡하지 않다. 이것은 애플리케이션을 쿠버네티스에 독립적Kubernetes-agnostic[2]으로 유지할 수 있게 한다. 환경변수의 특정 데이터를 활용하는 기존 애플리케이션을 처리할 때 특히 유용하다. Downward API를 사용하면 애플리케이션을 다시 짜거나 데이터를 가져와서 환경변수에 노출하는 셸 스크립트를 사용하지 않고도 데이터를 애플리케이션에 노출할 수 있다.

그러나 Downward API로 사용 가능한 메타데이터는 상당히 제한적이다. 더 많은 정보가 필요한 경우 쿠버네티스 API 서버에서 직접 가져와야 한다. 다음 절에서 그 방법을 배우게 될 것이다.

8.2 쿠버네티스 API 서버와 통신하기

Downward API가 어떻게 특정 파드와 컨테이너의 메타데이터를 그 안에서 실행되는 프로세스를 쉽게 전달하는지 살펴봤다. Downward API는 단지 파드 자체의 메타데이터와 모든 파드의 데이터 중 일부만 노출한다. 그러나 때때로 애플리케이션에서 클러스터에 정의된 다른 파드나 리소스에 관한 더 낳은 성보가 필요할 수도 있다. 이 경우 Downward API는 도움이 되지 않는다.

이 책 전체에서 봤듯이 서비스와 파드에 관한 정보는 서비스 관련 환경변수나 DNS로 얻을 수 있다. 그러나 애플리케이션이 다른 리소스의 정보가 필요하거나 가능한 한 최신 정보에 접근해야 하는 경우 API 서버와 직접 통신해야 한다(그림 8.4 참조).

---

2   agnostic은 보통 불가지론으로 해석하며, 명제의 진위 여부를 알 수 없다고 보는 철학적 관점(위키피디아 참고)으로 설명하는데, kuberenetes-agnostic이란 기존에 환경변수를 사용하는 애플리케이션을 쿠버네티스 환경으로 옮길 때 애플리케이션 입장에서는 별도의 변경 없이 "쿠버네티스의 존재 여부를 모르게" 만들 수 있다는 뜻이다. 그런 의미에서 '쿠버네티스에 독립적'이라고 번역했다. – 옮긴이

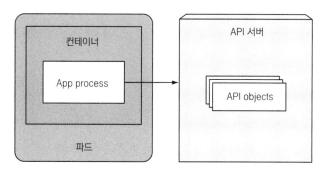

▲ **그림 8.4** 다른 API 오브젝트에 관한 정보를 얻기 위해 파드 내부에서 API 서버와 통신한다.

파드 내의 애플리케이션이 쿠버네티스 API 서버와 통신하는 방법을 살펴보기 전에 먼저 로컬 컴퓨터에서 서버의 REST 엔드포인트를 살펴본 후 API 서버와 통신하는 방법을 확인해보자.

8.2.1 쿠버네티스 REST API 살펴보기

지금까지 다양한 쿠버네티스 리소스 유형에 관해 배웠다. 그러나 쿠버네티스 API와 통신하는 애플리케이션을 개발할 계획이라면 API에 관해 먼저 알아보고 싶을 것이다.

그렇게 하려면 API 서버에 직접 접속해볼 수 있다. kubectl cluster-info를 실행해 URL을 얻을 수 있다.

```
$ kubectl cluster-info
Kubernetes master is running at https://192.168.99.100:8443
```

서버는 HTTPS를 사용하고 인증이 필요하기 때문에 직접 통신하는 것은 간단하지 않다. curl을 사용해 접속하고 curl의 --insecure(또는 -k) 옵션을 사용해 서버 인증서 확인을 건너뛰도록 시도해볼 수 있지만 원하는 결과를 얻지는 못한다.

```
$ curl https://192.168.99.100:8443 -k
Unauthorized
```

다행히도 인증을 직접 처리하는 대신 kubectl proxy 명령을 실행해 프록시로 서버와 통신할 수 있다.

kubectl 프록시로 API 서버 액세스하기

kubectl proxy 명령은 프록시 서버를 실행해 로컬 컴퓨터에서 HTTP 연결을 수신하고, 이 연결을 인증을 관리하면서 API 서버로 전달하기 때문에, 요청할 때마다 인증 토큰을 전달할 필요가 없다. 또한 각 요청마다 서버의 인증서를 확인해 중간자[man in the middle]가 아닌 실제 API 서버와 통신한다는 것을 담보한다.

프록시를 실행하는 것은 아주 쉽다. 다음 명령을 실행하기만 하면 된다.

```
$ kubectl proxy
Starting to serve on 127.0.0.1:8001
```

kubectl은 필요한 모든 것(API 서버 URL, 인증 토큰 등)을 이미 알고 있으므로 다른 인자를 전달할 필요가 없다. 시작하자마자 프록시는 로컬 포트 8001에서 연결을 수신하기 시작한다. 잘 작동하는지 살펴보자.

```
$ curl localhost:8001
{
 " paths": [
   "/api",
   "/api/v1",
   ...
```

짜잔! 여러분이 요청을 프록시로 보내면 이 요청을 API 서버로 보낸 다음 프록시는 서버가 반환하는 모든 것을 반환한다. 이제 내용을 살펴보자.

kubectl proxy로 쿠버네티스 API 살펴보기

curl을 계속 이용하거나 웹 브라우저를 열어 http://localhost:8001로 접속할 수 있다. 기본 URL에 접속해 API 서버가 무엇을 반환하는지 좀 더 면밀히 살펴보겠다. 서버는 다음 예제와 같이 경로 목록을 반환한다.

예제 8.7 API 서버의 REST 엔드포인트 목록: http://localhost:8001

```
$ curl http://localhost:8001
{
  "paths": [
    "/api",                          ┐ 대부분의 리소스 타입을
    "/api/v1",              ◄────────┘ 여기서 확인할 수 있다.
    "/apis",
    "/apis/apps",
    "/apis/apps/v1beta1",
    ...
    "/apis/batch",                    ┐ batch API 그룹과 이 그룹의
    "/apis/batch/v1",                 │ 두 가지 버전
    "/apis/batch/v2alpha1",           ┘
    ...
```

이러한 경로는 파드, 서비스 등과 같은 리소스를 생성할 때 리소스 정의에 지정한 API 그룹과 버전에 해당한다.

/apis/batch/v1 경로의 batch/v1가 4장에서 배운 잡 리소스의 API 그룹과 버전이란 것을 알아차릴 수 있을 것이다. 마찬가지로 /api/v1은 생성한 일반적인 리소스(Pods, Services, ReplicationController 등)에서 참조하는 apiVersion: v1에 해당한다. 초기의 쿠버 네티스는 API 그룹 개념을 사용하지 않았기 때문에, 초기 버전의 쿠버네티스에 도입된 가장 일반적인 리소스 유형들은 특정 그룹에 속하지 않는다. API 그룹은 나중에 도입됐다.

> |**노트**| API 그룹이 없는, 이런 초기 리소스 유형은 이제 core API 그룹에 속하는 것으로 간주된다.

배치 API 그룹의 REST 엔드포인트 살펴보기

잡 리소스 API를 살펴보겠다. 다음 예제에 표시된 대로 /apis/batch 경로 뒤에 무엇이 있는지 살펴본다(지금은 버전을 생략했다).

```
$ curl http://localhost:8001/apis/batch
{
  "kind": "APIGroup",
  "apiVersion": "v1",
  "name": "batch",
  "versions": [
    {
      "groupVersion": "batch/v1",
      "version": "v1"
    },
    {
      "groupVersion": "batch/v2alpha1",
      "version": "v2alpha1"
    }
  ],
  "preferredVersion": {
    "groupVersion": "batch/v1",
    "version": "v1"
  },
  "serverAddressByClientCIDRs": null
}
```

두 가지 버전을 갖는
batch API 그룹

클라이언트는 v2alpha1 대신
v1 버전을 사용해야 한다.

응답에는 사용 가능한 버전과 클라이언트가 사용해야 하는 선호 버전에 관한 정보와 batch API 그룹에 관한 설명이 표시된다. 계속해서 /apis/batch/v1 경로 뒤에 무엇이 있는지 살펴보겠다. 다음 예제에 표시돼 있다.

```
$ curl http://localhost:8001/apis/batch/v1
{
  "kind": "APIResourceList",
  "apiVersion": "v1",
  "groupVersion": "batch/v1",
  "resources": [
    {
```

batch/v1 API 그룹 내의
API 리소스 목록

이 그룹의 모든 리소스 유형을
담는 배열

```
      "name": "jobs",
      "namespaced": true,                          네임스페이스 지정(namespaced) 필드가
      "kind": "Job",                               true인 잡 리소스에 관한 설명
      "verbs": [
        "create",
        "delete",
        "deletecollection",                        이 리소스와 함께 사용할 수 있는
        "get",                                     동사들은 다음과 같다(잡을 생성할 수 있고,
        "list",                                    각각 또는 여러 개를 한꺼번에 삭제할 수 있으며
        "patch",                                   검색, 감시, 업데이트할 수 있다).
        "update",
        "watch"
      ]
    },
    {
      "name": "jobs/status",          ◀───         리소스는 상태를 수정하기 위한 특수한
      "namespaced": true,                          REST 엔드포인트가 있다.
      "kind": "Job",
      "verbs": [
        "get",
        "patch",                                   상태 정보는 검색, 패치,
        "update"                                   업데이트할 수 있다.
      ]
    }
  ]
}
```

보다시피 API 서버는 batch/v1 API 그룹에서 리소스 유형 및 REST 엔드포인트 목록을 반환한다. 그중 하나가 잡 리소스다. API 서버는 리소스 이름과 관련 kind 외에도 리소스에 네임스페이스가 지정됐는지(namespaced) 여부, 짧은 이름(있는 경우에 표시한다. 잡은 짧은 이름이 없다)과 해당 리소스에 사용할 수 있는 동사verbs 목록도 갖고 있다.

반환된 목록은 API 서버에 노출된 REST 리소스를 설명한다. "name": "jobs"는 API에 /apis/batch/v1/jobs 엔드포인트가 포함돼 있음을 알려준다. "verbs" 배열은 해당 엔드포인트로 잡 리소스를 검색, 업데이트, 삭제할 수 있음을 알려준다. 특정 리소스의 경우 추가 API 엔드포인트도 노출된다(예: jobs/status 경로는 잡의 상태만 변경 가능하다).

클러스터에 있는 모든 잡 인스턴스 나열하기

클러스터에서 잡 목록을 얻으려면 다음 예제와 같이 **/apis/batch/v1/jobs** 경로에서 GET 요청을 수행하라.

예제 8.10 잡 목록: http://localhost:8001/apis/batch/v1/jobs

```
$ curl http://localhost:8001/apis/batch/v1/jobs
{
  "kind": "JobList",
  "apiVersion": "batch/v1",
  "metadata": {
    "selfLink": "/apis/batch/v1/jobs",
    "resourceVersion": "225162"
  },
  "items": [
    {
      "metadata": {
        "name": "my-job",
        "namespace": "default",
        ...
```

클러스터에 잡 리소스가 배포돼 있지 않기 때문에 항목(items) 배열이 비어 있을 것이다. Chapter08/my-job.yaml에 있는 잡을 배포하고 REST 엔드포인트를 다시 접속하면 예제 8.10과 동일한 결과를 얻을 수 있다.

이름별로 특정 잡 인스턴스 검색

앞 예제의 엔드포인트는 모든 네임스페이스의 모든 잡 목록을 반환했다. 하나의 특정 잡을 반환하려면 URL에 이름과 네임스페이스를 지정해야 한다. 앞 예제에 표시된 잡(name: my-job; namespace: default)을 검색하려면 다음 예제와 같이 **/apis/batch/v1/namespaces/default/jobs/my-job** 경로를 요청해야 한다.

예제 8.11 이름으로 특정 네임스페이스에 있는 리소스 검색

```
$ curl http://localhost:8001/apis/batch/v1/namespaces/default/jobs/my-job
{
```

```
"kind": "Job",
"apiVersion": "batch/v1",
"metadata": {
  "name": "my-job",
  "namespace": "default",
  ...
```

보다시피 다음 명령을 실행한 것과 정확히 동일하게, **my-job** 잡 리소스에 관한 전체 JSON 정의를 얻을 수 있다.

```
$ kubectl get job my-job -o json
```

특별한 도구를 사용하지 않고도 쿠버네티스 REST API 서버를 탐색할 수 있지만, REST API 전체를 탐색하고 상호작용하기 위한 더 나은 옵션을 8장 끝부분에서 설명할 것이다. 지금은 이렇게 **curl**을 사용해 둘러보는 것만으로도 파드에서 실행되는 애플리케이션이 쿠버네티스와 어떻게 통신하는지 이해하기에 충분할 것이다.

8.2.2 파드 내에서 API 서버와 통신

kubectl proxy를 사용해 로컬 컴퓨터에서 API 서버와 통신하는 방법을 배웠다. 이제 (일반적으로) **kubectl**이 없는 파드 내에서 통신하는 방법을 알아보겠다. 파드 내부에서 API 서버와 통신하려면 다음 세 가지를 처리해야 한다.

- API 서버의 위치를 찾아야 한다.
- (API 서버인 척 가장하는 누군가와 통신하는 것이 아니라) API 서버와 통신하고 있는지 확인해야 한다.
- API 서버로 인증해야 한다. 그렇지 않으면 볼 수도 없고 아무것도 할 수 없다.

다음 세 절에서 이 작업을 수행하는 방법을 살펴보겠다.

API 서버와의 통신을 시도하기 위해 파드 실행

가장 먼저 필요한 것은 API 서버와 통신할 파드다. (sleep 명령을 실행하는 컨테이너 하나만 있는) 아무것도 하지 않는 파드를 실행한 다음, 컨테이너의 셸에서 kubectl exec를 실행한다. 그런 다음 curl을 사용해 해당 셸 내에서 API 서버에 액세스하려 해보자.

curl 바이너리가 포함된 컨테이너 이미지를 사용해야 한다. 도커 허브에서 tutum/curl 이미지를 검색해서 사용하자(curl 바이너리를 포함하는 다른 기존 이미지를 사용하거나 직접 만들 수도 있다). 파드 정의는 다음 예제에 표시돼 있다.

예제 8.12 API 서버와 통신을 시도하는 파드: curl.yaml

```
apiVersion: v1
kind: Pod
metadata:
  name: curl
spec:
  containers:
  - name: main
    image: tutum/curl          ← 컨테이너에서 curl을 사용해야 하기 때문에
                                  tutum/curl 이미지 사용
    command: ["sleep", "9999999"]  ← 컨테이너가 계속 실행되도록 하려고
                                      지연 시간이 길게 sleep 커맨드 실행한다.
```

파드를 만든 후 kubectl exec를 실행해 컨테이너 내부에서 bash 셸을 실행하라.

```
$ kubectl exec -it curl bash
root@curl:/#
```

이제 API 서버와 통신할 준비가 됐다.

API 서버 주소 찾기

먼저 쿠버네티스 API 서버의 IP와 포트를 찾아야 한다. kubernetes라는 서비스가 디폴트 네임스페이스에 자동으로 노출되고 API 서버를 가리키도록 구성되기 때문에 쉽다. kubectl get svc를 사용해 서비스를 조회할 때마다 확인했던 것을 기억할 것이다.

```
$ kubectl get svc
NAME         CLUSTER-IP  EXTERNAL-IP  PORT(S)  AGE
kubernetes   10.0.0.1    <none>       443/TCP  46d
```

그리고 5장에서 각 서비스에 관해 환경변수가 구성돼 있음을 기억할 것이다. API 서버의 IP 주소와 포트를 컨테이너 내부의 KUBERNETES_SERVICE_HOST와 KUBERNETES_SERVICE_PORT 변수에서 모두 얻을 수 있다.

```
root@curl:/# env | grep KUBERNETES_SERVICE
KUBERNETES_SERVICE_PORT=443
KUBERNETES_SERVICE_HOST=10.0.0.1
KUBERNETES_SERVICE_PORT_HTTPS=443
```

또한 각 서비스마다 DNS 엔트리가 있다는 것을 기억할 것이므로 환경변수를 조회할 필요도 없이, 단순히 curl에서 https://kubernetes를 가리키기만 하면 된다. 공정하게 말하자면 서비스가 어느 포트에서 제공되는지 모를 경우 서비스의 실제 포트 번호를 얻기 위해 환경변수를 조회하거나 DNS SRV 레코드 조회를 수행해야 한다.

앞의 예제에 표시된 환경변수에 따르면 API 서버가 HTTPS의 기본 포트인 443에서 수신 대기 중이므로 HTTPS로 서버에 접속할 수 있다.

```
root@curl:/# curl https://kubernetes
curl: (60) SSL certificate problem: unable to get local issuer certificate
...
If you'd like to turn off curl's verification of the certificate, use
  the -k (or --insecure) option.
```

이 문제를 해결하는 가장 간단한 방법은 제안된 -k 옵션을 사용하는 것(그리고 이것이 API 서버를 수동으로 사용할 때 일반적으로 사용하는 방법)이지만, 좀 더 길어도 올바른 방법을 살펴보겠다. 연결하려는 서버가 인증된 API 서버라는 것을 맹목적으로 신뢰하는 대신 인증서를 curl로 검사해 인증서를 확인한다.

> **| 팁 |** 실제 애플리케이션에서는 서버 인증서 확인을 절대로 건너뛰면 안 된다. 그렇게 하면 중간자 공격(man-in-the-middle attack)[3]으로 애플리케이션의 인증 토큰을 공격자에게 노출시킬 수 있다.

서버의 아이덴티티 검증

7장에서는 시크릿을 설명하면서 각 컨테이너의 /var/run/secrets/kubernetes.io/service account/에 마운트되는 자동으로 생성된 default-token-xyz라는 이름의 시크릿을 살펴봤다. 해당 디렉터리의 파일을 조회해 해당 시크릿의 내용을 다시 살펴보겠다.

```
root@curl:/# ls /var/run/secrets/kubernetes.io/serviceaccount/
ca.crt  namespace  token
```

시크릿에는 세 개의 항목이 있다(그래서 시크릿 볼륨에 세 개의 파일이 있다). 지금은 쿠버네티스 API 서버의 인증서에 서명하는 데 사용되는 인증 기관[CA]의 인증서를 보유한 ca.crt 파일에 집중할 것이다. API 서버와 통신 중인지 확인하려면 서버의 인증서가 CA로 서명됐는지 확인해야 한다. curl을 --cacert 옵션과 같이 사용하면 CA 인증서를 지정할 수 있으므로 API 서버를 다시 접속한다.

```
root@curl:/# curl --cacert /var/run/secrets/kubernetes.io/serviceaccount
              ➥ /ca.crt https://kubernetes
Unauthorized
```

> **| 노트 |** "Unauthorized"보다 더 긴 오류 설명이 표시될 수도 있다.

---

3 '중간자 공격'은 통신을 연결하는 두 사람 사이에 중간자가 침입해 두 사람은 상대방에게 연결했다고 생각하지만 실제로는 두 사람은 중간자에게 연결돼 있으며 중간자가 한쪽에서 전달된 정보를 도청 및 조작한 후 다른 쪽으로 전달하는 것을 말한다(출처: 위키피디아). - 옮긴이

좋다. 약간의 진전이 있었다. 서버의 인증서를 신뢰할 수 있는 CA가 서명했기 때문에 curl이 서버의 ID를 확인했다. Unauthorized에서 알 수 있듯이 여전히 인증 처리가 필요하다. 잠시 뒤 시도해보겠지만 먼저 CURL_CA_BUNDLE 환경변수를 설정해 편하게 할 수 있는 방법을 살펴보겠다. 이렇게 하면 curl을 실행할 때마다 --cacert를 지정할 필요가 없다.

```
root@curl:/# export CURL_CA_BUNDLE=/var/run/secrets/kubernetes.io/
        ➥ serviceaccount/ca.
```

--cacert를 사용하지 않고 API 서버에 접속할 수 있다.

```
root@curl:/# curl https://kubernetes
Unauthorized
```

이제 훨씬 좋아졌다. 이제 독자의 클라이언트(curl)는 API 서버를 신뢰하지만 API 서버 자체는 독자 여러분이 누구인지 모르기 때문에 액세스 권한이 없다고 표시한다.

API 서버로 인증

서버에서 인증을 통과해야 클러스터에 배포된 API 오브젝트를 읽고, 업데이트와 삭제를 할 수 있다. 인증하려면 인증 토큰이 필요하다. 다행히 토큰은 전에 언급한 default-token 시크릿으로 제공되며 시크릿 볼륨의 token 파일에 저장된다. 시크릿 이름에서 알 수 있듯이, 시크릿의 주된 목적이 바로 이것이다.

토큰을 사용해 API 서버에 액세스한다. 먼저 토큰을 환경변수에 로드해야 한다.

```
root@curl:/# TOKEN=$(cat /var/run/secrets/kubernetes.io/
        ➥ serviceaccount/token)
```

토큰은 이제 TOKEN 환경변수에 저장된다. 다음 예제와 같이 API 서버로 요청을 보낼 때 사용할 수 있다.

```
root@curl:/# curl -H "Authorization: Bearer $TOKEN" https://kubernetes
{
  "paths": [
    "/api",
    "/api/v1",
    "/apis",
    "/apis/apps",
    "/apis/apps/v1beta1",
    "/apis/authorization.k8s.io",
    ...
    "/ui/",
    "/version"
  ]
}
```

역할 기반 액세스 제어(RBAC) 비활성화

RBAC가 활성화된 쿠버네티스 클러스터를 사용하는 경우 서비스 어카운트가 API 서버에 액세스할
권한이 없을 수 있다. 12장에서 서비스 어카운트와 RBAC에 대해 배울 것이다. 현재로선 API 서버를
쿼리할 수 있는 가장 간단한 방법은 다음 명령을 실행해 RBAC를 우회하는 것이다.

```
$ kubectl create clusterrolebinding permissive-binding \
   --clusterrole=cluster-admin \
   --group=system:serviceaccounts
```

이렇게 하면 모든 서비스 어카운트(모든 파드라고도 말할 수 있다)에 클러스터 관리자 권한이 부여돼
원하는 대로 할 수 있다. 이렇게 하는 것은 분명히 위험하고 프로덕션 클러스터에서는 절대 해서는 안
된다. 테스트 목적이라면 상관없다.

보다시피 요청의 Authorization HTTP 헤더 내부에 토큰을 전달했다. API 서버는 토
큰을 인증된 것으로 인식하고 적절한 응답을 반환했다. 이제 앞의 절들에서 수행한 방식으
로 클러스터의 모든 리소스를 탐색할 수 있다.

예를 들어 동일한 네임스페이스 내에 있는 모든 파드를 조회할 수 있다. 그러나 먼저

curl 파드가 어떤 네임스페이스에서 실행 중인지 알아야 한다.

파드가 실행 중인 네임스페이스 얻기

8장의 첫 번째 부분에서는 Downward API로 네임스페이스를 파드에 전달하는 방법을 살펴봤다. 그러나 주의 깊게 봤다면 시크릿 볼륨에 네임스페이스라는 파일이 포함돼 있음을 눈치챘을 것이다. 이 파일에는 파드가 실행 중인 네임스페이스가 포함돼 있으므로, 환경변수로 파드에 네임스페이스를 명시적으로 전달하는 대신 파일을 읽을 수 있다. 파일 내용을 NS 환경변수에 로드한 뒤 다음 예제와 같이 모든 파드를 나열해보자.

예제 8.14 파드가 속한 네임스페스에 있는 파드 나열하기

```
root@curl:/# NS=$(cat /var/run/secrets/kubernetes.io
            ➥ /serviceaccount/namespace)
root@curl:/# curl -H "Authorization: Bearer $TOKEN"
            ➥ https://kubernetes/api/v1/namespaces/$NS/pods
{
  "kind": "PodList",
  "apiVersion": "v1",
  ...
```

마운트된 시크릿 볼륨 디렉터리에 있는 3개의 파일을 사용해 파드와 동일한 네임스페이스에서 실행 중인 모든 파드를 나열했다. 같은 방식으로 다른 API 오브젝트를 검색하고 간단한 GET 요청 대신 PUT 또는 PATCH를 전송해 업데이트할 수도 있다.

파드가 쿠버네티스와 통신하는 방법 정리

파드 내에서 실행 중인 애플리케이션이 쿠버네티스 API에 적절히 액세스할 수 있는 방법을 정리해보자.

- 애플리케이션은 API 서버의 인증서가 인증 기관으로부터 서명됐는지를 검증해야 하며, 인증 기관의 인증서는 ca.cart 파일에 있다.
- 애플리케이션은 token 파일의 내용을 Authorization HTTP 헤더에 Bearer 토큰으로 넣어 전송해서 자신을 인증해야 한다.

- namespace 파일은 파드의 네임스페이스 안에 있는 API 오브젝트의 CRUD 작업을 수행할 때 네임스페이스를 API 서버로 전달하는 데 사용해야 한다.

> |정의| CRUD는 Create, Read, Update, Delete를 나타낸다. 해당 HTTP 메서드는 각각 POST, GET, PATCH/PUT, DELETE이다.

파드와 API 서버 간 통신의 세 가지 측면이 그림 8.5에 표시돼 있다.

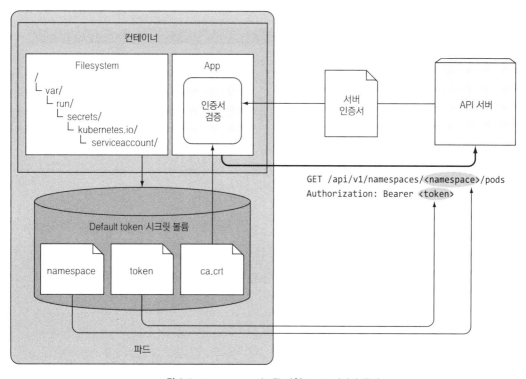

▲ **그림 8.5** default-token 시크릿 파일로 API 서버와 통신

8.2.3 앰배서더 컨테이너를 이용한 API 서버 통신 간소화

HTTPS, 인증서, 인증 토큰을 다루는 일은 때때로 개발자에게 너무 복잡해 보일 때가 있

다. 저자는 개발자가 서버 인증서의 유효성 검사를 비활성화하는 경우를 많이 봐왔다(저자도 몇 번 그랬던 것을 인정한다). 다행히 보안을 유지하면서 통신을 훨씬 간단하게 만들 수 있는 방법이 있다.

8.2.1절에서 언급한 kubectl proxy 명령을 기억하는가? API 서버에 좀 더 쉽게 액세스할 수 있도록 로컬 컴퓨터에서 명령을 실행했다. API 서버로 직접 요청을 보내는 대신 프록시로 요청을 보내 인증, 암호화 및 서버 검증을 처리하게 한다. 파드 내에서도 동일한 방법을 사용할 수 있다.

앰배서더 컨테이너 패턴 소개

API 서버를 쿼리해야 하는 애플리케이션이 있다고 상상해보자. 앞 절에서 했던 것처럼 API 서버와 직접 통신하는 대신 메인 컨테이너 옆의 앰배서더 컨테이너에서 kubectl proxy를 실행하고 이를 통해 API 서버와 통신할 수 있다.

API 서버와 직접 통신하는 대신 메인 컨테이너의 애플리케이션은 HTTPS 대신 HTTP로 앰배서더에 연결하고 앰배서더 프록시가 API 서버에 대한 HTTPS 연결을 처리하도록 해 보안을 투명하게 관리할 수 있다(그림 8.6 참조). 시크릿 볼륨에 있는 default-token 파일을 사용해 이를 수행한다.

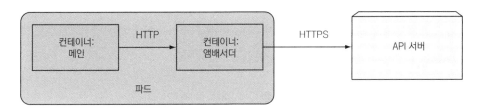

▲ **그림 8.6** 앰배서더를 사용해 API 서버와 연결

파드의 모든 컨테이너는 동일한 루프백 네트워크 인터페이스를 공유하므로 애플리케이션은 localhost의 포트로 프록시에 액세스할 수 있다.

추가적인 앰배서더 컨테이너를 사용한 curl 파드 실행

앰배서더 컨테이너 패턴을 실제로 보려면 앞에서 만든 curl 파드와 같은 파드를 새로 생성해야 하지만, 이번에는 파드에서 단일 컨테이너를 실행하는 대신 저자가 이미 만들어서 도커 허브에 푸시해놓은 다목적 kubectl-proxy 컨테이너 이미지를 기반으로 추가적인 앰배서더 컨테이너를 실행한다. 직접 빌드하려는 경우 코드 아카이브(/Chapter08/kubectl-proxy/)에서 이미지의 Dockerfile을 찾을 수 있을 것이다.

파드의 매니페스트는 다음 예제와 같다.

예제 8.15 앰배서더 컨테이너가 있는 파드: curl-with-ambassador.yml

```
apiVersion: v1
kind: Pod
metadata:
  name: curl-with-ambassador
spec:
  containers:
  - name: main
    image: tutum/curl
    command: ["sleep", "9999999"]
  - name: ambassador
    image: luksa/kubectl-proxy:1.6.2
```
kubectl-proxy 이미지를
실행하는 앰배서더 컨테이너

파드 스펙은 이전과 거의 동일하지만 파드 이름과 추가적인 컨테이너가 다르다. 파드를 실행한 다음 main 컨테이너로 들어간다.

```
$ kubectl exec -it curl-with-ambassador -c main bash
root@curl-with-ambassador:/#
```

이제 파드에는 두 개의 컨테이너가 있으며 main 컨테이너에서 bash를 실행하려면 -c main 옵션이 필요하다. 파드의 첫 번째 컨테이너에서 명령을 실행하려는 경우 컨테이너를 명시적으로 지정할 필요는 없다. 그러나 다른 컨테이너 내에서 명령을 실행하려면 -c 옵션을 사용해 컨테이너 이름을 지정해야 한다.

앰배서더를 통한 API 서버와의 통신

이제 앰배서더 컨테이너로 API 서버에 접속해보자. 기본적으로 kubectl proxy는 포트 8001에 바인딩되며, 파드의 두 컨테이너 모두 루프백을 포함해 동일한 네트워크 인터페이스를 공유하므로 다음 예제와 같이 curl로 localhost:8001에 접속할 수 있다.

예제 8.16 앰배서더 컨테이너로 API 서버 액세스하기

```
root@curl-with-ambassador:/# curl localhost:8001
{
  "paths": [
    "/api",
    ...
  ]
}
```

성공! curl로 출력된 결과는 앞에서 본 것과 동일한 응답이지만 이번에는 인증 토큰 및 서버 인증서를 처리할 필요가 없다.

정확히 무슨 일이 일어났는지 명확하게 파악하려면 그림 8.7을 참조하라. curl은 (인증 헤더 없이) 일반 HTTP 요청을 앰배서더 컨테이너 내에서 실행 중인 프록시로 전송한 다음, 프록시는 HTTPS 요청을 API 서버로 전송하며, 토큰을 전송해 클라이언트 인증을 처리하고 서버의 인증서를 검증해 서버의 신원을 확인한다.

이것은 외부 서비스에 연결하는 복잡성을 숨기고 메인 컨테이너에서 실행되는 애플리케이션을 단순화하기 위해 앰배서더 컨테이너를 사용하는 좋은 예시다. 앰배서더 컨테이너는 메인 애플리케이션의 언어에 관계없이 여러 애플리케이션에서 재사용할 수 있다. 단점은 추가 프로세스가 실행 중이고 추가 리소스를 소비한다는 것이다.

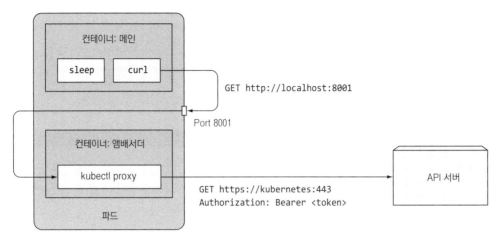

▲ **그림 8.7** 앰배서더 컨테이너의 kubectl proxy로 암호화, 인증, 서버 검증 부하를 줄인다.

8.2.4 클라이언트 라이브러리를 사용해 API 서버와 통신

애플리케이션이 API 서버와 간단한 몇 가지 작업만 수행하면 되는 경우, 특히 이전 예제에서 했던 방식과 같이 **kubectl-proxy** 앰배서더 컨테이너를 이용하면 일반적인 HTTP 클라이언트 라이브러리를 사용해서 간단히 HTTP 요청을 수행할 수 있다. 그러나 단순한 API 요청 이상을 수행하려면 쿠버네티스 API 클라이언트 라이브러리 중 하나를 사용하는 것이 좋다.

클라이언트 라이브러리 사용

현재 API Machinery SIG[Special Interest Group]에서 지원하는 Kubernetes API 클라이언트 라이브러리는 두 가지가 있다.

- **Golang 클라이언트**: https://github.com/kubernetes/client-go
- **Python:** https://github.com/kubernetes-incubator/client-python/

| **노트** | 쿠버네티스 커뮤니티에는 쿠버네티스의 특정 영역에 초점을 맞춘 다수의 SIG와 워킹 그룹 (Working Group)이 있다. https://github.com/kubernetes/community/blob/master/sig-list.md 에서 목록을 찾을 수 있다.

공식적으로 지원되는 두 개의 라이브러리 외에도 다른 여러 언어에 관한 사용자 제공 클라이언트 라이브러리 목록이 다음과 같이 있다.

- Java client by Fabric8: https://github.com/fabric8io/kubernetes-client
- Java client by Amdatu: https://bitbucket.org/amdatulabs/amdatu-kubernetes
- Node.js client by tenxcloud: https://github.com/tenxcloud/node-kubernetes-client
- Node.js client by GoDaddy: https://github.com/godaddy/kubernetes-client
- PHP: https://github.com/devstub/kubernetes-api-php-client
- Another PHP client: https://github.com/maclof/kubernetes-client
- Ruby: https://github.com/Ch00k/kubr
- Another Ruby client: https://github.com/abonas/kubeclient
- Clojur: https://github.com/yanatan16/clj-kubernetes-api
- Scala: https://github.com/doriordan/skuber
- Perl: https://metacpan.org/pod/Net::Kubernetes

이 라이브러리는 일반적으로 HTTPS를 지원하고 인증을 관리하므로 앰배서더 컨테이너를 사용할 필요가 없다.

Fabric8 Java Client를 사용한 쿠버네티스와의 상호작용 예시

클라이언트 라이브러리를 사용해 API 서버와 통신하는 방법을 이해하기 위해 다음 예제는 Fabric8 쿠버네티스 클라이언트를 사용해 Java 애플리케이션에서 서비스를 나열하는 예시를 보여준다.

```java
import java.util.Arrays;
import io.fabric8.kubernetes.api.model.Pod;
import io.fabric8.kubernetes.api.model.PodList;
import io.fabric8.kubernetes.client.DefaultKubernetesClient;
import io.fabric8.kubernetes.client.KubernetesClient;

public class Test {
  public static void main(String[] args) throws Exception {
    KubernetesClient client = new DefaultKubernetesClient();

    // list pods in the default namespace
    PodList pods = client.pods().inNamespace("default").list();
    pods.getItems().stream()
      .forEach(s -> System.out.println("Found pod: " +
              s.getMetadata().getName()));

    // create a pod
    System.out.println("Creating a pod");
    Pod pod = client.pods().inNamespace("default")
      .createNew()
      .withNewMetadata()
        .withName("programmatically-created-pod")
      .endMetadata()
      .withNewSpec()
        .addNewContainer()
          .withName("main")
          .withImage("busybox")
          .withCommand(Arrays.asList("sleep", "99999"))
        .endContainer()
      .endSpec()
      .done();
    System.out.println("Created pod: " + pod);

    // edit the pod (add a label to it)
    client.pods().inNamespace("default")
      .withName("programmatically-created-pod")
      .edit()
```

```
        .editMetadata()
            .addToLabels("foo", "bar")
        .endMetadata()
        .done();
    System.out.println("Added label foo=bar to pod");

    System.out.println("Waiting 1 minute before deleting pod...");
    Thread.sleep(60000);

    // delete the pod
    client.pods().inNamespace("default")
      .withName("programmatically-created-pod")
      .delete();
    System.out.println("Deleted the pod");
  }
}
```

Fabric8 클라이언트는 훌륭하고 유창한 도메인 특화 언어[DSL, Domain-Specific-Language] API를 제공하기 때문에 코드를 자체적으로 설명되도록 작성해야 한다. 또한 가독성이 좋고 이해하기 쉽다.

스웨거와 OpenAPI를 사용해 자신의 라이브러리 구축

선택한 프로그래밍 언어에 사용할 수 있는 클라이언트가 없는 경우 스웨거[Swagger] API 프레임워크를 사용해 클라이언트 라이브러리와 문서를 생성할 수 있다. 쿠버네티스 API 서버는 /swaggerapi에서 스웨거 API 정의를 공개하고 /swagger.json에서 OpenAPI 스펙을 공개한다.

스웨거 프레임워크에 대한 자세한 내용을 보려면 웹사이트(http://swagger.io)를 방문하라.

스웨거 UI로 API 살펴보기

8장 앞부분에서 curl을 이용해 REST 엔드포인트에 접속하는 대신, REST API를 탐색하는 더 좋은 방법을 알려준다고 말했다. 이전 절에서 언급한 스웨거는 API를 설정하기 위한 도구일 뿐만 아니라 스웨거 API 정의를 공개하는 경우 REST API를 탐색하기 위한 웹 UI도 제공한다. 이 UI로 REST API를 더 나은 방식으로 탐색할 수 있다.

쿠버네티스는 스웨거 API가 공개돼 있는 데다가 API 서버에 스웨거 UI도 통합돼 있지만 기본적으로 활성화돼 있진 않다. API 서버를 `--enable-swagger-ui=true` 옵션으로 실행하면 활성화할 수 있다.

> |**팁**| Minikube를 사용하는 경우 클러스터 시작 시 스웨거 UI를 활성화할 수 있다.
>
> ```
> minikube start --extra-config=apiserver.Features.Enable-SwaggerUI = true
> ```

UI를 활성화한 후 브라우저에서 다음 URL로 접속해 UI를 실행할 수 있다.

```
http(s)://<api 서버>:<port>/swagger-ui
```

스웨거 UI를 사용해보길 권한다. 쿠버네티스 API를 탐색할 수 있을 뿐만 아니라 API와 상호작용할 수도 있다(예를 들어, JSON 리소스 매니페스트를 POST하고 리소스를 PATCH 또는 DELETE할 수 있다).

8.3 요약

8장에서는 파드 내에서 실행되는 애플리케이션이 애플리케이션 자신, 다른 파드, 클러스터에 배포된 다른 구성 요소의 데이터를 얻는 방법을 살펴봤다.

배운 내용을 정리하면 다음과 같다.

- 파드의 이름, 네임스페이스 및 기타 메타데이터가 환경변수 또는 downward API 볼륨의 파일로 컨테이너 내부의 프로세스에 노출되는 방법
- CPU와 메모리의 요청 및 제한이 필요한 단위로 애플리케이션에 전달되는 방법
- 파드에서 downward API 볼륨을 사용해 파드가 살아 있는 동안 변경될 수 있는 최신 메타데이터를 얻는 방법(레이블과 어노테이션 등)

- kubectl proxy로 쿠버네티스 REST API를 탐색하는 방법
- 쿠버네티스에 정의된 다른 서비스와 같은 방식으로 파드가 환경변수 또는 DNS로 API 서버의 위치를 찾는 방법
- 파드에서 실행되는 애플리케이션이 API 서버와 통신하는지 검증하고, 자신을 인증하는 방법
- 앰배서더 컨테이너를 사용해 애플리케이션 내에서 API 서버와 훨씬 간단하게 통신하는 방법
- 클라이언트 라이브러리로 쉽게 쿠버네티스와 상호작용할 수 있는 방법

8장에서 API 서버와 통신하는 방법을 배웠으니 다음 단계에서는 API 서버의 작동 방식을 자세히 다룰 것이다. 이 내용은 11장에서 다룰 텐데 자세한 사항을 살펴보기 전에 다른 두 가지 쿠버네티스 리소스(디플로이먼트와 스테이트풀셋)에 관해 알아둘 필요가 있다. 이어지는 9장과 10장에서 설명할 것이다.

9

디플로이먼트: 선언적 애플리케이션 업데이트

이제 애플리케이션 구성 요소를 컨테이너로 패키징하고, 파드로 그룹화하고, 임시 또는 퍼시스턴트 스토리지를 제공하고, 시크릿과 컨피그맵으로 구성 데이터를 전달하고, 파드가 서로를 찾고 통신하는 방법을 알게 됐다. 독립적으로 실행하는 작은 구성 요소인 마이크로 서비스로 이루어진 시스템을 실행하는 방법을 알게 됐다. 다른 것은 없을까?

결국엔 애플리케이션을 변경하게 될 것이다. 9장에서는 쿠버네티스 클러스터에서 실행되는 애플리케이션을 업데이트하는 방법과 쿠버네티스가 어떻게 무중단 업데이트 프로세스로 전환하는 데 도움을 주는지 설명할 것이다. 이 작업은 레플리케이션컨트롤러 또는 레플리카셋을 사용해 수행할 수 있지만 쿠버네티스는 레플리카셋 기능을 활용하는 디플로이먼트 리소스를 제공해 선언적인 애플리케이션 업데이트를 가능하게 한다. 이것이 무슨 뜻인지 확실하지 않겠지만 9장을 계속 읽어보자. 사실 그렇게 복잡하지 않다.

9.1 파드에서 실행 중인 애플리케이션 업데이트

간단한 예를 들어보자. 다른 파드나 외부 클라이언트에 서비스를 제공하는 파드 인스턴스 세트가 있다고 가정해보자. 지금까지 이 책을 읽었다면 파드가 레플리케이션컨트롤러 또는 는 레플리카셋을 지원한다는 것을 알 것이다. 클라이언트(다른 파드 또는 외부 클라이언트에서 실행되는 애플리케이션)가 파드에 액세스하는 서비스도 있다. 쿠버네티스에서 실행되는 기본 애플리케이션은 다음 그림과 같다(그림 9.1 참조).

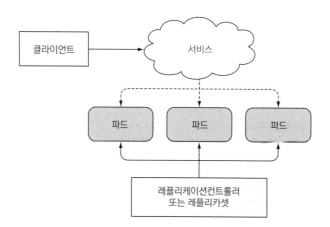

▲ **그림 9.1** 쿠버네티스에서 실행되는 애플리케이션의 기본 구성

처음에는 파드가 애플리케이션의 첫 번째 버전을 실행한다. 이미지에 v1 태그가 지정돼 있다고 가정해보자. 그런 다음 최신 버전의 애플리케이션을 개발해 v2로 태그가 지정된 새 이미지를 이미지 저장소에 푸시한다. 다음으로 모든 파드를 이 새 버전으로 바꾸려고 한다. 파드를 만든 후에는 기존 파드의 이미지를 변경할 수 없으므로 기존 파드를 제거하

고 새 이미지를 실행하는 새 파드로 교체해야 한다.

모든 파드를 업데이트하는 방법에는 두 가지가 있다. 다음 중 하나를 수행할 수 있다.

- 기존 파드를 모두 삭제한 다음 새 파드를 시작한다.
- 새로운 파드를 시작하고, 기동하면 기존 파드를 삭제한다. 새 파드를 모두 추가한 다음 한꺼번에 기존 파드를 삭제하거나 순차적으로 새 파드를 추가하고 기존 파드를 점진적으로 제거해 이 작업을 수행할 수 있다.

이 두 가지 전략 모두 장단점이 있다. 첫 번째는 짧은 시간 동안 애플리케이션을 사용할 수 없다. 두 번째를 사용하면 애플리케이션이 동시에 두 가지 버전을 실행해야 한다. 애플리케이션이 데이터 저장소에 데이터를 저장하는 경우 새 버전이 이전 버전을 손상시킬 수 있는 데이터 스키마나 데이터의 수정을 해서는 안 된다.

쿠버네티스에서 이 두 가지 업데이트 방법을 어떻게 수행할까? 먼저 이 작업을 수동으로 수행하는 방법을 살펴보자. 업데이트 프로세스에 무엇이 관련되는지 살펴본 뒤 쿠버네티스가 자동으로 업데이트를 수행하는 방법을 살펴볼 것이다.

9.1.1 오래된 파드를 삭제하고 새 파드로 교체

모든 파드 인스턴스를 새 버전의 파드로 교체하기 위해 레플리케이션컨트롤러를 사용하는 방법을 알고 있을 것이다. 레플리케이션컨트롤러의 파드 템플릿은 언제든지 업데이트할 수 있다. 레플리케이션컨트롤러는 새 인스턴스를 생성할 때 업데이트된 파드 템플릿을 사용한다.

버전 v1 파드 세트를 관리하는 레플리케이션컨트롤러가 있는 경우 이미지의 버전 v2를 참조하도록 파드 템플릿을 수정한 다음 이전 파드 인스턴스를 삭제해 쉽게 교체할 수 있다. 레플리케이션컨트롤러는 레이블 셀렉터와 일치하는 파드가 없다면 새 인스턴스를 시작한다. 전체 프로세스는 그림 9.2에 나와 있다.

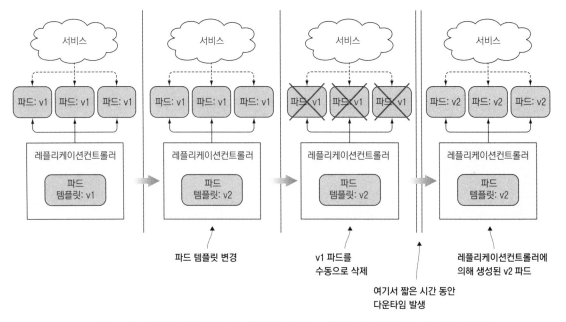

서비스   서비스   서비스   서비스

파드 템플릿 변경   v1 파드를 수동으로 삭제   레플리케이션컨트롤러에 의해 생성된 v2 파드

여기서 짧은 시간 동안 다운타임 발생

▲ **그림 9.2** 레플리케이션컨트롤러의 파드 템플릿을 변경하고 기존 파드를 삭제해 파드 업데이트를 한다.

이전 파드가 삭제되고 새 파드가 시작되는 동안 짧은 시간의 다운타임을 허용할 수 있다면 이는 파드 세트를 업데이트하는 가장 간단한 방법이다.

9.1.2 새 파드 기동과 이전 파드 삭제

다운타임이 발생하지 않고 한 번에 여러 버전의 애플리케이션이 실행하는 것을 지원하는 경우 프로세스를 먼저 전환해 새 파드를 모두 기동한 후 이전 파드를 삭제할 수 있다. 잠시 동안 동시에 두 배의 파드가 실행되므로 더 많은 하드웨어 리소스가 필요하다.

이전 방법에 비해 약간 더 복잡하지만 지금까지 레플리케이션컨트롤러와 서비스에서 배운 내용을 응용해 수행할 수 있다.

한 번에 이전 버전에서 새 버전으로 전환

파드의 앞쪽에는 일반적으로 서비스를 배치한다. 새 버전을 실행하는 파드를 불러오는 동안 서비스는 파드의 이전 버전에 연결된다. 그런 다음 새 파드가 모두 실행되면 그림 9.3과 같이 서비스의 레이블 셀렉터를 변경하고 서비스를 새 파드로 전환할 수 있다. 이것을 블루-그린blue-green 디플로이먼트라고 한다. 전환한 후 새 버전이 올바르게 작동하면 이전 레플리케이션컨트롤러를 삭제해 이전 파드를 삭제할 수 있다.

| **노트** | kubectl set selector 명령어를 사용해 서비스의 파드 셀렉터를 변경할 수 있다.

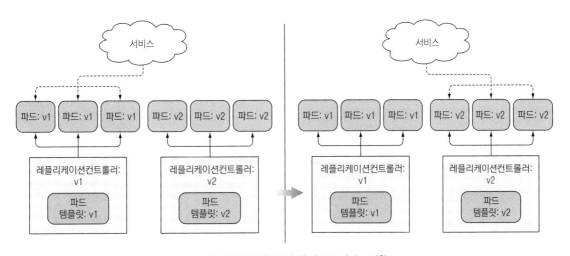

▲ **그림 9.3** 이전 파드에서 새 파드로 서비스 전환

롤링 업데이트 수행

새 파드가 모두 실행된 후 이전 파드를 한 번에 삭제하는 방법 대신 파드를 단계별로 교체하는 롤링 업데이트를 수행할 수도 있다. 이전 레플리케이션컨트롤러를 천천히 스케일 다운하고 새 파드를 스케일 업해 이를 수행할 수 있다. 이 경우 서비스의 파드 셀렉터에 이전 파드와 새 파드를 모두 포함하게 해 요청을 두 파드 세트로 보낼 수 있다. 그림 9.4를 보자.

수동으로 롤링 업데이트를 수행하는 것은 어렵고 오류가 발생하기 쉽다. 레플리카 수에 따라 업데이트 프로세스를 수행하려면 올바른 순서로 수많은 명령어를 실행해야 한다. 다행히도 쿠버네티스를 사용하면 하나의 명령으로 롤링 업데이트를 수행할 수 있다. 다음 절에서 그 방법을 배울 것이다.

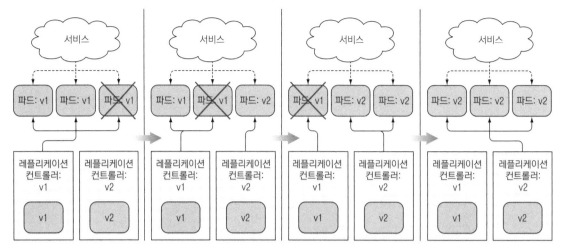

▲ **그림 9.4** 레플리케이션컨트롤러 두 개를 사용한 파드의 롤링 업데이트

9.2 레플리케이션컨트롤러로 자동 롤링 업데이트 수행

레플리케이션컨트롤러를 사용해 수동으로 롤링 업데이트를 수행하는 대신 kubectl을 사용해 업데이트를 수행할 수 있다. kubectl을 사용해 업데이트를 수행하면 프로세스가 훨씬 간단해지지만 나중에 볼 수 있듯이 이 방법도 이제는 애플리케이션을 업데이트하는 오래된 방법이 됐다. 그럼에도 이 옵션은 자동으로 롤링 업데이트를 수행하는 첫 번째 방법이었으며, 많은 추가 개념을 소개하지 않고도 그 프로세스를 이야기할 수 있기 때문에 이 방법을 먼저 살펴보자.

9.2.1 애플리케이션의 초기 버전 실행

애플리케이션을 업데이트하기 선에 먼저 배포된 애플리케이션이 있어야 한다. 2장에서 만든 kubia NodeJS 애플리케이션을 약간 수정해 초기 버전으로 사용한다. 기억나지 않는 경우를 위해 설명하면, HTTP 응답에서 파드의 호스트 이름을 반환하는 간단한 웹 애플리케이션이다.

v1 버전의 애플리케이션 생성

HTTP 응답에서 버전 번호를 반환하도록 애플리케이션을 수정하면 앞으로 빌드하려는 다른 버전과 구별할 수 있다. 이미 luksa/kubia:v1 이름으로 애플리케이션 이미지를 만들어 DockerHub에 푸시했다. 예제 9.1은 애플리케이션 코드다.

예제 9.1 v1 버전의 애플리케이션: v1/app.js

```
const http = require('http');
const os = require('os');
console.log("Kubia server starting...");
var handler = function(request, response) {
  console.log("Received request from " + request.connection.remoteAddress);
  response.writeHead(200);
  response.end("This is v1 running in pod " + os.hostname() + "\n");
};
var www = http.createServer(handler);
www.listen(8080);
```

단일 YAML 파일을 사용한 애플리케이션 실행과 서비스 노출

애플리케이션을 호출하기 위해 레플리케이션컨트롤러와 로드밸런서 서비스를 만들어 애플리케이션을 외부에서 액세스할 수 있게 한다. 이번에는 두 가지 리소스를 개별적으로 생성하지 않고 리소스 두 개를 하나의 YAML로 만들고 kubectl create 명령어를 사용해 쿠버네티스 API에 게시한다. YAML 매니페스트에는 예제 9.2와 같이 대시 세 개가 포함된 줄로 구분한 여러 오브젝트를 포함할 수 있다.

예제 9.2 레플리케이션컨트롤러와 서비스를 포함하는 YAML: kubia-rc-and-service-v1.yaml

```
apiVersion: v1
kind: ReplicationController
metadata:
  name: kubia-v1
spec:
  replicas: 3
  template:
```

```
    metadata:
      name: kubia
      labels:
        app: kubia
    spec:
      containers:
        - image: luksa/kubia:v1   ◄──── 이 이미지를 실행하는
          name: nodejs                    파드에 대한
                                          레플리케이션컨트롤러를
---                                       만들고 있다.
apiVersion: v1            ◄──── YAML 파일에는 대시 3개가
kind: Service                   있는 줄로 구분해 여러 리소스
metadata:                       정의를 포함할 수 있다.
  name: kubia
spec:
  type: LoadBalancer
  selector:
    app: kubia
  ports:
  - port: 80
    targetPort: 8080
```

서비스는 레플리케이션컨트롤러에
의해 생성된 모든 파드 앞에
배치된다.

YAML에 kubia-v1이라는 레플리케이션컨트롤러와 kubia라는 서비스를 정의한다. 이제 YAML을 쿠버네티스에 게시한다. 잠시 후 v1 파드 세 개와 로드밸런서가 모두 실행 중이면 다음 예제에 표시된 대로 서비스의 외부 IP를 찾아 curl로 서비스를 요청할 수 있다.

예제 9.3 서비스의 외부 IP를 가져와 curl을 반복해 서비스 호출하기

```
$ kubectl get svc kubia
NAME    CLUSTER-IP    EXTERNAL-IP      PORT(S)       AGE
kubia   10.3.246.195  130.211.109.222  80:32143/TCP  5m
$ while true; do curl http://130.211.109.222; done
This is v1 running in pod kubia-v1-qr192
This is v1 running in pod kubia-v1-kbtsk
This is v1 running in pod kubia-v1-qr192
This is v1 running in pod kubia-v1-2321o
```

9.2.2 kubectl을 이용한 롤링 업데이트

다음으로 애플리케이션 버전 v2를 만든다. 간단히 HTTP 응답을 "This is v2"로 변경하면 된다.

```
response.end("This is v2 running in pod " + os.hostname() + "\n");
```

새 버전은 DockerHub의 `luksa/kubia:v2` 이미지를 사용할 수 있으므로 직접 빌드하지 않아도 된다.

동일한 이미지 태그로 업데이트 푸시하기

애플리케이션을 수정하고 동일한 이미지 태그로 변경 사항을 푸시하는 것이 좋은 생각은 아니지만 개발 중에는 그런 경향이 있다. 최신 태그를 수정하는 경우 문제가 되지 않지만 다른 태그(예: latest가 아닌 v1 태그 지정)로 이미지에 태그를 다는 경우, 워커 노드에서 일단 이미지를 한 번 가져오면 이미지는 노드에 저장되고 동일한 이미지를 사용해 새 파드를 실행할 때 이미지를 다시 가져오지 않는다 (이것이 이미지를 가져오는 기본 정책이다).

즉, 변경한 내용을 같은 이미지 태그로 푸시하면 이미지가 변경되지 않는다. 새 파드가 동일한 노드로 스케줄된 경우 Kubelet은 이전 버전의 이미지를 실행한다. 반면 이전 버전을 실행하지 않은 노드는 새 이미지를 가져와서 실행하므로 두 가지 다른 버전의 파드가 실행될 수 있다. 이런 일이 발생하지 않도록 하려면 컨테이너의 imagePullPolicy 속성을 Always로 설정해야 한다.

기본 imagePullPolicy는 이미지 태그에 따라 다르다. 컨테이너가 latest 태그를 명시적으로(latest를 지정하거나 또는 태그를 지정하지 않음) 참조하는 경우 imagePullPolicy의 기본값은 always이지만 컨테이너가 다른 태그를 참조하는 경우 정책의 기본값은 IfNotPresent이다.

latest 이외의 태그를 사용하는 경우 태그를 변경하지 않고 이미지를 변경하는 경우 imagePullPolicy를 올바르게 설정해야 한다. 가장 좋은 방법은 이미지를 변경할 때마다 새로운 태그를 적용하는 것이다.

curl 요청을 계속 실행하게 하고 다른 터미널을 열어 롤링 업데이트를 시작해보자. 롤링 업데이트를 수행하려면 kubectl rolling-update 명령어를 실행한다. 교체할 레플리케이션컨트롤러를 알려주고, 새 레플리케이션컨트롤러의 이름을 지정한 다음 원래 이미지를 교체할 새 이미지로 지정하기만 하면 된다. 다음 예제는 롤링 업데이트를 수행하기 위한 전체 명령어다.

```
$ kubectl rolling-update kubia-v1 kubia-v2 --image=luksa/kubia:v2
Created kubia-v2
Scaling up kubia-v2 from 0 to 3, scaling down kubia-v1 from 3 to 0 (keep 3
    pods available, don't exceed 4 pods)
...
```

레플리케이션컨트롤러 kubia-v1을 실행 중인 하나의 kubia 애플리케이션을 버전 2로 교체했기 때문에 새로운 레플리케이션컨트롤러를 kubia-v2라고 하고 luksa/kubia:v2 컨테이너 이미지를 사용한다.

명령어를 실행하면 kubia-v2라는 새 레플리케이션컨트롤러가 즉시 만들어진다. 이 시점의 시스템 상태는 그림 9.5에 나와 있다.

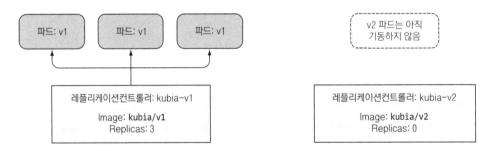

▲ **그림 9.5** 롤링 업데이트를 시작한 직후의 시스템 상태

새 레플리케이션컨트롤러의 파드 템플릿은 luksa/kubia:v2 이미지를 참조하며 다음 예제에서 볼 수 있듯이 의도하는 초기 레플리카 수가 0으로 설정돼 있다.

398

```
$ kubectl describe rc kubia-v2
Name:       kubia-v2
Namespace:  default
Image(s):   luksa/kubia:v2
Selector:   app=kubia,deployment=757d16a0f02f6a5c387f2b5edb62b155
Labels:     app=kubia
  Replicas:   0 current / 0 desired
...
```

새로운 레플리케이션컨트롤러는
v2 이미지를 참조한다.

초기의 의도된
레플리카 수는 0이다.

롤링 업데이트가 시작되기 전 kubectl이 수행한 단계 이해하기

kubectl은 kubia-v1 레플리케이션컨트롤러를 복사하고 해당 파드 템플릿에서 이미지를 변경해 새 레플리케이션컨트롤러를 만든다. 레플리케이션컨트롤러의 레이블 셀렉터를 자세히 살펴보면 컨트롤러도 수정됐음을 알 수 있다. 여기에는 단순히 app=kubia 레이블뿐만 아니라 레플리케이션컨트롤러에 의해 관리되는 파드를 가지고 있어야 하는 deployment 레이블도 추가로 포함돼 있다.

이미 알고 있겠지만 새 레플리케이션컨트롤러와 이전 레플리케이션컨트롤러가 동일한 파드 세트에서 작동하지 않도록 해야 한다. 그러나 새 레플리케이션컨트롤러에서 생성한 파드에 app=kubia 레이블 외에 deployment 레이블이 있더라도 첫 번째 레플리케이션컨트롤러의 셀렉터가 app=kubia로 설정돼 있기 때문에 새 컨트롤러의 파드들이 선택될 수 있다는 것을 의미하는 걸까?

그렇다. 정확히 어떤 일이 일어날지 모르지만, 여기에는 함정이 있다. 롤링 업데이트 프로세스는 첫 번째 레플리케이션컨트롤러의 셀렉터도 수정했다.

```
$ kubectl describe rc kubia-v1
Name:       kubia-v1
Namespace:  default
Image(s):   luksa/kubia:v1
Selector:   app=kubia,deployment=3ddd307978b502a5b975ed4045ae4964-orig
```

그러나 이전에 생성된 파드 세 개는 여전히 app=kubia 레이블만 갖기 때문에 첫 번째 컨트롤러의 셀렉터와 매칭되는 파드가 하나도 없다는 것을 의미하는 것일까? 그렇지 않다. kubectl이 레플리케이션컨트롤러의 셀렉터를 변경하기 전에 실행 중인 파드의 레이블을 먼저 수정하기 때문이다.

```
$ kubectl get po --show-labels
NAME             READY   STATUS    RESTARTS   AGE   LABELS
kubia-v1-m33mv   1/1     Running   0          2m    app=kubia,deployment=3ddd...
kubia-v1-nmzw9   1/1     Running   0          2m    app=kubia,deployment=3ddd...
kubia-v1-cdtey   1/1     Running   0          2m    app=kubia,deployment=3ddd...
```

이것이 너무 복잡하게 느껴지면 그림 9.6을 살펴보자. 그림 9.6은 파드, 레이블, 레플리케이션컨트롤러 두 개와 파드 셀렉터를 함께 보여준다.

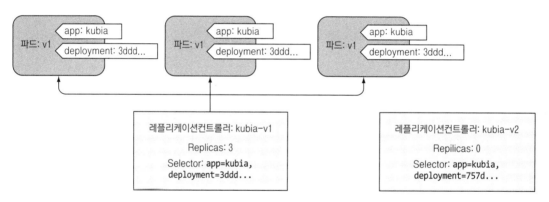

▲ **그림 9.6** 롤링 업데이트 시작 시 기존 레플리케이션컨트롤러와 새 레플리케이션컨트롤러의 자세한 파드 상태

kubectl은 스케일 업 또는 스케일 다운을 시작하기 전에 이 모든 작업을 수행해야만 한다. 이제 롤링 업데이트를 수동으로 수행하는 것을 상상해보자. 여기서 실수를 저지르는 자신을 상상해볼 수 있다. 레플리케이션컨트롤러가 프로덕션 클라이언트에 제공하는 모든 파드를 종료할지도 모른다!

레플리케이션컨트롤러 두 개를 스케일업해 새 파드로 교체

이 모든 것을 설정한 다음 kubectl은 먼저 새 컨트롤러를 스케일 업해 파드를 하나씩 교체하기 시작한다. 따라서 컨트롤러는 첫 번째 v2 파드를 만든다. kubectl은 이전 레플리케이션컨트롤러를 하나씩 스케일 다운한다. 이는 kubectl이 출력하는 결과에 다음 두 줄로 표시된다.

```
Scaling kubia-v2 up to 1
Scaling kubia-v1 down to 2
```

서비스는 app=kubia 레이블이 있는 모든 파드를 대상으로 하기 때문에 루프를 몇 번 반복할 때마다 curl 요청이 새로운 v2 파드로 전달되는 것을 볼 수 있다.

```
This is v2 running in pod kubia-v2-nmzw9        ⎤
This is v1 running in pod kubia-v1-kbtsk        │  새 버전을 실행하는
This is v1 running in pod kubia-v1-2321o        │  파드에 대한 요청
This is v2 running in pod kubia-v2-nmzw9        ⎦
...
```

그림 9.7은 시스템의 현재 상태를 보여준다.

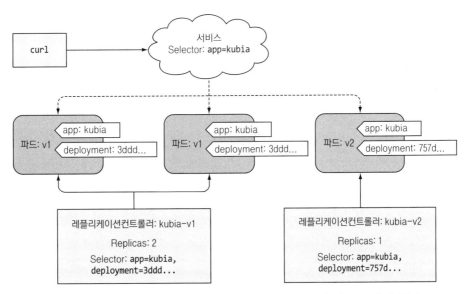

▲ **그림 9.7** 서비스는 롤링 업데이트 중의 요청을 이전 파드와 새로운 파드 모두에 전달한다.

kubectl이 롤링 업데이트를 계속하면 v2 파드에 대한 요청 비율이 점점 더 높아지기 시작한다. 업데이트 프로세스가 v1 파드를 더 삭제하고 새 이미지를 실행하는 파드로 교체되기 때문이다. 결국 이전 레플리케이션컨트롤러의 파드가 0으로 스케일 다운되며 마지막 v1 파드가 삭제돼 서비스가 이제 v2 파드에 의해서만 지원된다는 것을 의미한다. 이때 kubectl은 이전 레플리케이션컨트롤러를 삭제하고 다음 예제와 같이 업데이트 프로세스가 완료된다.

예제 9.6 kubectl rolling-update가 수행하는 최종 단계

```
...
Scaling kubia-v2 up to 2
Scaling kubia-v1 down to 1
Scaling kubia-v2 up to 3
Scaling kubia-v1 down to 0
Update succeeded. Deleting kubia-v1
replicationcontroller "kubia-v1" rolling updated to "kubia-v2"
```

이제 kubia-v2 레플리케이션컨트롤러와 v2 파드 세 개만 남았다. 업데이트 프로세스 동안 서비스를 요청했고 매번 응답을 받았다. 실제로 서비스 다운타임 없이 롤링 업데이트를 수행했다.

9.2.3 kubectl rolling-update를 더 이상 사용하지 않는 이유

이 절의 시작 부분에서 kubectl rolling-update보다 훨씬 더 나은 업데이트 방법을 언급했다. 이 프로세스의 어떤 부분에 문제가 있어서 개선된 방법이 도입됐을까?

우선 첫 번째로, 저자 스스로 만든 오브젝트를 쿠버네티스가 수정하는 것을 좋아하지 않는다. 파드를 생성하고 그 파드를 스케줄러가 노드에 할당하는 것은 전혀 문제없지만 쿠버네티스가 파드의 레이블과 레플리케이션컨트롤러의 레이블 셀렉터를 수정하는 것은 저자가 예상하지 못한 것이고 동료들에게 "누가 내 컨트롤러를 엉망으로 망쳤지!?"라고 소리치며 사무실을 돌아다니게 만드는 원인이 될 수도 있다.

그러나 더 중요한 것은, 저자가 사용한 단어들에 주의를 기울였다면, 롤링 업데이트의 모든 단계를 수행하는 것이 kubectl 클라이언트라는 것을 알아차렸을 것이다. 롤링 업데이트를 트리거할 때 --v 옵션을 사용해 자세한 로깅^{verbose logging}을 켜면 이를 확인할 수 있다.

```
$ kubectl rolling-update kubia-v1 kubia-v2 --image=luksa/kubia:v2 --v 6
```

> |팁| --v 6 옵션을 사용하면 kubectl이 API 서버로 보내는 요청을 볼 수 있을 정도로 로깅 수준이 높아진다.

옵션을 사용하면 kubectl은 쿠버네티스 API 서버로 보내는 각 HTTP 요청을 출력한다. 다음에 대한 PUT 요청이 표시된다.

```
/api/v1/namespaces/default/replicationcontrollers/kubia-v1
```

이는 **kubia-v1** 레플리케이션컨트롤러 리소스를 나타내는 RESTful URL이다. 이 요청은 레플리케이션컨트롤러를 스케일 다운하는 요청으로, **kubectl** 클라이언트가 쿠버네티스 마스터 대신 스케일링을 수행하는 중임을 보여준다.

> |팁| kubectl과 API 서버 간 통신에 관한 자세한 내용을 보려면 다른 kubectl 명령을 실행할 때 자세한 로깅(verbose logging) 옵션(--v)을 사용하자.

그러나 서버가 아닌 클라이언트가 업데이트 프로세스를 수행하는 것이 왜 나쁜 것일까? 지금은 업데이트가 원활하게 진행됐지만 kubectl이 업데이트를 수행하는 동안 네트워크 연결이 끊어진다면 어떨까? 업데이트 프로세스는 중간에 중단될 것이다. 파드와 레플리케이션컨트롤러는 중간 상태[1]에서 끝이 난다.

---

1 업데이트가 된 오브젝트와 업데이트가 되지 않은 오브젝트가 혼재한 상태를 말한다. – 옮긴이

이와 같은 업데이트를 수행하는 것이 나쁜 또 다른 이유는 그것이 실제 명령^{imperative}을 나타내기 때문이다. 이 책 전체에서 쿠버네티스에게 의도하는 시스템의 상태를 선언하고 쿠버네티스가 그것을 달성할 수 있는 가장 좋은 방법을 찾아냄으로써 스스로 그 상태를 달성하도록 하는지에 대해서 강조했다. 이것이 파드가 배포되는 방식이고 파드가 스케일 업하거나 스케일 다운하는 방식이다. 쿠버네티스에 파드를 추가하거나 초과된 파드를 제거하라고 지시하지 마라. 단지 원하는 레플리카 수를 변경하면 된다.

마찬가지로 파드 스펙에서 원하는 이미지 태그를 변경하고 쿠버네티스가 파드를 새 이미지로 실행하는 새로운 파드로 교체할 것이다. 바로 이것이 현재 쿠버네티스에서 애플리케이션을 배포하는 가장 좋은 방법인 디플로이먼트라는 새로운 리소스를 도입하게 된 원동력이다.

9.3 애플리케이션을 선언적으로 업데이트하기 위한 디플로이먼트 사용하기

디플로이먼트는 낮은 수준^{lower-level}의 개념으로 간주되는 레플리케이션컨트롤러 또는 레플리카셋을 통해 수행하는 대신 애플리케이션을 배포하고 선언적^{declarative}으로 업데이트하기 위한 높은 수준^{high-level}의 리소스다.

디플로이먼트를 생성하면 레플리카셋 리소스가 그 아래에 생성된다(결과적으로 더 많은 리소스가 생성됨). 4장에서 이야기했듯이 레플리카셋은 차세대 레플리케이션컨트롤러이므로 레플리케이션컨트롤러 대신 레플리카셋을 사용해야 한다. 레플리카셋도 파드를 복제하고 관리한다. 디플로이먼트를 사용하는 경우 실제 파드는 디플로이먼트가 아닌 디플로이먼트의 레플리카셋에 의해 생성되고 관리된다(이 관계는 그림 9.8에 나타나 있다).

▲ **그림 9.8** 파드를 감시하는 레플리카셋이 디플로이먼트를 지원한다.

파드 인스턴스를 지속적으로 실행하기에 레플리케이션컨트롤러 또는 레플리카셋이 충분한데 그 위에 다른 오브젝트[2]를 도입해 복잡하게 만든 이유가 궁금할 것이다. 9.2절의 롤링 업데이트 예제에서 알 수 있듯이 애플리케이션을 업데이트할 때는 추가 레플리케이션컨트롤러를 도입하고 두 컨트롤러가 잘 조화되도록 조정해야 한다. 전체적으로 통제하는 것이 필요하다. 디플로이먼트 리소스가 이를 관리한다(디플로이먼트 리소스가 직접 수행하는 것은 아니지만 쿠버네티스 컨트롤 플레인에서 실행 중인 컨트롤러 프로세스가 수행한다. 이는 11장에서 다룰 것이다).

낮은 수준의 구조 대신 디플로이먼트를 사용하면 하나의 디플로이먼트 리소스를 통해 원하는 상태를 정의하면 다음 몇 페이지에서 볼 수 있듯이 쿠버네티스가 나머지를 처리할 수 있으므로 애플리케이션 업데이트를 훨씬 쉽게 할 수 있다.

9.3.1 디플로이먼트 생성

디플로이먼트를 생성하는 것은 레플리케이션컨트롤러를 만드는 것과 다르지 않다. 디플로이먼트는 레이블 셀렉터, 원하는 레플리카 수, 파드 템플릿으로 구성된다. 또한 디플로이먼트 리소스가 수정될 때 업데이트 수행 방법을 정의하는 디플로이먼트 전략을 지정하는 필드도 있다.

디플로이먼트 매니페스트 생성

9장 앞부분에서 kubia-v1 레플리케이션컨트롤러 예제를 어떻게 사용하는지 보고 레플리케이션컨트롤러 대신 디플로이먼트를 작성해 수정하는 방법을 살펴보자. 보다시피 세 가지 작은 변경만 필요하다. 다음 예제는 수정된 YAML이다.

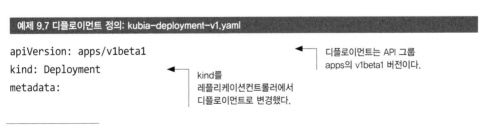

예제 9.7 디플로이먼트 정의: kubia-deployment-v1.yaml

```
apiVersion: apps/v1beta1
kind: Deployment
metadata:
```

kind를 레플리케이션컨트롤러에서 디플로이먼트로 변경했다.

디플로이먼트는 API 그룹 apps의 v1beta1 버전이다.

---

2 여기서는 디플로이먼트를 의미한다. – 옮긴이

```
    name: kubia         ◀─────  디플로이먼트
spec:                           이름에 버전을
  replicas: 3                   포함할 필요가 없다.
  template:
    metadata:
      name: kubia
      labels:
        app: kubia
    spec:
      containers:
      - image: luksa/kubia:v1
        name: nodejs
```

> | **노트** | 디플로이먼트 리소스의 이전 버전은 extensions/v1beta1에 있고 최신 버전은 apps/v1beta2
> 에 있으며 필수 필드와 기본값이 다르다. kubectl explain은 이전 버전을 보여준다는 점에 유의하자.[3]

이전의 레플리케이션컨트롤러가 특정 버전의 파드를 관리했기 때문에 이를 `kubia-v1`
이라고 했다. 반면 디플로이먼트는 그보다 상위 버전이다. 특정 시점에 디플로이먼트는 여
러 개의 파드 버전을 실행할 수 있으므로 해당 이름이 애플리케이션 버전을 참조하지 않아
야 한다.

디플로이먼트 리소스 생성

이 디플로이먼트를 만들기 전에 실행 중인 레플리케이션컨트롤러와 파드를 삭제하고
kubia 서비스는 유지한다. 다음과 같이 `--all` 스위치를 사용해 모든 레플리케이션컨트롤
러를 삭제할 수 있다.

```
$ kubectl delete rc --all
```

이제 디플로이먼트를 만들 준비가 됐다.

---

3   최신 쿠버네티스에서는 apiVersion: apps/v1을 사용한다. 이제 더 이상 beta가 아니다. 하지만 이 책에서는 원서에서 사용한
    apps/v1beta2를 계속 사용하겠지만, 실제로는 apps/v1을 사용하기 바란다. - 옮긴이

```
$ kubectl create -f kubia-deployment-v1.yaml --record
deployment "kubia" created
```

> |팁| create를 사용할 때는 반드시 --record 명령줄 옵션을 포함시켜야 한다. 이 명령은 개정 이력
> (revision history)에 명령어를 기록해 나중에 유용하게 사용할 수 있다.

디플로이먼트 롤아웃 상태 출력

일반적인 kubectl get deployment와 kubectl describe deployment 명령어를 사용해 디플로이먼트 세부 사항을 볼 수 있지만, 디플로이먼트 상태를 확인하기 위해 특별히 만들어진 다른 명령어를 사용해보자.

```
$ kubectl rollout status deployment kubia
deployment kubia successfully rolled out
```

결과에 따르면 디플로이먼트의 롤아웃이 성공적으로 수행됐으므로, 파드 레플리카 세 개가 시작돼 실행되고 있다.

```
$ kubectl get po
NAME                      READY   STATUS    RESTARTS   AGE
kubia-1506449474-otnnh    1/1     Running   0          14s
kubia-1506449474-vmn7s    1/1     Running   0          14s
kubia-1506449474-xis6m    1/1     Running   0          14s
```

디플로이먼트가 레플리카셋을 생성하는 방법과 레플리카셋이 파드를 생성하는 방식 이해

이 파드의 이름을 기록해두자. 이전에는 레플리케이션컨트롤러를 사용해 파드를 만들 때 해당 이름이 컨트롤러 이름과 임의로 생성된 문자열(예: kubia-v1-m33mv)로 구성됐다. 디플로이먼트에서 생성한 파드 세 개에는 이름 중간에 숫자 값이 추가로 포함된다. 이는 무엇을 의미할까?

바로 디플로이먼트와 파드 템플릿의 해시값을 의미하며 레플리카셋이 이러한 파드를 관리함을 뜻한다.[4] 앞에서 언급했듯이 디플로이먼트는 파드를 직접 관리하지 않는다. 대신 레플리카셋을 생성하고 이들이 파드를 관리하도록 맡겨둔다. 디플로이먼트에서 생성한 레플리카셋을 살펴보자.

```
$ kubectl get replicasets
NAME               DESIRED   CURRENT   AGE
kubia-1506449474   3         3         10s
```

레플리카셋의 이름에도 해당 파드 템플릿의 해시값이 포함된다. 나중에 볼 수 있듯이 디플로이먼트는 파드 템플릿의 각 버전마다 하나씩 여러 개의 레플리카셋을 만든다. 이와 같이 파드 템플릿의 해시값을 사용하면 디플로이먼트에서 지정된 버전의 파드 템플릿에 관해 항상 동일한(기존의) 레플리카셋을 사용할 수 있다.

서비스로 파드 액세스

이 레플리카셋에 의해 생성된 파드 레플리카 세 개는 지금 실행 중이므로 새 파드의 레이블이 서비스의 레이블 셀렉터와 일치하게 되므로 이전에 생성한 서비스를 사용해 액세스할 수 있다.

지금까지는 레플리케이션컨트롤러 대신 디플로이먼트를 사용해야 하는 충분한 이유를 알지 못했을 것이다. 다행히도 디플로이먼트를 만드는 일은 레플리케이션컨트롤러를 만드는 것에 비해 어렵지 않다. 이제 이 디플로이먼트로 작업을 시작해보면 디플로이먼트가 나은 이유를 분명히 알 수 있을 것이다. 디플로이먼트 리소스를 통해 애플리케이션을 업데이트하는 것과 레플리케이션컨트롤러를 통해 애플리케이션을 업데이트하는 방법을 비교하면 분명해질 것이다.

---

4   정확하게는 〈디플로이먼트 이름〉-〈레플리카셋 해시값〉-〈파드 해시값〉으로 이뤄져 있다. - 옮긴이

9.3.2 디플로이먼트 업데이트

이전에는 레플리케이션컨트롤러를 사용해 애플리케이션을 실행하므로 kubectl rolling-update를 실행해 쿠버네티스에 업데이트를 수행하도록 명시적으로 지시해야 했다. 심지어 기존 레플리케이션컨트롤러를 대체하는 새 레플리케이션컨트롤러의 이름을 지정해야 했다. 쿠버네티스는 모든 원본 파드를 새 파드로 교체하고 프로세스가 끝날 때 원본 레플리케이션컨트롤러를 삭제했다. 이 프로세스 동안 터미널을 열어두고 kubectl이 롤링 업데이트를 완료할 때까지 기다려야 했다.

이제 이것을 디플로이먼트 업데이트 방법과 비교해보자. 디플로이먼트 리소스에 정의된 파드 템플릿을 수정하기만 하면 쿠버네티스가 실제 시스템 상태를 리소스에 정의된 상태로 만드는 데 필요한 모든 단계를 수행한다. 레플리케이션컨트롤러 또는 레플리카셋을 스케일 업 또는 스케일 다운하는 것과 마찬가지로 디플로이먼트 파드 템플릿에서 새 이미지 태그를 참조해 시스템이 의도하는 상태가 될 수 있도록 쿠버네티스에 맡기면 된다.

사용 가능한 디플로이먼트 전략

이 새로운 상태를 달성하는 방법은 디플로이먼트에 구성된 디플로이먼트 전략에 의해 결정된다. 기본은 RollingUpdate라는 롤링 업데이트 전략이다. 대안으로 Recreate 전략이 있는데, 레플리케이션컨트롤러의 파드 템플릿을 수정한 후 모든 파드를 삭제하는 것과 마찬가지로 한 번에 기존 모든 파드를 삭제한 뒤 새로운 파드를 만든다(9.1.1절에서 설명했다).

Recreate 전략을 사용하면 새 파드를 만들기 전에 이전 파드를 모두 삭제한다. 애플리케이션이 여러 버전을 병렬로 실행하는 것을 지원하지 않고 새 버전을 시작하기 전에 이전 버전을 완전히 중지해야 하는 경우 이 전략을 사용한다. 이 전략은 애플리케이션을 완전히 사용할 수 없는 짧은 서비스 다운타임이 발생한다.

반면 RollingUpdate 전략은 이전 파드를 하나씩 제거하고 동시에 새 파드를 추가해 전체 프로세스에서 애플리케이션을 계속 사용할 수 있도록 하고 서비스 다운 타임이 없도록 한다. 이것이 기본 전략이다. 의도하는 레플리카 수보다 많거나 적은 파드 수에 관한 상한과 하한을 설정할 수 있다. 애플리케이션에서 이전 버전과 새 버전을 동시에 실행할 수 있는 경우에만 이 전략을 사용해야 한다.

데모 목적으로 롤링 업데이트 속도 느리게 하기

다음 예제에서는 RollingUpdate 전략을 사용하지만 업데이트 프로세스를 약간 느려지게 해서 실제 업데이트가 롤링 방식으로 수행되고 있음을 확인할 수 있을 것이다. 디플로이먼트에서 minReadySeconds 속성을 설정하면 된다. 9장 후반부에서 이 속성이 하는 일을 설명할 것이다. 지금은 kubectl patch 명령어로 minReadySeconds를 10초로 설정한다.

```
$ kubectl patch deployment kubia -p '{"spec": {"minReadySeconds": 10}}'
"kubia" patched
```

> |팁| kubectl patch 명령어는 텍스트 편집기에서 정의를 편집하지 않고도 리소스 속성 한 두 개 정도를 수정하는 데 유용하다.

patch 명령어를 사용해 디플로이먼트 스펙을 변경했다. 파드 템플릿을 변경하지 않았기 때문에 파드가 업데이트되지는 않는다. 의도하는 레플리카 수 또는 디플로이먼트 정책과 같은 다른 배포 속성을 변경해도 롤아웃이 시작되지 않는다. 롤아웃은 기존 파드에 영향을 주지 않기 때문이다.

롤링 업데이트 시작

롤링 업데이트 프로세스의 진행 사항을 추적하려면 먼저 다른 터미널에서 curl 요청을 다시 실행해 요청이 어떻게 진행되는지 상황을 확인해야 한다(서비스의 외부 IP로 교체하는 것을 잊지 마라).

```
$ while true; do curl http://130.211.109.222; done
```

롤아웃을 시작하려면 파드 컨테이너에 사용된 이미지를 luksa/kubia:v2로 변경한다. 디플로이먼트 오브젝트의 전체 YAML을 편집하거나 patch 명령어를 사용해 이미지를 변경하는 대신 kubectl set image 명령어를 사용해 컨테이너가 포함된 모든 리소스(레플리케이션컨트롤러, 레플리카셋, 디플로이먼트 등등)를 수정할 수 있다. 다음과 같이 디플로이먼트를 수정할 수 있다.

```
$ kubectl set image deployment kubia nodejs=luksa/kubia:v2
deployment "kubia" image updated
```

이 명령을 실행하면 kubia 디플로이먼트의 파드 템플릿이 업데이트돼 nodejs 컨테이너에 사용된 이미지가 luksa/kubia:v2(:v1에서)로 변경된다. 이는 그림 9.9에 나와 있다.

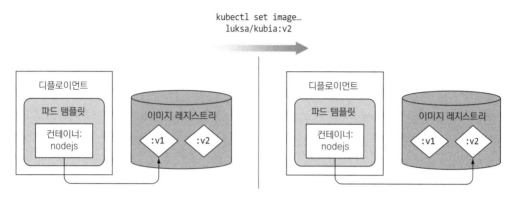

▲ **그림 9.9** 새 이미지를 사용하도록 디플로이먼트의 파드 템플릿 업데이트

디플로이먼트와 그 외의 리소스를 수정하는 방법

이 책을 통해 기존 오브젝트를 수정하는 여러 방법을 배웠다. 기억을 되살리기 위해 전체를 모아서 정리해보자.

▼ **표 9.1** 쿠버네티스의 기존 리소스 수정하기

명령	설명
kubectl edit	기본 편집기로 오브젝트의 매니페스트를 오픈한다. 변경 후 파일을 저장하고 편집기를 종료하면 오브젝트가 업데이트된다. 예: kubectl edit deployment kubia
kubectl patch	오브젝트의 개별 속성을 수정한다.[5] 예: kubectl patch deployment kubia -p '{"spec": {"template": {"spec": {"containers": [{"name":"nodejs", "image": "luksa/kubia:v2"}]}}}}'

---

5 리소스의 전체 YAML 매니페스트가 필요하지 않고, 수정하려는 속성만 있으면 된다. – 옮긴이

명령	설명
kubectl apply	전체 YAML/JSON 파일의 속성 값을 적용해 오브젝트를 수정한다. YAML/JSON에 지정된 오브젝트가 아직 없으면 생성된다. 파일에는 리소스의 전체 정의가 포함돼야 한다(kubectl patch의 경우처럼 업데이트하려는 필드만 포함할 수는 없다). 예: kubectl apply -f kubia-deployment-v2.yaml
kubectl replace	YAML/JSON 파일로 오브젝트를 새 것으로 교체한다. apply 명령어와 달리 이 명령은 오브젝트가 있어야 한다. 그렇지 않으면 오류를 출력한다. 예: kubectl replace -f kubia-deployment-v2.yaml
kubectl set image	파드, 레플리케이션컨트롤러의 템플릿, 디플로이먼트, 데몬셋, 잡 또는 레플리카셋에 정의된 컨테이너 이미지를 변경한다. 예: kubectl set image deployment kubia nodejs=luksa/kubia:v2

이런 모든 명령은 디플로이먼트 입장에서는 동일하다. 이 명령들이 하는 역할은 디플로이먼트 스펙을 변경하는 것이다. 이 변경으로 롤아웃 프로세스가 시작된다.

curl 요청을 실행하면 처음에는 v1 파드만 요청을 받는 것을 확인할 수 있으며, 그러고 나서 모든 v1 파드가 삭제된 후 v2 파드만 요청을 받을 때까지 점점 더 많은 요청이 v2 파드로 요청을 보낸다. 이는 kubectl이 수행하는 롤링 업데이트와 매우 유사하다.

디플로이먼트의 놀라움

무슨 일이 일어났는지 생각해보자. 디플로이먼트 리소스에서 파드 템플릿을 변경하는 것만(필드 하나만 변경)으로 애플리케이션을 최신 버전으로 업데이트했다!

그런 다음 쿠버네티스 컨트롤 플레인의 일부로 실행되는 컨트롤러가 업데이트를 수행했다. kubectl rolling-update를 사용했을 때처럼 kubectl 클라이언트가 프로세스를 수행하지 않는다. 녹자 여러분은 어떨지 모르지만 저자는 쿠버네티스에게 무엇을 해야 하는지 알려주는 특별한 명령을 실행하고 그 프로세스가 완료되기를 기다리는 것보다 디플로이먼트 컨트롤러를 사용하는 것이 더 간단하다고 생각한다.

| **노트** | 디플로이먼트의 파드 템플릿이 컨피그맵(또는 시크릿)을 참조하는 경우 컨피그맵을 수정해도 업데이트를 시작하지 않는다. 애플리케이션의 설정을 수정해야 할 때 업데이트를 시작하는 한 가지 방법은 새 컨피그맵을 만들고 파드 템플릿이 새 컨피그맵을 참조하도록 수정하는 것이다.

업데이트하는 동안 디플로이먼트 영역에서 발생한 이벤트는 kubectl rolling-update 를 수행하는 동안 발생한 이벤트와 유사하다. 추가 레플리카셋이 생성됐고, 그 후 천천히 스케일 업했으며, 이전 레플리카셋의 크기를 0으로 스케일 다운했다(초기와 최종 상태는 그림 9.10에 표시된다).

▲ **그림 9.10** 롤링 업데이트 시작과 종료 시점의 디플로이먼트

레플리카셋을 조회하면 기존 레플리카셋과 새 레플리카셋을 나란히 볼 수 있다.

```
$ kubectl get rs
NAME                DESIRED    CURRENT    AGE
kubia-1506449474    0          0          24m
kubia-1581357123    3          3          23m
```

레플리케이션컨트롤러와 유사하게 모든 새 파드는 새 레플리카셋에 의해 관리된다. 이 전과 달리 기존 레플리카셋도 여전히 존재한다. 반면 롤링 업데이트 프로세스가 끝나면 기존 레플리케이션컨트롤러는 삭제됐다. 이 비활성화된 레플리카셋의 목적이 무엇인지 곧 알게 될 것이다.

그러나 직접 레플리카셋을 생성하지 않았으므로 레플리카셋을 신경 쓰지 않아도 된다.

디플로이먼트 리소스만 만들고 조작했을 뿐 세부적인 구현은 하위의 레플리카셋이 담당한다. 단일 디플로이먼트 오브젝트를 관리하는 것이 여러 레플리케이션컨트롤러를 처리하고 추적하는 것보다 훨씬 쉽다는 데 동의할 것이다.

모든 것이 롤아웃에서 잘 수행됐다면 이 차이가 뚜렷하지 않을 수 있지만 롤아웃 프로세스 중에 어떤 문제가 발생하면 그 차이를 훨씬 분명히 알 수 있다. 지금 바로 한 가지 문제를 시뮬레이션해보자.

9.3.3 디플로이먼트 롤백

현재 이미지의 v2 버전을 실행 중이므로 먼저 버전 3를 준비해야 한다.

애플리케이션 버전 3 만들기

버전 3에서는 애플리케이션이 처음 요청 네 개만 제대로 처리하도록 하는 버그를 만들 것이다. 다섯 번째 이후의 모든 요청은 내부 서버 오류(HTTP 상태 코드 500)를 반환한다. 핸들러 함수의 시작 부분에 if문을 추가해 이를 시뮬레이션할 것이다. 다음 예제는 필요한 모든 변경 사항은 굵게 표시한 새 코드를 보여준다.

예제 9.8 애플리케이션의 버전 3(오류가 있는 버전): v3/app.js

```
const http = require('http');
const os = require('os');

var requestCount = 0;

console.log("Kubia server starting...");
var handler = function(request, response) {
  console.log("Received request from " + request.connection.remoteAddress);
  if (++requestCount >= 5) {
    response.writeHead(500);
    response.end("Some internal error has occurred! This is pod " +
    os.hostname() + "\n");
    return;
  }
```

```
  response.writeHead(200);
  response.end("This is v3 running in pod " + os.hostname() + "\n");
};
var www = http.createServer(handler);
www.listen(8080);
```

보다시피 다섯 번째와 그 이후의 모든 요청은 "Some internal error has occurred…"
라는 메시지와 함께 500 오류 코드를 반환한다.

버전 3 배포하기

이미지의 버전 3는 luksa/kubia:v3로 제공했다. 디플로이먼트 스펙에서 이미지를 다시
변경해 새 버전을 배포한다.

```
$ kubectl set image deployment kubia nodejs=luksa/kubia:v3
deployment "kubia" image updated
```

kubectl rollout status로 롤아웃 진행 상황을 확인할 수 있다.

```
$ kubectl rollout status deployment kubia
Waiting for rollout to finish: 1 out of 3 new replicas have been updated...
Waiting for rollout to finish: 2 out of 3 new replicas have been updated...
Waiting for rollout to finish: 1 old replicas are pending termination...
deployment "kubia" successfully rolled out
```

이제 새 버전이 라이브 상태다. 다음 예제에 표시된 것처럼 몇 번의 요청 후에 웹 클라
이언트가 오류를 출력하기 시작한다.

예제 9.9 오류가 있는 버전 3 요청하기

```
$ while true; do curl http://130.211.109.222; done
This is v3 running in pod kubia-1914148340-lalmx
This is v3 running in pod kubia-1914148340-bz35w
This is v3 running in pod kubia-1914148340-w0voh
...
This is v3 running in pod kubia-1914148340-w0voh
```

```
Some internal error has occurred! This is pod kubia-1914148340-bz35w
This is v3 running in pod kubia-1914148340-w0voh
Some internal error has occurred! This is pod kubia-1914148340-lalmx
This is v3 running in pod kubia-1914148340-w0voh
Some internal error has occurred! This is pod kubia-1914148340-lalmx
Some internal error has occurred! This is pod kubia-1914148340-bz35w
Some internal error has occurred! This is pod kubia-1914148340-w0voh
```

롤아웃 되돌리기

사용자가 내부 서버 오류internal server errors를 경험하게 둘 수 없으므로 신속하게 조치를 취해야 한다. 9.3.6절에서는 잘못된 롤아웃을 자동으로 차단하는 방법을 설명하겠지만 지금은 잘못된 롤아웃을 수동으로 할 수 있는 방법을 살펴보자. 다행히 디플로이먼트를 사용하면 쿠버네티스에 디플로이먼트의 마지막 롤아웃을 취소하도록 지시해서 이전에 배포된 버전으로 쉽게 롤백할 수 있다.

```
$ kubectl rollout undo deployment kubia
deployment "kubia" rolled back
```

이렇게 하면 디플로이먼트가 이전 버전으로 롤백한다.

> |팁| 롤아웃 프로세스가 진행 중인 동안에도 롤아웃을 중단하려면 실행 취소 명령을 사용할 수 있다. 롤아웃 프로세스 중에 이미 생성된 파드는 제거되고 이전 파드로 다시 교체된다.

디플로이먼트 롤아웃 이력 표시

디플로이먼트는 개정 이력revision history을 유지하므로 롤아웃의 롤백이 가능하다. 나중에 볼 수 있듯이 이력은 기본 레플리카셋에 저장된다. 롤아웃이 완료되면 이전 레플리카셋은 삭제되지 않으므로 이전 버전뿐만 아니라 모든 버전으로 롤백할 수 있다. kubectl rollout history 명령어로 개정 이력을 표시할 수 있다.

416

```
$ kubectl rollout history deployment kubia
deployments "kubia":
REVISION    CHANGE-CAUSE
2           kubectl set image deployment kubia nodejs=luksa/kubia:v2
3           kubectl set image deployment kubia nodejs=luksa/kubia:v3
```

디플로이먼트를 만들 때 사용한 --record 명령줄 옵션을 기억하는가? 이 옵션이 없으면 개정 이력의 CHANGE-CAUSE 열이 비어 있어서 각 개정 뒤에 무엇이 있는지 알아내는 것이 훨씬 더 어려워질 것이다.

특정 디플로이먼트 개정으로 롤백

undo 명령어에서 개정^{revision} 번호를 지정해 특정 개정으로 롤백할 수 있다. 예를 들어 첫 번째 버전으로 롤백하려면 다음 명령을 실행한다.

```
$ kubectl rollout undo deployment kubia --to-revision=1
```

디플로이먼트를 처음 수정했을 때 비활성화된 레플리카셋이 남아 있던 것을 기억하는가? 그 레플리카셋은 디플로이먼트의 첫 번째 개정을 나타낸다. 디플로이먼트에서 생성한 모든 레플리카셋은 그림 9.11에 표시된 것처럼 전체 개정 내역을 나타낸다. 각 레플리카셋은 해당 특정 버전에서 디플로이먼트의 전체 정보를 저장하므로 수동으로 삭제해서는 안 된다. 그렇게 하면 디플로이먼트 기록에서 특정 버전을 잃어 롤백할 수 없게 된다.

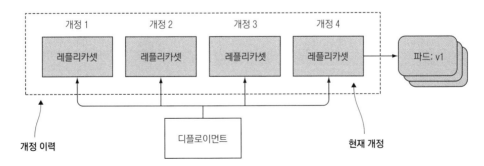

▲ **그림 9.11** 디플로이먼트의 레플리카셋은 개정 이력으로 사용된다.

그러나 과거 레플리카셋이 레플리카셋 목록을 복잡하게 만드는 것이 이상적이지 않으므로 개정 내역의 수는 디플로이먼트 리소스의 editionHistoryLimit 속성에 의해 제한된다. 기본값은 2로 설정돼 있으므로 일반적으로 현재와 이전 버전만 기록에 표시된다(현재와 이전 레플리카셋만 유지된다). 그보다 이전 레플리카셋은 자동으로 삭제된다.

> | **노트** | extensions/v1beta1 버전의 디플로이먼트에는 기본 개정 내역 HistoryLimit이 없지만, apps/v1beta2 버전의 기본값은 10이다.[6]

9.3.4 롤아웃 속도 제어

v3로 롤아웃을 수행하고 kubectl rollout status 명령어를 사용해 진행 상황을 추적했을 때, 먼저 새 파드가 생성되고 사용 가능해지면 이전 파드가 삭제되고 새 파드가 생성되는 것을 알 수 있었다. 이것은 오래된 파드가 남지 않을 때까지 계속된다. 롤링 업데이트 전략의 두 가지 추가 속성을 통해 새 파드를 만들고 기존 파드를 삭제하는 방법을 구성할 수 있다.

롤링 업데이트 전략의 maxSurge와 maxUnavailable 속성 소개

이 속성 두 개는 디플로이먼트의 롤링 업데이트 중에 한 번에 몇 개의 파드를 교체할지를 결정한다. maxSurge와 maxUnavailable이며 다음 예제와 같이 디플로이먼트 strategy 속성의 rollingUpdate 속성 아래의 일부로 설정할 수 있다.

예제 9.10 rollingUpdate 정책의 매개변수 지정

```
spec:
  strategy:
    rollingUpdate:
      maxSurge: 1
```

---

6   apps/v1에서도 기본값은 10이다. – 옮긴이

```
        maxUnavailable: 0
    type: RollingUpdate
```

이 속성의 기능은 표 9.2에 설명돼 있다.

▼ **표 9.2** 롤링 업데이트 속도 구성을 위한 속성

속성	설명
maxSurge	디플로이먼트가 의도하는 레플리카 수보다 얼마나 많은 파드 인스턴스 수를 허용할 수 있는지 결정한다. 기본적으로 25%로 설정되고 의도한 개수보다 최대 25% 더 많은 파드 인스턴스가 있을 수 있다. 의도하는 레플리카 수가 4로 설정된 경우 업데이트 중에 동시에 5개 이상의 파드 인스턴스가 실행되지 않는다. 백분율을 절대 숫자로 변환하면 숫자가 반올림된다. 백분율 대신 값이 절댓값일 수도 있다(예: 하나 또는 두 개의 추가 파드가 허용될 수 있음).
maxUnavailable	업데이트 중에 의도하는 레플리카 수를 기준으로 사용할 수 없는 파드 인스턴스 수를 결정한다. 또한 기본적으로 25%로 설정되고 사용 가능한 파드 인스턴스 수는 의도하는 레플리카 수의 75% 이하로 떨어지지 않아야 한다. 여기서 백분율을 절대 숫자로 변환하면 숫자가 내림된다. 의도하는 레플리카 수가 4로 설정되고 백분율이 25%이면 하나의 파드만 사용할 수 없다. 전체 롤아웃 중에 요청을 처리할 수 있는 파드 인스턴스 세 개가 항상 있어야 한다. maxSurge와 마찬가지로 백분율 대신 절댓값을 지정할 수도 있다.

의도하는 레플리카 수가 3이고 이러한 속성이 모두 기본적으로 25%이기 때문에 max Surge는 모든 파드 수가 네 개에 도달하도록 허용했으며 maxUnavailable은 사용할 수 없는 파드를 허용하지 않는다(즉, 항상 파드 세 개를 사용할 수 있어야 한다). 그림 9.12에 나와 있다.

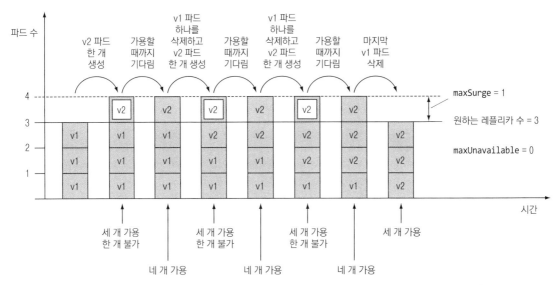

파드 수

v2 파드
한 개
생성

가용할
때까지
기다림

v1 파드
하나를
삭제하고
v2 파드
한 개 생성

가용할
때까지
기다림

v1 파드
하나를
삭제하고
v2 파드
한 개 생성

가용할
때까지
기다림

마지막
v1 파드
삭제

maxSurge = 1

원하는 레플리카 수 = 3

maxUnavailable = 0

시간

세 개 가용
한 개 불가

네 개 가용

세 개 가용
한 개 불가

네 개 가용

세 개 가용
한 개 불가

네 개 가용

세 개 가용

▲ **그림 9.12** 레플리카 세 개와 기본 maxSurge와 maxUnavailable이 있는 디플로이먼트의 롤링 업데이트

maxUnavailable 속성 이해

디플로이먼트의 extensions/v1beta1 버전은 다른 기본값을 사용한다. 25% 대신 **maxSurge**
와 **maxUnavailable**을 1로 설정한다. 레플리카 세 개의 경우 **maxSurge**는 이전과 동일하지
만 **maxUnavailable**은 다르다(0 대신 1). 이렇게 하면 그림 9.13과 같이 롤아웃 프로세스가
조금 다르게 수행된다.

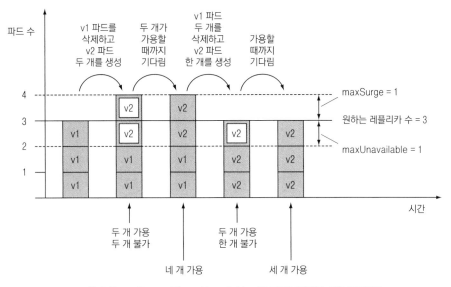

▲ **그림 9.13** maxSurge=1과 maxUnavailable=1인 디플로이먼트 롤링 업데이트

이 경우 레플리카 한 개를 사용할 수 없으므로 의도하는 레플리카 수가 세 개이면 두 개는 사용할 수 있어야 한다. 따라서 롤아웃 프로세스에서 즉시 파드 한 개를 삭제하고 파드 두 개를 만든다. 이렇게 하면 파드 두 개를 사용할 수 있고 최대 파드 수를 초과하지 않도록 할 수 있다(이 경우 최대 네 개, 레플리카 수 세 개와 maxSurge의 한 개). 파드 두 개를 사용할 수 있게 되면 기존 나머지 파드 두 개가 삭제된다.

maxUnavailable 속성을 사용하면 허용되는 최대 사용 가능한 파드 수라고 생각하기 때문에 이해하기 어렵다. 위의 그림을 자세히 보면 maxUnavailable이 1로 설정돼 있어도 두 번째 열에 사용할 수 없는 파드 두 개가 표시된다.

maxUnavailable은 원하는 레플리카 수에 비례한다는 점을 명심해야 한다. 레플리카 수가 3으로 설정돼 있고 maxUnavailable이 1로 설정된 경우 업데이트 프로세스는 항상 최소 파드 두 개를 사용할 수 있어야 하며, 사용할 수 없는 파드 수는 한 개를 초과할 수 없다.

9.3.5 롤아웃 프로세스 일시 중지

애플리케이션 버전 v3[7]에 대한 좋지 않은 경험을 한 후에 버그를 수정하고 버전 v4 이미지를 푸시했다고 가정해보자. 이전과 같은 방식으로 모든 파드에 적용할 수 있다. 원하는 것은 기존 v2 파드 옆에 v4 파드 하나를 실행하고 일부 사용자만 작동하는지 확인하는 것이다. 그런 다음 모든 것이 정상이면 기존 모든 파드를 새 파드로 교체할 수 있다.

직접 또는 추가 디플로이먼트, 레플리케이션컨트롤러, 레플리카셋을 통해 추가 파드를 실행해 이를 할 수 있지만 디플로이먼트 자체에서 다른 옵션을 사용할 수 있다. 롤아웃 프로세스 중에 배포를 일시 중지할 수도 있다. 이렇게 하면 나머지 롤아웃을 진행하기 전에 새 버전으로 모든 것이 정상인지 확인할 수 있다.

롤아웃 일시 정지

v4 이미지를 준비했으므로 이미지를 luksa/kubia:v4로 변경해 롤아웃을 시작한 즉시 (몇 초 내에) 롤아웃을 일시 중지한다.

```
$ kubectl set image deployment kubia nodejs=luksa/kubia:v4
deployment "kubia" image updated

$ kubectl rollout pause deployment kubia
deployment "kubia" paused
```

새 파드 하나를 생성했지만 모든 원본 파드도 계속 실행 중이어야 한다. 새 파드가 가동되면 서비스에 관한 모든 요청의 일부가 새 파드로 전달된다. 이렇게 하면 카나리 릴리스^{canary release}를 효과적으로 실행할 수 있다. 카나리 릴리스는 잘못된 버전의 애플리케이션이 롤아웃돼 모든 사용자에게 영향을 주는 위험을 최소화하는 기술이다. 새 버전을 모든 사람에게 롤아웃하는 대신 하나 또는 적은 수의 이전 파드만 새 버전으로 바꾼다. 이렇게 하면 소수의 사용자만 초기에 새 버전을 사용하게 된다. 그런 다음 새 버전이 제대로 작동

---

7 의도적으로 오류가 나도록 만든 애플리케이션이다. – 옮긴이

하는지 확인한 후 나머지 모든 파드를 통해 롤아웃을 계속하거나 이전 버전으로 롤백할 수 있다.

롤아웃 재개

롤아웃 프로세스를 일시 중지하면 클라이언트 요청 중 일부만 파드 v4에 도달하지만 대부분은 파드 v3를 호출한다. 새 버전이 제대로 작동한다고 확신하면 디플로이먼트를 다시 시작해 이전 파드를 모두 새 파드로 교체할 수 있다.

```
$ kubectl rollout resume deployment kubia
deployment "kubia" resumed
```

롤아웃 과정에서 정확한 시점에 디플로이먼트를 일시 중지해야 하는 것은 분명히 여러분이 원하는 바가 아닐 것이다. 조만간 새로운 업그레이드 전략이 자동으로 이를 수행할 수도 있겠지만 현재 카나리 릴리스를 수행하는 적절한 방법은 두 가지 다른 디플로이먼트를 사용해 적절하게 확장하는 것이다.

롤아웃을 방지하기 위한 일시 중지 기능 사용

디플로이먼트 일시 중지 기능을 사용하면 롤아웃 프로세스가 시작돼 디플로이먼트를 업데이트하는 것을 막을 수 있고, 디플로이먼트를 여러 번 변경하면서 필요한 모든 변경을 완료한 후에 롤아웃을 시작하도록 할 수 있다.

변경 사항을 적용할 준비가 됐을 때 디플로이먼트를 재개하면 롤아웃 프로세스가 시작된다.

> |**노트**| 디플로이먼트가 일시 중지된 경우 디플로이먼트를 다시 시작해야 undo 명령어가 실행을 취소하지 않는다.

9.3.6 잘못된 버전의 롤아웃 방지

9장을 마치기 전에 디플로이먼트 리소스의 속성 하나를 더 논의해야 한다. 9.3.2절의 시작 부분에 디플로이먼트에서 설정한 minReadySeconds 속성을 기억하는가? 롤아웃 속도를 늦춰 롤링 업데이트 과정을 직접 볼 수 있었고, 모든 파드를 한 번에 교체하지 않았다. minReadySeconds의 주요 기능은 재미로 배포 속도를 늦추는 것이 아니라 오작동 버전의 배포를 방지하는 것이다.

minReadySeconds의 적용 가능성 이해

minReadySeconds 속성은 파드를 사용 가능한 것으로 취급하기 전에 새로 만든 파드를 준비할 시간을 지정한다. 파드가 사용 가능할 때까지 롤아웃 프로세스가 계속되지 않는다 (maxUnavailable 속성을 기억하는가?). 모든 파드의 레디니스 프로브가 성공하면 파드가 준비된다. minReadySeconds가 지나기 전에 새 파드가 제대로 작동하지 않고 레디니스 프로브가 실패하기 시작하면 새 버전의 롤아웃이 효과적으로 차단된다.

이 속성을 사용하면 롤아웃을 계속하기 전에 파드가 준비된 후 쿠버네티스가 10초 동안 대기하도록 해 롤아웃 프로세스 속도를 늦출 수 있다. 일반적으로 파드는 실제 트래픽을 수신하기 시작한 후 파드가 준비 상태를 계속 보고할 수 있도록 minReadySeconds를 훨씬 높게 설정한다.

파드를 프로덕션 환경에 배포하기 전에 테스트 환경과 스테이지 환경에서 모두 파드를 테스트해야 하지만 minReadySeconds를 사용하는 것은 버그가 있는 버전이 프로덕션 환경으로 흘러들더라도 애플리케이션이 큰 혼란을 일으키지 않도록 하는 에어백과 같다.

적절하게 구성된 레디니스 프로브와 적절한 minReadySeconds 설정으로 쿠버네티스는 버그가 있는 버전 v3를 배포하지 못하게 했을 것이다. 어떻게 하는지 살펴보자.

버전 v3가 완전히 롤아웃되는 것을 방지하기 위한 레디니스 프로브 정의

버전 v3를 다시 배포하지만 이번에는 파드에 적절한 레디니스 프로브가 정의돼 있어야 한다. 디플로이먼트는 현재 버전 v4이므로 시작하기 전에 v2로 다시 롤백해 v3로 처음 업그레이드하는 것처럼 해보자. 원하는 경우 v4에서 v3로 바로 이동할 수 있지만 다음 글은 v2로 돌아간 것으로 가정한다.

파드 템플릿의 이미지만 업데이트했던 이전과 달리 이제 컨테이너에 대한 레디니스 프로브도 같이 정의한다. 지금까지 명시적인 레디니스 프로브가 정의되지 않았으므로 애플리케이션이 실제로 준비되지 않았거나 오류를 반환하더라도 컨테이너와 파드는 항상 준비된 것으로 간주됐다. 쿠버네티스는 애플리케이션이 오작동했으며 클라이언트에게 노출돼서는 안 된다는 것을 알 방법이 없었다.

이미지를 변경하고 레디니스 프로브를 한 번에 추가하려면 `kubectl apply` 명령어를 사용한다. 다음 예제에 표시된 대로 다음 YAML을 사용해 디플로이먼트를 업데이트한다(kubia-deployment-v3-with-readinesscheck.yaml로 저장).

예제 9.11 레디니스 프로브를 가진 디플로이먼트: kubia-deployment-v3-with-readinesscheck.yaml

```
apiVersion: apps/v1beta1
kind: Deployment
metadata:
  name: kubia
spec:
  replicas: 3
  minReadySeconds: 10        ◀── minReadySeconds를
  strategy:                      10으로 설정한다.
    rollingUpdate:
      maxSurge: 1
      maxUnavailable: 0      ◀── 디플로이먼트가 파드를
    type: RollingUpdate          하나씩 교체하도록 maxUnavailable을
  template:                      0으로 설정한다.
    metadata:
      name: kubia
      labels:
        app: kubia
    spec:
      containers:
      - image: luksa/kubia:v3
        name: nodejs
        readinessProbe:
```

```
        periodSeconds: 1          ◄─────┤ 매초마다 실행될
          httpGet:                      │ 레디니스 프로브를 정의한다.
            path: /
            port: 8080                  │ 레디니스 프로브는 컨테이너에
                                        │ HTTP GET 요청을 수행한다.
```

kubectl apply를 통한 디플로이먼트 업데이트

다음과 같이 kubectl apply를 사용해 디플로이먼트를 업데이트할 것이다.

```
$ kubectl apply -f kubia-deployment-v3-with-readinesscheck.yaml
deployment "kubia" configured
```

apply 명령어는 YAML 파일에 정의된 모든 항목으로 디플로이먼트를 업데이트한다. 또한 이미지를 업데이트할 뿐만 아니라 레디니스 프로브 정의와 YAML에 추가하거나 수정한 모든 내용을 추가한다. 새 YAML에 기존 디플로이먼트의 레플리카 수와 일치하지 않는 replicas 필드도 포함돼 있는 경우 apply 작업은 일반적이진 않지만 디플로이먼트도 확장한다.

> |팁| kubectl apply로 디플로이먼트를 업데이트할 때 원하는 레플리카 수를 변경하지 않으려면 YAML에 replicas 필드를 포함하면 안 된다.

apply 명령어를 실행하면 업데이드 프로세스가 시작되고 rollout status 명령어를 다시 수행한다.

```
$ kubectl rollout status deployment kubia
Waiting for rollout to finish: 1 out of 3 new replicas have been updated...
```

상태를 보면 하나의 파드가 새로 생성됐다고 표시돼 있으므로 해당 서비스가 호출돼야 한다. 확인해보자.

```
$ while true; do curl http://130.211.109.222; done
This is v2 running in pod kubia-1765119474-jvslk
```

```
This is v2 running in pod kubia-1765119474-jvslk
This is v2 running in pod kubia-1765119474-xk5g3
This is v2 running in pod kubia-1765119474-pmb26
This is v2 running in pod kubia-1765119474-pmb26
This is v2 running in pod kubia-1765119474-xk5g3
```

아니다, v3 파드에 접근할 수 없다. 왜 안 되는 것일까? 파드가 없는 것일까? 파드를 조회해보자.

```
$ kubectl get po
NAME                      READY    STATUS     RESTARTS    AGE
kubia-1163142519-7ws0i    0/1      Running    0           30s
kubia-1765119474-jvslk    1/1      Running    0           9m
kubia-1765119474-pmb26    1/1      Running    0           9m
kubia-1765119474-xk5g3    1/1      Running    0           9m
```

아하! 문제를 찾았다(조만간 깨닫게 될 것이다). 파드가 준비되지 않은 것 같다. 그러나 이는 예상했던 문제다. 무슨 일이 일어난 것일까?

레디니스 프로브가 잘못된 버전으로 롤아웃되는 것을 방지하는 법

새 파드가 시작되자마자 레디니스 프로브가 매초마다 시작된다(파드 스펙에서 프로브 간격을 1초로 설정했음). 애플리케이션이 다섯 번째 요청부터 HTTP 상태 코드 500을 반환하기 때문에 다섯 번째 요청에서 레디니스 프로브가 실패하기 시작한다.

결과적으로 파드는 서비스의 엔드포인트에서 제거된다(그림 9.14 참조). curl 요청에서 서비스를 시작할 때까지 파드는 이미 준비되지 않은 것으로 표시된다. 이것이 curl로 새 파드에 접속하지 못한 이유다. 클라이언트가 제대로 작동하지 않는 파드에 접속하지 않도록 하기 때문에 이것이 바로 독자 여러분이 바라던 것이다.

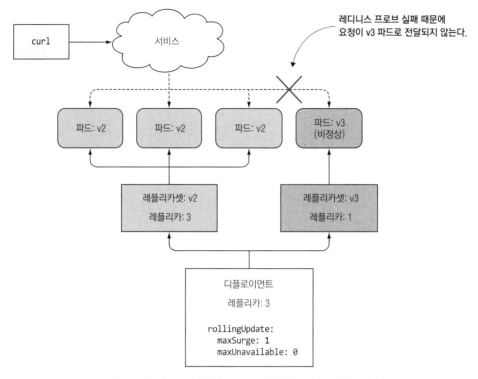

레디니스 프로브 실패 때문에
요청이 v3 파드로 전달되지 않는다.

▲ **그림 9.14** 새 파드에서 레디니스 프로브의 실패로 차단된 디플로이먼트

그러나 롤아웃 프로세스는 어떤가? `rollout status` 명령어는 하나의 새 레플리카만 시작됐음을 보여준다. 고맙게도 새 파드를 사용할 수 없으므로 롤아웃 프로세스가 계속되지 않는다. 사용 가능한 것으로 간주되려면 10초 이상 준비돼 있어야 한다.[8] 사용 가능할 때까지 롤아웃 프로세스는 새 파드를 만들지 않으며 `maxUnavailable` 속성을 0으로 설정했기 때문에 원래 파드도 제거하지 않는다.

사실은 배포가 중단된 것이 오히려 좋은 일이다. 이전 파드가 새로운 파드로 계속 교체됐다면, 레디니스 프로브를 사용하지 않고 처음에 출시한 v3와 마찬가지로 완전히 동작하지 않는 서비스가 됐을 것이다. 이제 레디니스 프로브를 사용함에 따라 사용자에게 부정적인 영향은 거의 발생하지 않았다. 일부 사용자가 내부 서버 오류를 경험했을 수도 있지만

---

8   레디니스 프로브가 10초 뒤에 준비가 됐는지 검증한다. - 옮긴이

롤아웃이 모든 파드를 결함이 있는 v3로 교체한 것과 같은 큰 문제는 아니다.

> |**팁**| minReadySeconds를 올바르게 설정하지 않고 레디니스 프로브만 정의하는 경우 레디니스 프로브의 첫 번째 호출이 성공하면 즉시 새 파드가 사용 가능한 것으로 간주된다. 레디니스 프로브가 곧 실패하면 모든 파드에서 잘못된 버전이 롤아웃된다. 따라서 minReadySeconds를 적절하게 설정해야 한다.

롤아웃 데드라인 설정

기본적으로 롤아웃이 10분 동안 진행되지 않으면 실패한 것으로 간주된다. `kubectl describe deployment` 명령어를 사용하면 다음 예제와 같이 `ProgressDeadlineExceeded` 조건이 표시된다.

예제 9.12 kubectl describe 명령어로 디플로이먼트 조건 확인

```
$ kubectl describe deploy kubia
Name:  kubia
...
Conditions:
  Type          Status   Reason
  ----          ------   ------
  Available     True     MinimumReplicasAvailable          ┌ 디플로이먼트를 진행하는 데
  Progressing   False    ProgressDeadlineExceeded    ◄─────┤ 너무 오래 걸렸다.
```

디플로이먼트가 실패한 것으로 간주되는 시간은 디플로이먼트 스펙의 `progressDeadlineSeconds` 속성으로 설정할 수 있다.

> |**노트**| Extensions/v1beta1 버전의 디플로이먼트는 데드라인을 설정하지 못한다.[9]

---

9 apps/v1의 디플로이먼트에서는 데드라인 속성을 사용할 수 있다. – 옮긴이

잘못된 롤아웃 중지

롤아웃이 계속 진행되지 않기 때문에 지금 해야 할 일은 롤아웃을 취소해 중단하는 것이다.

```
$ kubectl rollout undo deployment kubia
deployment "kubia" rolled back
```

> |**노트**| extensions/v1beta1 이후 버전에서는 progressDeadlineSeconds에 지정된 시간이 초과
> 되면 롤아웃이 자동으로 중단된다.

9.4 요약

9장에서는 쿠버네티스에서 애플리케이션을 배포하고 업데이트하는 선언적 접근 방식을
사용해 좀 더 쉽게 구현하는 방법을 살펴봤다. 9장에서 살펴본 주요 내용은 다음과 같다.

- 레플리케이션컨트롤러에서 관리하는 파드의 롤링 업데이트 수행하기
- 낮은 수준 레플리케이션컨트롤러 대신 레플리카셋과 디플로이먼트 생성하기
- 디플로이먼트 스펙에서 파드 템플릿을 편집해 파드 업데이트하기
- 디플로이먼트를 이전 개정이나 개정 이력에 조회된 특정 개정으로 롤백하기
- 중간에 디플로이먼트 중단하기
- 추가 파드 인스턴스가 이전 인스턴스를 교체하기 전에 디플로이먼트를 일시 중지
  해 새 버전의 인스턴스가 프로덕션에서 어떻게 작동하는지 검사하기
- maxSurge와 maxUnavailable 속성으로 롤링 업데이트 속도 제어하기
- 결함이 있는 버전의 롤아웃이 자동으로 차단되도록 minReadySeconds와 레디니스
  프로브 사용하기

이러한 디플로이먼트 관련 작업 외에도 다음과 같은 방법을 배웠다.

- 하나의 YAML 파일에 여러 리소스를 정의하려면 대시 세 개를 구분 기호로 사용한다.
- 보이지 않는 곳에서 정확히 무엇을 하는지 확인하려면 kubectl의 자세한 로깅 옵션(--v 옵션)을 켠다.

이제 동일한 파드 템플릿에서 생성된 파드를 배포하고 관리해 동일한 퍼시스턴트 스토리지를 공유하는 방법을 알게 됐다. 그리고 선언적으로 업데이트하는 방법도 알고 있다. 그러나 각 인스턴스가 자체 퍼시스턴트 스토리지를 사용해야 하는 파드를 실행하는 것은 어떤가? 10장에서 살펴보자.

10

스테이트풀셋: 복제된 스테이트풀 애플리케이션 배포하기

10장에서 다루는 내용

- 클러스터된 스테이트풀 애플리케이션 배포
- 파드 레플리카 인스턴스에 별도의 스토리지 제공
- 파드 레플리카에 안정적인 이름과 호스트 이름 보장
- 예측 가능한 순서대로 파드 레플리카의 시작과 중지
- DNS 서비스 레코드를 통한 피어 디스커버리

이제 단일 인스턴스와 복제된 스테이트리스^{stateless} 파드 그리고 퍼시스턴트 스토리지를 활용한 스테이트풀 파드를 실행하는 방법을 알았다. 여러 개 복제된 웹 서버 파드 인스턴스를 실행하고 하나의 데이터베이스 파드 인스턴스를 일반 파드 볼륨이나 퍼시스턴트볼륨클레임에 바인딩된 퍼시스턴트볼륨을 통한 볼륨을 사용해 실행할 수 있다. 하지만 데이터베이스 파드를 복제하는 데 레플리카셋을 사용할 수 있을까?

10.1 스테이트풀 파드 복제하기

레플리카셋은 하나의 파드 템플릿에서 여러 개의 파드 레플리카를 생성한다. 레플리카는 이름과 IP 주소를 제외하면 서로 동일하다. 파드 템플릿이 특정 퍼시스턴트볼륨클레임을 참조하는 볼륨을 포함하면 레플리카셋의 모든 레플리카는 정확히 동일한 퍼시스턴트볼륨 클레임을 사용할 것이고 클레임에 바인딩된 동일한 퍼시스턴트볼륨을 사용하게 된다(그림 10.1 참고).

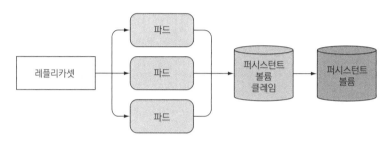

▲ **그림 10.1** 동일 레플리카셋의 모든 파드는 항상 같은 퍼시스턴트볼륨클레임과 퍼시스턴트볼륨을 사용한다.

여러 개의 파드 레플리카를 복제하는 데 사용하는 파드 템플릿에는 클레임에 관한 참조가 있으므로 각 레플리카가 별도의 퍼시스턴트볼륨클레임을 사용하도록 만들 수 없다. 각 인스턴스가 별도의 스토리지를 필요로 하는 분산 데이터 저장소를 실행하려면 레플리카셋을 사용할 수 없다. 적어도 단일 레플리카셋을 사용해서는 안 된다. 지금까지 봤던 API 오브젝트로는 그러한 데이터 스토리지를 실행하는 것이 불가능하다. 다른 무언가가 필요하다.

10.1.1 개별 스토리지를 갖는 레플리카 여러 개 실행하기

여러 개의 파드 레플리카를 실행하면서 개별 스토리지 볼륨을 사용하는 파드를 가지려면 어떻게 해야 할까? 레플리카셋은 동일한 파드의 복제본을 생성한다. 그러므로 이러한 유형의 파드를 위해 사용할 수 없다. 어떤 방법이 있을까?

수동으로 파드 생성하기

파드를 수동으로 생성해 각 파드가 다른 퍼시스턴트볼륨클레임을 갖게 한다. 하지만 레플리카셋이 파드를 감시하지 않으므로 수동으로 파드를 관리하고 파드가 사라지면 다시 생성해야 한다(노드 실패와 같은 이벤트 발생의 경우). 그러므로 이것은 가능한 옵션이 아니다.

파드 인스턴스별로 하나의 레플리카셋 사용하기

파드를 직접 생성하는 대신 여러 개의 레플리카셋을 생성할 수 있다. 각 레플리카셋의 의도된 레플리카 수를 하나로 설정해 파드별로 하나의 레플리카셋이 되고 각 레플리카셋의 파드 템플릿은 전용 퍼시스턴트볼륨클레임을 참조한다(그림 10.2 참고).

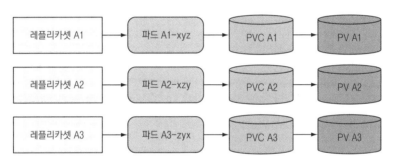

▲ **그림 10.2** 각 파드 인스턴스별로 한 개의 레플리카셋 사용하기

노드 실패나 고장으로 인한 파드의 삭제에 관해 자동으로 재스케줄링이 관리되긴 하지만 단일 레플리카셋을 사용하는 것에 비해 훨씬 번거롭다. 예를 들어 파드를 어떻게 스케일링할지 생각해보자. 의도된 레플리카 수를 변경할 수 없다. 대신 추가 레플리카셋을 생성해야 한다.

그러므로 여러 개의 레플리카셋을 사용하는 것은 최선의 방법이 아니다. 단일 레플리카셋을 사용해 동일한 스토리지 볼륨을 사용하면서 각 파드 인스턴스가 자체의 퍼시스턴트 상태를 유지할 수 있지 않을까?

동일 볼륨을 여러 개 디렉터리로 사용하기

사용할 수 있는 한 가지 방법은 모든 파드가 동일한 퍼시스턴트볼륨을 사용하게 하되 각 파드의 볼륨 내부에서 별도의 파일 디렉터리를 갖게 하는 것이다(그림 10.3 참고).

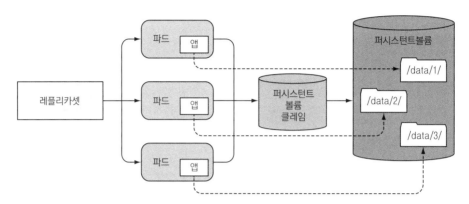

▲ **그림 10.3** 각 파드의 애플리케이션이 다른 디렉터리를 사용하게 해 공유 스토리지 문제 해결하기

단일 파드 템플릿으로부터 파드 레플리카를 다르게 설정할 수 없기 때문에 각 인스턴스에 어떤 디렉터리를 사용해야 하는지 전달할 수 없다. 그러나 각 인스턴스가 생성되는 시점에 다른 인스턴스가 사용하지 않는 데이터 디렉터리를 자동으로 선택(가능하다면 새로 생성)하도록 할 수 있다. 이 방법은 인스턴스 간 조정이 필요하고 올바르게 수행하기 쉽지 않다. 또한 공유 스토리지 볼륨에 병목 현상이 발생한다.

10.1.2 각 파드에 안정적인 아이덴티티 제공하기

스토리지 외에도 특정 클러스터 애플리케이션은 각 인스턴스에서 장시간 지속되는 안정적인 아이덴티티stable identity[1]를 필요로 한다. 때때로 파드는 강제로 종료되거나 새로운 것으로 교체되기도 한다. 레플리카셋이 파드를 교체하면 새 파드가 갖는 스토리지 볼륨의 데이터는 종료된 이전의 파드 것일지라도 완전히 새로운 호스트 이름과 IP를 가진다. 특정 애

---

1 10장에서는 '안정적인'이란 표현을 많이 쓰는데 이는 "장시간 지속적으로 변하지 않는"이란 의미로 이해하면 된다. – 옮긴이

플리케이션에서는 이전 인스턴스의 데이터를 가지고 시작할 때 새로운 네트워크 아이덴티티[2]로 인해 문제가 발생할 수 있다.

특정 애플리케이션이 안정적인 네트워크 아이덴티티를 요구하는 이유는 무엇일까? 이러한 요구 사항은 분산 스테이트풀 애플리케이션에서는 상당히 일반적이다. 특정 애플리케이션은 관리자가 다른 모든 클러스터 멤버의 리스트와 멤버들의 IP 주소(또는 호스트 이름)를 각 멤버의 설정 파일에 기재해야 한다. 하지만 쿠버네티스에서는 매번 파드가 재스케줄링되고 새로운 파드는 새로운 호스트 이름과 IP 주소를 할당받으므로 구성 멤버가 재스케줄링될 때마다 모든 애플리케이션 클러스터가 재구성돼야 한다.

각 파드 인스턴스별 전용 서비스 사용하기

이 문제를 해결하는 방법은 각 개별 멤버에게 전용 쿠버네티스 서비스를 생성해 클러스터 멤버에 안정적인 네트워크 주소를 제공하는 것이다. 서비스 IP는 안정적이므로 설정에서 각 멤버를 (파드 IP가 아닌) 서비스 IP를 통해 가리킬 수 있다.

이는 이전에 설명한 각 멤버에게 개별 스토리지를 제공하려고 레플리카셋을 생성한 것과 비슷하다. 이 두 기술을 합치면 그림 10.4처럼 구성된다(일반적으로 클러스터의 클라이언트도 하나의 서비스를 필요로 하므로 모든 클러스터 멤버가 포함된 추가 서비스도 표시됨).

---

2   여기서는 호스트 이름과 IP 주소를 말한다. – 옮긴이

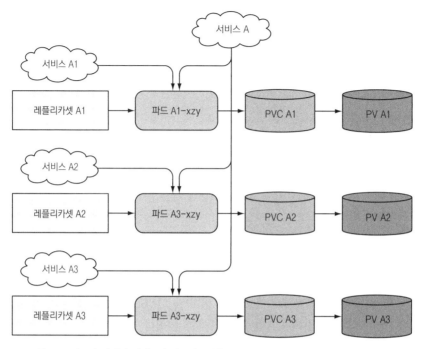

▲ **그림 10.4** 파드당 하나의 서비스와 레플리카셋을 사용해 각 파드에 안정적인 네트워크 주소와 개별 볼륨을 제공한다.

이는 어리석은 해결 방법일 뿐만 아니라 모든 문제를 해결하지도 못한다. 개별 파드는 자신이 어떤 서비스를 통해 노출되는지 알 수 없으므로(따라서 안정적인 IP를 알 수 없다) 그 IP를 사용해 다른 파드에 자신을 등록할 수 없다.

다행히 쿠버네티스에서는 이런 복잡할 해결책에 의존하지 않아도 된다. 이러한 특별한 유형의 애플리케이션을 실행하는 적절하면서도 간단한 방법이 스테이트풀셋이다.

10.2 스테이트풀셋 이해하기

이런 유형의 파드를 실행하기 위해 레플리카셋을 사용하는 대신 스테이트풀셋^{StatefulSet} 리소스를 생성한다. 스테이트풀셋은 애플리케이션의 인스턴스가 각각 안정적인 이름과 상태를 가지며 개별적으로 취급돼야 하는 애플리케이션에 알맞게 만들어졌다.

10.2.1 스테이트풀셋과 레플리카셋 비교하기

스테이트풀셋의 목적을 이해하는 최적의 방법은 레플리카셋 혹은 레플리케이션컨트롤러와 비교하는 것이다. 먼저 현장에서 널리 사용되는 비유를 들어 설명한다.

애완동물과 가축 비유로 스테이트풀 파드 이해하기

이미 애완동물^{pets}과 가축^{cattle}의 비유를 들어본 적이 있을 것이다. 들어본 적이 없는 독자들을 위해 설명하자면 애플리케이션을 애완동물이나 가축으로 취급할 수 있다.

> |**노트**| 초기에 스테이트풀셋을 PetSets로 불렀다. 이 이름은 여기서 설명된 애완동물과 가축의 비유에서 유래됐다.

각 인스턴스에 이름을 부여하고 개별적으로 관리한다는 점에서 우리는 애플리케이션을 애완동물처럼 대하는 경향이 있다. 그러나 개별 인스턴스에 각별한 주의를 기울이려 하지 말고 그냥 가축처럼 취급하는 편이 더 낫다. 그러면 농부가 병든 가축을 교체하는 것처럼 비정상적인 인스턴스를 주저없이 쉽게 교체할 수 있다.

예를 들어 스테이트리스 애플리케이션의 인스턴스는 가축과 같이 동작한다. 인스턴스가 죽더라도 새로운 인스턴스를 만들 수 있고 사람들은 그 차이를 알아차리지 못할 것이기 때문에 인스턴스가 죽는 것은 아무런 문제가 되지 않는다.

반면 스테이트풀 애플리케이션은 애완동물과 같다. 애완동물이 죽었을 때 새 애완동물을 바로 살 수 없고, 사람들도 금방 알아차릴 것이다. 잃어버린 애완동물을 대체하려 이전 애완동물과 생김새나 행동이 완전히 똑같은 새로운 애완동물을 찾아야 한다. 애플리케이션의 경우 새 인스턴스가 이전 인스턴스와 완전히 같은 상태와 아이덴티티를 가져야 함을 의미한다.

스테이트풀셋을 레플리카셋 혹은 레플리케이션컨트롤러와 비교하기

레플리카셋이나 레플리케이션컨트롤러로 관리되는 파드는 가축과 같다. 이들은 대부분 스테이트리스로 언제든지 완전히 새로운 파드로 교체될 수 있다. 스테이트풀 파드는 다른 접근이 필요하다. 스테이트풀 파드가 종료되면 (혹은 실행 중인 노드가 실패하면) 새로운 파드 인스턴스는 교체되는 파드와 동일한 이름, 네트워크 아이덴티티, 상태 그대로 다른 노드에서 되살아나야 한다. 이것이 스테이트풀셋으로 관리되는 파드에 일어나는 일이다.

스테이트풀셋은 파드가 아이덴티티와 상태를 유지하면서 다시 스케줄링되게 한다. 또한 쉽게 애완동물 수를 늘리거나 줄일 수 있게 한다. 레플리카셋과 같이 스테이트풀셋은 의도하는 레플리카 수 필드가 있어 그 시점에 얼마나 많은 애완동물을 실행해야 하는지 결정한다. 레플리카셋과 동일하게 스테이트풀셋의 일부로서 지정된 파드 템플릿을 통해 파드가 생성된다(cookie-cutter 비유[3]를 기억하는가?). 하지만 레플리카셋으로 생성된 파드와 달리 스테이트풀셋으로 생성된 파드는 다른 레플리카와 완전히 같지 않다. 각 파드는 다른 피어와 구별되는 자체의 볼륨 세트(다르게 얘기하자면 스토리지, 그러므로 퍼시스턴트 상태)를 가진다. 애완동물 파드는 또한 각 새로운 파드 인스턴스가 완전히 무작위가 아닌 예측 가능한 (안정적인) 아이덴티티를 가진다.

10.2.2 안정적인 네트워크 아이덴티티 제공하기

스테이트풀셋으로 생성된 파드는 서수 인덱스(0부터 시작)가 할당되고 파드의 이름과 호스트 이름, 안정적인 스토리지를 붙이는 데 사용된다. 스테이트풀셋의 이름과 인스턴스의 서수 인덱스로부터 파생되므로 파드의 이름을 예측할 수 있다. 파드는 임의의 이름이 아닌 잘 정리된 이름을 갖는다(그림 10.5 참조).

---

3 쿠키를 만들기 위해서 밀가루 반죽에 틀(템플릿)로 찍어서 동일한 모양의 쿠키를 만드는 것을 말한다. – 옮긴이

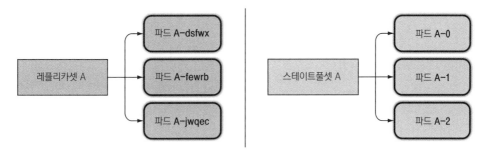

▲ **그림 10.5** 레플리카셋과 달리 스테이트풀셋으로 생성된 파드는 예측 가능한 이름(그리고 호스트 이름[4])을 갖는다.

거버닝 서비스 소개

하지만 파드가 예측 가능한 이름과 호스트 이름을 갖는 것이 전부는 아니다. 일반 파드와 달리 스테이트풀 파드는 때때로 호스트 이름을 통해 다뤄져야 할 필요가 있다. 스테이트리스 파드는 보통 그럴 필요가 없고, 각 스테이트리스 파드는 다른 스테이트리스 파드와 동일하다. 한 개가 필요하면 그중 어느 것이라도 선택하면 된다. 하지만 스테이트풀 파드는 각각 서로 다르므로 (예를 들어 서로 다른 상태를 가지므로) 그룹의 특정 파드에서 동작하기를 원할 것이다.

이런 이유로 스테이트풀셋은 거버닝 헤드리스 서비스^{governing headless service}를 생성해서 각 파드에게 실제 네트워크 아이덴티티를 제공해야 한다. 이 서비스를 통해 각 파드는 자체 DNS 엔트리를 가지며 클러스터의 피어 혹은 클러스터의 다른 클라이언트가 호스트 이름을 통해 파드의 주소를 지정할 수 있다. 예를 들어 default라는 네임스페이스에 속하는 foo라는 이름의 거버닝 서비스가 있고 파드의 이름이 A−0이라면, 이 파드는 `a-0.foo.default.svc.cluster.local`이라는 FQDN^{Fully Qualified Domain Name}을 통해 접근할 수 있다. 레플리카셋으로 관리되는 파드에서는 불가능하다.

또한 `foo.default.svc.cluster.local` 도메인의 SRV 레코드를 조회해 모든 스테이트풀셋의 파드 이름을 찾는 목적으로 DNS를 사용할 수 있다. SRV 레코드에 대해 10.4절에

---

4 파드 이름이 컨테이너의 호스트 이름으로 쓰인다. – 옮긴이

서 설명하고 스테이트풀셋의 멤버를 디스커버리하는 데 사용하는 방법을 배운다.[5]

잃어버린 애완동물 교체하기

스테이트풀셋으로 관리되는 파드 인스턴스가 사라지면 (파드가 실행 중인 노드가 실패해 노드에서 제거됐거나 파드 오브젝트가 수동으로 삭제된 경우) 스테이트풀셋은 레플리카셋이 하는 것과 비슷하게 새로운 인스턴스로 교체되도록 한다. 하지만 레플리카셋과 달리 교체된 파드는 사라진 파드와 동일한 이름과 호스트 이름을 갖는다(레플리카셋과 스테이트풀셋의 차이점은 그림 10.6에 나와 있다).

앞서 배운 바와 같이 새로운 파드는 동일 노드에 스케줄링되지 않아도 되고 어떤 노드에서 파드가 실행돼야 하는지도 중요하지 않다. 스테이트풀 파드에서도 마찬가지다. 파드가 다른 노드에 스케줄링되더라도 이전과 동일한 호스트 이름으로 접근 가능해야 한다.

---

5 DNS(Doomain Name System)에는 목적에 따라 A, CNAME, MX 레코드 등의 형식으로 정보가 등록된다. 그중 하나가 SRV 레코드다. SRV 레코드는 특정 서비스를 제공하는 서버의 호스트 이름과 포트를 가리키는 데 사용한다. 10.4절에서 상세하게 다룬다. – 옮긴이

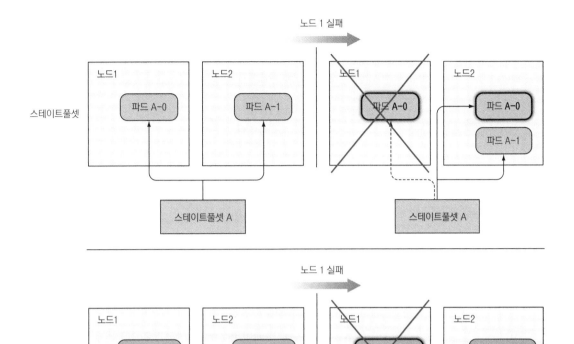

▲ **그림 10.6** 스테이트풀셋은 잃어버린 파드를 동일한 아이덴티티를 가진 새 파드로 교체하는 반면, 레플리카셋은 완전히 관련이 없는 새 파드로 교체한다.

스테이트풀셋 스케일링

스테이트풀셋을 스케일링하면 사용하지 않는 다음 서수 인덱스를 갖는 새로운 파드 인스턴스를 생성한다. 인스턴스 두 개에서 세 개로 스케일업하면 새로운 인스턴스는 인덱스 2를 부여받는다(기존 인스턴스는 인덱스 0과 1을 갖는다).

스테이트풀셋의 스케일 다운의 좋은 점은 항상 어떤 파드가 제거될지 알 수 있다는 점이다. 다시 말하자면 이는 어떤 인스턴스가 삭제될지 알 수 없고, 어떤 인스턴스를 먼저 제거할지 지정할 수 없는 레플리카셋의 스케일 다운과 대조적이다(하지만 이러한 기능이 추후에 도입될 수 있다). 스테이트풀셋의 스케일 다운은 항상 가장 높은 서수 인덱스를 먼저 제거한다(그림 10.7 참고). 따라서 스케일 다운의 영향을 예측할 수 있다.

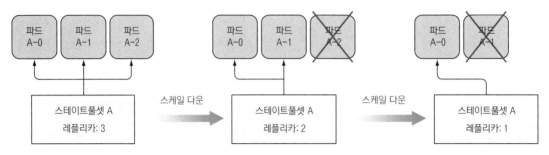

▲ **그림 10.7** 스테이트풀셋을 스케일 다운하면 항상 가장 높은 서수의 인덱스가 먼저 제거된다.

특정 스테이트풀 애플리케이션은 빠른 스케일 다운을 잘 처리하지 못하기 때문에 스테이트풀셋은 한 시점에 하나의 파드 인스턴스만 스케일 다운한다. 분산 데이터 스토어를 예를 들면 여러 개 노드가 동시에 다운되면 데이터를 잃을 수 있다. 예를 들어 복제된 데이터 저장소가 각 데이터 엔트리마다 두 개의 복제본을 저장하도록 구성됐다면 데이터를 저장한 두 개 노드가 동시에 다운된 경우 데이터를 잃을 수 있다. 스케일 다운이 순차적으로 일어나면 분산 데이터 저장소는 (단일) 손실된 복사본을 대체하기 위한 데이터 엔트리의 추가 복제본을 다른 곳에 생성할 시간을 갖게 된다.

이러한 이유로 스테이트풀셋은 인스턴스 하나라도 비정상인 경우 스케일 다운 작업을 허용하지 않는다. 인스턴스 하나가 정상적으로 동작하지 않는 시점에 인스턴스 하나를 스케일 다운하는 경우, 결과적으로 동시에 두 개의 클러스터 멤버를 잃게 될 것이다.

10.2.3 각 스테이트풀 인스턴스에 안정적인 전용 스토리지 제공하기

스테이트풀셋이 스테이트풀 파드에 어떻게 안정적인 아이덴티티를 갖도록 보장하는지 살펴봤다. 하지만 스토리지는 어떨까? 각 스테이트풀 파드 인스턴스는 자체 스토리지를 사용할 필요가 있고 스테이트풀 파드가 다시 스케줄링되면 (이전과 동일한 아이덴티티를 가진 새로운 인스턴스로의 교체), 새로운 인스턴스는 동일한 스토리지에 연결돼야 한다. 어떻게 스테이트풀셋은 이를 달성할까?

분명히 스테이트풀 파드의 스토리지는 영구적이어야 하고 파드와는 분리돼야^{decoupled} 한다. 6장에서 파드에서 퍼시스턴트볼륨클레임을 이름으로 참조해 파드에 연결되는 퍼시스턴트 스토리지를 제공하는 퍼시스턴트볼륨과 퍼시스턴트볼륨클레임을 배웠다. 퍼시스턴트볼륨클레임이 퍼시스턴트볼륨에 일대일로 매핑되기 때문에 스테이트풀셋의 각 파드는 별도의 퍼시스턴트볼륨을 갖는 다른 퍼시스턴트볼륨클레임을 참조해야 한다. 모든 파드 인스턴스는 동일한 파드 템플릿에서 생성되는데 어떻게 각각 다른 퍼시스턴트볼륨클레임을 참조할 수 있을까? 그리고 누가 이런 클레임을 만들까? 향후 스테이트풀셋이 갖게 될 파드 수만큼 퍼시스턴트볼륨클레임을 미리 만들지는 않을 것이다. 당연히 그렇지 않다.

볼륨 클레임 템플릿과 파드 템플릿을 같이 구성

스테이트풀셋이 파드를 생성하는 것과 같은 방식으로 퍼시스턴트볼륨클레임 또한 생성해야 한다. 이런 이유로 스테이트풀셋은 각 파드와 함께하는 퍼시스턴트볼륨클레임을 복제하는 하나 이상의 볼륨 클레임 템플릿을 가질 수 있다(그림 10.8 참고).

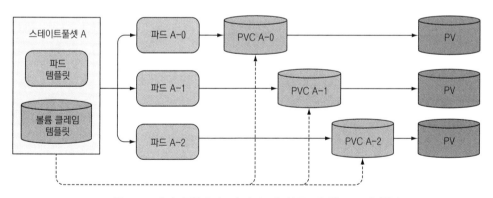

▲ **그림 10.8** 스테이트풀셋이 파드와 퍼시스턴트볼륨클레임을 모두 생성한다.

퍼시스턴트볼륨클레임을 위한 퍼시스턴트볼륨은 6장에서 설명한 바와 같이 관리자가 사전에 프로비저닝할 수 있고 적시에 퍼시스턴트볼륨 동적 프로비저닝으로 생성할 수도 있다.

퍼시스턴트볼륨클레임의 생성과 삭제의 이해

스테이트풀셋을 하나 스케일 업하면 두 개 이상의 API 오브젝트(파드와 파드에서 참조하는 하나 이상의 퍼시스턴트볼륨클레임)가 생성된다. 하지만 스케일 다운을 할 때 파드만 삭제하고 클레임은 남겨둔다. 클레임이 삭제된 경우 어떤 일이 생길지 생각해보면 그 이유는 분명하다. 클레임이 삭제된 후 바인딩됐던 퍼시스턴트볼륨은 재활용되거나 삭제돼 콘텐츠가 손실된다.

스테이트풀 파드는 스테이트풀 애플리케이션을 실행하기 위한 것으로 볼륨에 저장하는 데이터가 중요하고 스테이트풀셋의 스케일 다운에서 클레임이 삭제되면 결과는 치명적인 문제가 된다. 특히 스테이트풀셋의 replicas 필드의 값을 줄이면 될 정도로 스테이트풀셋의 스케일 다운은 단순하다. 이런 이유로 기반 퍼시스턴트볼륨을 해제[release]하려면 퍼시스턴트볼륨클레임을 수동으로 삭제해야 한다.

동일 파드의 새 인스턴스에 퍼시스턴트볼륨클레임 다시 붙이기

스케일 다운 이후 퍼시스턴트볼륨클레임이 남아 있다는 사실은 이후에 스케일 업을 하면 퍼시스턴트볼륨에 바인딩된 동일한 클레임을 다시 연결할 수 있고, 새로운 파드에 그 콘텐츠가 연결된다는 것을 의미한다(그림 10.9 참고). 실수로 스테이트풀셋을 스케일 다운하면 스케일 업으로 다시 되돌릴 수 있고 새 파드는 동일한 이름뿐만 아니라 동일한 지속된 상태를 다시 갖는다.

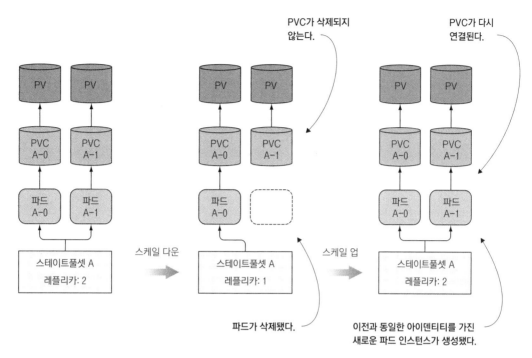

PVC가 삭제되지 않는다.

PVC가 다시 연결된다.

스케일 다운

스케일 업

파드가 삭제됐다.

이전과 동일한 아이덴티티를 가진 새로운 파드 인스턴스가 생성됐다.

▲ **그림 10.9** 스테이트풀셋은 스케일 다운할 때 퍼시스턴트볼륨클레임을 삭제하지 않는다. 그다음 스케일을 다시 확장할 때 다시 연결된다.

10.2.4 스테이트풀셋 보장 이해하기

지금까지 살펴본 바와 같이 스테이트풀셋은 레플리카셋 혹은 레플리케이션컨트롤러와 다르게 동작한다. 하지만 파드가 안정적인 아이덴티티와 스토리지를 갖는 것으로 끝나지 않는다. 스테이트풀셋이 파드에 대해 보장guarantee하는 다른 것이 더 있다.

안정된 아이덴티티와 스토리지의 의미

일반적인 스테이트리스 파드가 대체 가능하다면 스테이트풀 파드는 그렇지 않다. 스테이트풀 파드가 항상 동일한 아이덴티티를 가지는 파드(동일한 이름과 호스트 이름, 동일한 퍼시스턴트 스토리지를 사용하는 등)로 교체되는 것을 확인했다. 이 동작은 쿠버네티스가 이전 파드가 더 이상 존재하지 않음을 확인할 때 발생한다(예를 들어 파드를 수동으로 삭제했을 경우).

하지만 쿠버네티스가 파드 상태를 확신할 수 없을 때는 어떨까? 쿠버네티스가 동일한 아이덴티티를 가지는 교체 파드를 생성하면 애플리케이션의 두 개 인스턴스가 동일한 아이덴티티로 시스템에서 실행할 수 있다. 두 인스턴스는 동일한 스토리지에 바인딩되고 두 프로세스가 동일한 아이덴티티로 같은 파일을 쓰려고 할 것이다. 레플리카셋이 관리하는 파드에서는 애플리케이션이 당연히 같은 파일에서 동작하도록 만들어져 문제가 되지 않는다. 또한 레플리카셋은 무작위로 생성한 아이덴티티로 파드를 생성해 두 프로세스가 동일한 아이덴티티로 실행할 방법이 없다.

스테이트풀셋의 최대 하나의 의미

그러므로 쿠버네티스는 두 개의 스테이트풀 파드 인스턴스가 절대 동일한 아이덴티티로 실행되지 않고 동일한 퍼시스턴트볼륨클레임에 바인딩되지 않도록 보장한다. 스테이트풀셋은 스테이트풀 파드 인스턴스의 최대 하나의 의미[at-most-one semantics]를 보장해야 한다.

즉, 스테이트풀셋은 교체 파드를 생성하기 전에 파드가 더 이상 실행 중이지 않는다는 점을 절대적으로 확신해야 한다는 뜻이다. 이것은 노드 실패가 어떻게 처리되는지에 큰 영향을 미친다. 이를 10장 후반부에 설명한다. 그 전에 스테이트풀셋을 생성하고 동작 방식을 확인해야 한다. 또한 이 과정에서 몇 가지를 더 알게 될 것이다.

10.3 스테이트풀셋 사용하기

동작하는 스테이트풀셋을 올바르게 살펴보려면 클러스터된 데이터 저장소를 직접 구축해보자. 전혀 화려하진 않으며 석기시대의 데이터 저장소와 비슷하다.

10.3.1 애플리케이션과 컨테이너 이미지 생성하기

이 책의 전반에서 사용한 kubia 애플리케이션을 시작점으로 사용한다. 각 파드 인스턴스에 단일 데이터 엔트리를 저장하고 검색할 수 있도록 확장해보자.

데이터 저장소의 소스 코드의 중요한 부분은 다음 예제 10.1에 나와 있다.

```
...
const dataFile = "/var/data/kubia.txt";
...
var handler = function(request, response) {
  if (request.method == 'POST') {
    var file = fs.createWriteStream(dataFile);
    file.on('open', function (fd) {
      request.pipe(file);
      console.log("New data has been received and stored.");
      response.writeHead(200);
      response.end("Data stored on pod " + os.hostname() + "\n");
    });
  } else {
    var data = fileExists(dataFile)
      ? fs.readFileSync(dataFile, 'utf8')
      : "No data posted yet";
    response.writeHead(200);
    response.write("You've hit " + os.hostname() + "\n");
    response.end("Data stored on this pod: " + data + "\n");
  }
};
var www = http.createServer(handler);
www.listen(8080);
```

POST 요청을 받으면 요청의 body를 데이터 파일에 저장한다.

GET (및 다른 모든 유형의) 요청을 받으면 호스트 이름과 데이터 파일의 콘텐츠를 반환한다.

애플리케이션이 POST 요청을 받을 때마다 요청의 body로 받은 데이터를 /var/data/kubia.txt 파일에 쓴다. GET 요청을 받으면 호스트 이름과 저장된 데이터(파일의 콘텐츠)를 반환한다. 대단히 간단하다. 이것이 애플리케이션의 첫 번째 버전이다. 아직 클러스터화되지 않았지만 시작하기에는 충분하다. 10장 후반부에서 애플리케이션을 스케일링할 것이다.

컨테이너 이미지를 빌드하기 위한 Dockerfile을 예제 10.2에 표시했으며 이전과 변경된 부분은 없다.

```
FROM node:7
ADD app.js /app.js
ENTRYPOINT ["node", "app.js"]
```

이제 이미지를 빌드하거나 저자가 푸시한 docker.io/luksa/kubia-pet 이미지를 사용하라.

10.3.2 스테이트풀셋을 통한 애플리케이션 배포하기

애플리케이션을 배포하려면 다른 유형의 오브젝트 두 가지(또는 세 가지)를 생성해야 한다.

- 데이터 파일을 저장하기 위한 퍼시스턴트볼륨(클러스터가 퍼시스턴트볼륨의 동적 프로비저닝을 지원하지 않는다면 직접 생성해야 한다.)
- 스테이트풀셋에 필요한 거버닝 서비스
- 스테이트풀셋 자체

각 파드 인스턴스를 위해 스테이트풀셋은 퍼시스턴트볼륨에 바인딩되는 퍼시스턴트볼륨클레임을 생성한다. 클러스터가 동적 프로비저닝을 지원하면 퍼시스턴트볼륨을 수동으로 생성할 필요가 없다(다음 절을 건너뛸 수 있다). 그렇지 않은 경우 다음 절에서 설명한 대로 생성해야 한다.

퍼시스턴트볼륨 생성하기

스테이트풀셋을 세 개의 레플리카까지 스케일링하려면 세 개의 퍼시스턴트볼륨이 필요하다. 스테이트풀셋을 세 개 이상으로 스케일 업하려면 그 이상의 퍼시스턴트볼륨이 필요하다.

Minikube를 사용하는 경우 책의 코드 아카이브에 있는 Chapter10/persistent-volumes-hostpath.yaml에 정의된 퍼시스턴트볼륨을 배포한다.

GKE를 사용하는 경우 먼저 GCE 퍼시스턴트 디스크를 다음과 같이 생성해야 한다.

```
$ gcloud compute disks create --size=1GiB --zone=europe-west1-b pv-a
$ gcloud compute disks create --size=1GiB --zone=europe-west1-b pv-b
$ gcloud compute disks create --size=1GiB --zone=europe-west1-b pv-c
```

> | **노트** | 노드가 실행 중인 것과 동일한 영역(zone)에서 디스크를 생성해야 한다.

그런 다음 persistent-volumes-gcepd.yaml 파일로부터 퍼시스턴트볼륨을 생성한다. 이 파일은 예제 10.3에 나와 있다.

예제 10.3 세 개의 퍼시스턴트볼륨: persistent-volumes-gcepd.yaml

```
kind: List
apiVersion: v1                          이 파일은 세 개 퍼시스턴트볼륨의
items:                                  리스트(list)를 설명한다.
- apiVersion: v1
  kind: PersistentVolume
  metadata:                             퍼시스턴트볼륨의 이름은
    name: pv-a               ◀──        pv-a, pv-b, pv-c이다.
  spec:
    capacity:                           각 퍼시스턴트볼륨의
      storage: 1Mi           ◀──        용량은 1Mi이다.
    accessModes:
                                                 클레임에서 볼륨이 해제되면
    - ReadWriteOnce                              다시 사용해 재사용된다.
    persistentVolumeReclaimPolicy: Recycle  ◀──
    gcePersistentDisk:
      pdName: pv-a                       볼륨은 GCE 퍼시스턴트 디스크를
      fsType: nfs4                       기반 스토리지 메커니즘으로
- apiVersion: v1                         사용한다.
  kind: PersistentVolume
  metadata:
    name: pv-b
...
```

> |**노트**| 9장에서는 세 개 점선의 행[6]으로 구분해 동일 YAML에 여러 개의 리소스를 지정했다. 여기
> 에서는 리스트 오브젝트를 정의하고 리소스를 오브젝트의 항목으로 나열하는 다른 접근 방식을 사용
> 한다. 두 방법은 동일하다.

이 매니페스트는 pv-a, pv-b, pv-c라는 퍼시스턴트볼륨을 생성한다. 이들은 GCE 퍼
시스턴트 디스크를 기반 스토리지 메커니즘으로 사용하므로 클러스터가 GKE나 GCE에
서 실행되지 않는다면 적합하지 않다. 다른 곳에서 클러스터를 실행 중이라면 퍼시스턴트
볼륨 정의를 수정하고 NFS^Network File System나 이와 유사한 적절한 볼륨 유형을 사용해야
한다.

거버닝 서비스 생성하기

앞서 설명한 대로 스테이트풀셋을 배포하기 전에 먼저 헤드리스 서비스를 생성해야 한다.
이는 스테이트풀 파드에 네트워크 아이덴티티를 제공하기 위해 사용된다. 다음 예제 10.4
에서 서비스 매니페스트를 표시한다.

예제 10.4 스테이트풀셋에서 사용할 헤드리스 서비스: kubia-service-headless.yaml

```
apiVersion: v1
kind: Service
metadata:
  name: kubia            ◀── 서비스의 이름
spec:
  clusterIP: None        ◀── 스테이트풀셋의 거버닝 서비스는
                             헤드리스여야 한다.
selector:
  app: kubia                 app=kubia 레이블을 가진 모든
ports:                       파드는 이 서비스에 속한다.
  - name: http
    port: 80
```

---

6 ---로 리소스 정의를 구분해. 하나의 YAML에 여러 개의 리소스 정의를 작성할 수 있다. – 옮긴이

clusterIP 필드를 None으로 설정하면 헤드리스 서비스가 된다. 이로써 파드 간 피어 디스커버리를 사용할 수 있다(나중에 필요하다). 서비스를 생성하고 나면 스테이트풀셋을 생성하는 단계로 넘어간다.

스테이트풀셋 매니페스트 생성하기

이제 스테이트풀셋을 생성할 수 있다. 예제 10.5에서 매니페스트를 보여준다.

예제 10.5 스테이트풀셋 매니페스트: kubia-statefulset.yaml

```
apiVersion: apps/v1beta1
kind: StatefulSet
metadata:
  name: kubia
spec:
  serviceName: kubia
  replicas: 2
  template:
    metadata:
      labels:                          스테이트풀셋으로 생성된 파드는
        app: kubia                     app=kubia 레이블을 갖는다.
    spec:
      containers:
      - name: kubia
        image: luksa/kubia-pet
        ports:
        - name: http
          containerPort: 8080
        volumeMounts:
        - name: data                   파드 내부의 컨테이너는 pvc 볼륨을
          mountPath: /var/data         이 경로에 마운트한다.
volumeClaimTemplates:
- metadata:
    name: data
  spec:                                이 템플릿으로 퍼시스턴트볼륨
    resources:                         클레임이 생성된다.
      requests:
        storage: 1Mi
```

```
accessModes:
  - ReadWriteOnce
```
▲ 이 템플릿으로 퍼시스턴트볼륨
  클레임이 생성된다.

　　스테이트풀셋 매니페스트는 지금까지 생성한 레플리카셋이나 디플로이먼트 매니페스트와 다르지 않다. 새로운 것은 volumeClaimTemplates 목록이다. volumeClaimTemplates에 각 파드를 위한 퍼시스턴트볼륨클레임을 생성하는 데 사용되는 data라고 부르는 볼륨클레임 템플릿을 정의한다. 6장을 기억한다면 파드는 매니페스트 안에 퍼시스턴트볼륨클레임 볼륨을 포함시켜 클레임을 참조한다. 이전 파드 템플릿에서는 이와 같은 볼륨을 찾을수 없다. 스테이트풀셋이 파드 스펙에 자동으로 볼륨을 추가하고 스테이트풀셋이 특정 파드를 위해 생성한 클레임에 볼륨이 바인딩되도록 설정한다.

스테이트풀셋 생성하기

이제 스테이트풀셋을 만들어보자.

```
$ kubectl create -f kubia-statefulset.yaml
statefulset "kubia" created
```

　　이제 파드를 조회해보자.

```
$ kubectl get po
NAME      READY  STATUS            RESTARTS  AGE
kubia-0   0/1    ContainerCreating  0          1s
```

　　이상한 점이 보이는가? 레플리케이션컨트롤러나 레플리카셋이 모든 파드 인스턴스를 동시에 생성했던 것을 기억하는가? 스테이트풀셋이 두 개의 레플리카를 생성하도록 구성됐지만 하나의 파드만이 생성됐다.

　　걱정할 필요 없다. 잘못된 것이 없다. 단지 첫 번째 파드가 생성되고 준비가 완료돼야 두 번째 파드가 생성된다. 특정 클러스터된 스테이트풀 애플리케이션은 두 개 이상의 멤버가 동시에 생성되면 레이스 컨디션[7]에 빠질 가능성이 있기 때문에 스테이트풀셋은 이와 같

---

7 동시에 여러 작업이 진행될 때 그 작업 순서가 결과에 영향을 미치는 것을 의미한다. – 옮긴이

이 동작한다. 나머지 멤버를 계속 기동하기 전에 각 멤버가 완전히 기동되게 하는 것이 안전하다.

다시 파드를 조회하면 파드 생성이 진행 중인 것을 확인할 수 있다.

```
$ kubectl get po
NAME      READY  STATUS             RESTARTS  AGE
kubia-0   1/1    Running            0         8s
kubia-1   0/1    ContainerCreating  0         2s
```

첫 번째 파드가 실행 중이고 두 번째 파드가 생성돼 시작되고 있다.

생성된 스테이트풀 파드 살펴보기

스테이트풀셋이 파드 템플릿과 퍼시스턴트볼륨클레임 템플릿에서 파드를 생성한 방법을 확인하려면 다음 예제 10.6에서 첫 번째 파드 스펙을 자세히 살펴보자.

예제 10.6 스테이트풀셋으로 생성된 스테이트풀 파드

```
$ kubectl get po kubia-0 -o yaml
apiVersion: v1
kind: Pod
metadata:
  ...
spec:
  containers:
  - image: luksa/kubia-pet
    ...
    volumeMounts:
    - mountPath: /var/data          │ 매니페스트에 지정된 대로
      name: data                    │ 볼륨이 마운트됐다.
    - mountPath: /var/run/secrets/kubernetes.io/serviceaccount
      name: default-token-r2m41
      readOnly: true
  ...
  volumes:
  - name: data                      │ 스테이트풀셋으로
    persistentVolumeClaim:          │ 볼륨이 생성됐다.
```

```
      claimName: data-kubia-0  ◄────┐  이 볼륨으로 클레임이 참조된다.
- name: default-token-r2m41
  secret:
    secretName: default-token-r2m41
```

퍼시스턴트볼륨클레임 템플릿이 퍼시스턴트볼륨클레임의 생성과 생성된 퍼시스턴트
볼륨클레임을 참조하는 파드 내부의 볼륨을 만드는 데 사용된다.

생성된 퍼시스턴트볼륨클레임 살펴보기

이제 생성된 퍼시스턴트볼륨클레임을 조회해 생성됐는지 확인한다.

```
$ kubectl get pvc
NAME          STATUS  VOLUME  CAPACITY  ACCESSMODES  AGE
data-kubia-0  Bound   pv-c    0                      37s
data-kubia-1  Bound   pv-a    0                      37s
```

생성된 퍼시스턴트볼륨클레임의 이름은 volumeClaimTemplate에 정의된 이름과 각 파
드 이름의 조합이다. 템플릿과 일치하는지 확인하려면 클레임의 YAML을 살펴본다.

10.3.3 파드 가지고 놀기

데이터 저장소 클러스터의 노드들이 실행 중이므로 탐색을 시작해보자. 헤드리스 서비스
를 생성했으므로 서비스를 통해 파드와 통신할 수 없다. 개별 파드에 직접 연결해야 한다
(또는 일반적인 서비스를 생성할 수 있으나 개별 파드와 통신하는 것은 허용되지 않는다).

이미 파드에 직접 연결하는 방법을 배웠다. 다른 파드에 피기백[8]해서 파드 내부에서
curl을 실행하거나 포트포워딩하는 방법 등을 알아봤다. 이번에는 다른 옵션을 사용한다.
API 서버를 파드의 프록시로 사용해본다.

---

8   피기백(piggyback)은 kubectl exec를 통해 '파드에 접근해 특정 명령을 하기 위한 방식'의 의미로 생각하면 된다. – 옮긴이

API 서버를 통해 파드와 통신하기

API 서버의 유용한 기능 중 하나는 개별 파드에 직접 프록시 연결을 만들 수 있는 기능이다. Kubia-0 파드에 요청을 보내고 싶다면 다음 URL을 호출해보자.

```
<apiServerHost>:<port>/api/v1/namespaces/default/pods/kubia-0/proxy/<path>
```

API 서버는 보안이 강화돼 있으므로 API 서버를 통해 파드에 요청을 보내는 것은 번거롭다(특히 각 요청마다 인증 토큰을 전달해야 한다). 다행히 8장에서 kubectl proxy를 사용해 인증과 SSL 인증서를 처리하지 않고 API 서버와 통신하는 방법을 배웠다. 프록시를 다시 실행해보자.

```
$ kubectl proxy
Starting to serve on 127.0.0.1:8001
```

이제 kubectl proxy를 통해 API 서버와 통신하므로 실제 API 서버의 호스트와 포트가 아닌 localhost:8001을 사용할 수 있다. 다음과 같이 kubia-0 파드에 요청을 보낸다.

```
$ curl localhost:8001/api/v1/namespaces/default/pods/kubia-0/proxy/
You've hit kubia-0
Data stored on this pod: No data posted yet
```

응답은 요청이 실제로 받아들여지고 kubia-0 파드에서 실행 중인 애플리케이션으로 처리되는 것을 보여준다.

> | **노트** | 빈 응답을 받았다면 URL의 끝에 마지막 슬래시 문자를 생략하지 않았는지 확인하라(또는 curl의 -L 옵션을 사용해 리디렉션하는지 확인하라).

kubectl proxy로 연결된 API 서버를 통해 파드와 통신하기 때문에 요청은 두 개의 다른 프록시를 통과한다(첫 번째는 kubectl proxy이고 다른 하나는 요청을 파드로 프록시하는 API 서버다). 좀 더 명확하게 하려면 그림 10.10을 살펴보자.

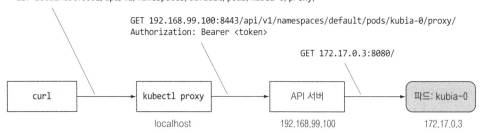

GET localhost:8001/api/v1/namespaces/default/pods/kubia-0/proxy/

GET 192.168.99.100:8443/api/v1/namespaces/default/pods/kubia-0/proxy/
Authorization: Bearer <token>

GET 172.17.0.3:8080/

| curl | → | kubectl proxy | → | API 서버 | → | 파드: kubia-0 |

localhost   192.168.99.100   172.17.0.3

▲ **그림 10.10** kubectl proxy와 API 서버 프록시 두 가지를 통해 파드에 연결하기

파드에 전달한 요청은 GET 요청이지만 API 서버로 POST 요청을 보낼 수도 있다. 이 것은 GET 요청을 보낸 것과 동일한 프록시 URL로 POST 요청을 전송해 수행된다.

애플리케이션이 POST 요청을 받으면 요청 본문에 있는 내용을 로컬 파일에 저장한다. POST 요청을 kubia-0 파드에 전송한다.

```
$ curl -X POST -d "Hey there! This greeting was submitted to kubia-0."
➥ localhost:8001/api/v1/namespaces/default/pods/kubia-0/proxy/
Data stored on pod kubia-0
```

이제 전송한 데이터가 파드에 저장돼야 한다. 다시 GET 요청을 수행해 저장된 데이터 가 반환되는지 살펴보자.

```
$ curl localhost:8001/api/v1/namespaces/default/pods/kubia-0/proxy/
You've hit kubia-0
Data stored on this pod: Hey there! This greeting was submitted to kubia-0.
```

지금까지는 좋다. 이제 다른 클러스터 노드를 살펴보자(kubia-1 파드).

```
$ curl localhost:8001/api/v1/namespaces/default/pods/kubia-1/proxy/
You've hit kubia-1
Data stored on this pod: No data posted yet
```

예상한 대로 노드는 자체의 상태를 가진다. 하지만 이 상태가 영구적일까? 한번 살펴 보자.

스테이트풀 파드를 삭제해 재스케줄링된 파드가 동일 스토리지에 연결되는지 확인하기

kubia-0 파드를 삭제하고 재스케줄링될 때까지 기다리자. 이전과 동일한 데이터를 서비스하는지 확인할 수 있다.

```
$ kubectl delete po kubia-0
pod "kubia-0" deleted
```

파드를 조회해보면 파드가 종료되고 있음을 볼 수 있다.

```
$ kubectl get po
NAME     READY   STATUS        RESTARTS   AGE
kubia-0  1/1     Terminating   0          3m
kubia-1  1/1     Running       0          3m
```

정상적으로 종료되자마자 스테이트풀셋으로 동일한 이름의 새 파드가 생성된다.

```
$ kubectl get po
NAME R   EADY   STATUS              RESTARTS   AGE
kubia-0  0/1    ContainerCreating   0          6s
kubia-1  1/1    Running             0          4m
$ kubectl get po
NAME     READY  STATUS   RESTARTS   AGE
kubia-0  1/1    Running  0          9s
kubia-1  1/1    Running  0          4m
```

새 파드는 클러스터의 어느 노드에나 스케줄링될 수 있으며 이전 파드가 스케줄링됐던 동일한 노드일 필요가 없다. 이전 파드의 모든 아이덴티티(이름, 호스트 이름, 스토리지)는 새 노드로 효과적으로 이동된다(그림 10.11 참고). Minikube는 단일 노드를 실행하므로 이것을 볼 수 없지만 다중 노드 클러스터에서는 이전과 다른 노드로 스케줄링된 파드를 확인할 수 있다.

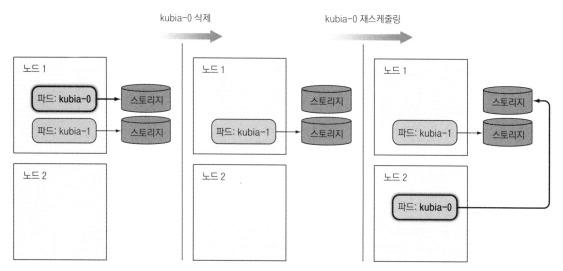

▲ **그림 10.11** 스테이트풀 파드가 다른 노드에 재스케줄링될 수 있지만 이름과 호스트 이름, 스토리지를 유지한다.

새 파드가 실행 중일 때 이전 상태와 동일한 아이덴티티를 갖는지 확인해보자. 파드 이름은 같지만 호스트 이름과 영구 데이터는 어떨까? 확인을 위해 파드에 요청해본다.

```
$ curl localhost:8001/api/v1/namespaces/default/pods/kubia-0/proxy/
You've hit kubia-0
Data stored on this pod: Hey there! This greeting was submitted to kubia-0.
```

파드의 응답이 호스트 이름과 데이터가 이전과 동일함을 나타낸다. 이로써 스테이트풀셋이 항상 삭제된 파드를 완전히 동일한 파드로 교체함을 확인했다.

스테이트풀셋 스케일링

스테이트풀셋의 스케일 다운과 오랜 시간 이후에 다시 스케일 업을 하는 것은 파드를 삭제하고 스테이트풀셋이 즉시 재생성하는 것과 큰 차이가 없어야 한다. 스테이트풀셋의 스케일 다운은 파드를 삭제하지만 퍼시스턴트볼륨클레임은 변경되지 않은 상태로 유지된다. 스테이트풀셋을 스케일 다운하고 이 동작을 확인해본다.

기억해야 할 중요한 점은 스케일 다운(그리고 스케일 업)은 점진적으로 수행되며 스테이트풀셋이 초기에 생성됐을 때 개별 파드가 생성되는 방식과 유사하다. 하나 이상의 인스턴스를 스케일 다운하면 가장 높은 서수의 파드가 먼저 삭제된다. 파드가 완전히 종료된 후 두 번째로 높은 서수를 가진 파드가 삭제된다.

스테이트풀 파드를 헤드리스가 아닌 일반적인 서비스로 노출하기

10장의 마지막 부분으로 넘어가기 전에 보통 클라이언트는 파드에 직접 연결하는 것보다 서비스를 통해 연결하므로 헤드리스가 아닌[non-headless] 서비스를 파드 앞에 추가해본다.

서비스를 생성하는 방법을 이미 알고 있겠지만 그렇지 않은 경우 다음 예제 10.7의 매니페스트를 참고하라.

예제 10.7 스테이트풀 파드에 접근하기 위한 일반적인 서비스: kubia-service-public.yaml

```
apiVersion: v1
kind: Service
metadata:
  name: kubia-public
spec:
  selector:
    app: kubia
  ports:
  - port: 80
    targetPort: 8080
```

이것이 외부에 서비스를 노출하지 않으므로(노드포트나 로드밸런서 유형의 서비스가 아닌 일반적인 ClusterIP 서비스다), 클러스터 내부에서만 접근할 수 있다. 서비스에 접근하려면 파드가 필요할까?

API 서버를 통해 클러스터 내부 서비스에 연결하기

클러스터 내부에서 서비스에 접근하려고 피기백 파드를 사용하는 대신 개별 파드에 접근하는 방법으로 서비스에 접근하려고 API 서버에서 제공하는 동일한 프록시 기능을 사용할 수 있다.

서비스에 프록시 요청하는 URI 경로는 다음과 같다.

```
/api/v1/namespaces/<namespace>/services/<service name>/proxy/<path>
```

따라서 로컬 머신에서 curl을 실행하고 다음과 같이 **kubectl proxy**를 통해 서비스에 접근한다(이전에 kubectl proxy를 실행 중이어야 한다).

```
$ curl localhost:8001/api/v1/namespaces/default/services/kubia-
➡ public/proxy/
You've hit kubia-1
Data stored on this pod: No data posted yet
```

마찬가지로 (클러스터 내부의) 클라이언트는 클러스터된 데이터 저장소에 데이터를 저장하고 읽으려면 **kubia-public** 서비스를 사용할 수 있다. 물론 각 요청은 임의의 클러스터 노드에 전달되고 매 호출마다 임의의 노드에서 데이터를 가져온다. 다음에 이 부분을 개선할 것이다.

10.4 스테이트풀셋의 피어 디스커버리

한 가지 중요한 내용을 더 다뤄야 한다. 클러스터된 애플리케이션의 중요한 요구 사항은 피어 디스커버리(클러스터의 다른 멤버를 찾는 기능)이다. 스테이트풀셋의 각 멤버는 모든 다른 멤버를 쉽게 찾을 수 있어야 한다. 물론 API 서버와 통신해 찾을 수 있지만, 쿠버네티스의 목표 중 하나는 애플리케이션을 완전히 쿠버네티스에 독립직(Kubernetes-agnostic)으로 유지하며 기능을 노출하는 것이다. 그러므로 애플리케이션이 쿠버네티스 API와 대화하는 것은 바람직하지 않다.

파드가 API로 요청하지 않고 어떻게 피어를 디스커버리할 수 있을까? 이미 잘 알려진 기술을 사용해 가능한 빙법이 있을까? DNS는 어떨까? DNS를 어느 정도 아는 사람은 A, CNAME, MX 레코드가 어떻게 사용되지 알 수 있다. 잘 알려지지 않은 DNS 레코드의 유형도 있다. 그중 하나가 SRV 레코드다.

SRV 레코드 소개

SRV 레코드는 특정 서비스를 제공하는 서버의 호스트 이름과 포트를 가리키는 데 사용된다. 쿠버네티스는 헤드리스 서비스를 뒷받침하는 파드의 호스트 이름을 가리키도록 SRV 레코드를 생성한다.

새 임시 파드 내부에서 DNS 룩업^{lookup} 도구인 **dig**를 실행해 스테이트풀 파드의 SRV 레코드를 조회할 수 있다. 다음 명령어를 사용한다.

```
$ kubectl run -it srvlookup --image=tutum/dnsutils --rm
➥ --restart=Never -- dig SRV kubia.default.svc.cluster.local
```

이 명령은 srvlookup이라 부르는 일회용 파드(--restart=Never)를 실행하고 콘솔에 연결되며(-it) 종료되자마자 바로 삭제된다(--rm). 파드는 **tutum/dnsutils** 이미지의 단일 컨테이너를 실행하고 다음 명령을 수행한다.

```
dig SRV kubia.default.svc.cluster.local
```

명령의 출력은 예제 10.8에서 볼 수 있다.

예제 10.8 헤드리스 서비스의 DNS SRV 레코드 조회하기

```
...
;; ANSWER SECTION:
k.d.s.c.l. 30 IN SRV   10 33 0 kubia-0.kubia.default.svc.cluster.local.
k.d.s.c.l. 30 IN SRV   10 33 0 kubia-1.kubia.default.svc.cluster.local.
;; ADDITIONAL SECTION:
kubia-0.kubia.default.svc.cluster.local. 30 IN A 172.17.0.4
kubia-1.kubia.default.svc.cluster.local. 30 IN A 172.17.0.6
...
```

> |**노트**| 레코드를 한 줄에 넣으려고 실제 이름을 단축했다. 즉, kubia.d.s.c.l은 실제로 kubia.default. svc.cluster.local이다.

ANSWER SECTION에는 헤드리스 서비스를 뒷받침하는 두 개의 파드를 가리키는 두 개의 SRV 레코드를 보여준다. 또한 각 파드는 ADDITIONAL SECTION에 표시된 것처럼 자체 A 레코드를 가진다.

파드가 스테이트풀셋의 다른 모든 파드의 목록을 가져오려면 SRV DNS 룩업을 수행하기만 하면 된다. 예를 들어 Node.js에서는 룩업이 다음과 같이 수행된다.

```
dns.resolveSrv("kubia.default.svc.cluster.local", callBackFunction);
```

애플리케이션에서 이 명령어를 사용하면 각 파드가 피어를 디스커버리할 수 있다.

> |**노트**| 모두 같은 우선순위를 가지므로 반환되는 SRV 레코드의 순서는 랜덤이다. 항상 kubia-0가 kubia-1 전에 표시되는 것을 기대하지 마라.

10.4.1 DNS를 통한 피어 디스커버리

아직 석기시대의 데이터 저장소가 클러스터화되지 않았다. 각 데이터 저장소 노드[9]는 완전히 다른 저장소와 독립적으로 실행되고 서로 간에 커뮤니케이션이 존재하지 않는다. 다음에 이들을 서로 통신하도록 해볼 것이다.

kubia-public 서비스를 통해 데이터 저장소 클러스터로 연결한 클라이언트가 게시한 데이터는 임의의 클러스터 노드에 전달된다. 클러스터는 여러 개의 데이터 엔트리를 저장할 수 있지만 클라이언트는 현재 모든 엔트리를 볼 수 있는 방법이 없다. 서비스가 요청을 임의의 파드로 전달하기 때문에 클라이언트가 모든 파드의 데이터를 가져오려면 모든 파드에 도달할 때까지 많은 요청을 수행해야 한다.

노드가 모든 클러스터 노드의 데이터를 응답하도록 함으로써 이를 개선할 수 있다. 이를 위해 노드는 모든 피어를 찾아야 한다. 이것을 위해 앞서 배운 스테이트풀셋과 SRV 레코드를 사용할 것이다.

---

9 여기에서의 노드는 쿠버네티스의 워커 노드를 의미하지 않고, 클러스터된 데이터 저장소의 각 노드를 의미한다. - 옮긴이

애플리케이션 소스 코드를 예제 10.9에 표시된 것처럼 수정한다(전체 소스는 책의 코드 아카이브에 있고 예제는 중요한 부분만 표시했다).

```
...
const dns = require('dns');
const dataFile = "/var/data/kubia.txt";
const serviceName = "kubia.default.svc.cluster.local";
const port = 8080;
...
var handler = function(request, response) {
  if (request.method == 'POST') {
    ...
  } else {
    response.writeHead(200);
    if (request.url == '/data') {
      var data = fileExists(dataFile)
        ? fs.readFileSync(dataFile, 'utf8')
        : "No data posted yet";
      response.end(data);
    } else {
      response.write("You've hit " + os.hostname() + "\n");
      response.write("Data stored in the cluster:\n");
      dns.resolveSrv(serviceName, function (err, addresses) {     ◄─── 애플리케이션에서
        if (err) {                                                     SRV 레코드를 얻기 위해
          response.end("Could not look up DNS SRV records: " + err);   DNS 룩업을 수행한다.
          return;
        }
        var numResponses = 0;
        if (addresses.length == 0) {
          response.end("No peers discovered.");
        } else {
          addresses.forEach(function (item) {     ◄─── SRV 레코드가 가리키는 각 파드는
            var requestOptions = {                     데이터를 가져오기 위해 연결된다.
              host: item.name,
              port: port,
              path: '/data'
```

```
    };
    httpGet(requestOptions, function (returnedData) {      ◀  SRV 레코드가 가리키는
        numResponses++;                                        각 파드는 데이터를
        response.write("- " + item.name + ": " + returnedData);   가져오기 위해 연결된다.
        response.write("\n");
        if (numResponses == addresses.length) {
            response.end();
        }
      });
    });
    }
  });
  }
 }
};
...
```

그림 10.12는 애플리케이션이 GET 요청을 받으면 무슨 일이 일어나는지 보여준다. 요청을 받은 서버는 먼저 헤드리스 kubia 서비스의 SRV 레코드 룩업을 수행한다. 그런 다음 GET 요청을 서비스를 뒷받침하는 각 파드에 보낸다(코드를 가능하면 간단하게 유지하기 위해 불필요하지만 자신에게도 보낸다). 그런 다음 각 노드에 저장된 데이터와 함께 모든 노드의 리스트를 반환한다.

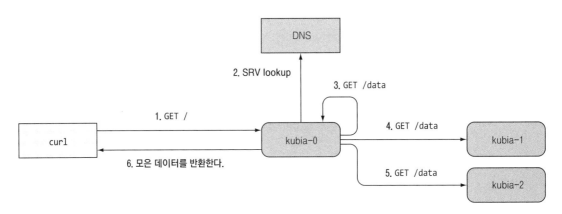

▲ **그림 10.12** 간단한 분산 데이터 저장소의 동작

이 새로운 버전의 애플리케이션을 포함한 컨테이너 이미지는 docker.io/luksa/kubia
-pet-peer에서 확인 가능하다.

10.4.2 스테이트풀셋 업데이트

스테이트풀셋이 이미 실행 중이므로 파드 템플릿을 업데이트해 파드가 새 이미지를 사용
하는 방법을 살펴본다. 이와 함께 레플리카 수를 3으로 설정한다. 스테이트풀셋을 업데이
트하려면 kubectl edit 명령을 사용한다(다른 옵션은 patch 명령어다).

$ kubectl edit statefulset kubia

이 명령은 기본 에디터에서 스테이트풀셋 정의를 연다. 정의에서 spec.replicas를 3으
로 수정하고 spec.template.spec.container.image 속성이 새 이미지(luksa/kubiapet 대
신 luksa/kubia-pet-peers)를 가리키도록 변경한다. 스테이트풀셋 업데이트를 위해 에디터
를 빠져나와 파일을 저장한다. 이전에 두 개의 레플리카가 실행 중이었고 이제 kubia-2이
라는 추가 레플리카가 시작 중이다. 확인을 위해 파드를 조회해보자.

```
$ kubectl get po
NAME      READY  STATUS            RESTARTS  AGE
kubia-0   1/1    Running           0         25m
kubia-1   1/1    Running           0         26m
kubia-2   0/1    ContainerCreating 0         4s
```

새 파드 인스턴스가 새 이미지를 실행 중이다. 하지만 기존 두 개의 레플리카는 어떨
까? AGE로 판단해보면 최신으로 업데이트되지 못한 것 같다. 이는 예견된 문제로, 애초
에 스테이트풀셋은 레플리카셋과 비슷하고 디플로이먼트와 비슷하지 않으므로 템플릿이
수정될 때 롤아웃을 수행하지 않기 때문이다. 레플리카를 수동으로 삭제하면 스테이트풀
셋은 새 템플릿에 기반해 레플리카를 다시 생성할 것이다.

```
$ kubectl delete po kubia-0 kubia-1
pod "kubia-0" deleted
pod "kubia-1" deleted
```

10.4.3 클러스터된 데이터 저장소 사용하기

두 파드가 기동되면 새로운 세련된 석기시대의 데이터 저장소가 예상대로 동작하는지 확인해볼 수 있다. 예제 10.10과 같이 몇 가지 요청을 클러스터에 보내보자.

예제 10.10 서비스를 통해 클러스터된 데이터 저장소에 쓰기

```
$ curl -X POST -d "The sun is shining" \
➥ localhost:8001/api/v1/namespaces/default/services/kubia-public/proxy/
Data stored on pod kubia-1

$ curl -X POST -d "The weather is sweet" \
➥ localhost:8001/api/v1/namespaces/default/services/kubia-public/proxy/
Data stored on pod kubia-0
```

이제 예제 10.11과 같이 데이터 저장소에서 읽어보자.

예제 10.11 데이터 저장소에서 읽기

```
$ curl localhost:8001/api/v1/namespaces/default/services
➥ /kubia-public/proxy/
You've hit kubia-2
Data stored on each cluster node:
- kubia-0.kubia.default.svc.cluster.local: The weather is sweet
- kubia-1.kubia.default.svc.cluster.local: The sun is shining
- kubia-2.kubia.default.svc.cluster.local: No data posted yet
```

멋지다! 클라이언트의 요청이 클러스터 노드 중 하나에 도달하면 모든 피어를 디스커버리해 데이터를 수집한 다음 모든 데이터를 다시 클라이언트로 보낸다. 스테이트풀셋을 스케일 업하거나 스케일 다운하더라도 클라이언트 요청을 서비스하는 파드는 항상 그 시점에 실행 중인 모든 피어를 찾을 수 있다.

애플리케이션 자체는 그다지 유용하지 않지만 복제된 스테이트풀 애플리케이션의 인스턴스가 피어를 디스커버리하고 수평 확장을 쉽게 처리할 수 있는지 보여주는 재미있는 방법이었다고 생각한다.

10.5 스테이트풀셋이 노드 실패를 처리하는 과정 이해하기

10.2.4절에서 쿠버네티스는 새로운 대체 파드를 생성하기 전에 스테이트풀 파드가 더 이상 실행 중이지 않음을 절대적으로 확신해야 한다고 말했다. 노드가 갑자기 실패하면 쿠버네티스는 노드나 그 안의 파드의 상태를 알 수 없다. 파드가 더 이상 실행 중이 아닌지, 또는 파드가 여전히 존재하고 도달할 수 있는지 알 수 없으며, 단지 노드의 상태를 쿠버네티스에 보고하는 것을 중지한 Kubelet이 있다는 것만 알 수 있을 뿐이다.

스테이트풀셋은 노드가 실패한 경우 동일한 아이덴티티와 스토리지를 가진 두 개의 파드가 절대 실행되지 않는 것을 보장하므로, 스테이트풀셋은 파드가 더 이상 실행되지 않는다는 것을 확신할 때까지 대체 파드를 생성할 수 없으며, 생성해서도 안 된다.

오직 클러스터 관리자가 알려줘야만 알 수 있다. 이를 위해 관리자는 파드를 삭제하거나 전체 노드를 삭제해야 한다(이렇게 하면 노드에 스케줄링된 모든 파드를 삭제한다).

10장의 마지막 연습에서는 클러스터 노드 중 하나의 네트워크 연결이 끊어지는 경우 스테이트풀셋과 파드에 어떤 일이 일어나는지 살펴본다.

10.5.1 노드의 네트워크 연결 해제 시뮬레이션

4장에서와 같이 노드의 eth0 네트워크 인터페이스를 셧다운시켜 노드의 네트워크를 끊어보는 시뮬레이션을 한다. 이 예제는 다수 노드를 필요로 하므로 Minikube에서는 실행할 수 없다. 대신 GKE를 사용한다.

노드의 네트워크 어댑터 셧다운

노드의 eth0 인터페이스를 셧다운하려면 다음과 같이 노드 중 하나에 ssh 접속을 해야 한다.

```
$ gcloud compute ssh gke-kubia-default-pool-32a2cac8-m0g1
```

그런 다음 노드 안에서 다음 명령어를 실행한다.

```
$ sudo ifconfig eth0 down
```

ssh 세션이 동작을 멈추므로 계속하려면 다른 터미널을 열어야 한다.

쿠버네티스 마스터에서 본 노드 상태 확인하기

노드의 네트워크 인터페이스가 다운되면 노드에 실행 중인 Kubelet이 더 이상 쿠버네티스 API 서버와 연결할 수 없고, 노드와 모든 해당 파드가 여전히 실행 중임을 알릴 수 없다.

잠시 후 컨트롤 플레인은 노드를 NotReady로 표시한다. 예제 10.12와 같이 노드를 조회해보면 이를 확인할 수 있다.

예제 10.12 실패한 노드의 상태가 NotReady로 변경되는 것 관찰하기

```
$ kubectl get node
NAME                                    STATUS    AGE   VERSION
gke-kubia-default-pool-32a2cac8-596v    Ready     16m   v1.6.2
gke-kubia-default-pool-32a2cac8-m0g1    NotReady  16m   v1.6.2
gke-kubia-default-pool-32a2cac8-sgl7    Ready     16m   v1.6.2
```

컨트롤 플레인이 노드로부터 더 이상 상태 업데이트를 받을 수 없으므로 노드에 있는 모든 파드의 상태는 Unknown이다. 예제 10.13의 파드 목록에 표시된다.

예제 10.13 노드가 NotReady로 변경된 다음 파드의 상태 변화 관찰하기

```
$ kubectl get po
NAME      READY   STATUS    RESTARTS   AGE
kubia-0   1/1     Unknown   0          15m
kubia-1   1/1     Running   0          14m
kubia-2   1/1     Running   0          13m
```

앞에서 보듯이 파드가 네트워크 인터페이스를 셧다운한 노드에서 실행 중이므로 kubia-0 상태를 더 이상 알 수 없다.

UNKNOWN 상태인 파드에 무슨 일이 일어나는지 이해하기

노드가 다시 온라인 상태로 돌아와 파드의 상태를 다시 보고하면 파드는 다시 Running으로 표시된다. 하지만 몇 분(이 시간은 설정 가능하다)이 지나도 파드의 상태가 Unknown으로 남아 있다면 파드는 자동으로 노드에서 제거된다. 마스터(쿠버네티스 컨트롤 플레인)가 이 동작을 수행한다. 파드 리소스를 삭제해 파드를 제거한다.

Kubelet이 파드가 deletion으로 표시된 것을 확인하면 파드 종료를 시작한다. 이 경우 Kubelet이 더 이상 마스터에 연결할 수 없으므로(노드의 네트워크 연결을 끊었으므로), 파드는 계속 실행 중임을 의미한다.

현재 상황을 살펴보자. 예제 10.14와 같이 kubectl describe를 사용해 kubia-0 파드의 상세 정보를 표시하자.

예제 10.14 Unknown 상태의 파드에 대한 세부 정보 표시하기

```
$ kubectl describe po kubia-0
Name:      kubia-0
Namespace: default
Node:      gke-kubia-default-pool-32a2cac8-m0g1/10.132.0.2
...
Status:    Terminating (expires Tue, 23 May 2017 15:06:09 +0200)
Reason:    NodeLost
Message:   Node gke-kubia-default-pool-32a2cac8-m0g1 which was
running pod kubia-0 is unresponsive
```

파드의 종료 이유에 NodeLost로 조회되면서 Terminating으로 표시된다. 메시지는 노드가 응답이 없기 때문에 노드가 손실됐다고 간주한다.

> |노트| 여기에 표시된 것은 컨트롤 플레인의 관점이다. 실제로는 파드의 컨테이너는 종료되지 않고 여전히 완벽하게 실행 중이다.

10.5.2 수동으로 파드 삭제하기

노드가 돌아오지 않았지만 클라이언트를 적절히 처리하려면 세 개의 파드가 실행 중이어야 한다. 정상 노드로 다시 스케줄링해 kubia-0 파드를 가져와야 한다. 앞서 언급했듯이 노드나 파드를 수동으로 삭제해야 한다.

일반적인 방법으로 파드 지우기

항상 파드를 삭제했던 방식으로 파드를 삭제한다.

```
$ kubectl delete po kubia-0
pod "kubia-0" deleted
```

완료됐는가? 파드를 삭제함으로써 스테이트풀셋은 즉시 대체 파드를 생성해야 한다. 대체 파드는 남아 있는 노드 중 하나에 스케줄링될 것이다. 확인을 위해 파드를 다시 조회해본다.

```
$ kubectl get po
NAME      READY  STATUS    RESTARTS  AGE
kubia-0   1/1    Unknown   0         15m
kubia-1   1/1    Running   0         14m
kubia-2   1/1    Running   0         13m
```

이상하다. 잠시 전에 파드를 삭제했고 kubectl이 삭제됐다고 말했다. 왜 동일한 파드가 아직 남아 있을까?

> | **노트** | 목록의 kubia-0 파드는 동일한 이름의 새 파드가 아니다. AGE 열을 확인해보면 분명해진다. 새 파드라면 AGE는 단지 몇 초밖에 안 됐을 것이다.

파드가 삭제되지 않는 이유 이해하기

파드는 삭제를 하기 전에 이미 deletion 표시가 돼 있었다. 그 이유는 컨트롤 플레인이 이미 파드를 삭제했기 때문이다(노드에서 제거하기 위해서).

예제 10.14을 다시 보면 파드 상태가 Terminating임을 확인할 수 있다. 이전에 파드가 이미 deletion으로 표시됐고 해당 노드의 Kubelet이 API 서버에 파드의 컨테이너가 종료됐음을 통지하자마자 제거될 것이다. 노드의 네트워크가 다운됐으므로 이 작업은 절대로 발생하지 않는다.

파드를 강제 삭제하기

할 수 있는 한 가지는 Kubelet이 파드가 더 이상 실행 중이지 않음을 확인해주는 것을 기다리지 않고 API 서버에게 파드를 삭제하도록 알리는 것이다. 다음과 같이 해보자.

```
$ kubectl delete po kubia-0 --force --grace-period 0
warning: Immediate deletion does not wait for confirmation that the running
    resource has been terminated. The resource may continue to run on the
    cluster indefinitely.
pod "kubia-0" deleted
```

--force와 --grace-period 0 옵션을 동시에 사용해야 한다. Kubectl 결과의 warning에 여러분이 수행한 작업을 알려준다. 파드를 다시 조회해보면 비로소 kubia-0 파드가 생성됐음을 알 수 있다.

```
$ kubectl get po
NAME      READY   STATUS             RESTARTS   AGE
kubia-0   0/1     ContainerCreating  0          8s
kubia-1   1/1     Running            0          20m
kubia-2   1/1     Running            0          19m
```

> |주의| 노드가 더 이상 실행 중이 아니거나 연결 불가함을 아는 경우가 아니라면, 스테이트풀 파드를 강제로 삭제하지 마라(이렇게 영구적으로 유지된다).

계속 진행하기 전에 연결을 끊은 노드를 다시 온라인으로 만들어야 할 것이다. GCE 웹 콘솔을 통하거나 터미널에서 다음 명령어를 실행해 노드를 재시작하면 된다.

```
$ gcloud compute instances reset <node name>
```

10.6 요약

스테이트풀셋을 사용해 스테이트풀 애플리케이션을 배포하는 방법을 살펴본 10장을 마무리한다. 10장에서 살펴본 주요 내용은 다음과 같다.

- 복제된 파드에 개별 스토리지 제공하기
- 파드에 안정적인 아이덴티티 제공하기
- 스테이트풀셋과 관련된 헤드리스 거버닝 서비스 생성하기
- 스테이트풀셋의 스케일링과 업데이트
- DNS를 통해 스테이트풀셋의 다른 멤버 디스커버리
- 호스트 이름을 통해 다른 멤버 연결하기
- 스테이트풀 파드 강제 삭제하기

쿠버네티스가 애플리케이션을 실행하고 관리하기 위해 사용할 수 있는 주요 구성 요소를 알게 됐으므로 이제 동작 방식을 자세히 살펴보자. 11장에서 쿠버네티스 클러스터를 제어하고 애플리케이션을 계속 실행하게 하는 쿠버네티스의 각각의 구성 요소를 학습할 것이다.

11

쿠버네티스 내부 이해

11장에서 다루는 내용

- 쿠버네티스 클러스터 구성 요소
- 각 구성 요소의 기능과 동작 방법
- 디플로이먼트 오브젝트를 생성해 파드를 실행하는 방법
- 실행 중인 파드에 관하여
- 파드 간의 네트워크 동작 방식
- 쿠버네티스 서비스의 동작 방식
- 고가용성 실현 방법

여기까지 이 책을 읽으면서, 쿠버네티스가 제공하는 것과 그게 무엇을 하는지에 익숙해졌다. 그러나 지금까지 의도적으로 정확히 어떻게 동작하는지 설명하는 데 많은 시간을 할애하지는 않았다. 시스템의 기능을 잘 이해할 때까지 시스템의 동작 방식을 자세히 다루는 것이 합리적이지 않기 때문이다. 이것이 파드가 스케줄링되는 방법이나 컨트롤러 매니저 내에서 실행 중인 다양한 컨트롤러가 리소스를 배포해 활성화되도록 하는 것을 다루지 않은 이유다. 이제는 쿠버네티스 안에서 배포되는 대부분의 리소스를 알고 있으므로, 어떻게 구현돼 있는지 알아볼 시간이다.

11.1 아키텍처 이해

쿠버네티스 기능을 살펴보기 전에 쿠버네티스 클러스터를 이루는 구성 요소를 자세히 살펴보자. 1장에서 쿠버네티스 클러스터는 두 부분으로 나눠지는 것을 봤다.

- 쿠버네티스 컨트롤 플레인
- (워커) 노드

이 두 부분이 무엇을 하고 그 내부에서 무엇이 실행되는지 더 자세히 살펴보자.

컨트롤 플레인 구성 요소

컨트롤 플레인^{Control Plane}은 클러스터 기능을 제어하고 전체 클러스터가 동작하게 만드는 역할을 한다. 다시 기억을 되살려보면, 컨트롤 플레인 구성 요소는 다음과 같다.

- etcd 분산 저장 스토리지
- API 서버
- 스케줄러
- 컨트롤러 매니저

이들 구성 요소는 클러스터 상태를 저장하고 관리하지만 애플리케이션 컨테이너를 직접 실행하는 것은 아니다.

워커 노드에서 실행하는 구성 요소

컨테이너를 실행하는 작업은 각 워커 노드에서 실행되는 구성 요소가 담당한다.

- Kubelet
- 쿠버네티스 서비스 프록시(kube-proxy)
- 컨테이너 런타임(Docker, rkt 외 기타)

애드온 구성 요소

컨트롤 플레인과 노드에서 실행되는 구성 요소 외에도 클러스터에서 지금까지 설명한 모든 기능을 제공하기 위해 몇 가지 추가 구성 요소가 필요하다.

- 쿠버네티스 DNS 서버
- 대시보드
- 인그레스 컨트롤러^{Ingress Controller}
- 힙스터(14장에서 다룰 것이다)
- 컨테이너 네트워크 인터페이스^{Container Network Interface} 플러그인(11장 후반부에서 설명한다)

11.1.1 쿠버네티스 구성 요소의 분산 특성

앞에서 언급한 구성 요소들은 모두 개별 프로세스로 실행된다. 구성 요소와 구성 요소 간의 상호 종속성은 그림 11.1과 같다.

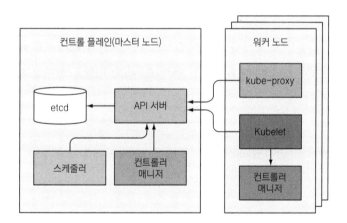

▲ **그림 11.1** 컨트롤 플레인과 워커 노드에서 실행되는 쿠버네티스 구성 요소

쿠버네티스가 제공하는 모든 기능을 사용하려면, 이런 모든 구성 요소가 실행 중이어야 한다. 그러나 일부는 다른 구성 요소 없이도 개별적으로 유용한 작업을 실행할 수 있다.

각 구성 요소가 어떻게 동작하는지 살펴보자.

컨트롤 플레인 구성 요소의 상태 확인

API 서버는 각 컨트롤 플레인 구성 요소의 상태를 표시하는 ComponentStatus라는 API 리소스를 제공한다. kubectl 명령으로 구성 요소와 각각의 상태를 조회할 수 있다.

```
$ kubectl get componentstatuses
NAME                    STATUS    MESSAGE                 ERROR
scheduler               Healthy   ok
controller-manager      Healthy   ok
etcd-0                  Healthy   {"health": "true"}
```

구성 요소가 서로 통신하는 방법

쿠버네티스 시스템 구성 요소는 오직 API 서버하고만 통신한다. 서로 직접 통신하지 않는다. API 서버는 etcd와 통신하는 유일한 구성 요소다. 다른 구성 요소는 etcd와 직접 통신하지 않고, API 서버로 클러스터 상태를 변경한다.

API 서버와 다른 구성 요소 사이의 통신은 그림 11.1에서 본 것처럼 대부분 구성 요소에서 시작한다. 그러나 kubectl을 이용해 로그를 가져오거나 kubectl attach 명령으로 실행 중인 컨테이너에 연결할 때 kubectl port-forward 명령을 실행할 때는 API 서버가 Kubelet에 접속한다.

> |**노트**| kubectl attach 명령은 kubectl exec와 비슷하지만 별도 프로세스를 실행하는 대신 컨테이너에서 실행 중인 메인 프로세스에 연결한다.

개별 구성 요소의 여러 인스턴스 실행

워커 노드의 구성 요소는 모두 동일한 노드에서 실행돼야 하지만 컨트롤 플레인의 구성 요소는 여러 서버에 걸쳐 실행될 수 있다. 각 컨트롤 플레인 구성 요소 인스턴스를 둘 이상 실행해 가용성을 높일 수 있다. etcd와 API 서버는 여러 인스턴스를 동시에 활성화해 작업을 병렬로 수행할 수 있지만, 스케줄러와 컨트롤러 매니저는 하나의 인스턴스만 활성화되고 나머지는 대기 상태에 있게 된다.

구성 요소 실행 방법

kube-proxy와 같은 컨트롤 플레인 구성 요소는 시스템에 직접 배포하거나 파드로 실행할 수 있다(예제 11.1 참조). 이 말을 들으면 놀랄 수도 있지만, 나중에 Kubelet을 이야기하면 납득하게 될 것이다.

Kubelet은 항상 일반 시스템 구성 요소로 실행되는 유일한 구성 요소이며, Kubelet이 다른 구성 요소를 파드로 실행한다.[1] 컨트롤 플레인 구성 요소를 파드로 실행하기 위해 Kubelet도 마스터 노드에 배포된다. 예제 11.1은 kubeadm(부록 B에서 설명)을 이용해 클러스터를 생성했을 때 kube-system 네임스페이스에 속한 파드를 보여준다.

예제 11.1 파드로 실행되는 쿠버네티스 구성 요소

```
$ kubectl get po -o custom-columns=POD:metadata.name,NODE:spec.nodeName
➥ --sort-by spec.nodeName -n kube-system
POD                               NODE
kube-controller-manager-master    master
kube-dns-2334855451-37d9k         master
etcd-master                       master
kube-apiserver-master             master
kube-scheduler-master             master
kube-flannel-ds-tgj9k             node1
kube-proxy-ny3xm                  node1
kube-flannel-ds-0eek8             node2
kube-proxy-sp362                  node2
kube-flannel-ds-r5yf4             node3
kube-proxy-og9ac                  node3
```

etcd, API 서버, 스케줄러,
컨트롤러 매니저, DNS 서버는
마스터에서 실행되고 있다.

세 노드는 각각 Kube Proxy 파드와
Flannel 네트워킹 파드를 실행한다.

---

1 kube-proxy와 같은 구성 요소는 파드로 실행할 수 있다고 했는데, Kubelet은 무조건 시스템 구성 요소(데몬)로 실행돼야 한다.
   – 옮긴이

결과에서 보는 것처럼 모든 컨트롤 플레인 구성 요소는 마스터 노드에서 파드로 실행되고 있다. 세 개의 워커 노드는 kube-proxy와 Flannel 파드를 실행해 파드를 위한 오버레이 네트워크를 제공한다(Flannel은 나중에 다룬다).

| 팁 | 예제에서 본 것처럼 kubectl 명령에 -o custom-columns 옵션을 사용해 사용자 정의 열을 볼 수 있고, --sort-by 옵션을 이용해 조회할 리소스를 정렬할 수 있다.

이제 컨트롤 플레인의 가장 하위 구성 요소인 영구 저장소부터 시작해 각 구성 요소를 자세히 살펴보자.

11.1.2 쿠버네티스가 etcd를 사용하는 방법

이 책에서 생성한 모든 오브젝트(파드, 레플리케이션컨트롤러, 서비스, 시크릿 등)는 API 서버가 다시 시작되거나 실패하더라도 유지하기 위해 매니페스트가 영구적으로 저장될 필요가 있다. 이를 위해 쿠버네티스는 빠르고, 분산해서 저장되며, 일관된 키-값 저장소를 제공하는 etcd를 사용한다. 분산돼 있기 때문에 둘 이상의 etcd 인스턴스를 실행해 고가용성과 우수한 성능을 제공할 수 있다.

쿠버네티스 API 서버만이 etcd와 직접적으로 통신하는 유일한 구성 요소다. 다른 구성 요소는 API 서버로 간접적으로 데이터를 읽거나 쓸 수 있다. 이로써 강력한 낙관적 잠금 시스템뿐만 아니라 유효성을 검사하는 등의 이점을 얻을 수 있다. 또한 실제 저장소 메커니즘을 추상화해 다른 모든 구성 요소에 제공해 나중에 교체하기 훨씬 쉽도록 한다. 쿠버네티스가 클러스터 상태와 메타데이터를 저장하는 유일한 장소가 etcd라는 것은 강조할 만한 가치가 있다.

낙관적 동시성 제어에 관하여

(때로는 낙관적 잠금이라고 언급되는) 낙관적 동시성 제어는 데이터 조각에 잠금을 설정해 그동안 데이터를 읽거나 업데이트하지 못하도록 하는 대신, 데이터에 버전 번호를 포함하는 방법이다. 데이터가

업데이트될 때마다 버전 번호는 증가된다. 데이터를 업데이트할 때, 클라이언트가 데이터를 읽은 시간과 업데이트를 제출하는 시간 사이에 버전 번호가 증가했는지 여부를 체크한다. 만약에 버전 번호가 증가했다면 수정된 내용은 거부되고 클라이언트는 다시 새 데이터를 읽고, 다시 업데이트를 시도해야 한다.

결과적으로 두 클라이언트가 동일한 데이터 항목을 업데이트를 시도하면, 첫 번째 시도만 성공한다.

모든 쿠버네티스 리소스에는 클라이언트가 오브젝트를 업데이트할 때 API 서버로 같이 넘겨줘야 하는 metadata.resourceVersion 필드가 있다. 만약 etcd에 저장돼 있는 버전과 일치하지 않을 경우 API 서버는 수정 요청을 거부한다.

리소스를 etcd에 저장하는 방법

이 책을 쓰는 시점에 쿠버네티스는 etcd 버전 2 혹은 버전 3를 사용할 수 있지만, 향상된 성능 때문에 버전 3의 사용을 권장한다. etcd v2는 키를 계층적 키 공간에 저장해 파일시스템의 파일과 유사한 키–값 쌍을 만든다. etcd의 각 키는 다른 키를 포함하는 디렉터리이거나 해당 값을 가진 일반 키다. etcd v3는 디렉터리를 지원하지 않지만 키 형식은 동일하게 유지되기 때문에(키는 슬래시를 포함할 수 있다) 키들이 디렉터리 구조로 그룹을 이루고 있다고 생각할 수 있다. 쿠버네티스는 모든 데이터를 /registry 아래에 저장한다. 예제 11.2에서 /registry 아래 저장돼 있는 키 목록을 볼 수 있다.

예제 11.2 쿠버네티스가 etcd에 저장한 최상위 항목

```
$ etcdctl ls /registry
/registry/configmaps
/registry/daemonsets
/registry/deployments
/registry/events
/registry/namespaces
/registry/pods
...
```

이들 키는 10장에서 배운 리소스 형식에 해당한다는 것을 알 수 있을 것이다.

다음 예제는 /registry/pods 디렉터리 안에 있는 키를 보여준다.

예제 11.3 /registry/pods 디렉터리 안에 있는 키 목록

```
$ etcdctl ls /registry/pods
/registry/pods/default
/registry/pods/kube-system
```

이름을 보면 두 항목은 default와 kube-system 네임스페이스이고, 각 파드는 네임스페이스 단위로 저장된다는 것을 알 수 있다. 예제 11.4는 /registry/pods/default 디렉터리 안에 있는 항목을 보여준다.

예제 11.4 default 네임스페이스 안에 있는 파드의 etcd 항목

```
$ etcdctl ls /registry/pods/default
/registry/pods/default/kubia-159041347-xk0vc
/registry/pods/default/kubia-159041347-wt6ga
/registry/pods/default/kubia-159041347-hp2o5
```

각 항목은 개별 파드를 나타낸다. 이 항목은 디렉터리가 아니라 키-값 항목이다. 예제 11.5에서 이 가운데 한 항목에 저장된 내용을 볼 수 있다.

예제 11.5 파드를 나타내는 etcd 항목

```
$ etcdctl get /registry/pods/default/kubia-159041347-wt6ga
{"kind":"Pod","apiVersion":"v1","metadata":{"name":"kubia-159041347-wt6ga",
"generateName":"kubia-159041347-","namespace":"default","selfLink":...
```

저장된 내용이 JSON 형식의 파드 정의라는 것을 알 수 있다. API 서버는 리소스의 완전한 JSON 표현을 etcd에 저장한다. etcd의 계층적 키 공간 때문에, 저장된 모든 리소스를 단순하게 파일시스템에 있는 JSON 파일로 생각할 수 있다.

| **경고** | 쿠버네티스 버전 1.7 이전에는 시크릿(Secret) 리소스의 JSON 매니페스트를 이와 같이 저장했다(즉, 암호화되지 않은 상태로). 누군가 etcd에 직접 접근할 수 있다면 모든 시크릿 리소스를 알 수 있었다. 버전 1.7부터 시크릿은 훨씬 더 안전하게 암호화돼 저장된다.

저장된 오브젝트의 일관성과 유효성 보장

1장에서 언급한 쿠버네티스의 기반이 되는 구글의 보그[Borg]와 오메가[Omega] 시스템을 기억해보자. 쿠버네티스와 비슷하게 오메가는 중앙 저장소를 사용해 클러스터의 상태를 저장하지만 대조적으로 컨트롤 플레인의 구성 요소가 저장소에 직접 접근한다. 이러한 구성 요소는 충돌을 올바르게 처리하기 위해서 동일한 낙관적 잠금 메커니즘을 준수해야 한다. 메커니즘을 올바르게 따르지 않는 구성 요소 하나로 인해 데이터의 불일치가 발생할 수 있다.

쿠버네티스는 다른 모든 구성 소요가 API 서버를 통하도록 함으로써 이를 개선했다. API 서버 한곳에서 낙관적 잠금 메커니즘을 구현해서 클러스터의 상태를 업데이트하기 때문에, 오류가 발생할 가능성을 줄이고 항상 일관성을 가질 수 있다. 또한 API 서버는 저장소에 기록된 데이터가 항상 유효하고 데이터의 변경이 올바른 권한을 가진 클라이언트에 의해서만 수행되도록 한다.

클러스터링된 etcd의 일관성 보장

고가용성을 보장하기 위해 두 개 이상의 etcd 인스턴스를 실행하는 것이 일반적이다. 여러 etcd 인스턴스는 일관성을 유지해야 한다. 이러한 분산 시스템은 실제 상태가 무엇인지 합의[consensus]에 도달해야 한다. etcd는 RAFT 합의 알고리즘을 사용해 어느 순간이든 각 노드 상태가 대다수의 노드가 동의하는 현재 상태이거나 이전에 동의된 상태 중에 하나임을 보장한다.

클라이언트는 etcd 클러스터의 서로 다른 노드에 접속해 실제 현재 상태 또는 과거 상태(쿠버네티스에서는 API 서버가 유일한 etcd 클라이언트이지만, 여러 인스턴스가 있을 수 있다) 중에 하나를 보게 된다.

합의 알고리즘은 클러스터가 다음 상태로 진행하기 위해 과반수(혹은 쿼럼^{quorum})가 필요하다. 클러스터가 연결이 끊어진 두 개의 노드 그룹으로 분리될 경우에, 이전 상태에서 새로운 상태로 전환하기 위해 필요한 과반을 확보할 수 없기 때문에 두 그룹의 상태는 달라질 수 없다. 만약에 한 그룹이 전체 노드의 과반을 가지고 있다면, 나머지 그룹은 명백하게 과반이 될 수 없다. 첫 번째 그룹은 클러스터 상태를 변경할 수 있지만, 나머지 그룹은 할 수 없다. 이후 두 그룹이 다시 연결되면 두 번째 그룹은 첫 번째 그룹의 상태를 따라잡을 수 있다(그림 11.2 참조).

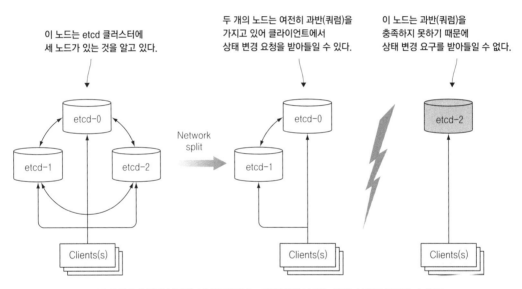

▲ **그림 11.2** 스플릿 브레인 시나리오에서는 과반(쿼럼)이 있는 쪽만 상태를 변경할 수 있다.

etcd 인스턴스 수가 홀수인 이유

etcd는 인스턴스를 일반적으로 홀수로 배포한다. 그 이유를 알고 싶을 것이다. 두 개의 인스턴스와 하나의 인스턴스를 비교해보자. 두 개의 인스턴스가 있으면 두 인스턴스 모두에 과반이 필요하다. 둘 중 하나라도 실패하면 과반이 존재하지 않기 때문에 상태를 변경할 수 없다. 두 개의 인스턴스를 갖는 것이 하나일 때보다 오히려 더 좋지 않다. 두 개가 있으면, 전체 클러스터 장애 발생률이 단일 노드 클러스터에 비해 100% 증가된다.

세 개와 네 개의 etcd 인스턴스를 비교할 때도 마찬가지다. 세 개의 인스턴스 중 인스턴스 하나가 실패할 경우라도 여전히 과반(두 노드)이 존재한다. 네 개의 인스턴스에서는 세 노드가 과반을 위해 필요하다(두 노드로는 부족). 세 개와 네 개 노드 클러스터는 단 하나의 노드 실패만 허용된다. 그러나 인스턴스가 네 개로 동작하고 있을 때, 하나가 실패한다면 높은 확률로 나머지 세 개 노드 중에 또 다른 노드가 실패할 여지가 있다(하나의 실패 노드가 있는 세 개 노드로 구성된 클러스터와 비교하면).

대규모 etcd 클러스터에서는 일반적으로 5대 혹은 7대 노드면 충분하다. 이 경우 2대에서 3대 노드 실패까지 감당할 수 있어 거의 모든 상황에서 충분하다.

11.1.3 API 서버의 기능

쿠버네티스 API 서버는 다른 모든 구성 요소와 kubectl 같은 클라이언트에서 사용하는 중심 구성 요소다. 클러스터 상태를 조회하고 변경하기 위해 RESTful API로 CRUD(쓰기, 읽기, 갱신, 삭제) 인터페이스를 제공한다. 상태는 etcd 안에 저장한다.

오브젝트를 etcd에 저장하는 일관된 방법을 제공하는 것뿐만 아니라, 오브젝트 유효성 검사 작업도 수행하기 때문에 잘못 설정된 오브젝트를 저장할 수 없다(만약 저장소에 직접 저장하는 경우에는 가능하다). 유효성 검사와 함께 낙관적 잠금도 처리하기 때문에 동시에 업데이터가 발생하더라도 다른 클라이언트에 의해 오브젝트의 변경 사항이 재정의^{override}되지 않는다.

API 서버의 클라이언트 중에 하나는 책의 시작 부분에서 사용한 kubectl 명령줄 도구다. 예를 들어 JSON 파일에서 리소스를 생성할 때 kubectl은 파일의 내용을 API 서버에 HTTP POST 요청으로 전달한다. 그림 11.3에서 API 서버가 요청을 받을 때 내부에서 발생하는 상황을 보여준다. 다음 절에서 더 자세히 설명한다.

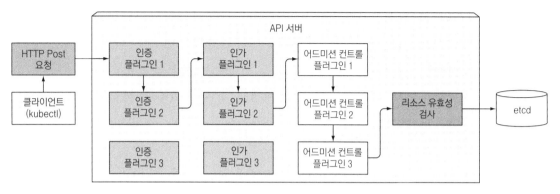

▲ **그림 11.3** API 서버의 동작

인증 플러그인으로 클라이언트 인증

먼저 API 서버는 요청을 보낸 클라이언트를 인증해야 한다. 이 작업은 API 서버에 구성된 하나 이상의 플러그인에 의해 수행된다. API 서버는 누가 요청을 보낸 것인지 결정할 수 있을 때까지 이들 플러그인을 차례로 호출한다. 이는 HTTP 요청을 검사해 수행한다.

인증 방법에 따라 사용자를 클라이언트 인증서 혹은 (8장에서 사용했던 인가^{Authorization} 같은) HTTP 헤더에서 가져온다. 플러그인은 클라이언트의 사용자 이름, 사용자 ID, 속해 있는 그룹 정보를 추출한다. 이 데이터는 다음 단계인 인가 단계에서 사용된다.

인가 플러그인을 통한 클라이언트 인가

API 서버는 인증 플러그인 외에도 하나 이상의 인가 플러그인을 사용하도록 설정돼 있다. 이 작업은 인증된 사용자가 요청한 작업이 요청한 리소스를 대상으로 수행할 수 있는지를 판별한다. 예를 들어 파드를 생성할 때 API 서버는 모든 인가 플러그인을 차례로 호출해 사용자가 요청한 네임스페이스 안에 파드를 생성할 수 있는지 결정한다. 플러그인에서 사용자가 해당 동작을 할 수 있다고 보고하면 API 서버는 다음 단계로 진행한다.

어드미션 컨트롤 플러그인으로 요청된 리소스 확인과 수정

리소스를 생성, 수정, 삭제하려는 요청인 경우에 해당 요청은 어드미션 컨트롤^{Admission} ^{Control}로 보내진다. 앞에서 말한 것처럼, 서버는 여러 어드미션 컨트롤 플러그인을 사용하도록 설정돼 있다. 이 플러그인은 리소스를 여러 가지 이유로 수정할 수 있다. 리소스 정의에서 누락된 필드를 기본값으로 초기화하거나 재정의할 수 있다. 요청에 없는 관계된 리소스를 수정하거나 어떤 이유로든 요청을 거부할 수도 있다. 해당 리소스는 모든 어드미션 컨트롤 플러그인을 통과한다.

> |**노트**| 데이터를 읽는 요청인 경우에는 어드미션 컨트롤을 거치지 않는다.

어드미션 컨트롤 플러그인 예시는 다음과 같다.

- `AlwaysPullImages`: 파드의 `imagePullPolicy`를 Always로 변경해 파드가 배포될 때마다 이미지를 항상 강제로 가져오도록 재정의한다.
- `ServiceAccount`: 명시적으로 지정하지 않을 경우 default 서비스 어카운트를 적용한다.
- `NamespaceLifecycle`: 삭제되는 과정에 있는 네임스페이스와 존재하지 않는 네임스페이스 안에 파드가 생성되는 것을 방지한다.
- `ResourceQuota`: 특정 네임스페이스 안에 있는 파드가 해당 네임스페이스에 할당된 CPU와 메모리만을 사용하도록 강제한다. 이것은 14장에서 자세히 살펴본다.

더 많은 어드미션 컨트롤 플러그인은 쿠버네티스 문서 https://kubernetes.io/docs/admin/admission-controllers/에서 찾아볼 수 있다.

리소스 유효성 확인 및 영구 저장

요청이 모든 어드미션 컨트롤 플러그인을 통과하면, API 서버는 오브젝트의 유효성을 검증하고 etcd에 저장한다. 그리고 클라이언트에 응답을 반환한다.

11.1.4 API 서버가 리소스 변경을 클라이언트에 통보하는 방법 이해

API 서버는 우리가 논의했던 것 외에 다른 것을 아무것도 하지 않는다. 예를 들어 레플리카셋 리소스를 만들 때 파드를 만들지 않고 서비스의 엔드포인트를 관리하지 않는다. 이것들은 컨트롤러 매니저의 컨트롤러들이 하는 일이다.

그러나 API 서버는 이런 컨트롤러에 무엇을 해야 하는지 알려주지 않는다. 단지 컨트롤러와 다른 구성 요소가 배포된 리소스의 변경 사항을 관찰할 수 있도록 하면 된다. 컨트롤 플레인 구성 요소는 리소스가 생성, 수정, 삭제될 때 통보를 받을 수 있도록 요청할 수 있다. 이렇게 하면 구성 요소가 클러스터 메타데이터의 변경에 대응해 필요한 모든 작업을 수행할 수 있다.

클라이언트는 API 서버에 HTTP 연결을 맺고 변경 사항을 감지한다. 이 연결을 통해 클라이언트는 감시^{watch} 대상 오브젝트의 변경을 알 수 있는 스트림을 받는다. 오브젝트가 갱신될 때마다, 서버는 오브젝트를 감시하고 있는 연결된 모든 클라이언트에게 오브젝트의 새로운 버전을 보낸다. 그림 11.4에서 클라이언트가 파드 변경 사항을 감시하는 방법과 etcd에 저장된 파드 변경 사항이 해당 파드를 감시하는 모든 클라이언트에 전달되는 방식을 보여준다.

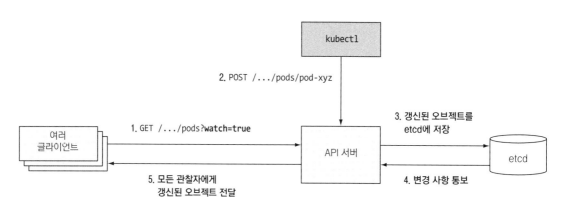

▲ **그림 11.4** 오브젝트가 갱신되면, API 서버는 갱신된 오브젝트를 감시하는 모든 관찰자에게 갱신된 오브젝트를 전달한다.

kubectl 도구는 리소스 변경을 감시할 수 있는 API 서버의 클라이언트 중 하나다. 예를 들어 파드를 배포할 때 kubectl get pods 명령을 반복 실행해 파드 리스트를 조회할 필요가 없다. 대신 예제 11.6과 같이 --watch 옵션을 이용해 파드의 생성, 수정, 삭제 통보를 받을 수 있다.

```
$ kubectl get pods --watch
NAME                       READY     STATUS             RESTARTS   AGE
kubia-159041347-14j3i      0/1       Pending            0          0s
kubia-159041347-14j3i      0/1       Pending            0          0s
kubia-159041347-14j3i      0/1       ContainerCreating  0          1s
kubia-159041347-14j3i      0/1       Running            0          3s
kubia-159041347-14j3i      1/1       Running            0          5s
kubia-159041347-14j3i      1/1       Terminating        0          9s
kubia-159041347-14j3i      0/1       Terminating        0          17s
kubia-159041347-14j3i      0/1       Terminating        0          17s
kubia-159041347-14j3i      0/1       Terminating        0          17s
```

kubectl 명령으로 각 감시 이벤트의 전체 YAML을 출력할 수도 있다.

```
$ kubectl get pods -o yaml --watch
```

감시[watch] 메커니즘은 계속해서 살펴볼 컨트롤 플레인 구성 요소인 스케줄러에서도 사용된다.

11.1.5 스케줄러 이해

일반적으로 파드를 실행할 때 클러스터 노드를 지정하지 않는다는 것을 이미 알고 있을 것이다. 이는 스케줄러에게 맡겨진 일이다. 멀리서 보면 스케줄러가 하는 일은 간단해 보인다. API 서버의 감시 메커니즘을 통해 새로 생성될 파드를 기다리고 있다가 할당된 노드가 없는 새로운 파드를 노드에 할당하기만 한다.

스케줄러는 선택된 노드(또는 해당 노드에서 실행 중인 Kubelet)에 파드를 실행하도록 지시하지 않는다. 단지 스케줄러는 API 서버로 파드 정의를 갱신한다. API 서버는 (앞에서 설명한 감시 메커니즘을 통해) Kubelet에 파드가 스케줄링된 것을 통보한다. 대상 노드의 Kubelet은 파드가 해당 노드에 스케줄링된 것을 확인하자마자 파드의 컨테이너를 생성하고 실행한다.

스케줄링 프로세스에 관한 대략적인 모습은 사소한 것처럼 보이지만, 파드에 가장 적합한 노드를 선택하는 실제 작업은 그렇게 단순하지 않다. 물론 가장 간단한 스케줄러는 노드에서 이미 실행 중인 파드를 신경 쓰지 않고 무작위로 노드를 선택하는 것이다. 그 반대편에 있는 스케줄러는 머신 러닝 같은 고급 기술을 이용해 향후 몇 분 혹은 몇 시간 내에 어떤 종류의 파드를 스케줄링할지 예측해 기존 파드를 다시 스케줄링하지 않고도 하드웨어 활용을 극대화할 수 있다. 쿠버네티스의 기본 스케줄러는 이 둘 사이에 위치한다.

기본 스케줄링 알고리즘 이해

노드의 선택은 그림 11.5에서 보는 것처럼 두 부분으로 나눌 수 있다.

- 모든 노드 중에서 파드를 스케줄링할 수 있는 노드 목록을 필터링한다.
- 수용 가능한 노드의 우선순위를 정하고 점수가 높은 노드를 선택한다. 만약 여러 노드가 같은 최상위 점수를 가지고 있다면, 파드가 모든 노드에 고르게 배포되도록 라운드-로빈을 사용한다.

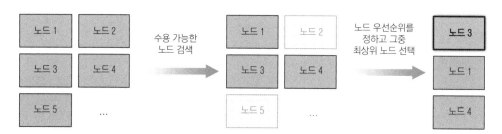

▲ **그림 11.5** 스케줄러는 파드를 수용할 수 있는 노드를 찾아 그중에서 가장 적합한 노드를 선택한다.

수용 가능한 노드 찾기

파드를 수용할 수 있는 노드를 찾기 위해, 스케줄러는 미리 설정된 조건 함수$^{predicate function}$ 목록에 각 노드를 전달한다. 이들 함수는 다음과 같은 다양한 조건을 확인한다.

- 노드가 하드웨어 리소스에 대한 파드 요청을 충족시킬 수 있는가(14장에서 어떻게 지정하는지 배운다)?

- 노드에 리소스가 부족한가(메모리 혹은 디스크 부족 상태를 보고하는가)?
- 파드를 특정 노드(이름)로 스케줄링하도록 요청한 경우에, 해당 노드인가?
- 노드가 파드 정의 안에 있는 노드 셀렉터와 일치하는 레이블을 가지고 있는가(정의 돼 있는 경우)?
- 파드가 특정 호스트 포트(13장에서 설명)에 할당되도록 요청한 경우 해당 포트가 이 노드에서 이미 사용 중인가?
- 파드 요청이 특정한 유형의 볼륨을 요청하는 경우 이 노드에서 해당 볼륨을 파드에 마운트할 수 있는가, 아니면 이 노드에 있는 다른 파드가 이미 같은 볼륨을 사용하고 있는가?
- 파드가 노드의 테인트^{taints}를 허용하는가? 테인트와 톨러레이션^{tolerations}은 16장에서 설명한다.
- 파드가 노드와 파드의 어피니티^{affinity}, 안티−어피니티^{anti-affinity} 규칙을 지정했는가? 만약에 그렇다면 이 노드에 파드를 스케줄링하면 이런 규칙을 어기게 되는가? 16장에서 설명한다.

이 모든 검사를 통과해야 노드가 파드를 수용할 수 있다. 스케줄러는 모든 노드에서 이러한 검사를 수행한 뒤에야 노드의 부분 집합을 얻는다. 이 노드들은 파드를 위한 충분한 자원을 가지고 있고 파드 정의에 기술한 모든 조건을 만족시키고 있기 때문에, 어떤 노드든 해당 파드를 실행할 수 있다.

파드에 가장 적합한 노드 선택

이러한 모든 노드가 파드를 실행할 수는 있지만, 그중에 특정 노드가 다른 노드보다 나은 선택일 수 있다. 두 개의 노드로 구성된 클러스터가 있다고 가정하자. 두 노드 모두 적합하지만 하나의 노드에서 이미 10개의 파드를 실행하고 있고, 다른 노드는 (어떤 이유든) 현재 아무런 파드도 실행하고 있지 않다. 이 경우에는 스케줄러가 명백히 두 번째 노드를 선호해야 한다.

만약 두 노드가 클라우드 인프라스트럭처를 사용하는 경우 파드를 첫 번째 노드에 스케줄링하고 두 번째 노드를 클라우드 제공자에 반환해 비용을 절감하는 것이 더 나을 수도 있다.

고급 파드 스케줄링

다른 예를 생각해보자. 파드의 레플리카가 여러 개인 경우를 가정해보자. 한 노드에 스케줄링하는 것보다 가능한 많은 노드에 분산시키는 것이 이상적이다. 한 노드가 실패하면 해당 파드가 제공하는 서비스를 사용할 수 없게 된다. 하지만 여러 노드에 파드가 분산돼 있다면, 하나의 노드 실패로 인해 서비스 용량이 거의 손상되지 않는다.

동일한 서비스^{Service} 또는 레플리카셋^{ReplicaSet}에 속한 파드는 기본적으로 여러 노드에 분산된다. 항상 그런 것은 아니지만, 어피니티와 안티-어피니티 규칙을 정의해 클러스터 전체에 퍼지거나 가깝게 유지되도록 강제할 수 있다. 이는 16장에서 설명한다.

이 두 가지 간단한 사례에서도 여러 가지 요인에 따라 스케줄링이 얼마나 복잡한지 볼 수 있다. 이러한 이유 때문에 스케줄러는 특정한 요구 사항이나 인프라스트럭처 사양에 맞게 구성하거나 사용자 맞춤형 구성으로 대체할 수 있다. 스케줄러 없이 쿠버네티스 클러스터를 실행할 수도 있지만, 이 경우에는 스케줄링을 수동으로 실행해야 한다.

다중 스케줄러 사용

클러스터에서 스케줄러를 하나만 실행하는 대신 여러 개의 스케줄러를 실행할 수 있다. 그런 다음에 파드 정의 안에 schedulerName 속성에 파드를 스케줄링할 때 사용할 스케줄러를 지정한다.

이 속성을 설정하지 않은 파드는 기본 스케줄러를 사용해 스케줄링되며, scheduler Name이 default-scheduler로 설정된 파드도 마찬가지다. 다른 모든 파드는 기본 스케줄러에서 무시되므로 스케줄링을 수동으로 혹은 해당 파드를 감시하는 다른 스케줄러가 스케줄링해야 한다.

사용자가 직접 스케줄러를 구현해 클러스터에 배포하거나, 다른 설정 옵션을 가진 쿠버네티스의 스케줄러를 배포할 수도 있다.

11.1.6 컨트롤러 매니저에서 실행되는 컨트롤러 소개

앞에서 언급한 것처럼, API 서버는 리소스를 etcd에 저장하고 변경 사항을 클라이언트에 통보하는 것 외에 다른 일을 하지 않는다. 스케줄러는 파드에 노드만 할당한다. 그러므로 API 서버로 배포된 리소스에 지정된 대로 시스템을 원하는 상태로 수렴되도록 하는 다른 활성 구성 요소가 필요하다. 이는 컨트롤러 매니저 안에서 실행되는 컨트롤러에 의해 수행된다.[2]

현재는 다양한 조정^{reconciliation} 작업을 수행하는 여러 컨트롤러가 하나의 컨트롤러 매니저 프로세스에서 실행된다. 필요한 경우 이들 컨트롤러를 별도의 프로세스로 분할해서 각 컨트롤러를 맞춤형 구현으로 교체할 수 있다. 이런 컨트롤러 목록은 다음과 같다.

- 레플리케이션 매니저(레플리케이션컨트롤러 리소스의 컨트롤러)
- 레플리카셋, 데몬셋, 잡 컨트롤러
- 디플로이먼트 컨트롤러
- 스테이트풀셋 컨트롤러
- 노드 컨트롤러
- 서비스 컨트롤러
- 엔드포인트 컨트롤러
- 네임스페이스 컨트롤러
- 퍼시스턴트볼륨 컨트롤러
- 그 밖의 컨트롤러

각 컨트롤러의 기능은 이름에서 유추할 수 있다. 이 목록을 보면 생성할 수 있는 거의 모든 리소스의 컨트롤러가 있는 것을 알 수 있다. 리소스는 클러스터에 어떤 것을 실행해야 하는지 기술하는 반면, 컨트롤러는 리소스를 배포함에 따라 실제 작업을 수행하는 활성화된 쿠버네티스 구성 요소다.

---

2 쿠버네티스에는 다양한 구성 요소와 애드온이 있으며, 이 중에서 사용을 위해 Active 모드로 설정한 구성 요소를 활성 구성 요소라 한다. – 옮긴이

컨트롤러의 역할과 동작 방식 이해

컨트롤러는 다양한 작업을 수행하지만 모두 API 서버에서 리소스(디플로이먼트, 서비스 등) 가 변경되는 것을 감시하고 각 변경 작업(새로운 오브젝트를 생성하거나 이미 있는 오브젝트의 갱신 혹은 삭제)을 수행한다. 대부분 이러한 작업은 다른 리소스 생성, (오브젝트의 status 등) 감시 중인 리소스 자체를 갱신하는 것이 포함된다.

일반적으로 컨트롤러는 조정 루프를 실행해, 실제 상태를 원하는 상태(리소스의 spec 섹션에 정의)로 조정하고 새로운 상태를 리소스의 **status** 섹션에 기록한다. 컨트롤러는 감시 메커니즘을 이용해 변경 사항을 통보받지만 모든 이벤트를 놓치지 않고 받는다는 것을 보장하진 않기 때문에, 정기적으로 목록을 가져오는 작업을 수행해 누락된 이벤트가 없는지 확인해야 한다.

컨트롤러는 서로 직접 대화하지 않는다. 컨트롤러는 심지어 다른 컨트롤러가 존재하는지도 모른다. 각 컨트롤러는 API 서버에 연결하고 감시 메커니즘(11.1.3절에서 설명)을 통해 컨트롤러가 담당하는 리소스 유형에서 변경이 발생하면 통보해줄 것을 요청한다.

각 컨트롤러의 기능을 간략히 살펴보겠지만, 더 깊게 살펴보고 싶다면 소스 코드를 직접 살펴보는 것이 좋다. 시작 방법은 다음과 같다.

컨트롤러 소스 코드를 탐색하기 위한 몇 가지 지침

컨트롤러 동작 방식을 정확히 보고 싶다면, 소스 코드를 찾아보는 것을 강력하게 추천한다. 좀 더 쉽게 접근할 수 있는 팁이 있다.

컨트롤러의 소스 코드는 https://github.com/kubernetes/kubernetes/blob/master/pkg/controller 에서 찾을 수 있다.

각 컨트롤러에는 일반적으로 인포머(Informer)를 만드는 생성자가 있다. 인포머는 API 오브젝트가 갱신된 내용을 받을 때마다 호출되는 리스너. 보통 인포머는 특정 유형의 오브젝트가 변경되는 것을 청취(listen)한다. 생성자를 보면 컨트롤러가 어떤 리소스를 감시(watch)하는지 볼 수 있다.

다음으로 worker() 메서드를 찾는다. 그 안에는 컨트롤러가 무언가를 해야 할 때마다 호출되는 메서드가 있다. 실제 기능은 syncHandler나 혹은 이와 비슷한 필드에 저장된다. 이 필드는 생성자에서도 초기화되므로 호출되는 함수의 이름을 여기에서 찾을 수 있다. 이 함수가 모든 마술이 일어나는 곳이다.

레플리케이션 매니저

레플리케이션컨트롤러 리소스를 활성화하는 컨트롤러를 레플리케이션 매니저라고 한다. 4장에서 레플리케이션컨트롤러의 동작 방식을 다뤘다. 실제 작업을 수행하는 것은 레플리케이션컨트롤러가 아닌 레플리케이션 매니저다. 나머지 컨트롤러를 이해하는 데 도움이 될 것이므로 컨트롤러의 기능을 빠르게 살펴보자.

4장에서 레플리케이션컨트롤러의 동작을 무한 루프로 생각할 수 있다고 얘기했는데, 매번 루프를 돌 때마다 컨트롤러는 파드 셀렉터와 일치하는 파드의 수를 찾고 이를 원하는 레플리카 수와 비교한다.

이제 API 서버가 감시 메커니즘을 통해 클라이언트에 통보하는 방법을 알았으니, 컨트롤러가 매 반복마다 파드 정보를 가져오지 않고 대신 감시 메커니즘을 통해 레플리카 수와 매칭된 실제 파드 수에 영향을 주는 변화를 수신할 수 있다(그림 11.6 참고). 이런 변경 때문에 컨트롤러가 호출돼 원하는 레플리카 수와 실제 레플리카 수를 다시 확인하고 그에 맞는 동작을 수행한다.

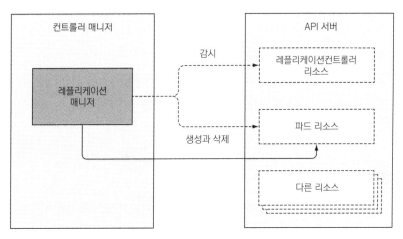

▲ **그림 11.6** 레플리케이션 매니저는 API 오브젝트의 변경을 감시한다.

실행 중인 파드 인스턴스가 너무 적으면 레플리케이션컨트롤러가 추가 인스턴스를 실행하는 것을 이미 알고 있다. 하지만 실제로 레플리케이션 자체가 파드를 실행하는 것은 아니다. 레플리케이션컨트롤러는 새로운 파드 매니페스트를 생성해 API 서버에 게시하고, 스케줄러와 Kubelet이 파드 스케줄링과 실행 작업을 수행한다.

레플리케이션 매니저는 API 서버로 파드 API 오브젝트를 조작해 작업을 수행한다. 이 것이 모든 컨트롤러의 동작 방식이다.

레플리카셋, 데몬셋, 잡 컨트롤러

레플리카셋 컨트롤러는 앞에서 설명한 레플리케이션 매니저와 거의 동일한 기능을 수행하 므로 여기서 추가할 것이 별로 없다. 데몬셋과 잡 컨트롤러는 비슷하다. 이 둘은 리소스에 정의된 파드 템플릿에서 파드 리소스를 생성한다. 레플리케이션 매니저와 마찬가지로 이 컨트롤러들은 파드를 실행하지 않고, 파드 정의를 API 서버에 게시해 Kubelet이 컨테이 너를 생성하고 실행하도록 한다.

디플로이먼트 컨트롤러

디플로이먼트 컨트롤러는 실제 배포된 상태와 디플로이먼트 API 오브젝트에 기록된 원하 는 상태가 동기화되도록 관리한다.

디플로이먼트 컨트롤러는 디플로이먼트 오브젝트가 수정(수정이 배포된 파드에 영향을 준 다면)될 때마다 새로운 버전을 롤아웃한다. 이 작업은 디플로이먼트 안에 정의된 전략에 따 라 이전 파드가 새로운 파드로 교체될 때까지 이전 레플리카셋과 새로운 레플리카셋을 모 두 적절히 조절한디. 이때 어떠한 파드도 직접 생성하지 않는다.

스테이트풀셋 컨트롤러

스테이트풀셋 컨트롤러는 레플리카셋 컨트롤러와 기타 관련 컨트롤러와 비슷하게 스테이 트풀셋 리소스 정의에 따라 파드를 생성, 관리하고 삭제한다. 그러나 다른 컨트롤러가 파 드만을 관리하는 반면, 스테이트풀 컨트롤러는 각 파드 인스턴스를 위한 퍼시스턴트볼륨 클레임도 인스턴스화하고 관리한다.

노드 컨트롤러

노드 컨트롤러는 클러스터의 워커 노드를 기술하는 노드 리소스를 관리한다. 무엇보다도 클러스터에서 실행 중인 실제 머신 목록과 노드 오브젝트 목록을 동기화하는 데 중점을 둔다. 또한 각 노드의 상태를 모니터링하고 연결이 끊어진 노드에서 파드를 제거한다.

노드 컨트롤러만이 노드 오브젝트를 변경할 수 있는 것은 아니다. 노드 오브젝트는 Kubelet에 의해 변경되거나 REST API 호출을 통해 사용자가 변경할 수도 있다.

서비스 컨트롤러

5장에서 서비스를 이야기하면서 몇 가지 유형이 있음을 배웠다. 그중 하나는 LoadBalancer 유형의 서비스로, 인프라스트럭처에 로드 밸런서를 요청해 외부에서 서비스를 사용할 수 있게 만든다. 서비스 컨트롤러는 LoadBalancer 유형의 서비스가 생성되거나 삭제될 때 인프라스트럭처에 로드 밸런서를 요청하고 해제하는 역할을 수행한다.

엔드포인트 컨트롤러

서비스는 파드에 직접 연결돼 있지 않지만, 서비스에 정의된 파드 셀렉터에 따라 수동 혹은 자동으로 생성되고 갱신되는 엔드포인트(IP와 포트) 목록을 포함한다는 것을 기억할 것이다. 엔드포인트 컨트롤러는 레이블 셀렉터와 일치하는 파드의 IP와 포트로 엔드포인트 리스트를 계속 갱신하는 활성 구성 요소다.

그림 11.7에서 볼 수 있듯이 컨트롤러는 서비스와 파드 모두를 감시한다. 서비스가 추가 또는 갱신되거나 파드가 추가, 갱신, 삭제될 경우 서비스의 파드 셀렉터와 일치하는 파드를 선택해 IP와 포트를 엔드포인트 리소스에 추가한다. 엔드포인트 오브젝트는 독립형 오브젝트이므로, 컨트롤러가 필요한 경우에 직접 오브젝트를 생성한다. 마찬가지로 엔드포인트 컨트롤러는 서비스가 삭제되면 엔드포인트 오브젝트도 삭제한다.

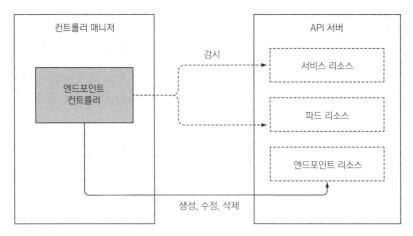

▲ **그림 11.7** 엔드포인트 컨트롤러는 서비스와 파드 리소스를 감시하고, 엔드포인트를 관리한다.

네임스페이스 컨트롤러

3장에서 이야기했던 네임스페이스를 기억하는가? 대부분의 리소스는 특정 네임스페이스에 속한다. 네임스페이스 리소스가 삭제되면, 해당 네임스페이스에 속해 있는 모든 리소스도 같이 삭제돼야 한다. 이것이 네임스페이스 컨트롤러가 하는 일이다. 네임스페이스 오브젝트의 삭제 통보를 받으면 API 서버로 네임스페이스에 속해 있는 모든 리소스를 삭제한다.

퍼시스턴트볼륨 컨트롤러

6장에서 퍼시스턴트볼륨과 퍼시스턴트볼륨클레임을 배웠다. 사용자가 퍼시스턴트볼륨클레임을 생성하면, 쿠버네티스는 적절한 퍼시스턴트볼륨을 찾아 해당 클레임에 연결해줘야 한다. 이는 퍼시스턴트볼륨 컨트롤러에 의해 수행된다.

퍼시스턴트볼륨클레임이 나타나면, 킨드롤러는 요청한 접근 모드와 일치하는 퍼시스턴트볼륨을 먼저 찾는다. 그리고 그 가운데 요청한 용량보다 크지만 선언된 용량이 가장 작은 퍼시스턴트볼륨을 선택한다. 이 선택은 퍼시스턴트볼륨을 각 접근 모드로 나누고 용량 크기로 오름차순 정렬한 리스트를 유지해 그중 첫 번째 볼륨을 반환해 이뤄진다.

그리고 사용자가 퍼시스턴트볼륨클레임을 삭제하면 해당 볼륨은 연결이 끊어지고, 볼륨 회수^{reclaim} 정책(그대로 남겨두거나, 삭제 또는 비워짐)에 따라 회수된다.

컨트롤러 정리

이제 각 컨트롤러의 기능과 컨트롤러의 일반적인 동작 원리를 어느 정도 이해할 수 있게 됐을 것이다. 다시 말하면, 모든 컨트롤러는 API 서버로 API 오브젝트를 제어한다. 어떤 컨트롤러도 Kubelet과 직접 통신하거나 어떠한 명령도 내리지 않는다. 사실 컨트롤러는 Kubelet이 존재하는 것조차 알 수 없다. 컨트롤러가 API 서버에 리소스를 갱신하고 난 이후에도 Kubelet과 쿠버네티스 서비스 프록시는 컨트롤러의 존재를 알지 못한 채 파드의 컨테이너에 네트워크 저장소를 붙여 기동하거나 서비스의 경우 파드 사이에 실제 로드 밸런싱을 설정하는 것과 같이 많은 일을 수행한다.

컨트롤 플레인은 전체 쿠버네티스 시스템 운영의 한 부분만을 처리하기 때문에 쿠버네티스 클러스터 안에서 어떤 일이 벌어지는지 완전히 이해하기 위해서는 Kubelet과 쿠버네티스 서비스 프록시의 기능을 이해해야 한다. 계속해서 배워보자.

11.1.7 Kubelet이 하는 일

쿠버네티스 컨트롤 플레인의 일부로써 마스터 노드에서 실행되는 다른 컨트롤러와 달리, Kubelet과 서비스 프록시는 실제 파드 컨테이너가 실행되고 있는 워커 노드에서 실행된다. Kubelet이 정확히 하는 일이 무얼까?

Kubelet의 작업 이해

간단히 말해서 Kubelet은 워커 노드에서 실행하는 모든 것을 담당하는 구성 요소다. 첫 번째 작업은 Kubelet이 실행 중인 노드를 노드 리소스로 만들어서 API 서버에 등록하는 것이다. 그런 다음 API 서버를 지속적으로 모니터링해 해당 노드에 파드가 스케줄링되면, 파드의 컨테이너를 시작한다. 설정된 컨테이너 런타임(도커, CoreOS의 rkt 등)에 지정된 컨테이너 이미지로 컨테이너를 실행하도록 지시함으로써 이 작업을 수행한다. 그런 다음 Kubelet은 실행 중인 컨테이너를 계속 모니터링하면서 상태, 이벤트, 리소스 사용량을 API 서버에 보고한다.

Kubelet은 컨테이너 라이브니스 프로브^{liveness probes}를 실행하는 구성 요소이기도 하며, 프로브가 실패할 경우 컨테이너를 다시 시작한다. 마지막으로 API 서버에서 파드가 삭제되면 컨테이너를 정지하고 파드가 종료된 것을 서버에 통보한다.

API 서버 없이 정적 파드 실행

Kubelet은 쿠버네티스 API 서버와 통신해 파드 매니페스트를 가져오지만, 그림 11.8과 같이 특정 로컬 디렉터리 안[3]에 있는 매니페스트 파일을 기반으로 파드를 실행할 수도 있다. 이 기능은 11장 시작 부분에서 봤던 컨테이너화된 버전으로 컨트롤 플레인 구성 요소를 파드로 실행하는 데 사용된다.

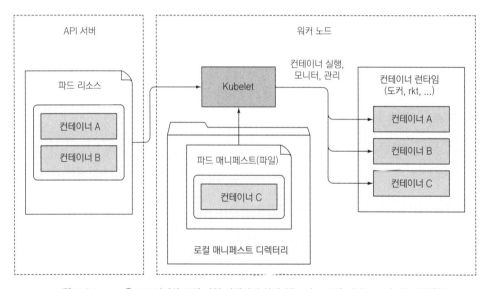

▲ **그림 11.8** Kubelet은 API 서버와 로컬 파일 디렉터리 안에 있는 파드 스펙 기반으로 파드를 실행한다.

---

3   기본으로 /etc/kubernetes/manifest 디렉터리 안에 있는 yaml 파일이다. – 옮긴이

쿠버네티스 시스템 구성 요소가 기본적으로 실행되도록 하는 대신, 시스템 구성 요소 파드 매니페스트를 Kubelet의 매니페스트 디렉터리 안에 넣어서 Kubelet이 실행하고 관리하도록 할 수 있다. 같은 방법으로 사용자 정의 시스템 컨테이너를 실행하는 것도 가능하지만 이 경우에는 데몬셋을 사용하는 방식을 추천한다.

11.1.8 쿠버네티스 서비스 프록시의 역할

Kubelet 외에도, 모든 워커 노드는 클라이언트가 쿠버네티스 API로 정의한 서비스에 연결할 수 있도록 해주는 kube-proxy도 같이 실행한다. kube-proxy는 서비스의 IP와 포트로 들어온 접속을 서비스(혹은 파드가 없는 서비스 엔드포인트)를 지원하는 파드 중 하나와 연결시켜준다. 서비스가 둘 이상의 파드에서 지원되는 경우 프록시는 파드 간에 로드 밸런싱을 수행한다.

프록시라고 부르는 이유

kube-proxy의 초기 구현은 사용자 공간[userspace4]에서 동작하는 프록시였다. 실제 서버 프로세스가 연결을 수락하고 이를 파드로 전달했다. 서비스 IP로 향하는 연결을 가로채기 위해 프록시는 **iptables** 규칙(iptables 도구는 리눅스 커널의 패킷 필터링 기능을 관리한다)을 설정해 이를 프록시 서버로 전송했다. **userspace** 프록시 모드에 관한 대략적인 모습을 그림 11.9에서 볼 수 있다.

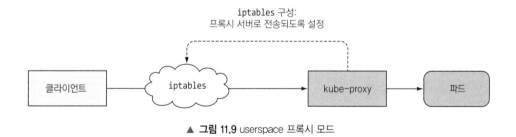

▲ **그림 11.9** userspace 프록시 모드

4　리눅스 프로세스는 크게 kernelspace와 userspace에서 구동된다. Cilium과 같은 kernel-space에서 구동하는 프록시도 있다. – 옮긴이

kube-proxy는 실제 프록시이기 때문에 그 이름을 얻었지만, 현재는 훨씬 성능이 우수한 구현체에서 iptables 규칙만 사용해 프록시 서버를 거치지 않고 패킷을 무작위로 선택한 백엔드 파드로 전달한다. 이 모드를 iptables 프록시 모드라고 하며 그림 11.10에서 보여준다.

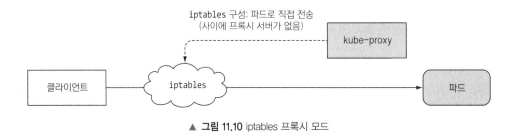

▲ **그림 11.10** iptables 프록시 모드

이 두 모드의 가장 큰 차이점은 패킷이 kube-proxy를 통과해 사용자 공간에서 처리되는지 아니면 커널(커널 공간)에서 처리되는지 여부다. 이는 성능에 큰 영향을 준다.

또 다른 작은 차이점은 userspace 프록시 모드는 진짜 라운드 로빈 방식을 사용해 파드 간에 연결이 균형을 이루지만, iptables 프록시 모드는 파드를 무작위로 선택하기 때문에 그렇지 않다는 점이다. 소수의 클라이언트만 서비스를 사용한다면, 요청이 모든 파드에 고르게 분산되지 않을 수 있다. 예를 들어 서비스가 두 개의 지원^{backing} 파드를 가지고 있고 클라이언트가 다섯 개 정도만 있다면, 파드 A에 네 개의 클라이언트가 연결돼 있고 파드 B에 한 클라이언트만 연결돼 있는 것을 보더라도 놀라지 말라. 클라이언트나 파드 수가 많다면 이 문제는 두드러지지 않을 것이다.

iptables 프록시 모드가 어떻게 동작하는지 11.5절에서 배운다.

11.1.9 쿠버네티스 애드온 소개

쿠버네티스 클러스터를 동작하게 만드는 핵심 구성 요소를 살펴봤다. 그러나 11장의 시작 부분에서 몇 가지 애드온을 나열했다. 항상 필요한 것은 아니지만 활성화할 수 있는 기능이 있다. 여기에는 쿠버네티스 서비스의 DNS 조회, 여러 HTTP 서비스를 단일 외부 IP 주소로 노출하는 기능, 쿠버네티스 웹 대시보드와 같은 것들이 있다.

애드온 배포 방식

이러한 구성 요소는 애드온으로 제공되고 이 책에서 해온 방식처럼, YAML 매니페스트를 API 서버에 게시해 파드로 배포된다. 구성 요소 가운데 일부는 디플로이먼트 리소스나 레플리케이션컨트롤러 리소스로 배포되고 또 일부는 데몬셋으로 배포된다.

예를 들어 이 문서를 작성하는 중인 지금, Minikube 안에는 인그레스 컨트롤러와 대시보드 애드온이 예제 11.7에서 보는 것처럼 레플리케이션컨트롤러로 배포돼 있다.

예제 11.7 Minikube 안에 레플리케이션컨트롤러로 배포된 애드온

```
$ kubectl get rc -n kube-system
NAME                         DESIRED   CURRENT   READY   AGE
default-http-backend         1         1         1       6d
kubernetes-dashboard         1         1         1       6d
nginx-ingress-controller     1         1         1       6d
```

DNS 애드온은 다음 예제에서 보는 것처럼 디플로이먼트로 배포된다.

예제 11.8 kube-dns 디플로이먼트

```
$ kubectl get deploy -n kube-system
NAME       DESIRED   CURRENT   UP-TO-DATE   AVAILABLE   AGE
kube-dns   1         1         1            1           6d
```

DNS[5]와 인그레스 컨트롤러가 어떻게 동작하는지 살펴보자.

DNS 서버 동작 방식

클러스터의 모든 파드는 기본적으로 클러스터의 내부 DNS 서버를 사용하도록 설정돼 있다. 이로 파드는 서비스를 이름으로 쉽게 찾을 수 있고 헤드리스headless 서비스 파드인 경우에는 해당 파드의 IP 주소를 조회할 수 있다.

---

5   쿠버네티스 버전 1.11과 이후 버전을 kubeadm으로 설치할 경우에는, kube-dns 대신 CoreDNS가 기본 DNS 서비스로 설치된다.
    – 옮긴이

DNS 서버 파드는 kube-dns 서비스로 노출되므로, 해당 파드를 다른 파드와 마찬가지로 클러스터 안에서 이동할 수 있다. 해당 서비스의 IP 주소는 클러스터에 배포된 모든 컨테이너가 가지고 있는 /etc/resolv.conf 파일 안에 nameserver로 지정돼 있다. kube-dns 파드는 API 서버 감시 메커니즘을 이용해 서비스와 엔드포인트 변화를 관찰하고 모든 변화를 DNS 레코드에 갱신한다. 이로 클라이언트가 항상 (거의) 최신 DNS 정보를 얻을 수 있다. 거의라고 말한 이유는 서비스 혹은 엔드포인트 리소스가 갱신되는 시간과 DNS 파드가 통보를 받는 시간 사이에는 DNS 레코드가 유효하지 않을 수 있기 때문이다.

인그레스 컨트롤러 동작 방식

DNS 애드온과 달리 몇 가지 다른 인그레스 컨트롤러 구현체가 있지만, 대부분 동일한 방식으로 동작한다. 인그레스 컨트롤러는 리버스 프록시 서버(예: Nginx)를 실행하고 클러스터에 정의된 인그레스, 서비스, 엔드포인트 리소스 설정을 유지한다. 컨트롤러는 이러한 리소스를 감시하고 (앞에서 얘기한 감시 메커니즘을 통해) 변경이 일어날 때마다 프록시 서버 설정을 변경한다.

인그레스 리소스의 정의는 서비스를 가리키지만, 인그레스 컨트롤러는 트래픽을 서비스의 IP로 보내지 않고 서비스의 파드로 직접 전달한다. 이는 외부에서 접속한 클라이언트가 인그레스 컨트롤러로 연결할 때 IP를 보존하는 데 영향을 주기 때문에, 특정 사용 사례에서는 서비스를 선호하도록 만든다.

다른 애드온 사용

DNS 서버와 인그레스 컨트롤러 애드온은 컨트롤러 매니저 안에서 실행되는 컨트롤러와 비슷하게 API 서버로 리소스 변경을 관찰하고 수정하지만 클라이언트 연결을 수락한다는 점이 그들과 다른 점이다.

다른 애드온도 비슷하다. 모두 클러스터 상태를 관찰하고 변화가 생기면 그에 맞는 필요한 조치를 수행한다. 다른 몇 가지 애드온을 11장과 나머지 장에서 설명한다.

11.1.10 모든 것을 함께 가져오기

쿠버네티스 시스템 전체가 상대적으로 작고, 관심의 분리로 느슨하게 결합된 구성 요소로 이뤄져 있음을 배웠다. API 서버, 스케줄러, 컨트롤러 매니저 안에서 실행되는 개별 컨트롤러, Kubelet과 kube-proxy는 모두 함께 동작해 시스템의 실제 상태가 사용자가 지정한 원하는 상태와 일치하도록 유지한다.

예를 들어 API 서버에 게시된 파드 매니페스트는 쿠버네티스 구성 요소의 다양한 움직임을 이끌어내 결국 파드의 컨테이너가 실행된다. 어떻게 연계되는지 다음 절에서 알아보자.

11.2 컨트롤러가 협업하는 방법

쿠버네티스 클러스터를 구성하는 모든 구성 요소를 알아봤다. 이제는 쿠버네티스 동작 방식에 관한 이해를 견고히 하기 위해 파드 리소스가 생성될 때 무슨 일이 발생하는지 살펴보자. 일반적으로 파드를 직접 만들지 않기 때문에, 대신 디플로이먼트 리소스를 생성하고 파드 컨테이너가 시작하기까지 일어나는 모든 일들을 알아보자.

11.2.1 관련된 구성 요소 이해

전체 프로세스를 시작하기 전에도 컨트롤러와 스케줄러 그리고 Kubelet은 API 서버에서 각 리소스 유형이 변경되는 것을 감시한다. 이는 그림 11.11에서 볼 수 있다. 그림에 표시된 구성 요소는 동작 요인이 충족되면 프로세스 안에서 각자 역할을 수행한다. 이 그림에는 etcd가 포함돼 있지 않은데, 이는 API 서버 뒤에 숨겨져 있기 때문이다. API 서버를 오브젝트를 저장하는 장소로 생각할 수 있다.

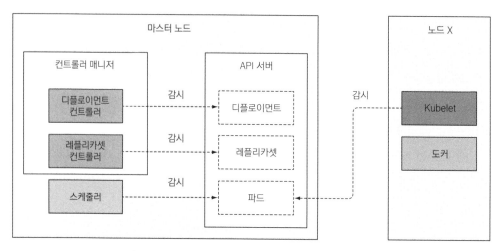

마스터 노드

컨트롤러 매니저

디플로이먼트
컨트롤러

레플리카셋
컨트롤러

스케줄러

API 서버

감시

디플로이먼트

감시

레플리카셋

감시

파드

노드 X

감시

Kubelet

도커

▲ **그림 11.11** API 서버로 API 오브젝트를 감시하는 쿠버네티스 구성 요소

11.2.2 **이벤트 체인**

디플로이먼트 매니페스트를 가진 YAML 파일을 준비해 kubectl 명령으로 이를 쿠버네티
스에 게시한다고 가정하자. kubectl은 매니페스트를 HTTP POST 요청으로 쿠버네티스
API 서버에 전송한다. API 서버는 디플로이먼트 정의를 검증하고 etcd에 저장한 후에
kubectl에 응답을 돌려준다. 이제 그림 11.12와 같이 연계된 이벤트가 발생하기 시작
한다.

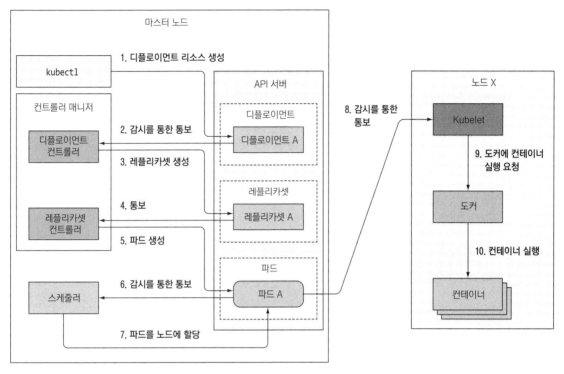

▲ **그림 11.12** 디플로이먼트 리소스가 API 서버에 제출될 때 일어나는 이벤트 체인

디플로이먼트 컨트롤러가 레플리카셋 생성

API 서버 감시 메커니즘을 이용해 디플로이먼트 목록을 관찰하던 모든 API 서버 클라이언트는 새로운 디플로이먼트 리소스가 생성되면 즉시 통보를 받는다. 그중 하나는 디플로이먼트 컨트롤러이며, 앞에서 설명한 것처럼 디플로이먼트를 담당하는 활성 구성 요소다.

9장에서 배운 것을 기억해보면 디플로이먼트는 실제로 파드를 생성하는 하나 이상의 레플리카셋에 의해 뒷받침된다. 디플로이먼트 컨트롤러는 새로운 디플로이먼트 오브젝트가 감지되면 현재 디플로이먼트 정의를 이용해 레플리카셋을 생성한다. 여기에는 쿠버네티스 API로 새로운 레플리카셋 리소스를 만드는 과정이 포함돼 있다. 디플로이먼트 컨트롤러는 개별 파드를 전혀 다루지 않는다.

레플리카셋 컨트롤러가 파드 리소스 생성

API 서버에서 레플리카셋 리소스의 생성, 수정, 삭제를 감시하는 레플리카셋 컨트롤러가 새로 생성된 레플리카셋을 낚아챈다. 컨트롤러는 레플리카셋에 정의된 복제본 수와 파드 셀렉터와 일치하는 실행 중인 파드가 충분한지 확인한다.

그런 다음에 컨트롤러는 레플리카셋의 파드 템플릿을 기반으로 파드 리소스를 생성한다(디플로이먼트 컨트롤러가 레플리카셋을 생성할 때 디플로이먼트에서 파드 템플릿을 복사한다).

스케줄러가 새로 생성한 파드에 노드 할당

새로 생성된 파드는 etcd에 저장됐지만, 아직 한 가지 중요한 것이 빠져 있다. 파드에는 아직 연결된 노드가 없다. 파드의 nodeName 속성이 설정돼 있지 않다. 스케줄러는 파드를 감시하다가 nodeName 속성이 없는 파드를 발견하면 파드에 가장 적합한 노드를 선정해 파드를 노드에 할당한다. 이제 파드 정의에는 파드가 실행돼야 할 노드 이름이 들어 있다.

지금까지 모든 일은 쿠버네티스 컨트롤 플레인에서 일어났다. 이 전체 과정에 참여했던 컨트롤러는 API 서버로 리소스를 갱신하는 것 외에는 실질적인 작업을 수행하지 않았다.

Kubelet은 파드의 컨테이너를 실행한다

워커 노드는 지금까지 아무것도 하지 않았고, 파드의 컨테이너는 아직 시작되지 않았다. 파드의 컨테이너 이미지는 아직 다운로드되지 않았다. 그러나 이제 파드가 특정 노드로 스케줄링되면, 해당 노드이 Kubelet이 미침내 동작하기 시작한다. Kubelet은 API 서버에서 파드 변경 사항을 감시하다가 노드에 스케줄링된 새 파드를 발견하면, 파드 정의를 검사하고 도커 또는 사용 중인 컨테이너 런타임에 파드의 컨테이너를 시작하도록 지시한다. 컨테이너 런타임은 이제 컨테이너를 시작한다.

11.2.3 클러스터 이벤트 관찰

컨트롤 플레인 구성 요소와 Kubelet은 이러한 작업을 수행할 때 API 서버로 이벤트를 발송한다. 다른 쿠버네티스 리소스와 마찬가지로 이벤트 리소스를 만들어 이를 수행한다. 이미

kubectl describe 명령을 사용할 때마다 특정 리소스와 관련된 이벤트를 봤지만, kubectl get events 명령을 이용해 이벤트를 직접 검색할 수도 있다.

저자만 그런지 모르지만, kubectl get 명령을 이용해 이벤트를 검사하면 이벤트가 적절한 시간 순서로 표시되지 않기 때문에 고통스럽다. 대신 이벤트가 여러 번 발생하면 이벤트는 한 번만 표시되며, 처음 발생한 시간과 마지막으로 발생한 시간과 발생한 횟수를 보여준다. 다행히 --watch 옵션을 사용해 이벤트를 관찰하기 훨씬 더 쉬우며 클러스터에서 무슨 일이 벌어지는지 살펴보는 데 유용하다.

예제 11.9는 앞에서 설명한 과정에서 생성된 이벤트를 보여준다(일부 열은 제거하고, 제한된 페이지 안에서 읽기 편하도록 출력을 편집했다).

예제 11.9 컨트롤러가 생성한 이벤트 관찰

```
$ kubectl get events --watch
    NAME               KIND          REASON            SOURCE
... kubia              Deployment    ScalingReplicaSet deployment-controller
                       ➡ Scaled up replica set kubia-193 to 3
... kubia-193          ReplicaSet    SuccessfulCreate  replicaset-controller
                       ➡ Created pod: kubia-193-w7ll2
... kubia-193-tpg6j    Pod           Scheduled         default-scheduler
                       ➡ Successfully assigned kubia-193-tpg6j to node1
... kubia-193          ReplicaSet    SuccessfulCreate  replicaset-controller
                       ➡ Created pod: kubia-193-39590
... kubia-193          ReplicaSet    SuccessfulCreate  replicaset-controller
                       ➡ Created pod: kubia-193-tpg6j
... kubia-193-39590    Pod           Scheduled         default-scheduler
                       ➡ Successfully assigned kubia-193-39590 to node2
... kubia-193-w7ll2    Pod           Scheduled         default-scheduler
                       ➡ Successfully assigned kubia-193-w7ll2 to node2
... kubia-193-tpg6j    Pod           Pulled            kubelet, node1
                       ➡ Container image already present on machine
... kubia-193-tpg6j    Pod           Created           kubelet, node1
                       ➡ Created container with id 13da752
... kubia-193-39590    Pod           Pulled            kubelet, node2
                       ➡ Container image already present on machine
... kubia-193-tpg6j    Pod           Started           kubelet, node1
```

```
                    ⇒ Started container with id 13da752
... kubia-193-w7ll2    Pod          Pulled           kubelet, node2
                    ⇒ Container image already present on machine
... kubia-193-39590    Pod          Created          kubelet, node2
                    ⇒ Created container with id 8850184
...
```

보다시피 SOURCE 열에는 동작을 수행한 컨트롤러가 표시되고, NAME과 KIND 열은 컨트롤러가 동작을 수행하는 리소스를 표시한다. REASON 열과 MESSAGE 열은(모두 두 번째 줄에 표시) 컨트롤러가 수행한 작업의 좀 더 자세한 내용을 제공한다.

11.3 실행 중인 파드에 관한 이해

이제 파드가 실행 중이니, 실행 중인 파드를 좀 더 자세히 살펴보자. 파드가 컨테이너를 하나만 갖고 있을 때 여러분은 Kubelet이 단지 이 컨테이너 하나만 실행한다고 생각하는가? 아니면 더 많은 것을 한다고 생각하는가?

이 책을 통해 여러 파드를 실행해봤다. 만약 여러분이 꼼꼼하게 살펴보는 유형이라면 아마도 파드를 만들 때 도커가 정확히 무엇을 실행했는지 미리 살펴봤을 수도 있다. 그런 유형이 아니라면 이제 여러분이 보게 될 것을 설명해보겠다.

하나의 컨테이너를 가진 파드를 실행한다고 가정하자. Nginx 파드를 생성해보자.

```
$ kubectl run nginx --image=nginx
deployment "nginx" created
```

이제 ssh로 해당 파드가 실행 중인 워커 노드에 접속해 실행 중인 도커 컨테이너 목록을 살펴보자. 저자는 Minikube를 이용해 테스트를 하고 있기 때문에 ssh로 단일 노드에 접속할 때 minikube ssh 명령을 사용한다. 만약 GKE를 사용한다면 gcloud compute ssh 명령을 이용해 노드에 ssh로 접속할 수 있다.

노드에 들어가면, docker ps 명령으로 예제 11.10처럼 실행 중인 컨테이너 목록을 나열할 수 있다.

```
docker@minikubeVM:~$ docker ps
CONTAINER ID    IMAGE               COMMAND                 CREATED
c917a6f3c3f7    nginx               "nginx -g 'daemon off"  4 seconds ago
98b8bf797174    gcr.io/.../pause:3.0 "/pause"               7 seconds ago
...
```

> | **노트** | 이전 예제에서 불필요한 정보는 삭제했다. 그 안에는 열과 행이 모두 포함돼 있다. 또한 다른
> 실행 중인 컨테이너도 모두 제거했다. 직접 실행해보고 있다면 생성된지 얼마 안된 두 개의 컨테이너
> 에 집중하자.

예상한 대로 Nginx 컨테이너를 볼 수 있다. 그러나 거기에는 다른 컨테이너도 있다.
COMMAND 열에서 유추해보면, 이 다른 컨테이너는 아무것도 하지 않는다(컨테이너의 실
행 명령이 "pause"이다). 좀 더 자세히 살펴보면 이 컨테이너가 Nginx 컨테이너보다 몇 초
전에 생성된 컨테이너임을 알 수 있다. 이 컨테이너의 역할은 무엇일까?

이 퍼즈^{pause} 컨테이너는 파드의 모든 컨테이너를 함께 담고 있는 컨테이너다. 파드의
모든 컨테이너가 동일한 네트워크와 리눅스 네임스페이스를 공유하는 방법을 기억하는
가? 퍼즈 컨테이너는 이러한 네임스페이스를 모두 보유하는 게 유일한 목적인 인프라스트
럭처 컨테이너다. 파드의 다른 사용자 정의 컨테이너는 파드 인프라스트럭처 컨테이너의
네임스페이스를 사용한다(그림 11.13 참고).

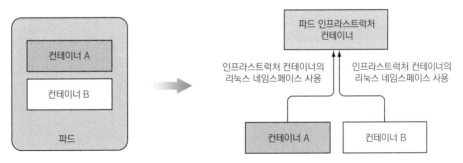

▲ **그림 11.13** 두 개의 컨테이너를 가진 파드는 결과적으로 동일한 리눅스 네임스페이스를 공유하는 세 개의
컨테이너를 실행한다.

실제 애플리케이션 컨테이너는 종료되고 다시 시작할 수 있다. 이런 컨테이너가 다시 시작하기 위해서는 이전과 동일한 리눅스 네임스페이스의 일부가 돼야 한다. 인프라스트럭처 컨테이너의 라이프사이클은 파드의 라이프사이클과 똑같기 때문에 이를 가능하게 한다. 이 컨테이너는 파드가 스케줄링될 때 시작해서 파드가 삭제되기 전까지 실행한다. 만약에 인프라스트럭처 컨테이너가 그 중간에 종료되면, Kubelet이 인프라스트럭처와 파드의 모든 컨테이너를 다시 생성한다.

11.4 파드 간 네트워킹

지금쯤 여러분은 각 파드가 고유한 IP 주소를 가지고 다른 모든 파드와 NAT 없이 플랫flat 네트워크로 서로 통신할 수 있다는 것을 알고 있을 것이다. 쿠버네티스는 이를 어떻게 할수 있을까? 간단하게 말하면 쿠버네티스가 하지 않는다. 네트워크는 쿠버네티스 자체가 아닌, 시스템 관리자 또는 컨테이너 네트워크 인터페이스CNI 플러그인에 의해 제공된다.

11.4.1 네트워크는 어떤 모습이어야 하는가

쿠버네티스는 특정한 네트워크 기술을 사용할 것을 요구하지는 않지만, 파드가 동일한 워커 노드에서 실행 중인지 여부와 관계없이 파드(좀 더 정확히 말하면 그 안의 컨테이너)끼리 서로 통신할 수 있어야 한다. 파드가 통신하는 데 사용하는 네트워크는 파드가 보는 자신의 IP 주소가 모든 다른 파드에서 해당 파드 주소를 찾을 때 정확히 동일한 IP 주소로 보이도록 해야 한다.

그림 11.14를 살펴보자. 파드 A 가 네트워크 패킷을 보내기 위해 파드 B에 연결할 때, 파드 B가 보는 출발지 IP는 파드 A의 IP 주소와 동일해야 한다. 패킷은 네트워크 주수 변환 NAT 없이 파드 A에서 파드 B로 출발지와 목적지 주소가 변경되지 않은 상태로 도착해야한다.

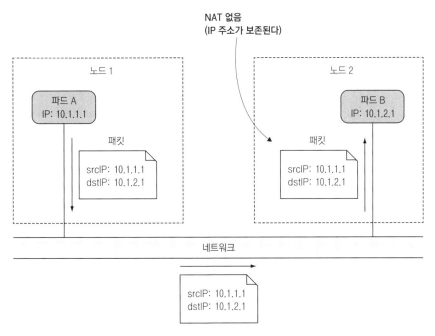

▲ **그림 11.14** 쿠버네티스는 파드가 NAT 없는 네트워크로 연결되도록 요구한다.

이것은 매우 중요하다. 파드 내부에서 실행 중인 애플리케이션의 네트워킹이 동일한 네트워크 스위치에 접속한 시스템에서 실행되는 것처럼 간단하고 정확하게 이뤄지도록 해주기 때문이다. 파드 사이에 NAT가 없으면 내부에서 실행 중인 애플리케이션이 다른 파드에 자동으로 등록되도록 할 수 있다.

예를 들어 등록한 모든 파드에 통보 서비스를 제공하는 클라이언트 파드 X와 파드 Y가 있다고 가정하자. 파드 X는 파드 Y에 접속해 이렇게 말한다. "나는 파드 X이고 사용할 수 있는 IP는 1.2.3.4입니다. 갱신된 내용은 이 IP 주소로 보내주세요." 서비스를 제공하는 파드는 수신한 IP 주소를 이용해 첫 번째 파드에 접속할 수 있다.

파드 간에 NAT 없이 통신해야 한다는 요구 사항은 파드와 노드 그리고 노드와 파드 간에 통신할 때 동일하게 요구된다. 그러나 파드가 인터넷에 있는 서비스와 통신할 때는 패킷의 출발지 IP를 변경하는 것이 필요하다. 파드의 IP는 사설^{private}이기 때문이다. 외부로 나가는 패킷의 출발지 IP는 호스트 워커 노드의 IP로 변경된다.

적절한 쿠버네티스 클러스터를 구축하려면 이러한 요구 사항에 맞춰 네트워킹을 설정해야 한다. 이를 가능하게 하는 방법과 기술은 매우 다양하고, 각 시나리오마다 장점과 단점이 있다. 이러한 이유 때문에 특정한 기술을 자세히 알아보지는 않을 것이다. 대신, 파드 사이에 네트워킹이 일반적으로 어떻게 동작하는지 설명하려고 한다.

11.4.2 네트워킹 동작 방식 자세히 알아보기

11.3절에서 파드의 IP 주소와 네트워크 네임스페이스가 인프라스트럭처 컨테이너(퍼즈 컨테이너)에 의해 설정되고 유지되는 것을 보았다. 파드의 컨테이너는 해당 네트워크 네임스페이스를 사용한다. 따라서 파드의 네트워크 인터페이스는 인프라스트럭처 컨테이너에서 설정한 것이다. 인터페이스를 생성하는 방법과 생성한 인터페이스를 모든 다른 파드 인터페이스에 연결하는 방법을 살펴보자. 그림 11.15를 살펴보며 설명을 시작한다.

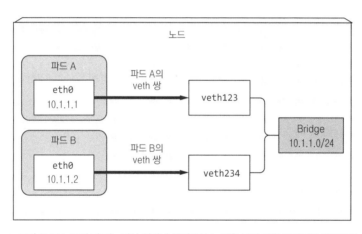

▲ **그림 11.15** 노드의 파드는 가상 이더넷 인터페이스 쌍을 통해 같은 브리지로 연결된다.

동일한 노드에서 파드 간의 통신 활성화

인프라스트럭처 컨테이너가 시작되기 전에, 컨테이너를 위한 가상 이더넷 인터페이스 쌍(veth 쌍)이 생성된다. 이 쌍의 한쪽 인터페이스는 호스트의 네임스페이스(노드에서 ifconfig를 실행할 때 볼 수 있는 vethXXX 목록)에 남아 있고, 다른 쪽 인터페이스는 컨테이너의 네트워크 네임스페이스 안으로 옮겨져 이름이 eth0으로 변경된다. 두 개의 가상 인터페이스는 파이프의 양쪽 끝과 같다(또는 이더넷 케이블로 연결된 두 네트워크 장치). 한쪽으로 들어가면 다른 쪽으로 나온다. 반대의 경우도 마찬가지다.

호스트의 네트워크 네임스페이스에 있는 인터페이스는 컨테이너 런타임이 사용할 수 있도록 설정된 네트워크 브리지에 연결된다. 컨테이너 안의 eth0 인터페이스는 브리지의 주소 범위 안에서 IP를 할당받는다. 컨테이너 내부에서 실행되는 애플리케이션은 eth0 인터페이스(컨테이너 네임스페이스의 인터페이스)로 전송하면, 호스트 네임스페이스의 다른 쪽 veth 인터페이스로 나와 브리지로 전달된다. 이는 브리지에 연결된 모든 네트워크 인터페이스에서 수신할 수 있다는 것을 의미한다.

파드 A에서 네트워크 패킷을 파드 B로 보내는 경우 먼저 패킷은 파드 A의 veth 쌍을 통해 브리지로 전달된 후 파드 B의 veth 쌍을 통과한다. 노드에 있는 모든 컨테이너는 같은 브리지에 연결돼 있기 때문에 서로 통신할 수 있다. 그러나 다른 노드에서 실행 중인 컨테이너가 서로 통신하려면 이 노드 사이의 브리지가 어떤 형태로든 연결돼야 한다.

서로 다른 노드에서 파드 간의 통신 활성화

서로 다른 노드 사이에 브리지를 연결하는 방법은 여러 가지가 있다. 이는 오버레이, 언더레이 네트워크 아니면 일반적인 계층^{Layer} 3 라우팅을 통해 가능하며 앞으로 살펴볼 것이다.

파드 IP 주소는 전체 클러스터 내에서 유일해야 하기 때문에, 노드 사이의 브리지는 겹치지 않는 주소 범위를 사용해 다른 노드에 있는 파드가 같은 IP 주소를 얻지 못하도록 해야 한다. 그림 11.16의 예에서 노드 A의 브리지는 10.1.1.0/24 IP 범위를 사용하고 노드 B의 브리지는 10.1.2.0/24를 사용하므로 IP 주소 충돌이 일어나지 않는다.

그림 11.16은 일반 계층 3 네트워킹으로 두 노드에서 노드 간 통신을 가능하게 하려면 노드의 물리 네트워크 인터페이스도 브리지에 연결해야 한다는 것을 보여준다. 노드 A의 라우팅 테이블은 10.1.2.0/24로 향하는 모든 패킷이 노드 B로 전달되도록 설정해야 하고, 노드 B에서는 10.1.1.0/24로 향하는 패킷이 노드 A로 전달되도록 설정하는 것이 필요하다.

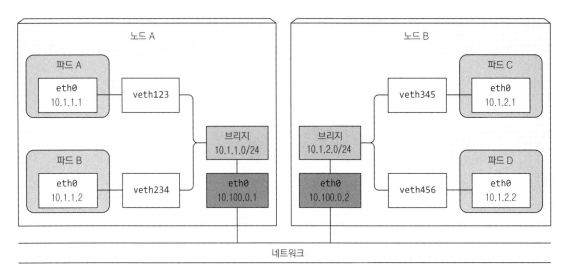

▲ **그림 11.16** 다른 노드에 있는 파드가 통신하기 위해서 브리지가 어떤 형태로든 연결돼 있어야 한다.

이 유형의 설정을 사용하면 패킷을 다른 노드에 있는 컨테이너로 보낼 때 패킷이 먼저 veth 쌍을 통과한 다음 브리지를 통해 노드의 물리 어댑터로 전달된다. 그다음 회선을 통해 다른 노드의 물리 어댑터로 전달되고, 노드의 브리지를 지나 목표 컨테이너의 veth 쌍을 통과한다.

이것은 두 노드가 라우터 없이 같은 네트워크 스위치에 연결된 경우에만 동작한다. 그렇지 않다면 라우터는 패킷이 참조하는 파드의 IP가 프라이빗 대역에 속하기 때문에 패킷을 삭제한다. 물론 노드 사이에 있는 라우터가 패킷을 전달히도록 설정할 수노 있지만 이는 노드 간의 라우터가 늘어나면 점점 어려워지고, 오류가 발생할 여지가 늘어난다. 이런 이유로 소프트웨어 정의 네트워크^{SDN, Software Defined Network}를 사용하는 것이 더 쉽다. SDN을 이용하면 하부 네트워크 토폴로지가 아무리 복잡해지더라도 노드들이 같은 네트워크에 연결된 것으로 볼 수 있다. 파드에서 전송한 패킷은 캡슐화^{encapsulated}돼 네트워크로 다른 파드가 실행 중인 노드로 전달되고, 디캡슐화^{de-encapsulated} 단계를 거쳐 원래 패킷 형태로 대상 파드에 전달된다.

11.4.3 컨테이너 네트워크 인터페이스 소개

컨테이너를 네트워크에 쉽게 연결하기 위해서, 컨테이너 네트워크 인터페이스^{CNI, Container} ^{Network Interface} 프로젝트가 시작됐다. CNI는 쿠버네티스가 어떤 CNI 플러그인이든 설정할 수 있게 해준다. 이 플러그인에는 다음과 같은 것이 있다.

- Calico
- Flannel
- Romana
- Weave Net
- 그 외 기타

여기에서는 각 플러그인을 자세히 살펴보지는 않는다. 플러그인을 자세히 알아보고 싶다면 https://kubernetes.io/docs/concepts/cluster-administration/addons/ 페이지를 참조하자.

네트워크 플러그인을 설치하는 것은 어렵지 않다. 데몬셋과 다른 지원 리소스를 가지고 있는 YAML을 배포하면 된다. 이 YAML 파일은 각 플러그인 프로젝트 페이지에서 제공된다. 상상할 수 있듯이, 데몬셋은 네트워크 에이전트를 모든 클러스터 노드에 배포하는데 사용된다. Kubelet을 시작할 때 `--network-pluin=cni` 옵션을 주고 시작하면 노드의 CNI 인터페이스에 연결할 수 있다.

11.5 서비스 구현 방식

5장에서 서비스를 배웠다. 서비스는 파드 집합을 길게 지속되는 안정적인 IP와 포트로 노출시킨다. 지금까지 서비스의 목적과 사용 방법에 초점을 맞추기 위해 의도적으로 서비스의 동작 방식을 다루지 않았다. 그러나 서비스를 제대로 이해하고 서비스가 예상한 대로 동작하지 않는 경우에 살펴봐야 하는 곳을 찾기 위해서는 서비스가 어떻게 구현되는지 이해하는 것이 필요하다.

11.5.1 kube-proxy 소개

서비스와 관련된 모든 것은 각 노드에서 동작하는 kube-proxy 프로세스에 의해 처리된다. 초기에는 kube-proxy가 실제 프록시로서 연결을 기다리다가, 들어온 연결을 위해 해당 파드로 가는 새로운 연결을 생성했다. 이것을 userspace 프록시 모드라고 한다. 나중에는 성능이 더 우수한 iptables 프록시 모드가 이를 대체했다. 이게 현재 기본값이지만, 원한다면 쿠버네티스가 예전 모드를 사용하도록 설정할 수 있다.

계속하기 전에 다음 몇 단락을 이해하는 데 필요한 서비스 몇 가지 사항을 간단하게 살펴보자.

각 서비스가 안정적인 IP 주소와 포트를 얻는다는 것을 이미 배웠다. 클라이언트(일반적으로 파드)는 이 IP 주소와 포트를 이용해 서비스에 접속해 사용한다. 이 IP 주소는 가상이다. 어떠한 네트워크 인터페이스에도 할당되지 않고 패킷이 노드를 떠날 때 네트워크 패킷 안에 출발지 혹은 도착지 IP 주소로 표시되지 않는다. 서비스의 주요 핵심 사항은 서비스가 IP와 포트(멀티 포트 서비스인 경우에는 다중 IP와 포트 쌍)의 쌍으로 구성된다는 것으로, 서비스 IP만으로는 아무것도 나타내지 않는다. 이게 서비스에 핑을 보낼 수 없는 이유다.

11.5.2 kube-proxy가 iptables를 사용하는 방법

API 서버에서 서비스를 생성하면, 가상 IP 주소가 바로 할당된다. 곧이어 API 서버는 워커 노드에서 실행 중인 모든 kube-proxy 에이전트에 새로운 서비스가 생성됐음을 통보한다. 각 kube-proxy는 실행 중인 노드에 해당 서비스 주소로 접근할 수 있도록 만든다. 이것은 서비스의 IP/포트 쌍으로 향하는 패킷을 가로채서, 목적지 주소를 변경해 패킷이 서비스를 지원하는 여러 파드 중 하나로 리디렉션되도록 하는 몇 개의 iptables 규칙을 설정함으로써 이뤄진다.

kube-proxy는 API 서버에서 서비스가 변경되는 것을 감지하는 것 외에도, 엔드포인트 오브젝트가 변경되는 것을 같이 감시한다. 5장에서 이미 얘기했지만, 수동으로 만들 일이 거의 없기 때문에 이런 것이 있다는 것을 잊었을 수도 있다. 다시 기억을 환기시키자. 엔드포인트 오브젝트는 서비스를 지원하는 모든 파드의 IP/포트 쌍을 가지고 있다(IP/포트 쌍은 파드가 아닌 다른 것을 가리킬 수도 있다). 그러므로 kube-proxy는 모든 엔드포인트 오브 젝트도 감시해야 한다. 결국 뒷받침^{backing} 파드가 생성되거나 삭제될 때, 파드의 레디니스^{readiness} 상태가 바뀔 때 아니면 파드의 레이블이 수정돼 서비스에서 빠지거나 범위를 벗어나는 경우마다 엔드포인트 오브젝트가 변경된다.

이제 kube-proxy가 클라이언트를 서비스로 해당 파드에 연결하는 방법을 살펴보자. 이는 그림 11.17에서 볼 수 있다.

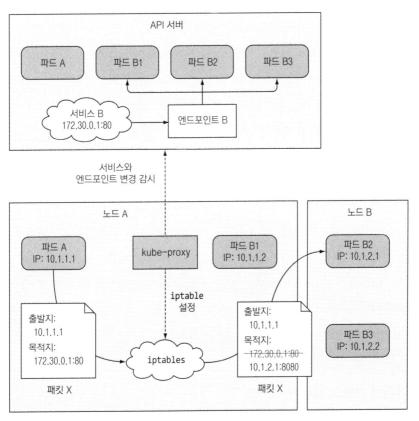

▲ **그림 11.17** 서비스의 가상 IP/포트 쌍으로 전송된 네트워크 패킷은 목적지가 수정된 후 임의로 선택된 백엔드 파드로 향하게 된다.

위 그림은 kube-proxy가 하는 일과 클라이언트 파드가 전송한 패킷이 서비스 지원 파드 중 하나에 도달하는 방법을 보여준다. 클라이언트 파드(그림에서 파드 A)가 패킷을 보낼 때 어떤 일이 발생하는지 살펴보자.

처음에 패킷의 목적지는 서비스의 IP와 포트로 지정된다(이 예제에서 서비스 주소는 172. 30.0.1:80이다). 패킷이 네트워크로 전송되기 전에 노드 A의 커널이 노드에 설정된 iptables 규칙에 따라 먼저 처리한다.

커널은 패킷이 iptables 규칙 중에 일치하는 게 있는지 검사한다. 그 규칙 중 하나에서 패킷 중에 목적지 IP가 172.30.0.1이고 목적지 포트가 80인 포트가 있다면, 임의로 선택된 파드의 IP와 포트로 교체돼야 한다고 알려준다.

예제의 패킷은 해당 규칙과 일치하기 때문에 목적지 IP/포트가 변경돼야 한다. 이번 예에서는 파드 B2가 무작위로 선택됐기 때문에, 패킷의 목적지 IP가 10.1.2.1(파드 B2의 IP)로 포트는 8080(서비스 스펙에 지정돼 있는 목적지 포트)으로 변경된다. 여기부터는 클라이언트 파드가 서비스를 통하지 않고 패킷을 파드 B로 직접 보내는 것과 같다.

설명한 것보다는 약간 더 복잡하지만 이해해야 할 가장 중요한 부분이다.

11.6 고가용성 클러스터 실행

쿠버네티스 안에서 애플리케이션을 실행하는 이유 가운데 하나는 인프라스트럭처 장애가 발생하는 경우에도 사용자의 개입 없이 혹은 제한적인 수동 개입만으로 중단 없이 계속 실행할 수 있게 해주기 때문이다. 서비스를 중단 없이 계속 실행하게 하기 위해서는 애플리케이션뿐만 아니라 쿠버네티스 긴트롤 플레인 구성 요소도 항상 동작하고 있어야 한다. 이어서 고가용성을 달성하는 것과 관련된 내용을 살펴보자.

11.6.1 애플리케이션 가용성 높이기

쿠버네티스에서 애플리케이션을 실행할 때, 다양한 컨트롤러는 노드 장애가 발생해도 애플리케이션이 특정 규모로 원활하게 동작할 수 있게 해준다. 애플리케이션의 가용성을 높이려면 디플로이먼트 리소스로 애플리케이션을 실행하고 적절한 수의 레플리카를 설정하기만 하면 되며, 나머지는 쿠버네티스가 처리한다.

가동 중단 시간을 줄이기 위한 다중 인스턴스 실행

가동 중단 시간을 줄이기 위해서는 애플리케이션을 수평으로 확장할 수 있어야 하지만 애플리케이션이 그런 경우에 속하지 않더라도 레플리카 수가 1로 지정된 디플로이먼트를 사용해야 한다. 레플리카를 사용할 수 없게 되면, (비록 즉각적으로 일어나지는 않지만) 새 레플리카로 빠르게 교체된다. 관련된 컨트롤러가 노드에 장애가 있음을 인지하고 새 파드 레플리카를 생성한 후에 컨테이너를 시작하는 데 시간이 걸린다. 그 사이에 짧은 중단 시간이 발생하는 것은 어쩔 수 없다.

수평 스케일링이 불가능한 애플리케이션을 위한 리더 선출 메커니즘 사용

중단 시간이 발생하는 것을 피하려면, 활성 복제본과 함께 비활성 복제본을 실행해두고 빠른 임대fast-acting lease 혹은 리더 선출 메커니즘leader-election mechanism을 이용해 단 하나만 활성화 상태로 만들어야 한다. 리더 선출에 익숙하지 않다면 이는 여러 애플리케이션 인스턴스가 분산 환경에서 실행 중인 경우에 누가 리더가 될지 합의하는 방법이다. 예를 들어 리더가 작업을 수행하는 유일한 존재이며 다른 인스턴스는 리더가 실패할 경우에 리더가 되는 것을 기다리는 형태가 있고, 모든 인스턴스가 활성화 상태이면서 리더만 쓰기를 할 수 있는 유일한 인스턴스이고 리더가 아닌 인스턴스들은 데이터를 읽을 수만 있는 기능을 제공하는 경우가 있다. 이렇게 하면 경쟁 조건race condition으로 예측할 수 없는 시스템 동작이 발생하더라도, 두 인스턴스가 같은 작업을 하지 않도록 할 수 있다.

이 메커니즘은 애플리케이션 자체에 포함될 필요는 없다. 모든 리더 선출 작업을 수행하고 활성화될 때 신호를 메인 컨테이너로 보내는 사이드카 컨테이너를 사용할 수 있다. 쿠버네티스에서 리더 선출에 관련된 예제를 https://github.com/kubernetes/contrib/tree/master/election[6]에서 찾을 수 있다.

쿠버네티스는 거의 모든 것을 처리하기 때문에, 애플리케이션 가용성을 높이는 것은 비교적 간단하다. 그러나 쿠버네티스 자체가 실패하면 어떻게 될까? 쿠버네티스 컨트롤

---

6 https://github.com/kubernetes/contrib/tree/master/election 페이지는 현재 https://github.com/kubernetes−retired/contrib/tree/master/election으로 이동했으며 최근에는 더 이상 개발이 이뤄지지 않고 있다. – 옮긴이

플레인 구성 요소를 실행하고 있던 서버가 다운되면 어떻게 될까? 이러한 구성 요소의 가용성을 높이는 방법은 무엇일까?

11.6.2 쿠버네티스 컨트롤 플레인 구성 요소의 가용성 향상

11장을 시작할 때 쿠버네티스 컨트롤 플레인을 구성하는 몇 가지 구성 요소를 배웠다. 쿠버네티스의 가용성을 높이기 위해서는 다음 구성 요소의 여러 인스턴스를 여러 마스터 노드에서 실행해야 한다.

- etcd(모든 API 오브젝트가 저장되는 분산 데이터 저장소)
- API 서버
- 컨트롤러 매니저(모든 컨트롤러를 실행하는 프로세스)
- 스케줄러

이들 구성 요소를 설치하고 실행하는 방법에 대한 실제 세부 사항은 건너뛰고, 이 구성 요소들의 가용성을 높이기 위해 관련된 내용을 살펴보자. 그림 11.18은 고가용성 클러스터의 개요를 보여준다.

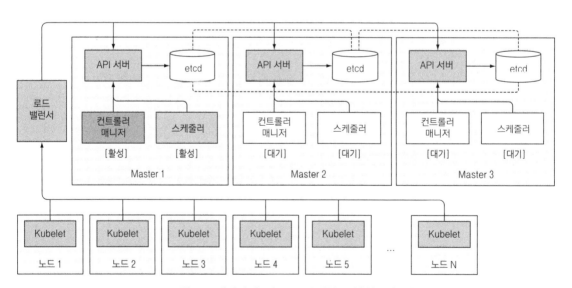

▲ **그림 11.18** 세 개의 마스터 노드로 구성된 고가용성 클러스터

etcd 클러스터 실행

etcd는 분산 시스템으로 설계됐으므로 그 주요 기능은 여러 etcd 인스턴스를 실행하는 기능이라, 가용성을 높이는 것은 큰 문제가 되지 않는다. 필요한 수의 머신(11장의 앞에서 설명한 3, 5, 7)에서 인스턴스를 실행하고 서로를 인식할 수 있게 하면 된다. 이는 모든 인스턴스의 설정에 다른 인스턴스 목록을 포함시켜 이 작업을 수행할 수 있다. 예를 들어 인스턴스를 시작할 때 다른 etcd 인스턴스에 접근할 수 있는 IP와 포트를 지정한다.

etcd는 모든 인스턴스에 걸쳐 데이터를 복제하기 때문에 세 대의 머신으로 구성된 클러스터는 한 노드가 실패하더라도 읽기와 쓰기 작업을 모두 수행할 수 있다. 노드 한 대 이상으로 내결함성을 높이려면 5대 혹은 7대로 구성된 etcd 노드가 필요하다. 5대인 경우에는 2대, 7대인 경우에는 3대까지의 실패를 허용할 수 있다. 7대 이상의 etcd 인스턴스가 필요한 경우는 거의 없으며, 오히려 성능에 영향을 줄 수 있다.

여러 API 서버 인스턴스 실행

API 서버의 가용성을 높이는 일은 훨씬 간단하다. API 서버는 (거의 완벽히) 상태를 저장하지 않기^{stateless} 때문에(모든 데이터는 etcd 저장돼 있고, API 서버는 캐시 데이터만 있음), 필요한 만큼 많은 API 서버를 실행할 수 있고 서로 인지할 필요도 없다. 일반적으로 모든 etcd 인스턴스에 API 서버를 함께 띄운다. 이렇게 하면 모든 API 서버가 로컬에 있는 etcd 인스턴스와만 통신하기 때문에, etcd 인스턴스 앞에 로드밸런서를 둘 필요가 없다.

반면 API 서버는 로드 밸런서가 앞에 위치하기 때문에 클라이언트(kubect1, 컨트롤러 매니저, 스케줄러 및 모든 Kubelet)는 항상 정상적인 API 서버 인스턴스에만 연결된다.

컨트롤러와 스케줄러의 고가용성 확보

여러 복제본을 동시에 실행할 수 있는 API 서버와는 달리, 컨트롤러 매니저나 스케줄러의 여러 인스턴스를 동시에 실행하는 것은 쉬운 일이 아니다. 컨트롤러와 스케줄러는 클러스터 상태를 감시하고 상태가 변경될 때 반응해야 하는데 이런 구성 요소의 여러 인스턴스가 동시에 실행돼 같은 동작을 수행하면, 클러스터 상태가 예상보다 더 많이(예를 들어 원하는 레플리카셋 레플리카 수가 1 증가했을 때, 레플리카셋 컨트롤러가 추가 파드를 생성) 변경될 가능성이 있기 때문이다. 여러 인스턴스가 서로 경쟁해 원하지 않는 결과(앞에서 언급한 예제처럼 한 개가 아닌 두 개의 파드 생성)를 초래할 수 있다.

이런 이유 때문에 컨트롤러 매니저나 스케줄러 같은 구성 요소는 여러 인스턴스를 실행하기보다는 한 번에 하나의 인스턴스만 활성화되게 해야 한다. 다행히 이는 구성 요소 자체적으로 수행된다(--leader-elect 옵션으로 제어된다. 기본값은 true이다). 각 개별 구성 요소는 선출된 리더일 때만 활성화된다. 리더만 실제로 작업을 수행하고 나머지 다른 인스턴스는 대기하면서 현재 리더가 실패할 경우를 기다린다. 리더가 실패할 경우 나머지 인스턴트 중에서 새로운 리더를 선출하고 기존 작업을 계속 이어서 수행한다. 이 메커니즘은 두 구성 요소가 동시에 같은 작업을 수행하지 않도록 방지한다(그림 11.19 참고).

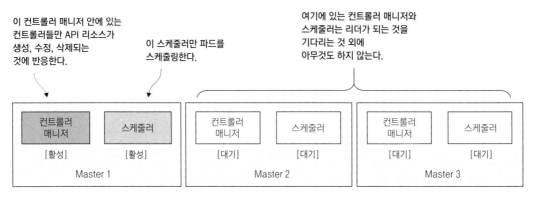

▲ **그림 11.19** 단 하나의 컨트롤러 매니저와 스케줄러만 활성화되고 나머지는 대기 상태에 있는다.

컨트롤러 매니저와 스케줄러는 API 서버 그리고 etcd와 같이 실행되거나 다른 머신에서 실행할 수 있다. 같이 실행될 경우에는 로컬 API 서버와 직접 통신하고 다른 머신에서 실행될 때는 로드 밸런서로 API 서버와 통신한다.

컨트롤 플레인 구성 요소에서 사용되는 리더 선출 메커니즘 이해

여기서 가장 흥미로운 점은 리더를 선출하기 위해 서로 직접 대화할 필요가 없다는 것이다. 리더 선출 메커니즘은 API 서버에 오브젝트를 생성하는 것만으로 완전히 동작한다. 또한 특별한 유형의 리소스를 사용하는 것도 아니다. 여기서는 이를 위해 엔드포인트 리소스를 사용한다(남용한다는 것이 더 적절한 용어일 수 있다).

이를 하기 위해 엔드포인트 오브젝트를 사용하는 데에 특별한 이유는 없다. 단지 동일한 이름으로 된 서비스가 존재하지 않는 한 부작용이 없기 때문에 엔드포인트 오브젝트를 사용한다. 다른 리소스를 사용할 수도 있다(사실 리더 선출 메커니즘은 곧 엔드포인트가 아닌 컨피그맵을 사용할 것이다).

여러분은 리소스가 어떻게 이런 목적으로 사용될 수 있는지에 관심이 있을 것이다. 예를 들어 스케줄러를 보자. 모든 스케줄러 인스턴스는 kube-scheduler 엔드포인트 리소스를 생성(나중에는 갱신)하려고 시도한다. 예제 11.11에서 보는 것을 kube-system 네임스페이스에서 찾을 수 있다.

```
$ kubectl get endpoints kube-scheduler -n kube-system -o yaml
apiVersion: v1
kind: Endpoints
metadata:
  annotations:
    control-plane.alpha.kubernetes.io/leader: '{"holderIdentity":
      ➥ "minikube","leaseDurationSeconds":15,"acquireTime":
      ➥ "2017-05-27T18:54:53Z","renewTime":"2017-05-28T13:07:49Z",
      ➥ "leaderTransitions":0}'
  creationTimestamp: 2017-05-27T18:54:53Z
  name: kube-scheduler
  namespace: kube-system
  resourceVersion: "654059"
  selfLink: /api/v1/namespaces/kube-system/endpoints/kube-scheduler
  uid: f847bd14-430d-11e7-9720-080027f8fa4e
subsets: []
```

control-plane.alpha.kubernetes.io/leader 어노테이션이 중요한 부분이다. 위의 예제에서 보는 것처럼 현재 리더의 이름을 가지고 있는 holderIdentity 필드가 있다. 이 이름을 해당 필드에 넣는 데 처음 성공한 인스턴스가 리더가 된다. 모든 인스턴스가 이를 위해 항상 경쟁하지만 승자는 언제나 하나뿐이다.

앞에서 설명한 낙관적 동시성을 기억하는가? 낙관적 동시성은 여러 인스턴스가 자신의 이름을 리소스에 기록하려고 노력하지만 단 하나의 인스턴스만 성공한다는 것을 보장한다. 이름 기록 성공 여부에 따라 각 인스턴스는 리더인지 아닌지 알 수 있다.

리더가 되면 주기적으로 리소스를 갱신해서(기본값은 2초마다), 다른 모든 인스턴스에서 리더가 살아 있음을 알 수 있도록 해야 한다. 리더에 장애가 있으면 다른 인스턴스는 리소스가 한동안 갱신되지 않은 것을 확인하고, 자신의 이름을 리소스에 기록해 리더가 되려고 시도한다. 간단하지 않은가?

11.7 요약

11장이 쿠버네티스의 내부 동작을 자세히 알게 된 흥미로운 장이었길 바란다. 11장에서 살펴본 내용은 다음과 같다.

- 쿠버네티스 클러스터를 이루는 구성 요소와 각 구성 요소의 역할
- API 서버, 스케줄러, 컨트롤러 매니저 안에서 실행되는 다양한 컨트롤러 소개와 Kubelet이 함께 동작해 파드에 생명을 불어넣는 방법
- 인프라스트럭처 컨테이너가 파드의 모든 컨테이너를 하나로 묶는 방법
- 네트워크 브리지로 같은 노드에서 실행 중인 파드가 통신하는 방법과 서로 다른 노드에서 브리지를 연결해 다른 노드에 있는 파드가 통신하는 방법
- kube-proxy가 노드에 iptables 규칙을 설정해 같은 서비스 안에 있는 파드 사이에 로드 밸런싱을 수행하는 방법
- 클러스터 가용성을 높이기 위해 컨트롤 플레인의 각 구성 요소 인스턴스를 여러 개 실행하는 방법

12장에서는 API 서버와 확장 기능으로 클러스터 전체를 보호하는 방법을 살펴본다.

12

쿠버네티스 API 서버 보안

12장에서 다루는 내용

- 인증에 대한 이해
- 서비스어카운트란 무엇이며 사용하는 이유
- 역할 기반 액세스 제어(RBAC) 플러그인 이해
- 롤과 롤바인딩 사용
- 클러스터롤과 클러스터롤바인딩 사용
- 디폴트 롤과 바인딩 이해

8장에서는 파드에서 실행되는 애플리케이션이 API 서버와 통신해 클러스터에 배포된 리소스의 상태를 검색하거나 변경하는 방법을 배웠다. API 서버에 인증하기 위해 파드에 마운트된 서비스어카운트 토큰을 사용했다. 12장에서는 서비스어카운트가 무엇인지 알아 보고 서비스어카운트뿐만 아니라 클러스터를 사용하는 다른 주체subject[1]에 권한을 설정하는 방법을 학습한다.

---

1   주체는 사람, 서비스어카운트 또는 사용자나 서비스어카운트의 그룹일 수 있으며, 권한의 주체가 된다. - 옮긴이

12.1 인증 이해

11장에서 API 서버를 하나 이상의 인증^{Authentication} 플러그인으로 구성할 수 있다고 했다
(인가^{Authorization} 플러그인도 마찬가지다). API 서버가 요청을 받으면 인증 플러그인 목록을 거
치면서 요청이 전달되고, 각각의 인증 플러그인이 요청을 검사해서 보낸 사람이 누구인가
를 밝혀내려 시도한다. 요청에서 해당 정보를 처음으로 추출해낸 플러그인은 사용자 이름,
사용자 ID와 클라이언트가 속한 그룹을 API 서버 코어에 반환한다. API 서버는 나머지 인
증 플러그인의 호출을 중지하고, 계속해서 인가 단계를 진행한다.

여러 인증 플러그인을 사용할 수 있다. 인증 플러그인은 다음 방법을 사용해 클라이언
트의 아이덴티티를 얻는다.

- 클라이언트의 인증서
- HTTP 헤더로 전달된 인증 토큰
- 기본 HTTP 인증
- 기타

인증 플러그인은 API 서버를 시작할 때 명령행 옵션을 통해 활성화할 수 있다.

12.1.1 사용자와 그룹

인증 플러그인은 인증된 사용자의 사용자 이름과 그룹을 반환한다. 쿠버네티스는 해당 정
보를 어디에도 저장하지 않는다. 이를 사용해 사용자가 작업을 수행할 권한이 있는지 여부
를 확인한다.

사용자

쿠버네티스는 API 서버에 접속하는 두 종류의 클라이언트를 구분한다.

- 실제 사람(사용자)
- 파드(더 구체적으로, 파드 내부에서 실행되는 애플리케이션)

이 두 가지 유형의 클라이언트는 모두 위에서 언급한 인증 플러그인을 사용해 인증된다. 사용자는 싱글 사인 온^{SSO, Single Sign On}과 같은 외부 시스템에 의해 관리돼야 하지만 파드는 서비스 어카운트^{service account}라는 메커니즘을 사용하며, 클러스터에 서비스어카운트^{Service Account} 리소스로 생성되고 저장된다. 이와는 대조적으로 사용자 계정을 나타내는 자원은 없으며, 이는 API 서버를 통해 사용자를 생성, 업데이트 또는 삭제할 수 없다는 뜻이다.

사용자를 관리하는 방법의 자세한 내용은 다루지 않지만 서비스어카운트는 파드를 실행하는 데 필수적이므로 자세히 살펴볼 것이다. 사용자의 인증을 위해 클러스터 구성하는 자세한 사항은 쿠버네티스 클러스터 관리자 안내서(http://kubernetes.io/docs/admin)를 참조하라.

그룹

휴먼 사용자와 서비스어카운트는 하나 이상의 그룹에 속할 수 있다. 인증 플러그인은 사용자 이름 및 사용자 ID와 함께 그룹을 반환한다고 말했다. 그룹은 개별 사용자에게 권한을 부여하지 않고 한 번에 여러 사용자에게 권한을 부여하는 데 사용된다.

인증 플러그인이 반환하는 그룹은 임의의 그룹 이름을 나타내는 문자열일 뿐이지만, 내장된^{built-in} 그룹은 특별한 의미를 갖는다.

- system:unauthenticated 그룹은 어떤 인증 플러그인에서도 클라이언트를 인증할 수 없는 요청에 사용된다.
- system:authenticated 그룹은 성공적으로 인증된 사용자에게 자동으로 할당된다.
- system:serviceaccounts 그룹은 시스템의 모든 서비스어카운트를 포함한다.
- system:serviceaccounts:<namespace>는 특정 네임스페이스의 모든 서비스어카운트를 포함한다.

12.1.2 서비스어카운트 소개

서비스어카운트를 자세히 살펴보자. 여러분은 클라이언트가 API 서버에서 작업을 수행하기 전에 자신을 인증해야 한다는 것을 이미 알고 있다. 그리고 시크릿 볼륨으로 각 컨테이너의 파일시스템에 마운트된 /var/run/secrets/kubernetes.io/serviceaccount/token 파일의 내용을 전송해 파드를 인증하는 방법을 이미 살펴봤다.

그렇다면 이 파일은 정확히 무엇을 의미하는 걸까? 모든 파드는 파드에서 실행 중인 애플리케이션의 아이덴티티를 나타내는 서비스어카운트와 연계돼 있다. 이 토큰 파일은 서비스어카운트의 인증 토큰을 갖고 있다. 애플리케이션이 이 토큰을 사용해 API 서버에 접속하면 인증 플러그인이 서비스어카운트를 인증하고 서비스어카운트의 사용자 이름을 API 서버 코어로 전달한다. 서비스어카운트의 사용자 이름은 다음과 같은 형식이다.

```
system:serviceaccount:<namespace>:<service account name>
```

API 서버는 설정된 인가 플러그인에 이 사용자 이름을 전달하며, 이 인가 플러그인은 애플리케이션이 수행하려는 작업을 서비스어카운트에서 수행할 수 있는지를 결정한다.

서비스어카운트는 파드 내부에서 실행되는 애플리케이션이 API 서버에 자신을 인증하는 방법에 지나지 않는다. 이미 언급했듯이 애플리케이션은 요청에 서비스어카운트의 토큰을 전달해서 이 과정을 수행한다.

서비스어카운트 리소스

서비스어카운트는 파드, 시크릿, 컨피그맵 등과 같은 리소스이며 개별 네임스페이스로 범위가 지정된다. 각 네임스페이스마다 default 서비스어카운트가 자동으로 생성된다(이것이 그동안 파드가 사용한 서비스어카운트다).

다른 리소스와 마찬가지로 서비스어카운트를 나열할 수 있다.

```
$ kubectl get sa
NAME      SECRETS   AGE
default   1         1d
```

| **노트** | 서비스어카운트(serviceaccount)의 약어는 sa이다.

530

보다시피 현재 네임스페이스에는 default 서비스어카운트만 갖고 있다. 필요한 경우 서비스어카운트를 추가할 수 있다. 각 파드는 딱 하나의 서비스와 연계되지만 여러 파드가 같은 서비스어카운트를 사용할 수 있다. 그림 12.1에서 볼 수 있듯이 파드는 같은 네임스페이스의 서비스어카운트만 사용할 수 있다.

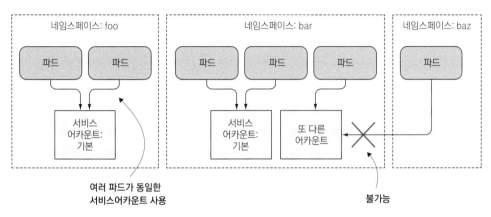

▲ **그림 12.1** 각 파드는 파드의 네임스페이스에 있는 하나의 서비스어카운트와 연계된다.

서비스어카운트가 인가와 어떻게 밀접하게 연계돼 있는지 이해하기

파드 매니페스트에 서비스어카운트의 이름을 지정해 파드에 서비스어카운트를 할당할 수 있다. 명시적으로 할당하지 않으면 파드는 네임스페이스에 있는 default 서비스어카운트를 사용한다.

파드에 서로 다른 서비스어카운트를 할당하면 각 파드가 액세스할 수 있는 리소스를 제어할 수 있다. API 서버가 인증 토큰이 있는 요청을 수신하면, API 서버는 토큰을 사용해 요청을 보낸 클라이언트를 인증한 다음 관련 서비스어카운트가 요청된 작업을 수행할 수 있는지 여부를 결정한다. API 서버는 클러스터 관리자가 구성한 시스템 전체의 인가 플러그인에서 이 정보를 얻는다. 사용 가능한 인가 플러그인 중 하나는 역할 기반 액세스 제어[RBAC] 플러그인이며 12장 후반부에서 설명한다. 쿠버네티스 버전 1.6부터 RBAC 플러그인은 대부분의 클러스터에서 사용해야 하는 플러그인이다.

12.1.3 서비스어카운트 생성

모든 네임스페이스에는 고유한 default 서비스어카운트가 포함돼 있지만 필요한 경우 추가로 만들 수 있다. 하지만 왜 모든 파드에 default 서비스어카운트를 사용하지 않고, 귀찮게 서비스어카운트를 생성하는 것일까?

분명한 이유는 클러스터 보안 때문이다. 클러스터의 메타데이터를 읽을 필요가 없는 파드는 클러스터에 배포된 리소스를 검색하거나 수정할 수 없는 제한된 계정으로 실행해야 한다. 리소스의 메타데이터를 검색해야 하는 파드는 해당 오브젝트의 메타데이터만 읽을 수 있는 서비스어카운트로 실행해야 하며, 오브젝트를 수정해야 하는 파드는 API 오브젝트를 수정할 수 있는 고유한 서비스어카운트로 실행해야 한다.

추가적인 서비스어카운트를 만드는 방법과 이를 시크릿과 연결하는 방법, 파드에 할당하는 방법을 살펴보자.

서비스어카운트 생성

kubectl create serviceaccount라는 별도의 명령어 덕분에 서비스어카운트를 만드는 것은 아주 쉽다. foo라는 새로운 서비스어카운트를 생성해보자.

```
$ kubectl create serviceaccount foo
serviceaccount "foo" created
```

이제 다음 예제와 같이 describe 명령을 사용해 서비스어카운트를 검사할 수 있다.

예제 12.1 kubectl describe를 이용해 서비스어카운트 검사하기

```
$ kubectl describe sa foo
Name:                foo
Namespace:           default
Labels:              <none>
Image pull secrets: <none>[2]    ◀──   이 서비스어카운트를 사용하는 파드에
                                       이 필드의 값이 자동으로 추가된다.
```

---

2   Image pull secrets을 지정하지 않았으므로(〈none〉), 이 서비스어카운트를 사용하는 파드에는 별도의 Image pull secrets가 지정되지 않는다. 나중에 다시 설명한다. – 옮긴이

```
Mountable secrets:   foo-token-qzq7j    ◄──┐  마운트 가능한 시크릿이 강제화된 경우 이 서비스 어카운트를
                                            │  사용하는 파드만 해당 시크릿을 마운트할 수 있다.
Tokens:              foo-token-qzq7j    ◄──┐
                                            │  인증 토큰. 첫 번째 토큰이
                                            │  컨테이너에 마운트된다.
```

사용자 정의 토큰 시크릿이 생성돼, 서비스어카운트와 연계돼 있음을 알 수 있다. kubectl describe secret footoken-qzq7j를 사용해 시크릿의 데이터를 보면, 다음 예제에 표시된 것처럼 default 서비스어카운트의 토큰과 동일한 항목(CA 인증서, 네임스페이스 및 토큰)이 포함돼 있음을 알 수 있다(토큰 자체는 임의의 값으로 분명히 다름).

예제 12.2 사용자 정의 서비스어카운트의 시크릿 검사

```
$ kubectl describe secret foo-token-qzq7j
...
ca.crt: 1066 bytes
namespace: 7 bytes
token: eyJhbGciOiJSUzI1NiIsInR5cCI6IkpXVCJ9...
```

| **노트** | JSON Web Tokens(JWT)에 대해 들어봤을 것이다. 서비스어카운트에 사용된 인증 토큰은 JWT 토큰이다.

서비스어카운트의 마운트 가능한 시크릿 이해

kubectl describe를 사용해 서비스어카운트를 검사하면 토큰이 Mountable secrets 목록에 표시된다. 그 목록이 무엇을 나타내는지 알아보자. 7장에서는 시크릿을 만들어 파드 안에 넣는 방법을 배웠다. 기본적으로 파드는 원하는 모든 시크릿을 마운트할 수 있다. 그러나 파드가 서비스어카운트의 마운트 가능한 시크릿^{Mountable Secret} 목록에 있는 시크릿만 마운트하도록 파드의 서비스어카운트를 설정할 수 있다. 이 기능을 사용하려면 서비스어카운트가 다음 어노테이션을 포함하고 있어야 한다. kubernetes.io/enforce-mountable-secrets="true ".

서비스어카운트에 이 어노테이션이 달린 경우 이를 사용하는 모든 파드는 서비스어카운트의 마운트 가능한 시크릿만 마운트할 수 있다. 다른 시크릿은 사용할 수 없다.

서비스어카운트의 이미지 풀 시크릿 이해

서비스어카운트는 7장에서 살펴본 이미지 풀 시크릿^{Image Pull Secret} 목록도 포함할 수 있다. 기억이 나지 않는 독자를 위해 간단히 설명하면, 이미지 풀 시크릿은 프라이빗 이미지 리포지터리에서 컨테이너 이미지를 가져오는 데 필요한 자격증명을 갖고 있는 시크릿이다.

다음 예제는 7장에서 생성한 이미지 풀 시크릿을 포함하는 서비스어카운트 정의의 예를 보여준다.

예제 12.3 이미지 풀 시크릿을 갖는 서비스어카운트: sa-image-pull-secrets.yaml

```
apiVersion: v1
kind: ServiceAccount
metadata:
  name: my-service-account
imagePullSecrets:
  - name: my-dockerhub-secret
```

서비스어카운트의 이미지 풀 시크릿은 마운트 가능한 시크릿과 약간 다르게 동작한다. 마운트 가능한 시크릿과 달리 각각의 파드가 어떤 이미지 풀 시크릿을 사용할 수 있는지를 결정하는 것이 아니라 서비스어카운트를 사용해 모든 파드에 특정 이미지 풀 시크릿을 자동으로 추가한다. 서비스어카운트에 이미지 풀 시크릿을 추가하면 각 파드에 개별적으로 추가할 필요가 없다.

12.1.4 파드에 서비스어카운트 할당

추가 서비스어카운트를 만든 후에는 이를 파드에 할당해야 한다. 파드 정의의 `spec.service AccountName` 필드에서 서비스어카운트 이름을 설정하면 된다.

> |**노트**| 파드를 만들 때 파드의 서비스어카운트를 설정해야 한다. 나중에 변경할 수 없다.

사용자 정의 서비스어카운트를 사용하는 파드 생성

8장에서는 tutum/curl 이미지 기반의 컨테이너와 함께 앰배서더 컨테이너를 실행하는 파드를 배포했다. 이 파드를 이용해 API 서버의 REST 인터페이스를 탐색했다. 앰배서더 컨테이너는 kubectl proxy 프로세스를 실행했으며, 파드의 서비스어카운트 토큰을 사용해 API 서버를 인증했다.

이제 조금 전에 생성한 foo 서비스어카운트를 사용하도록 파드를 수정할 것이다. 다음 예제는 파드 정의를 보여준다.

예제 12.4 사용자 정의 서비스어카운트를 사용한 파드: curl-custom-sa.yaml

```
apiVersion: v1
kind: Pod
metadata:
  name: curl-custom-sa
spec:
  serviceAccountName: foo        ◄──  이 파드는 default 대신
  containers:                         foo 서비스어카운트를 사용한다.
  - name: main
    image: tutum/curl
    command: ["sleep", "9999999"]
  - name: ambassador
    image: luksa/kubectl-proxy:1.6.2
```

사용자 정의 서비스어카운트의 토큰이 두 개의 컨테이너에 마운트됐는지 확인하기 위해 다음 예제와 같이 토큰의 내용을 출력할 수 있다.

예제 12.5 파드의 컨테이너에 마운트된 토크 확인

```
$ kubectl exec -it curl-custom-sa -c main
➥ cat /var/run/secrets/kubernetes.io/serviceaccount/token
eyJhbGciOiJSUzI1NiIsInR5cCI6IkpXVCJ9..
```

12.5 예제의 토큰 문자열과 12.2 예제의 토큰 문자열을 비교하면 foo 서비스어카운트의 토큰임을 알 수 있다.

API 서버와 통신하기 위해 사용자 정의 서비스어카운트 토큰 사용

이 토큰을 사용해 API 서버와 통신할 수 있는지 살펴보자. 앞에서 언급한 것처럼 앰배서더 컨테이너는 서버와 통신할 때 토큰을 사용하므로 다음 예제에 표시된 것처럼 `localhost:8001`에서 수신하는 앰배서더 컨테이너로 토큰을 테스트할 수 있다.

예제 12.6 사용자 정의 서비스어카운트로 API 서버와 통신하기

```
$ kubectl exec -it curl-custom-sa -c main curl localhost:8001/api/v1/pods
{
  "kind": "PodList",
  "apiVersion": "v1",
  "metadata": {
    "selfLink": "/api/v1/pods",
    "resourceVersion": "433895"
  },
  "items": [
  ...
```

서버에서 적절한 응답을 받았다. 이것은 사용자 정의 서비스어카운트로 파드를 나열할 수 있다는 뜻이다. 이는 클러스터가 RBAC 인가 플러그인을 사용하지 않거나, 8장에서 제시한 지침에 따리 모든 서비스어카운트에 모든 권한을 부여했기 때문일 수 있다.

클러스터가 적절한 인가를 사용하지 않는 경우 `default` 서비스어카운트만으로도 모든 작업을 수행할 수 있으므로 추가적인 서비스어카운트를 생성하고 사용하는 것은 의미가 없다. 이 경우 서비스어카운트를 사용하는 유일한 이유는 앞에서 설명한 대로 마운트 가능한 시크릿을 적용하거나 서비스어카운트를 통해 이미지 풀 시크릿을 제공하기 위한 것이다.

그러나 다음에 살펴볼 RBAC 인가 플러그인을 사용하려면, 추가적인 서비스어카운트를 생성하는 것은 필수다.

12.2 역할 기반 액세스 제어로 클러스터 보안

쿠버네티스 버전 1.6.0부터 클러스터 보안이 크게 강화됐다. 이전 버전에서는 여러분이 파드 중 하나에서 인증 토큰을 획득하는 데 성공하면 이를 이용해 클러스터에서 어떤 작업이든 수행할 수 있었다. 구글링해보면 (클라이언트가 웹 서버의 웹 루트 디렉터리 밖에 있는 파일을 검색할 수 있는) 경로 탐색path traversal or directory traversal 취약점 공격을 사용해 토큰을 가져와 안전하지 않은 쿠버네티스 클러스터에서 악성 파드를 실행하는 데모를 볼 수 있다.

그러나 1.8.0 버전에서 RBAC 인가 플러그인이 GAGeneral Availability로 승격됐으며 이제 많은 클러스터에서 기본적으로 활성화돼 있다(예: 부록 B에 설명한 대로 kubeadm을 사용해 클러스터를 배포할 때). RBAC는 권한이 없는 사용자가 클러스터 상태를 보거나 수정하지 못하게 한다. 디폴트 서비스어카운트는 추가 권한을 부여하지 않는 한 클러스터 상태를 볼 수 없으며 어떤 식으로든 수정할 수 없다. 8장에서 설명한 것처럼 쿠버네티스 API 서버와 통신하는 애플리케이션을 작성하려면 RBAC 관련 리소스로 권한을 관리하는 방법을 이해해야 한다.

> | **노트** | 쿠버네티스에는 RBAC 외에도 속성 기반 액세스 제어(ABAC, Attribute-Based Access Control) 플러그인, 웹훅(Web Hook) 플러그인, 사용자 정의 플러그인 구현과 같은 여러 인가 플러그인이 포함돼 있다. 하지만 RBAC가 표준이다.

12.2.1 RBAC 인가 플러그인 소개

쿠버네티스 API 서버는 인가 플러그인을 사용해 액션action을 요청하는 사용자가 액션을 수행할 수 있는지 점검하도록 설정할 수 있다. API 서버가 REST 인터페이스를 제공하므로 사용자는 서버에 HTTP 요청을 보내 액션을 수행한다. 사용자는 요청에 자격증명(인증 토큰, 사용자 이름 및 암호 또는 클라이언트 인증서)을 포함시켜 자신을 인증한다.

액션 이해하기

어떤 액션이 있을까? 알다시피 REST 클라이언트는 GET, POST, PUT, DELETE 및 기타 유형의 HTTP 요청을 특정 REST 리소스를 나타내는 특정 URL 경로로 보낸다. 쿠버네티스에서 이러한 리소스에는 파드, 서비스, 시크릿 등이 있다. 여기 쿠버네티스 액션에 관한 몇 가지 예가 있다.

- 파드 가져오기^{Get}
- 서비스 생성하기^{Create}
- 시크릿 업데이트^{Update}
- 기타 등등

이러한 예(get, create, update)의 동사는 클라이언트가 수행한 HTTP 메서드(GET, POST, PUT)에 매핑된다(전체 매핑은 표 12.1에 표시된다). 명사(파드, 서비스, 시크릿)는 쿠버네티스 리소스와 정확하게 매핑된다.

API 서버 내에서 실행되는 RBAC와 같은 인가 플러그인은 클라이언트가 요청한 자원에서 요청한 동사^{verb}를 수행할 수 있는지를 판별한다.

▼ **표 12.1** 권한 부여 동사와 HTTP 메서드 매핑

HTTP 메서드	단일 리소스에 관한 동사	컬렉션에 관한 동사
GET, HEAD	get (and watch for watching)	list (and watch)
POST	create	n/a
PUT	update	n/a
PATCH	patch	n/a
DELETE	delete	deletecollection

| **노트** | 추가적인 동사 사용은 PodSecurityPolicy 리소스에 사용되며 13장에서 설명한다.

전체 리소스 유형에 보안 권한을 적용하는 것 외에도 RBAC 규칙은 특정 리소스 인스턴스(예: myservice라는 서비스)에도 적용할 수 있다. 그리고 나중에 리소스가 아닌 URL 경로non-resource URL path에도 권한을 적용할 수 있다는 것을 알게 될 텐데, 이는 API 서버가 노출하는 모든 경로가 리소스를 매핑한 것은 아니기 때문이다(예를 들면 /api 경로나 서버의 상태 정보를 갖는 /healthz).

RBAC 플러그인 이해

이름에서 알 수 있듯이 RBAC 인가 플러그인은 사용자가 액션을 수행할 수 있는지 여부를 결정하는 핵심 요소로 사용자 롤user role을 사용한다. 주체(사람, 서비스어카운트, 또는 사용자나 서비스어카운트의 그룹일 수 있음)는 하나 이상의 롤과 연계돼 있으며 각 롤은 특정 리소스에 특정 동사를 수행할 수 있다.

사용자에게 여러 롤이 있는 경우 롤에서 허용하는 모든 작업을 수행할 수 있다. 예를 들어 사용자 롤에 시크릿 정보를 업데이트하는 권한이 없으면 API 서버는 사용자가 시크릿 정보에 대해 PUT 또는 PATCH 요청을 수행하지 못하게 한다.

RBAC 플러그인으로 인가를 관리하는 것은 간단하다. 이 작업은 네 가지 RBAC 관련 쿠버네티스 리소스를 생성하기만 하면 되며, 다음 절에서 살펴볼 것이다.

12.2.2 RBAC 리소스 소개

RBAC 인가 규칙은 네 개의 리소스로 구성되며 두 개의 그룹으로 분류할 수 있다.

- **롤**Role**과 클러스터롤**ClusterRole: 리소스에 수행할 수 있는 동사를 지정한다.
- **롤바인딩**RoleBinding**과 클러스터롤바인딩**ClusterRoleBinding: 위의 롤을 특정 사용자, 그룹, 또는 서비스어카운트에 바인딩한다.

롤은 수행할 수 있는 작업을 정의하고, 바인딩은 누가 이를 수행할 수 있는지를 정의한다(그림 12.2 참조).

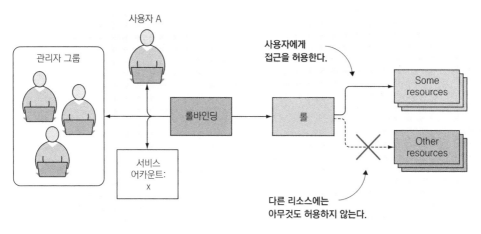

누가?　　　　　　　　　　　　　　　　　　무엇을?

사용자 A

관리자 그룹

롤바인딩　　　　롤

사용자에게
접근을 허용한다.

Some
resources

Other
resources

서비스
어카운트:
x

다른 리소스에는
아무것도 허용하지 않는다.

▲ **그림 12.2** 롤은 권한을 부여하며 롤바인딩은 롤을 주체에 바인딩한다.

롤과 클러스터롤 또는 롤바인딩과 클러스터롤바인딩의 차이점은 롤과 롤바인딩은 네임스페이스가 지정된 리소스이고 클러스터롤과 클러스터롤바인딩은 네임스페이스를 지정하지 않는 클러스터 수준의 리소스라는 것이다. 이는 그림 12.3에 묘사돼 있다.

그림에서 알 수 있듯이 하나의 네임스페이스에 여러 롤바인딩이 존재할 수 있다(롤의 경우도 마찬가지다). 또한 여러 클러스터롤바인딩과 클러스터롤을 만들 수 있다. 그림에 표시된 또 다른 사항은 롤바인딩이 네임스페이스가 지정됐음에도 네임스페이스가 지정되지 않는 클러스터롤을 참조할 수 있다는 것이다.

이 네 가지 리소스에 관해서와 그 효과가 무엇인지 배우는 가장 좋은 방법은 실습을 통해 시험해보는 것이다. 지금 바로 해보자.

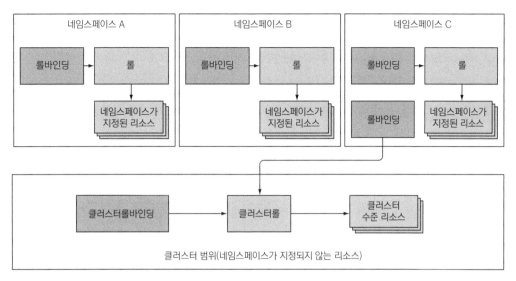

▲ **그림 12.3** 네임스페이스가 지정된 롤과 롤바인딩, 클러스터롤과 클러스터롤바인딩은 네임스페이스를 지정하지 않는다.

실습을 위한 설정

RBAC 리소스가 API 서버로 수행할 수 있는 작업에 어떤 영향을 주는지 살펴보기 전에 클러스터에 RBAC가 활성화돼 있는지 확인해야 한다. 먼저 쿠버네티스 버전이 최소 1.6 이상인지 확인하고, 인가 플러그인으로 RBAC 플러그인만 구성돼 있는지 확인하라. 여러 개의 플러그인이 병렬로 활성화돼 있을 수 있으며 그중 하나라도 액션을 수행하도록 허용하는 경우 액션이 허용된다.

> | **노트** | GKE 1.6 또는 1.7을 사용하는 경우 ––no–enable–legacy–authorization 옵션으로 클러스터를 생성해 레거시 인증을 명시적으로 비활성화해야 한다. Minikube를 사용하는 경우 ––extra–config=apiserver.Authorization.Mode=RBAC으로 Minikube를 시작해서 RBAC를 활성화해야 할 수도 있다.

8장에서 RBAC를 비활성화하는 방법에 대한 지침을 따랐다면 이제 다음 명령을 실행해 RBAC를 다시 활성화해야 한다.

```
$ kubectl delete clusterrolebinding permissive-binding
```

RBAC를 테스트하기 위해 8장에서처럼 API 서버와 통신하고자 하는 파드를 실행한다. 그러나 이번에는 네임스페이스별로 보안이 어떻게 작동하는지 확인하기 위해 서로 다른 네임스페이스에서 두 개의 파드를 실행한다.

8장의 예제에서는 두 컨테이너를 실행해 한 컨테이너의 애플리케이션이 다른 컨테이너를 사용해 API 서버와 통신하는 방법을 봤다. 이번에는 kubectl-proxy 이미지를 기반으로 컨테이너를 하나 실행하고 kubectl exec를 사용해 해당 컨테이너 내부에서 curl을 실행한다. 프록시가 인증과 HTTPS를 처리해주므로, 독자는 API 서버 보안의 인가 측면에 집중할 수 있다.

네임스페이스 생성과 파드 실행

다음 예제와 같이 네임스페이스 foo에 파드 하나를 만들고, 다른 하나는 네임스페이스 bar에 만든다.

예제 12.7 서로 다른 네임스페이스에 테스트 파드 실행

```
$ kubectl create ns foo
namespace "foo" created
$ kubectl run test --image=luksa/kubectl-proxy -n foo
deployment "test" created
$ kubectl create ns bar
namespace "bar" created
$ kubectl run test --image=luksa/kubectl-proxy -n bar
deployment "test" created
```

이제 터미널 두 개를 열고 kubectl exec를 사용해 (각 터미널에 하나씩) 각 파드 내에서 셸을 실행한다. 예를 들어 네임스페이스 foo의 파드에서 셸을 실행하려면 먼저 파드 이름을 가져온다.

```
$ kubectl get po -n foo
NAME                    READY  STATUS    RESTARTS  AGE
test-145485760-ttq36    1/1    Running   0         1m
```

그런 다음 kubectl exec 명령에서 이름을 사용한다.

```
$ kubectl exec -it test-145485760-ttq36 -n foo sh
/ #
```

다른 터미널에서도 똑같이 하되, bar 네임스페이스를 사용한다.

파드에서 서비스 목록 나열하기

RBAC가 활성화돼 있는 상태에서 파드가 클러스터 상태 정보를 읽을 수 없다는 것을 확인하기 위해서 curl을 사용해 foo 네임스페이스의 서비스를 나열한다.

```
/ # curl localhost:8001/api/v1/namespaces/foo/services
User "system:serviceaccount:foo:default" cannot list services in the
    namespace "foo".
```

kubectl proxy 프로세스가 수신 중인 localhost: 8001에 연결 중이다(8장에서 설명). 이 프로세스는 요청을 수신해서, foo 네임스페이스 내의 default 서비스어카운트를 이용해 API 서버로 요청을 보냈다(API 서버 응답에서 볼 수 있듯이).

비록 파드가 동일한 네임스페이스에서 실행되고 있음에도 API 서버는 서비스어카운트가 foo 네임스페이스의 서비스를 나열할 수 없다고 응답했다. RBAC가 실제로 작동하고 있는 모습을 볼 수 있다. 서비스어카운트의 기본 권한으로는 리소스를 나열하거나 수정할 수 없다. 이제 서비스어카운트에 이 작업을 허용하는 방법을 배워보자. 먼저 롤 리소스를 만들어야 한다.

12.2.3 롤과 롤바인딩 사용

롤 리소스는 어떤 리소스에 어떤 액션을 수행할 수 있는지 (또는 앞에서 설명한 대로 어떤 RESTful 리소스에 어떤 유형의 HTTP 요청을 수행할 수 있는지) 정의한다. 다음 예제는 사용자가 foo 네임스페이스에서 서비스를 가져오고^{get} 나열^{list}할 수 있는 롤을 정의한다.

```
apiVersion: rbac.authorization.k8s.io/v1
kind: Role
metadata:
  namespace: foo
  name: service-reader
rules:
  - apiGroups: [""]
    verbs: ["get", "list"]
    resources: ["services"]
```

롤은 네임스페이스가 지정된다
(네임스페이스를 생략하면
현재 네임스페이스가 된다).

서비스는 이름이 없는 core apiGroup의
리소스다. 따라서 ""이다.

개별 서비스를 가져오고(이름으로),
모든 항목의 나열이 허용된다.

이 규칙(rule)은 서비스와 관련 있다
(복수형을 사용해야 한다).

|**경고**| 리소스를 지정할 때는 복수형을 사용해야 한다.

이 롤 리소스는 foo 네임스페이스에 생성된다. 8장에서는 각 리소스 유형이 리소스 매니페스트의 **apiVersion** 필드에 (version과 함께) 지정한 API 그룹에 속한다는 것을 배웠다. 롤 정의에서는 각 규칙rules 내에 나열된 리소스의 **apiGroup**을 지정해야 한다. 여러 API 그룹에 속한 리소스에 관한 액세스를 허용하는 경우 여러 규칙을 사용한다.

|**노트**| 이 예에서는 모든 서비스 리소스의 액세스를 허용하지만 이름을 지정한 추가적인 resource Names 필드를 이용해 특정 서비스 인스턴스만의 액세스로 제한할 수도 있다.

그림 12.4는 롤, 동사와 리소스, 생성될 네임스페이스를 보여준다.

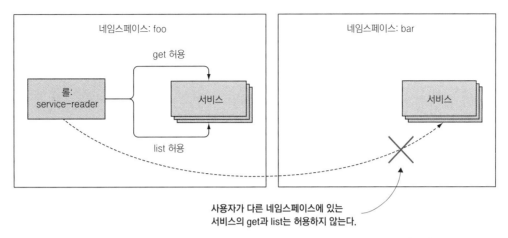

네임스페이스: foo

롤:
service-reader

get 허용

list 허용

서비스

네임스페이스: bar

서비스

사용자가 다른 네임스페이스에 있는
서비스의 get과 list는 허용하지 않는다.

▲ **그림 12.4** service-reader 롤은 foo 네임스페이스에서 서비스의 get과 list를 허용한다.

롤 생성하기

이제, foo 네임스페이스에 조금 전 그림에서의 롤을 생성한다.

```
$ kubectl create -f service-reader.yaml -n foo
role "service-reader" created
```

| **노트** | -n 옵션은 ——namespace의 약어다.

GKE를 사용하는 경우 클러스터 관리자 권한이 없기 때문에 위의 명령이 실패할 수 있다. 권한을 부여하려면 다음 명령을 실행하라.

```
$ kubectl create clusterrolebinding cluster-admin-binding
⮡ --clusterrole=cluster-admin --user=your.email@address.com
```

YAML 파일을 이용해 service-reader 롤을 생성하는 대신 kubectl create role 명령을 사용해 롤을 생성할 수도 있다. 이 방법을 사용해 bar 네임스페이스에 롤을 생성해 보자.

```
$ kubectl create role service-reader --verb=get --verb=list
➥ --resource=services -n bar
role "service-reader" created
```

이 두 롤을 사용해 두 파드 내에서 foo와 bar 네임스페이스의 서비스를 나열할 수 있다
(각각 foo와 bar 네임스페이스에서 실행). 그러나 두 롤을 만드는 것만으로는 충분하지 않다
(curl 명령을 다시 실행해 확인할 수 있다). 각 롤을 각 네임스페이스의 서비스어카운트에 바인
딩해야 한다.

서비스어카운트에 롤을 바인딩하기

롤은 수행할 수 있는 액션을 정의하지만 누가 수행할 수 있는지는 지정하지 않는다. 그렇
게 하려면 주체^{subject}에 바인딩해야 한다. 여기서 주체란 사용자, 서비스어카운트 혹은 그
룹(사용자 또는 서비스어카운트)이 될 수 있다.

주체에 롤을 바인딩하는 것은 롤바인딩 리소스를 만들어 수행한다. 롤을 default 서비
스어카운트에 바인딩하기 위해 다음 명령을 실행한다.

```
$ kubectl create rolebinding test --role=service-reader
➥ --serviceaccount=foo:default -n foo
rolebinding "test" created
```

명령은 그 자체로 설명이 가능해야 한다$^{self-explanatory}$. foo 네임스페이스의 default 서
비스어카운트에 service-reader 롤을 바인딩하는 롤바인딩을 만들고 있다. 네임스페이스
foo 내에 롤바인딩을 만들고 있다. 롤바인딩과 참조된 서비스어카운트 및 롤은 그림 12.5
에 나와 있다.

> |**노트**| 서비스어카운트 대신 사용자에게 롤을 바인딩하려면 --user 인수을 사용해 사용자 이름을
> 지정하라. 그룹에 바인딩하려면 --group을 사용하라.

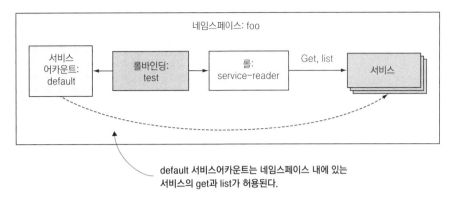

네임스페이스: foo

서비스
어카운트:
default

롤바인딩:
test

롤:
service-reader

Get, list

서비스

default 서비스어카운트는 네임스페이스 내에 있는
서비스의 get과 list가 허용된다.

▲ **그림 12.5** service-reader 롤과 default 서비스어카운트를 바인딩하는 test 롤바인딩

다음 예제는 여러분이 작성한 롤바인딩의 YAML을 보여준다.

예제 12.9 롤을 참조하는 롤바인딩

```
$ kubectl get rolebinding test -n foo -o yaml
apiVersion: rbac.authorization.k8s.io/v1
kind: RoleBinding
metadata:
  name: test
  namespace: foo
  ...
roleRef:
  apiGroup: rbac.authorization.k8s.io
  kind: Role                                      롤바인딩은 service-reader 롤을 참조한다.
  name: service-reader
subjects:
- kind: ServiceAccount
  name: default                                   그리고 foo 네임스페이스에 있는
  namespace: foo                                  default 서비스어카운트에 바인드한다.
```

보다시피 롤바인딩은 항상 하나의 롤을 참조하지만 (roleRef 속성에서 알 수 있듯이) 여러 주체(예를 들어 하나 이상의 서비스어카운트와 여러 사용자 또는 그룹)에 롤을 바인딩할 수 있다. 이 롤바인딩은 네임스페이스 foo의 파드가 실행 중인 서비스어카운트에 바인딩하기 때문에 이제 해당 파드 내에서 서비스를 나열할 수 있다.

```
/ # curl localhost:8001/api/v1/namespaces/foo/services
{
  "kind": "ServiceList",
  "apiVersion": "v1",
  "metadata": {
    "selfLink": "/api/v1/namespaces/foo/services",
    "resourceVersion": "24906"
  },
  "items": []        ◀──┤  서비스가 없기 때문에,
}                         │  item 리스트가 비어있다.
```

롤바인딩에서 다른 네임스페이스의 서비스어카운트 포함하기

bar 네임스페이스의 파드는 자신의 네임스페이스에 있는 서비스를 나열할 수 없으며, foo 네임스페이스에 있는 서비스 역시 나열할 수 없다. 그러나 foo 네임스페이스에 있는 롤바인딩을 편집해 비록 다른 네임스페이스에 있다 하더라도 다른 파드의 서비스어카운트를 추가한다. 다음 명령을 실행해보자.

$ kubectl edit rolebinding test -n foo

그런 다음 예제에서처럼 subjects 목록에 다음 줄을 추가한다.

```
subjects:
- kind: ServiceAccount
  name: default          │  bar 네임스페이스의 default
  namespace: bar         │  서비스어카운트를 참조하고 있다.
```

이제 bar 네임스페이스에서 실행되는 파드 내부에서 foo 네임스페이스의 서비스를 나열할 수도 있다. 예제 12.10에서와 동일한 명령을 실행하지만 다른 파드에서 셸이 실행되도록 다른 터미널에서 실행한다.

클러스터롤과 클러스터롤바인딩으로 넘어가기 전에, 지금까지의 RBAC 리소스에 대해

요약해보자. 네임스페이스 foo에 롤바인딩이 있으며, 이는 service-reader 롤(foo 네임스페이스에도 있다)을 참조하고 그림 12.6에 표시된 것처럼 foo와 bar 네임스페이스 모두에서 default 서비스어카운트를 바인딩한다.

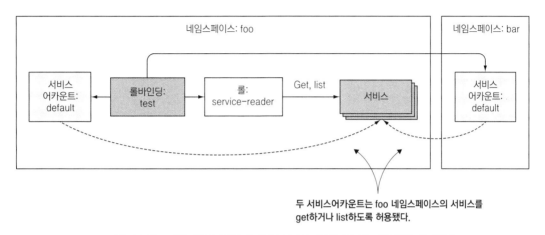

▲ 그림 12.6 서로 다른 네임스페이스의 서비스어카운트를 같은 롤에 바인딩하는 롤바인딩

12.2.4 클러스터롤과 클러스터롤바인딩 사용하기

롤과 롤바인딩은 네임스페이스가 지정된 리소스로, 하나의 네임스페이스상에 상주하며 해당 네임스페이스의 리소스에 적용된다는 것을 의미하지만 롤바인딩은 다른 네임스페이스의 서비스어카운트도 참조할 수 있다.

이러한 네임스페이스가 지정된 리소스 외에도 클러스터롤와 클러스터롤바인딩이라는 두 개의 클러스터 수준의 RBAC 리소스도 있다. 이것들은 네임스페이스를 지정하지 않는다. 이것들이 왜 필요한지 살펴보자.

일반 롤은 롤이 위치하고 있는 동일한 네임스페이스의 리소스에만 액세스할 수 있다. 다른 네임스페이스의 리소스에 누군가가 액세스할 수 있게 하려면 해당 네임스페이스마다 롤과 롤바인딩을 만들어야 한다. 이를 모든 네임스페이스로 확장하려면(이는 클러스터 관리자가 필요로 하는 것이다) 각 네임스페이스에서 동일한 롤과 롤바인딩을 생성해야 한다. 네임스페이스를 추가로 만들 때마다 이 두 개의 리소스를 만들어야 한다는 것도 기억해야 한다.

이 책에서 배웠듯이 어떤 리소스는 전혀 네임스페이스를 지정하지 않는다(여기에는 노드, 퍼시스턴트볼륨, 네임스페이스 등이 이에 포함된다). 그리고 API 서버는 리소스를 나타내지 않는 일부 URL 경로(예: /healthz)를 노출한다고 언급했다. 일반적인 롤로는 이런 리소스나 리소스가 아닌 URL에 관한 액세스 권한을 부여할 수 없지만 클러스터롤은 가능하다.

클러스터롤은 네임스페이스가 지정되지 않은 리소스나 리소스가 아닌 URL에 액세스를 허용하는 클러스터 수준의 리소스로 각각의 네임스페이스에 동일한 롤을 재정의할 필요 없이 개별 네임스페이스에 바인드해서 공통적인 롤로 사용할 수 있다.

클러스터 수준 리소스에 액세스 허용

이미 언급했듯이 클러스터롤을 사용해 클러스터 수준 리소스에 액세스할 수 있다. 여러분의 클러스터에서 파드가 퍼시스턴트볼륨을 나열하도록 허용하는 방법을 살펴보자. 먼저 pv-reader라는 클러스터롤을 만든다.

```
$ kubectl create clusterrole pv-reader --verb=get,list
➥ --resource=persistentvolumes
clusterrole "pv-reader" created
```

클러스터롤의 YAML은 다음 예제에 표시돼 있다.

예제 12.12 클러스터롤 정의

```
$ kubectl get clusterrole pv-reader -o yaml
apiVersion: rbac.authorization.k8s.io/v1
kind: ClusterRole
metadata:
  name: pv-reader
  resourceVersion: "39932"       클러스터롤은 네임스페이스에
  selfLink: ...                   속하지 않는다. 따라서 네임스페이스
                                  필드가 없다.
  uid: e9ac1099-30e2-11e7-955c-080027e6b159
rules:
- apiGroups:
  - ""                           이 경우 롤은 일반 롤의 규칙과
                                  동일하다.
  resources:
```

550

```
- persistentvolumes
verbs:
- get
- list
```

이 경우 룰은 일반 룰의 규칙과
동일하다.

이 클러스터롤을 파드의 서비스어카운트에 바인딩하기 전에 파드가 퍼시스턴트볼륨을
나열할 수 있는지 확인하자. foo 네임스페이스의 파드 내에서 셸을 실행하고 있는 첫 번째
터미널에서 다음 명령을 실행한다.

```
/ # curl localhost:8001/api/v1/persistentvolumes
User "system:serviceaccount:foo:default" cannot list persistentvolumes at the
    cluster scope.
```

| **노트** | 퍼시스턴트볼륨은 네임스페이스에 연관되지 않기 때문에 URL에 네임스페이스가 없다.

예상대로 default 서비스어카운트는 퍼시스턴트볼륨을 나열할 수 없다. 이를 수행하려
면 클러스터롤을 서비스어카운트에 바인딩해야 한다. 클러스터롤은 일반 롤바인딩을 사용
해서도 주체에 바인딩할 수 있으므로 다음과 같이 롤바인딩을 만든다.

```
$ kubectl create rolebinding pv-test --clusterrole=pv-reader
➥ --serviceaccount=foo:default -n foo
rolebinding "pv-test" created
```

퍼시스턴트볼륨을 지금 나열할 수 있는가?

```
/ # curl localhost:8001/api/v1/persistentvolumes
User "system:serviceaccount:foo:default" cannot list persistentvolumes at the
    cluster scope.
```

흠, 뭔가 이상하다. 다음 예제에서 롤바인딩의 YAML을 살펴보자. (만약 문제가 있다면)
무슨 문제인지 설명할 수 있는가?

```
$ kubectl get rolebindings pv-test -o yaml
apiVersion: rbac.authorization.k8s.io/v1
kind: RoleBinding
metadata:
  name: pv-test
  namespace: foo
  ...
roleRef:
  apiGroup: rbac.authorization.k8s.io
  kind: ClusterRole                        이 바인딩은 pv-reader
  name: pv-reader                          클러스터롤을 참조한다.
subjects:
- kind: ServiceAccount
  name: default                            바인드하는 주체(subject)는
  namespace: foo                           foo 네임스페이스의 default 서비스어카운트다.
```

보기에는 YAML은 완벽하게 보인다. 그림 12.7과 같이, 올바른 클러스터롤과 올바른 서비스어카운트를 참조하고 있다. 그렇다면 무엇이 잘못됐을까?

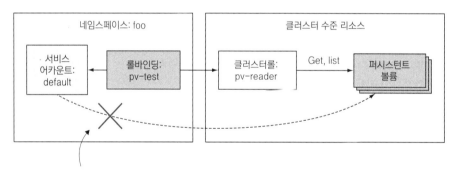

default 서비스어카운트는 퍼시스턴트볼륨에 대한
get과 list가 불가능하다.

▲ **그림 12.7** 클러스터롤을 참조하고 있는 롤바인딩은 클러스터 수준 리소스에 관한 접근 권한을 부여하지 못한다.

롤바인딩을 생성하고 클러스터롤을 참조해서 네임스페이스가 지정된 리소스에 액세스 하게 할 수 있지만 (네임스페이스가 지정되지 않은) 클러스터 수준 리소스에는 동일한 방식을 사용할 수 없다. 클러스터 수준 리소스에 액세스 권한을 부여하려면 항상 클러스터롤바인

딩을 사용해야 한다.

다행히 클러스터롤바인딩을 만드는 것은 롤바인딩을 만드는 것과 다르지 않다. 먼저 롤바인딩을 삭제해서 정리하자.

```
$ kubectl delete rolebinding pv-test
rolebinding "pv-test" deleted
```

이제 클러스터롤바인딩을 작성하자.

```
$ kubectl create clusterrolebinding pv-test --clusterrole=pv-reader
➥ --serviceaccount=foo:default
clusterrolebinding "pv-test" created
```

보다시피 명령에서 rolebinding을 clusterrolebinding으로 바꾸고 네임스페이스를 지정하지 않았다(지정할 필요가 없다). 그림 12.8은 현재의 모습을 보여준다.

퍼시스턴트볼륨을 나열할 수 있는지 살펴보자.

```
/ # curl localhost:8001/api/v1/persistentvolumes
{
  "kind": "PersistentVolumeList",
  "apiVersion": "v1",
...
```

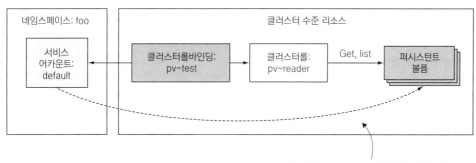

foo 네임스페이스의 default 서비스어카운트는퍼시스턴트볼륨에 대한 get과 list가 허용된다.

▲ 그림 12.8 클러스터 수준 리소스에 액세스 권한을 부여하려면 클러스터롤바인딩과 클러스터롤을 사용해야 한다.

이제 접근이 된다. 클러스터 수준의 리소스에 액세스 권한을 부여할 때는 클러스터롤과 클러스터롤바인딩을 사용해야 한다.

> |팁| 롤바인딩은 클러스터롤바인딩을 참조하더라도 클러스트 수준 리소스에 액세스 권한을 부여할 수 없다.

리소스가 아닌 URL에 액세스 허용하기

API 서버는 리소스가 아닌 URL도 노출한다고 언급했다. 이 URL에 관한 액세스 권한도 명시적으로 부여해야 한다. 그렇지 않으면 API 서버가 클라이언트 요청을 거부한다. 일반적으로 이는 system:discovery 클러스터롤 및 동일한 이름의 클러스터롤바인딩을 통해 자동으로 수행된다. 이 이름은 다른 사전 정의된 클러스터롤과 클러스터롤바인딩에서 찾을 수 있다(12.2.5절에서 살펴볼 것이다).

다음 예제에 표시된 system:discovery 클러스터롤을 살펴보자.

예제 12.14 기본 system:discovery 클러스터롤

```
$ kubectl get clusterrole system:discovery -o yaml
apiVersion: rbac.authorization.k8s.io/v1
kind: ClusterRole
metadata:
  name: system:discovery
  ...
rules:
- nonResourceURLs:
  - /api
  - /api/*
  - /apis
  - /apis/*
  - /healthz
  - /swaggerapi
  - /swaggerapi/*
  - /version
```

이 규칙(rule)은 리소스를 참조하는 대신, 리소스가 아닌 (non-resource) URL을 참조한다.

```
verbs:
- get
```
이 URL은 HTTP GET 메서드만
허용된다.

이 클러스터롤이 리소스 대신 URL을 참조하는 것을 볼 수 있다(resource 필드 대신 nonResourceURLs 필드가 사용됨). verbs 필드는 이러한 URL에 GET HTTP 메서드만 사용할 수 있도록 한다.

> | **노트** | 리소스가 아닌 URL의 경우 create나 update 대신 post, put과 patch가 사용된다. 동사는 소문자로 지정해야 한다.

클러스터 수준 리소스와 마찬가지로 리소스가 아닌 URL의 클러스터롤은 클러스터롤바인딩으로 바인딩돼야 한다. 롤바인딩으로 바인딩하면 아무런 효과가 없다. system: discovery 클러스터롤은 이에 상응하는 system:discovery 클러스터롤바인딩이 있으므로 다음 예제를 검토해 그 내용을 살펴보자.

예제 12.15 기본 system:discovery 클러스터롤바인딩

```
$ kubectl get clusterrolebinding system:discovery -o yaml
apiVersion: rbac.authorization.k8s.io/v1
kind: ClusterRoleBinding
metadata:
  name: system:discovery
  ...
roleRef:
  apiGroup: rbac.authorization.k8s.io
  kind: ClusterRole
  name: system:discovery
subjects:
- apiGroup: rbac.authorization.k8s.io
  kind: Group
  name: system:authenticated
- apiGroup: rbac.authorization.k8s.io
  kind: Group
  name: system:unauthenticated
```
클러스터롤바인딩은 system:discovery
클러스터롤을 참조한다.

인증된 사용자와 인증이 되지 않은 사용자,
즉 모든 사용자를 이 클러스터롤에 바인드한다.

이 YAML은 예상대로 클러스터롤바인딩이 system:discovery 클러스터롤을 참조하는 것을 보여준다. system:authenticated와 system:unauthenticated의 두 그룹에 바인딩돼 모든 사용자에게 바인딩된다. 이것은 모든 사람이 클러스터롤에 나열된 URL에 액세스할 수 있음을 의미한다.

> |**노트**| 그룹은 인증 플러그인의 도메인에 있다. API 서버가 요청을 받으면 인증 플러그인을 호출해 사용자가 속한 그룹 목록을 얻는다. 이 정보는 인가(authorization)에 사용된다.

파드 내부에서 /api URL 경로를 액세스해보고(kubectl proxy를 통해 파드의 서비스어카운트로 인증됨), 로컬 컴퓨터에서 인증 토큰을 지정하지 않고(인증되지 않은 사용자로 접근) 액세스해봄으로써 이를 확인할 수 있다.

```
$ curl https://$(minikube ip):8443/api -k
{
  "kind": "APIVersions",
  "versions": [
  ...
```

이제 클러스터롤과 클러스터롤바인딩을 사용해 클러스터 수준 리소스와 리소스가 아닌 URL에 액세스 권한을 부여했다. 이제 네임스페이스가 지정된 롤바인딩과 함께 클러스터롤을 사용해 롤바인딩의 네임스페이스에 있는 네임스페이스가 지정된 리소스에 액세스 권한을 부여하는 방법을 살펴보겠다.

특정 네임스페이스의 리소스에 액세스 권한을 부여하기 위해 클러스터롤 사용하기

클러스터롤이 항상 클러스터 수준 클러스터롤바인딩과 바인딩될 필요는 없다. 네임스페이스를 갖는 일반적인 롤바인딩과 바인딩될 수도 있다. 이미 사전에 정의된 클러스터롤을 살펴봤으니, 다음 예제에서 또 다른 사전 정의된 클러스터롤인 view를 살펴보자.

```
$ kubectl get clusterrole view -o yaml
apiVersion: rbac.authorization.k8s.io/v1
kind: ClusterRole
metadata:
  name: view
  ...
rules:
- apiGroups:
  - ""
  resources:
  - configmaps
  - endpoints
  - persistentvolumeclaims
  - pods
  - replicationcontrollers
  - replicationcontrollers/scale
  - serviceaccounts
  - services
  verbs:
  - get
  - list
  - watch
...
```

이 규칙(rule)은 여기에 있는
리소스에 적용된다
(참고: 이들은 모두 네임스페이스가
지정된 리소스다).

클러스터롤의 이름에서 알 수 있듯이
리스트에 있는 리소스에 쓰기는 불가능하고
단지 읽기만 가능하다.

이 클러스터롤에는 많은 규칙이 있다. 첫 번째 항목만 목록에 표시된다. 이 규칙은 ConfigMaps, Endpoints, PersistentVolumeClaims 등과 같은 리소스를 가져오고[get] 나열[list]하고 볼[watch] 수 있게 허용된다. 이들은 네임스페이스가 지정된 리소스이지만, 독자 여러분은 클러스터롤(일반적인 롤이 아닌, 네임스페이스가 지정되지 않은)을 보고 있다. 이 클러스터롤은 정확히 무엇일까?

클러스터롤은 클러스터롤바인딩과 롤바인딩 중 어디에 바인드되느냐에 따라 다르다(둘 중 하나만 바인딩된다). 클러스터롤바인딩을 생성하고 클러스터롤을 참조하면, 바인딩에 나열된 주체(사용자, 서비스어카운트, 그룹 등)는 모든 네임스페이스에 있는 지정된 리소스를 볼 수 있다. 반면 롤바인딩을 만들면 바인딩에 나열된 주체가 롤바인딩의 네임스페이스에 있는 리소스만 볼 수 있다. 이제 두 옵션을 모두 사용해보자.

이 두 옵션이 테스트 파드에서 파드를 나열하는 기능에 어떤 영향을 주는지 살펴보자. 먼저 바인딩을 하기 전의 모습을 살펴보자.

```
/ # curl localhost:8001/api/v1/pods
User "system:serviceaccount:foo:default" cannot list pods at the cluster
    scope./ #
/ # curl localhost:8001/api/v1/namespaces/foo/pods
User "system:serviceaccount:foo:default" cannot list pods in the namespace
    foo".
```

첫 번째 명령은 모든 네임스페이스에 있는 파드를 나열하도록 한다. 두 번째 명령은 foo 네임스페이스에 있는 파드를 나열하도록 한다. 서버는 두 가지 명령 모두 불허한다.

이제 클러스터롤바인딩을 만들어 파드의 서비스어카운트에 바인딩하면 어떻게 되는지 살펴보자.

```
$ kubectl create clusterrolebinding view-test --clusterrole=view
➡ --serviceaccount=foo:default
clusterrolebinding "view-test" created
```

이제 파드가 foo 네임스페이스에 있는 파드를 나열할 수 있는가?

```
/ # curl localhost:8001/api/v1/namespaces/foo/pods
{
  "kind": "PodList",
  "apiVersion": "v1",
  ...
```

보다시피 가능하다. 클러스터롤바인딩을 만들었으므로 모든 네임스페이스에 적용된다. 네임스페이스 foo의 파드는 bar 네임스페이스의 파드도 나열할 수 있다.

```
/ # curl localhost:8001/api/v1/namespaces/bar/pods
{
  "kind": "PodList",
```

```
  "apiVersion": "v1",
  ...
```

잘 되고 있다! 파드는 다른 네임스페이스에 있는 파드를 나열할 수 있다. 또한 /api/
v1/pods로 접속하면 모든 네임스페이스에서 파드를 조회할 수도 있다.

```
/ # curl localhost:8001/api/v1/pods
{
  "kind": "PodList",
  "apiVersion": "v1",
  ...
```

예상한 대로 파드는 클러스터의 모든 파드 목록을 가져올 수 있다. 요약하면 네임스페
이스가 지정된 리소스를 참조하는 클러스터롤을 클러스터롤바인딩과 바인딩하면 그림
12.9와 같이 파드가 모든 네임스페이스에 있는 네임스페이스가 지정된 리소스에 액세스할
수 있다.

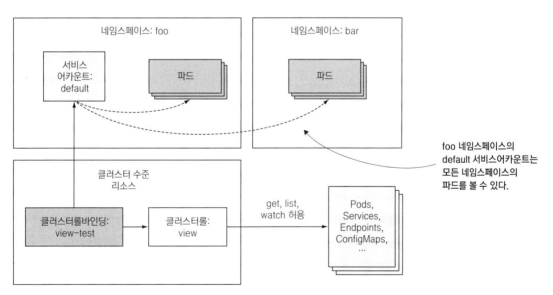

▲ **그림 12.9** 클러스터롤바인딩과 클러스터롤은 모든 네임스페이스의 리소스에 접근할 수 있다.

이제 클러스터롤바인딩을 롤바인딩으로 교체하면 어떻게 되는지 살펴보자. 먼저 클러스터롤바인딩을 삭제한다.

```
$ kubectl delete clusterrolebinding view-test
clusterrolebinding "view-test" deleted
```

그런 다음 대신할 롤바인딩을 만든다. 롤바인딩은 네임스페이스를 가져야 하므로, 생성하려는 네임스페이스를 지정해야 한다. foo 네임스페이스 안에 만든다.

```
$ kubectl create rolebinding view-test --clusterrole=view
➥ --serviceaccount=foo:default -n foo
rolebinding "view-test" created
```

이제 foo 네임스페이스에 롤바인딩을 생성했으니 같은 네임스페이스의 default 서비스어카운트를 view 클러스터롤과 바인딩한다. 이제 파드에서 어디에 액세스할 수 있는가?

```
/ # curl localhost:8001/api/v1/namespaces/foo/pods
{
  "kind": "PodList",
  "apiVersion": "v1",
  ...
/ # curl localhost:8001/api/v1/namespaces/bar/pods
User "system:serviceaccount:foo:default" cannot list pods in the namespace
    "bar".
/ # curl localhost:8001/api/v1/pods
User "system:serviceaccount:foo:default" cannot list pods at the cluster
    scope.
```

보다시피 파드는 foo 네임스페이스에 있는 파드는 나열할 수 있지만 특정 네임스페이스나 전체 네임스페이스에 걸쳐 파드를 나열할 수는 없다. 그림 12.10에 묘사돼 있다.

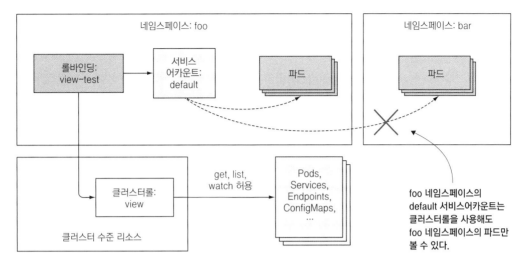

▲ **그림 12.10** 클러스터롤을 참조하는 롤바인딩은 롤바인딩의 네임스페이스 내부에 있는 리소스에만 접근할 수 있다.

롤, 클러스터롤, 롤바인딩과 클러스터롤바인딩 조합에 관한 요약

지금까지 다양한 조합을 다뤘기 때문에 각 조합을 언제 사용해야 하는지 기억하기 어려울 수 있다. 이런 조합을 사용 사례별로 분류해 살펴보자. 표 12.2를 참조하라.

▼ **표 12.2** 특정 롤과 바인딩의 조합을 사용해야 하는 경우

접근	롤 타입	사용할 바인딩 타입
클러스트 수준 리소스(노드, 퍼시스턴트볼륨)	클러스터롤	클러스터롤바인딩
리소스가 아닌 URL(/api, /healthz,…)	클러스터롤	클러스터롤바인딩
모든 네임스페이스의 네임스페이스로 지정된 리소스	클러스터롤	클러스터롤바인딩
특정 네임스페이스의 네임스페이스로 지정된 리소스(여러 네임스페이스에 동일한 클러스터롤 재사용)	클러스터롤	롤바인딩
특정 네임스페이스의 네임스페이스로 지정된 리소스(각 네임스페이스에 롤을 정의해야 함)	롤	롤바인딩

네 개의 RBAC 리소스 간의 관계가 훨씬 명확해졌기를 바란다. 아직 전체적으로 파악되지 않는 것 같은 느낌이 들더라도 걱정하지 마라. 다음 절에서 사전 정의된 클러스터롤과 클러스터롤바인딩을 살펴보면 좀 더 명확해질 것이다.

12.2.5 디폴트 클러스터롤과 클러스터롤바인딩의 이해

쿠버네티스는 API 서버가 시작될 때마다 업데이트되는 클러스터롤과 클러스터롤바인딩의 디폴트 세트를 제공한다. 이렇게 하면 실수로 삭제하거나 최신 버전의 쿠버네티스가 클러스터 롤과 바인딩을 다르게 설정해 사용하더라도 모든 디폴트 롤과 바인딩을 다시 생성되게 한다.

다음 예제에서 디폴트 클러스터롤와 바인딩을 볼 수 있다.

예제 12.17 모든 클러스터롤바인딩과 클러스터롤 나열하기

```
$ kubectl get clusterrolebindings
NAME                                          AGE
cluster-admin                                 1d
system:basic-user                             1d
system:controller:attachdetach-controller     1d
...
system:controller:ttl-controller              1d
system:discovery                              1d
system:kube-controller-manager                1d
system:kube-dns                               1d
system:kube-scheduler                         1d
system:node                                   1d
system:node-proxier                           1d

$ kubectl get clusterroles
NAME                                          AGE
admin                                         1d
cluster-admin                                 1d
edit                                          1d
system:auth-delegator                         1d
system:basic-user                             1d
system:controller:attachdetach-controller     1d
...
system:controller:ttl-controller              1d
system:discovery                              1d
system:heapster                               1d
system:kube-aggregator                        1d
```

```
system:kube-controller-manager           1d
system:kube-dns                          1d
system:kube-scheduler                    1d
system:node                              1d
system:node-bootstrapper                 1d
system:node-problem-detector             1d
system:node-proxier                      1d
system:persistent-volume-provisioner     1d
view                                     1d
```

가장 중요한 롤은 view, edit, admin과 cluster-admin 클러스터롤이다. 이들은 사용자 정의 파드에서 사용하는 서비스어카운트에 바인딩되기 위한 것들이다.

view 클러스터롤을 사용해 리소스에 읽기 전용 액세스 허용하기

이전 예제에서 이미 디폴트 view 클러스터롤을 사용했다. 롤, 롤바인딩과 시크릿을 제외한 네임스페이스 내의 거의 모든 리소스를 읽을 수 있다. 아마 왜 시크릿은 읽을 수 없는 것인가 궁금해할 것이다. 시크릿 중에는 view 클러스터롤에 정의된 것보다 더 큰 권한을 갖는 인증 토큰이 포함될 수 있으며, 사용자가 다른 사용자로 가장해 추가 권한(권한 에스컬레이션)을 얻을 수 있기 때문이다.

edit 클러스터롤을 사용해 리소스에 변경 허용하기

다음으로 edit 클러스터롤은 네임스페이스 내의 리소스를 수정할 수 있을 뿐만 아니라 시크릿을 읽고 수정할 수도 있다. 그러나 롤 또는 롤바인딩을 보거나 수정하는 것은 허용되지 않는다. 이것 또한 권한 상승을 방지하기 위한 것이다.

admin 클러스터롤을 사용해 네임스페이스에 제어 권한 허용하기

네임스페이스에 있는 리소스에 관한 완전한 제어 권한이 admin 클러스터롤에 부여된다. 이 클러스터롤을 가진 주체는 리소스쿼터^{ResourceQuotas}(14장에서 배운다)와 네임스페이스 리소스 자체를 제외한 네임스페이스 내의 모든 리소스를 읽고 수정할 수 있다. edit와 admin

클러스터롤 간의 주요 차이점은 네임스페이스에서 롤과 롤바인딩을 보고 수정할 수 있다는 점이다.

> |**노트**| 권한 상승을 방지하기 위해 API 서버는 사용자가 해당 롤에 나열된 모든 권한(및 동일한 범위)을 가지고 있는 경우에만 롤을 만들고 업데이트할 수 있다.

cluster-admin 클러스터롤을 사용해 완전한 제어 허용하기

쿠버네티스 클러스터를 완전하게 제어하려면 cluster-admin 클러스터롤을 주체에 할당하면 된다. 앞서 본 것처럼 admin 클러스터롤에서는 사용자가 네임스페이스의 리소스쿼터 개체 또는 네임스페이스 리소스 자체를 수정할 수 없다. 사용자가 이 작업을 수행하도록 허용하려면 cluster-admin 클러스터롤을 참조하는 롤바인딩을 생성해야 한다. 이것은 롤바인딩에 포함된 사용자에게 롤바인딩이 생성된 네임스페이스의 모든 측면을 완전하게 제어할 수 있다.

주의를 기울여 읽었다면 사용자가 클러스터의 모든 네임스페이스를 완전하게 제어할 수 있는 방법을 이미 알고 있을 것이다. 롤바인딩 대신 클러스터롤바인딩에서 cluster-admin 클러스터롤을 참조하면 된다.

그 밖의 디폴트 클러스터롤 이해하기

디폴트 클러스터롤 목록에는 접두사 system:으로 시작하는 클러스터롤이 있다. 이들은 다양한 쿠버네티스의 구성 요소에서 사용된다. 그중에는 스케줄러^{Scheduler}에서 사용되는 system:kube-scheduler와 Kubelet에서 사용되는 system:node 등이 있다.

컨트롤러 매니저^{Controller Manager}는 하나의 파드로 실행되지만 내부에서 실행되는 각 컨트롤러는 별도의 클러스터롤과 클러스터롤바인딩을 사용할 수 있다(접두어 system:controller:를 사용한다).

이러한 각 시스템 클러스터롤은 매칭되는 클러스터롤바인딩이 있으며 이를 시스템 구성 요소가 인증하는 사용자에게 바인딩한다. 예를 들어 system:kube-scheduler 클러스터롤바인딩은 동일한 이름의 클러스터롤을 사용자 system:kube-scheduler에게 할당한다. 스케줄러가 이 사용자 이름으로 인증된다.

12.2.6 인가 권한을 현명하게 부여하기

기본적으로 네임 스페이스의 디폴트 서비스어카운트에는 인증되지 않은 사용자의 권한 이외에는 어떤 권한도 없다(앞선 예 중 하나에서 알 수 있듯이 system:discovery 클러스터롤과 관련 바인딩을 사용하면 누구나 일부 리소스가 아닌 URL(non-resource URL)에 GET 요청을 할 수 있다). 따라서 기본적으로 파드는 클러스터 상태조차 볼 수 없다. 이를 수행할 수 있는 적절한 권한을 부여하는 것은 전적으로 사용자의 몫이다.

당연히 모든 서비스어카운트에 cluster-admin 클러스터롤을 부여하는 것은 좋지 못한 생각이다. 보안이 항상 그렇듯이, 모든 사람에게 자신의 일을 하는 데 꼭 필요한 권한만 주고, 한 가지 이상의 권한을 주지 않는 것이 가장 좋다(최소 권한의 원칙).

각 파드에 특정 서비스어카운트 생성

각 파드(또는 파드 복제본 세트)를 위한 특정 서비스어카운트를 생성한 다음 롤바인딩으로 맞춤형 롤(또는 클러스터롤)과 연계하는 것이 바람직한 접근 방법이다(클러스터롤바인딩으로 하면 안 된다. 클러스터롤바인딩을 이용하면 파드에서 다른 네임스페이스의 리소스에 접근할 수 있기 때문이다. 이것은 아마도 여러분이 원하는 바가 아닐 것이다).

12장의 첫 부분에서 배운 것처럼 파드 중 하나(파드 내에서 실행 중인 애플리케이션)는 파드를 읽는 기능이 필요하고 다른 하나는 수정하는 기능이 필요하면 서로 다른 두 개의 서비스어카운트를 만들고, 각 파드 스펙의 serviceAccountName 속성에 이 서비스어카운트를 설정해 사용하라. 양쪽 파드에 필요한 모든 권한을 네임스페이스의 디폴트 서비스어카운트에 추가하지 말라.

애플리케이션이 탈취될 가능성을 염두에 두기

여러분의 목표는 침입자가 클러스터를 장악할 가능성을 줄이는 것이다. 오늘날의 복잡한 애플리케이션에는 많은 취약점이 있다. 원치 않는 사람이 결국 서비스어카운트의 인증 토큰을 손에 넣을 수 있다는 가능성을 예상해야 하며, 따라서 실제로 피해를 입지 않도록 항상 서비스어카운트에 제한을 둬야 한다.

12.3 요약

12장에서는 쿠버네티스 API 서버를 안전하게 보호하는 방법을 설명했다.

12장에서 살펴본 내용은 다음과 같다.

- API 서버의 클라이언트는 휴먼 사용자와 파드에서 실행되는 애플리케이션이 모두 포함된다.
- 파드의 애플리케이션은 서비스어카운트와 연계돼 있다.
- 사용자와 서비스어카운트 모두 그룹과 연계돼 있다.
- 기본적으로 파드는 각 네임스페이스에 자동으로 생성되는 default 서비스어카운트에서 실행된다.
- 추가적인 서비스어카운트는 수동으로 생성하고 파드와 연계시킬 수 있다.
- 서비스어카운트는 특정 파드에 제한된 시크릿 목록만 마운트할 수 있도록 구성할 수 있다.
- 서비스어카운트는 이미지 풀 시크릿을 파드에 첨부하는 데도 사용할 수 있으므로 모든 파드에 시크릿을 지정할 필요가 없다.
- 롤과 클러스터롤은 어떤 리소스에 어떤 작업을 수행할 수 있는지 정의한다.
- 롤바인딩과 클러스터롤바인딩은 롤과 클러스터롤을 사용자, 그룹, 서비스어카운트에 바인딩한다.
- 각 클러스터에는 디폴트 클러스터롤과 클러스터롤바인딩이 제공된다.

13장에서는 클러스터 노드를 파드로부터 보호하는 방법과 네트워크를 보호해 파드를 서로 분리하는 방법을 배운다.

13

클러스터 노드와
네트워크 보안

13장에서 다루는 내용

- 파드에서 노드의 기본 리눅스 네임스페이스 사용
- 다른 사용자(사용자 ID)로 컨테이너 실행
- 특권을 갖는 컨테이너 실행
- 컨테이너에 커널 기능 추가 또는 삭제
- 파드가 수행할 수 있는 작업을 제한하기 위한 보안 정책 정의
- 파드 네트워크 보안 강화

12장에서는 API 서버 보안을 이야기했다. 공격자가 API 서버에 접근 권한을 획득하면 자신의 코드를 컨테이너 이미지로 패키징해 파드에서 실행함으로써 원하는 무엇이든 실행할 수 있다. 그러나 컨테이너가 다른 컨테이너나 실행 중인 노드로부터 격리돼 있는데 실제로 피해를 입힐 수 있을까?

반드시 그런 것은 아니다. 13장에서는 파드가 노드의 리소스에 액세스할 수 있게 하는 법을 설명할 것이다. 또한 파드에서 사용자가 원하는 작업을 마음대로 수행할 수 없도록 클러스터를 구성하는 방법도 배울 것이다. 그런 다음 후반부에서 파드가 통신할 때 사용하

는 네트워크를 보호하는 방법도 배울 것이다.

13.1 파드에서 호스트 노드의 네임스페이스 사용

파드의 컨테이너는 일반적으로 별도의 리눅스 네임스페이스에서 실행되므로 프로세스가
다른 컨테이너 또는 노드의 기본 네임스페이스에서 실행 중인 프로세스와 분리된다.

  예를 들어 각 파드는 고유한 네트워크 네임스페이스를 사용하기 때문에 고유한 IP와
포트 공간을 얻는다는 것을 알고 있을 것이다. 마찬가지로 각 파드는 고유한 PID 네임스
페이스가 있기 때문에 고유한 프로세스 트리가 있으며 고유한 IPC 네임스페이스도 사용하
므로 동일한 파드의 프로세스 간 통신 메커니즘^{IPC, Inter-Process Communication mechanism}으로
서로 통신할 수 있다.

13.1.1 파드에서 노드의 네트워크 네임스페이스 사용

특정 파드(일반적으로 시스템 파드)는 호스트의 기본 네임스페이스에서 작동해야 노드의 리
소스와 장치를 읽고 조작할 수 있다. 예를 들어 파드는 가상 네트워크 어댑터 대신 노드의
실제 네트워크 어댑터를 사용해야 할 수도 있다. 이는 파드 스펙에서 hostNetwork 속성을
true로 설정하면 된다.

  이 경우 파드는 그림 13.1과 같이 파드의 네트워크 인터페이스가 아니라 노드의 네트
워크 인터페이스를 사용하게 된다. 이는 파드가 자체 IP 주소를 갖는 것이 아니라, 포트를
바인드하는 프로세스를 실행할 경우 해당 프로세스는 노드의 포트에 직접 바인드된다는
의미다.

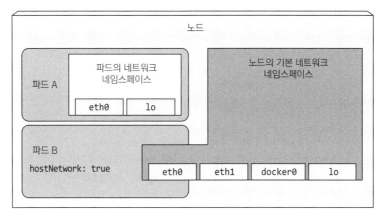

▲ **그림 13.1** hostNetwork: true로 설정한 파드는 파드 네트워크 인터페이스 대신 노드 네트워크 인터페이스를 사용한다.

다음 예제는 노드의 네트워크 인터페이스를 사용하는 파드 매니페스트다. 실행해보자.

예제 13.1 노드 네트워크 네임스페이스를 사용하는 파드: pod-with-host-network.yaml

```
apiVersion: v1
kind: Pod
metadata:
  name: pod-with-host-network
spec:
  hostNetwork: true          ◀─── 호스트 노드 네트워크
  containers:                       네임스페이스 사용
  - name: main
    image: alpine
    command: ["/bin/sleep", "999999"]
```

파드를 실행한 후 다음 명령어를 사용해 실제 호스트 네트워크 네임스페이스를 사용하는지 확인할 수 있다(예: 모든 호스트의 네트워크 어댑터가 표시된다).

예제 13.2 호스트 네트워크 네임스페이스를 사용하는 파드 네트워크 인터페이스

```
$ kubectl exec pod-with-host-network ifconfig
docker0   Link encap:Ethernet  HWaddr 02:42:14:08:23:47
          inet addr:172.17.0.1  Bcast:0.0.0.0  Mask:255.255.0.0
```

```
         ...
eth0     Link encap:Ethernet   HWaddr 08:00:27:F8:FA:4E
         inet addr:10.0.2.15  Bcast:10.0.2.255  Mask:255.255.255.0
         ...
lo       Link encap:Local Loopback
         inet addr:127.0.0.1  Mask:255.0.0.0
...
veth1178d4f Link encap:Ethernet   HWaddr 1E:03:8D:D6:E1:2C
            inet6 addr: fe80::1c03:8dff:fed6:e12c/64 Scope:Link
            UP BROADCAST RUNNING MULTICAST  MTU:1500  Metric:1
...
```

쿠버네티스 컨트롤 플레인 구성 요소가 파드로 배포되면(예: 부록 B에 설명된 대로 kubeadm을 사용해 클러스터를 배포할 때) 해당 파드는 hostNetwork 옵션을 사용하므로 파드 안에서 실행되지 않는 것처럼 동작할 수 있다.

13.1.2 호스트 네트워크 네임스페이스를 사용하지 않고 호스트 포트에 바인딩

파드는 hostNetwork 옵션으로 노드의 기본 네임스페이스의 포트에 바인딩할 수 있지만 여전히 고유한 네트워크 네임스페이스를 갖는다. 이는 컨테이너의 포트를 정의하는 spec.containers.ports 필드 안에 hostPort 속성을 사용해 할 수 있다.

hostPort를 사용하는 파드와 NodePort 서비스로 노출된 파드를 혼동하면 안 된다. 그림 13.2에 설명된 것처럼 서로 다르다. 그림에서 가장 먼저 알 수 있는 것은 파드가 hostPort를 사용하는 경우 노드포트에 대한 연결은 해당 노드에서 실행 중인 파드로 직접 전달되는 반면 NodePort 서비스의 경우 노드포트의 연결은 임의의 파드로 전달된다(다른 노드에 있을 수 있다). 또 다른 차이점은 hostPort를 사용하는 파드의 경우 노드포트는 해당 파드를 실행하는 노드에만 바인딩되는 반면 NodePort 서비스는 이런 파드를 실행하지 않는 노드에서도 모든 노드의 포트를 바인딩한다는 것이다(그림 13.2의 노드 3과 동일).

570

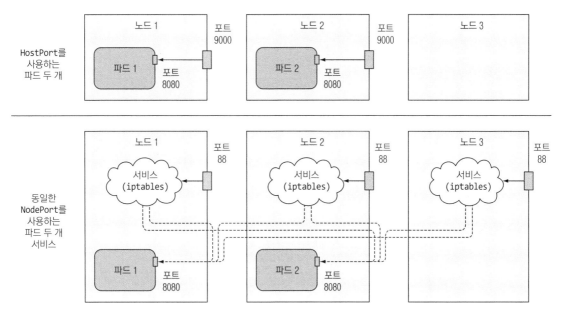

▲ **그림 13.2** hostPort를 사용하는 파드와 NodePort 서비스를 사용하는 파드의 차이점

파드가 특정 호스트 포트를 사용하는 경우 두 프로세스가 동일한 호스트 포트에 바인딩될 수 없으므로 파드 인스턴스 하나만 노드에 스케줄링될 수 있다는 점을 이해해야 한다. 스케줄러는 파드를 스케줄할 때 이를 고려하므로 그림 13.3과 같이 여러 파드를 동일한 노드에 스케줄링하지 않는다. 노드 세 개가 있고 파드 레플리카 네 개를 배포하려는 경우 세 개만 스케줄링된다(하나의 파드는 보류 중^{pending}으로 유지된다).

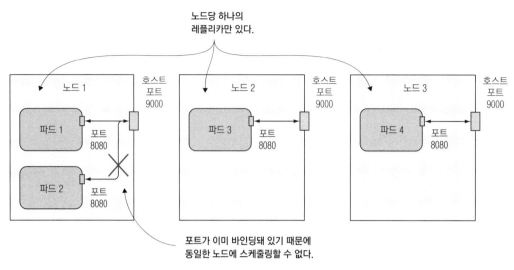

노드당 하나의
레플리카만 있다.

| 노드 1 | 호스트
포트
9000 | | 노드 2 | 호스트
포트
9000 | | 노드 3 | 호스트
포트
9000 |

파드 1 포트 8080

파드 2 포트 8080

파드 3 포트 8080

파드 4 포트 8080

포트가 이미 바인딩돼 있기 때문에
동일한 노드에 스케줄링할 수 없다.

▲ **그림 13.3** 호스트 포트를 사용하는 경우 파드 인스턴스 하나만 노드에 스케줄링할 수 있다.

파드의 YAML 정의에서 hostPort를 정의하는 방법을 살펴보자. 다음 예제 13.3은 kubia 파드를 실행하고 노드포트 9000에 바인딩하는 YAML을 보여준다.

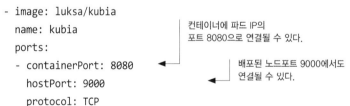

```
apiVersion: v1
kind: Pod
metadata:
  name: kubia-hostport
spec:
  containers:
  - image: luksa/kubia
    name: kubia
    ports:
    - containerPort: 8080
      hostPort: 9000
      protocol: TCP
```

컨테이너에 파드 IP의
포트 8080으로 연결될 수 있다.

배포된 노드포트 9000에서도
연결될 수 있다.

이 파드를 생성한 후 스케줄링된 노드포트 9000으로 액세스할 수 있다. 노드가 여러 개인 경우 다른 노드의 해당 포트로 파드에 액세스할 수는 없다.

hostPort 기능은 기본적으로 데몬셋을 사용해 모든 노드에 배포되는 시스템 서비스를 노출하는 데 사용된다. 처음에는 사람들이 동일한 파드의 레플리카 두 개가 동일한 노드에 스케줄링되지 않았는지 확인하려고 이 도구를 사용했지만 이제는 이를 확인하는 더 좋은 방법이 있다(16장에서 설명할 것이다).

13.1.3 노드의 PID와 IPC 네임스페이스 사용

hostNetwork 옵션과 유사한 파드 스펙 속성으로 hostPID와 hostIPC가 있다. 이를 true로 설정하면 파드의 컨테이너는 노드의 PID와 IPC 네임스페이스를 사용해 컨테이너에서 실행 중인 프로세스가 노드의 다른 프로세스를 보거나 IPC로 이들과 통신할 수 있도록 한다. 예제 13.4를 참조하자.

예제 13.4 호스트의 PID와 IPC 네임스페이스 사용: pod-with-host-pid-and-ipc.yaml

```
apiVersion: v1
kind: Pod
metadata:
  name: pod-with-host-pid-and-ipc
spec:
  hostPID: true          ◀── 파드가 호스트의 PID 네임스페이스를
                              사용하도록 한다.
  hostIPC: true          ◀── 파드가 호스트의 IPC 네임스페이스를
                              사용하도록 한다.
  containers:
  - name: main
    image: alpine
    command: ["/bin/sleep", "999999"]
```

파드는 일반적으로 자체 프로세스만 표시하지만 이 파드를 실행한 후 컨테이너의 프로세스를 조회하면 컨테이너에서 실행 중인 프로세스뿐만 아니라 호스트 노드에서 실행 중인 모든 프로세스가 조회된다. 다음 예제와 같이 보인다.

```
$ kubectl exec pod-with-host-pid-and-ipc ps aux
PID   USER      TIME  COMMAND
    1 root      0:01 /usr/lib/systemd/systemd --switched-root --system
    2 root      0:00 [kthreadd]
    3 root      0:00 [ksoftirqd/0]
    5 root      0:00 [kworker/0:0H]
    6 root      0:00 [kworker/u2:0]
    7 root      0:00 [migration/0]
    8 root      0:00 [rcu_bh]
    9 root      0:00 [rcu_sched]
   10 root      0:00 [watchdog/0]
...
```

hostIPC 속성을 true로 설정하면 파드 컨테이너의 프로세스는 노드에서 실행 중인 다른 모든 프로세스와 IPC로 통신할 수도 있다.

13.2 컨테이너의 보안 컨텍스트 구성

파드가 호스트의 리눅스 네임스페이스를 사용하도록 허용하는 것 외에도, 파드 컨텍스트 아래의 개별 컨테이너 스펙에서 직접 지정할 수 있는 securityContext 속성으로 다른 보안 관련 기능을 파드와 파드의 컨테이너에 구성할 수 있다.

보안 컨텍스트에서 설정할 수 있는 사항

보안 컨텍스트를 설정하면 다음과 같은 다양한 작업을 수행할 수 있다.

- 컨테이너의 프로세스를 실행할 사용자(사용자 ID) 지정하기
- 컨테이너가 루트[1]로 실행되는 것 방지하기(컨테이너가 실행하는 기본 사용자는 일반적으로 컨테이너 이미지 자체에 정의돼 있으므로, 컨테이너가 루트 사용자로 실행되지 않도록 원할 수 있다.)

---

1 root 사용자를 의미하며, 모든 권한을 다 가지고 있어서 루트 권한으로 프로세스를 실행하는 것은 주의해야 한다. - 옮긴이

- 컨테이너를 특권 모드privileged mode에서 실행해 노드의 커널에 관한 모든 접근 권한을 가짐
- 특권 모드에서 컨테이너를 실행해 컨테이너에 가능한 모든 권한을 부여하는 것과 달리 기능을 추가하거나 삭제해 세분화된 권한 구성하기
- 컨테이너의 권한 확인을 강력하게 하기 위해 SELinuxSecurity Enhanced Linux 옵션 설정하기
- 프로세스가 컨테이너의 파일시스템에 쓰기 방지하기

이제부터 이러한 옵션을 살펴볼 것이다.

보안 컨텍스트를 지정하지 않고 파드 실행

먼저 기본 보안 컨텍스트 옵션을 사용해 파드를 실행하면서(아무것도 지정하지 않는다) 사용자 정의 보안 컨텍스트가 설정된 파드와 동작 방식을 비교해보자.

```
$ kubectl run pod-with-defaults --image alpine --restart Never
   -- /bin/sleep 999999
pod "pod-with-defaults" created
```

컨테이너가 어떤 사용자와 그룹 ID로 실행되고 어떤 그룹에 속하는지 살펴보자. 컨테이너에서 id 명령어를 실행해 이를 확인할 수 있다.

```
$ kubectl exec pod-with-defaults id
uid=0(root) gid=0(root) groups=0(root), 1(bin), 2(daemon), 3(sys), 4(adm),
   6(disk), 10(wheel), 11(floppy), 20(dialout), 26(tape), 27(video)
```

컨테이너가 사용자 ID(uid) 0과 그룹 ID(gid) 0인 루트 사용자로 실행 중이다. 또한 여러 다른 그룹의 구성원이기도 하다.

> | **노트** | 컨테이너 이미지에 지정된 사용자로 컨테이너가 실행된다. Dockerfile에서 이것은 USER 지시문으로 지정한다. 생략하면 컨테이너는 루트로 실행된다.

이제 컨테이너가 다른 사용자로 실행되는 파드를 실행할 것이다.

13.2.1 컨테이너를 특정 사용자로 실행

컨테이너 이미지에 설정한 것과 다른 사용자 ID로 파드를 실행하려면 파드의 security
Context.runAsUser 속성을 설정해야 한다. 다음 예제는 알파인[alpine] 컨테이너 이미지의
사용자 ID가 405인 게스트[guest] 사용자로 컨테이너를 실행한다.

예제 13.6 컨테이너를 특정 사용자로 실행: pod-as-user-guest.yaml

```
apiVersion: v1
kind: Pod
metadata:
  name: pod-as-user-guest
spec:
  containers:
  - name: main
    image: alpine
    command: ["/bin/sleep", "999999"]          사용자 이름이 아닌 사용자 ID를
    securityContext:                            지정해야 한다(ID 405는 게스트[guest]
      runAsUser: 405    ◀                       사용자에 해당).
```

이제 runAsUser 속성의 효과를 확인하기 위해 새 파드에서 이전과 같은 방식으로 id
명령어를 실행한다.

```
$ kubectl exec pod-as-user-guest id
uid=405(guest) gid=100(users)
```

요청한 대로 컨테이너가 게스트 사용자로 실행 중이다.

13.2.2 컨테이너가 루트로 실행되는 것 방지

컨테이너가 어떤 사용자로 실행되든 상관없지만, 루트로 실행되는 것은 막고 싶다면 어떻
게 해야 할까?

Dockerfile에서 USER 지시문으로 빌드된 컨테이너 이미지로 파드를 배포해 컨테이너를 데몬^{daemon} 사용자[2]로 실행한다고 해보자. 공격자가 이미지 레지스트리에 액세스해 동일한 태그에서 다른 이미지를 푸시하면 어떻게 될까? 공격자의 이미지는 루트 사용자로 실행되도록 구성됐다. 쿠버네티스가 새로운 파드 인스턴스를 스케줄링하면 kubelet은 공격자의 이미지를 다운로드하고 그들이 추가한 어떤 코드든 실행하게 될 것이다.

대부분의 컨테이너는 호스트 시스템과 분리돼 있지만 프로세스를 루트로 실행하는 것은 여전히 나쁜 관행이다. 예를 들어 호스트 디렉터리가 컨테이너에 마운트될 때 컨테이너에서 실행 중인 프로세스가 루트로 실행 중인 경우 마운트된 디렉터리에 관한 모든 액세스 권한이 있지만 루트가 아닌 경우에는 권한이 없다.

앞에서 설명한 공격 시나리오를 방지하기 위해 다음 예제와 같이 파드의 컨테이너가 루트가 아닌 사용자로 실행되도록 지정할 수 있다.

예제 13.7 컨테이너가 루트로 실행되지 않도록 방지: pod-run-as-non-root.yaml

```
apiVersion: v1
kind: Pod
metadata:
  name: pod-run-as-non-root
spec:
  containers:
  - name: main
    image: alpine
    command: ["/bin/sleep", "999999"]
    securityContext:
      runAsNonRoot: true
```

이 컨테이너는 루트가 아닌 사용자로만 실행할 수 있다.

이 파드는 배포 후 스케줄링되지만 실행되지는 않는다.

```
$ kubectl get po pod-run-as-non-root
NAME                     READY    STATUS
pod-run-as-non-root      0/1      container has runAsNonRoot and image will run
                                ➡      as root
```

---

2 alpine 컨테이너 이미지에서 uid 2번인 사용자 – 옮긴이

이제 누군가 컨테이너 이미지를 무단 변경해도 실행되지 않는다.

13.2.3 특권 모드에서 파드 실행

때때로 파드는 일반 컨테이너에서는 접근할 수 없는 보호된 시스템 장치나 커널의 다른 기능을 사용하는 것과 같이 그들이 실행 중인 노드가 할 수 있는 모든 것을 해야 할 수도 있다.

이런 파드의 예는 kube-proxy 파드가 있으며, 11장에서 설명한 대로 서비스를 작동 시키려 노드의 iptables 규칙을 수정한다. 부록 B의 지침을 따르고 kubeadm을 사용해 클 러스터를 배포하는 경우 모든 클러스터 노드에 kube-proxy 파드를 실행하고 YAML 스 펙을 검사해 사용 중인 모든 특수 기능을 볼 수 있다.

노드 커널의 모든 액세스 권한을 얻기 위해 파드의 컨테이너는 특권 모드privileged mode 로 실행된다. 컨테이너의 securityContext 속성에서 privileged 속성을 true로 설정하 면 된다. 예제 13.8의 YAML에서 특권 모드를 지정한 파드를 만들 것이다.

예제 13.8 특권 모드의 컨테이너가 있는 파드: pod-privileged.yaml

```
apiVersion: v1
kind: Pod
metadata:
  name: pod-privileged
spec:
  containers:
  - name: main
    image: alpine
    command: ["/bin/sleep", "999999"]
    securityContext:
      privilcged: true          이 컨테이너는 특권 모드에서
                                실행될 것이다.
```

이 파드를 배포하면 이전에 실행한 권한이 없는 파드와 비교할 수 있다.

리눅스에 익숙하다면 시스템의 모든 장치에 관한 장치 파일이 들어 있는 /dev라는 특 별한 파일 디렉터리가 있음을 알고 있을 것이다. /dev의 파일은 디스크의 일반적인 파일

과 다르게 장치와 통신하는 데 사용되는 특별한 파일이다. 예제 13.9에 표시된 대로 /dev 디렉터리의 파일을 조회해 이전에 배포한 권한 없는 컨테이너(기본 `pod-with-defaults` 파드)에 어떤 장치가 표시되는지 살펴보자.

예제 13.9 권한 없는 파드에서 사용 가능한 장치 목록

```
$ kubectl exec -it pod-with-defaults ls /dev
core            null       stderr             urandom
fd              ptmx       stdin              zero
full            pts        stdout
fuse            random     termination-log
mqueue          shm        tty
```

예제는 장치 모두를 표시한다. 목록이 매우 짧다. 이제 예제 13.9를 예제 13.10과 비교 하면 권한 있는 파드가 볼 수 있는 장치 파일이 표시된다.

예제 13.10 권한 있는 파드에서 사용 가능한 장치 목록

```
$ kubectl exec -it pod-privileged ls /dev
autofs              snd                tty46
bsg                 sr0                tty47
btrfs-control       stderr             tty48
core                stdin              tty49
cpu                 stdout             tty5
cpu_dma_latency     termination-logs   tty50
fd                  tty                tty51
full                tty0               tty52
fuse                tty1               tty53
hpet                tty10              tty54
hwrng               tty11              tty55
...                 ...                ...
```

이 책에 담기에 너무 길기 때문에 전체 결과를 포함시키지 않았지만 장치 목록이 이전 보다 훨씬 길다는 것은 분명하다. 실제로 권한 있는 컨테이너는 모든 호스트 노드의 장치 를 볼 수 있다. 즉, 모든 장치를 자유롭게 사용할 수 있다.

예를 들어 라즈베리 파이^{Raspberry Pi}[3]에서 실행되는 파드가 라즈베리 파이에 연결된 LED를 제어하기를 원한다면 이와 같은 특권 모드를 사용해야 한다.

13.2.4 컨테이너에 개별 커널 기능 추가

앞 절에서는 컨테이너에 강력한 권한을 주는 방법을 살폈다. 예전에는 전통적인 UNIX에서만 권한 있는 프로세스와 권한이 없는 프로세스를 구분했지만 수년 동안 리눅스 커널 기능의 발달로 훨씬 더 세분화된 권한 시스템을 지원하게 됐다.

권한 있는 컨테이너를 만들고 무제한 권한을 부여하는 대신 보안 관점에서 훨씬 안전한 방법은 실제로 필요한 커널 기능만 액세스하도록 하는 것이다. 쿠버네티스를 사용하면 각 컨테이너에 커널 기능을 추가하거나 일부를 삭제할 수 있으므로 컨테이너 권한을 미세 조정하고 공격자의 잠재적인 침입의 영향을 제한할 수 있다.

예를 들어 컨테이너는 일반적으로 시스템 시간(하드웨어 시계 시간)을 변경할 수 없다. pod-with-defaults 파드에서 시간을 설정해 이를 확인할 수 있다.

```
$ kubectl exec -it pod-with-defaults -- date +%T -s "12:00:00"
date: can't set date: Operation not permitted
```

컨테이너가 시스템 시간을 변경하도록 하려면 예제 13.11에 보이는 것처럼 CAP_SYS_TIME이라는 기능을 컨테이너의 기능 목록에 추가할 수 있다.

예제 13.11 CAP_SYS_TIME 기능 추가: pod-add-settime-capability.yaml

```
apiVersion: v1
kind: Pod
metadata:
  name: pod-add-settime-capabilily
spec:
  containers:
```

3　신용카드 크기의 싱글보드 컴퓨터로 교육이나 테스트, 데모용으로 많이 사용한다. 라즈베리 파이 여러 개를 묶어서 클러스터를 구성하는 슈퍼컴퓨터 프로젝트도 있다. – 옮긴이

```
- name: main
  image: alpine
  command: ["/bin/sleep", "999999"]
  securityContext:                           ┐  securityContext 속성 아래에
    capabilities:                            ┘  기능을 추가하거나 삭제할 수 있다.
      add:
        - SYS_TIME            ┐  SYS_TIME 기능을 추가한다.
                              ┘
```

> **| 노트 |** 리눅스 커널 기능은 일반적으로 CAP_ 접두어로 시작한다. 그러나 파드 스펙에서 지정하는
> 경우 접두어를 생략해야 한다.

새 파드의 컨테이너에서 동일한 명령어를 실행하면 시스템 시간이 성공적으로 변경된다.

```
$ kubectl exec -it pod-add-settime-capability -- date +%T -s "12:00:00"
12:00:00
```

```
$ kubectl exec -it pod-add-settime-capability -- date
Sun May  7 12:00:03 UTC 2017
```

> **| 경고 |** 이 작업을 직접 시도하면 워커 노드를 사용할 수 없게 될 수 있다는 사실을 알아야 한다.
> Minikube에서는 NTP(Network Time Protocol) 데몬이 시스템 시간을 자동으로 다시 설정하지만
> 새 파드를 스케줄링하기 위해 가상머신을 재부팅해야 했다.

파드를 실행하는 노드의 시간을 확인해 노드 시간이 변경됐음을 확인할 수 있다. 저자
의 경우, 노드 하나만 가진 Minikube를 사용하므로 다음 명령으로 시간을 확인할 수 있다.

```
$ minikube ssh date
Sun May  7 12:00:07 UTC 2017
```

이와 같은 기능을 추가하는 것이 컨테이너에 모든 권한을 부여하는 것(privileged: true)보다 훨씬 좋은 방법이다. 물론 각각의 기능을 알고 이해해야 한다.

13.2.5 컨테이너에서 기능 제거

커널의 일부 기능을 추가하는 방법을 살펴봤지만 컨테이너에서 사용할 수 있는 기능을 제거할 수도 있다. 예를 들어 컨테이너에 제공되는 기본 기능에는 프로세스가 파일시스템에서 파일의 소유권을 변경할 수 있는 CAP_CHOWN 기능이 포함된다.

pod-with-defaults 파드에서 /tmp 디렉터리의 소유권을 게스트 사용자로 변경해보면 알 수 있다.

```
$ kubectl exec pod-with-defaults chown guest /tmp
$ kubectl exec pod-with-defaults -- ls -la / | grep tmp
drwxrwxrwt  2 guest  root   6 May 25 15:18 tmp
```

컨테이너가 이를 수행하지 못하게 하려면 예제 13.12와 같이 컨테이너의 securityContext.capabilities.drop 속성 아래에 기능을 조회해 기능을 삭제해야 한다.

예제 13.12 컨테이너에서 기능 제거: pod-drop-chown-capability.yaml

```
apiVersion: v1
kind: Pod
metadata:
  name: pod-drop-chown-capability
spec:
  containers:
  - name: main
    image: alpine
    command: ["/bin/sleep", "999999"]
    securityContext:
      capabilities:
        drop:
          - CHOWN          이 컨테이너에서는
                           파일 소유권을 변경할 수 없다.
```

582

CHOWN 기능을 삭제하면 이 파드에서 /tmp 디렉터리의 소유자를 변경할 수 없다.

```
$ kubectl exec pod-drop-chown-capability chown guest /tmp
chown: /tmp: Operation not permitted
```

컨테이너의 보안 컨텍스트 옵션을 거의 다 살펴봤다. 하나만 더 살펴보자.

13.2.6 프로세스가 컨테이너의 파일시스템에 쓰는 것 방지

컨테이너에서 실행 중인 프로세스가 컨테이너의 파일시스템에 쓰지 못하게 하고 마운트된 볼륨에만 쓰도록 할 수 있다. 대부분 보안상의 이유로 이 작업이 필요하다.

공격자가 파일시스템에 쓸 수 있도록 숨겨진 취약점이 있는 PHP 애플리케이션을 실행한다고 가정해보자. PHP 파일은 빌드 시 컨테이너 이미지에 추가되고 컨테이너의 파일시스템에서 제공된다. 이 취약점으로 인해 공격자는 파일을 수정해 악성 코드를 삽입할 수 있다.

이런 유형의 공격은 컨테이너가 파일시스템(일반적으로 애플리케이션의 실행 코드가 저장된)을 쓰지 못하게 함으로써 방지할 수 있다. 예제 13.13과 같이 컨테이너의 securityContext.readOnlyRootFilesystem 속성을 true로 설정하면 된다.

예제 13.13 읽기 전용 파일시스템을 가진 컨테이너: pod-with-readonly-filesystem.yaml

```
apiVersion: v1
kind: Pod
metadata:
  name: pod-with-readonly-filesystem
spec:
  containers:
  - name: main
    image: alpine
    command: ["/bin/sleep", "999999"]
    securityContext:
      readOnlyRootFilesystem: true          이 컨테이너의 파일시스템에
                                             쓰기를 할 수 없다 ...
    volumeMounts:
    - name: my-volume                        ...하지만 마운트된 볼륨인
                                             /volume에는 쓸 수 있다.
```

```
        mountPath: /volume
        readOnly: false
  volumes:
  - name: my-volume
    emptyDir:
```

↑ ...하지만 마운트된 볼륨인
  /volume에는 쓸 수 있다.

이 파드를 배포하면 컨테이너가 루트 사용자로 실행되고 / 디렉터리에 대한 쓰기 권한이 있지만 파일을 쓰려고 하면 실패한다.

```
$ kubectl exec -it pod-with-readonly-filesystem touch /new-file
touch: /new-file: Read-only file system
```

그런 반면, 마운트된 볼륨에는 쓸 수 있다.

```
$ kubectl exec -it pod-with-readonly-filesystem touch /volume/newfile
$ kubectl exec -it pod-with-readonly-filesystem -- ls -la /volume/newfile
-rw-r--r-- 1 root root 0 May 7 19:11 /mountedVolume/newfile
```

예제에서 볼 수 있듯이 컨테이너의 파일시스템을 읽기 전용으로 만들 경우 (로그, 디스크 캐시 등) 애플리케이션이 쓰는 모든 디렉터리에 볼륨을 마운트하려고 할 것이다.

> |팁| 프로덕션 환경에서 보안을 강화하려면 파드를 실행할 때 컨테이너의 readOnlyRootFilesystem 속성을 true로 설정한다.

파드 수준의 보안 컨텍스트 옵션 설정

모든 예제에서 개별 컨테이너의 보안 컨텍스트를 설정했다. 이런 옵션 중 몇몇은 pod.spec.securityContext 속성으로 파드 수준에서 설정할 수도 있다. 모든 파드의 컨테이너에 대한 기본값으로 사용되지만 컨테이너 수준에서 재정의할 수 있다. 파드 수준 보안 컨텍스트를 사용하면 다음에 설명할 추가 속성을 설정할 수 있다.

13.2.7 컨테이너가 다른 사용자로 실행될 때 볼륨 공유

6장에서 파드의 컨테이너 간에 데이터를 공유하는 데 볼륨을 사용하는 방법을 설명했다. 한 컨테이너에서 파일을 쓰고 다른 컨테이너에서 읽는 데 어려움이 없었다.

그러나 이것은 두 컨테이너가 모두 루트로 실행돼 볼륨의 모든 파일에 대한 전체 액세스 권한을 부여했기 때문이다. 이제 앞에서 설명할 runAsUser 옵션을 사용한다고 상상해 보자. 두 개의 컨테이너를 두 명의 다른 사용자로 실행해야 할 수도 있다(아마도 각 사용자가 고유한 사용자로 프로세스를 실행하는 두 개의 다른 서드파티third-party 컨테이너 이미지를 사용 중일 수 있다). 이 두 컨테이너가 볼륨으로 파일을 공유하는 경우 반드시 서로의 파일을 읽거나 쓸 수 있는 것은 아니다.

그렇기 때문에 쿠버네티스를 사용하면 컨테이너에서 실행 중인 모든 파드에 supple mentalGroups 속성을 지정해 실행 중인 사용자 ID에 상관없이 파일을 공유할 수 있다. 이는 다음 두 가지 속성을 사용해 수행된다.

- fsGroup
- supplementalGroups

이들이 하는 것은 다음 예제에서 잘 설명하므로, 파드에서 그 사용법과 효과가 무엇인지 살펴보자. 다음 예제는 동일한 볼륨을 공유하는 컨테이너 두 개가 있는 파드를 설명한다.

예제 13.14 fsGroup과 supplementalGroups: pod-with-shared-volume-fsgroup.yaml

```
apiVersion: v1
kind: Pod
metadata:
  name: pod-with-shared-volume-fsgroup
spec:
  securityContext:
    fsGroup: 555                           fsGroup과 supplementalGroups는
    supplementalGroups: [666, 777]         파드 레벨의 보안 컨텍스트에서 정의된다.
  containers:
  - name: first
    image: alpine
```

```
              command: ["/bin/sleep", "999999"]
              securityContext:
                runAsUser: 1111                          첫 번째 컨테이너는
              volumeMounts:                               사용자 ID 1111로 실행된다.
              - name: shared-volume
                mountPath: /volume
                readOnly: false
            - name: second
              image: alpine
              command: ["/bin/sleep", "999999"]
              securityContext:                           두 컨테이너 모두
                runAsUser: 2222                          같은 볼륨을 사용한다.
              volumeMounts:
              - name: shared-volume
                mountPath: /volume
                readOnly: false
          volumes:
          - name: shared-volume
            emptyDir:
```

두 번째 컨테이너는 사용자 ID 2222로 실행된다.

파드를 만든 후 첫 번째 컨테이너에서 셸을 실행하고 컨테이너를 실행 중인 사용자와
그룹 ID를 확인한다.

```
$ kubectl exec -it pod-with-shared-volume-fsgroup -c first sh
/ $ id
uid=1111 gid=0(root) groups=555,666,777
```

id 명령어는 파드 정의에 지정한 대로 컨테이너가 사용자 ID 1111로 실행 중임을 확인
할 수 있다. 유효 그룹 ID는 0(루트)이지만 그룹 ID 555, 666, 777도 사용자와 연관이 돼 있다.

파드 정의에서 fsGroup을 555로 설정했다. 이 때문에 마운트된 볼륨은 다음과 같이 그
룹 ID 555가 소유한다.

```
/ $ ls -l / | grep volume
drwxrwsrwx    2 root       555           6 May 29 12:23 volume
```

마운트된 볼륨의 디렉터리에 파일을 작성하면 파일은 사용자 ID 1111(컨테이너가 실행 중인 사용자 ID)과 그룹 ID 555가 소유한다.

```
/ $ echo foo > /volume/foo
/ $ ls -l /volume
total 4
-rw-r--r--    1 1111      555               4 May 29 12:25 foo
```

이는 새로 생성된 파일에 대한 소유권 설정 방법과 다르다. 일반적으로 사용자의 유효 그룹 ID(여기서 그룹 ID는 0이다)는 사용자가 파일을 만들 때 사용된다. 볼륨이 아닌 컨테이너의 파일시스템에 파일을 생성해 이를 확인할 수 있다.

```
/ $ echo foo > /tmp/foo
/ $ ls -l /tmp
total 4
-rw-r--r--    1 1111      root              4 May 29 12:41 foo
```

보다시피 fsGroup 보안 컨텍스트 속성은 프로세스가 볼륨에 파일을 생성할 때 사용되지만(사용되는 볼륨 플러그인에 따라 다름) supplementalGroups 속성은 사용자와 관련된 추가 그룹 ID 목록을 정의하는 데 사용된다.

이로써 컨테이너의 보안 컨텍스트 구성에 관한 절을 마치겠다. 그다음, 클러스터 관리자가 사용자를 제한하는 방법을 살펴볼 것이다.

13.3 파드의 보안 관련 기능 사용 제한

이전 절의 예제에서는 권한 있는 파드를 노드에 배포해 파드를 배포한 사람이 클러스터 노드에서 원하는 모든 작업을 수행할 수 있는 방법을 보여줬다. 보안 메커니즘은 분명히 사용자가 앞서 설명된 것의 일부 또는 전부를 하는 것을 방지해야 한다. 클러스터 관리자는 하나 이상의 PodSecurityPolicy 리소스를 생성해 앞에서 설명한 보안 관련 기능의 사용을 제한할 수 있다.

13.3.1 PodSecurityPolicy 리소스 소개

PodSecurityPolicy는 (네임스페이스가 아닌) 클러스터 수준 리소스로, 사용자가 파드에서 사용할 수 있거나 사용할 수 없는 보안 관련 기능을 정의한다. PodSecurityPolicy 리소스에 구성된 정책을 유지하는 작업은 API 서버에서 실행되는 PodSecurityPolicy 어드미션 컨트롤 플러그인^{admission control plugin}으로 수행된다(11장에서 어드미션 컨트롤 플러그인을 설명했다).

> |**노트**| 클러스터에서 PodSecurityPolicy 어드미션 컨트롤 플러그인이 활성화돼 있지 않을 수 있다. 예제 13.15를 실행하기 전에 활성화돼 있는지 확인하자. Minikube를 사용하는 경우 다음 설명을 참조하자.

누군가 파드 서버 리소스를 API 서버에 게시하면 PodSecurityPolicy 어드미션 컨트롤 플러그인은 구성된 PodSecurityPolicies로 파드 정의의 유효성을 검사한다. 파드가 클러스터의 정책을 준수하면 승인되고, etcd에 저장된다. 그렇지 않으면 즉시 거부된다. 플러그인은 정책에 구성된 기본값에 따라 파드 리소스를 수정할 수도 있다.

Minikube에서 RBAC와 PodSecurityPolicy 어드미션 컨트롤 활성화

저자는 이 예제를 실행하려고 Minikube 버전 v0.19.0을 사용했다. 이 버전에서는 예제의 일부에 필요한 PodSecurityPolicy 어드미션 컨트롤 플러그인 또는 RBAC 인증이 활성화돼 있지 않다. 예제에서는 다른 사용자로 인증해야 하기 때문에 파일에 사용자가 정의되는 기본 인증(basic authentication) 플러그인도 활성화해야 한다.

이러 모든 플러그인을 활성화한 상태에서 Minikube를 실행하려면 사용 중인 버전에 따라 이런 (또는 유사한) 명령어를 사용해야 한다.

```
$ minikube start --extra-config apiserver.Authentication.PasswordFile.
⮕ BasicAuthFile=/etc/kubernetes/passwd --extra-config=apiserver.
⮕ Authorization.Mode=RBAC --extra-config=apiserver.GenericServerRun
⮕ Options.AdmissionControl=NamespaceLifecycle,LimitRanger,Service
⮕ Account,PersistentVolumeLabel,DefaultStorageClass,ResourceQuota,
⮕ DefaultTolerationSeconds,PodSecurityPolicy
```

명령줄 옵션에서 지정한 패스워드 파일이 생성되지 전까지는 API 서버가 시작되지 않는다. 파일을 생성하는 방법은 다음과 같다.

```
$ cat <<EOF | minikube ssh sudo tee /etc/kubernetes/passwd
password,alice,1000,basic-user
password,bob,2000,privileged-user
EOF
```

이 책의 코드 아카이브에서 이 두 명령어를 실행하는 스크립트인 Chapter13/minikube-with-rbac-and-psp-enabled.sh를 찾을 수 있다.

PodSecurityPolicy가 할 수 있는 작업

PodSecurityPolicy 리소스는 다음을 정의한다.

- 파드가 호스트의 IPC, PID 또는 네트워크 네임스페이스를 사용할 수 있는지 여부
- 파드가 바인딩할 수 있는 호스트 포트
- 컨테이너가 실행할 수 있는 사용자 ID
- 특권을 갖는 컨테이너privileged containers가 있는 파드를 만들 수 있는지 여부
- 어떤 커널 기능이 허용되는지, 어떤 기능이 기본으로 추가되거나 혹은 항상 삭제되는지 여부
- 컨테이너가 사용할 수 있는 SELinux 레이블
- 컨테이너가 쓰기 가능한 루트 파일시스템을 사용할 수 있는지 여부
- 컨테이너가 실행할 수 있는 파일시스템 그룹
- 파드가 사용할 수 있는 볼륨 유형

13장을 여기까지 읽었다면 이전 예제의 마지막 항목을 제외한 모든 내용에 익숙해야만 한다. 마지막 항목도 상당히 명확해야 한다.

PodSecurityPolicy 예제 살펴보기

예제 13.15는 파드의 호스트 IPC, PID, 네트워크 네임스페이스 사용을 방지하고 권한 있는 컨테이너 실행과 (10000-11000, 13000-14000의 포트를 제외한) 대부분의 호스트 포트를 사용하지 못하게 하는 PodSecurityPolicy 예를 보여준다. 이 정책은 컨테이너가 실행할 수 있는 사용자, 그룹 또는 SELinux 그룹에 대한 제약은 설정하지 않는다.

예제 13.15 PodSecurityPolicy 예: pod-security-policy.yaml

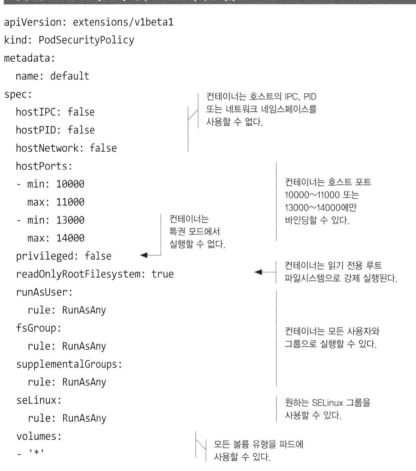

```
apiVersion: extensions/v1beta1
kind: PodSecurityPolicy
metadata:
  name: default
spec:
  hostIPC: false           컨테이너는 호스트의 IPC, PID
  hostPID: false           또는 네트워크 네임스페이스를
  hostNetwork: false       사용할 수 없다.
  hostPorts:
  - min: 10000             컨테이너는 호스트 포트
    max: 11000             10000~11000 또는
  - min: 13000             13000~14000에만
    max: 14000             바인딩할 수 있다.
  privileged: false        컨테이너는
  readOnlyRootFilesystem: true  특권 모드에서
  runAsUser:               실행할 수 없다.
    rule: RunAsAny         컨테이너는 읽기 전용 루트
  fsGroup:                 파일시스템으로 강제 실행된다.
    rule: RunAsAny
  supplementalGroups:      컨테이너는 모든 사용자와
    rule: RunAsAny         그룹으로 실행할 수 있다.
  seLinux:
    rule: RunAsAny
  volumes:                 원하는 SELinux 그룹을
  - '*'                    사용할 수 있다.
                           모든 볼륨 유형을 파드에
                           사용할 수 있다.
```

위의 예제 13.15에 지정된 대부분의 옵션은 스스로 설명할 수 있어야 한다. 특히 앞 절을 읽었다면 더더욱 그렇다. 이 PodSecurityPolicy 리소스가 클러스터에 게시되면 API 서

버에서 더 이상 이전에 사용된 권한 있는 파드를 배포할 수 없다. 예를 들어보자.

```
$ kubectl create -f pod-privileged.yaml
Error from server (Forbidden): error when creating "pod-privileged.yaml":
pods "pod-privileged" is forbidden: unable to validate against any pod
security policy: [spec.containers[0] .securityContext.privileged: Invalid
value: true: Privileged containers are not allowed]
```

마찬가지로 호스트의 PID, IPC 또는 네트워크 네임스페이스를 사용하려는 파드를 더 이상 배포할 수 없다. 또한 정책에서 readOnlyRootFilesystem을 true로 설정했기 때문에 모든 파드의 컨테이너 파일시스템은 읽기 전용이다(컨테이너는 볼륨에만 쓸 수 있음).

13.3.2 runAsUser, fsGroup, supplementalGroups 정책

runAsUser, fsGroup, SupplementalGroups 필드에 RunAsAny 규칙을 사용했기 때문에 예제 13.15의 정책에서 컨테이너가 실행할 수 있는 사용자와 그룹의 제한이 없다. 허용된 사용자 또는 그룹 ID 목록을 제한하려면 MustRunAs 규칙을 변경해 허용할 그룹 ID를 지정할 수 있다.

MustRunAs 규칙 사용

예를 들어보자. 컨테이너가 사용자 ID 2로만 실행되도록 하고 기본 파일시스템 그룹과 보조 그룹 ID를 2-10 또는 20-30(모두 포함)으로 제한하려면 PodSecurityPolicy 리소스에 다음을 포함시킨다.

예제 13.16 컨테이너가 실행할 수 있는 ID 지정: psp-must-run-as.yaml

```
runAsUser:
  rule: MustRunAs
  ranges:
  - min: 2            하나의 특정 ID를 설정하려면 min과 max를
    max: 2            동일한 값으로 추가한다.
  fsGroup:
    rule: MustRunAs
```

```
      ranges:
      - min: 2
        max: 10
      - min: 20
        max: 30
  supplementalGroups:
    rule: MustRunAs
    ranges:
    - min: 2
      max: 10
    - min: 20
      max: 30
```

여러 개 범위를 지원한다.
여기서 2-10 또는 20-30의
그룹 ID를 포함할 수 있다.

파드 스펙에 해당 필드를 이 범위를 벗어난 값으로 설정하려고 하면 API 서버에서 파드를 허용하지 않는다. 이를 확인해보려면 이전 PodSecurityPolicy를 삭제하고 psp-must-run-as.yaml 파일로 새 PodSecurityPolicy를 만든다.

> |**노트**| PodSecurityPolicies는 파드를 만들거나 업데이트할 때만 적용되므로 정책을 변경해도 기존 파드에는 영향을 미치지 않는다.

정책 범위를 벗어나는 RunAsUser를 사용하는 파드 배포

컨테이너가 사용자 ID 405로 실행돼야 한다는 이전의 pod as-user-guest.yaml 파일을 배포하려고 하면 API 서버가 파드를 거부한다.

```
$ kubectl create -f pod-as-user-guest.yaml
Error from server (Forbidden): error when creating "pod-as-user-guest.yaml"
: pods "pod-as-user-guest" is forbidden: unable to validate against any pod
security policy: [securityContext.runAsUser: Invalid value: 405: UID on
container main does not match required range. Found 405, allowed: [{2 2}]]
```

그러나 runAsUser 속성을 설정하지 않고 파드를 배포했지만 사용자 ID가 컨테이너 이미지에 지정되면 (Dockerfile의 USER 지시문을 사용해) 어떻게 될까?

범위를 벗어난 사용자 ID를 가진 컨테이너 이미지가 있는 파드 배포

이 책 전체에서 사용하는 Node.js 애플리케이션의 또 다른 이미지를 만들었다. 컨테이너 가 사용자 ID 5로 실행되도록 이미지가 구성됐다. 이미지의 Dockerfile은 예제 13.17과 같다.

예제 13.17 USER 지시어가 있는 Dockerfile: kubia-run-as-user-5/Dockerfile

```
FROM node:7
ADD app.js /app.js          이 이미지에서 실행된 컨테이너는
USER 5                      사용자 ID 5로 실행된다.
ENTRYPOINT ["node", "app.js"]
```

이미지를 luksa/kubia-run-as-user-5로 Docker Hub에 푸시했다. 해당 이미지가 포함된 파드를 배포하면 API 서버는 이를 거부하지 않는다.

```
$ kubectl run run-as-5 --image luksa/kubia-run-as-user-5 --restart Never
pod "run-as-5" created
```

이전과 달리 API 서버는 파드를 허용하고 kubelet은 컨테이너를 실행한다. 컨테이너가 어떤 사용자 ID로 실행되는지 보자.

```
$ kubectl exec run-as-5 -- id
uid=2(bin) gid=2(bin) groups=2(bin)
```

보다시피 컨테이너는 사용자 ID 2(PodSecurityPolicy에서 지정한 ID)로 실행 중이다. Pod SecurityPolicy를 사용해 컨테이너 이미지에 하드코딩된 사용자 ID를 재정의할 수 있다.

RunAsUser 필드의 MustRunAsNonRoot 규칙 사용

runAsUser 필드의 경우 MustRunAsNonRoot라는 추가 규칙을 사용할 수 있다. 이름에서 알수 있듯이 사용자는 루트로 실행되는 컨테이너를 배포할 수 없다. 컨테이너 스펙은 runAs User 필드를 지정해야 하며, 0이 아니거나(루트 사용자의 ID는 0임) 컨테이너 이미지 자체는 0이 아닌 사용자 ID로 실행해야 한다. 이미 이것이 좋은 이유는 설명했다.

13.3.3 allowed, default, disallowed 기능 구성

그동안 배운 대로 컨테이너는 특권 모드에서 실행될 수 있으며 각 컨테이너에 리눅스 커널 기능을 추가하거나 삭제해 좀 더 세분화된 권한 구성을 정의할 수 있다. 다음 필드 세 개는 컨테이너의 기능(사용 가능 또는 불가능)에 영향을 준다.

- allowedCapabilities
- defaultAddCapabilities
- requiredDropCapabilities

먼저 예제를 살펴본 다음 세 가지 필드의 기능을 설명할 것이다. 예제 13.18은 기능과 관련된 필드 세 개를 정의하는 PodSecurityPolicy 리소스의 일부다.

예제 13.18 PodSecurityPolicy에서 기능 설정하기: psp-capabilities.yaml

```
apiVersion: extensions/v1beta1
kind: PodSecurityPolicy
spec:
  allowedCapabilities:              컨테이너가 SYS_TIME 기능을
  - SYS_TIME                        사용하도록 허용한다.
  defaultAddCapabilities:           컨테이너에 CHOWN 기능을
  - CHOWN                           자동으로 추가한다.
  requiredDropCapabilities:
  - SYS_ADMIN                       컨테이너에 SYS_ADMIN과
  - SYS_MODULE                      SYS_MODULE 기능을
  ...                               삭제하도록 요구한다.
```

> |**노트**| SYS_ADMIN 기능은 다양한 관리 작업을 허용하고, SYS_MODULE 기능은 리눅스 커널 모듈의 로드와 언로드를 허용한다.

컨테이너에 어떤 기능을 추가할지 지정

allowedCapabilities 필드는 파드 작성자가 컨테이너 스펙의 securityContext.capabilities 필드에 추가할 수 있는 기능을 지정하는 데 사용된다. 앞 예제에서 SYS_TIME 기능을 컨테이너에 추가했다. PodSecurityPolicy 어드미션 컨트롤 플러그인이 활성화된 경우 예제 13.18에 표시된 대로 PodSecurityPolicy에 지정돼 있지 않으면 해당 기능을 추가할 수 없다.

모든 컨테이너에 기능 추가

defaultAddCapabilities 필드 아래에 나열된 모든 기능은 배포되는 모든 파드 컨테이너에 추가된다. 특정 컨테이너의 사용자가 이런 기능을 갖기를 원하지 않는 경우 해당 컨테이너의 사양에서 명시적으로 삭제해야 한다.

예제 13.18은 모든 컨테이너에 CAP_CHOWN 기능을 자동으로 추가할 수 있도록 해 컨테이너에서 실행 중인 프로세스가 컨테이너에서 파일의 소유권을 변경할 수 있도록 한다(예: chown 명령어 사용).

컨테이너에서 기능 제거

이 예제의 마지막 필드는 requiredDropCapabilities다. 처음에는 다소 이상한 이름처럼 보이겠지만 그렇게 복잡하지 않다. 이 필드에 나열된 기능은 모든 컨테이너에서 자동으로 삭제된다(PodSecurityPolicy 어드미션 컨트롤 플러그인은 모든 컨테이너의 securityContext.capabilities.drop 필드에 추가).

사용자가 정책의 requiredDropCapabilities 필드에 나열된 기능을 명시적으로 추가하는 파드를 만들려고 하면 해당 파드가 거부된다.

```
$ kubectl create -f pod-add-sysadmin-capability.yaml
Error from server (Forbidden): error when creating "pod-add-sysadmincapability.
yaml": pods "pod-add-sysadmin-capability" is forbidden: unable to validate against
any pod security policy: [capabilities.add: Invalid value: "SYS_ADMIN": capability
may not be added]
```

13.3.4 파드가 사용할 수 있는 볼륨 유형 제한

PodSecurityPolicy 리소스가 할 수 있는 마지막 기능은 사용자가 파드에 추가할 수 있는 볼륨 유형을 정의하는 것이다. 최소한 PodSecurityPolicy는 적어도 emptyDir, 컨피그맵, 시크릿, 다운워드API(downwardAPI), 퍼시스턴트볼륨클레임 볼륨 사용을 허용해야 한다. 이런 PodSecurityPolicy 리소스의 관련 부분은 예제 13.19에 나와 있다.

예제 13.19 특정 볼륨 유형만 사용할 수 있는 PSP의 부분: psp-volumes.yaml

```
kind: PodSecurityPolicy
spec:
  volumes:
  - emptyDir
  - configMap
  - secret
  - downwardAPI
  - persistentVolumeClaim
```

PodSecurityPolicy 리소스가 여러 개 있는 경우 파드는 모든 정책에 정의된 모든 볼륨 유형을 사용할 수 있다(모든 볼륨 목록이 통합돼 사용된다).

13.3.5 각각의 사용자와 그룹에 다른 PodSecurityPolicies 할당

PodSecurityPolicy는 클러스터 수준의 리소스이므로 특정 네임스페이스를 지정하거나 적용할 수 없다. 이것이 항상 모든 네임스페이스에 적용되는 것을 의미하는 것일까? 그렇진 않다. 상황에 따라 사용할 수 없기 때문이다. 결국 시스템 파드는 종종 일반 파드가 해서는 안 되는 일을 하도록 허용해야 한다.

다른 사용자에게 다른 정책을 할당하는 것은 12장에서 설명한 RBAC 메커니즘으로 수행된다. 클러스터롤 리소스를 만들고 이름으로 개별 정책을 지정해 필요한 만큼 많은 정책을 작성하고 개별 사용자 또는 그룹이 사용할 수 있도록 하는 것이다. 이런 클러스터롤을 클러스터롤바인딩을 사용해 특정 사용자나 그룹에 바인딩하면 PodSecurityPolicy 어드미션 컨트롤 플러그인이 파드 정의를 승인할지 여부를 결정해야 할 때 파드를 생성하는 사용자가 액세스할 수 있는 정책만 고려하면 된다.

예제 13.20에서 이 작업을 수행하는 방법을 살펴볼 것이다. 추가 PodSecurityPolicy를 만드는 것부터 시작할 것이다.

특권을 가진 컨테이너를 배포할 수 있는 PodSecurityPolicy 만들기

권한이 있는 사용자가 특권을 가진 컨테이너가 있는 파드를 만들 수 있는 특별한 Pod SecurityPolicy를 만들 것이다. 예제 13.20은 이 정책의 정의를 보여준다.

예제 13.20 권한이 있는 사용자를 위한 PodSecurityPolicy: psp-privileged.yaml

```
apiVersion: extensions/v1beta1
kind: PodSecurityPolicy
metadata:
  name: privileged            ◀──  이 정책의 이름은
spec:                              "privileged"이다.
  privileged: true           ◀──  특권을 갖는 컨테이너를
  runAsUser:                       실행할 수 있다.
    rule: RunAsAny
  fsGroup:
    rule: RunAsAny
  supplementalGroups:
    rule: RunAsAny
  seLinux:
    rule: RunAsAny
  volumes:
  - '*'
```

이 정책을 API 서버에 게시하면 클러스터에는 두 가지 정책이 있게 된다.

```
$ kubectl get psp
NAME         PRIV    CAPS    SELINUX    RUNASUSER   FSGROUP    ...
default      false   []      RunAsAny   RunAsAny    RunAsAny   ...
privileged   true    []      RunAsAny   RunAsAny    RunAsAny   ...
```

PRIV 열에서 볼 수 있듯이 default 정책은 권한 있는 컨테이너를 실행할 수 없지만 privileged 정책은 실행할 수 있다. 현재 클러스터 관리자로 로그인했기 때문에 모든 정책을 볼 수 있다. 파드를 생성할 때 특정 기능을 사용해 파드를 배포할 수 있는 정책이 있으면 API 서버가 해당 파드를 수락한다.

이제 Alice와 Bob이라는 두 명의 추가 사용자가 클러스터를 사용한다고 가정해보자. Alice가 제한된(권한이 없는) 파드만 배포하려고 하지만 Bob이 권한 있는 파드도 배포하도록 하려고 한다. Alice는 기본 PodSecurityPolicy만 사용할 수 있고 Bob은 둘 다 사용할 수 있도록 해야 한다.

RBAC를 사용해 다른 사용자에게 다른 PodSecurityPolicy 할당

12장에서는 RBAC를 사용해 사용자에게 특정 리소스 유형에만 액세스 권한을 부여했지만 이름을 참조해 특정 리소스 인스턴스에 액세스 권한을 부여할 수 있다고 언급했다. 사용자가 다른 PodSecurityPolicy 리소스를 사용하게 하는 데 사용된다.

먼저 두 개의 클러스터롤을 만들어 각각 하나의 정책을 사용할 수 있게 할 것이다. 첫 번째 psp-default를 호출하고 default PodSecurityPolicy 리소스를 사용할 수 있다. kubectl create clusterrole을 사용해 이를 수행할 수 있다.

```
$ kubectl create clusterrole psp-default --verb=use
➥  --resource=podsecuritypolicies --resource-name=default
clusterrole "psp-default" created
```

보다시피 --resource-name 옵션을 사용해 특정 PodSecurityPolicy 리소스 인스턴스를 참조한다. 이제 privileged 정책을 가리키는 psp-privileged라는 다른 클러스터롤을 만든다.

```
$ kubectl create clusterrole psp-privileged --verb=use
⮡ --resource=podsecuritypolicies --resource-name=privileged
clusterrole "psp-privileged" created
```

이제 이 두 정책을 사용자에게 바인딩해야 한다. 12장의 내용을 기억하겠지만 클러스터 수준 리소스(PodSecurityPolicy 리소스)에 대한 액세스 권한을 부여하는 클러스터롤을 바인딩하는 경우 롤바인딩(네임스페이스 범위) 대신 클러스터롤바인딩을 사용해야 한다.

psp-default 클러스터롤을 Alice뿐만 아니라 인증된[authenticated] 모든 사용자에게 바인딩할 것이다. 그렇지 않으면 어드미션 컨트롤 플러그인은 정책이 없다는 이유로 아무도 파드를 만들 수 없기 때문이다. 인증된 사용자는 모두 system:authenticated 그룹에 속하므로 클러스터롤을 그 그룹에 바인딩한다.

```
$ kubectl create clusterrolebinding psp-all-users
⮡ --clusterrole=psp-default --group=system:authenticated
clusterrolebinding "psp-all-users" created
```

psp-privileged 클러스터롤을 Bob에게만 바인딩할 것이다.

```
$ kubectl create clusterrolebinding psp-bob
⮡ --clusterrole=psp-privileged --user=bob
clusterrolebinding "psp-bob" created
```

인증된 사용자로서 이제 Alice는 default PodSecurityPolicy에 액세스할 수 있는 반면 Bob은 default와 privileged PodSecurityPolicies에 모두 액세스할 수 있다. Alice는 권한 있는 파드를 만들 수 없어야 하지만 Bob은 그렇지 않다. 과연 사실인지 살펴보자.

kubectl을 위해 추가 사용자 생성

현재 인증된 사용자 대신 Alice 또는 Bob으로 어떻게 인증할까? 이 책의 부록 A에서는 kubectl을 여러 클러스터와 함께 사용하는 방법과 그 밖의 상황에서 사용하는 방법을 설명할 것이다. 컨텍스트에는 클러스터와 통신하는 데 사용되는 사용자 자격증명이 포함된다. 자세한 내용은 부록 A를 참조하자. 여기에서는 kubectl을 Alice 또는 Bob으로 사용할 수 있는 간단한 명령어를 보여줄 것이다.

먼저 kubectl 설정에 다음 두 명령어로 두 명의 새 사용자를 만들 것이다.

```
$ kubectl config set-credentials alice --username=alice --password=password
User "alice" set.
$ kubectl config set-credentials bob --username=bob --password=password
User "bob" set.
```

이 명령어가 하는 동작은 명확해야 한다. 사용자 이름과 비밀번호 자격증명을 사용하고 있기 때문에, kubectl은 두 사용자를 위한 기본 HTTP 인증을 사용한다(다른 인증 방법으로는 토큰, 클라이언트 인증서 등이 있다).

다른 사용자로 파드 생성

이제 Alice의 자격증명으로 권한을 가진 파드를 생성할 수 있다. --user 옵션을 사용해 kubectl에서 사용할 사용자 자격증명을 지정할 수 있다.

```
$ kubectl --user alice create -f pod-privileged.yaml
Error from server (Forbidden): error when creating "pod-privileged.yaml":
    pods "pod-privileged" is forbidden: unable to validate against any pod
    security policy: [spec.containers[0].securityContext.privileged: Invalid
    value: true: Privileged containers are not allowed]
```

예상대로 API 서버에서 Alice가 권한 있는 파드를 만들 수 없다. 이제 Bob이 그렇게 할 수 있는지 보자.

```
$ kubectl --user bob create -f pod-privileged.yaml
pod "pod-privileged" created
```

그리고 생성된다. RBAC를 성공적으로 사용해 어드미션 컨트롤 플러그인이 다른 사용자에 대해 다른 PodSecurityPolicy 리소스를 사용하도록 했다.

13.4 파드 네트워크 격리

지금까지 개별 파드와 컨테이너에 적용되는 많은 보안 관련 구성 옵션을 살펴봤다. 13장의 나머지 부분에서는 어떤 파드가 어떤 파드와 대화할 수 있는지를 제한해 파드 간의 네트워크를 보호할 수 있는 방법을 살펴볼 것이다.

구성 가능 여부는 클러스터에서 사용되는 컨테이너 네트워킹 플러그인에 따라 다르다. 네트워킹 플러그인이 지원하는 경우 NetworkPolicy 리소스를 만들어 네트워크 격리를 구성할 수 있다.

NetworkPolicy는 해당 레이블 셀렉터와 일치하는 파드에 적용되며 일치하는 파드에 액세스할 수 있는 소스나 파드에서 액세스할 수 있는 대상을 지정한다. 이것은 각각 인그레스^{ingress}와 이그레스^{egress} 규칙으로 구성된다. 두 유형의 규칙은 파드 셀렉터와 일치하는 파드나 레이블이 네임스페이스 셀렉터와 일치하는 네임스페이스의 모든 파드, 또는 CIDR$^{Classless\ Inter-Domain\ Routing}$ 표기법(예: 192.168.1.0/24)을 사용해 지정된 네트워크 IP 대역과 일치하는 파드에 대해 적용된다.

인그레스와 이그레스 규칙과 세 가지 일치 옵션을 모두 살펴볼 것이다.

| **노트** | NetworkPolicy의 인그레스 규칙은 5장에서 논의한 인그레스 리소스와 아무런 관련이 없다.

13.4.1 네임스페이스에서 네트워크 격리 사용

기본적으로 지정된 네임스페이스의 파드는 누구나 액세스할 수 있다. 이를 먼저 변경해야 한다. `default-deny` NetworkPolicy를 생성하면 모든 클라이언트가 네임스페이스의 모든 파드에 연결할 수 없다. NetworkPolicy 정의는 예제 13.21과 같다.

```
apiVersion: networking.k8s.io/v1
kind: NetworkPolicy
metadata:
  name: default-deny
spec:
  podSelector:
```

빈 파드 셀렉터는
동일한 네임스페이스의
모든 파드와 매치된다.

특정 네임스페이스에서 이 NetworkPolicy를 만들면 아무도 해당 네임스페이스의 파드에 연결할 수 없다.

| **노트** | 클러스터에 사용된 CNI 플러그인 또는 다른 유형의 네트워킹 솔루션이 NetworkPolicy를 지원해야 한다. 그렇지 않으면 파드 간 연결에 영향을 미치지 않을 것이다.

13.4.2 네임스페이스의 일부 클라이언트 파드만 서버 파드에 연결하도록 허용

클라이언트가 네임스페이스의 파드에 연결할 수 있게 하려면 파드에 연결할 수 있는 대상을 명시적으로 지정해야 한다. 예제로 이 작업을 수행하는 방법을 살펴보자.

네임스페이스 foo에서 실행되는 PostgreSQL 데이터베이스 파드와 데이터베이스를 사용하는 웹 서버 파드가 있다고 상상해보자. 다른 파드도 같은 네임스페이스에 있지만 데이터베이스에 연결하는 것을 원하지 않을 수 있다. 네트워크를 보호하려면 데이터베이스 파드와 동일한 네임스페이스에 예제 13.22에 표시된 NetworkPolicy 리소스를 만들어야 한다.

예제 13.22 Postgres 파드에 대한 NetworkPolicy: network-policy-postgres.yaml

```
apiVersion: networking.k8s.io/v1
kind: NetworkPolicy
metadata:
  name: postgres-netpolicy
spec:
```

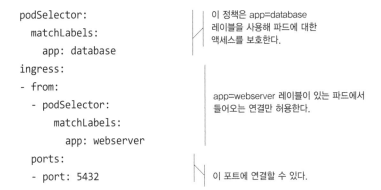

```
podSelector:
  matchLabels:
      app: database
ingress:
- from:
  - podSelector:
      matchLabels:
        app: webserver
  ports:
  - port: 5432
```

이 정책은 app=database
레이블을 사용해 파드에 대한
액세스를 보호한다.

app=webserver 레이블이 있는 파드에서
들어오는 연결만 허용한다.

이 포트에 연결할 수 있다.

예제 NetworkPolicy를 사용하면 app=webserver 레이블이 있는 파드가 app=database 레이블이 있는 파드의 포트 5432에만 연결될 수 있다. 다른 파드는 데이터베이스 파드에 연결할 수 없으며 웹 서버 파드조차도 연결할 수 없으며 데이터베이스 파드의 포트 5432 이외의 어떤 것도 연결할 수 없다. 그림 13.4에서 확인할 수 있다.

클라이언트 파드는 일반적으로 파드가 아닌 서비스로 서버 파드에 연결되지만 그것은 상관이 없다. NetworkPolicy는 서비스로 연결할 때도 적용된다.

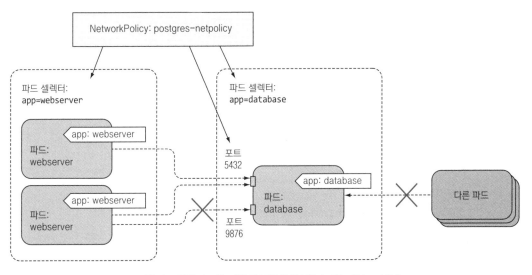

▲ **그림 13.4** 일부 파드만 다른 파드에 액세스할 수 있는 NetworkPolicy

13.4.3 쿠버네티스 네임스페이스 간 네트워크 격리

이제 여러 테넌트가 동일한 쿠버네티스 클러스터를 사용하는 또 다른 예를 살펴보자. 각 테넌트는 여러 네임스페이스를 사용할 수 있으며 각 네임스페이스는 해당 테넌트를 지정하는 레이블이 있다. 예를 들어 그중 하나의 테넌트가 Manning이라고 하자. 그 안에 모든 네임스페이스는 tenant: manning 레이블이 지정돼 있다. 그중 하나의 네임스페이스 안에서 같은 테넌트 안에 있는 모든 네임스페이스의 파드가 사용할 수 있는 Shopping Cart 마이크로서비스를 실행한다. 분명 다른 테넌트가 마이크로서비스에 액세스하는 것을 원하지 않을 것이다.

마이크로서비스를 보호하려면 다음 예제와 같이 NetworkPolicy 리소스를 만든다.

예제 13.23 Shopping Cart 파드에 대한 NetworkPolicy: network-policy-cart.yaml

```
apiVersion: networking.k8s.io/v1
kind: NetworkPolicy
metadata:
  name: shoppingcart-netpolicy
spec:
  podSelector:
    matchLabels:                      이 정책은 app=shopping-cart로
      app: shopping-cart              표시된 파드에 적용된다.
  ingress:
  - from:
    - namespaceSelector:              tenant=manning의 레이블이 지정된
        matchLabels:                  네임스페이스에서 실행 중인 파드만
          tenant: manning             마이크로서비스에 액세스할 수 있다.
    ports:
    - port: 80
```

이 NetworkPolicy는 tenant:manning 레이블이 지정된 네임스페이스에서 실행 중인 파드만 Shopping-cart 마이크로서비스에 액세스하도록 보장한다. 그림 13.5를 참고한다.

Shopping-cart가 다른 테넌트(아마도 파트너 회사 중 하나)에게 액세스 권한을 부여하려는 경우 추가 NetworkPolicy 리소스를 만들거나 기존 NetworkPolicy에 인그레스 규칙을 추가할 수 있다.

| **노트** | 다중 테넌트 쿠버네티스 클러스터 안에서, 테넌트는 일반적으로 자신이 속해 있는 네임스페이스에 레이블(또는 어노테이션)을 직접 추가할 수 없다. 만약에 테넌트가 직접 추가하는 것을 할 수 있다면, 네임스페이스 셀렉터 기반 인그레스 규칙을 우회할 수 있게 될 것이다.

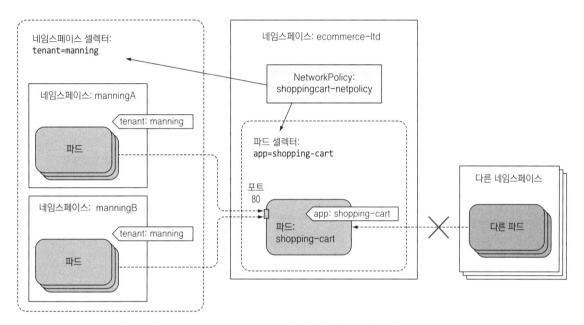

▲ **그림 13.5** 네임스페이스 셀렉터(namespaceSelector)와 일치하는 네임스페이스의 파드만 특정 파드에 액세스하도록 허용하는 NetworkPolicy

13.4.4 CIDR 표기법으로 격리

NetworkPolicy에서 대상으로 지정된 파드에 액세스할 수 있는 대상을 정의하려면 파드 또는 네임스페이스 셀렉터를 지정하는 대신 CIDR 표기법으로 IP 블록을 지정할 수도 있다. 예를 들어 앞 절의 `shopping cart` 파드가 192.168.1.1~.255 범위의 IP에서만 액세스할 수 있게 하려면 예제 13.24처럼 인그레스 규칙을 지정한다.

```
ingress:
- from:
  - ipBlock:
      cidr: 192.168.1.0/24
```

이 인그레스 규칙은 192.168.1.0/24 IP 대역의
클라이언트 트래픽만 허용한다.

13.4.5 파드의 아웃바운드 트래픽 제한

앞의 모든 예에서 인그레스 규칙을 사용해 인바운드 트래픽을 NetworkPolicy의 파드 셀렉터와 일치하는 파드로 제한했지만, 이그레스 규칙으로 아웃바운드 트래픽을 제한할 수도 있다. 예제 13.25에 예시가 나와 있다.

```
spec:
  podSelector:
    matchLabels:
      app: webserver
  egress:
  - to:
    - podSelector:
        matchLabels:
          app: database
```

이 정책은 app=webserver
레이블이 있는 파드에 적용된다.

◀── 파드의 아웃바운드 트래픽을 제한한다.

웹 서버 파드는 app=database
레이블이 있는 파드만 연결할 수 있다.

이선 예제의 NetworkPolicy를 사용하면 app=webserver 레이블이 있는 파드는 app=database 레이블이 있고 다른 레이블이 없는 파드만 액세스할 수 있었다(클러스터 내외부에 상관없이 다른 파드나 다른 IP도 불가하다).

13.5 요약

13장에서는 다른 파드로부터 파드를 보호하는 방법과 파드로부터 클러스터 노드를 보호하는 방법을 배웠다. 요약하면 다음과 같다.

- 파드의 네임스페이스를 사용하는 대신 노드의 리눅스 네임스페이스를 사용할 수 있다.
- 컨테이너는 컨테이너 이미지에 정의된 것과 다른 사용자 또는 그룹으로 실행되도록 구성할 수 있다.
- 컨테이너는 특권 모드에서 실행될 수 있으므로 파드에 노출되지 않은 노드의 장치에 액세스할 수 있다.
- 컨테이너를 읽기 전용으로 실행해 프로세스가 컨테이너의 파일시스템에 쓰지 못하도록 하고 마운트된 볼륨에만 쓰도록 허용할 수 있다.
- 사용자가 노드를 손상시킬 수 있는 파드를 만들지 못하도록 클러스터 수준 PodSecurityPolicy 리소스를 만들 수 있다.
- PodSecurityPolicy 리소스는 RBAC의 클러스터롤과 클러스터롤바인딩을 사용해 특정 사용자와 연결할 수 있다.
- NetworkPolicy 리소스는 파드의 인바운드 또는 아웃바운드 트래픽을 제한하는 데 사용된다.

14장에서는 파드에 사용 가능한 컴퓨팅 리소스를 제한하는 방법과 파드의 QoS^{Quality of Service}를 구성하는 방법을 살펴볼 것이다.

14

파드의 컴퓨팅 리소스 관리

14장에서 다루는 내용

- 컨테이너의 CPU, 메모리, 그 밖의 컴퓨팅 리소스 요청
- CPU와 메모리에 대한 엄격한 제한 설정
- 파드에 대한 서비스 품질 보장 이해
- 네임스페이스에서 파드의 기본, 최소, 최대 리소스 설정
- 네임스페이스에서 사용 가능한 리소스의 총량 제한

지금까지는 사용할 수 있는 CPU와 메모리의 양을 고려하지 않고 파드를 만들었다. 그러나 14장에서 살펴보겠지만, 파드의 예상 소비량과 최대 소비량을 설정하는 것은 파드의 정의에서 매우 중요하다. 이 두 세트의 파라미터를 설정하는 것은 파드가 쿠버네티스 클러스터가 제공하는 리소스를 공평하게 공유하게 하고, 클러스터 전체에서 파드가 스케줄링되는 방식에도 영향을 미친다.

14.1 파드 컨테이너의 리소스 요청

파드를 생성할 때 컨테이너가 필요로 하는 CPU와 메모리 양(requests라고 부른다)과 사용할 수 있는 (limits로 알려진) 엄격한 제한을 지정할 수 있다. 이들은 컨테이너에 개별적으로 지정되며 파드 전체에 지정되지 않는다. 파드의 리소스 요청[requests]과 제한[limits]은 모든 컨테이너의 리소스 요청과 제한의 합이다.

14.1.1 리소스 요청을 갖는 파드 생성하기

예제 14.1과 같이 컨테이너에 CPU와 메모리 요청을 지정한 파드의 매니페스트 예제를 살펴보자.

예제 14.1 리소스 요청을 갖는 파드: requests-pod.yaml

```
apiVersion: v1
kind: Pod
metadata:
  name: requests-pod
spec:
  containers:
  - image: busybox
    command: ["dd", "if=/dev/zero", "of=/dev/null"]
    name: main
    resources:            ◀── 주 컨테이너에 리소스 요청을 지정한다.
      requests:
        cpu: 200m         ◀── 컨테이너는 200밀리코어를 요청한다 (하나의 CPU 코어 시간의 1/5이다).
        memory: 10Mi      ◀── 또한 컨테이너는 10Mi의 메모리를 요청한다.[1]
```

파드 매니페스트에서 컨테이너를 제대로 실행하려면 1/5 CPU 코어(200밀리코어)를 필요로 한다. 이런 파드/컨테이너 다섯 개를 CPU 코어 하나에서 충분히 빠르게 실행할 수 있다.

---

1 Mi는 이진수(1024의 배수) 기반의 Mebibyte를 의미한다. MB(megabyte)는 십진수(1000의 배수) 기반으로 차이가 있다. – 옮긴이

CPU 요청을 지정하지 않으면 컨테이너에서 실행 중인 프로세스에 할당되는 CPU 시간에 신경 쓰지 않는다는 것과 같다. 최악의 경우 CPU 시간을 전혀 할당받지 못할 수 있다(다른 프로세스가 CPU 요청을 많이 하는 경우 발생한다). 시간이 중요하지 않은 우선순위가 낮은 배치 작업은 괜찮지만 사용자 요청을 처리하는 컨테이너에는 분명 적합하지 않다.

파드 스펙을 보면 컨테이너에 10Mi의 메모리를 요청한다. 이렇게 함으로써 컨테이너 내부에 실행 중인 프로세스가 최대 10Mi의 메모리를 사용할 것을 예상할 수 있다. 이보다 적게 사용할 수는 있지만 평상시보다 더 많이 사용할 것이라곤 예상되지 않는다. 14장 후반부에 그러한 경우 어떤 일이 발생하는지 살펴본다.

이제 파드를 실행한다. 파드가 시작되면 예제 14.2와 같이 컨테이너 안에서 top 명령을 실행해 프로세스의 CPU 소비량을 확인할 수 있다.

예제 14.2 컨테이너 내의 CPU와 메모리 사용량 살펴보기

```
$ kubectl exec -it requests-pod top
Mem: 1288116K used, 760368K free, 9196K shrd, 25748K buff, 814840K cached
CPU: 9.1% usr 42.1% sys 0.0% nic 48.4% idle 0.0% io 0.0% irq 0.2% sirq
Load average: 0.79 0.52 0.29 2/481 10
  PID  PPID USER     STAT    VSZ %VSZ   CPU %CPU  COMMAND
    1     0 root     R      1192  0.0     1 50.2  dd if /dev/zero of /dev/null
    7     0 root     R      1200  0.0     0  0.0  top
```

컨테이너에서 실행한 dd 명령은 사용할 수 있는 최대 CPU를 소비하지만 스레드 하나로 실행되므로 코어 하나만을 사용할 수 있다. 이 예제가 실행하는 Minikube 가상머신은 CPU 코어 두 개가 할당돼 있다. 이것은 프로세스가 전체 CPU의 50%를 소비하는 것으로 표시되는 이유다.

두 코어의 50%는 분명 코어 하나이고, 컨테이너가 파드 스펙에서 요청한 200밀리코어 이상을 사용하는 것을 의미한다. 요청은 컨테이너가 사용할 수 있는 CPU 양을 제한하지 않으므로 이는 예견된 일이다. 제한을 하려면 CPU 제한[limit]을 지정해야 한다. 다음에 시도해보기로 하고, 먼저 파드에서 리소스 요청을 지정하는 것이 파드 스케줄링에 어떤 영향을 미치는지 살펴볼 것이다.

14.1.2 리소스 요청이 스케줄링에 미치는 영향

리소스 요청을 지정하면 파드에 필요한 리소스의 최소량을 지정할 수 있다. 스케줄러가 노드에 파드를 스케줄링할 때 이 정보를 사용한다. 각 노드는 파드에 할당 가능한 일정량의 CPU와 메모리를 갖는다. 스케줄러는 파드를 스케줄링할 때 파드의 리소스 요청 사항을 만족하는 충분한 리소스를 가진 노드만을 고려한다. 할당되지 않은 CPU나 메모리가 파드 요청보다 적으면 노드는 파드가 요청하는 최소량을 제공할 수 없으므로 쿠버네티스는 그 노드에 파드를 스케줄링하지 않는다.

파드가 특정 노드에 실행할 수 있는지 스케줄러가 결정하는 방법

여기서 중요하면서도 놀라운 점은 스케줄러는 스케줄링하는 시점에 각 개별 리소스가 얼마나 사용되는지 보지 않고, 노드에 배포된 파드들의 리소스 요청량의 전체 합만을 본다는 것이다. 파드가 요청한 것보다 적게 사용할지라도 실제 리소스 사용량에 기반해 다른 파드를 스케줄링한다는 것은 이미 배포된 파드에 대한 보장을 깨뜨릴 수 있다.

이는 그림 14.1에서 볼 수 있다. 세 개의 파드가 노드에 배포됐다. 동시에 파드는 노드 CPU의 80%와 노드 메모리의 60%를 요청한다. 그림의 우측 아래에 보이는 파드 D는 할당되지 않은 CPU인 20%보다 높은 CPU 25%를 요청하므로 노드에 스케줄링될 수 없다. 사실 세 개의 파드가 현재 CPU의 70%만을 사용 중이지만 결과에는 변화가 없다.

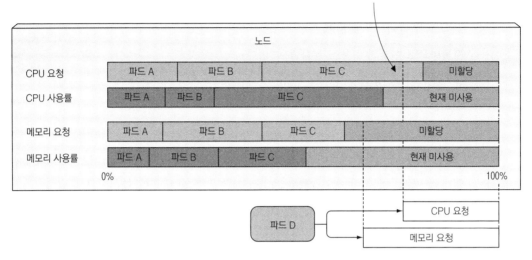

파드 D는 스케줄링될 수 없다. 파드의 CPU 요청이
할당되지 않은 CPU 양을 초과한다.

▲ **그림 14.1** 스케줄러는 실제 사용량이 아닌 요청에만 관심이 있다.

스케줄러가 파드를 위해 최적의 노드를 선택할 때 파드의 요청을 사용하는 방법

11장에서 스케줄러는 먼저 파드에 맞지 않은 노드를 제거하기 위해 노드의 목록을 필터링
한 다음 설정된 우선순위 함수에 따라 남은 노드의 우선순위를 지정한다는 것을 기억할 것
이다. 다른 여러 우선순위 함수 중에서, 두 개의 우선순위 함수가 요청된 리소스 양에 기반
해 노드의 순위를 정한다. 바로 LeastRequestedPriority와 MostRequestedPriority이다.
첫 번째 함수는 요청된 리소스가 낮은 (할당되지 않은 리소스의 양이 큰) 노드를 선호하는 반면,
두 번째 함수는 그와 정반대로 요청된 리소스가 가장 많은 노드를 선호한다. 하지만 앞서
말한 것처럼 두 가지 함수는 요청된 리소스의 양을 고려할 뿐 실제 사용된 리소스의 양은
고려하지 않는다.

　스케줄러는 이들 함수 중 하나만을 이용하도록 설정된다. 여러분은 누군가가 왜 Most
RequestPriority 함수를 사용하려 하는지 궁금할 것이다. 일반적으로 노드들의 세트가
있는 경우 CPU 부하를 전체 노드에 고르게 분산하기를 원할 것이다. 하지만 필요하면 언
제든 노드를 추가하거나 제거할 수 있는 클라우드 인프라에서 실행하는 경우는 다르다. 스

케줄러가 `MostRequestedPriority` 함수를 사용하도록 설정하면 쿠버네티스는 파드가 요청한 CPU와 메모리 양을 제공하면서도 가장 적은 수의 노드를 사용하도록 보장한다. 파드를 일부 노드에 많이 스케줄링해 특정 노드를 비울 수 있고 제거할 수 있다. 각 노드별로 비용을 지불하므로 이렇게 비용을 절감할 수 있다.

노드의 용량 검사

스케줄러가 어떻게 작동하는지 살펴보자. 이전에 요청한 리소스의 4배 크기로 파드를 하나 더 배포하자. 하지만 그 전에 노드의 용량을 살펴보자. 스케줄러는 각 노드에 CPU와 메모리가 얼마나 있는지 알아야 하기 때문에 Kubelet은 API 서버에 이 데이터를 보고하고 노드 리소스를 통해 사용할 수 있게 해야 한다. 예제 14.3과 같이 `Kubectl describe` 명령을 사용해 살펴본다.

예제 14.3 노드의 용량과 할당 가능한 리소스

```
$ kubectl describe nodes
Name: minikube
...
Capacity:
  cpu: 2                         노드의 전체 용량
  memory: 2048484Ki
  pods: 110
Allocatable:
  cpu: 2                         파드에 할당 가능한 리소스
  memory: 1946084Ki
  pods: 110
...
```

출력 결과를 보면 노드의 사용 가능한 리소스기 두 세트로 표시된다. 노드의 capacity와 allocatable 리소스다. capacity는 노드의 총 리소스를 나타내고 파드에서 모두 사용 가능한 것은 아니다. 특정 리소스는 쿠버네티스와 시스템 구성 요소로 스케줄링된 것일 수 있다. 스케줄러는 오직 allocatable 리소스 양을 기준으로 결정한다.

이전 예제에서 `Minikube`라 부르는 노드는 두 개의 코어가 있는 가상머신으로 실행되

614

며 스케줄된 CPU가 없으므로 800밀리코어를 요구하는 다른 파드를 스케줄링하는 데 문제가 없어야 한다.

이제 파드를 실행해보자. 코드 아카이브의 YAML 파일을 사용하거나 다음과 같이 kubectl run 명령으로 파드를 실행할 수 있다.

```
$ kubectl run requests-pod-2 --image=busybox --restart Never
➡ --requests='cpu=800m,memory=20Mi' -- dd if=/dev/zero of=/dev/null
pod "requests-pod-2" created
```

이제 스케줄링됐는지 살펴보자.

```
$ kubectl get po requests-pod-2
NAME              READY   STATUS    RESTARTS   AGE
requests-pod-2    1/1     Running   0          3m
```

파드가 스케줄링됐고 실행 중이다.

어느 노드에도 실행할 수 없는 파드 생성

이제 두 개의 파드가 배포됐고 총 1,000밀리코어, 정확히 1코어를 요청했다. 따라서 추가적인 파드에 1,000밀리코어가 사용 가능해야 한다. 1,000밀리코어의 리소스를 요청하는 파드를 배포한다. 앞에서와 유사한 명령을 사용한다.

```
$ kubectl run requests-pod-3 --image=busybox --restart Never
➡ --requests='cpu=1,memory=20Mi' -- dd if=/dev/zero of=/dev/null
pod "requests-pod-2" created
```

> | **노트** | 이번에는 CPU 요청을 밀리코어(cpu=1000m) 대신 전체 코어(cpu=1)로 지정한다.

지금까지는 좋다. 파드는 API 서버로 승인됐다(13장에서 API 서버는 파드가 어떤 방식으로든 유효하지 않은 경우 파드를 거부할 수 있다는 것을 기억할 것이다).

```
$ kubectl get po requests-pod-3
NAME            READY  STATUS   RESTARTS  AGE
requests-pod-3  0/1    Pending  0         4m
```

잠시 기다리더라도 파드가 여전히 Pending 상태로 멈춰 있다. 예제 14.4에 표시된 것처럼 kubectl describe 명령을 사용해 그 이유에 관한 자세한 정보를 살펴볼 수 있다.

예제 14.4 kubectl describe pod로 파드가 Pending 상태에 머물러 있는 이유 살펴보기

```
$ kubectl describe po requests-pod-3
Name: requests-pod-3
Namespace: default                    파드와 연관된
Node: /                          ◀──  노드가 없다.
...
Conditions:
  Type Status                         파드가 스케줄링되지
  PodScheduled False             ◀──  않았다.
...
Events:
... Warning FailedScheduling  No nodes are available
                              that match all of the     CPU가 부족해
                              following predicates::     스케줄링이 실패했다.
                              Insufficient cpu (1).
```

출력 결과는 단일 노드의 CPU 부족으로 파드가 어느 노드에도 부합하지 않아 파드가 스케줄링되지 않았음을 나타낸다. 하지만 왜 그럴까? 세 개 파드의 CPU 요청 합계는 2,000밀리코어 또는 정확히 두 개의 코어와 같으며 이는 노드가 제공하고 있는 것과 일치한다. 무엇이 문제일까?

파드가 스케줄링되지 않은 이유 확인

노드 리소스를 검사해 파드가 스케줄링되지 않은 이유를 파악할 수 있다. 예제 14.5와 같이 kubectl describe node 명령어를 다시 사용해 출력 결과를 좀 더 자세히 살펴본다.

```
$ kubectl describe node
Name: minikube
...
Non-terminated Pods: (7 in total)
  Namespace      Name              CPU Requ.  CPU Lim.    Mem Req.     Mem Lim.
  ---------      ---- ----------   --------   ---------   --------     --------
  default        requests-pod      200m (10%) 0 (0%)      10Mi (0%)    0 (0%)
  default        requests-pod-2    800m (40%) 0 (0%)      20Mi (1%)    0 (0%)
  kube-system    dflt-http-b...     10m (0%)   10m (0%)   20Mi (1%)     20Mi (1%)
  kube-system    kube-addon-...    5m (0%)    0 (0%)      50Mi (2%)    0 (0%)
  kube-system    kube-dns-26...    260m (13%) 0 (0%)      110Mi (5%)   170Mi (8%)
  kube-system    kubernetes-...    0 (0%)     0 (0%)      0 (0%) 0     (0%)
  kube-system    nginx-ingre...    0 (0%)     0 (0%)      0 (0%) 0     (0%)
Allocated resources:
  (Total limits may be over 100 percent, i.e., overcommitted.)
  CPU Requests  CPU Limits   Memory Requests  Memory Limits
  ------------  ----------   ---------------  -------------
  1275m (63%)   10m (0%)     210Mi (11%)      190Mi (9%)
```

예제 14.5의 좌측 아래를 살펴보면 실행 중인 파드가 총 1,275밀리코어를 요청했고 이는 처음 두 파드에서 요청한 것보다 275밀리코어가 더 많다. 뭔가가 CPU 리소스를 더 사용하고 있다.

예제 14.5의 파드 목록에서 문제의 범인을 찾을 수 있다. kube-system 네임스페이스의 세 파드가 명시적으로 CPU 리소스를 요청했다. 이 파드들과 두 개의 파드를 합치면 725밀리코어만이 추가 파드를 위해 사용 가능하다. 배포한 세 번째 파드가 1,000밀리코어를 요청했고 이 요청이 노드를 오버커밋overcommitted하게 만들기 때문에 스케줄러는 노드에 파드를 스케줄링할 수 없다.

파드가 스케줄링될 수 있도록 리소스 해제

파드는 적절한 양의 CPU가 남아 있는 경우에만 스케줄링이 된다(예를 들어 처음 두 개 파드 중 하나가 삭제됐을 경우). 두 번째 파드를 삭제하면 스케줄러는 삭제를 통지받고 (11장에서 설명한 watch 매커니즘을 통해) 두 번째 파드가 종료되자마자 세 번째 파드를 스케줄링할 것이다. 예제 14.6을 참고하라.

```
$ kubectl delete po requests-pod-2
pod "requests-pod-2" deleted

$ kubectl get po
NAME            READY  STATUS       RESTARTS  AGE
requests-pod    1/1    Running      0         2h
requests-pod-2  1/1    Terminating  0         1h
requests-pod-3  0/1    Pending      0         1h

$ kubectl get po
NAME            READY  STATUS       RESTARTS  AGE
requests-pod    1/1    Running      0         2h
requests-pod-3  1/1    Running      0         1h
```

이 예제에서 메모리 요청을 지정했지만 노드가 모든 파드 요청을 수용할 만큼 충분한 메모리를 가지고 있어 스케줄링에 어떤 역할도 하지 않았다. CPU와 메모리 요청 모두가 스케줄러에 동일한 방식으로 처리된다. 메모리 요청과는 달리 파드의 CPU 요청은 파드가 실행되는 동안 다른 곳에서도 역할을 수행한다. 이 내용을 다음 절에서 배울 것이다.

14.1.3 CPU 요청이 CPU 시간 공유에 미치는 영향

이제 두 개의 파드가 클러스터에 실행된다(시스템 파드는 대부분 유휴 상태이므로 지금 무시할 수 있다). 한 파드는 200밀리코어를 요청하고 다른 하나는 5배를 더 요청했다. 14장 전반부에서 쿠버네티스는 리소스 요청과 제한을 구분한다고 했다. 아직 리소스 제한을 정의하지 않았고 두 파드는 얼마나 많은 CPU를 소비할 수 있는가에 대한 제한이 없다. 파드 내부의 프로세스가 할 수 있는 만큼 CPU를 소비한다면 얼마의 CPU 시간을 파드가 얻게 될까?

CPU 요청은 단지 스케줄링에만 영향을 미칠 뿐만 아니라 남은(미사용한) CPU 시간을 파드 간에 분배하는 방식도 결정한다. 첫 번째 파드가 CPU의 200밀리코어를 요청하고 다른 파드가 1,000밀리코어를 요청하므로 미사용된 CPU는 두 파드 사이에 1:5 비율로 나뉜다(그림 14.2 참고). 두 개의 파드가 가능한 한 많은 CPU를 소비하는 경우 첫 번째 파드는 1/6(16.7%)의 CPU 시간을 얻고 다른 파드는 나머지 5/6(83.3%)를 얻는다.

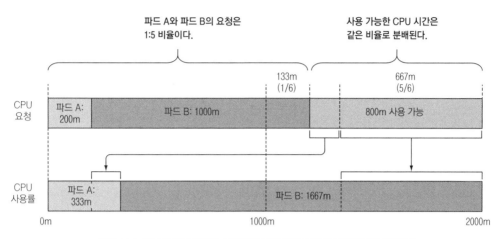

▲ **그림 14.2** CPU 요청에 기반해 사용되지 않은 CPU 시간이 컨테이너에 분배된다.

그러나 한 컨테이너가 CPU를 최대로 사용하려는 순간 나머지 파드가 유휴 상태에 있다면 첫 번째 컨테이너가 전체 CPU 시간(두 번째 컨테이너가 사용하는 적은 양의 시간을 제외한 시간)을 사용할 수 있다. 결국 아무도 사용하지 않는다면 사용 가능한 모든 CPU를 사용하는 것이 상식이다. 두 번째 컨테이너가 CPU 시간을 필요로 하는 즉시 CPU 시간을 할당받고 첫 번째 컨테이너의 CPU 시간은 조절된다.

14.1.4 사용자 정의 리소스의 정의와 요청

쿠버네티스를 사용하면 사용자 정의 리소스를 노드에 추가하고 파드의 리소스 요청으로 사용자 정의 리소스를 요청할 수 있다. 처음에는 Opaque Integer Resources로 알려졌지만 쿠버네티스 버전 1.8에서는 확장 리소스^{Extended Resources}로 대체됐다.

먼저 노드 오브젝트의 `capacity` 필드에 값을 추가해 쿠버네티스가 사용자 정의 리소스를 인식하도록 해야 한다. 이는 **PATCH** HTTP 요청을 수행해 이뤄진다. 리소스 이름은

kubernetes.io 도메인으로 시작하지 않는 이상 example.org/my-resource와 같이 무엇이든 될 수 있다. 수량^{quantity}은 반드시 정수여야 한다(예를 들어 0.1은 정수가 아니므로 100밀리로 설정할 수 없지만 1000m, 2000m 또는 간단히 1, 2로 설정할 수 있다). 이 값은 capacity 필드에서 allocatable 필드로 자동으로 복사된다.

그런 다음 파드를 생성할 때 동일한 리소스 이름과 수량을 컨테이너 스펙의 resources.requests 필드로 지정하거나 이전 예제와 같이 kubectl run에 --requests를 사용해 지정한다. 스케줄러는 요청된 양의 사용자 정의 리소스가 사용 가능한 노드에만 파드가 배포되도록 한다. 배포된 모든 파드는 당연히 할당 가능한 리소스의 단위 수를 차감시킨다.

사용자 정의 리소스의 예로는 노드에 사용 가능한 GPU 단위 수가 있다. GPU 사용을 요구하는 파드는 요청에 이를 지정한다. 스케줄러는 할당되지 않은 GPU가 적어도 하나가 있는 노드에만 파드가 스케줄링되도록 보장한다.

14.2 컨테이너에 사용 가능한 리소스 제한

파드의 컨테이너에 리소스 요청을 설정함으로써 컨테이너가 필요한 리소스의 최소량을 확보하도록 한다. 이제 동전의 다른 면인 컨테이너가 사용할 수 있는 최대량을 알아보자.

14.2.1 컨테이너가 사용 가능한 리소스 양을 엄격한 제한으로 설정

다른 모든 프로세스가 유휴 상태일 때 컨테이너가 남은 모든 CPU를 사용하는 방법을 살펴봤다. 그러나 특정 컨테이너가 지정한 CPU 양보다 많은 CPU를 사용하는 것을 막고 싶을 수 있다. 그리고 컨테이너가 사용하는 메모리 양을 제한하고 싶을 수도 있다.

CPU는 압축 가능한 리소스다. 즉, 컨테이너에서 실행 중인 프로세스에 부정적인 영향을 주지 않고 컨테이너가 사용하는 CPU 양을 조절할(줄일) 수 있다. 메모리는 분명 다르다. 압축이 불가능하다. 프로세스에 메모리가 주어지면 프로세스가 메모리를 해제하지 않는 한 가져갈 수 없다. 그것이 컨테이너에 할당되는 메모리의 최대량을 제한해야 하는 이유다.

메모리를 제한하지 않으면 워커 노드에 실행 중인 컨테이너(혹은 파드)는 사용 가능한 모든 메모리를 사용해서 노드에 있는 다른 모든 파드와 노드에 스케줄링되는 새 파드에 영향을 미칠 수 있다(새 파드는 실제 메모리 사용량이 아닌 메모리 요청에 기반으로 노드에 스케줄링된다). 오작동하거나 악의적인 파드 하나가 실제 전체 노드를 사용할 수 없게 만들 수 있다.

리소스 제한을 갖는 파드 생성

이런 일이 발생하지 않도록 하기 위해서 쿠버네티스는 모든 컨테이너의 리소스에 제한을 지정할 수 있다(리소스 요청과 함께 혹은 사실상 같은 방식으로). 예제 14.7는 리소스 제한을 갖는 파드 매니페스트를 나타낸다.

예제 14.7 CPU와 메모리의 엄격한 제한을 갖는 파드: limited-pod.yaml

```
apiVersion: v1
kind: Pod
metadata:
  name: limited-pod
spec:
  containers:
  - image: busybox
    command: ["dd", "if=/dev/zero", "of=/dev/null"]
    name: main
    resources:          ◀── 컨테이너의 리소스 제한을 지정한다.
      limits:
      cpu: 1            ◀── 이 컨테이너는 최대 CPU 1코어를
                            사용할 수 있다.
      memory: 20Mi      ◀── 컨테이너는 최대 메모리 20Mi를
                            사용할 수 있다.
```

이 파드의 컨테이너는 CPU와 메모리에 리소스 제한이 설정돼 있다. 컨테이너 내부에 실행 중인 프로세스는 CPU 1코어와 메모리 20Mi 이상을 사용할 수 없다.

> **|노트|** 리소스 요청을 지정하지 않았으므로 리소스 제한과 동일한 값으로 설정된다.

리소스 제한 오버커밋

리소스 요청과는 달리 리소스 제한은 노드의 할당 가능한 리소스 양으로 제한되지 않는다. 노드에 있는 모든 파드의 리소스 제한 합계는 노드 용량의 100%를 초과할 수 있다(그림 14.3 참고). 다시 말하면 리소스 제한은 오버커밋overcommitted될 수 있다. 이는 중요한 결과를 갖는다. 노드 리소스의 100%가 다 소진되면 특정 컨테이너는 제거돼야 한다.

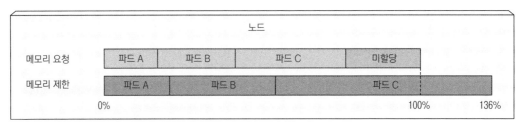

▲ **그림 14.3** 노드에 있는 모든 파드의 리소스 제한 합계는 노드 용량의 100%를 초과할 수 있다.

14.3절에서 쿠버네티스가 어떤 컨테이너를 제거할지 결정하는 방법을 살펴보겠지만 개별 컨테이너는 지정된 리소스 제한을 초과해 사용하려고 해도 종료될 수 있다. 다음 절에서 자세히 알아보자.

14.2.2 리소스 제한 초과

컨테이너에서 실행 중인 프로세스가 허용된 양보다 많은 리소스를 사용하려고 하면 어떤 일이 발생할까?

이미 CPU는 압축 가능한 리소스라고 배웠다. 프로세스가 I/O 동작을 대기하는 것이 아닌 경우 모든 CPU 시간을 사용하려는 것은 당연한 일이다. 앞서 배운 대로 같이 프로세스의 CPU 사용률은 조절되므로 컨테이너에 CPU 제한이 설정돼 있으면 프로세스는 설정된 제한보다 많은 CPU 시간을 할당받을 수 없다.

메모리는 CPU와는 다르다. 프로세스가 제한보다 많은 메모리를 할당받으려 시도하면 프로세스는 종료된다(컨테이너가 OOMKilled 됐다고 한다. OOM은 Out Of Memory다). 파드의 재시작 정책restart policy이 Always 또는 OnFailure로 설정된 경우 프로세스는 즉시 다시 시작하므로 종료됐음을 알아차리지 못할 수 있다. 하지만 메모리 제한 초과와 종료가 지속되면 쿠버네티스는 재시작 사이의 지연 시간을 증가시키면서 재시작시킨다. 이런 경우 CrashLoopBackOff 상태가 표시된다.

```
$ kubectl get po
NAME          READY   STATUS              RESTARTS  AGE
memoryhog     0/1     CrashLoopBackOff    3         1m
```

CrashLoopBackOff 상태는 Kubelet이 포기했다는 의미가 아니다. 이는 각 크래시 후 Kubelet이 컨테이너를 다시 시작하기 전에 간격을 늘리는 것을 의미한다. 첫 번째 크래시 후에 Kubelet은 컨테이너를 즉시 다시 시작하고 다시 크래시가 발생하면 다시 시작하기 전에 10초를 기다린다. 이후 크래시가 발생하면 지연 시간이 20초, 40초, 80초, 160초로 지수로 증가하고 마지막으로 300초로 제한된다. 간격이 300초 제한에 도달하면 Kubelet은 파드가 크래시를 멈추거나 삭제될 때까지 5분마다 컨테이너를 계속 재시작한다.

컨테이너가 크래시된 이유를 검사하려면 예제 14.8과 같이 파드의 로그를 살펴보거나 kubectl describe pod 명령을 사용할 수 있다.

예제 14.8 kubectl describe pod로 컨테이너가 종료된 이유 검사하기

```
$ kubectl describe pod
Name: memoryhog
...
Containers:
  main:
    ...
    State:       Terminated                        현재 컨테이너는 메모리 부족
      Reason:    OOMKilled                          (OOM, Out Of Memory)으로 종료됐다.
      Exit Code: 137
      Started:   Tue, 27 Dec 2016 14:55:53 +0100
      Finished:  Tue, 27 Dec 2016 14:55:58 +0100
    Last State:  Terminated                        이전 컨테이너 또한
      Reason:    OOMKilled                          OOM으로 종료됐다.
      Exit Code: 137
      Started:   Tue, 27 Dec 2016 14:55:37 +0100
```

```
        Finished:  Tue, 27 Dec 2016 14:55:50 +0100
    Ready: False
...
```

OOMKilled 상태는 컨테이너가 메모리 부족으로 종료됐음을 나타낸다. 이전 예제에서 컨테이너는 메모리 제한을 초과해 즉시 종료됐다.

컨테이너가 종료되는 것을 원하지 않는다면 메모리 제한을 너무 낮게 설정하지 않는 것이 중요하다. 그러나 컨테이너는 제한을 넘어서지 않아도 OOMKilled될 수 있다. 14.3.2 절에서 그 이유를 살펴볼 것이다. 하지만 먼저 대부분의 사용자들이 처음으로 컨테이너의 제한을 지정하기 시작할 때 겪는 예상치 못하는 상황을 논의해보자.

14.2.3 컨테이너의 애플리케이션이 제한을 바라보는 방법

예제 14.7에서 파드를 배포하지 않았다면 지금 배포하라.

```
$ kubectl create -f limited-pod.yaml
pod "limited-pod" created
```

이제 14장 초반에 수행했던 방법으로 컨테이너에서 top 명령을 실행한다. 명령의 출력 결과는 예제 14.9에 표시됐다.

예제 14.9 CPU와 메모리 제한을 갖는 컨테이너에서 top 명령 실행하기

```
$ kubectl exec -it limited-pod top
Mem: 1450980K used, 597504K free, 22012K shrd, 65876K buff, 857552K cached
CPU: 10.0% usr 40.0% sys 0.0% nic 50.0% idle 0.0% io 0.0% irq 0.0% sirq
Load average: 0.17 1.19 2.47 4/503 10
PID PPID USER STAT VSZ %VSZ CPU %CPU COMMAND
1 0 root R 1192 0.0 1 49.9 dd if /dev/zero of /dev/null
5 0 root R 1196 0.0 0 0.0 top
```

예제에서는 파드의 CPU 제한이 1코어로 설정됐고 메모리 제한은 20MiB로 설정됐다. 지금 top 명령의 출력 결과를 자세히 살펴보라. 이상한 점이 있지 않은가?

사용된used 메모리와 사용 가능한free 메모리 양을 살펴보자. 이 숫자들은 컨테이너의 제한으로 설정한 20MiB와는 거리가 멀다. 비슷하게 CPU 제한을 1코어로 설정했고 주요 프로세스가 사용 가능한 CPU의 50%를 사용하는 것으로 보인다. dd 명령을 사용하더라도 보통은 사용 가능한 CPU를 모두 사용한다. 무슨 일이 생긴 걸까?

컨테이너는 항상 컨테이너 메모리가 아닌 노드 메모리를 본다

top 명령은 컨테이너가 실행 중인 전체 노드의 메모리 양을 표시한다. 컨테이너에 사용 가능한 메모리의 제한을 설정하더라도 컨테이너는 이 제한을 인식하지 못한다.

이는 시스템에서 사용 가능한 메모리 양을 조회하고 해당 정보를 사용해 예약하려는 메모리 양을 결정하는 모든 애플리케이션에 좋지 않은 영향을 미친다.

자바 애플리케이션을 실행할 때 특히 -Xms 옵션으로 JVM의 최대 힙 크기를 지정하지 않은 경우 문제가 발생한다. 이런 경우 JVM은 컨테이너에 사용 가능한 메모리 대신 호스트의 총 메모리를 기준으로 최대 힙 크기를 설정할 것이다.[2] 개인 노트북의 쿠버네티스 클러스터에 컨테이너화된 자바 애플리케이션을 실행하면 파드에 설정한 메모리 제한과 노트북에서 사용 가능한 총 메모리의 차이가 크지 않기 때문에 문제가 드러나지 않는다.

하지만 더 많은 물리 메모리를 갖는 프로덕션 환경에 파드를 배포하면 JVM이 컨테이너에 설정된 메모리 제한을 초과해 OOMKilled가 될 수 있다.[3]

적절한 -Xms 옵션을 설정하는 것이 이슈를 해결할 것이라고 생각한다면 안타깝지만 틀렸다. -Xmx 옵션은 힙 크기를 제한하지만 JVM의 오프 힙 메모리off-heap memory에는 영향을 미치지 않는다. 다행히도 새 버전의 자바는 컨테이너 제한을 설정한 것을 고려해 문제를 완화한다.

---

2   JVM 1.8.192 이전에는 이런 문제가 있었다. JVM 1.8.192 이상에서는 컨테이너의 메모리 기준으로 최대 힙 크기를 설정하며, -XX:+UseCGroupMemoryLimitForHeap을 통해서 cgroup으로 할당한 컨테이너 메모리를 사용할 수 있다. JVM 10이상에서는 -XX+UseContainerSupport를 사용해야 한다. - 옮긴이

3   JVM의 최대 힙 크기를 지정하지 않은 경우 호스트의 총 메모리를 기준으로 최대 힙 크기를 설정하므로, 상대적으로 메모리가 작은 개인 노트북에서는 최대 힙 크기가 작게 설정되고, 메모리 제한 설정에 도달하기 전 JVM의 GC가 발생하므로 OOM 발생 문제가 드러나지 않을 수 있다. 상대적으로 메모리가 큰 워커 노드라면 최대 힙 크기가 크게 설정되고, 이는 메모리 제한 설정을 초과한다. 그러하므로 JVM이 GC를 발생시키기 전 메모리 제한 설정을 넘어서 OOMKilled될 수 있다. - 옮긴이

컨테이너는 또한 노드의 모든 CPU 코어를 본다

메모리와 마찬가지로 컨테이너는 컨테이너에 설정된 CPU 제한과 상관없이 노드의 모든 CPU를 본다. CPU 제한을 1코어로 설정하는 것은 마법과 같이 컨테이너에 CPU 1코어만을 노출하지 않는다. CPU 제한이 하는 일은 컨테이너가 사용할 수 있는 CPU 시간의 양을 제한하는 것이다.

64코어 CPU에 실행 중인 1코어 CPU 제한의 컨테이너는 전체 CPU 시간의 1/64을 얻는다. CPU 제한이 1코어로 설정되더라도 컨테이너의 프로세스는 한 개 코어에서만 실행되는 것이 아니다. 다른 시점에서 다른 코어에서 코드가 실행될 수 있다.

아무런 문제가 없다. 그렇지 않을까? 일반적으로 문제가 없지만 치명적인 경우가 적어도 하나는 존재한다.

어떤 애플리케이션은 시스템의 CPU 수를 검색해 실행해야 할 작업 스레드 수를 결정한다. 이런 애플리케이션은 개발 노트북에서는 정상적으로 돌아가지만 많은 수의 코어를 갖는 노드에 배포하면 너무 많은 스레드가 기동돼 제한된 (가능한) CPU 시간을 두고 모두 경합하게 된다. 또한 각 스레드는 추가적인 메모리를 요구하게 돼 애플리케이션의 메모리 사용량이 급증한다.

여러분의 애플리케이션이 시스템에서 볼 수 있는 CPU 수에 의존하는 대신 Downward API를 사용해 컨테이너의 CPU 제한을 전달하고 이를 사용할 수 있다. 또한 다음 파일을 읽어 cgroup 시스템에서 직접 설정된 CPU 제한을 얻을 수도 있다.

- /sys/fs/cgroup/cpu/cpu.cfs_quota_us
- /sys/fs/cgroup/cpu/cpu.cfs_period_us

14.3 파드 QoS 클래스 이해

리소스 제한은 오버커밋될 수 있으므로 노드가 모든 파드의 리소스 제한에 지정된 양의 리소스를 반드시 제공할 수는 없다고 언급했다.

두 개의 파드가 있다고 가정해보자. 파드 A는 노드 메모리의 90%를 사용하고 있는 상황에서 파드 B가 갑자기 그 시점까지 사용하던 메모리보다 많은 메모리를 요구해 노드가 필요한 양의 메모리를 제공할 수 없다. 어떤 컨테이너를 종료해야 할까? 충족할 수 없는 메모리를 요청했으므로 파드 B일까? 아니면 파드 A를 종료하고 메모리를 해제해 파드 B에 제공해야 할까?

분명 상황에 따라 다르다. 쿠버네티스는 스스로 적절한 결정을 내릴 수 없다. 이런 경우 어떤 파드가 우선순위를 가지는지 지정하는 방법이 필요하다. 쿠버네티스는 파드를 세 가지 서비스 품질^{QoS, Quality of Service} 클래스로 분류한다.

- BestEffort(최하위 우선순위)
- Burstable
- Guaranteed(최상위 우선순위)

14.3.1 파드의 QoS 클래스 정의

매니페스트의 별도 필드를 통해 파드의 QoS 클래스를 할당할 것이라고 기대하겠지만 사실 그렇지 않다. QoS 클래스는 파드 컨테이너의 리소스 요청과 제한의 조합에서 파생된다. 방법은 다음과 같다.

BestEffort 클래스에 파드를 할당하기

우선순위가 가장 낮은 클래스는 BestEffort 클래스다. 아무런 리소스 요청과 제한이 없는 (파드의 컨테이너 중 하나도 없는) 파드에 할당된다. 13장에서 생성된 모든 파드에 할당되는 QoS 클래스다. 이런 파드에 실행 중인 컨테이너는 리소스 보장을 받지 못한다. 최악의 경우 CPU 시간을 전혀 받지 못할 수 있고 다른 파드를 위해 메모리가 해제돼야 할 때 가장 먼저 종료된다. 그러나 BestEffort 파드는 설정된 메모리 제한이 없으므로 메모리가 충분하다면 컨테이너는 원하는 만큼 메모리를 사용할 수 있다.

Guaranteed 클래스에 파드를 할당하기

스펙트럼의 반대쪽에 Guaranteed QoS 클래스가 있다. 이 클래스는 모든 리소스를 컨테이너의 리소스 요청이 리소스 제한과 동일한 파드에게 주어진다. 파드의 클래스가 Guaranteed이려면 다음 세 가지를 충족해야 한다.

- CPU와 메모리에 리소스 요청과 제한이 모두 설정돼야 한다.
- 각 컨테이너에 설정돼야 한다.
- 리소스 요청과 제한이 동일해야 한다(각 컨테이너의 각 리소스에 관한 리소스 제한이 요청과 일치해야 한다).

컨테이너의 리소스 요청이 명시적으로 설정되지 않은 경우 기본적으로 리소스 제한과 동일하게 설정되므로 모든 리소스(파드의 각 컨테이너의)에 대한 제한을 지정하는 것으로 파드가 Guaranteed가 되기 충분하다. 이런 파드의 컨테이너는 요청된 리소스의 양을 얻지만 추가 리소스를 사용할 수 없다(리소스 제한이 리소스 요청보다 높지 않기 때문이다).

Burstable QoS 클래스에 파드를 할당하기

BestEffort와 Guaranteed 사이가 Burstable QoS 클래스다. 그 밖의 다른 파드는 이 클래스에 해당한다. 컨테이너의 리소스 제한이 리소스 요청과 일치하지 않은 단일 컨테이너 파드와 적어도 한 개의 컨테이너가 리소스 요청을 지정했지만 리소스 제한을 설정하지 않은 모든 파드가 여기에 속한다. 또힌 긴테이니 하나의 리소스 요청과 세한은 일치하지만 다른 컨테이너의 리소스 요청과 제한을 지정하지 않는 파드도 포함된다. Burstable 파드는 요청한 양 만큼의 리소스를 얻지만 필요하면 추가 리소스(리소스 제한까지)를 사용할 수 있다.

리소스 요청과 제한 사이의 관계가 QoS 클래스를 정의하는 방법

세 가지 QoS 클래스와 리소스 요청과 제한의 관계가 그림 14.4에 나타나 있다.

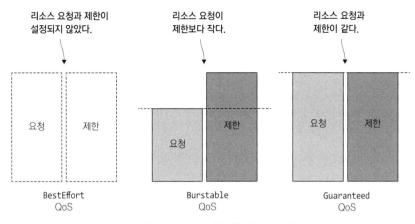

요청과 제한이 설정되지 않았다.

리소스 요청이 제한보다 작다.

리소스 요청과 제한이 같다.

요청　제한

제한
요청

요청　제한

BestEffort
QoS

Burstable
QoS

Guaranteed
QoS

▲ **그림 14.4** 리소스 요청, 제한과 QoS 클래스

　　파드가 어떤 QoS 클래스를 갖는지 생각해보면 여러 컨테이너, 여러 리소스, 요청과 제한 사이의 가능한 모든 것이 관련돼 있기 때문에 머리가 복잡할 수 있다. 컨테이너 수준 QoS를 생각한 다음 (QoS 클래스는 컨테이너가 아닌 파드의 속성이지만) 컨테이너의 QoS 클래스에서 파드의 QoS 클래스를 도출하면 더 쉽다.

컨테이너 QoS 클래스 파악

표 14.1은 하나의 컨테이너에 정의된 리소스 요청과 제한을 기반으로 한 QoS 클래스를 보여준다. 컨테이너가 하나인 파드의 경우 QoS 클래스는 파드에도 적용된다.

▼ **표 14.1** 리소스 요청과 제한에 기반으로 한 컨테이너가 하나인 파드의 QoS 클래스

CPU 요청 대 제한	메모리 요청 대 제한	컨테이너 QoS 클래스
미설정	미설정	BestEffort
미설정	요청 ⟨ 제한	Burstable
미설정	요청 = 제한	Burstable
요청 ⟨ 제한	미설정	Burstable
요청 ⟨ 제한	요청 ⟨ 제한	Burstable
요청 ⟨ 제한	요청 = 제한	Burstable
요청 = 제한	요청 = 제한	Guaranteed

> |**노트**| 리소스 요청만 설정되고 제한이 없는 경우 표의 요청이 제한보다 작은 행을 참조하라. 제한만 설정된 경우 요청은 제한으로 설정되므로, 표의 요청과 제한이 동일한 행을 참조하라.

다중 컨테이너 파드의 QoS 클래스 파악

다중 컨테이너 파드의 경우 모든 컨테이너가 동일한 QoS 클래스를 가지면 그것이 파드의 QoS가 된다. 적어도 한 컨테이너가 다른 클래스를 가지면 컨테이너 클래스가 무엇이든 상관없이 파드의 QoS 클래스는 Burstable이다. 표 14.2는 두 컨테이너를 갖는 파드의 QoS 클래스가 두 컨테이너의 클래스와 어떻게 연관돼 있는지 보여준다. 두 개 이상의 컨테이너가 있는 파드에도 쉽게 적용할 수 있다.

▼ **표 14.2** 컨테이너 클래스에서 파생된 파드의 QoS 클래스

컨테이너 1 QoS 클래스	컨테이너 2 QoS 클래스	파드 QoS 클래스
BestEffort	BestEffort	BestEffort
BestEffort	Burstable	Burstable
BestEffort	Guaranteed	Burstable
Burstable	Burstable	Burstable
Burstable	Guaranteed	Burstable
Guaranteed	Guaranteed	Guaranteed

> |**노트**| 파드의 QoS 클래스는 kubectl describe pod를 실행하거나 파드 YAML/JSON 매니페스트의 status.qosClass 필드에 표시된다.

QoS 클래스를 결정하는 방법은 설명했지만 오버커밋된 시스템에서 컨테이너의 종료를 어떻게 결정하는지 확인해야 한다.

14.3.2 메모리가 부족할 때 어떤 프로세스가 종료되는지 이해

시스템이 오버커밋되면 QoS 클래스는 어떤 컨테이너를 먼저 종료할지 결정하고 해제된 리소스를 높은 우선순위의 파드에 줄 수 있다. BestEffort 클래스가 가장 먼저 종료되고 다음은 Burstable 파드가 종료되며, 마지막으로 Guaranteed 파드는 시스템 프로세스가 메모리를 필요로 하는 경우에만 종료된다.

QoS 클래스가 우선순위를 정하는 방법 이해

그림 14.5의 예제를 살펴보자. 컨테이너 하나를 가진 파드 두 개가 있고 첫 번째 파드는 BestEffort QoS 클래스이고 두 번째는 Burstable 클래스라고 가정해보자. 노드의 전체 메모리가 최댓값을 초과하고 노드의 프로세스 중 하나가 추가 메모리를 할당하려고 시도하는 경우 시스템은 할당 요청을 이행하기 위해 프로세스 중 하나(아마 추가 메모리 할당을 요청한 프로세스일 수도 있다)를 종료해야 한다. 이 경우 BestEffort 파드에 실행 중인 프로세스가 Burstable 파드의 프로세스 이전에 항상 종료된다.

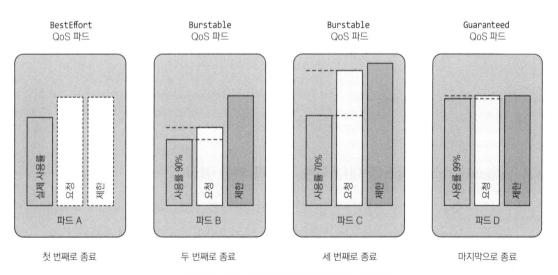

▲ **그림 14.5** 어느 파드를 가장 먼저 종료시킬 것인가?

물론 BestEffort 파드의 프로세스는 Guaranteed 파드의 프로세스가 종료되기 전에 종료된다. 이와 마찬가지로 Burstable 파드의 프로세스도 Guaranteed 파드 이전에 종료된다. 하지만 오직 두 개의 Burstable 파드만 있는 경우는 어떻게 될까? 분명히 선택의 과정에서 이들 중 하나를 선정해야 한다.

동일 QoS 클래스를 갖는 컨테이너를 다루는 방법 이해

실행 중인 각 프로세스는 OOM 점수$^{OutOfMemory\ score}$를 갖는다. 시스템은 모든 실행 중인 프로세스의 OOM 점수를 비교해 종료할 프로세스를 선정한다. 메모리 해제가 필요하면 가장 높은 점수의 프로세스가 종료된다.

OOM 점수는 두 가지 기준으로 계산된다. 프로세스가 소비하는 가용 메모리의 비율과 컨테이너의 요청된 메모리와 파드의 QoS 클래스를 기반으로 한 고정된 OOM 점수 조정이다. 컨테이너가 하나인 파드 두 개가 존재하고 둘 다 Burstable 클래스일 때 시스템은 요청된 메모리의 비율(퍼센티지 단위)이 다른 것보다 높은 컨테이너를 종료한다. 그림 14.5에서 요청된 메모리의 90%를 사용하는 파드 B가 70%를 사용하는 파드 C보다 먼저 종료된 이유다. 파드 C가 파드 B보다 더 많은 메모리(메가바이트 단위)를 사용하지만 메모리 요청에 관한 사용량의 비율은 낮다.

이는 리소스 요청과 제한 사이의 관계뿐만 아니라 요청과 예상되는 실제 메모리 사용량도 고려해야 함을 보여준다.

14.4 네임스페이스별 파드에 대한 기본 요청과 제한 설정

지금까지 리소스 요청과 제한을 각 컨테이너에 설정하는 방법을 살펴봤다. 이를 설정하지 않으면 컨테이너는 리소스 요청과 제한을 설정한 다른 컨테이너에 의해 좌지우지된다. 모든 컨테이너에 리소스 요청과 제한을 설정하는 것이 좋다.

14.4.1 LimitRange 리소스 소개

모든 컨테이너에 리소스 요청과 제한을 설정하는 대신 LimitRange 리소스를 생성해 이를
수행할 수 있다. LimitRange 리소스는 컨테이너의 각 리소스에 (각 네임스페이스별) 최소/최
대 제한을 지정할 뿐만 아니라 리소스 요청을 명시적으로 지정하지 않은 컨테이너의 기본
리소스 요청을 지정한다(그림 14.6 참고).

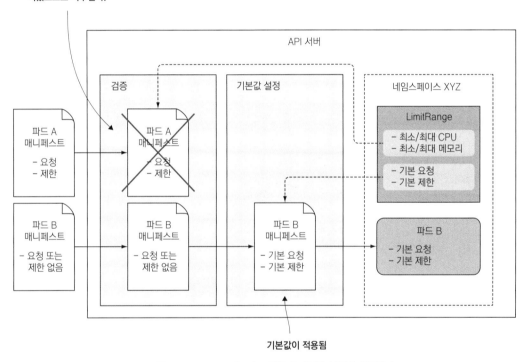

▲ **그림 14.6** LimitRange는 파드 검증과 기본값 설정에 사용된다.

LimitRange 리소스는 LimitRanger 어드미션 컨트롤 플러그인(11장에서 이런 플러그인을
설명한 바 있다)에서 사용된다. 파드 매니페스트가 API 서버에 게시되면 LimitRanger 플러
그인이 파드 스펙을 검증한다. 검증이 실패하면 매니페스트는 즉시 거부된다. 이 때문에
LimitRange 오브젝트의 좋은 사용 사례는 클러스터의 어느 노드보다 큰 파드를 생성하려

는 사용자를 막는 것이다. 이런 LimitRange가 없으면 API 서버는 절대 스케줄링되지 않는 파드라도 기꺼이 받아들인다.

LimitRange 리소스에 지정된 리소스 제한은 각 개별 파드/컨테이너나 LimitRange 오브젝트와 동일 네임스페이스에 생성되는 다른 유형의 오브젝트에 적용된다. 이들은 네임스페이스의 모든 파드에서 사용할 수 있는 리소스의 총량은 제한하지 않는다. 이는 14.5절에 설명하는 리소스쿼터^{ResourceQuota} 오브젝트를 통해 지정된다.

14.4.2 LimitRange 오브젝트 생성하기

LimitRange의 전체 예제를 보고 개별 속성이 무엇을 하는지 살펴보자. 예제 14.10은 Limit Range 리소스의 전체 정의를 나타낸다.

예제 14.10 LimitRange 리소스: limit.yaml

```
apiVersion: v1
kind: LimitRange
metadata:
  name: example
spec:
  limits:
  - type: Pod          ◄── 파드 전체에 리소스 제한을
    min:                   지정한다.
      cpu: 50m          ◄── 모든 파드의 컨테이너가 전체적으로
      memory: 5Mi          요청할 수 있는 최소 CPU 및 메모리
    max:
      cpu: 1            ◄── 모든 파드의 컨테이너가
      memory: 1Gi          요청(및 제한)하는
                           최대 CPU 및 메모리
  - type: Container    ◄── 컨테이너 제한은
    defaultRequest:        이 줄의 아래에
      cpu: 100m            지정된다.    ◄── 명시적으로 요청을 시성하지 않은
      memory: 10Mi                        컨테이너에 적용되는 CPU 및
    default:                               메모리의 기본 요청
      cpu: 200m        ◄── 리소스 제한을 지정하지 않은
      memory: 100Mi        컨테이너의 기본 제한
```

```
    min:
       cpu: 50m
       memory: 5Mi                    컨테이너가 가질 수 있는
    max:                              최소 및 최대 요청/제한
       cpu: 1
       memory: 1Gi
    maxLimitRequestRatio:
       cpu: 4                         각 리소스의 제한과 요청 간의
       memory: 10                     최대 비율
 - type: PersistentVolumeClaim
    min:
       storage: 1Gi                   LimitRange는 PVC가 요청할 수 있는
    max:                              스토리지의 최소 및 최대량을 설정할 수 있다.
       storage: 10Gi
```

앞 예제에서 볼 수 있듯이 전체 파드의 최소 및 최대 제한을 설정할 수 있다. 이들은 파드 컨테이너의 요청과 제한의 합계에 적용된다.

밑으로 내려가 컨테이너 레벨에서 보면 최솟값과 최댓값뿐만 아니라 리소스 요청과 제한을 명시적으로 지정하지 않은 각 컨테이너에 적용될 기본 요청(defaultRequest)과 기본 제한(default)을 설정할 수 있다.

최소, 최대, 기본값 외에도 제한 대 요청의 비율을 설정할 수 있다. 앞 예제에서 CPU maxLimitRequestRatio를 4로 설정했고 컨테이너 CPU 제한은 CPU 요청보다 4배 이상 큰 값이 될 수 없음을 의미한다. 200밀리코어를 요청하는 컨테이너에 801밀리코어나 그 이상의 제한을 설정한다면 받아들여지지 않는다. 메모리의 경우 최대 비율은 10으로 설정된다.

6장에서 PVC^{PersistentVolumeClaim}를 살펴봤다. PVC는 파드 컨테이너가 CPU와 메모리를 요청하는 방식과 비슷하게 일정량의 퍼시스턴트 스토리지를 요청한다. 컨테이너가 사용 가능한 CPU의 최소 및 최대량을 제한하는 방식과 동일하게 단일 PVC에서 요청 가능한 스토리지 양을 제한할 수 있다. LimitRange 오브젝트로 이를 할 수 있으며 예제의 맨 아랫부분에서 볼 수 있다.

이 예제는 모든 것에 대한 제한을 갖는 LimitRange 오브젝트를 보여주지만 유형에 따라 정리되기를 선호한다면 여러 오브젝트로 분할할 수 있다(예를 들어 하나는 파드 제한, 다른

하나는 컨테이너 제한, 또 다른 하나는 PVC). 여러 LimitRange 오브젝트의 제한은 파드나 PVC를 검증할 때 통합된다.

LimitRange 오브젝트에 구성된 검증(그리고 기본값)은 새 파드나 PVC 매니페스트가 전달될 때 API 서버에서 수행하므로 나중에 제한을 수정하면 기존 파드 및 PVC는 다시 검증되지 않는다. 새 제한은 이후에 생성된 파드 및 PVC에만 적용된다.

14.4.3 강제 리소스 제한

제한이 설정되면 이제 LimitRange에서 허용하는 것보다 더 많은 CPU를 요청하는 파드를 만들 수 있다. 코드 아카이브에서 파드 YAML을 찾을 수 있다. 예제 14.11은 관련된 부분만 표시했다.

예제 14.11 CPU 요청이 제한보다 많은 파드: limits-pod-too-big.yaml

```
resources:
  requests:
    cpu: 2
```

파드의 컨테이너가 이전에 설정한 LimitRange의 최대보다 큰 두 개의 CPU를 요청한다. 파드를 만들면 다음 결과가 나타난다.

```
$ kubectl create -f limits-pod-too-big.yaml
Error from server (Forbidden): error when creating "limits-pod-too-big.yaml":
pods "too-big" is forbidden: [
  maximum cpu usage per Pod is 1, but request is 2.,
  maximum cpu usage per Container is 1, but request is 2.]
```

좀 더 읽기 쉽게 출력 결과를 수정했다. 서버 오류 메시지의 좋은 섬은 파드가 처음 마주친 오류의 내용뿐만 아니라 파드가 거부된 모든 이유를 보여준다는 점이다. 출력 결과에서 보듯이 파드는 두 가지 이유로 거부됐다. 컨테이너가 CPU 두 개를 요청했지만 컨테이너의 최대 CPU 제한은 하나다. 마찬가지로 파드가 CPU 두 개를 요청했지만 최대 CPU는 하나다(만약 다중 컨테이너 파드라면 각 개별 컨테이너는 최대 CPU 양보다 적게 요청하더라도 파드의 최대 CPU를 통과하려면 컨테이너의 요청 합이 CPU 두 개보다 적게 요청해야 한다).

14.4.4 기본 리소스 요청과 제한 적용

기본 리소스 요청과 제한이 리소스 요청과 제한을 지정하지 않은 컨테이너에 적용되는 방법을 살펴보자. 3장의 kubia-manual 파드를 배포한다.

```
$ kubectl create -f ../Chapter03/kubia-manual.yaml
pod "kubia-manual" created
```

LimitRange 오브젝트를 설정하기 전에 모든 파드는 리소스 요청과 제한 없이 생성됐다. 하지만 이제 파드가 생성될 때 기본값이 자동으로 적용된다. 예제 14.12에서 kubia-manual 파드를 살펴보면 이를 확인할 수 있다.

예제 14.12 파드에 자동으로 적용된 리소스 제한 검사하기

```
$ kubectl describe po kubia-manual
Name: kubia-manual
...
Containers:
  kubia:
    Limits:
      cpu: 200m
      memory: 100Mi
    Requests:
      cpu: 100m
      memory: 10Mi
```

컨테이너의 요청과 제한이 LimitRange 오브젝트에서 지정한 것과 일치한다. 또 다른 네임스페이스에 다른 LimitRange 스펙을 사용한다면 그 네임스페이스의 파드는 분명 다른 요청과 제한으로 생성된다. 이는 관리자가 네임스페이스당 파드의 기본, 최소, 최대 리소스를 설정하도록 한다. 네임스페이스가 다른 팀을 분리하거나, 동일 쿠버네티스 클러스터에서 실행하는 개발, QA, 스테이징, 프로덕션 파드를 분리하는 경우 각 네임스페이스에 다른 LimitRange를 사용하면 큰 파드는 특정 네임스페이스에만 생성되는 반면 나머지 네임스페이스는 더 작은 파드로 제한되도록 보장한다.

그러나 LimitRange에 설정된 제한은 각 개별 파드/컨테이너에만 적용된다는 것을 기억하라. 많은 수의 파드를 만들어 클러스터에서 사용 가능한 모든 리소스를 써버릴 수 있다. LimitRange는 이런 경우에 대한 보호를 제공하지 않지만 ResourceQuota 오브젝트는 제공한다. 다음 절에서 살펴보자.

14.5 네임스페이스의 사용 가능한 총 리소스 제한하기

앞서 본 것처럼 LimitRange는 개별 파드에만 적용되지만 클러스터 관리자는 네임스페이스에서 사용 가능한 총 리소스 양을 제한할 수 있는 방법이 필요하다. 이것은 리소스쿼터_{ResourceQuota} 오브젝트를 생성해 달성할 수 있다.

14.5.1 리소스쿼터 오브젝트 소개

10장에서 API 서버에서 실행되고 있는 몇 개의 어드미션 컨트롤 플러그인이 파드가 생성될 수 있는지 여부를 확인한다고 말했다. 이전 절에서 LimitRanger 플러그인이 LimitRange 리소스에 설정된 정책을 실행한다고 설명했다. 마찬가지로 리소스쿼터 어드미션 컨트롤 플러그인은 생성 중인 파드가 설정된 리소스쿼터를 초과하는지 확인한다. 만약 그런 경우 파드 생성은 거부된다. 리소스 쿼터는 파드를 생성할 때 적용되므로 리소스쿼터 오브젝트는 리소스쿼터 오브젝트를 생성한 후 생성된 파드에만 영향을 미친다. 리소스쿼터 오브젝트를 생성하는 것은 기존 파드에는 영향을 미치지 않는다.

리소스쿼터는 네임스페이스에서 파드가 사용할 수 있는 컴퓨팅 리소스 양과 퍼시스턴트볼륨클레임이 사용할 수 있는 스토리지 양을 제한한다. 또한 네임스페이스 안에서 사용자가 만들 수 있는 파드, 클레임, 기타 API 오브젝트의 수를 제한할 수 있다. 지금까지 대부분 CPU와 메모리를 다뤘으므로 먼저 이것들의 쿼터를 지정하는 방법을 살펴보자.

CPU 및 메모리에 관한 리소스쿼터 생성

네임스페이스의 모든 파드에서 사용할 수 있는 전체 CPU 및 메모리는 예제 14.13에 표시된 것처럼 리소스쿼터 오브젝트를 생성해 정의한다.

예제 14.13 CPU와 메모리에 관한 리소스쿼터: quota-cpu-memory.yaml

```
apiVersion: v1
kind: ResourceQuota
metadata:
  name: cpu-and-mem
spec:
  hard:
    requests.cpu: 400m
    requests.memory: 200Mi
    limits.cpu: 600m
    limits.memory: 500Mi
```

각 리소스의 합계를 정의하는 대신 CPU 및 메모리에 대한 요청과 제한에 대한 별도의 합계를 정의한다. LimitRange의 구조와 비교해 구조가 약간 다르다. 여기에서 모든 리소스에 관한 요청과 제한을 한곳에서 정의한다.

이 리소스쿼터는 네임스페이스에서 파드가 요청할 수 있는 최대 CPU를 400밀리코어로 설정한다. 네임스페이스의 최대 총 CPU 제한은 600밀리코어로 설정된다. 메모리의 경우 최대 총 요청은 200MiB로 설정되고 제한은 500MiB로 설정된다.

리소스쿼터 오브젝트는 LimitRange와 같이 생성된 네임스페이스에 적용되지만, 그림 14.7과 같이 각 개별 파드나 컨테이너에 개별적으로 적용하지 않고 모든 파드의 리소스 요청과 제한의 총합에 적용된다.

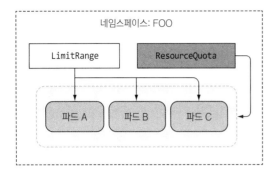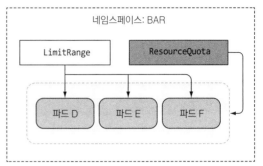

▲ **그림 14.7** LimitRange는 개별 파드에 적용되고, 리소스쿼터는 네임스페이스의 모든 파드에 적용된다.

쿼터와 쿼터 사용량 검사

리소스쿼터 오브젝트를 API 서버에 게시한 후 `kubectl describe` 명령어로 예제 14.14와 같이 이미 사용된 쿼터를 확인할 수 있다.

```
$ kubectl describe quota
Name:            cpu-and-mem
Namespace:       default
Resource         Used    Hard
--------         ----    ----
limits.cpu       200m    600m
limits.memory    100Mi   500Mi
requests.cpu     100m    400m
requests.memory  10Mi    200Mi
```

`kubia-manual` 파드만 실행 중이므로 Used 열은 리소스 요청과 제한과 일치한다. 추가 파드를 실행하면 그 요청과 제한이 Used 열에 추가된다.

리소스쿼터와 함께 LimitRange 생성

리소스쿼터를 생성할 때 주의할 점은 LimitRange 오브젝트도 함께 생성해야 한다는 것이다. 앞 절에서는 LimitRange를 설정했지만, 그것을 생성하지 않았다면 어떤 리소스 요청이나 제한도 명시하지 않았으므로 kubia-manual 파드를 실행할 수 없다. 이 경우 다음과 같은 일이 발생한다.

```
$ kubectl create -f ../Chapter03/kubia-manual.yaml
Error from server (Forbidden): error when creating "../Chapter03/kubiamanual.
    yaml": pods "kubia-manual" is forbidden: failed quota: cpu-andmem:
    must specify limits.cpu,limits.memory,requests.cpu,requests.memory
```

특정 리소스(CPU 또는 메모리)에 대한 쿼터가 설정된 경우(요청 또는 제한), 파드에는 동일한 리소스에 대한 요청 또는 제한이 (각각) 설정돼야 한다. 그렇지 않으면 API 서버가 파드를 허용하지 않는다. 그렇기 때문에 이러한 리소스에 대한 기본값이 있는 LimitRange를 갖는 것이 파드를 만드는 것을 조금 더 쉽게 만든다.

14.5.2 퍼시스턴트 스토리지에 관한 쿼터 지정하기

리소스쿼터 오브젝트는 예제 14.15와 같이 네임스페이스에 요청할 수 있는 퍼시스턴트 스토리지의 양을 제한할 수도 있다.

예제 14.15 스토리지에 대한 리소스쿼터: quota-storage.yaml

```
apiVersion: v1
kind: ResourceQuota
metadata:
  name: storage
spec:
  hard:
    requests.storage: 500Gi                                          ← 요청 가능한 스토리지의
                                                                        전체 용량
    ssd.storageclass.storage.k8s.io/requests.storage: 300Gi          ← ssd 스토리지 클래스에서
                                                                        요청 가능한 스토리지 용량
    standard.storageclass.storage.k8s.io/requests.storage: 1Ti
```

이 예제에서 네임스페이스의 모든 퍼시스턴트볼륨클레임이 요청할 수 있는 스토리지 양은 500GiB로 제한된다(리소스쿼터 오브젝트의 request.storage 항목). 그러나 6장에서 설명했듯이 퍼시스턴트볼륨클레임은 특정 스토리지 클래스에 동적 프로비저닝된 퍼시스턴트

볼륨을 요청할 수 있다. 이것이 쿠버네티스가 각 스토리지 클래스에 개별적으로 스토리지 쿼터를 정의할 수 있게 한 이유다. 앞선 예제에서는 요청 가능한 SSD 스토리지(ssd 스토리지 클래스로 지정)의 총 용량을 300GiB로 제한했다. 성능이 낮은 HDD 스토리지(standard 스토리지 클래스)는 1TiB로 제한했다.

14.5.3 생성 가능한 오브젝트 수 제한

리소스쿼터는 네임스페이스 내의 파드, 레플리케이션컨트롤러, 서비스 및 그 외의 오브젝트 수를 제한하도록 구성할 수도 있다. 이를 통해 클러스터 관리자는 예를 들어 사용자의 결재 플랜Payment Plan에 따라 생성할 수 있는 오브젝트 수를 제한할 수 있으며, 서비스가 사용할 수 있는 퍼블릭 IP 또는 노드포트 수를 제한할 수 있다.

예제 14.16은 오브젝트 수를 제한하는 리소스쿼터 오브젝트의 모습을 나타낸다.

예제 14.16 리소스 최대 수에 관한 리소스쿼터

```
apiVersion: v1
kind: ResourceQuota
metadata:
  name: objects
spec:
  hard:
    pods: 10
    replicationcontrollers: 5          네임스페이스에는 파드 10개, 레플리케이션
    secrets: 10                        컨트롤러 5개, 시크릿 10개, 컨피그맵 10개,
    configmaps: 10                     PVC 4개를 생성할 수 있다.
    persistentvolumeclaims: 4
    services: 5                        서비스 5개를 생성할 수 있으며
    services.loadbalancers: 1          최대 1개의 로드밸런서 서비스와
    services.nodeports: 2              최대 2개의 노드포트 서비스가 될 수 있다.
    ssd.storageclass.storage.k8s.io/persistentvolumeclaims: 2

                                       ssd 스토리지 클래스를 사용해
                                       2개의 PVC가 스토리지를 요청할 수 있다.
```

이 예제의 리소스쿼터를 사용하면 사용자가 직접 또는 레플리케이션컨트롤러, 레플리카셋, 데몬셋, 잡 등으로 생성되는지 여부에 관계없이 네임스페이스에서 최대 열 개의 파드를 생성할 수 있다. 또한 레플리케이션컨트롤러 수를 다섯 개로 제한한다. 최대 다섯 개의 서비스를 작성할 수 있으며, 이 가운데 하나만 로드밸런서 유형 서비스일 수 있고 두 개는 노드포트 서비스일 수 있다. 스토리지 클래스당 요청된 스토리지의 최대량을 지정하는 방법과 유사하게 퍼시스턴트볼륨클레임의 수는 스토리지 클래스마다 제한될 수 있다.

오브젝트 수의 쿼터는 현재 다음 오브젝트에 설정할 수 있다.

- 파드
- 레플리케이션컨트롤러
- 시크릿
- 컨피그맵
- 퍼시스턴트볼륨클레임
- (일반적인) 서비스, 로드밸런서 서비스(services.loadbalancers)와 노드포트 서비스(services.nodeports)와 같은 두 가지 유형의 서비스

마지막으로 리소스쿼터 오브젝트 자체에 관한 오브젝트 수 쿼터를 설정할 수도 있다. 레플리카셋, 잡, 디플로이먼트, 인그레스 등과 같은 다른 오브젝트 수는 아직 제한될 수 없다(하지만 책이 출판된 이후에 변경될 수 있으므로 최신 정보를 확인하라).[4]

14.5.4 특정 파드 상태나 QoS 클래스에 대한 쿼터 지정

지금까지 생성한 쿼터는 파드의 현재 상태 및 QoS 클래스에 관계없이 모든 파드에 적용된다. 그러나 쿼터는 쿼터 범위$^{quota\ scope}$로 제한될 수도 있다. 현재 BestEffort, NotBestEffort, Terminating, NotTerminating의 네 가지 범위를 사용할 수 있다.

---

4 번역 시점에는 레플리카셋, 디플로이먼트에 대해서도 오브젝트 수를 제한할 수 있다. 상세한 내용은 https://kubernetes.io/docs/concepts/policy/resource-quotas/#object-count-quota를 참고한다. - 옮긴이

BestEffort 및 NotBestEffort 범위는 쿼터가 BestEffort QoS 클래스 또는 다른 두 클래스 중 하나(즉, Burstable 및 Guaranteed)가 있는 파드에 적용되는지 여부를 결정한다.

다른 두 범위(Terminating과 NotTerminating)는 이름에서 알 수 있듯이 종료 과정의 (또는 종료되지 않은) 파드에는 적용되지 않는다. 아직 다루지는 않았지만, 각 파드가 종료되고 실패로 표시되기 전에 얼마나 오래 실행할 수 있는지 지정할 수 있다. 파드 스펙의 active DeadlineSeconds 필드를 설정하면 된다. 이 속성은 파드가 실패로 표시된 후 종료되기 전 시작 시간을 기준으로 노드에서 활성화되도록 허용하는 시간(초)을 정의한다. Terminating 쿼터 범위는 activeDeadlineSeconds가 설정된 파드에 적용되는 반면 NotTerminating은 그렇지 않은 파드에 적용된다.

리소스쿼터를 생성할 때 적용되는 범위를 지정할 수 있다. 쿼터를 적용하려면 파드가 지정된 모든 범위와 일치해야 한다. 또한 쿼터가 제한하는 것은 쿼터의 범위에 의존한다. BestEffort 범위는 파드 수만 제한할 수 있지만 다른 세 가지 범위는 파드 수, CPU/메모리 요청 및 CPU/메모리 제한을 제한할 수 있다.

예를 들어 쿼터를 BestEffort, NotTerminating 파드에만 적용하려는 경우 예제 14.17에 표시된 리소스쿼터 오브젝트를 만들 수 있다.

예제 14.17 BestEffort/NotTerminating 파드에 대한 리소스쿼터: quota-scoped.yaml

```
apiVersion: v1
kind: ResourceQuota
metadata:
  name: besteffort-notterminating-pods
spec:
  scopes:
  - BestEffort          이 쿼터는 BestEffort QoS를 갖고
  - NotTerminating      유효 데드라인이 없는 파드에만 적용된다.
  hard:
    pods: 4    ◄───     그러한 파드가
                        네 개만 존재할 수 있다.
```

이 쿼터는 유효 데드라인active deadline이 없는 BestEffort QoS 클래스를 갖는 파드가 최대 4개 존재하도록 보장한다. 그 대신 쿼터가 NotBestEffort 파드를 대상으로 하는 경

우 `request.cpu`, `request.memory`, `limit.cpu` 및 `limit.memory`도 지정할 수 있다.

> |**노트**| 다음 절로 이동하기 전에 생성한 리소스쿼터 및 LimitRange 리소스를 모두 삭제하라. 더 이상 필요로 하지 않으며 15장의 예제를 방해한다.

14.6 파드 리소스 사용량 모니터링

쿠버네티스 클러스터를 최대한 활용하기 위해 리소스 요청과 제한을 적절하게 설정하는 것이 매우 중요하다. 요청을 너무 높게 설정하면 클러스터 노드의 활용도가 낮아져 비용을 낭비하게 될 것이다. 너무 낮게 설정하면 애플리케이션이 CPU가 부족해지거나 OOM Killer에 의해 제거될 수 있다. 리소스 요청과 제한의 적정 지점을 어떻게 찾아야 할까?

예상되는 부하[load] 수준에서 컨테이너의 실제 리소스 사용량을 모니터링해 찾을 수 있다. 애플리케이션이 사용자에게 노출된 후 계속 모니터링하고, 필요한 경우 리소스 요청과 제한을 조정해야 한다.

14.6.1 실제 리소스 사용량 수집과 검색

쿠버네티스에서 실행 중인 애플리케이션을 어떻게 모니터링할 수 있을까? 다행히도 Kubelet 자체에는 이미 cAdvisor라는 에이전트가 포함돼 있는데 이 에이전트는 노드에서 실행되는 개별 컨테이너와 노드 전체의 리소스 사용 데이터를 수집한다. 전체 클러스터를 이러한 통계를 중앙에서 수집하려면 힙스터라는 추가 구성 요소를 실행해야 한다.[5]

힙스터는 노드 중 하나에서 파드로 실행되며 일반적인 쿠버네티스 서비스를 통해 노출돼 안정된 IP 주소로 접속할 수 있다. 클러스터에 있는 모든 cAdvisor로부터 데이터를 수집해 한곳에서 노출시킨다. 그림 14.8은 파드에서 cAdvisor를 통해 마지막으로 힙스터로 전송되는 메트릭 데이터의 흐름을 보여준다.

---

5   최근 쿠버네티스에서는 힙스터 대신 메트릭 서버(metrics-server)를 사용한다. – 옮긴이

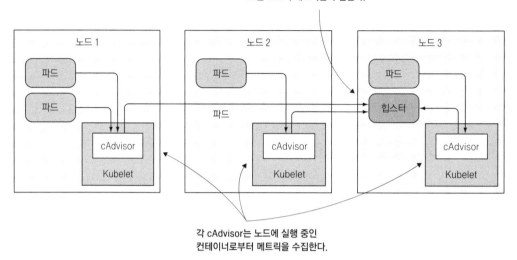

힙스터는 노드에서 파드로 실행되고
모든 노드의 메트릭을 수집한다.

각 cAdvisor는 노드에 실행 중인
컨테이너로부터 메트릭을 수집한다.

▲ **그림 14.8** 힙스터로 유입되는 메트릭 데이터의 흐름

그림의 화살표는 메트릭 데이터 흐름을 보여준다. 데이터를 얻기 위해 어떤 구성 요소에 연결되는지는 보여주지 않는다. 파드(또는 그 안에 실행되는 컨테이너)는 cAdvisor를 전혀 모르고 cAdvisor는 힙스터를 전혀 모른다. 힙스터가 모든 cAdvisor에 연결하며, cAdvsior는 파드의 컨테이너 내부에서 실행 중인 프로세스와 통신하지 않고 컨테이너와 노드의 사용량 데이터를 수집한다.

힙스터 활성화

GKE에서 클러스터를 실행 중인 경우 기본적으로 힙스터가 사용된다. Minikube를 사용하는 경우 추가 기능으로 사용할 수 있으며 다음 명령으로 활성화할 수 있다.

```
$ minikube addons enable heapster
heapster was successfully enabled
```

다른 유형의 Kubernetes 클러스터에서 힙스터를 수동으로 실행하려면 https://github.com/kubernetes/heapster에 있는 지침을 참조하라.

646

힙스터를 활성화한 후 몇 분 정도 기다려야 메트릭을 수집하고 클러스터의 리소스 사용량 통계를 볼 수 있으므로 조금만 기다려보자.

클러스터 노드의 CPU 및 메모리 사용량 표시

클러스터에서 힙스터를 실행하면 kubectl top 명령으로 노드와 개별 파드의 리소스 사용량을 얻을 수 있다. 노드에서 사용 중인 CPU 및 메모리 양을 확인하려면 예제 14.18에 표시된 명령을 실행하라.

예제 14.18 노드의 실제 CPU 메모리 사용률

```
$ kubectl top node
NAME       CPU(cores)   CPU%   MEMORY(bytes)   MEMORY%
minikube   170m         8%     556Mi           27%
```

실제 런타임 사용량 데이터 대신 CPU 및 메모리 요청과 제한의 양을 표시하는 kubectl describe node 명령과는 달리 이 명령은 노드에서 실행 중인 모든 파드의 실제 CPU와 메모리 사용량을 표시한다.

개별 파드의 CPU와 메모리 사용량 표시

각 개별 파드의 사용량을 확인하려면 예제 14.19와 같이 kubectl top pod 명령을 사용할 수 있다.

예제 14.19 파드의 실제 CPU 메모리 사용률

```
$ kubectl top pod --all-namespaces
NAMESPACE     NAME                          CPU(cores)   MEMORY(bytes)
kube-system   influxdb-grafana-2r2w9        1m           32Mi
kube-system   heapster-40j6d                0m           18Mi
default       kubia-3773182134-63bmb        0m           9Mi
kube-system   kube-dns-v20-z0hq6            1m           11Mi
kube-system   kubernetes-dashboard-r53mc    0m           14Mi
kube-system   kube-addon-manager-minikube   7m           33Mi
```

이 두 명령의 출력은 매우 간단하므로 설명할 필요가 없지만, 한 가지 주의해야 할 것이 있다. 때때로 top pod 명령은 메트릭을 표시하지 않고 다음과 같은 오류를 출력한다.

```
$ kubectl top pod
W0312 22:12:58.021885 15126 top_pod.go:186] Metrics not available for pod
    default/kubia-3773182134-63bmb, age: 1h24m19.021873823s
error: Metrics not available for pod default/kubia-3773182134-63bmb, age:
    1h24m19.021873823s
```

이 경우 바로 오류의 원인을 찾으려고 하지 말고 잠시 기다렸다가 명령을 다시 실행해보자. 몇 분 정도 걸리지만 결국에는 메트릭이 나타난다. kubectl top 명령은 힙스터에서 메트릭을 가져오는데, 메트릭은 즉시 노출되지 않고 몇 분 동안 데이터를 집계한 이후에 노출한다.

> **|팁|** 파드 대신 개별 컨테이너의 리소스 사용량을 보려면 ─containers 옵션을 사용할 수 있다.

14.6.2 기간별 리소스 사용량 통계 저장 및 분석

top 명령은 현재 리소스 사용량만 표시한다. 예를 들어 지난 한 시간, 어제 또는 일주일 동안 파드에서 소비한 CPU 또는 메모리 양은 표시되지 않는다. 실제로 cAdvisor와 힙스터는 모두 짧은 기간 동안의 리소스 사용량 데이터만 보유한다. 오랜 기간 동안 파드의 리소스 소비를 분석하려면 추가 도구를 실행해야 한다.

GKE를 사용하는 경우 구글 클라우드 모니터링으로 클러스터를 모니터링할 수 있지만, (Minikube 또는 기타 수단을 통해 설치된) 로컬 쿠버네디스 클러스터를 실행하는 경우 일반적으로 통계 데이터 저장을 위해 인플럭스DB^{InfluxDB}를, 시각화와 분석을 위해 그라파나^{Grafana}를 사용한다.

인플럭스DB와 그라파나 소개

인플럭스DB는 애플리케이션 메트릭과 기타 모니터링 데이터를 저장하는 데 이상적인 오픈소스 시계열 데이터베이스다. 오픈소스인 그라파나는 인플럭스DB에 저장된 데이터를 시각화하고 시간이 지남에 따라 애플리케이션의 리소스 사용량이 어떻게 변하는지 확인할 수 있는 멋진 웹 콘솔을 갖춘 분석 및 시각화 제품이다(그림 14.9는 세 개의 그라파나 차트를 보여주는 예시다).

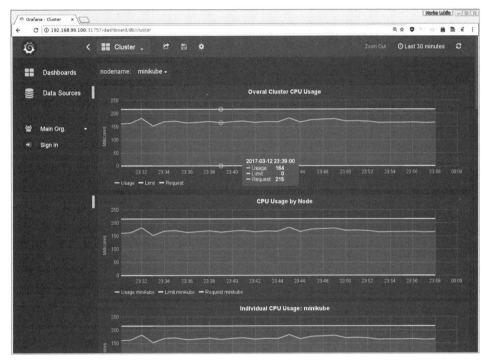

▲ **그림 14.9** 클러스터에서 CPU 사용량을 보여주는 그라파나 대시보드

클러스터에서 인플럭스DB와 그라파나 실행

인플럭스DB와 그라파나는 모두 파드로 실행할 수 있다. 이들의 배포는 간단하다. 필요한 모든 매니페스트는 http://github.com/kubernetes/heapster/tree/master/deploy/kube-config/influxdb의 힙스터 Git 리포지터리에서 사용할 수 있다.

Minikube를 사용할 때는 힙스터 애드온을 활성화하면 힙스터와 함께 배포되므로 수동으로 배포할 필요가 없다.

그라파나로 리소스 사용량 분석하기

시간이 지남에 따라 파드에 필요한 각 리소스의 양을 확인하려면 그라파나 웹 콘솔을 열고 사전 정의된 대시보드를 탐색한다. 일반적으로 kubectl cluster-info를 사용해 그라파나 웹 콘솔의 URL을 찾을 수 있다.

```
$ kubectl cluster-info
...
moni.tori.ng-grafana i.s runni.ng at
    https://192.168.99.100:8443/api./vl/proxy/namespaces/kubesystem/
    servi.ces/ moni.tori.ng-grafana
```

Minikube를 사용할 때 그라파나의 웹 콘솔은 노드포트 서비스를 통해 노출되므로 다음 명령을 사용해 브라우저에서 열 수 있다.

```
$ minikube service monitoring-grafana -n kube-system
Opening kubernetes servi..ce kube-system/ moni..toring-grafana i..n default
    browser ...
```

새로운 브라우저 창 또는 탭이 열리고 그라파나의 홈 화면이 표시된다. 오른쪽에는 두 개의 항목이 포함된 대시보드 목록이 표시된다.

- 클러스터
- 파드

노드의 리소스 사용량 통계를 보려면 클러스터 대시보드를 연다. 여기에는 전체 클러스터 사용량, 노드별 사용량 및 CPU, 메모리, 네트워크, 파일시스템의 개별 사용량을 보여주는 몇 가지 차트가 있다. 이 차트에는 실제 사용량뿐만 아니라 해당 리소스의 요청과 제한도 표시된다(적용된 경우).

그런 다음 파드 대시보드로 전환하면 각 개별 파드의 리소스 사용량을 확인할 수 있고 실제 사용량과 함께 리소스 요청과 제한이 모두 표시된다.

처음에는 지난 30분 동안의 통계 차트가 표시되지만 훨씬 더 긴 기간(일, 월 또는 년) 동안 데이터를 확대해볼 수 있다.

차트에 나타난 정보 사용

차트를 보면 파드에 설정한 리소스 요청 또는 제한을 높여야 하는지 또는 더 많은 파드를 노드에 실행하도록 이들을 낮출 수 있는지를 빠르게 확인할 수 있다. 그림 14.10은 파드의 CPU 및 메모리 차트를 보여준다.

상단 차트의 맨 우측에서 파드가 파드의 매니페스트에서 요청한 것보다 많은 CPU를 사용하고 있음을 알 수 있다. 이것이 노드에서 실행되는 유일한 파드인 경우에는 문제가 되지 않지만, 파드는 리소스 요청을 통해 요청한 만큼의 리소스만 보장한다는 점을 명심해야 한다. 지금 파드가 제대로 작동하고 있지만 다른 파드가 동일한 노드에 배포돼 CPU 사용을 시작하면 파드의 CPU 시간이 조절될 수 있다. 이 때문에 파드가 언제든지 필요한 만큼의 CPU를 사용할 수 있게 하려면 파드의 컨테이너에 대한 CPU 리소스 요청을 높여야 한다.

하단 차트에는 파드의 메모리 사용량과 요청이 표시된다. 여기서 상황은 정반대다. 파드가 사용 중인 메모리 양은 파드 스펙에서 요청한 메모리보다 훨씬 적다. 요청된 메모리는 파드를 위해 예약돼 있으며 다른 파드에서는 사용할 수 없다. 따라서 사용되지 않은 메모리가 낭비된다. 노드에서 실행 중인 다른 파드가 메모리를 사용할 수 있게 하려면 파드의 메모리 요청을 줄여야 한다.

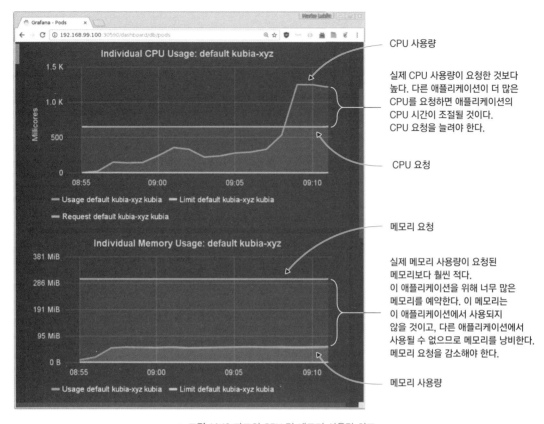

CPU 사용량

실제 CPU 사용량이 요청한 것보다 높다. 다른 애플리케이션이 더 많은 CPU를 요청하면 애플리케이션의 CPU 시간이 조절될 것이다. CPU 요청을 늘려야 한다.

CPU 요청

메모리 요청

실제 메모리 사용량이 요청된 메모리보다 훨씬 적다. 이 애플리케이션을 위해 너무 많은 메모리를 예약한다. 이 메모리는 이 애플리케이션에서 사용되지 않을 것이고, 다른 애플리케이션에서 사용될 수 없으므로 메모리를 낭비한다. 메모리 요청을 감소해야 한다.

메모리 사용량

▲ 그림 14.10 파드의 CPU 및 메모리 사용량 차트

14.7 요약

14장에서는 파드의 리소스 사용을 고려해야 하고 모든 것이 원활하게 실행되도록 파드의 리소스 요청과 제한을 구성해야 함을 살펴봤다. 14장에서 살펴본 주요 내용은 다음과 같다.

- 리소스 요청 지정은 쿠버네티스가 클러스터 전체에서 파드를 스케줄링하는 데 도움이 된다.
- 리소스 제한을 지정하면 파드가 다른 파드의 리소스를 고갈시키지 않는다.
- 사용되지 않는 CPU 시간은 컨테이너의 CPU 요청에 따라 할당된다.

- 컨테이너는 CPU를 너무 많이 사용하는 경우 절대 종료되지 않지만, 메모리를 너무 많이 사용하려고 하면 종료된다.
- 오버커밋된 시스템에서 파드의 QoS 클래스와 실제 메모리 사용량에 근거해 좀 더 중요한 파드의 메모리를 확보하기 위해 컨테이너를 종료한다.
- LimitRange 오브젝트를 사용해 개별 파드에 관한 최소, 최대, 기본 리소스 요청과 제한을 정의할 수 있다.
- 리소스쿼터 오브젝트를 사용해 네임스페이스의 모든 파드에서 사용할 수 있는 리소스의 양을 제한할 수 있다.
- 파드의 자원 요청과 제한을 얼마나 높게 설정할지 알기 위해서 충분한 기간 동안 파드가 자원을 어떻게 사용하는지 모니터링해야 한다.

15장에서는 쿠버네티스가 이러한 메트릭을 사용해 어떻게 파드를 자동으로 스케일링하는지 살펴본다.

15

파드와 클러스터 노드의 오토스케일링

파드에서 실행되는 애플리케이션은 레플리케이션컨트롤러, 레플리카셋, 디플로이먼트 또는 기타 확장 가능한 리소스 안에 있는 replicas 필드 값을 늘려 수동으로 확장할 수 있다. 또한 파드는 컨테이너의 리소스 요청requests 및 제한limits을 늘려 수직으로 확장하는 것도 가능하다(현재는 파드를 생성할 때만 가능하고 파드가 실행 중일 때는 변경할 수 없다). 스케일을 수동으로 제어하는 건 순간적인 부하load spikes를 예측할 수 있거나, 부하가 장시간에 걸쳐 점진적으로 변화하는 경우에는 괜찮다. 하지만 갑자기 발생하는 예측할 수 없는 트래픽 증가 현상을 수동으로 개입해 처리하는 것은 이상적이지 않다.

다행히 쿠버네티스는 파드를 모니터링하다가 CPU 사용량이나 다른 메트릭이 증가하는 것을 감지하는 즉시 자동으로 확장할 수 있다. 클라우드 인프라스트럭처에서 운영하는 경우에는 기존 노드가 파드를 더 이상 수용할 수 없을 때 추가 노드를 생성하는 것도 가능하다. 15장에서는 쿠버네티스가 파드와 노드 두 가지 모두에 대해 오토스케일링을 적용하는 방법을 설명한다.

쿠버네티스 오토스케일링 기능은 1.6과 1.7 버전 사이에 완전히 다시 작성됐으므로 온라인에서 찾은 정보가 예전 정보일 수도 있음에 유의해야 한다.

15.1 수평적 파드 오토스케일링

수평적 파드 오토스케일링은 컨트롤러가 관리 파드의 레플리카 수를 자동으로 조정하는 것을 말한다. 이것은 Horizontal 컨트롤러에 의해 수행되며, HorizontalPodAutoscaler (HPA) 리소스를 작성해 활성화시키고 원하는 대로 설정한다. 컨트롤러는 주기적으로 파드 메트릭metrics을 확인해, HorizontalPodAutoscaler 리소스에 설정돼 있는 대상 메트릭 값을 만족하는 레플리카 수를 계산한다. 그리고 대상 리소스(디플로이먼트, 레플리카셋, 레플리케이션컨트롤러, 스테이트풀셋) 안에 있는 replicas 필드 값을 조절한다.

15.1.1 오토스케일링 프로세스 이해

오토스케일링 프로세스는 세 단계로 나눌 수 있다.

- 확장 가능한 리소스 오브젝트에서 관리하는 모든 파드의 메트릭을 가져온다.
- 메트릭을 지정한 목표 값과 같거나 가깝도록 하기 위해 필요한 파드 수를 계산한다.
- 확장 가능한 리소스의 replicas 필드를 갱신한다.

다음에서 세 단계를 모두 살펴보자.

파드 메트릭 얻기

오토스케일러는 파드 메트릭을 수집하지 않고, 다른 소스에서 메트릭을 가져온다. 14장에서 살펴본 것처럼, 파드와 노드 메트릭은 모든 노드에서 실행되는 kubelet에서 실행되는

cAdvisor 에이전트에 의해 수집된다. 수집한 메트릭은 클러스터 전역 구성 요소인 힙스터 Heapster에 의해 집계된다. 수평적 파드 오토스케일러 컨트롤러는 힙스터에 REST를 통해 질의해 모든 파드의 메트릭을 가져온다. 메트릭 데이터 흐름은 그림 15.1에서 볼 수 있다 (모든 연결을 반대 방향으로 시작한다).

▲ **그림 15.1.** 파드에서 HorizontalPodAutoscaler로의 메트릭 흐름

이 흐름은 오토스케일링이 동작하기 위해서 힙스터가 동작해야 한다는 것을 의미한다. 만약에 Minikube를 사용하고 있고 14장을 거쳐 따라왔다면 힙스터가 이미 클러스터에 활성화돼 있을 것이다. 그렇지 않다면 오토스케일링 예제를 시도하기 전에 힙스터 애드온을 활성화하는 것이 필요하다.

힙스터에 직접 질의할 필요는 없지만, 질의하는 것에 흥미가 있다면 힙스터 파드와 노출된 서비스를 kube-system 네임스페이스에서 찾을 수 있다.

오토스케일러가 메트릭을 얻는 방법과 관련된 변경 사항 살펴보기

쿠버네티스 버전 1.6 이전에는 HorizontalPodAutoscaler가 힙스터에서 직접 메트릭을 가져왔다. 버전 1.8에서는 오토스케일러가 리소스 메트릭의 집계된(aggregated) 버전 API를 통해 얻을 수 있다. 이를 위해 컨트롤러 매니저에 --horizontal-pod-autoscaler-use-rest-clients=true 인자 옵션을 주고 실행하는 것이 필요하다. 버전 1.9부터는 이 동작이 기본으로 활성화된다.[1]

코어(core) API 서버는 메트릭 자체를 노출하지 않는다. 버전 1.7부터 쿠버네티스는 다중 API 서버를 등록하고 하나의 API 서버로 표시할 수 있다. 그리고 그중 한 API 서버를 통해 메트릭을 노출할 수 있다. 18장에서 API 서버 애그리게이션에 관해 설명한다.

클러스터 관리자는 클러스터에서 어떤 메트릭 수집기를 사용할지 결정한다. 메트릭을 적절한 API 경로와 적절한 형식으로 노출하려면 일반적으로 간단한 변환 레이어(translation layer)가 필요하다.

---

1   힙스터에서 메트릭을 가져오는 것은 쿠버네티스 1.11부터 사용 중단됐다. https://kubernetes.io/docs/tasks/run-application/horizontal-pod-autoscale/#how-does-the-horizontal-pod-autoscaler-work대신 메트릭스 서버를 사용한다. – 옮긴이

필요한 파드 수 계산

오토스케일러의 스케일링 대상이 되는 리소스(디플로이먼트, 레플리카셋, 레플리케이션컨트롤러 또는 스테이트풀셋)에 속해 있는 파드의 모든 메트릭을 가지고 있으면, 이 메트릭을 사용해 필요한 레플리카 수를 파악할 수 있다. 모든 레플리카에서 메트릭의 평균 값을 이용해 지정한 목표 값과 가능한 가깝게 하는 숫자를 찾아야 한다. 이 계산의 입력은 파드 메트릭 세트(파드당 여러 메트릭일 수 있음)이고, 출력은 하나의 정수(파드 레플리카 수)이다.

오토스케일러가 단일 메트릭만을 고려하도록 설정돼 있다면 필요한 레플리카 수를 계산하는 것은 간단하다. 모든 파드의 메트릭 값을 더한 뒤 HorizontalPodAutoscaler 리소스에 정의된 목표 값으로 나눈 값을 그다음으로 큰 정수로 반올림해서 구한다. 실제 계산은 메트릭 값이 불안정한 상태에서 빠르게 변할 때 오토스케일러가 같이 요동치지 않도록 하기 때문에 이보다 더 복잡하다.

오토스케일링이 여러 파드 메트릭(예: CPU 사용량과 초당 질의 수QPS, Queries-Per-Second)을 기반으로 하는 경우 계산이 그렇게 복잡하지는 않다. 오토스케일러는 각 메트릭의 레플리카 수를 개별적으로 계산한 뒤 가장 높은 값을 취한다(예를 들어 CPU 사용량 목표를 달성하기 위해 네 개의 파드가 필요하고 QPS 목표를 달성하기 위해 세 개의 파드가 필요하다면 오토스케일러는 네 개의 파드로 확장할 것이다). 그림 15.2에서 이 예를 보여준다.

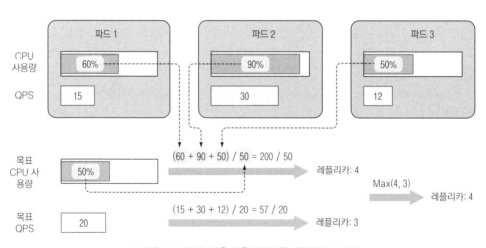

▲ **그림 15.2** 두 메트릭을 이용해 필요한 레플리카 수 계산

스케일링된 리소스의 레플리카 수 갱신

오토스케일링 작업의 마지막 단계는 스케일링된 리소스 오브젝트(예를 들어 레플리카셋)의 레플리카 개수 필드를 원하는 값으로 갱신해, 레플리카셋 컨트롤러가 추가 파드를 시작하거나 초과한 파드를 삭제하도록 하는 것이다.

오토스케일러 컨트롤러는 스케일 대상 리소스의 replicas 필드를 스케일 서브 리소스 scale sub-resource를 통해 변경한다. 이는 스케일 서브 리소스를 통해 노출되는 것을 제외하고, 오토스케일러가 리소스의 세부 사항을 알 필요 없이 수행할 수 있게 해준다(그림 15.3 참고).

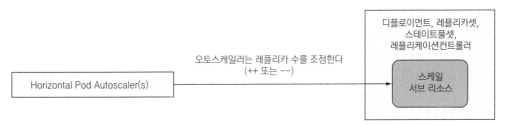

▲ **그림 15.3** 수평적 파드 오토스케일러는 스케일 서브 리소스만 수정한다.

API 서버가 스케일 서브 리소스를 노출하는 한, 오토스케일러는 모든 확장 가능한 리소스를 대상으로 동작할 수 있다. 현재 노출되는 리소스는 다음과 같다.

- 디플로이먼트
- 레플리카셋
- 레플리케이션컨트롤러
- 스테이트풀셋

이것이 현재 오토스케일러를 붙일 수 있는 오브젝트다.

전체 오토스케일링 과정 이해

이제 오토스케일링에 관련된 세 가지 단계를 이해했으니, 오토스케일링 과정에 관계된 구성 요소를 시각화해보자(그림 15.4 참고).

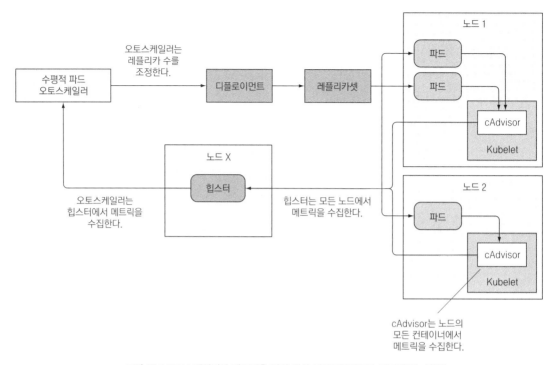

노드 1

파드

파드

cAdvisor

Kubelet

오토스케일러는
레플리카 수를
조정한다.

수평적 파드
오토스케일러

디플로이먼트

레플리카셋

노드 X

힙스터

오토스케일러는
힙스터에서 메트릭을
수집한다.

힙스터는 모든 노드에서
메트릭을 수집한다.

노드 2

파드

cAdvisor

Kubelet

cAdvisor는 노드의
모든 컨테이너에서
메트릭을 수집한다.

▲ **그림 15.4** 오토스케일러가 메트릭을 얻어 대상 디플로이먼트를 재조정하는 방법

파드에서 cAdvisors로 이어지는 화살표는 힙스터를 지나 수평적 파드 오토스케일러에서 끝난다. 이 화살표는 메트릭 데이터의 흐름을 나타낸다. 여기서 중요한 점은, 각 구성 요소는 메트릭을 다른 구성 요소에서 주기적으로 가져온다는 것이다(cAdvisor는 연속된 루프 인에서 파드 메트릭을 수집한다. 힙스터와 HPA 컨트롤러도 마찬가지다). 결과적으로 메트릭 데이터가 전파돼 재조정 작업이 수행되기까지는 시간이 걸린다. 즉각적으로 이루어지지 않는다. 오토스케일러가 작동하는 것을 관찰할 때 이 점을 명심하길 바란다.

15.1.2 CPU 사용률 기반 스케일링

아마도 오토스케일링 기반이 되는 가장 중요한 메트릭으로는 파드 내부 프로세스가 소비하는 CPU 사용량일 것이다. 서비스를 제공하는 파드가 몇 개 있다고 가정하자. CPU 사용량이 100%에 도달하면 더 이상 요구에 대응할 수 없어 스케일 업(수직적 스케일링: 파드가 사용하는 CPU 양 증가)이나 스케일 아웃(수평적 스케일링: 파드 수 증가)이 필요하다. 여기서 우리는 수평적 파드 오토스케일러만 얘기하고 있기 때문에 스케일 아웃(파드 수 증가)에 관해서만 집중해보자. 스케일 아웃이 이루어지면 평균 CPU 사용량은 줄어들 것이다.

CPU 사용량은 대개 불안정하기 때문에, CPU가 완전히 바쁜 상태에 도달하기 전에 (파드 전체의 평균 CPU 부하가 80%에 도달하거나 초과할 때) 스케일 아웃을 수행하는 것이 좋다. 하지만 정확히 80%라는 것을 어떻게 알 수 있을까?

> **|팁|** 항상 목표 CPU 사용량을 100%에 훨씬 못미치게(절대 90% 이상으로 설정하면 안 된다) 설정해, 갑자기 순간적인 부하가 발생하는 것을 제어하는 데 필요한 공간을 확보해야 한다.

14장에서 살펴본 것처럼, 컨테이너 내부에서 실행되는 프로세스는 컨테이너 리소스 요청을 통해 요구한 CPU 사용량을 보장받는다. 하지만 다른 프로세스가 CPU를 필요로 하지 않는 경우에는 해당 프로세스가 노드에서 사용 가능한 CPU를 모두 사용할 수도 있다. 파드가 80%의 CPU를 사용한다고 얘기할 때, 이것이 노드의 CPU 중 80%인지 아니면 파드가 (리소스 요청을 통해) 보장받은 CPU 중의 80%인지 그것도 아니면 리소스 제한을 통해 파드에 설정된 엄격한 제한의 80%인지 명확하지는 않다.

오토스케일러에 한해서는 파드의 CPU 사용률을 결정할 때 파드가 (CPU 요청을 통해) 보장받은 CPU 사용량만이 중요하다. 오토스케일러는 파드의 실제 CPU 사용량과 CPU 요청을 비교하는데, 이는 오토스케일링이 필요한 파드는 오토스케일러가 CPU 사용률을 결정하기 위해서 오토스케일링이 필요한 파드는 직접 또는 간접적으로 LimitRange 오브젝트를 통해 CPU 요청^{requests}을 설정해야 한다는 것을 의미한다.

CPU 사용량을 기반으로 HorizontalPodAutoscaler 생성

이제 HorizontalPodAutoscaler를 생성하고 설정해 CPU 사용률에 따라 파드를 확장하도록 구성하는 방법을 살펴보자. 9장에서 만들었던 것과 비슷한 디플로이먼트를 작성한다. 하지만 앞에서 설명한 것처럼 디플로이먼트에 의해 생성된 파드가 오토스케일링을 가능하도록 하려면 CPU 리소스 요청을 정의하고 있는지 확인해야 한다. 예제 15.1처럼 CPU 리소스 요청을 디플로이먼트의 파드 템플릿에 추가한다.

예제 15.1. CPU 요청을 설정한 디플로이먼트: deployment.yaml

```
apiVersion: extensions/v1beta1
kind: Deployment
metadata:
  name: kubia
spec:
  replicas: 3                    ◀── (초기) 레플리카 수를
  template:                          3으로 직접 지정
    metadata:
      name: kubia
      labels:
        app: kubia
    spec:
      containers:
      - image: luksa/kubia:v1    ◀── kubia:v1 이미지 실행
        name: nodejs
        resources:
          requests:                  파드당 100밀리코어의
            cpu: 100m                CPU 요청
```

이것은 일반적인 디플로이먼트 오브젝트로, 아직 오토스케일링을 사용하지 않았다. 세 개의 kubia NodeJS 애플리케이션 인스턴스를 실행하면서, 각 인스턴스는 100밀리코어의 CPU 사용량을 요청한다.

디플로이먼트를 생성한 후, 파드의 수평적 오토스케일링을 활성화하기 위해서 HorizontalPodAutoscaler(HPA) 오브젝트를 생성해 앞에서 생성한 디플로이먼트를 가리키도록 한다. HPA를 위한 YAML 매니페스트를 준비해 게시할 수도 있지만, kubectl autoscale 명령을 사용해 쉽게 할 수 있는 방법이 있다.

```
$ kubectl autoscale deployment kubia --cpu-percent=30 --min=1 --max=5
deployment "kubia" autoscaled
```

이 명령은 HPA 오브젝트를 생성하고 kubia 디플로이먼트를 스케일링 대상으로 설정한다. 파드의 목표 CPU 사용률을 30%로 지정하고 최소 및 최대 레플리카 수를 지정한다. 오토스케일러는 CPU 사용률을 30%대로 유지하기 위해 레플리카 수를 계속 조정하지만 1개 미만으로 줄이거나 5개를 초과하는 레플리카를 만들지는 않는다.

> |팁| 항상 레플리카셋이 아닌 디플로이먼트를 오토스케일 대상으로 해야 한다. 이렇게 하면 애플리케이션 업데이트 시에도 원하는 레플리카 수를 계속 유지할 수 있다(디플로이먼트는 각 버전마다 새로운 레플리카셋을 만든다). 수동 스케일링에도 동일한 규칙이 적용된다.

더 잘 이해하기 위해 예제 15.2 HorizontalPodAutoscaler 리소스 정의를 살펴보자.

예제 15.2. HorizontalPodAutoscaler YAML 정의

```
$ kubectl get hpa.v2beta1.autoscaling kubia -o yaml
apiVersion: autoscaling/v2beta1          ← HPA 리소스는 오토스케일링
kind: HorizontalPodAutoscaler              API 그룹에 속해 있다.
metadata:
  name: kubia          ← 각 HPA는 이름을 갖는다
  ...                     (이 경우 디플로이먼트와 같은
spec:                     이름이 일치하지 않아도 된다).
  maxReplicas: 5
  metrics:
  - resource:                              ← 오토스케일러가 파드 수를 조정해
      name: cpu                              각 파드가 요청 CPU의 30%를
      targetAverageUtilization: 30           사용하도록 한다.
    type: Resource
  minReplicas: 1
  scaleTargetRef:
    apiVersion: extensions/v1beta1         ← 오토스케일러가 제어할
    kind: Deployment                         목표 리소스
    name: kubia
status:
  currentMetrics: []
  currentReplicas: 3                       ← 오토스케일러의 현재 상태
  desiredReplicas: 0
```

최소 및 최대 레플리카 수 지정

최초 오토 리스케일 이벤트 보기

cAdvisor가 CPU 메트릭을 가져오고 힙스터가 이 메트릭을 수집해 오토스케일러가 동작하기 전까지는 시간이 걸린다. 그 사이에 HPA 리소스를 kubectl get 명령으로 표시하면 TARGETS 열에는 <unknown>이 표시된다.

```
$ kubectl get hpa
NAME       REFERENCE          TARGETS          MINPODS   MAXPODS   REPLICAS
kubia      Deployment/kubia   <unknown> / 30%  1         5         0
```

현재 아무런 요청이 없는 세 개의 파드를 실행하고 있기 때문에, CPU 사용량이 0에 가까울 것이다. 파드를 하나만 남기더라도 CPU 사용률은 여전히 30% 이하일 것이므로, 오토스케일러가 파드 하나만 남길 것이라 예상할 수 있다.

그리고 오토스케일러는 예상한 것처럼 해당 디플로이먼트 크기를 조정해 하나의 레플리카만 남긴다.

```
$ kubectl get deployment
NAME       DESIRED   CURRENT   UP-TO-DATE   AVAILABLE   AGE
kubia      1         1         1            1           23m
```

오토스케일러는 디플로이먼트에서 레플리카 수만 조정한다. 그러면 디플로이먼트 컨트롤러는 레플리카셋 오브젝트에 필요한 레플리카 수를 갱신한다. 레플리카셋 컨트롤러는 두 개의 초과 파드를 삭제하고 하나의 파드만 남긴다.

kubectl describe 명령으로 HorizontalPodAutoscaler와 기본 컨트롤러 동작에 대해 예제 15.3에 나온 것처럼 자세하게 볼 수 있다.

---

2   최신 버전은 autoscaling/v2beta2다. – 옮긴이

```
$ kubectl describe hpa
Name:                                   kubia
Namespace:                              default
Labels:                                 <none>
Annotations:                            <none>
CreationTimestamp:                      Sat, 03 Jun 2017 12:59:57 +0200
Reference:                              Deployment/kubia
Metrics:                                ( current / target )
  resource cpu on pods
  (as a percentage of request):         0% (0) / 30%
Min replicas:                           1
Max replicas:                           5
Events:
From                      Reason            Message
----                      ------            ---
horizontal-pod-autoscaler SuccessfulRescale New size: 1; reason: All
                                            metrics below target
```

> |**노트**| 읽기 쉽게 하기 위해 출력을 수정했다.

예제 마지막 부분에 있는 이벤트 테이블에 집중하자. 수평적 파드 오토스케일러가 모든 메트릭이 목표보다 낮기 때문에, 하나의 레플리카만 남기도록 재조정한 것을 볼 수 있다.

스케일 업 일으키기

앞에서 이미 첫 번째 리스케일 이벤트(스케일 축소)를 목격했다. 이제 파드로 요청을 보내기 시작해, CPU 사용량을 증가시키면 오토스케일러가 이를 감지해 추가 파드를 시작하는 것을 볼 것이다.

파드를 서비스를 통해 노출되도록 설정하면, 생성된 모든 파드를 하나의 URL로 접근할 수 있다. 가장 쉬운 방법은 kubectl expose 명령을 사용하는 것이다.

```
$ kubectl expose deployment kubia --port=80 --target-port=8080
service "kubia" exposed
```

요청을 보내 파드에 접속하기 전에 예제 15.4에 있는 명령을 다른 터미널에서 실행해 HorizontalPodAutoscaler, 디플로이먼트에 무슨 일이 벌어지는지 살펴볼 수 있다.

```
$ watch -n 1 kubectl get hpa,deployment
Every 1.0s: kubectl get hpa,deployment

NAME          REFERENCE           TARGETS     MINPODS   MAXPODS   REPLICAS   AGE
hpa/kubia     Deployment/kubia    0% / 30%    1         5         1          45m


NAME            DESIRED    CURRENT   UP-TO-DATE   AVAILABLE   AGE
deploy/kubia    1          1         1            1           56m
```

> |팁| kubectl get 명령에 여러 리소스 유형을 쉼표로 구분해 나열한다.

OSX를 사용하는 경우 watch 명령을 반복문으로 바꾸거나 주기적으로 kubectl get 명령을 직접 실행한다. 아니면 kubectl을 --watch 옵션과 함께 사용한다. 일반 kubectl get 명령을 사용하면 여러 유형의 리소스를 한 번에 볼 수 있지만, 위에서 얘기한 --watch 옵션을 사용할 때는 그렇지 않기 때문에 HPA, 디플로이먼트 오브젝트를 모두 관찰하려면 터미널 두 개를 사용해야 한다.

부하를 만들어내는 파드를 실행하는 동안 두 오브젝트의 상태를 주시하라. 다음 명령을 다른 터미널에서 실행한다.

```
$ kubectl run -it --rm --restart=Never loadgenerator --image=busybox
➡ -- sh -c "while true; do wget -O - -q http://kubia.default; done"
```

이 명령은 kubia 서비스에 반복적으로 접속하는 파드를 실행한다. -it 옵션을 kubectl exec 명령을 실행할 때 몇 번 본 적이 있다. 이 명령은 kubectl run 명령을 실행할 때도 사용할 수 있다. 이 옵션은 콘솔을 대상 프로세스에 붙여, 프로세스의 출력을 직접 볼 수 있게 해줄 뿐만 아니라 CTRL + C를 눌러 프로세스를 종료할 수도 있다. --rm 옵션은 파드가 종료된 후에 삭제하도록 하고 --restart=Never 옵션은 kubectl run 명령이 디플로이먼트 오브젝트를 통해 관리되는 파드를 생성하는 대신, 관리되지 않는 파드^{unmanaged pod}를 직접 만들도록 한다. 이 옵션 조합은 클러스터 안에서 이미 존재하는 파드에 도움을 받지 않고 명령을 실행하는 데 유용하다. 원하는 명령을 로컬에서 실행하는 것과 동일하게 수행되며, 명령이 종료되면 모든 것을 깨끗하게 정리한다.

오토스케일러가 디플로이먼트를 스케일 업하는 것 확인

부하 생성기 파드가 실행되면 처음에는 하나의 파드에 접속하는 것을 볼 수 있다. 이전과 마찬가지로 메트릭이 갱신되는 데에는 시간이 걸리지만, 반영되면 오토스케일러가 레플리카 수를 증가시키는 것을 볼 수 있다. 이 경우에는 CPU 사용률이 초기에 108%로 증가해 오토스케일러가 파드 수를 네 개로 증가시켰다. 개별 파드의 사용률은 74%로 감소한 다음 26% 근처에서 안정화됐다.

> |**노트**| CPU 부하가 30%를 넘지 않는다면, 부하 생성기를 추가로 더 실행한다.

kubectl describe 명령으로 오토스케일러 이벤트를 검사해, 오토스케일러가 수행한 작업을 볼 수 있다(가장 중요한 정보만 예제 15.5에 표시했다).

예제 15.5 HorizontalPodAutoscaler의 이벤트

```
From      Reason             Message
----      ------             -------
h-p-a     SuccessfulRescale  New size: 1; reason: All metrics below target
h-p-a     SuccessfulRescale  New size: 4; reason: cpu resource utilization
                             (percentage of request) above target
```

파드가 하나만 있을 때의 초기 평균 CPU 사용률이 100%를 넘는 108%라는 것을 이상하게 느낄 수 있다. 컨테이너의 CPU 사용률은 컨테이너의 실제 CPU 사용량을 요청한

CPU 값으로 나눈 것이다. 요청한 CPU는 컨테이너에서 사용 가능한 최대 사용량이 아닌 최소 사용량을 정의하기 때문에, 컨테이너가 요청한 CPU보다 더 많은 CPU를 소비할 수 도 있다. 이로 인해 사용률이 100%를 넘을 수 있다.

계속하기 전에 간단한 계산으로 오토스케일러가 어떻게 네 개의 레플리카가 필요하다는 결론을 얻었는지 살펴보자. 처음에는 레플리카 한 개가 요청을 처리하면서 CPU 사용량이 108%로 급증했다. 108을 30(목표 CPU 사용률)으로 나누면 3.6을 얻게 되는데, 오토스케일러는 이 값을 반올림해서 4로 만든다. 108을 4로 나누면 27%를 얻는다. 만약 오토스케일러가 네 개의 파드로 스케일 업하면, 파드들의 평균 CPU 사용률은 27% 근처일 것으로 예상되고, 이 값은 목표 값이 30%에 가깝고 관찰된 CPU 사용률과 거의 비슷하다.

최대 스케일링 비율 이해

이 경우 CPU 사용률은 최대 108%까지 증가했지만 일반적으로 초기 CPU 사용량은 더 크게 증가할 수 있다. 초기 평균 CPU 사용률이 더 높으면(예: 150%), 30% 목표를 달성하기 위해 다섯 개의 레플리카가 필요하지만 오토스케일러는 여전히 네 개의 파드까지만 확장한다. 한 번의 확장 단계에서 추가할 수 있는 레플리카의 수는 제한돼 있기 때문이다. 오토스케일러는 두 개를 초과하는 레플리카가 존재할 경우 한 번의 수행에서 최대 두 배의 레플리카를 생성할 수 있다. 만약 한 개 또는 두 개의 레플리카가 존재하면 한 단계에서 최대 네 개의 레플리카까지 확장될 수 있다.

또한 이전 작업 이후에 이어지는 오토스케일 작업이 얼마나 빨리 일어날 수 있는지에 대한 제한도 있다. 현재는 지난 3분 동안 아무런 리스케일링 이벤트가 발생하지 않을 경우에만 스케일 업이 일어난다. 스케일 다운 이벤트는 5분 간격으로 조금 더 적게 일어난다. 이 제한을 기억한다면 메트릭은 명백히 리스케일 작업이 필요하다고 가리키지만, 오토스케일러가 리스케일 작업을 거부한 이유가 궁금하지 않을 것이다.

기존 HPA 오브젝트에서 목표 메트릭 값 변경

15장을 마무리하며 마지막 실습을 해보자. 초기 CPU 사용률 목표를 30%로 설정한 것은 약간 낮은 값이었다. 그래서 이 값을 60%로 증가시킨다. `kubectl edit` 명령으로 HPA 리소스를 편집할 수 있다. 텍스트 편집기를 실행해 예제 15.6처럼 `targetAverageUtilization` 필드 값을 60으로 변경한다.

예제 15.6 HPA 리소스를 편집해 목표 CPU 사용량 증가

```
...
spec:
  maxReplicas: 5
  metrics:
  - resource:
      name: cpu
      targetAverageUtilization: 60   ◀──┤ 이 값을 30에서 60으로
    type: Resource                       변경한다.
...
```

대부분의 다른 리소스와 마찬가지로 리소스를 수정한 후에 변경 사항은 오토스케일러 컨트롤러에 의해 감지돼 동작한다. 그리고 HPA 리소스를 삭제하고 다른 목표 값으로 다시 생성하는 것도 할 수 있다. HPA 리소스를 삭제하는 것은 대상 리소스(여기서는 디플로이먼트)의 오토스케일링을 비활성화하는 것이기 때문에 그때 크기로 계속 유지된다. 대상 디플로이먼트를 위해 새로운 HPA 리소스를 생성하면 오토스케일링이 다시 시작된다.

15.1.3 메모리 소비량에 기반을 둔 스케일링

CPU 사용률을 목표 수준에서 유지하도록 수평적 오토스케일러를 설정하는 것이 얼마나 쉬운지 살펴봤다. 그러면 파드의 메모리 사용량에 기반한 오토스케일링은 어떨까?

메모리 기반 오토스케일링은 CPU 기반 오토스케일링에 비해 훨씬 문제가 많다. 가장 큰 이유는 스케일 업 후에 오래된 파드는 어떻게든 메모리를 해제하는 것이 필요하기 때문이다. 해제하는 작업은 애플리케이션이 직접 해야 하며 시스템이 할 수 있는 것이 아니다. 시스템이 할 수 있는 것은 이전보다 적은 메모리를 사용하기를 기대하면서 애플리케이션을 종료하고 다시 시작하는 것뿐이다. 그러나 애플리케이션이 이전과 같은 메모리를 사용하면 오토스케일러는 다시 스케일 업을 한다. 이 반복 작업은 HPA 리소스에 설정된 최대 파드 수에 도달할 때까지 계속 진행된다. 이는 분명히 어느 누구도 원하는 작업이 아니다.

메모리 기반 오토스케일링은 쿠버네티스 버전 1.8에서 처음 소개됐고, CPU 기반 오토스케일링과 똑같이 설정할 수 있다. 이 부분을 살펴보는 것은 독자에게 남겨두겠다.

15.1.4 기타 그리고 사용자 정의 메트릭 기반 스케일링

CPU 사용량을 기반으로 파드를 확장하는 것이 얼마나 쉬운지 알아봤다. 초기에는 이 방법이 실제로 사용할 수 있는 유일한 오토스케일링 옵션이었다. 오토스케일러가 임의의 애플리케이션 정의 메트릭을 사용해 오토스케일링 결정을 내리는 것은 매우 복잡했다. 오토스케일러의 초기 설계는 간단한 CPU 기반 스케일링을 넘어 다른 메트릭을 사용하도록 하는 것이 쉽지 않았다. 이로 인해 쿠버네티스 오토스케일링 SIG^{Special Interest Group}는 오토스케일러를 완전히 다시 설계했다.

초기 오토스케일러와 사용자 정의 메트릭을 사용하는 방법이 얼마나 복잡한지 배워보는 데 흥미가 있다면 "호스트 포트를 사용하지 않고 임의의 메트릭 기반 쿠버네티스 오토스케일링 설정하기"[3] 블로그 글을 찾아볼 것을 추천한다. 해당 글은 http://medium.com/@marko.luksa에서 찾을 수 있다. 사용자 정의 메트릭 기반 오토스케일링을 설정할 때 발생하는 여러 다른 문제에 관해 배울 수 있을 것이다. 다행히 새로운 버전의 쿠버네티스에서는 이러한 문제가 없다. 새로운 블로그 글에서 해당 주제를 다룰 것이다.

여기서는 완전한 예제를 진행하는 대신 오토스케일러가 다른 메트릭 소스를 사용하도록 설정하는 방법을 빠르게 살펴보자. 이전 예제에서 정의한 메트릭을 살펴보는 깃으로 시작하자. 예제 15.7은 이전 HPA 오브젝트가 CPU 사용량을 메트릭으로 사용하도록 설정된 것을 보여준다.

예제 15.7 CPU 기반 오토스케일링을 위한 HorizontalPodAutoscaler 정의

```
...
spec:
```

---

3   "Kubernetes autoscaling based on custom metrics without using a host port" 블로그 글의 상세한 주소는 다음과 같다. https://medium.com/@marko.luksa/kubernetes-autoscaling-based-on-custom-metrics-without-using-a-host-port-b783ed6241ac - 옮긴이

```
  maxReplicas: 5
  metrics:
  - type: Resource              ◄─── 메트릭 유형을 지정한다.
    resource:
      name: cpu                 ◄─── 사용률을 모니터링할 리소스
      targetAverageUtilization: 30  ◄─── 해당 리소스의 목표 사용률
...
```

보는 것처럼, `metric` 필드에는 사용할 하나 이상의 메트릭을 정의할 수 있다. 이 예제에서는 메트릭을 하나만 사용하고 있다. 각 항목은 메트릭의 유형^{type}을 정의한다(여기에서는 Resource 메트릭). HPA 오브젝트에는 사용할 수 있는 세 가지 유형의 메트릭이 있다.

- 리소스
- 파드
- 오브젝트

리소스 메트릭의 유형 이해

Resource 유형은 오토스케일러가 오토스케일링 결정을 컨테이너의 리소스 요청 항목 등의 리소스 메트릭 기반으로 하도록 만든다. 이에 대해서는 어떻게 하는지 이미 봤으니, 다른 두 가지 유형에 초점을 맞춰보자.

파드 메트릭의 유형 이해

Pods 유형은 파드와 관련된 다른 (사용자 정의 메트릭 포함) 메트릭을 직접 참조하는 데 사용된다. 이런 메트릭의 예로는 이미 언급했던 초당 질의 수^{QPS} 또는 메시지 브로커의 큐 메시지 수(메시지 브로커가 파드로 실행되는 경우) 등이 있다. 오토스케일러가 파드의 QPS 메트릭을 사용하도록 설정하려면, HPA 오브젝트에 예제 15.8처럼 `metrics` 필드 밑에 있는 항목을 추가하는 것이 필요하다.

예제 15.8 HPA 안에 사용자 정의 파드 메트릭 지정

```
...
spec:
```

```
  metrics:
  - type: Pods                            ◀────┤  파드 메트릭 정의
    resource:
      metricName: qps                     ◀────┤  메트릭의 이름
      targetAverageValue: 100             ◀──┤  모든 대상 파드의 목표 평균 값
...
```

예제 15.8은 오토스케일러가 레플리카셋 (혹은 다른) 컨트롤러가 관리하는 모든 파드에
서 평균 QPS가 HPA 리소스에 정의한 목표 값이 100을 유지하도록 설정한다.

오브젝트 메트릭 유형 이해

Object 메트릭 유형은 오토스케일러가 파드를 확장할 때 파드에 직접 관련되지 않는 메트
릭을 기반으로 하도록 만든다. 예를 들어 파드를 확장할 때 인그레스 오브젝트 같은 클러
스터 오브젝트 메트릭을 이용할 수 있다. 이 메트릭은 예제 15.8에서 봤던 QPS, 평균 요
청 대기 시간 등 완전히 다른 것일 수 있다.

오토스케일러가 모든 대상 파드 메트릭을 얻어 평균 값을 사용하는 이전 경우와 달리,
Object 데이터 유형을 사용해 하나의 오브젝트에서 단일 메트릭을 얻을 수 있다. HPA 정
의에서 대상 오브젝트와 목표 값을 지정하는 것이 필요하다. 다음 예제 15.9에서 이를 살
펴볼 수 있다.

예제 15.9 HPA에서 다른 오브젝트의 메트릭 참조

```
...
spec:
  metrics:
  - type: Object                          ◀────┤  특정 오브젝트의 메트릭 사용
    resource:
      metricName: latencyMillis           ◀────┤  메트릭 이름
      target:
        apiVersion: extensions/v1beta1
        kind: Ingress                     ◀────┤  오토스케일러가 메트릭을
        name: frontend                            얻어 올 오브젝트 정의
      targetValue: 20                     ◀────┤  오토스케일러는 메트릭이 이 값에
                                                  가까이 유지되도록 확장한다.
```

672

```
  scaleTargetRef:
    apiVersion: extensions/v1beta1
    kind: Deployment
    name: kubia
...
```
오토스케일러가 확장할 수 있는
확장 가능한 리소스

이 예제에서 HPA는 frontend 인그레스 오브젝트의 latencyMillis 메트릭을 사용하도록 설정돼 있다. 여기서 설정한 메트릭 목표 값은 20이다. 수평적 파드 오토스케일러는 인그레스의 메트릭을 모니터링하고 목표 값보다 높이 올라갈 경우 오토스케일러가 kubia 디플로이먼트 리소스를 확장한다.

15.1.5 오토스케일링에 적합한 메트릭 결정

모든 메트릭이 오토스케일링의 기반으로 사용하기에 적합하지 않다는 것을 이해할 필요가 있다. 앞에서 언급한 것처럼 파드에 있는 컨테이너의 메모리 소비량은 오토스케일링에 적합한 메트릭이 아니다. 레플리카 수를 늘려도 관찰 중인 메트릭의 평균 값이 선형적으로 감소하지 않거나 최소한 선형에 가깝게 줄어들지 않는다면 오토스케일러가 제대로 동작하지 않는다.

예를 들어 하나의 파드 인스턴스와 메트릭 X 값이 있는 상황에서 오토스케일러가 레플리카를 두 개로 확장했을 때, 메트릭 X 값이 X/2에 가깝게 줄어들어야 한다. 이러한 사용자 지정 메트릭의 예로 QPS가 있으며, 웹 애플리케이션의 경우에는 애플리케이션이 초당 받는 요청 수를 나타낸다. 레플리카 수를 증가시키면 더 많은 수의 파드가 같은 전체 요청을 처리하기 때문에, QPS가 비례적으로 감소한다.

오토스케일러 애플리케이션 정의 메트릭을 오토스케일러의 기반 항목으로 하기 전에, 파드 수가 증가하고 감소할 때 메트릭 값이 어떻게 변화하는지 고려해야 한다.

15.1.6 레플리카를 0으로 감소

수평적 파드 오토스케일러는 현재 minReplicas 필드를 0으로 설정할 수 없기 때문에, 파드가 아무것도 하지 않더라도 오토스케일러는 파드 수를 0으로 감소시키지 않는다. 파드 수를 0으로 축소할 수 있게 만들면 하드웨어 사용률이 크게 높아질 수 있다. 몇 시간 또는 며칠에 한 번 정도만 요청을 받는 서비스를 항상 실행시켜, 다른 파드가 사용할 리소스를 소비하는 것은 합리적이지 않다. 그러나 클라이언트 요청이 들어오면 해당 서비스를 바로 사용할 수 있도록 하고 싶을 것이다.

이를 유휴[idling], 유휴 해제[un-idling]라고 한다. 이는 특정 서비스를 제공하는 파드를 0으로 축소할 수 있게 해준다. 새로운 요청이 들어오면 파드가 깨어나 요청을 처리할 수 있을 때 까지 차단돼 있다가 이후에 요청이 파드로 전달된다.

쿠버네티스는 현재 이 기능을 제공하지 않지만, 결국에는 추가될 것이다. 유휴 기능 구현 여부는 문서를 참고하자.[4]

15.2 수직적 파드 오토스케일링

수평적 파드 확장은 훌륭하지만 모든 애플리케이션이 수평적으로 확장 가능한 것은 아니다. 수평적 확장이 불가능한 애플리케이션의 경우 유일한 옵션은 수직적(더 많은 CPU와 메모리)으로 확장하는 것이다. 노드는 일반적으로 하나의 파드 요청보다는 많은 리소스를 갖고 있기 때문에 거의 대부분 파드를 수직적으로 확장할 수 있어야 한다.

파드의 리소스 요청은 파드 매니페스트 안에 있는 필드로 설정하기 때문에 수직적 파드 확장은 이 필드를 변경해 수행할 수 있다. 가능하다고 말한 이유는 현재는 기존에 존재하는 파드의 리소스 요청이나 한계를 변경할 수 없기 때문이다. 이 책을 쓰기 시작하기 전인 약 1년 전에 15장을 쓸 때쯤이면 쿠버네티스가 적절한 수직적 파드 오토스케일링을 지원할 것이라고 확신했기 때문에 이 목차를 책 제안서에 포함시켰다. 안타깝게도 집필을 마친 지금도 수직적 파드 오토스케일링은 여전히 사용할 수 없다.[5]

---

4 번역 시점에도 쿠버네티스에는 idle 기능이 구현되지 않았지만, 레드햇 오픈시프트(Openshift)에는 Idling Applications를 통해 이를 구현하고 있다. – 옮긴이

5 수직적 파드 오토스케일링은 현재 베타 기능으로, 쿠버네티스 1.11 버전 이상에서 별도로 추가 설치해야 한다. 자세한 사항은 https://github.com/kubernetes/autoscaler/tree/master/vertical-pod-autoscaler를 참조한다. – 옮긴이

15.2.1 리소스 요청 자동 설정

실험적 기능은 새로 생성한 파드의 컨테이너가 CPU와 메모리 요청을 명시적으로 정의하고 있지 않은 경우에 이를 설정한다. 이 기능은 InitialResources라는 어드미션컨트롤 Admission Control 플러그인에 의해 제공된다. 새로운 파드가 리소스 요청 없이 생성되면, 플러그인은 파드 컨테이너의 (컨테이너 이미지와 태그별) 과거 리소스 사용량 데이터를 살펴보고 요청 값을 적절하게 설정한다.

리소스 요청 값을 지정하지 않고 파드를 배포한 뒤 쿠버네티스에 의존해 컨테이너의 리소스 요구 사항을 파악할 수도 있다. 쿠버네티스는 효과적으로 파드의 수직적 확장을 수행한다. 예를 들어 컨테이너가 메모리 부족이 계속 발생하면 메모리 리소스 요청 값이 자동으로 높게 설정된다.

15.2.2 파드가 실행되는 동안 리소스 요청 수정

결국 같은 메커니즘이 기존 파드의 리소스 요청을 수정하는 데 사용돼, 실행 중인 파드를 수직적으로 확장한다. 이 글을 쓰는 동안 새로운 수직적 파드 오토스케일링 제안이 마무리되고 있다. 수직적 파드 오토스케일링 기능이 구현되는 것을 살펴보려면 쿠버네티스 문서를 참조한다.

15.3 수평적 클러스터 노드 확장

수평적 파드 오토스케일러는 필요할 때 추가 파드 인스턴스를 생성한다. 그러나 모든 노드가 한계에 도달해 더 이상 파드를 추가할 수 없을 때는 어떻게 될까? 분명히 이 문제는 오토스케일러가 파드 인스턴스를 만드는 데 국한된 것은 아니다. 파드를 수동으로 생성할 때도 기존 파드가 노드의 모든 자원을 사용하고 있어, 어떠한 노드도 새 파드를 수용하지 못하는 문제가 발생할 수 있다.

이 경우에는 기존 파드 중 몇 개를 삭제하거나 파드가 사용하는 자원을 줄이거나 아니면 새로운 노드를 추가해야 한다. 쿠버네티스 클러스터를 온프레미스 환경에서 운영하는 경우에는 물리적으로 새로운 머신을 추가하고 쿠버네티스 클러스터의 일원으로 만들어야 한다. 그러나 클러스터를 클라우드 인프라스트럭처에서 운영하고 있을 때 새로운 노드를 추가하는 것은 몇 번의 클릭이나 API 호출로 할 수 있다. 이 작업은 자동으로 수행할 수도 있다.

쿠버네티스는 추가적인 노드가 필요한 것을 탐지하면 가능한 빠르게 추가 노드를 클라우드 제공자^{provider}에게 요청하는 기능을 가지고 있다. 이 작업은 클러스터 오토스케일러가 수행한다.

15.3.1 클러스터 오토스케일러 소개

클러스터 오토스케일러는 노드에 리소스가 부족해서 스케줄링할 수 없는 파드를 발견하면 추가 노드를 자동으로 공급한다. 또한 오랜 시간 동안 사용률이 낮으면 노드를 줄인다.

클라우드 인프라스트럭처에 추가 노드 요청

새 파드가 생성된 후 스케줄러가 기존 노드에 스케줄링할 수 없는 경우, 새로운 노드가 공급된다. 클러스터 오토스케일러는 이런 파드를 찾고 클라우드 제공자에 추가 노드를 시작하도록 요청한다. 그러나 이를 수행하기 전에 새로운 노드가 파드를 수용할 수 있는지 확인한다. 만약에 그렇지 않다면 새 노드를 시작하는 게 의미가 없다.

클라우드 제공자는 동일한 크기의 노드들을 (또는 같은 기능을 가진 노드) 그룹(또는 풀_{pools})으로 묶는다. 클러스터 오토스케일러는 단순히 "추가 노드를 주세요"라고 말할 수 없고, 노드 유형을 지정해야 한다.

클러스터 오토스케일러는 사용 가능한 노드 그룹을 검사해 최소한 하나의 노드 유형이 스케줄링되지 않은 파드를 수용할 수 있는지 확인한다. 이런 노드 그룹이 정확히 하나만 있으면, 클라우드 제공자가 새로운 노드를 그룹에 추가하도록 오토스케일러는 해당 노드 그룹의 크기를 증가시킨다. 둘 이상의 옵션을 사용할 수 있는 경우 오토스케일러는 가장 좋은 옵션을 선택한다. "좋은"의 정확한 의미는 설정 가능하다는 것을 의미한다. 최악의 경우 무작위로 하나를 선택한다. 스케줄링되지 못한 파드에 오토스케일러가 반응하는 간단한 개요를 그림 15.5에서 볼 수 있다.

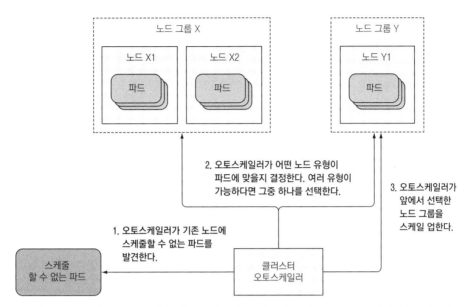

▲ **그림 15.5** 클러스터 오토스케일러가 기존 노드에 스케줄링할 수 없는 파드를 찾았을 때 스케일 업을 수행한다.

새 노드가 시작되면, 해당 노드의 kubelet이 API 서버에 접속해 노드 리소스를 만들어 노드를 등록한다. 그때부터 노드는 쿠버네티스 클러스터의 일부이며 파드를 해당 노드에 스케줄링할 수 있다.

간단하지 않은가? 스케일 다운은 어떨까?

노드 종료

또한 클러스터 오토스케일러는 노드 리소스가 충분히 활용되고 있지 않을 때 노드 수를 줄여야 한다. 오토스케일러는 모든 노드에 요청된 CPU와 메모리를 모니터링해 이를 수행한다. 특정 노드에서 실행 중인 모든 파드의 CPU와 메모리 요청이 50% 미만이면 해당 노드는 필요하지 않은 것으로 간주한다.

이것이 노드를 중단하는 데 사용하는 유일한 결정 요인은 아니다. 오토스케일러는 해당 노드에서만 실행 중인 시스템 파드가 있는지 검사한다(데몬셋 등으로 모든 노드에 배포되는 시스템 파드는 제외한다). 만약 시스템 파드가 노드에서 실행 중이라면 해당 노드는 종료될 수 없다. 관리되지 않는 파드나 로컬 저장소를 가진 파드가 실행되는 경우에도 마찬가지다. 파드가 제공하는 서비스가 중단될 수 있기 때문이다. 다르게 말하면 클러스터 오토스케일러가 노드에서 실행 중인 파드가 다른 노드로 다시 스케줄링될 수 있다는 것을 알고 있는 경우에만 해당 노드가 클라우드 제공자에게 반환될 수 있다.

종료할 노드로 선택되면, 해당 노드는 먼저 스케줄링할 수 없다는 표시를 하고 노드에서 실행 중인 모든 파드를 제거한다. 제거하는 모든 노드는 레플리카셋이나 다른 컨트롤러에 속해 있기 때문에, 교체할 파드가 생성되고 남아 있는 나머지 노드에 스케줄링된다(이것이 종료하는 노드를 먼저 스케줄할 수 없음으로 표시하는 이유다).

수동으로 노드 금지(cordoning)하고 배출(draining) 하기

노드는 수동으로 스케줄링 불가능으로 표시하고 배출할 수 있다. 자세한 사항은 건너뛰고, 다음 kubectl 명령으로 이를 수행할 수 있다.

- kubectl cordon 〈node〉 명령은 노드를 스케줄링할 수 없음으로 표시한다(해당 노드에서 실행 중인 파드에는 아무것도 하지 않는다).
- kubectl drain 〈node〉 명령은 노드를 스케줄링할 수 없음으로 표시하고 노드에서 실행 중인 모든 파드를 종료한다.

두 경우 모두 노드를 kubectl uncordon 〈node〉 명령으로 금지 해제(uncordon)를 하기 전까지는 해당 노드에 새로운 파드가 스케줄링되지 않는다.

15.3.2 클러스터 오토스케일러 활성화

클러스터 오토스케일러는 다음 클라우드 제공자에서 사용할 수 있다.

- 구글 쿠버네티스 엔진[GKE]
- 구글 컴퓨트 엔진[GCE]
- 아마존 웹 서비스[AWS]
- 마이크로소프트 애저[Microsoft Azure]

오토스케일러를 시작하는 방법은 어디에서 쿠버네티스 클러스터가 실행 중인가에 따라 다르다. kubia 클러스터가 GKE 위에서 동작하고 있다면, 클러스터 오토스케일러를 다음 명령으로 활성화할 수 있다.

```
$ gcloud container clusters update kubia --enable-autoscaling \
  --min-nodes=3 --max-nodes=5
```

클러스터를 GCE 위에서 실행하고 있다면, kube-up.sh 명령을 실행하기 전에 세 가지 환경변수를 설정해야 한다.

- KUBEENABLECLUSTER_AUTOSCALER=true
- KUBEAUTOSCALERMIN_NODES=3
- KUBEAUTOSCALERMAX_NODES=5

다른 플랫폼에서 클러스터 오토스케일러를 활성화하는 방법에 관해서는 클러스터 오토스케일러 깃허브 저장소 https://github.com/kubernetes/autoscaler/tree/master/cluster-autoscaler에서 정보를 얻을 수 있다.

> |**노트**| 클러스터 오토스케일러는 상태 정보를 kube-system 네임스페이스 안 cluster-autoscaler
> -status 컨피그맵에 저장한다.

15.3.3 클러스터 스케일 다운 동안에 서비스 중단 제한

노드가 예기치 않게 실패할 경우 파드가 사용 불가 상태가 되는 것을 막을 수 있는 방법이 없다. 하지만 노드 종료가 클러스터 오토스케일러나 시스템 관리자로 인해 이뤄지는 상황이라면, 추가 기능을 통해 해당 노드에서 실행되는 파드가 제공하는 서비스를 중단되지 않도록 할 수 있다.

특정 서비스에서는 최소 개수의 파드가 항상 실행돼야 한다. 이는 쿼럼^{quorum} 기반 클러스터 애플리케이션인 경우 특히 그렇다. 이런 이유로 쿠버네티스는 스케일 다운 등의 작업을 수행할 경우에도 유지돼야 하는 최소 파드 개수를 지정하는 방법을 제공한다. Pod DisruptionBudget 리소스를 만들어 이를 수행할 수 있다.

리소스 이름이 복잡해 보이지만, 가장 간단하게 사용할 수 있는 쿠버네티스 리소스 중 하나다. 오직 파드 레이블 셀렉터와 항상 사용 가능해야 하는 파드의 최소 개수 혹은 파드의 최대 개수(쿠버네티스 버전 1.7부터 사용할 수 있다)를 정의할 수 있다. PodDisruption Budget[PDB] 리소스 매니페스트가 어떤 모습인지 살펴보자. YAML 파일을 이용해 만드는 대신 kubectl create pod-disruptionbudget 명령으로 생성하고 나중에 YAML 내용을 살펴보자.

kubia 파드가 항상 세 개 이상의 인스턴스를 갖도록 하려면(app=kubia 레이블을 가지고 있다), PodDisruptionBudget 리소스를 만든다.

```
$ kubectl create pdb kubia-pdb --selector=app=kubia --min-available=3
poddisruptionbudget "kubia-pdb" created
```

간단하지 않은가? 이제 PDB의 YAML을 가져오자. 예제 15.10에서 볼 수 있다.

예제 15.10 PodDisruptionBudget 정의

```
$ kubectl get pdb kubia-pdb -o yaml
apiVersion: policy/v1beta1
kind: PodDisruptionBudget
metadata:
  name: kubia pdb
spec:
  minAvailable: 3          ◀── 얼마나 많은 파드를
  selector:                     항상 사용 가능하게 할 것인가.
    matchLabels:
      app: kubia            이 버짓을 적용할 파드를
status:                     결정하는 레이블 셀렉터
  ...
```

minAvailable 필드에 절댓값이 아닌 백분율을 사용할 수도 있다. 예를 들어 app=kubia 레이블을 가진 모든 파드 중 60%의 파드가 항상 실행되는 상태를 지정할 수 있다.

680

| **노트** | 쿠버네티스 1.7부터 PodDisruptionBudget 리소스에서 maxUnavailable 필드를 지원한다. minAvailable 대신 사용해 일정한 개수 이상의 파드가 종료되지 않도록 지정할 수 있다.

이 리소스에 관해 많이 설명할 것은 없다. 리소스가 존재하는 동안 클러스터 오토스케일러와 `kubectl drain` 명령 모두 이를 준수해 `app=kubia` 레이블을 가진 파드가 정의해 둔 수 이하로 줄어들지 않는다.

예와 같이 4개의 파드가 있고 `minAvailable`을 3개로 설정한 경우 파드 제거 프로세스는 파드를 하나씩 제거하는데, 이때 다른 파드를 제거하기 전에 레플리카셋 컨트롤러가 제거된 파드를 새 파드로 교체하기를 기다린다.

15.4 요약

15장에서는 쿠버네티스가 파드와 노드를 확장할 수 있는 방법을 살펴봤다. 15장에서 다룬 내용은 다음과 같다.

- 파드의 자동 수평적 스케일링 설정은 HorizontalPodAutoscaler 오브젝트를 만들고 디플로이먼트, 레플리카셋 또는 레플리케이션컨트롤러를 가리키게 한 다음, 목표 CPU 사용률을 정의하기만 하면 된다.
- 수평적 파드 오토스케일러가 파드의 CPU 사용률에 기반해 스케일링 동작을 수행하도록 하는 것 외에도, 애플리케이션에서 제공하는 사용자 정의 메트릭이나 클러스터에 배포된 다른 오브젝트와 관계된 메트릭을 이용하도록 설정할 수도 있다.
- 수직적 파드 오토스케일링은 아직 불가능하다.[6]
- 쿠버네티스 클러스터가 지원되는 클라우드 제공자 위에서 실행되는 경우 클러스터 노드도 자동으로 확장할 수 있다.

---

6   수직적 파드 오토스케일링은 현재 베타 기능으로, 쿠버네티스 1.11 버전 이상에서 별도로 설치해야 한다. - 옮긴이

- kubectl run 명령과 -it, --rm 옵션을 이용해 파드 안에서 일회성 프로세스를 실행하고, CTRL+C를 누르면 파드를 종료하고 자동으로 삭제되게 할 수 있다.

16장에서는 특정 파드를 특정 노드에 배포되지 않게 하거나, 파드를 서로 가깝게 혹은 멀게 스케줄링하는 방법 등과 같은 고급 스케줄링 기능을 다룬다.

16

고급 스케줄링

쿠버네티스는 파드가 스케줄링될 위치에 영향을 미칠 수 있게 한다. 초기에는 파드 스펙에 노드 셀렉터를 지정하는 방식으로만 수행할 수 있었지만 이후 이 기능을 확장하는 메커니즘이 추가됐다. 16장에서는 이 추가 메커니즘을 다룬다.

16.1 테인트와 톨러레이션을 사용해 특정 노드에서 파드 실행 제한

고급 스케줄링과 관련된 기능 중 가장 먼저 살펴볼 두 가지는 노드 테인트^{taint}와 이 테인트에 대한 파드 톨러레이션^{toleration}이다.[1] 테인트와 톨러레이션은 어떤 파드가 특정 노드를 사용할 수 있는지를 제한하고자 사용된다. 노드의 테인트가 허용된^{tolerate} 경우에만 파드가 노드에 스케줄링될 수 있다.

16장 후반부에서 자세히 설명하겠지만 이는 노드 셀렉터와 노드 어피니티^{affinity}를 사용하는 것과는 약간 다르다. 노드 셀렉터와 노드 어피니티 규칙을 사용하면 특정 정보를 파드에 추가해 파드가 스케줄링되거나 스케줄링될 수 없는 노드를 선택할 수 있다. 반면 테인트는 기존의 파드를 수정하지 않고, 노드에 테인트를 추가하는 것만으로도 파드가 특정 노드에 배포되지 않도록 한다. 테인트된 노드에 배포할 파드는 테인트된 노드를 사용하게 선택할 필요가 있는 반면, 노드 셀렉터를 사용하면 파드를 배포할 노드를 명시적으로 지정한다.

16.1.1 테인트와 톨러레이션 소개

노드 테인트를 배우는 가장 좋은 방법은 기존의 테인트를 살펴보는 것이다. 부록 B에서는 kubeadm 도구를 사용해 다중 노드 클러스터를 설정하는 방법을 보여준다. 기본적으로 이런 클러스터의 마스터 노드는 테인트돼 있어 컨트롤 플레인 파드만 배치할 수 있다.

노드의 테인트 표시하기

다음 예제와 같이 kubectl describe node를 사용해 노드의 테인트를 살펴볼 수 있다.

예제 16.1 클러스터에서 kubeadm 명령으로 생성한 마스터 노드의 세부 정보 출력하기

```
$ kubectl describe node master.k8s
Name:        master.k8s
Role:
```

---

[1] 테인트(taint)와 톨러레이션(toleration)의 사전적 의미는 얼룩과 허용이다. 노드에 얼룩으로 표식을 남기고 파드에서 이 얼룩을 허용하도록 설정한다고 생각하면 기억하는 데 도움이 될 것이다. - 옮긴이

```
Labels:      beta.kubernetes.io/arch=amd64
             beta.kubernetes.io/os=linux
             kubernetes.io/hostname=master.k8s
             node-role.kubernetes.io/master=
Annotations: node.alpha.kubernetes.io/ttl=0
             volumes.kubernetes.io/controller-managed-attach-detach=true
Taints:      node-role.kubernetes.io/master:NoSchedule   ◀── 마스터 노드에
...                                                            하나의 테인트가 있다.
```

마스터 노드에는 테인트가 하나 있다. 테인트에는 키^{key}, 값^{value}, 효과^{effect}가 있고 <key>
=<value>:<effect> 형태로 표시된다. 이전 예제에 표시된 마스터 노드의 테인트는 키가
node-role.kubernetes.io/master, 값은 null(테인트에 표시되지 않음), 효과는 NoSchedule
을 갖는다.

이 테인트는 파드가 이 테인트를 허용하지 않는 한 마스터 노드에 스케줄링되지 못하
게 막는다. 이 테인트를 허용하는 파드는 주로 시스템 파드다(그림 16.1 참조).

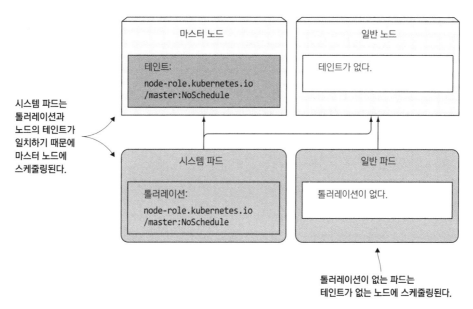

▲ **그림 16.1** 노드의 테인트가 허용된 경우에만 파드가 노드에 스케줄링된다.

파드의 톨러레이션 표시하기

kubeadm으로 설치한 클러스터에는 마스터 노드를 포함해 모든 노드에서 kube-proxy 클러스터 컴포넌트가 파드로 실행된다. 파드로 실행되는 마스터 노드 컴포넌트도 쿠버네티스 서비스에 접근해야 할 수도 있기 때문에 kube-proxy가 마스터 노드에서도 실행된다. kube-proxy 파드도 마스터 노드에서 실행되게 하려고 적절한 톨러레이션을 포함하고 있다. 다음 예제와 같이 파드에는 총 세 개의 톨러레이션이 있다.

예제 6.2 파드의 톨러레이션

```
$ kubectl describe po kube-proxy-80wqm -n kube-system
...
Tolerations: node-role.kubernetes.io/master=:NoSchedule
             node.alpha.kubernetes.io/notReady=:Exists:NoExecute
             node.alpha.kubernetes.io/unreachable=:Exists:NoExecute
...
```

보다시피 첫 번째 톨러레이션은 마스터 노드의 테인트와 일치하며, kube-proxy 파드가 마스터 노드에 스케줄링되도록 허용한다.

> | **노트** | 파드의 톨러레이션에는 표시되지만 노드의 테인트에는 표시되지 않는 등호(=)는 무시하라. kubectl은 테인트/톨러레이션 값이 null일 때 테인트와 톨러레이션을 분명히 다르게 표시한다.[2]

테인트 효과 이해하기

kube-proxy 파드의 다른 두 가지 톨러레이션은 준비되지 않았거나[notReady] 도달할 수 없는[unreachable] 노드에서 파드를 얼마나 오래 실행할 수 있는지를 정의한다(위의 예에서는 추 단위 시간이 표시되지 않았지만, 파드의 YAML에서 확인할 수 있다). 이 두 톨러레이션은 NoSchedule 효과 대신 NoExecute를 참조한다.

---

2 이 책이 쓰일 당시에는 테인트/톨러레이션의 값이 null일 때 서로 다르게 표시됐지만(톨러레이션이 "=" 표시) 그 이후 최신 버전에서는 (1.13 버전까지 확인) 테인트와 톨러레이션의 값이 null일 때 동일하게 표시한다. - 옮긴이

각 테인트는 그와 관련된 효과를 갖고 있다. 세 가지 가능한 효과가 있다.

- NoSchedule: 파드가 테인트를 허용하지 않는 경우 파드가 노드에 스케줄링되지 않는다.
- PreferNoSchedule: NoSchedule의 소프트한 버전이다. 즉, 스케줄러가 파드를 노드에 스케줄링하지 않으려 하지만 다른 곳에 스케줄링할 수 없으면 해당 노드에 스케줄링된다.
- NoExecute: 스케줄링에만 영향을 주는 NoSchedule이나 PreferNoSchedule과 달리, NoExecute는 노드에서 이미 실행 중인 파드에도 영향을 준다. NoExecute 테인트를 노드에 추가하면 해당 노드에서 이미 실행 중이지만 NoExecute 테인트를 허용하지 않은 파드는 노드에서 제거된다.

16.1.2 노드에 사용자 정의 테인트 추가하기

프로덕션 워크로드와 프로덕션이 아닌 워크로드를 하나의 쿠버네티스 클러스터에서 실행한다고 상상해보자. 프로덕션 노드에서 프로덕션이 아닌 파드가 실행되지 않도록 하는 것이 가장 중요하다. 프로덕션 노드에 테인트를 추가하면 된다. kubectl taint 명령을 사용해 테인트를 추가해보자.

```
$ kubectl taint node node1.k8s node-type=production:NoSchedule
node "node1.k8s" tainted
```

이렇게 하면 키는 node-type, 값은 production, 효과는 NoSchedule을 갖는 테인트를 추가한다. 이제 다음 예제와 같이 일반적인 파드의 레플리카를 여러 개 배포해보면 파드가 테인트된 노드에는 스케줄링되지 않는 것을 알 수 있다.

예제 16.3 톨러레이션 없이 파드 배포하기

```
$ kubectl run test --image busybox --replicas 5 -- sleep 99999
deployment "test" created
```

```
$ kubectl get po -o wide
NAME                READY   STATUS    RESTARTS   AGE   IP          NODE
test-196686-46ngl   1/1     Running   0          12s   10.47.0.1   node2.k8s
test-196686-73p89   1/1     Running   0          12s   10.47.0.7   node2.k8s
test-196686-77280   1/1     Running   0          12s   10.47.0.6   node2.k8s
test-196686-h9m8f   1/1     Running   0          12s   10.47.0.5   node2.k8s
test-196686-p85ll   1/1     Running   0          12s   10.47.0.4   node2.k8s
```

이제 실수로라도 파드를 프로덕션 노드에 배포하는 일은 없을 것이다.

16.1.3 파드에 톨러레이션 추가

프로덕션 파드를 프로덕션 노드에 배포하려면 노드에 추가한 테인트의 톨러레이션이 필요하다. 프로덕션 파드의 매니페스트에는 다음 예제에 표시된 YAML 일부가 포함돼 있어야 한다.

예제 16.4 톨러레이션을 갖는 프로덕션 디플로이먼트: production-deployment.yaml

```
apiVersion: extensions/v1beta1
kind: Deployment
metadata:
  name: prod
spec:
  replicas: 5
  template:
    spec:
      ...
      tolerations:
      - key: node-type          이 톨러레이션은
        Operator: Equal          프로덕션 노드에 파드가
        value: production        스케줄링될 수 있게 허용한다.
        effect: NoSchedule
```

위 디플로이먼트를 배포하면 다음 예제와 같이 해당 노드가 프로덕션 노드에 배포되는 것을 볼 수 있다.

```
$ kubectl get po -o wide
NAME               READY   STATUS    RESTARTS   AGE   IP          NODE
prod-350605-1ph5h  0/1     Running   0          16s   10.44.0.3   node1.k8s
prod-350605-ctqcr  1/1     Running   0          16s   10.47.0.4   node2.k8s
prod-350605-f7pcc  0/1     Running   0          17s   10.44.0.6   node1.k8s
prod-350605-k7c8g  1/1     Running   0          17s   10.47.0.9   node2.k8s
prod-350605-rp1nv  0/1     Running   0          17s   10.44.0.4   node1.k8s
```

예제에서 볼 수 있듯이 프로덕션 파드는 프로덕션 노드가 아닌 node2에도 배포됐다. 이러한 상황이 발생하지 않게 하려면 프로덕션이 아닌 노드에 node-type=non-production :NoSchedule과 같은 테인트를 추가한다. 그런 다음 테인트와 일치하는 톨러레이션을 모든 프로덕션이 아닌 파드에 추가해야 한다.

16.1.4 테인트와 톨러레이션의 활용 방안 이해

노드는 하나 이상의 테인트를 가질 수 있으며, 파드는 하나 이상의 톨러레이션을 가질 수 있다. 지금까지 봤듯이, 테인트는 키^{key}와 효과^{effect}만 갖고 있고, 값^{Value}을 꼭 필요로 하지는 않는다. 톨러레이션은 Equal 연산자(별도로 지정하지 않으면 Equal이 기본 연산자다)를 지정해 특정한 값을 허용하거나, Exists 연산자를 사용해 특정 테인트 키에 여러 값을 허용할 수 있다.

스케줄링에 테인트와 톨러레이션 사용하기

테인트는 새 파드의 스케줄링을 방지하고(NoSchedule 효과), 선호하지 않는 노드를 정의하고(PreferNoSchedule 효과), 노드에서 기존 파드를 제거하는 데에도(NoExecute) 사용할 수 있다.

필요에 맞게 테인트와 톨러레이션을 설정할 수 있다. 예를 들어 클러스터를 여러 파티션으로 분할해 개발 팀이 원하는 노드에만 파드를 스케줄링하게 만들 수 있다. 일부 노드에 특수한 하드웨어를 제공해 파드 중 일부만 이 하드웨어를 사용하게 하는 경우에도 테인트와 톨러레이션을 사용할 수 있다.

노드 실패 후 파드를 재스케줄링하기까지의 시간 설정

파드를 실행 중인 노드가 준비되지 않거나 도달할 수 없는 경우 톨러레이션을 사용해 쿠버네티스가 다른 노드로 파드를 다시 스케줄링하기 전에 대기해야 하는 시간을 지정할 수도 있다. 여러분이 가지고 있는 파드 중 한 파드에서 톨러레이션을 살펴보면 다음 예제와 같이 두 개의 톨러레이션을 볼 수 있다.

예제 16.6 디폴트 톨러레이션을 갖는 파드

```
$ kubectl get po prod-350605-1ph5h -o yaml
...
  tolerations:
  - effect: NoExecute
    key: node.alpha.kubernetes.io/notReady
    operator: Exists
    tolerationSeconds: 300
  - effect: NoExecute
    key: node.alpha.kubernetes.io/unreachable
    operator: Exists
    tolerationSeconds: 300
```

노드가 준비되지 않은 상태에서 파드는 재스케줄링되기 전에 300초 동안 기다린다.

도달할 수 없는 노드에도 동일하게 적용된다.

이 두 톨러레이션은 이 파드가 notReady 또는 unreachable 상태를 300초 동안 허용한다는 것을 의미한다. 쿠버네티스 컨트롤 플레인은 노드가 더 이상 준비되지 않았거나 더 이상 도달할 수 없다는 것을 감지하면, 파드를 삭제하고 다른 노드로 다시 스케줄링하기까지 300초 동안 기다린다.

톨러레이션을 별도로 정의하지 않은 파드는 이 두 톨러레이션이 자동으로 추가된다. 지연 시간 5분이 너무 길다고 생각되면 파드 스펙에 이 두 개의 톨러레이션을 추가한 뒤 지연 시간을 짧게 설정할 수 있다.

| **노트** | 이것은 현재 알파 기능이므로 향후 버전의 쿠버네티스에서 변경될 수 있다. 또한 테인트 기반 제거(Taint-based eviction)도 기본적으로 활성화돼 있지 않다. 컨트롤러 매니저를 --feature-gates=TaintBasedEvictions=true 옵션으로 실행해 활성화할 수 있다.[3]

16.2 노드 어피니티를 사용해 파드를 특정 노드로 유인하기

지금까지 배운 것처럼 테인트는 파드를 특정 노드에서 떨어뜨려 놓는 데 사용된다. 이제 노드 어피니티^{node affinity}라는 새로운 메커니즘을 알아보겠다. 쿠버네티스가 특정 노드 집합에만 파드를 스케줄링하도록 지시할 수 있다.

노드 어피니티와 노드 셀렉터 비교

초기 버전의 쿠버네티스에서 노드 어피니티 메커니즘은 파드 스펙의 노드 셀렉터 필드였다. 노드는 파드의 대상이 되고자 해당 필드에 지정된 모든 레이블을 포함시켜야 했다.

노드 셀렉터는 간단하고 잘 작동하지만 필요한 모든 것을 제공하지는 않는다. 그로 인해 더 강력한 메커니즘이 도입됐다.

노드 셀렉터는 결국 사용이 중단될 것이므로, 새로운 노드 어피니티 규칙을 이해할 필요가 있다.

노드 셀렉터와 유사하게 각 파드는 고유한 노드 어피니티 규칙을 정의할 수 있다. 이를 통해 꼭 지켜야 하는 필수 요구 사항이나 선호도를 지정할 수 있다. 선호도를 지정하는 방식으로 쿠버네티스에게 어떤 노드가 특정한 파드를 선호한다는 것을 알려주면, 쿠버네티스는 해당 노드 중 하나에 파드를 스케줄링하려고 시도하게 된다. 해당 노드에 스케줄링이 불가능하다면 다른 노드를 선택한다.

---

3   이 책이 쓰일 당시 이 기능은 알파 버전이었으나 쿠버네티스 1.13 버전부터는 베타 버전으로 승격했다. 테인트 기반 제거도 디폴트가 true로 설정돼 있어 별도의 활성화 과정이 필요하지 않다. – 옮긴이

디폴트 노드 레이블 검사

노드 어피니티는 노드 셀렉터와 같은 방식으로 레이블을 기반으로 노드를 선택한다. 노드 어피니티를 사용하는 방법을 보기 전에 구글 쿠버네티스 엔진 클러스터에서 노드 중 하나의 레이블을 검사해서 디폴트 노드 레이블이 무엇인지 살펴보자. 다음 예제에서 볼 수 있다.

예제 16.7 GKE에서 노드의 기본 레이블

```
$ kubectl describe node gke-kubia-default-pool-db274c5a-mjnf
Name:     gke-kubia-default-pool-db274c5a-mjnf
Role:
Labels:   beta.kubernetes.io/arch=amd64
          beta.kubernetes.io/fluentd-ds-ready=true
          beta.kubernetes.io/instance-type=f1-micro
          beta.kubernetes.io/os=linux
          cloud.google.com/gke-nodepool=default-pool
          failure-domain.beta.kubernetes.io/region=europe-west1
          failure-domain.beta.kubernetes.io/zone=europe-west1-d
          kubernetes.io/hostname=gke-kubia-default-pool-db274c5a-mjnf
```

> 이 세 개의 레이블은 노드 어피니티와 연관된 가장 중요한 레이블이다.

노드에는 많은 레이블이 있지만 노드 어피니티와 파드 어피니티에 있어서는 마지막 세 개가 가장 중요하다. 이 세 가지 레이블의 의미는 다음과 같다.

- `failure-domain.beta.kubernetes.io/region`은 노드가 위치한 지리적 리전region을 지정한다.
- `failure-domain.beta.kubernetes.io/zone`은 노드가 있는 가용 영역zone을 지정한다.
- `kubernetes.io/hostname`은 이름에서 알 수 있듯이 노드의 호스트 이름이다.

이 레이블과 그 외 다른 레이블이 파드 어피니티 규칙에 사용될 수 있다. 3장에서 이미 노드에 사용자 정의 레이블을 추가하고, 파드의 노드 셀렉터에서 이것을 사용하는 방법을 배웠다. 파드에 노드 셀렉터를 추가하고 사용자 정의 레이블을 사용해 해당 레이블이 있는 노드에만 파드를 배포했다. 이제 노드 어피니티 규칙을 사용해 동일한 작업을 수행하는 방법을 살펴보겠다.

16.2.1 하드 노드 어피니티 규칙 지정

3장의 예제에서 노드 셀렉터를 사용해 GPU가 있는 노드에만 GPU가 필요한 파드를 배포했다. 파드 스펙에는 다음 예제에 표시된 nodeSelector 필드가 포함된다.

예제 16.8 노드 셀렉터를 사용하는 파드: kubia-gpu-nodeselector.yaml

```
apiVersion: v1
kind: Pod
metadata:
  name: kubia-gpu
spec:
  nodeSelector:          파드는 gpu=true라는 레이블이
    gpu: "true"          있는 노드에만 스케줄링된다.
...
```

nodeSelector 필드는 파드가 gpu=true 레이블을 포함하는 노드에만 배포되도록 지정한다. 노드 셀렉터를 노드 어피니티 규칙으로 바꾸면 파드 정의는 다음 예제와 같아진다.

예제 16.9 노드 어피니티 규칙을 사용하는 파드: kubia-gpu-nodeaffinity.yaml

```
apiVersion: v1
kind: Pod
metadata:
  name: kubia-gpu
spec:
  affinity:
    nodeAffinity:
      requiredDuringSchedulingIgnoredDuringExecution:
        nodeSelectorTerms:
        - matchExpressions:
          - key: gpu
            operator: In
            values:
            - "true"
```

가장 먼저 눈에 띄는 것은 간단한 노드 셀렉터보다 훨씬 복잡하다는 것이다. 그러나 이는 훨씬 표현력이 풍부하기 때문이다. 규칙을 자세히 살펴보자.

긴 nodeAffinity 속성 이름 이해

보다시피 파드의 스펙 섹션에는 nodeAffinity 필드가 포함된 affinity 필드가 포함돼 있다. 이 필드에는 이름이 아주 긴 필드가 포함돼 있으므로, 먼저 그것에 초점을 맞추겠다.

두 부분으로 나눠 그 의미를 살펴보자.

- requiredDuringScheduling ... 이 필드 아래에 정의된 규칙은 파드가 노드로 스케줄링되고자 가져야 하는 레이블을 지정한다.
- ... IgnoredDuringExecution 이 필드 아래에 정의된 규칙은 노드에서 이미 실행 중인 파드에는 영향을 미치지 않는다.

현재 시점에는 어피니티가 파드 스케줄링에만 영향을 미치며, 파드가 노드에서 제거되지 않음을 알려주고 싶다. 이것이 모든 규칙이 항상 IgnoredDuringExecution으로 끝나는 이유다. 결국 향후에는 쿠버네티스에서 RequiredDuringExecution도 지원할 것이다. 즉, 노드에서 레이블을 제거하면 해당 레이블을 가지고 노드에서 실행되던 파드가 해당 노드에서 제거된다. 이미 말했듯이 그것은[4] 쿠버네티스에서 아직 지원되지 않으므로 더 이상 신경 쓸 필요가 없다.

nodeSelectorTerm 이해

이전 절에서 설명한 내용을 잘 생각해보면, nodeSelectorTerms 필드와 matchExpressions 필드가 파드를 노드에 스케줄링하고자 노드의 레이블이 일치하도록 표현식을 정의하는 데 사용된다는 것을 쉽게 이해할 수 있을 것이다. 예제에는 표현식이 하나만 있기 때문에 이해하기 쉽다. 노드에는 값이 true로 설정된 gpu 레이블이 있어야 한다.

따라서 이 파드는 그림 16.2와 같이 gpu=true 레이블이 있는 노드에만 스케줄링된다.

---

4   RequiredDuringExecution은 번역하는 시점에도 여전히 지원하지 않고 있다. – 옮긴이

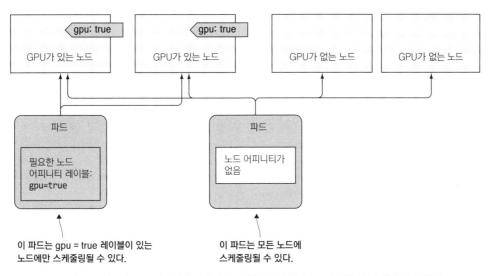

GPU가 있는 노드 gpu: true

GPU가 있는 노드 gpu: true

GPU가 없는 노드

GPU가 없는 노드

파드

필요한 노드
어피니티 레이블:
gpu=true

파드

노드 어피니티가
없음

이 파드는 gpu = true 레이블이 있는
노드에만 스케줄링될 수 있다.

이 파드는 모든 노드에
스케줄링될 수 있다.

▲ **그림 16.2** 파드의 노드 어피니티는 파드를 스케줄링하기 위해 노드에 필요한 레이블을 지정한다.

이제 더 흥미로운 부분이 있다. 노드 어피니티를 사용하면 스케줄링 중에 노드의 우선
순위를 지정할 수 있다. 다음에서 살펴보자.

16.2.2 파드의 스케줄링 시점에 노드 우선순위 지정

새로 도입된 노드 어피니티 기능의 가장 큰 장점은 특정 파드를 스케줄링할 때 스케줄러가
선호할 노드를 지정할 수 있다는 것이다. 이는 preferredDuringSchedulingIgnoredDuring
Execution 필드를 통해 수행된다.

여러 국가에 여러 데이터 센터를 갖고 있다고 상상해보자. 각 데이터 센터는 별도의 가
용 영역availability zone을 나타낸다. 각 영역에는 자사용으로만 사용되는 특정 머신과 파트너
회사가 사용할 수 있는 별도의 머신이 있다. 이제 여러분이 파드 몇 개를 배포하고자 하며,
zone1 영역과 자사용으로 예약된 머신에 스케줄링되기를 원한다. 만약 해당 머신에 파드
를 위한 공간이 충분하지 않거나 머신을 스케줄링할 수 없는 다른 중요한 이유가 있는 경
우 다른 영역과 파트너가 사용하는 머신에 스케줄링돼도 상관없다. 노드 어피니티 덕분에
이것이 가능하다.

노드 레이블링

먼저 노드에 적절한 레이블을 지정해야 한다. 각 노드에는 노드가 속한 가용 영역을 지정하는 레이블과 이를 전용 또는 공유 노드로 표시하는 레이블이 있어야 한다.

부록 B에서는 로컬에서 실행되는 가상머신[VM]에서 노드를 세 개 가진 클러스터(마스터 한 개와 워커 노드 두 개)를 설정하는 방법을 설명한다. 다음 예제에서는 해당 클러스터에서 두 개의 워커 노드를 사용하지만 구글 쿠버네티스 엔진 또는 다른 다중 노드 클러스터를 사용할 수도 있다.

| **노트** | Minikube는 하나의 노드만 실행하므로 이러한 예제를 실행하는 데 있어 적절한 선택은 아니다.

먼저 다음 예제와 같이 노드에 레이블을 설정하자.

예제 16.10 노드 레이블링

```
$ kubectl label node node1.k8s availability-zone=zone1
node "node1.k8s" labeled
$ kubectl label node node1.k8s share-type=dedicated
node "node1.k8s" labeled
$ kubectl label node node2.k8s availability-zone=zone2
node "node2.k8s" labeled
$ kubectl label node node2.k8s share-type=shared
node "node2.k8s" labeled
$ kubectl get node -L availability-zone -L share-type
NAME        STATUS  AGE  VERSION  AVAILABILITY-ZONE  SHARE-TYPE
master.k8s  Ready   4d   v1.6.4   <none>             <none>
node1.k8s   Ready   4d   v1.6.4   zone1              dedicated
node2.k8s   Ready   4d   v1.6.4   zone2              shared
```

선호하는 노드 어피니티 규칙 지정

노드 레이블을 설정하면, 이제 zone1의 dedicated 노드를 선호하는 디플로이먼트를 생성할 수 있다. 다음 예제는 디플로이먼트 매니페스트를 보여준다.

```
apiVersion: extensions/v1beta1
kind: Deployment
metadata:
  name: pref
spec:
  template:
    ...
    spec:
      affinity:
        nodeAffinity:
          preferredDuringSchedulingIgnoredDuringExecution:     ◄──── 필수(required) 요구 사항이
          - weight: 80                                                아닌, 선호도(preferred)를
            preference:                                               명시하고 있다.
              matchExpressions:
              - key: availability-zone                          파드가 zone1에 스케줄링되는
                operator: In                                    것을 더 선호한다.
                values:                                         이것이 가장 중요한 선호도다.
                - zone1
          - weight: 20
            preference:
              matchExpressions:                                 또한 파드가 dedicated 노드로
              - key: share-type                                 스케줄링하는 것을 선호하지만
                operator: In                                    이는 영역(zone) 선호도보다
                values:                                         네 배가 덜 중요하다.
                - dedicated
    ...
```

예제를 자세히 살펴보자. 필수 요구 사항 대신 노드 어피니티 선호도를 정의하고 있다. available-zone=zone1과 share-type=dedicated 레이블이 포함된 노드에 파드를 스케줄링하려 한다. 첫 번째 선호도 규칙은 가중치를 80으로 설정한 만큼 중요하지만 두 번째 선호도 규칙은 훨씬 덜 중요하다(가중치 20으로 설정된다).

노드 선호도 작동 방법 이해하기

이전 예제의 디플로이먼트에 있는 파드를 스케줄링할 때, 클러스터에 노드가 많은 경우 그

림 16.3에 표시된 것처럼 노드가 네 개의 그룹으로 분할된다.

    Availability-zone과 share-type 레이블이 파드의 노드 어피니티와 일치하는 노드에 가장 높은 순위가 매겨진다. 파드의 노드 어피니티 규칙에 설정된 가중치에 따라 zone1의 dedicated 노드가 최상위 우선순위를 갖고, 다음으로 zone1의 shared 노드가 우선순위를 가지며, 다른 영역의 dedicated 노드가 다음에 오며, 그 외의 다른 모든 노드가 낮은 우선순위를 갖는다.

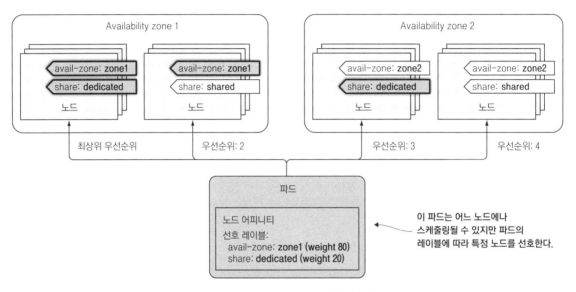

▲ **그림 16.3** 파드의 노드 어피니티 선호도 기반의 노드 우선순위 지정

노드가 두 개인 클러스터에 파드 배포하기

노드가 두 개인 클러스터에서 이 디플로이먼트를 생성하면 대부분의 파드가 node1에 배포되는 것을 볼 수 있다. 다음 예제를 이용해 이것이 사실인지 확인해보자.

예제 16.12 파드가 스케줄링된 위치 확인

```
$ kubectl get po -o wide
NAME               READY   STATUS    RESTARTS   AGE   IP          NODE
pref-607515-1rnwv  1/1     Running   0          4m    10.47.0.1   node2.k8s
```

698

```
pref-607515-27wp0  1/1    Running  0      4m   10.44.0.8  node1.k8s
pref-607515-5xd0z  1/1    Running  0      4m   10.44.0.5  node1.k8s
pref-607515-jx9wt  1/1    Running  0      4m   10.44.0.4  node1.k8s
pref-607515-mlgqm  1/1    Running  0      4m   10.44.0.6  node1.k8s
```

생성된 다섯 개의 파드 중 네 개는 node1에 배포됐으나 하나는 node2에 배포됐다. 왜 파드 중 하나가 node1 대신 node2에 배포됐을까? 그 이유는 스케줄러가 파드를 스케줄링 할 위치를 결정하는 데 노드의 어피니티 우선순위 지정 기능 외에도 다른 우선순위 지정 기능을 사용하기 때문이다. 그중 하나가 Selector-SpreadPriority 기능이다. 이 기능은 동일한 레플리카셋 또는 서비스에 속하는 파드를 여러 노드에 분산시켜 노드 장애로 인해 전체 서비스가 중단되지 않도록 한다. 이는 파드 중 하나가 node2에 스케줄링된 원인일 가능성이 높다.

디플로이먼트를 최대 20개 이상으로 조정하면 대부분의 파드가 node1로 스케줄링된다. 저자의 테스트에서는 20개 중 두 개만이 node2로 스케줄링됐다. 노드 어피니티 선호도를 정의하지 않았다면 파드가 두 노드에 고르게 분산됐을 것이다.

16.3 파드 어피니티와 안티-어피니티를 이용해 파드 함께 배치하기

노드 어피티니 규칙을 사용해 파드가 어느 노드에 스케줄링될지에 영향을 주는 방법을 살펴봤다. 그러나 이 규칙은 파드와 노드 간의 어피니티에만 영향을 미치는 반면, 때때로 파드 간의 어피니티를 지정할 필요가 있는 경우가 있다.

프론트엔드 파드와 백엔드 파드가 있다고 가정해보자. 이러한 파드를 서로 가까이 배치하면 대기 시간이 줄어들고 애플리케이션 성능이 향상된다. 노드 어피니티 규칙을 사용해 둘 다 동일한 노드, 랙 또는 데이터 센터에 배포되도록 할 수 있지만 스케줄링될 노드, 랙 또는 데이터 센터를 정확히 지정해야 한다. 이는 최상의 솔루션이 아니다. 이보다는 쿠버네티스가 프론트엔드 파드와 백엔드 파드를 서로 가깝게 유지하면서 적절한 곳에 배포하도록 하는 게 낫다. 이는 파드 어피니티[pod affinity]를 사용해 달성할 수 있다. 예제를 이용해 더 자세히 살펴보자.

16.3.1 파드 간 어피니티를 사용해 같은 노드에 파드 배포하기

백엔드 파드 하나와 다섯 개의 프론트엔드 레플리카셋을 배포할 것이며, 프론트엔드 파드는 백엔드 파드와 동일한 노드에 배치되도록 파드 어피니티를 설정한다.

먼저 백엔드 파드를 배포한다.

```
$ kubectl run backend -l app=backend --image busybox -- sleep 999999
deployment "backend" created
```

이 디플로이먼트는 그리 특별한 것이 없다. 주의해야 할 것은 -1 옵션을 사용해 파드에 추가한 app=backend 레이블이다. 이 레이블은 프론트엔드 파드의 podAffinity 설정에 사용된다.

파드 정의에 파드 어피니티 지정

프론트엔드 파드의 정의는 다음 예제와 같다.

예제 16.13 podAffinity를 사용하는 파드: frontend-podaffinity-host.yaml

```
apiVersion: extensions/v1beta1
kind: Deployment
metadata:
  name: frontend
spec:
  replicas: 5
  template:
    ...
    spec:
      affinity:
        podAffinity:                                        ← podAffinity 규칙을 정의한다.
          requiredDuringSchedulingIgnoredDuringExecution:   ← 선호도(preferred)가 아닌, 필수(required) 요구 사항을 정의한다.
          - topologyKey: kubernetes.io/hostname
            labelSelector:          이 디플로이먼트의 파드는
              matchLabels:          셀렉터와 일치하는 노드에
                app: backend        배포돼야 한다.
      ...
```

700

예제는 이 디플로이먼트에서 app=backend 레이블이 있는 파드와 동일한 노드(topology Key 필드로 지정)에 배포되도록 하는 필수 요구 사항을 갖는 파드를 생성하는 것을 보여준다 (그림 16.4 참조).

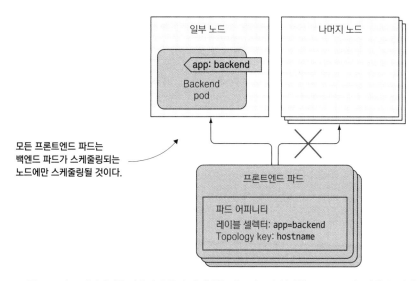

▲ **그림 16.4** 파드 어피니티를 사용하면 특정 레이블을 갖는 파드가 위치한 노드로 스케줄링할 수 있다.

| **노트** | 간단한 matchLabels 필드 대신 더욱 표현력이 풍부한 matchExpressions 필드를 사용할 수도 있다.

파드 어피니티를 갖는 파드 배포하기

이 디플로이먼트를 생성하기 전에 백엔드파드가 어떤 노드에 스케줄링돼 있는지 확인하자.

```
$ kubectl get po -o wide
NAME                     READY  STATUS    RESTARTS  AGE  IP         NODE
backend-257820-qhqj6  1/1    Running   0         8m   10.47.0.1  node2.k8s
```

프론트엔드 파드를 생성하면, 그 또한 node2에 배포돼야 한다. 디플로이먼트를 생성해 파드가 어디에 배포되는지 살펴보자. 다음 예제에서 확인할 수 있다.

```
$ kubectl create -f frontend-podaffinity-host.yaml
deployment "frontend" created

$ kubectl get po -o wide
NAME                     READY   STATUS    RESTARTS   AGE   IP           NODE
backend-257820-qhqj6     1/1     Running   0          8m    10.47.0.1    node2.k8s
frontend-121895-2c1ts    1/1     Running   0          13s   10.47.0.6    node2.k8s
frontend-121895-776m7    1/1     Running   0          13s   10.47.0.4    node2.k8s
frontend-121895-7ffsm    1/1     Running   0          13s   10.47.0.8    node2.k8s
frontend-121895-fpgm6    1/1     Running   0          13s   10.47.0.7    node2.k8s
frontend-121895-vb9ll    1/1     Running   0          13s   10.47.0.5    node2.k8s
```

모든 프론트엔드 파드는 실제로 백엔드 파드와 동일한 노드로 스케줄링됐다. 프론트엔드 파드를 스케줄링할 때 스케줄러는 먼저 프론트엔드 파드의 podAffinity 설정에 정의된 labelSelector와 일치하는 모든 파드를 찾은 다음 프론트엔드 파드를 동일한 노드에 스케줄링했다.

스케줄러가 파드 어피니티 규칙을 사용하는 방법 이해

흥미로운 점은, 이제 파드 어피니티 규칙을 정의하지 않은 백엔드 파드를 삭제하더라도 스케줄러가 백엔드 파드를 node2에 스케줄링한다는 것이다(규칙은 프론트엔드 파드에만 있음). 백엔드 파드가 실수로 삭제돼서 다른 노드로 다시 스케줄링된다면, 프론트엔드 파드의 어피니티 규칙이 깨지기 때문에 같은 노드에 스케줄링되는 것이다.

스케줄러의 로깅 수준을 높이고 로그를 확인하면 스케줄러가 다른 파드의 어피니티 규칙을 고려한다는 점을 확인할 수 있다. 다음 예제에서 관련된 로그를 볼 수 있다.

```
... Attempting to schedule pod: default/backend-257820-qhqj6
... ...
... backend-qhqj6 -> node2.k8s: Taint Toleration Priority, Score: (10)
... backend-qhqj6 -> node1.k8s: Taint Toleration Priority, Score: (10)
... backend-qhqj6 -> node2.k8s: InterPodAffinityPriority, Score: (10)
```

```
... backend-qhqj6 -> node1.k8s: InterPodAffinityPriority, Score: (0)
... backend-qhqj6 -> node2.k8s: SelectorSpreadPriority, Score: (10)
... backend-qhqj6 -> node1.k8s: SelectorSpreadPriority, Score: (10)
... backend-qhqj6 -> node2.k8s: NodeAffinityPriority, Score: (0)
... backend-qhqj6 -> node1.k8s: NodeAffinityPriority, Score: (0)
... Host node2.k8s => Score 100030
... Host node1.k8s => Score 100022
... Attempting to bind backend-257820-qhqj6 to node2.k8s
```

굵게 표시된 두 줄을 유심히 보면, 백엔드 파드를 스케줄링하는 과정에서 파드 간의 어피니티로 인해 node2가 node1보다 높은 점수를 받았다는 것을 알 수 있다.

16.3.2 동일한 랙, 가용 영역 또는 리전에 파드 배포

앞 예제에서는 podAffinity를 사용해 프론트엔드 파드를 백엔드 파드와 동일한 노드에 배포했다. 여러분은 아마도 모든 프론트엔드 파드가 동일한 머신에서 실행되는 것을 바라지는 않을 것이지만, 예를 들어 같은 가용 영역에서 실행하는 것과 같이 여전히 백엔드와 가깝게 유지하길 원할 것이다.

동일한 가용 영역에 파드 함께 배포하기

저자가 사용하는 클러스터는 로컬 컴퓨터의 가상머신 세 개에서 실행되므로, 말하자면 모든 노드가 같은 가용 영역에 있는 것이다. 그러나 노드가 서로 다른 가용 영역에 있는 경우 백엔드 파드와 동일한 가용 영역에서 프론트엔드 파드를 실행하려면 topologyKey 속성을 failure-domain.beta.kubernetes.io/zone으로 변경하면 된다.

같은 리전에 파드를 함께 배포하기

파드를 동일한 가용 영역 대신 동일한 리전에 배포하려면, topologyKey를 failure-domain.beta.kubernetes.io/region으로 설정해야 한다(클라우드 공급자는 일반적으로 서로 다른 리전에 데이터 센터가 있고 각 리전은 여러 가용 영역으로 분할된다).

topologyKey 작동 방법 이해

topologyKey가 작동하는 방법은 간단하다. 지금까지 언급한 세 가지 키는 특별하지 않다. 원하는 경우 예를 들어 랙과 같이, 자체적으로 정의한 topologyKey 사용해 파드를 동일한 서버 랙에 쉽게 스케줄링할 수 있다. 유일한 준비 사항은 노드에 랙 레이블을 추가하는 것이다. 이 시나리오는 그림 16.5에서 볼 수 있다.

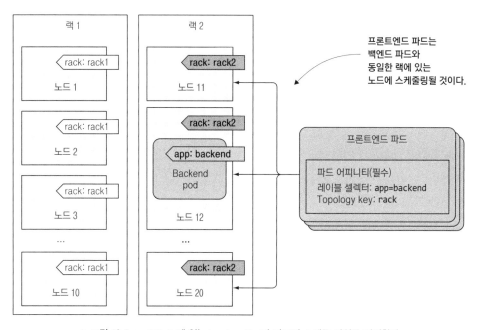

▲ **그림 16.5** podAffinity에 있는 topologyKey가 파드의 스케줄 범위를 결정한다.

예를 들어 20개의 노드(각 랙에 10개의 노드)가 있는 경우 처음 10개를 rack=rack1로, 나머지 10개를 rack=rack2로 레이블을 지정한다. 그런 다음 파드의 podAffinity를 정의할 때 toplogyKey를 rack으로 설정한다.

스케줄러가 파드를 배포할 위치를 결정할 때 파드의 podAffinity 구성을 확인하고 레이블 셀렉터와 일치하는 파드를 찾은 다음 파드가 실행 중인 노드를 찾는다. 특히 podAffinity에 지정된 topologyKey 필드와 일치하는 키를 갖는 노드 레이블을 찾는다. 그런 다음 레이블이 이전에 찾은 파드의 값과 일치하는 모든 노드를 선택한다. 그림 16.5에서 레이블 셀렉터는 Node 12에서 실행되는 백엔드 파드와 일치한다. 해당 노드의 랙 레이블 값은 rack2이므로 프론트엔드 파드를 스케줄링할 때 스케줄러는 rack=rack2 레이블이 있는 노드 중 하나를 선택한다.

> |**노트**| 기본적으로 레이블 셀렉터는 스케줄링돼 있는 파드와 동일한 네임스페이스의 파드만 일치시 킨다. 그러나 label-Selector와 동일한 레벨에 namespace 필드를 추가하면 다른 네임스페이스에 있는 파드도 선택할 수도 있다.

16.3.3 필수 요구 사항 대신 파드 어피니티 선호도 표현하기

앞에서 노드 어피니티에 대해 이야기할 때 nodeAffinity를 사용해 필수 요구 사항을 표현할 수 있음을 배웠다. 다시 말해 파드는 노드 어피니티 규칙과 일치하는 노드에만 스케줄링된다는 의미다. 또한 노드 선호도를 지정해 스케줄러가 특정 노드에 파드를 스케줄링하도록 지시하되 해당 노드가 어떤 이유로든 파드에 맞지 않을 경우 다른 곳으로 스케줄링되게 할 수 있다.

podAffinity에도 동일하게 적용된다. 스케줄러에게 프론트엔드 파드를 백엔드 파드와 동일한 노드에 스케줄링되고 싶지만, 여의치 않으면 다른 곳에 스케줄링돼도 무방하다고 알려준다. 다음 예제에서는 preferredDuringSchedulingIgnoredDuringExecution 파드 어피니티 규칙을 사용하는 디플로이먼트의 예를 볼 수 있다.

예제 16.16 파드 어피니티 선호도

```
apiVersion: extensions/v1beta1
kind: Deployment
metadata:
  name: frontend
spec:
    replicas: 5
    template:
      ...
      spec:
```

```
      affinity:
        podAffinity:
          preferredDuringSchedulingIgnoredDuringExecution:    ◀─┐  필수(required) 대신
          - weight: 80                                           │  선호(preferred)
            podAffinityTerm:
              topologyKey: kubernetes.io/hostname
              labelSelector:                                        가중치와 podAffiniyTerm을
                matchLabels:                                        이전 예제와 동일하게 설정한다.
                  app: backend
    containers: ...
```

nodeAffinity 선호도 규칙과 마찬가지로 각 규칙에 관한 가중치를 정의해야 한다. 또
한 필수 요구 사항에서처럼 topologyKey와 labelSelector를 지정해야 한다. 이 시나리오
를 그림 16.6에서 확인할 수 있다.

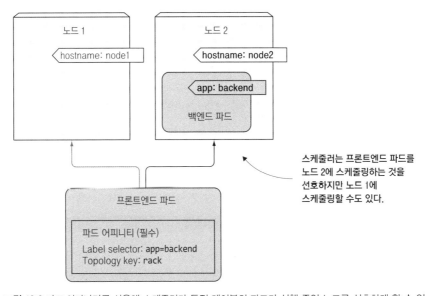

▲ **그림 16.6** 파드 어피니티를 사용해 스케줄러가 특정 레이블의 파드가 실행 중인 노드를 선호하게 할 수 있다.

nodeAffinity 예제와 마찬가지로, 이 파드를 배포하면 백엔드 파드와 동일한 노드에
네 개의 파드를 배포하고 다른 노드에 하나를 배포한다(다음 예제 참조).

```
$ kubectl get po -o wide
NAME                    READY  STATUS   RESTARTS  AGE  IP          NODE
backend-257820-ssrgj    1/1    Running  0         1h   10.47.0.9   node2.k8s
frontend-941083-3mff9   1/1    Running  0         8m   10.44.0.4   node1.k8s
frontend-941083-7fp7d   1/1    Running  0         8m   10.47.0.6   node2.k8s
frontend-941083-cq23b   1/1    Running  0         8m   10.47.0.1   node2.k8s
frontend-941083-m70sw   1/1    Running  0         8m   10.47.0.5   node2.k8s
frontend-941083-wsjv8   1/1    Running  0         8m   10.47.0.4   node2.k8s
```

16.3.4 파드 안티-어피니티를 사용해 파드들이 서로 떨어지게 스케줄링하기

스케줄러에게 파드들을 함께 배포하도록 지시하는 방법을 봤지만, 때로는 정반대의 경우가 필요할 수도 있다. 파드를 서로 멀리 떨어뜨려 놓고 싶을 수 있다. 이것을 파드 안티-어피니티anti-affinity라고 한다. podAffinity 대신 podAntiAffinity 속성을 사용한다는 점을 제외하고는 파드 어피니티 설정과 동일한 방식으로 지정한다. 결과적으로 스케줄러는 podAntiAffinity의 레이블 셀렉터와 일치하는 파드가 실행 중인 노드를 선택하지 않는다 (그림 16.7 참조).

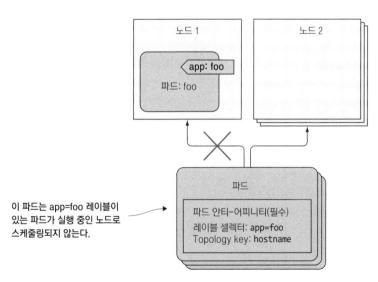

▲ 그림 16.7 파드 안티-어피니티를 사용해 특정 레이블을 갖는 파드가 실행 중인 노드와 파드를 떨어뜨려 놓는다.

파드 안티-어피니티를 사용하는 이유를 예를 들어 설명하겠다. 두 개의 파드 세트가 동일한 노드에서 실행되는 경우 서로의 성능을 방해하는 경우 이 기능을 사용한다. 이 경우 여러분은 스케줄러에게 동일한 노드에서 해당 파드를 스케줄링하지 않도록 지시하길 원할 것이다. 또 다른 예로는 스케줄러가 동일한 그룹의 파드를 다른 가용 영역 또는 리전에 분산시켜 전체 가용 영역(또는 리전)에 장애가 발생해도 서비스가 완전히 중단되지 않도록 하는 것이다.

같은 디플로이먼트의 파드를 분산시키기 위해 안티-어피니티 사용

프론트엔트 파드를 서로 다른 노드로 스케줄링하는 방법을 알아보자. 다음 예제는 파드의 안티-어피니티를 설정하는 방법을 보여준다.

예제 16.18 안티-어피니티를 갖는 파드: frontend-podantiaffinity-host.yaml

```
apiVersion: extensions/v1beta1
kind: Deployment
metadata:
  name: frontend
spec:
  replicas: 5
  template:
    metadata:
      labels:
        app: frontend                          프론트엔드 파드는
                                               app=frontend 레이블을 갖는다.
    spec:
      affinity:
        podAntiAffinity:                        파드의 안티-어피니티를 위한
                                               필수 요구 사항을 정의한다.
          requiredDuringSchedulingIgnoredDuringExecution:
          - topologyKey: kubernetes.io/hostname
            labelSelector:                      프론트엔느 파드는 app=frontend
                                               레이블이 있는 파드와 동일한
              matchLabels:                      머신에 스케줄링돼서는 안 된다.
                app: frontend
      containers: ...
```

이번에는 podAffinity 대신 podAntiAffinity를 정의하고, 디플로이먼트에서 생성하

는 파드와 동일한 파드를 매치시키는 `labelSelector`를 생성한다. 이 디플로이먼트를 만들면 어떻게 되는지 살펴보자. 생성된 파드는 다음 예제에서 확인할 수 있다.

예제 16.19 디플로이먼트에 의해 생성된 파드

```
$ kubectl get po -l app=frontend -o wide
NAME                  READY  STATUS   RESTARTS  AGE  IP         NODE
frontend-286632-0lffz  0/1    Pending  0         1m   <none>
frontend-286632-2rkcz  1/1    Running  0         1m   10.47.0.1  node2.k8s
frontend-286632-4nwhp  0/1    Pending  0         1m   <none>
frontend-286632-h4686  0/1    Pending  0         1m   <none>
frontend-286632-st222  1/1    Running  0         1m   10.44.0.4  node1.k8s
```

보다시피 단 두 개의 파드(하나는 node1에, 다른 하나는 node2에)만 스케줄링됐다. 스케줄러가 동일한 노드에 스케줄링할 수 없으므로 나머지 세 개의 파드는 모두 `pending` 중이다.

선호하는 파드 안티-어피니티 사용하기

이 경우 `preferredDuringSchedulingIgnoredDuringExecution` 속성을 사용해 필수 요구 사항 대신 소프트한 요구 사항soft requirement을 지정해야 한다. 어쨌든 두 개의 프론트엔드 파드가 동일한 노드에서 실행돼도 크게 문제되진 않는다. 그러나 이게 문제가 되는 비즈니스 시나리오의 경우에는 `requiredDuringScheduling`을 사용하는 것이 적절하다.

파드 어피니티와 마찬가지로 `topologyKey` 속성은 파드를 배포해서는 안 되는 범위를 결정한다. 이를 사용해 파드가 동일한 랙, 가용 영역, 리전 또는 사용자 지정 노드 레이블을 사용해 만든 사용자 지정 범위에 배포되지 않도록 할 수 있다.

16.4 요약

16장에서는 노드 레이블 또는 노드에서 실행 중인 파드로 인해, 파드가 특정 노드에 스케줄링되지 않거나 특정 노드에만 스케줄링되게 하는 법을 살펴봤다.

16장에서 살펴본 내용은 다음과 같다.

- 노드에 테인트를 추가하면 해당 테인트를 허용하지 않는 한 파드가 해당 노드에 스케줄링되지 않는다.
- 세 가지 유형의 테인트가 있다. NoSchedule은 스케줄링을 완전히 방지하고, Prefer-NoSchedule은 엄격하지 않으며, NoExecute는 노드에서 기존 파드를 제거한다.
- NoExecute 테인트는 파드가 실행되는 노드에 도달할 수 없거나 준비가 되지 않을 때, 파드를 다시 스케줄링하기 전에 컨트롤 플레인이 대기해야 하는 시간을 지정하는 데에도 사용된다.
- 노드 어피니티를 사용하면 파드를 스케줄링할 노드를 지정할 수 있다. 필수 요구 사항을 지정하거나 노드 선호도를 표현하는 데 사용할 수 있다.
- 파드 어피니티는 스케줄러가 파드를 배치할 때 파드의 레이블을 기반으로 다른 파드가 실행 중인 동일한 노드에 배치하는 데 사용한다.
- 파드 어피니티의 topologyKey는 파드를 다른 파드(같은 노드 또는 동일한 랙, 가용 영역 또는 가용 리전)에 얼마나 가깝게 배치해야 하는지를 지정한다.
- 파드 안티-어피니티를 사용해 특정 파드를 서로 멀리 떨어뜨릴 수 있다.
- 노드 어피니티와 같이 파드 어피니티와 파드 안티-어피니티도 필수 요구 사항과 선호도를 지정할 수 있다.

17장에서는 애플리케이션 개발을 위한 모범 사례와 쿠버네티스 환경에서 애플리케이션을 원활하게 실행하는 방법을 설명한다.

17

애플리케이션 개발을 위한 모범 사례

17장에서 다루는 내용

- 일반적인 애플리케이션에서 사용하는 쿠버네티스 리소스
- 파드 시작 후, 중지 전 라이프사이클 훅 추가
- 클라이언트 요청을 중단하지 않고 애플리케이션 종료
- 쿠버네티스에서 쉽게 관리하는 애플리케이션 만들기
- 파드에서 초기화 컨테이너 사용
- Minikube로 로컬 환경에서 개발

지금까지 쿠버네티스에서 애플리케이션을 실행하는 데 필요한 대부분의 내용을 다뤘다. 각 리소스의 기능과 사용 방법도 살펴봤다. 이제 쿠버네티스에서 실행하는 일반적인 애플리케이션에서 이들을 결합하는 방법을 알아볼 것이다. 또한 애플리케이션을 원활하게 실행하는 방법도 관찰할 예정이다. 이것이 결국 쿠버네티스를 사용하는 목적이 아닐까?

17장에서는 앞의 장들에서 이해가 되지 않은 궁금증이 해소되고 명확하게 설명되지 않은 부분을 이해하는 데 도움이 되기를 바란다. 지금까지 언급하지 않은 몇 가지 추가 개념도 소개할 것이다.

17.1 모든 것을 하나로 모아 보기

실제 애플리케이션의 구성을 살펴보자. 또한 지금까지 배운 모든 내용을 기억한다면 큰 그림을 볼 수 있는 기회를 제공할 것이다. 그림 17.1은 일반적인 애플리케이션에서 사용되는 쿠버네티스 구성 요소를 보여준다.

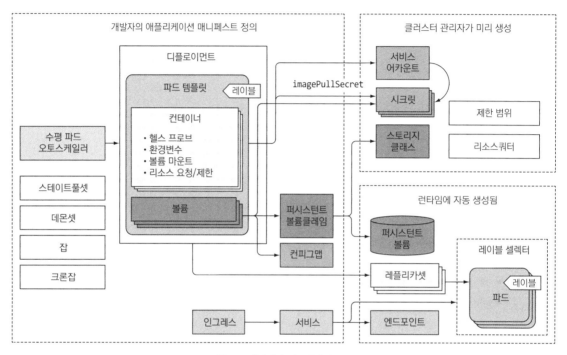

▲ **그림 17.1** 일반적인 애플리케이션 리소스

일반적인 애플리케이션 매니페스트에는 하나 이상의 디플로이먼트나 스테이트풀셋 오브젝트가 포함된다. 여기에는 하나 이상의 컨테이너가 포함된 파드 템플릿, 각 컨테이너에 대한 라이브니스 프로브와 (있는 경우) 컨테이너가 제공하는 서비스에 대한 레디니스 프로브가 포함된다. 다른 사람에게 서비스를 제공하는 파드는 하나 이상의 서비스로 노출된다. 클러스터 외부로 통신할 수 있어야 하는 경우 서비스는 로드밸런서나 노드포트 유형 서비스로 구성되거나 인그레스 리소스로 노출된다.

파드 템플릿(및 이들에서 생성된 파드)은 일반적으로 프라이빗 이미지 레지스트리에서 컨테이너 이미지를 가져오는 데 사용되는 시크릿[1]과 파드 내에 실행되는 프로세스에서 직접 사용되는 시크릿을 참조한다. 시크릿은 일반적으로 애플리케이션 개발자가 아니라 운영 팀이 구성하기 때문에 애플리케이션 매니페스트의 일부는 아니다. 시크릿은 일반적으로 개별 파드에 할당된 서비스어카운트에 할당한다.

애플리케이션에는 환경변수를 초기화하거나 파드에 컨피그맵 볼륨으로 마운트되는 하나 이상의 컨피그맵이 포함돼 있다. 특정 파드는 emptyDir 또는 gitRepo 볼륨과 같은 추가 볼륨을 사용하는 반면, 퍼시스턴트 스토리지가 있어야 하는 파드는 퍼시스턴트 볼륨 클레임 볼륨을 사용한다. 퍼시스턴트 볼륨 클레임은 애플리케이션 매니페스트에 속하며, 이에 의해 참조된 스토리지클래스는 시스템 관리자가 미리 생성한다.

경우에 따라 애플리케이션에서 잡이나 크론잡을 사용해야 한다. 데몬셋은 일반적으로 애플리케이션 디플로이먼트의 일부는 아니지만 일반적으로 시스템 운영자가 노드 전체 또는 일부에 시스템 서비스를 실행하려고 생성한다. 수평 파드 오토 스케일러는 개발자가 매니페스트에 포함시키거나 나중에 운영 팀이 시스템에 추가한다. 또한 클러스터 관리자는 제한 범위와 리소스쿼터 오브젝트를 생성해 개별 파드와 모든 파드(전체)의 리소스 사용량을 제어할 수 있다.

애플리케이션이 배포되면 다양한 쿠버네티스 컨트롤러에 의해 오브젝트가 추가적으로 자동 생성된다. 여기에는 엔드포인트 컨트롤러로 생성된 서비스 엔드포인트 오브젝트, 디플로이먼트 컨트롤러로 생성된 레플리카셋과 레플리카셋, 잡, 크론잡, 스테이트풀셋, 데몬셋 컨트롤러로 생성된 실제 파드가 포함된다.

리소스는 종종 체계적으로 유지되기 위해 하나 이상의 레이블을 지정한다. 이는 파드에만 적용되는 것이 아니라 다른 모든 리소스에도 적용된다. 레이블 외에도 대부분의 리소스에는 각 리소스를 설명하거나 해당 담당자 또는 팀의 연락처 정보를 나열하거나 관리와 기타 도구에 관한 추가 메타데이터를 제공하는 어노테이션이 포함돼 있다.

---

1   imagePullSecret – 옮긴이

이 중심에는 파드가 있다. 가장 중요한 쿠버네티스 리소스다. 결국 각 애플리케이션은 파드 내부에서 실행된다. 환경을 최대한 활용하는 애플리케이션을 개발하는 방법을 알려면, 애플리케이션 관점에서 파드를 자세히 살펴봐야 한다.

17.2 파드 라이프사이클 이해

파드는 단일 애플리케이션만 실행하는 전용 가상머신과 비교할 수 있다고 했다. 파드 내에서 실행되는 애플리케이션과 가상머신에서 실행되는 애플리케이션이 다르지 않지만 중요한 차이점이 있다. 한 가지 예는 쿠버네티스가 어떤 이유로든 스케일 다운 요청이 있는 경우 파드를 다른 노드로 재배치해야 하기 때문에 파드에서 실행 중인 애플리케이션은 언제든지 종료될 수 있다. 이 부분을 다음 절에서 살펴볼 것이다.

17.2.1 애플리케이션을 종료하고 파드 재배치 예상하기

쿠버네티스 환경이 아닌 가상머신에서 실행되는 애플리케이션은 한 시스템에서 다른 시스템으로 이동하는 경우가 드물다. 운영자가 애플리케이션을 이동할 때 애플리케이션을 재구성하고 새로운 곳에서 애플리케이션이 제대로 실행되고 있는지 수동으로 확인할 수도 있다. 쿠버네티스를 사용하면 애플리케이션이 훨씬 더 자주 자동으로 재배치된다. 운영자가 재구성하지 않으며 이동 후에 애플리케이션이 제대로 실행되도록 보장하지 않는다. 이는 애플리케이션 개발자가 애플리케이션을 상대적으로 자주 이동할 수 있도록 해야 함을 의미한다.

로컬 IP와 호스트 이름 변경 예상하기

파드가 종료되고 다른 곳에서 실행되면(기술적으로 파드는 재배치된 게 아니라, 이전 파드를 대체하는 새로운 파드 인스턴스다) 새로운 IP 주소뿐만 아니라 새로운 이름과 호스트 이름을 갖는다. 대부분의 스테이트리스 애플리케이션은 일반적으로 문제없이 처리할 수 있지만 스테이트풀 애플리케이션은 그렇지 않다. 스테이트풀 애플리케이션을 스테이트풀셋으로 실행할 수 있다는 사실을 알고 있으므로 스케줄링을 조정한 후 새 노드에서 애플리케이션을 시작할 때도 여전히 이전과 동일한 호스트 이름과 퍼시스턴트 상태를 볼 수 있다. 그럼에도 파드의 IP는 변경될 것이다. 이를 위해서 애플리케이션이 미리 준비돼 있어야 한다. 따라서 애플리케이션 개발자는 클러스터된 애플리케이션의 구성원을 IP 주소 기반으로 하면 안 되며 호스트 이름을 기반으로 할 때에는 항상 스테이트풀셋을 사용해야 한다.

디스크에 기록된 데이터가 사라지는 경우 예상하기

명심해야 할 또 다른 사항은 애플리케이션이 디스크에 데이터를 쓰는 경우 애플리케이션이 쓰는 위치에 퍼시스턴트 스토리지를 마운트하지 않으면 애플리케이션이 새 파드로 시작된 후에 해당 데이터를 사용하지 못할 수 있다는 것이다. 파드를 다시 스케줄링하면 이러한 상황이 발생하는 게 명확하지만 스케줄링과 관련되지 않는 경우에도 디스크에 기록된 파일은 사라질 수 있다. 파드의 라이프사이클 동안에도 파드에서 실행되는 애플리케이션이 디스크에 쓴 파일은 사라질 수 있다.

시간이 오래 걸리고 계산 집약적인 초기 시작 절차가 있는 애플리케이션을 가정해보자. 애플리케이션이 재시작할 때 더 빨리 시작되도록 개발자는 디스크에 초기 시작 결과를 애플리케이션 캐시로 만든다(예: 자바 애플리케이션에서 시작 시 자바 어노테이션을 위해 모든 자바 클래스를 스캔한 후 결과를 인덱스 파일에 기록한다). 쿠버네티스의 애플리케이션은 기본적으로 컨테이너에서 실행되므로 이러한 파일은 컨테이너의 파일시스템에 만든다. 컨테이너가 다시 시작되면 새 컨테이너는 완전히 새로운 쓰기 가능한 레이어로 시작하기 때문에 이전 파일은 모두 손실된다(그림 17.2 참조).

프로세스 크래시나 라이브니스 프로브가 실패를 반환했거나 노드의 메모리 부족이 시작돼 프로세스가 OOMKiller[2]에 의해 종료된 경우와 같이 여러 가지 이유로 컨테이너가 다시 시작될 수 있다. 이 경우 파드는 여전히 동일하지만 컨테이너 자체는 완전히 새로운 것이다. Kubelet은 동일한 컨테이너를 다시 실행하지 않는다. 항상 새 컨테이너를 만든다.

---

2   Out Of Memory Killer의 줄임말로, 메모리 부족 시 프로세스를 종료한다. – 옮긴이

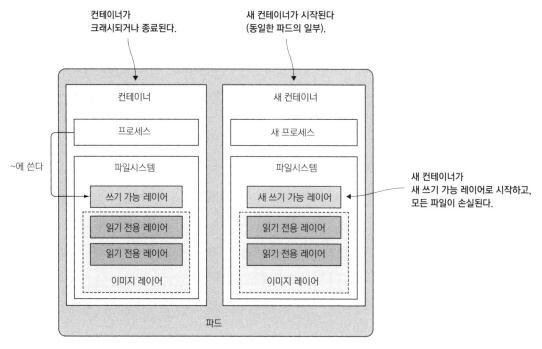

컨테이너가
크래시되거나 종료된다.

새 컨테이너가 시작된다
(동일한 파드의 일부).

컨테이너

프로세스

파일시스템

쓰기 가능 레이어

읽기 전용 레이어

읽기 전용 레이어

이미지 레이어

새 컨테이너

새 프로세스

파일시스템

새 쓰기 가능 레이어

읽기 전용 레이어

읽기 전용 레이어

이미지 레이어

~에 쓴다

새 컨테이너가
새 쓰기 가능 레이어로 시작하고,
모든 파일이 손실된다.

파드

▲ **그림 17.2** 컨테이너의 파일시스템에 기록된 파일은 컨테이너가 재시작될 때 손실된다.

컨테이너를 다시 사용하더라도 데이터를 보존하기 위해 볼륨 사용하기

컨테이너가 다시 시작되면 예제의 애플리케이션은 바람직한 시작 절차를 다시 수행해야
한다. 이것은 바람직하지 않을 수 있다. 이와 같은 데이터가 손실되지 않도록 하려면 최소
한 파드 범위의 볼륨을 사용해야 한다. 볼륨이 파드와 함께 시작하고 종료하기 때문에 새
컨테이너는 이전 컨테이너가 볼륨에 기록한 데이터를 재사용할 수 있다(그림 17.3).

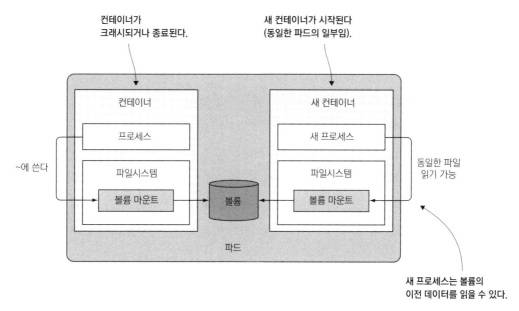

컨테이너가
크래시되거나 종료된다.

새 컨테이너가 시작된다
(동일한 파드의 일부임).

컨테이너

새 컨테이너

프로세스

새 프로세스

~에 쓴다

파일시스템

볼륨

파일시스템

동일한 파일
읽기 가능

볼륨 마운트

볼륨 마운트

파드

새 프로세스는 볼륨의
이전 데이터를 읽을 수 있다.

▲ **그림 17.3** 볼륨을 사용해 컨테이너가 재시작하는 동안 데이터를 보존한다.

컨테이너를 재시작할 때 파일을 보존하려고 볼륨을 사용하는 것은 좋은 생각이지만 항상 그런 것은 아니다. 데이터가 손상돼 새로 생성된 프로세스가 다시 크래시되면 어떻게 할까? 이로 인해 연속 크래시 루프가 발생한다(파드에 `CrashLoopBackOff` 상태가 표시됨). 볼륨을 사용하지 않은 경우 새 컨테이너가 처음부터 시작돼 크래시하지 않을 가능성이 높다. 컨테이너를 재시작할 때 파일을 보존하려고 볼륨을 사용하는 것은 양날의 검이다. 사용 여부를 신중하게 생각해야 한다.

17.2.2 종료된 파드 또는 부분적으로 종료된 파드를 다시 스케줄링하기

파드의 컨테이너가 계속 크래시되면 Kubelet은 계속 파드를 재시작한다. 재시작 간격은 5분이 될 때까지 간격이 증가한다.[3] 이 5분 간격 동안 컨테이너의 프로세스가 실행되고 있

---

3 Kubelet은 크래시된 컨테이너를 지수 백-오프(exponential back-off: 10초, 20, 40초, …) 지연 시간 만큼 기다린 후에 다시 시작한다. 컨테이너 재시작은 지연 시간이 5분에 도달할 때까지 계속된다. 컨테이너가 성공적으로 시작된 후 10분이 지나면 이 지연 시간은 초기화된다. – 옮긴이

지 않기 때문에 파드는 기본적으로 종료된다. 멀티 컨테이너 파드인 경우 엄밀하게 말해 특정 컨테이너가 정상적으로 작동할 수 있으므로 파드는 일부만 종료된 것으로 볼 수 있다. 그러나 파드에 컨테이너가 하나만 포함돼 있으면 더 이상 프로세스가 실행되지 않기 때문에 파드가 실제로 종료된 것이고 완전히 쓸모가 없어진다.

이러한 파드가 레플리카셋 또는 유사한 컨트롤러의 일부인 경우에도 해당 파드가 자동으로 제거되고 다시 스케줄링되지 않는다는 사실을 알면 놀랄 것이다. 의도하는 레플리카 수가 3인 레플리카셋을 만든 다음 해당 파드 중 하나에서 컨테이너가 크래시하기 시작해도 쿠버네티스는 해당 파드를 삭제하고 교체하지 않는다. 결론적으로 의도하는 세 개의 레플리카가 아닌 제대로 실행되는 두 개의 레플리카가 있는 레플리카셋을 가진다(그림 17.4).

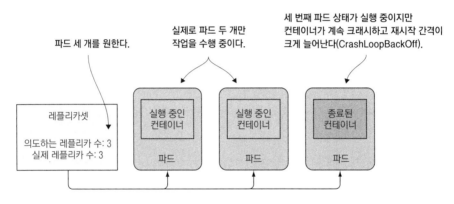

▲ **그림 17.4** 레플리카셋 컨트롤러는 데드 파드를 다시 스케줄링하지 않는다.

파드가 삭제되고 다른 노드에서 성공적으로 실행될 수 있는 다른 파드 인스턴스로 교체되기 원할 것이다. 결국 다른 노드에서는 나타나지 않은 노드 관련 문제로 인해 컨테이너가 중단될 수 있다. 슬프게도, 그렇지 않다. 레플리카셋 컨트롤러는 파드가 죽은 상태가 됐는지 상관하지 않는다. 관심 있는 것은 파드 수가 의도하는 레플리카 수와 일치하느냐하는 것이다.

직접 확인할 수 있도록 파드가 계속 크래시하는 레플리카셋에 대한 YAML 매니페스트를 포함시켰다(코드 아카이브의 replicaset-crashingpods.yaml 파일 참조). 레플리카셋을 생성하고 생성된 파드를 검사하면 예제 17.1을 확인할 수 있다.

```
$ kubectl get po
NAME                     READY   STATUS              RESTARTS   AGE
crashing-pods-f1tcd      0/1     CrashLoopBackOff    5          6m
crashing-pods-k7l6k      0/1     CrashLoopBackOff    5          6m
crashing-pods-z7l3v      0/1     CrashLoopBackOff    5          6m
```

파드 상태는 컨테이너가 계속 크래시되기 때문에 Kubelet이 재시작을 지연한다고 나타난다.

```
$ kubectl describe rs crashing-pods
Name: crashing-pods
Replicas:       3 current / 3 desired
Pods Status:    3 Running / 0 Waiting / 0 Succeeded / 0 Failed
```

현재 레플리카와 의도하는 레플리카가 일치하기 때문에 컨트롤러가 아무런 조치도 취하지 않는다.

레플리카 세 개가 실행 중이다.

```
$ kubectl describe po crashing-pods-f1tcd
Name:          crashing-pods-f1tcd
Namespace:     default
Node:          minikube/192.168.99.102
Start Time:    Thu, 02 Mar 2017 14:02:23 +0100
Labels:        app=crashing-pods
Status:        Running
```

kubectl은 파드의 상태가 실행 중임을 보여준다.

어떻게 보면 쿠버네티스가 이런 식으로 동작하는 것은 이해할 수 있다. 크래시의 근본 원인이 해결되기를 희망해 5분마다 컨테이너가 재시작된다. 그 근거는 애플리케이션이 컨테이너 안에서 실행되고 있고, 모든 노드가 거의 동등한 조건이라고 한다면 다른 노드로 파드를 스케줄링하더라도 문제를 해결할 가능성이 높지 않다는 것이다. 항상 그런 것은 아니지만 대부분 그렇다.

17.2.3 원하는 순서로 파드 시작

파드에서 실행되는 애플리케이션과 수동으로 관리되는 애플리케이션의 또 다른 차이점은 애플리케이션을 배포하는 담당자가 애플리케이션 간의 의존성을 알고 있다는 것이다. 이 것은 애플리케이션을 순서대로 시작할 수 있게 해준다.

파드 시작 방법

쿠버네티스로 파드 애플리케이션 여러 개를 실행할 때 쿠버네티스가 특정 파드를 먼저 실행하고 첫 번째 파드가 서비스할 준비가 됐을 때 나머지 파드를 실행하도록 지시할 방법이 기본적으로 없다. 물론 첫 번째 애플리케이션에 대한 매니페스트를 게시한 다음 두 번째 매니페스트를 게시하기 전에 파드가 준비될 때까지 기다릴 수 있지만 전체 시스템은 일반적으로 여러 파드, 서비스, 다른 오브젝트를 포함하는 하나의 YAML 또는 JSON으로 정의된다.

쿠버네티스 API 서버는 YAML/JSON의 오브젝트를 나열된 순서대로 처리하지만 이는 etcd에 순서대로 기록됨을 의미한다. 파드가 그 순서대로 시작된다는 보장은 없다.

그러나 전제 조건이 충족될 때까지 파드의 주 컨테이너가 시작되지 않도록 할 수 있다. 이것은 파드에 초기화 컨테이너^{init-container}를 포함시켜 수행된다.

초기화 컨테이너 소개

일반 컨테이너 외에도 파드는 초기화 컨테이너를 포함할 수 있다. 이름에서 알 수 있듯이 파드를 초기화하는 데 사용한다. 이는 주 파드의 볼륨에 데이터를 쓴 다음 주 컨테이너에 마운트하는 것을 의미한다.

파드는 여러 개의 초기화 컨테이너를 가질 수 있다. 순차적으로 실행되며 마지막 컨테이너가 완료된 후에 파드의 주 컨테이너가 시작된다. 즉, 초기화 컨테이너를 사용해 파드의 주 컨데이니 시작을 시연시킬 수 있다(예: 특정 사전 조건이 충족될 때까지). 초기화 컨테이너로 파드의 주 컨테이너에 필요한 서비스가 준비될 때까지 기다릴 수 있다. 주 컨테이너가 시작되면, 초기화 컨테이너는 종료되고 주 컨테이너가 시작될 수 있게 한다. 이렇게 하면 주 컨테이너가 준비되기 전까지 서비스를 사용하지 않게 된다.

주 컨테이너의 시작을 지연시키려고 초기화 컨테이너를 사용하는 파드의 예를 살펴보자. 7장에서 만든 Fortune 파드를 기억하는가? 클라이언트 요청에 fortune을 응답하는 웹 서버다. 이제 주 컨테이너가 시작되기 전에 fortune 서비스를 시작하고나서 실행해야 하는 fortune 클라이언트 파드가 있다고 가정해보자. 서비스가 요청에 응답하는지 여부를 확인하는 초기화 컨테이너를 추가할 수 있다. 이때까지 초기화 컨테이너는 계속 재시도한다. 응답을 받으면 초기화 컨테이너가 종료되고 주 컨테이너가 시작된다.

파드에 초기화 컨테이너 추가

초기화 컨테이너는 주 컨테이너와 같이 파드 스펙에 정의될 수 있지만 spec.initContainers 필드에 정의할 수도 있다. 이 책의 코드 아카이브에서 fortune 클라이언트 파드에 대한 전체 YAML을 찾을 수 있다. 다음 예제는 초기화 컨테이너가 정의된 부분을 보여준다.

예제 17.2 파드에 정의된 초기화 컨테이너: fortune-client.yaml

```
spec:
  initContainers:
  - name: init                          ◀─── 일반 컨테이너가 아닌
    image: busybox                            초기화 컨테이너를 정의한다.
    command:
    - sh
    - -c
    - 'while true; do echo "Waiting for fortune service to come up...";
      ➥ wget http://fortune -q -T 1 -O /dev/null >/dev/null 2>/dev/null      초기화 컨테이너는
      ➥ && break; sleep 1; done; echo "Service is up! Starting main          fortune 서비스가
      ➥ container."'                                                         가동될 때까지
                                                                             루프를 실행한다.
```

이 파드를 배포하면 초기화 컨테이너만 시작된다. kubectl get으로 파드를 조회하면 파드 상태를 볼 수 있다.

```
$ kubectl get po
NAME             READY   STATUS     RESTARTS   AGE
fortune-client   0/1     Init:0/1   0          1m
```

STATUS 열은 하나의 초기화 컨테이너 중 0개가 완료됐음을 나타낸다. kubectl logs 로 초기화 컨테이너의 로그를 볼 수 있다.

```
$ kubectl logs fortune-client -c init
Waiting for fortune service to come up...
```

kubectl logs 명령어를 실행할 때 -c 스위치를 사용해 초기화 컨테이너의 이름을 지정해야 한다(예제 17.2에서 볼 수 있듯이 파드의 초기화 컨테이너 이름은 init이다).

fortune 서비스와 fortune 서버 파드를 배포할 때까지 주 컨테이너가 실행되지 않는다. 이들은 fortune-server.yaml 파일에서 찾을 수 있다.

파드 간 의존성 처리를 위한 모범 사례

전제 조건이 충족될 때까지(예: 파드가 의존하는 서비스가 준비돼 있는지 확인) 파드 컨테이너의 주 컨테이너의 시작을 지연시키는 데 초기화 컨테이너를 사용하는 방법을 살펴봤다. 애플리케이션이 시작되기 전 준비 상태가 되기 위해 의존해야 할 서비스를 필요로 하지 않도록 애플리케이션을 만드는 것이 좋은 방법이다. 결국 애플리케이션이 실행 상태가 되더라도 서비스는 나중에 오프라인이 될 수 있다.

애플리케이션은 이러한 의존성이 준비되지 않았을 가능성을 내부적으로 처리해야 한다. 레디니스 프로브를 잊지 말자. 의존성이 누락돼 애플리케이션이 작업을 수행할 수 없는 경우 쿠버네티스가 레디니스 프로브로 이를 인식하고 준비가 되지 않았다는 신호를 보내야 한다. 애플리케이션을 서비스 엔드포인트에 추가되는 것을 방지할 뿐만 아니라, 롤링 업데이트를 수행할 때 디플로이먼트 컨트롤러에서 애플리케이션의 레디니스 상태를 사용해 잘못된 버전의 롤아웃을 방지하기 때문에 이 방법을 사용한다.

17.2.4 라이프사이클 훅 추가

초기화 컨테이너를 사용해 파드 시작 시 사용하는 방법을 설명했지만, 추가적으로 파드는 라이프사이클 훅hook 두 가지를 정의할 수 있다.

- 시작 후post-start 훅
- 종료 전pre-stop 훅

이런 라이프사이클 훅은 전체 파드에 적용되는 초기화 컨테이너와 달리 컨테이너별로 지정된다. 이름에서 알 수 있듯이 컨테이너가 시작될 때와 중지되기 전에 실행된다.

라이프사이클, 라이브니스 프로브, 레디니스 프로브와 유사하게 다음을 수행할 수 있다.

- 컨테이너 내부에서 명령 실행
- URL로 HTTP GET 요청 수행

컨테이너 라이프사이클에 어떤 영향을 미치는지 두 가지 훅을 차례로 살펴보자.

컨테이너의 시작 후 라이프사이클 훅 사용

시작 후 훅은 컨테이너의 주 프로세스가 시작된 직후에 실행된다. 애플리케이션이 시작될 때 추가 작업을 수행하는 데 사용한다. 물론 컨테이너에서 실행 중인 애플리케이션 개발자라면 항상 애플리케이션 코드 내에서 해당 작업을 수행할 수 있다. 그러나 다른 사람이 개발한 애플리케이션을 실행할 때는 대부분 소스 코드를 수정하고 싶어 하지 않는다. 시작 후 훅을 사용하면 애플리케이션을 건드리지 않고도 추가 명령을 실행할 수 있다. 애플리케이션이 시작되고 있는 외부 리스너에게 시그널을 보내거나 애플리케이션을 초기화하는 작업을 시작할 수 있다.

훅은 주 프로세스와 병렬로 실행된다. 주 프로세스가 완전히 시작될 때까지 기다리지 않기 때문에 이름에 다소 오해의 소지가 있다(프로세스에 초기화 절차가 있고, 초기화 절차 완료 시점을 kubelet은 알 수 없기 때문에 기다릴 수 없다).

그러나 훅이 비동기로 실행되더라도 두 가지 방법으로 컨테이너에 영향을 미친다. 훅이 완료될 때까지 컨테이너는 ContainerCreating인 채로 Waiting 상태가 유지된다. 이 때문에 파드 상태는 Running 중이 아니라 Pending 상태다. 훅이 실행되지 않거나 0이 아닌 종료 코드를 반환하면 주 컨테이너가 종료된다.

시작 후 훅이 포함된 파드 매니페스트는 예제 17.3과 같다.

예제 17.3 시작 후 라이프사이클 훅이 있는 파드: post-start-hook.yaml

```
apiVersion: v1
kind: Pod
metadata:
  name: pod-with-poststart-hook
```

```
spec:
  containers:
  - image: luksa/kubia
    name: kubia
    lifecycle:                          컨테이너가 시작될 때
      postStart:                        훅이 실행된다.
        exec:
          command:                                      컨테이너 내
          - sh                                          /bin 디렉터리의
          - -c                                          postStart.sh
          - "echo 'hook will fail with exit code 15'; sleep 5; exit 15"   스크립트를
                                                        실행한다.
```

이 예제의 echo, sleep, exit 명령은 컨테이너 생성 시 컨테이너의 주 프로세스와 함께 실행된다. 이와 같은 명령을 실행하는 대신 일반적으로 컨테이너 이미지에 저장된 셸 스크립트 또는 바이너리 실행파일을 실행할 것이다.

안타깝게도 훅에 의해 시작된 프로세스가 표준 출력으로 기록하면 어디에서도 출력을 볼 수 없을 것이다. 따라서 라이프사이클 훅의 디버깅이 어려워진다. 훅이 실패하면 파드의 이벤트 중 FailedPostStartHook 경고만 표시된다(kubectl describe pod를 사용해볼 수 있다). 예제 17.4와 같이 훅이 실패한 이유가 자세히 표시된다.

예제 17.4 명령을 기반으로 하는 훅 실패 시 종료 코드를 보여주는 파드의 이벤트

```
FailedSync  Error syncing pod, skipping: failed to "StartContainer" for
            "kubia" with PostStart handler: command 'sh -c echo 'hook
            will fail with exit code 15'; sleep 5 ; exit 15' exited
            with 15: : "PostStart Hook Failed"
```

마지막 행의 숫자 15는 명령어의 종료 코드다. HTTP GET 훅 핸들러를 사용할 때의 이유는 예제 17.5와 같다(책의 코드 아카이브에서 post-start-hook-httpget.yaml 파일을 배포해 해볼 수 있다).

예제 17.5 HTTP GET 훅이 실패한 이유를 보여주는 파드의 이벤트

```
FailedSync  Error syncing pod, skipping: failed to "StartContainer" for
            "kubia" with PostStart handler: Get
```

724

```
http://10.32.0.2:9090/postStart: dial tcp 10.32.0.2:9090:
getsockopt: connection refused: "PostStart Hook Failed"
```

> |**노트**| 훅이 실패했을 때 어떤 일이 발생했는지 보여주려고 시작 후 훅은 올바른 포트인 8080 대신
> 포트 9090을 사용하도록 의도적으로 잘못 구성했다.

명령어 기반인 시작 후 훅의 표준 출력과 표준 오류 출력[4]은 어디에도 로깅되지 않으므로 훅 호출 프로세스를 컨테이너의 파일시스템에 있는 파일에 기록하고 다음과 같이 파일의 내용을 확인할 수 있다.

```
$ kubectl exec my-pod cat logfile.txt
```

훅이 실패한 것과 같이, 어떤 이유로든 컨테이너가 다시 시작되면 파일을 검사하기 전에 파일이 사라질 수 있다. emptyDir 볼륨을 컨테이너에 마운트하고 훅이 이 볼륨에 로그를 쓰면 문제를 해결할 수 있다.

컨테이너의 종료 전 라이프사이클 훅 사용

컨테이너가 종료되기 직전에 종료 전 훅이 실행된다. 컨테이너를 종료해야 할 경우 (실행할 수 있도록 구성돼 있다면) kubelet은 종료 전 훅을 실행한 다음 SIGTERM을 전송한다(프로세스가 정상적으로 종료되지 않으면 나중에 강제로 종료시킬 것이다).

컨테이너가 SIGTERM 신호를 수신해도 정상적으로 종료되지 않으면 종료 전 훅을 사용해 컨테이너를 정상적으로 종료할 수 있다. 또한 애플리케이션 내에서 이런 작업을 구현하지 않고도 종료 전에 임의의 작업을 수행하도록 하는 데 사용할 수 있다(이는 소스 코드에 액세스할 수 없거나 사용할 수 없는 서드파티 애플리케이션을 실행할 때 유용하다).

파드 매니페스트에서 종료 전 훅을 구성하는 것은 시작 후 훅을 추가하는 것과 크게 다르지 않다.

---

4   standard out/error를 말한다. – 옮긴이

이전 예제는 명령을 실행하는 시작 후 훅을 보여줬으므로 이제 HTTP GET 요청을 수행하는 종료 전 훅을 살펴보자. 다음 예제는 파드에서 종료 전 HTTP GET 훅을 정의하는 방법이다.

```
lifecycle:
  preStop:                          HTTP GET 요청을
    httpGet:                        수행하는 종료 전 훅
      port: 8080                    http://POD_IP:8080/shutdown으로
      path: shutdown                요청을 전송한다.
```

예제 17.6에 정의된 종료 전 훅은 kubelet이 컨테이너 종료를 시작하자마자 http://POD_IP:8080/shutdown에 HTTP GET 요청을 보낸다. 예제에 표시된 포트와 경로 외에도 필드 스키마(HTTP 또는 HTTPS)와 호스트뿐만 아니라 요청에 전송해야 하는 http 헤더도 설정할 수 있다. 호스트 필드의 기본값은 파드 IP다. localhost는 파드가 아닌 노드를 참조하므로 localhost로 설정하면 안 된다.

시작 후 훅과 달리 컨테이너는 훅 결과에 상관없이 종료된다. 명령 기반 훅을 사용할 때 HTTP 오류 응답 코드 또는 0이 아닌 종료 코드는 컨테이너 종료를 막지 않는다. 종료 전 훅은 실패하면 파드의 이벤트 중에 FailedPreStopHook 경고 이벤트가 표시되지만 곧 파드가 삭제되기 때문에(파드의 삭제는 우선 종료 전 훅을 시작한다.) 종료 전 훅이 제대로 작동하지 않았다는 것을 알지 못할 수도 있디.

> |팁| 종료 전 훅을 성공적으로 완료하는 것이 시스템의 올바른 작동에 중요한 경우 제대로 실행되고 있는지 확인하라. 종료 전 훅이 작동하지 않았는데 개발자가 알지 못하는 상황을 목격했었다.

애플리케이션이 SIGTERM 신호를 수신하지 않기 때문에 종료 전 훅 사용

많은 개발자들이 종료 전 훅에서 SIGTERM 신호만 애플리케이션에 보내려고 종료 전 훅을 정의하는 실수를 한다. 애플리케이션이 kubelet에서 보낸 SIGTERM 신호를 수신하지 못하

기 때문에 이 작업을 수행한다. 애플리케이션이 신호를 수신하지 않는 이유는 쿠버네티스가 신호를 보내지 않기 때문이 아니라 컨테이너 자체의 애플리케이션 프로세스로 신호가 전달되지 않기 때문이다. 컨테이너 이미지가 셸을 실행하도록 구성돼, 셸에서 애플리케이션 프로세스를 실행하는 경우 자식 프로세스로 전달되지 않고 셸 자체에서 신호를 차단할 수 있다.

이 경우 신호를 애플리케이션에 직접 보내려고 종료 전 훅을 추가하는 대신 셸이 신호를 애플리케이션에 전달하도록 하는 것이 올바른 방법이다. 주 컨테이너 프로세스로 실행되는 셸 스크립트의 신호를 처리한 다음 애플리케이션으로 전달하면 된다. 컨테이너 이미지가 셸을 실행하지 않고 애플리케이션 바이너리를 직접 실행하도록 구성한다. Dockerfile의 ENTRYPOINT 또는 CMD에 exec 형식인 ENTRYPOINT /mybinary 대신 ENTRYPOINT ["/mybinary"]를 사용하면 된다.

첫 번째 형식을 사용하는 컨테이너는 mybinary 실행파일을 기본 프로세스로 실행하는 반면, 두 번째 형식은 셸을 주 프로세스로 실행하고 셸 프로세스의 자식으로 mybinary 프로세스를 실행한다.

파드가 아닌 컨테이너를 타깃으로 하는 라이프사이클 훅 이해

마지막으로 시작 후$^{post-start}$와 종료 전$^{pre-stop}$ 라이프사이클 훅은 파드가 아닌 컨테이너와 관련이 있음을 강조하고자 한다. 파드가 종료될 때 수행해야 하는 동작을 실행하려고 종료 전 훅을 사용해서는 안 된다. 컨테이너가 종료될 때 종료 전 훅이 호출되기 때문이다(대부분 라이브니스 프로브 실패로 인해). 파드가 종료되는 동안뿐만 아니라 파드 라이프사이클 동안 여러 번 발생할 수 있다.

17.2.5 파드 셧다운 이해하기

파드 종료 주제를 살펴봤으므로 이 주제를 좀 더 자세히 관찰하고 파드 셧다운 중에 발생하는 상황을 정확히 알아보자. 이는 파드에서 실행되는 애플리케이션을 완전히 종료하는 방법을 이해하는 데 중요하다.

처음부터 시작해보자. 파드의 종료는 API 서버로 파드 오브젝트를 삭제하면 시작된다. HTTP DELETE 요청을 수신하면 API 서버는 아직 오브젝트를 삭제하지 않고 그 안에 `deleteTimestamp` 필드만 설정한다. 그리고 `deletedTimestamp` 필드가 설정된 파드가 종료된다.

Kubelet은 파드를 종료해야 함을 확인하면 각 파드의 컨테이너를 종료하기 시작한다. 각 컨테이너에 정상적으로 종료하는 데 시간이 걸리지만 시간은 제한돼 있다. 이 시간을 종료 유예 기간^{termination grace period}라고 하며 파드별로 구성할 수 있다. 종료 프로세스가 시작되자마자 타이머가 시작된다. 그런 다음 일련의 이벤트가 수행된다.

1. 종료 전 훅(구성된 경우)을 실행하고 완료될 때까지 기다린다.
2. SIGTERM 신호를 컨테이너의 주 프로세스로 보낸다.
3. 컨테이너가 완전히 종료될 때까지 또는 종료 유예 기간이 끝날 때까지 기다린다.
4. 아직 정상적으로 종료되지 않은 경우 SIGKILL로 프로세스를 강제 종료한다.

이벤트 순서는 그림 17.5에 나와 있다.

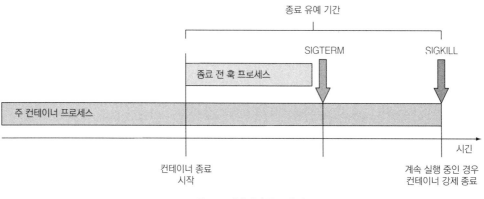

▲ **그림 17.5** 컨테이너 종료 순서

종료 유예 기간 지정

종료 유예 기간은 포스 스펙에서 `terminateGracePeriodSeconds` 필드로 설정할 수 있다.

728

기본값은 30이고 파드의 컨테이너는 강제 종료되기 전에 정상 종료할 수 있도록 30초가 주어진다.

> |**팁**| 프로세스가 시간 내에 종료될 수 있도록 유예 기간을 충분히 길게 설정해야 한다.

다음과 같이 파드를 삭제할 때 파드 스펙에 지정된 종료 유예 기간을 재정의할 수 있다.

```
$ kubectl delete po mypod --grace-period=5
```

그러면 파드가 깨끗하게 종료될 때까지 kubelet이 5초 동안 기다린다. 모든 파드의 컨테이너가 중지되면 kubelet은 API 서버에 알리고 파드 리소스가 삭제된다. 유예 기간을 0으로 설정하고 다음과 같이 --force 옵션을 추가해 확인을 기다리지 않고 API 서버가 리소스를 즉시 삭제하도록 할 수 있다.

```
$ kubectl delete po mypod --grace-period=0 --force
```

이 옵션을 사용할 때는 특히 스테이트풀셋 파드에 주의한다. 스테이트풀셋 컨트롤러는 동일한 파드의 두 인스턴스를 동시에 실행하지 않도록 유의한다(서수 인덱스와 이름이 같고 동일한 퍼시스턴트볼륨에 연결된 두 파드). 파드를 강제 삭제하면 삭제된 파드의 컨테이너가 종료될 때까지 기다리지 않고 컨트롤러가 교체 파드를 생성하게 된다. 즉, 동일한 파드의 두 인스턴스가 동시에 실행돼 스테이트풀 클러스터가 오작동할 수 있다. 파드가 더 이상 실행되고 있지 않거나 클러스터의 다른 멤버와 대화할 수 없는 경우 스테이트풀 파드를 강제로 삭제한다(파드를 호스팅한 노드가 오류가 발생했거나 네트워크에서 연결이 끊겼으며 다시 연결할 수 없는 경우 이 사실을 확인할 수 있다).

컨테이너가 종료되는 방법을 이해했으므로 애플리케이션의 관점에서 컨테이너를 살펴보고 애플리케이션의 종료 절차를 처리하는 방법을 알아보자.

애플리케이션에서 적절한 셧다운 핸들러 구현

애플리케이션은 SIGTERM 신호에 대응해 셧다운 절차를 시작하고 완료되면 종료해야 한다. SIGTERM 신호를 처리하는 대신, 종료 전 훅으로 애플리케이션을 종료하도록 알릴 수 있다. 두 경우 모두 애플리케이션이 성공적으로 완료하기 위한 일정 시간밖에 없다.

하지만 애플리케이션이 완전히 종료되는 데 걸리는 시간을 예측할 수 없다면 어떻게 해야 할까? 애플리케이션이 분산 데이터 저장소라고 가정해보자. 스케일을 축소하면 파드 인스턴스가 제거되므로 종료된다. 종료 단계에서 파드는 모든 데이터를 나머지 파드로 마이그레이션해 데이터가 손실되지 않도록 해야 한다. 파드는 (SIGTERM 신호 또는 종료 전 훅으로) 종료 신호를 수신하면 데이터 마이그레이션을 시작해야 할까?

절대 그렇지 않다! 최소한 다음 두 가지 이유로 권장하지 않는다.

- 컨테이너가 종료해도 파드 전체가 종료되는 것은 아니다.
- 프로세스가 종료되기 전에 종료 절차가 끝난 것이라는 보장이 없다.

두 번째 시나리오는 애플리케이션의 정상적인 종료가 수행되기 전에 종료 유예 기간이 만료될 때뿐만 아니라 컨테이너의 셧다운 단계 중간에 파드를 실행하는 노드가 실패하는 경우에도 발생한다. 그 후, 노드가 다시 시작하는 경우에도 kubelet은 셧다운 절차를 다시 시작하지 않는다(컨테이너를 다시 시작할 수 없다). 파드가 전체 셧다운 단계 전체를 완료할 수 있다는 보장은 전혀 없다.

전용 셧다운 절차 파드를 사용해 중요한 셧다운 절차 대체

반드시 실행해야 하는 중요한 셧다운 절차가 완료될 때까지 셧다운 절차가 실행되도록 보장하는 방법(예를 들어 파드의 데이터를 다른 파드로 확실하게 마이그레이션되도록 보장함)이 있을까?

한 가지 해결책은 애플리케이션이 (종료 신호가 수신될 때) 새 파드를 실행하는 새로운 잡 리소스를 만드는 것이며, 그 역할은 삭제된 파드의 데이터를 나머지 파드로 옮기는 것이다. 그러나 주의해야 할 것은 애플리케이션이 잡 오브젝트를 매번 만들 수 있다는 보장이 없다는 것이다. 애플리케이션을 실행할 때 노드가 실패하면 어떻게 될까?

이 문제를 처리하는 적절한 방법은 분산된 데이터의 존재를 확인하는 전용 파드를 항상 실행하는 것이다. 이 파드가 분산된 데이터를 찾아 나머지 파드로 마이그레이션할 수 있다. 항상 실행되는 파드가 아니라 크론잡 리소스를 사용해 정기적으로 파드를 수행할 수 있다.

여기서 스테이트풀셋이 도움이 될 수 있다고 생각할 수도 있지만, 그렇지 않다. 알다시피 스테이트풀셋을 스케일 다운하면 퍼시스턴트볼륨클레임은 혼자 남고, 묶인 퍼시스턴트볼륨 안에 있는 데이터는 그대로 남아 있게 된다. 스케일 업을 할 때 퍼시스턴트볼륨이 새로운 파드 인스턴스에 다시 연결되지만 스케일 업이 발생하지 않는 (또는 장시간 경과한) 경우는 어떻게 될까? 따라서 스테이트풀셋을 사용하는 경우에도 데이터 마이그레이션 파드를 실행하는 것이 좋다(이 시나리오는 그림 17.6에 나와 있다). 애플리케이션 업그레이드 중에 마이그레이션이 발생하지 않도록, 마이그레이션을 수행하기 전에 스테이트풀셋 파드가 다시 시작되도록 시간을 줘 데이터 마이그레이션 파드가 잠시 대기하도록 구성할 수 있다.

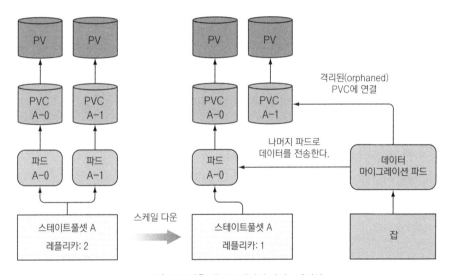

▲ **그림 17.6** 전용 파드로 데이터 마이그레이션

17.3 모든 클라이언트 요청의 적절한 처리 보장

이제 파드를 깨끗하게 종료하는 방법을 알게 됐다. 이제 파드의 클라이언트(파드가 제공하는 서비스를 사용하는 클라이언트)의 관점에서 파드의 라이프사이클을 살펴보자. 파드를 스케일 업과 스케일 다운할 때 클라이언트가 문제를 겪지 않게 하려면 이 점을 이해하는 것이 중요하다.

모든 클라이언트 요청이 올바르게 처리되기를 바라는 것은 말할 필요도 없다. 파드가 시작되거나 종료될 때 연결이 끊어진 것을 보고 싶지 않을 것이다. 쿠버네티스만으로는 이런 일을 막을 수 없다. 연결이 끊어지지 않도록 애플리케이션에서 몇 가지 규칙을 따라야 한다. 먼저 파드가 시작할 때 모든 연결이 올바르게 처리되는지 확인해보자.

17.3.1 파드가 시작될 때 클라이언트 연결 끊기 방지

서비스와 서비스 엔드포인트의 작동 방식을 이해한다면 파드 시작 시 각 연결이 적절히 처리됨을 보장하는 것이 간단하다는 것을 알 것이다. 파드가 시작되면 레이블 셀렉터가 파드의 레이블과 일치하는 모든 서비스의 엔드포인트에 추가된다. 5장에서 살펴봤듯이 파드는 쿠버네티스에 준비가 됐다는 신호를 보내야 한다. 그렇지 않으면 서비스 엔드포인트가 추가되지 않으므로 클라이언트로부터 요청을 받지 못한다.

파드 스펙에 레디니스 프로브를 지정하지 않으면 파드는 항상 준비된 것으로 간주된다. 첫 번째 kube-proxy기 노드에서 iptables 규칙을 업데이트하고 첫 클라이언트 파드가 서비스에 연결을 시도하자마자 거의 즉시 요청을 수신하기 시작한다. 그때까지 애플리케이션이 연결을 수락할 준비가 되지 않으면 클라이언트에게 'connection refused'와 같은 오류가 나타난다.

애플리케이션이 들어오는 요청을 올바르게 처리할 준비가 됐을 때만 레디니스 프로브가 성공을 반환하도록 해야 한다. 첫 번째 단계는 HTTP GET 레디니스 프로브를 추가하고 애플리케이션의 기본 URL을 가리키는 것이다. 대부분 정상 동작하며 애플리케이션에서 특별한 레디니스 엔드포인트를 구현하지 않아도 된다.

17.3.2 파드 셧다운 동안 연결 끊어짐 방지

이제 파드가 삭제되고 컨테이너가 종료될 때 다른 곳에서는 어떤 일이 발생하는지 살펴보자. 이미 파드의 컨테이너가 SIGTERM 신호를 받자마자 (또는 종료 전 훅이 실행될 때) 깨끗하게 종료되는 방법을 이야기했다. 그러나 모든 클라이언트 요청이 적절히 처리되고 있음을 확신할 수 있을까?

애플리케이션이 종료 신호를 받을 때 어떻게 동작해야 할까? 요청을 계속 받아야 하나? 이미 받았지만 아직 완료되지 않은 요청은 어떨까? 요청 사이에 열려는 있지만 (연결에 활성 요청이 없는 경우) 퍼시스턴트 HTTP 연결은 어떨까? 이러한 질문에 대답하기 전에 파드가 삭제될 때 클러스터에서 일어나는 이벤트 체인을 자세히 살펴볼 필요가 있다.

파드 삭제 시 발생하는 이벤트의 순서 이해

11장에서는 쿠버네티스 클러스터의 구성 요소를 자세히 살펴봤다. 이런 구성 요소는 여러 시스템에서 별도의 프로세스로 실행된다는 점을 항상 명심해야 한다. 그것들이 모두 모놀리스 프로세스의 일부가 아니다. 클러스터 상태와 관련해 모든 구성 요소가 동일한 상태 정보를 가지려면 시간이 걸린다. 파드가 삭제될 때 클러스터에서 발생하는 상황을 살펴보면서 이 사실을 알아보자.

API 서버가 파드 삭제 요청을 받으면 먼저 etcd의 상태를 수정한 다음 감시자에게 삭제를 알린다. 이러한 감시자 중에는 kubelet과 엔드포인트 컨트롤러가 있다. 동시에 발생하는 두 가지 이벤트 순서(A 또는 B로 표시)는 그림 17.7에 나와 있다.

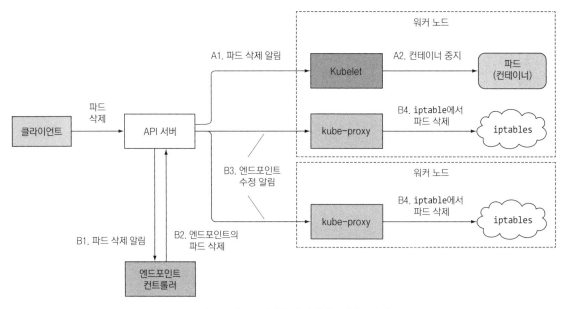

▲ **그림 17.7** 파드를 삭제할 때 발생하는 이벤트 순서

A 이벤트 순서에서 kubelet이 파드를 종료해야 한다는 알림을 받으면 17.2.5절에 설명한 대로 셧다운 순서를 시작한다(종료 전 훅 실행, SIGTERM 전송, 일정 시간 기다렸다가 컨테이너가 아직 종료되지 않은 경우 강제로 컨테이너를 종료한다). 애플리케이션이 클라이언트 요청을 즉시 받지 않음으로써 SIGTERM에 응답하는 경우 애플리케이션에 연결하려는 모든 클라이언트는 connection refused 오류를 수신한다. API 서버에서 kubelet까지 바로 파드가 삭제되는 시점까지 이 작업이 수행되는 데 걸리는 시간은 비교적 짧다.

이제 다른 일련의 이벤트(파드에서 iptables 규칙 [그림의 이벤트 B 순서]에서 제거)가 발생하는 상황을 살펴보자. 쿠버네티스 컨트롤 플레인의 컨트롤러 매니저에서 실행되는 엔드포인트 컨트롤러는 파드가 삭제됐다는 알림을 받으면 파드가 속한 모든 서비스의 엔드포인트에서 파드를 제거한다. API 서버에 REST 요청을 보내 엔드포인트 API 오브젝트를 수정해 이를 수행한다. 그런 다음 API 서버는 엔드포인트 오브젝트를 보고 있는 모든 클라이언트에게 알린다. 이러한 감시자 중에는 워커 노드에서 실행되는 모든 kube-proxy가 있다. 그런 다음 각 프록시는 노드에서 iptables 규칙을 업데이트해 새 연결이 종료되는 파드로 전달되지 않도록 한다. 여기서 iptables 규칙을 제거해도 기존 연결에는 영향을 미치지 않는다. 파드에 이미 연결된 클라이언트는 기존 연결로 파드에 추가 요청을 계속 보낸다.

이 두 사건의 이벤트는 동시에 발생한다. 파드에서 애플리케이션의 프로세스를 종료하는 데 걸리는 시간은 iptables 규칙을 업데이트하는 데 필요한 시간보다 약간 짧다. 이벤트가 먼저 엔드포인트 컨트롤러에 도달한 후 API 서버 및 A1에 새 요청을 보내야 하므로 iptables 규칙을 업데이트하는 이벤트 체인이 상당히 길어진다(그림 17.8 참조). 알림을 보고(파드 수정됨) 프록시가 최종적으로 iptables 규칙을 수정하기 전에 API 서버가 kube-proxy로 알려야 한다. iptables 규칙이 모든 노드에서 업데이트되기 전에 SIGTERM 신호가 전송될 가능성이 높다.

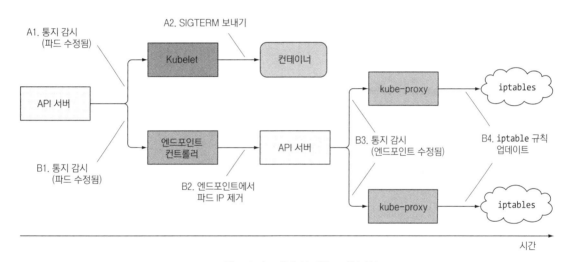

▲ 그림 17.8 파드 삭제 시 이벤트 타임라인

결과적으로 파드는 종료 신호를 보낸 후에도 클라이언트 요청을 받을 수 있다. 애플리케이션이 서버 소켓을 닫고 연결 수락을 즉시 중지하면 클라이언트가 "Connection Refused"의 오류를 수신하게 된다(애플리케이션이 즉시 연결을 수락할 수 없고, 이에 대한 레디니스 프로브를 정의하지 않을 경우 파드 시작 시 발생하는 오류와 유사하다).

문제 해결

구글에서 검색해보면 레디니스 프로브를 파드에 추가하면 문제가 해결되는 것처럼 보인다. 아마도 파드가 `SIGTERM`을 받는 즉시 레디니스 프로브를 실패하게 만들면 될 수도 있다. 이렇게 하면 파드가 서비스의 엔드포인트에서 제거된다. 그러나 레디니스 프로브는 몇 번 연속 실패한 후에만 엔드포인트를 제거한다(레디니스 프로브 스펙에서 구성 가능.[5] 그리고 반드시 파드가 `iptables` 규칙에서 제거되기 전에 kube-proxy에 제거됐다는 통지가 돼야 한다).

실제로, 레디니스 프로브는 전체 프로세스에 전혀 영향을 미치지 않는다. 엔드포인트 컨트롤러는 파드가 삭제됐다는 통지를 받는 즉시(파드 스펙의 `deleteTimestamp` 필드가 `null`이 아닌 경우) 서비스 엔드포인트에서 파드를 제거한다. 이 시점부터 레디니스 프로브의 결과는 상관이 없다.

이 문제의 올바른 해결책은 무엇일까? 모든 요청이 완전히 처리되도록 하려면 어떻게 해야 할까?

모든 kube-proxy가 `iptables` 규칙을 업데이트할 때까지 종료 신호를 수신한 후에도 파드가 연결을 계속 수락해야 한다. 글쎄, 그건 kube-proxy뿐만 아니라 서비스(`iptables`)를 거치지 않고 포트에 직접 연결을 전달하는 인그레스 컨트롤러 또는 로드밸런서에도 이런 문제는 있을 수 있다. 여기에는 클라이언트 측 로드밸런싱을 사용하는 클라이언트도 포함된다. 어떤 클라이언트도 연결이 끊어지지 않도록 하려면 더 이상 파드에 대한 연결을 전달하지 않겠다고 알릴 때까지 기다려야 한다.

모든 구성 요소가 여러 컴퓨터에 분산돼 있기 때문에 이는 불가능하다. 모든 구성 요소 각각의 위치를 알고 그들 모두가 파드를 종료해도 된다고 할 때까지 기다릴 수 있다고 하더라도 그들 중 하나가 응답하지 않으면 어떻게 할까? 응답을 얼마나 오래 기다려야 할까? 그동안에 셧다운 프로세스가 대기 중임을 기억해야 한다.

독자가 할 수 있는 유일한 방법은 모든 프록시가 자신의 작업을 완료할 수 있도록 충분한 시간을 기다리는 것이다. 그러나 얼마나 오래 기다려야 하는가? 대부분 몇 초면 충분하지만 매번 충분하다고 보장할 수는 없다. API 서버 또는 엔드포인트 컨트롤러가 과부하되

---

5   레디니스 프로브의 failureThreshold와 periodSeconds를 다시 한 번 확인해보자. – 옮긴이

736

면 알림이 kube-proxy에 도달하는 데 시간이 더 걸릴 수 있다. 문제를 완벽하게 해결할 수는 없지만 5초 또는 10초 정도의 지연 시간을 추가하더라도 사용자 경험이 상당히 향상될 수 있음을 이해하는 것이 중요하다. 지연 시간을 더 길게 사용할 수 있지만, 지연으로 컨테이너가 즉시 종료되지 않고 파드가 삭제된 후 오랫동안 목록에 표시될 수 있으므로 혼란스러울 수 있다.

이번 절 정리

애플리케이션을 적절히 종료하려면 다음 단계를 수행하라.

- 몇 초를 기다린 후, 새 연결을 받는 것을 막는다.
- 요청 중이 아닌 모든 연결 유지 연결keep-alive connections을 닫는다.
- 모든 활성 요청active request이 완료될 때까지 기다린다.
- 그런 다음 완전히 셧다운한다.

이 과정의 연결 및 요청으로 발생하는 상황을 이해하려면 그림 17.9를 주의 깊게 살펴보자.

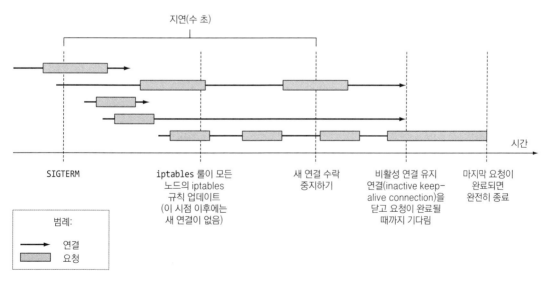

▲ **그림 17.9** 종료 신호를 받은 후 기존 연결과 새 연결을 올바르게 처리

종료 신호를 받는 즉시 프로세스를 종료하는 것만큼 간단하지 않다. 이 모든 것을 할 가치가 있을까? 그것은 여러분이 결정할 일이다. 그러나 최소한 예제 17.7에 있는 것과 같이 최소한 몇 초 동안 대기하는 종료 전 훅을 추가하는 것이 가장 좋다.

예제 17.7 연결이 끊어지는 것을 방지하기 위한 종료 전 훅

```
lifecycle:
  preStop:
    exec:
      command:
      - sh
      - -c
      - "sleep 5"
```

이렇게 하면 애플리케이션 코드를 전혀 수정할 필요가 없다. 애플리케이션에서 이미 진행 중인 요청이 완전히 처리되도록 하는 경우 이 종료 전 훅의 지연만 있으면 된다.

17.4 쿠버네티스에서 애플리케이션을 쉽게 실행하고 관리할 수 있게 만들기

지금까지 다룬 내용을 바탕으로 애플리케이션이 클라이언트를 적절하게 처리하는 방법을 더 잘 이해할 수 있기 바란다. 이제 쿠버네티스에서 더 쉽게 관리할 수 있도록 다른 관점에서 애플리케이션을 만드는 방법을 살펴보자.

17.4.1 관리 가능한 컨테이너 이미지 만들기

애플리케이션을 이미지로 패키징할 때 애플리케이션의 바이너리 실행파일과 필요한 추가 라이브러리를 포함시킬 수 있고, 또는 애플리케이션과 함께 전체 OS 파일시스템을 패키징할 수도 있다. 일반적으로 필요하지 않음에도 많은 사람들이 이렇게 한다.

이미지에 OS 배포판의 모든 파일이 필요한가? 아마 아닐 것이다. 대부분의 파일은 사용되지 않으며 필요한 것보다 이미지를 크게 만든다. 물론 이미지를 계층화하면 각 개별 계층을 한 번만 다운로드하면 되지만 파드가 노드에 처음 스케줄링할 때 필요 이상으로 대기해야 하는 경우는[6] 바람직하지 않다.

새 파드를 배포하고 확장하는 것은 빨라야 한다. 이때 불필요한 것이 없는 작은 이미지가 필요하다. Go 언어를 사용해 애플리케이션을 제작하는 경우 이미지에는 애플리케이션의 바이너리 실행파일 외에 다른 것을 포함할 필요가 없다. 따라서 Go 기반 컨테이너 이미지는 작으므로 쿠버네티스에 매우 적합하다.

> |팁| 이런 이미지는 Dockerfile에서 FROM scratch 지시문을 사용한다.

그러나 실제로 이런 최소한의 이미지만으로 디버깅하기란 매우 어렵다는 점을 곧 알게 될 것이다. 컨테이너 내에서 ping, dig, curl 또는 이와 유사한 도구를 처음으로 실행해야 할 때 컨테이너 이미지가 최소한 이러한 도구 세트를 포함하는 것이 얼마나 중요한지 실감하게 될 것이다. 사람마다 작업 방식이 달라 저자가 이미지에 무엇을 포함할지 포함하지 않을지를 알려줄 수는 없다. 따라서 각자 자신만의 방식을 찾을 필요가 있다.

17.4.2 이미지에 적절한 태그를 지정하고 imagePullPolicy를 현명하게 사용

파드 매니페스트에서 latest 태그를 참조하면 개별 파드 레플리카가 실행 중인 이미지 버전을 알 수 없기 때문에 문제가 발생할 수 있음을 알게 될 것이다. 처음에 모든 파드 레플리카가 동일한 이미지 버전을 실행하더라도 latest 태그 아래에 이미지의 새 버전을 푸시하면 파드의 스케줄링을 조정하거나 디플로이먼트를 확장하면 새 파드가 새 버전을 실행한다. 반면 이전 컨테이너는 여전히 이전 버전을 실행한다. 또한 latest 태그를 사용하면 이전 버전의 이미지를 다시 푸시하지 않는 한 이전 버전으로 롤백할 수 없다.

개발을 제외하고 latest 버전 대신 적절한 버전 지정자를 포함하는 태그를 사용하는 것이 필수다. 변경 가능한 태그를 사용하는 경우(변경 사항을 동일한 태그로 푸시) 파드 스펙의 imagePullPolicy 필드를 always로 설정해야 한다. 그러나 프로덕션 파드에서 이를 사용

---

6 컨테이너 레지스트리에서 다운로드 시 시간을 올릴 수 있다. – 옮긴이

하면 큰 문제가 발생할 수 있음을 알고 있어야 한다. `imagePullPolicy`가 `always`로 설정되면 새 파드가 배포될 때마다 컨테이너 런타임이 이미지 레지스트리에 접속해서 가져온다. 노드가 이미지가 수정됐는지 확인해야 하기 때문에 파드 시작 속도가 약간 느려진다. 게다가 더 나쁜 점은 이 정책은 레지스트리에 연결할 수 없는 경우 파드가 시작되지 않게 한다.

17.4.3 일차원 레이블 대신 다차원 레이블 사용

파드뿐만 아니라 모든 리소스에 레이블을 지정하는 것을 잊지 말자. 각 리소스에 여러 레이블을 추가하면 각 개별 차원에서 레이블을 선택할 수 있다. 이렇게 관리한 경우 리소스 수가 증가하면 여러분(또는 운영 팀)은 감사하게 생각할 것이다.

다음과 같은 항목이 레이블에 포함될 수 있다.

- 리소스가 있는 애플리케이션(또는 마이크로서비스)의 이름
- 애플리케이션 계층(프론트엔드, 백엔드 등)
- 환경(개발, QA, 스테이징, 프로덕션 등)
- 버전
- 릴리스 유형(안정 버전, 카나리, 블루-그린 디플로이먼트의 blue나 green 등)
- 테넌트(네임스페이스 대신 각 테넌트마다 별도의 파드를 실행하는 경우)
- 샤드된 시스템용 샤드shard

이것으로 개별적이 아닌 그룹으로 리소스를 관리하고 각 리소스가 속한 위치를 쉽게 확인할 수 있다.

17.4.4 어노테이션으로 각 리소스 설명

리소스에 정보를 추가하려면 어노테이션을 사용하자. 최소한 리소스에는 리소스를 설명하는 어노테이션과 담당자의 연락처 정보가 포함된 어노테이션이 포함돼야 한다.

마이크로서비스 아키텍처에서, 파드는 사용 중인 다른 서비스의 이름을 나열하는 어노

테이션을 포함할 수 있다. 이렇게 하면 파드 간 의존성을 표시할 수 있다. 다른 어노테이션에는 도구나 그래픽 유저 인터페이스(아이콘 이름 등)에 사용되는 빌드 버전 정보와 메타데이터가 포함될 수 있다.

레이블과 어노테이션을 사용하면 실행 중인 애플리케이션을 훨씬 쉽게 관리할 수 있다. 애플리케이션이 크래시되고 그 이유를 모르는 것보다 나쁜 것은 없다.

17.4.5 프로세스가 종료된 원인에 대한 정보 제공

특히 최악의 순간이 발행했다면 컨테이너가 왜 종료했는지 (또는 지속적으로 종료했는지) 알아내야 하는 것보다 더 좌절스러운 것은 없다. 로그 파일에 필요한 모든 디버그 정보를 포함시켜 운영 담당자의 삶을 행복하고 편안하게 만들어주자.

그러나 문제 파악을 더욱 쉽게 하고자 다른 쿠버네티스 기능을 사용해 컨테이너가 파드 상태에서 종료된 이유를 보여줄 수 있다. 프로세스가 컨테이너의 파일시스템에 있는 특정 파일에 종료 메시지를 작성하도록 할 수 있다. 이 파일의 내용은 컨테이너가 종료될 때 kubelet에서 읽고 `kubectl describe pod`의 출력에 표시된다. 애플리케이션이 이 메커니즘을 사용하면 운영자는 컨테이너 로그를 보지 않아도 애플리케이션이 종료된 이유를 신속하게 확인할 수 있다.

프로세스가 메시지를 작성할 기본 파일은 /dev/termination-log이지만, 파드 스펙의 컨테이너 정의에서 `terminationMessagePath` 필드를 설정해 변경할 수 있다.

예제 17.8과 같이 컨테이너가 즉시 종료되는 파드를 실행하면 이를 확인할 수 있다.

예제 17.8 종료 메시지를 작성하는 파드: termination-message.yaml

```
apiVersion: v1
kind: Pod
metadata:
  name: pod-with-termination-message
spec:
  containers:
  - image: busybox
    name: main
```

```
terminationMessagePath: /var/termination-reason    ◀─┐ 종료 메시지 파일의
command:                                               │ 기본 경로를 재정의한다.
- sh
- -c                                                       ┌ 컨테이너는
                                                           │ 종료 직전에 파일에
- 'echo "I''ve had enough" > /var/termination-reason ; exit 1'  ◀─┘ 메시지를 쓸 것이다.
```

파드를 실행하면 곧 파드 상태가 CrashLoopBackOff로 표시된다. kubectl describe
를 사용하면 예제 17.9와 같이 애플리케이션 로그를 보지 않고도 컨테이너가 종료된 이유
를 확인할 수 있다.

예제 17.9 kubectl describe로 컨테이너의 종료 메시지 확인

```
$ kubectl describe po
Name:           pod-with-termination-message
...
Containers:
...
   State:        Waiting
   Reason:       CrashLoopBackOff
  Last State:    Terminated
   Reason:       Error
   Message:      I've had enough      ◀── 로그를 확인할 필요 없이 컨테이너가
                                          왜 종료됐는지 알 수 있다.
   Exit Code:    1
   Started:      Tue, 21 Feb 2017 21:38:31 +0100
   Finished:     Tue, 21 Feb 2017 21:38:31 +0100
 Ready:          False
 Restart Count:  0
```

보다시피 프로세스가 /var/termination-reason 파일[7]에 기록한 "I've had enough"
메시지가 컨테이너의 Last Sate 섹션의 message에 표시된다. 이 메커니즘은 크래시가 발
생하는 컨테이너에만 국한되지 않는다. 완료 가능한 작업을 실행하고 성공적으로 종료되
는 파드에도 사용할 수 있다(termination-message-success.yaml 파일에서 예제를 찾을 수 있다).

이 메커니즘은 종료된 컨테이너에는 유용하지만 종료된 컨테이너뿐만 아니라 실행 중인 애플리케이션별 특화된 상태 메시지를 표시하는 데에도 유용할 것이라는 점에 동의할 것이다. 그러나 현재 쿠버네티스는 이러한 기능을 제공할 계획이 없다.

> |노트| 컨테이너가 메시지를 파일에 쓰지 않으면 terminationMessagePolicy 필드를 FallbackTo LogsOnError로 설정할 수 있다. 이 경우 컨테이너 로그의 마지막 몇 줄이 종료 메시지로 사용된다 (단, 컨테이너가 성공적으로 종료되지 않은 경우에만 해당된다).

17.4.6 애플리케이션 로깅 처리

애플리케이션 로깅을 다루는 동안 애플리케이션이 파일 대신 표준 출력에 작성해야 한다는 점을 상기해보자. kubectl logs 명령어로 로그를 쉽게 볼 수 있다.

> |팁| 컨테이너가 크래시되고 새 컨테이너로 교체하면 새 컨테이너의 로그가 표시된다. 이전 컨테이너의 로그를 보려면 kubectl logs와 함께 --previous 옵션을 사용하라.

애플리케이션이 표준 출력 대신 파일에 로깅하는 경우 다른 방법을 사용해 로그 파일을 표시할 수 있다.

```
$ kubectl exec <pod> cat <logfile>
```

컨테이너 내부에서 cat 명령을 실행하고 로그를 kubectl로 다시 스트리밍해 터미널에 출력한다.

컨테이너의 로그 및 기타 파일 복사

아직 살펴보지 않은 kubectl cp 명령어를 사용해 로그 파일을 로컬 시스템에 복사할 수도 있다. 컨테이너의 또는 컨테이너로 파일을 복사할 수 있다. 예를 들어 foo-pod라는 파드와 단일 컨테이너에 /var/log/foo.log에 파일이 있으면 다음 명령어를 사용해 로컬 컴퓨터로 전송할 수 있다.

```
$ kubectl cp foo-pod:/var/log/foo.log foo.log
```

로컬 컴퓨터에서 파드로 파일을 복사하려면 두 번째 인수에 파드 이름을 지정한다.

```
$ kubectl cp localfile foo-pod:/etc/remotefile
```

이렇게 하면 localfile 파일이 파드 컨테이너 내의 /etc/remotefile에 복사된다. 파드에 컨테이너가 둘 이상 있으면 -c containerName 옵션을 사용해 컨테이너를 지정한다.

중앙집중식 로깅

프로덕션 시스템에서는 중앙집중식, 클러스터 전체 로깅 솔루션을 사용해 모든 로그를 수집해 중앙 위치에 영구적으로 저장하길 원할 것이다. 이것으로 히스토리 로그를 검토하고 경향(트렌드)을 분석할 수 있다. 이러한 시스템이 없으면 파드의 로그는 파드가 존재하는 동안에만 사용할 수 있다. 파드가 삭제되는 즉시 로그도 삭제된다.

쿠버네티스는 어떤 종류의 중앙 로깅도 제공하지 않는다. 중앙집중식 스토리지와 모든 컨테이너 로그를 분석하는 구성 요소는 보통 클러스터 안에서 일반 파드로 실행되는 추가적인 구성 요소로 제공돼야 한다.

중앙집중식 로깅 솔루션은 쉽게 배포할 수 있다. 몇 가지 YAML/JSON 매니페스트를 배포하기만 하면 된다. GKE에서는 훨씬 더 쉽다. 클러스터를 설정할 때 스택드라이버 로깅Stackdriver Logging 사용 확인란을 선택한다. 온프레미스 쿠버네티스 클러스터에서 중앙집중식 로깅 설정은 이 책의 범위를 벗어나지만 일반적으로 수행되는 방법에 관해 간단한 개요를 제공할 것이다.

일래스틱서치ElasticSearch, 로그스태시Logstash, 키바나Kibana로 구성된 ELK 스택을 이미 들어봤을 것이다. 그리고 약간 수정된 EFK 스택이 있으며 로그스태시 대신 플루언트디FluentD를 사용한다.

중앙 로깅에 EFK 스택을 사용하는 경우 각 쿠버네티스 클러스터 노드는 플루언트디 에이전트(일반적으로 데몬셋으로 배포된 파드)를 실행한다. 이 에이전트는 컨테이너에서 로그를 수집하고 파드 관련 정보로 태그를 지정해 전달한다. 그리고 일래스틱서치에 영구 저장한다. 일래스틱서치는 또한 클러스터 어딘가에 파드로 배포된다. 그런 다음 일래스틱서치 데이터를 시각화하기 위한 웹 도구인 키바나로 웹 브라우저에서 로그를 보고 분석할 수 있다. 또한 일반적으로 파드로 실행되며 서비스로 노출된다. EFK 스택의 세 가지 구성 요소가 그림 17.10에 나와 있다.

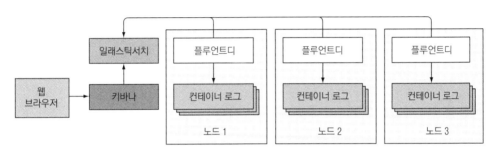

▲ **그림 17.10** 플루언트디, 일래스틱서치, 키바나를 사용한 중앙집중식 로깅

> | **노트** | 18장에서는 Helm 차트를 설명할 것이다. 스스로 YAML 매니페스트를 만드는 대신 쿠버네티스 커뮤니티에서 생성한 차트를 사용해 EFK 스택을 배포할 수 있다.

여러 줄로 구성된 로그 문구 처리

플루언트디 에이전트는 로그 파일의 각 줄을 일래스틱서치 데이터 저장소의 항목으로 저장한다. 한 가지 문제가 있다. 자바의 예외 스택 추적과 같이 여러 줄에 걸쳐 있는 로그는 중앙 로깅 시스템에서 별도의 항목으로 나타난다.

이 문제를 해결하려고 애플리케이션이 일반 텍스트 대신 JSON을 출력하도록 할 수 있다. 이러한 방식으로 여러 줄의 로그문을 키바나에 단일 항목으로 저장하고 표시할 수 있다. 그러나 이것은 kubectl logs 명령어로 로그를 볼 때는 읽기 친화적이지 않다.

해결책은 사람이 읽을 수 있는 로그를 표준 출력으로 계속 출력하면서도 JSON 로그를 파일에 써서 플루언트디에서 처리하게 하는 것이다. 이를 위해서는 노드 수준 플루언트디 에이전트를 적절히 구성하거나 모든 파드에 로깅 사이드카 컨테이너를 추가해야 한다.

17.5 개발 및 테스트 모범사례

애플리케이션을 개발할 때 주의해야 할 사항을 이야기했지만 이러한 프로세스를 간소화하는 데 도움이 될 개발 및 테스트 workflow에 관해서는 언급하지 않았다. 모든 사람들이 자신에게 가장 적합한 것을 찾아야 하기 때문에 너무 자세하게 설명하지는 않을 것이다. 하지만 여기 몇 가지 시작점이 있다.

17.5.1 개발 중 쿠버네티스 외부에서 애플리케이션 실행

프로덕션 쿠버네티스 클러스터에서 실행될 애플리케이션을 개발할 때, 개발 중에도 쿠버네티스에서 실행해야 할까? 그렇지 않다. 사소한 변경 후에 애플리케이션을 빌드하고, 컨테이너 이미지를 빌드하고, 레지스트리로 푸시한 다음, 파드를 다시 배포하면 개발이 느리고 고통스러울 수 있다. 다행히 그 모든 문제를 겪을 필요는 없다.

항상 익숙한 방식으로 로컬 컴퓨터에서 애플리케이션을 개발하고 실행할 수 있다. 결국 쿠버네티스에서 실행되는 애플리케이션은 클러스터 노드 중 하나에서 실행되는 일빈직인 (격리된 상태임에도) 프로세스일 뿐이다. 애플리케이션이 쿠버네티스 환경이 제공하는 특정 기능에 의존하는 경우 개발 머신에 해당 환경을 쉽게 복제할 수 있다.

컨테이너에서 애플리케이션을 실행하는 것을 이야기하지 않았다. 대부분 필요가 없다. 일반적으로 IDE에서 직접 애플리케이션을 실행할 수 있디.

백엔드 서비스 연결

프로덕션 환경에서 애플리케이션이 백엔드 서비스에 연결하고 BACKEND_SERVICE_HOST와 BACKEND_SERVICE_PORT 환경변수를 사용해 서비스 위치를 찾는 경우 로컬 시스템에서 해당 환경변수를 수동으로 설정하고 실행 중인지 여부에 관계없이 백엔드 서비스를 가리킬 수 있다. 쿠버네티스 클러스터 외부 또는 내부 쿠버네티스 내에서 실행 중인 경우 서비스를 노드포트^{NodePort} 또는 로드밸런서^{LoadBalancer} 유형 서비스로 변경해 서비스를 외부에서 언제든지 액세스할 수 있게 할 수 있다(적어도 일시적으로).

API 서버에 연결

마찬가지로 쿠버네티스 클러스터 내에서 실행할 때 애플리케이션에서 쿠버네티스 API 서버에 액세스해야 하는 경우 개발 중에 클러스터 외부에서 API 서버와 쉽게 통신할 수 있다. 서비스어카운트의 토큰을 사용해 자체 인증하는 경우 kubectl cp를 사용해 서비스어카운트의 시크릿 파일을 로컬 컴퓨터에 언제든지 복사할 수 있다. API 서버는 액세스하는 클라이언트가 클러스터 내부 또는 외부에 있는지 상관하지 않는다.

애플리케이션이 8장에서 설명한 것과 같은 앰버서더 컨테이너를 사용하는 경우 해당 시크릿 파일이 필요하지 않다. 로컬 컴퓨터에서 kubectl proxy를 실행하고 로컬로 애플리케이션을 실행하면 로컬 kubectl proxy와 통신할 준비가 될 것이다(앰버서더 컨테이너가 프록시를 동일한 포트에 바인딩하는 경우에 한해서).

이 경우 로컬 kubectl에서 사용 중인 사용자 계정에 애플리케이션이 실행될 서비스어카운트와 동일한 권한이 있는지 확인해야 한다.

개발 중 컨테이너 내부에서 실행

개발 중 어떤 이유로든 컨테이너에서 애플리케이션을 실행해야 할 때마다 컨테이너 이미지를 빌드하지 않아도 되는 방법이 있다. 바이너리를 이미지에 굽는 대신 도커 볼륨으로 로컬 파일시스템을 컨테이너에 항상 마운트할 수 있다. 이렇게 하면 애플리케이션 바이너리의 새 버전을 빌드한 후에 컨테이너를 재시작하기만 하면 된다(또는 hot-redeploy가 지원되는 경우에는 컨테이너를 재시작하지 않아도 된다). 이미지를 다시 만들 필요가 없다.

17.5.2 개발 중 Minikube 사용

앞서 봤듯이 개발 중에 쿠버네티스 내에 애플리케이션을 실행하도록 강요할 필요는 없다. 그러나 어쨌든 진정한 쿠버네티스 환경에서 애플리케이션이 어떻게 작동하는지 확인하려면 그렇게 할 수도 있다.

이 책에서 Minikube를 사용해 예제를 실행했을 것이다. Minikube 클러스터는 워커 노드 하나만 실행하지만 쿠버네티스에서 애플리케이션을 시험해볼 수 있는 유용한 방법이다(물론 완전한 애플리케이션을 구성하는 모든 리소스 매니페스트를 개발할 수도 있다). Minikube는 적절한 다중 노드 쿠버네티스 클러스터가 일반적으로 제공하는 모든 기능을 제공하진 않지만 대부분의 경우 중요하지 않다.

Minikube 가상머신과 로컬 컨테이너에 로컬 파일 마운트

Minikube로 개발 중이고 쿠버네티스 클러스터에서 애플리케이션을 변경할 때마다 `minikube mount` 명령을 사용해 로컬 파일시스템을 Minikube 가상머신에 마운트한 다음 host Path로 컨테이너에 마운트할 수 있다. 추가 작업 방법은 Minikube 설명서(https://github. com/kubernetes/minikube/tree/master/docs)를 참조하기 바란다.

로컬 파일을 Minikube 가상머신에 마운트한 후 컨테이너에 넣기

Minikube로 애플리케이션을 개발하고 모든 변경 후에 컨테이너 이미지를 빌드하려는 경우 Minikube 가상머신 내부의 도커 데몬을 사용해 이미지를 빌드할 수 있다(로컬 도커 데몬을 통해 이미지를 빌드할 필요가 없다). 이를 이미지 레지스트리에 넣은 다음 가상머신의 데몬에서 가져온다. Minikube의 도커 데몬을 사용하려면 `DOCKER_HOST` 환경변수를 지정하기만 하면 된다. 이것은 생각보다 훨씬 쉽다. 로길 컴퓨터에서 다음 명령을 실행하기만 하면 된다.

```
$ eval $(minikube docker-env)
```

필요한 모든 환경변수가 설정된다. 그런 다음 도커 데몬이 로컬 시스템에서 실행되는 것과 같은 방식으로 이미지를 빌드한다. 이미지를 빌드하면 이미지가 Minikube 가상머신의 로컬로 저장돼 있으므로 가상머신으로 넣을 필요가 없다. 즉, 새 파드가 이미지를 즉시 사용할 수 있다. 파드가 이미 실행 중인 경우 다시 시작하려면 컨테이너를 삭제하거나 컨테이너를 종료하면 된다.

로컬에서 이미지를 빌드하고 Minikube 가상머신에 직접 복사

이미지를 빌드하기 위해 가상머신 내부의 데몬을 사용할 수 없는 경우에도 이미지를 레지스트리로 푸시하지 않고, Minikube 가상머신에서 실행 중인 Kubelet에서 이미지를 가져올 수 있다. 로컬 컴퓨터에서 이미지를 빌드한 경우 다음 명령어를 사용해 이미지를 Minikube 가상머신에 복사할 수 있다.

```
$ docker save <image> | (eval $(minikube docker-env) && docker load)
```

이전과 같이 이미지를 즉시 파드에서 사용할 수 있다. 그러나 파드 스펙의 `imagePull Policy`가 `always`로 설정돼 있지 않은지 확인해야 한다. 이렇게 하면 이미지를 외부 레지스트리에서 다시 가져오고 복사한 이미지 내용이 손실될 수 있다.

적절한 쿠버네티스 클러스터와 Minikube 결합

Minikube로 애플리케이션을 개발할 때는 사실상 제한이 없다. Minikube 클러스터를 적절한 쿠버네티스 클러스터와 결합할 수도 있다. 때로는 로컬 Minikube 클러스터에서 개발 워크로드를 실행하고 멀리 떨어진 다중 노드 쿠버네티스 클러스터에 배포된 다른 워크로드와 통신하기도 한다.

애플리케이션 개발이 끝나면 쿠버네티스가 기본 인프라를 추상화한 덕분에 로컬 워크로드를 수정 없이 원격 클러스터로 문제없이 옮길 수 있다.

17.5.3 버전 관리 및 자동 배포 리소스 매니페스트

쿠버네티스는 선언적 모델을 사용하기 때문에 배포된 리소스의 현재 상태를 파악하고 명령을 실행해 의도하는 상태로 만들 수 있다. 쿠버네티스에 의도하는 상태를 알리기만 하면 클러스터 상태와 의도하는 상태를 조정하는 데 필요한 모든 조치가 취해진다.

버전 관리 시스템에 리소스 매니페스트 모음을 저장해 코드 검토를 수행하고 감사 내역을 유지하며 필요할 때마다 변경 사항을 롤백할 수 있다. 각 커밋 후에 kubectl apply 명령어를 실행해 변경 사항이 배포된 리소스에 반영되도록 할 수 있다. 주기적(또는 새 커밋을 감지할 때)으로 버전 컨트롤 시스템으로 매니페스트를 체크아웃하는 에이전트를 실행하면, 그다음 apply 명령어를 실행한다. 쿠버네티스 API 서버와 수동으로 통신할 필요 없이 버전 컨트롤 시스템에 대한 변경 사항을 커밋하지 않고 실행 중인 애플리케이션을 간단히 관리할 수 있다. 다행히 Box[8]의 사람들(우연히 이 책의 원고와 기타 자료를 호스팅하는 데 사용됨)은 kube-applier라는 도구를 개발하고 발표했다.

https://github.com/box/kube-applier에서 도구의 소스 코드를 찾을 수 있다. 여러 브랜치를 사용해 매니페스트를 개발, QA, 스테이징, 프로덕션 클러스터(또는 동일한 클러스터의 다른 네임스페이스)에 배포할 수 있다.

17.5.4 YAML/JSON 매니페스트 대안으로 Ksonnet 소개

이 책 전체에서 YAML 예제를 많이 살펴봤다. YAML 매니페스트가 큰 문제라고 생각하지 않는다. 특히 kubectl explain을 사용해 사용 가능한 옵션을 볼 수 있지만, 어떤 사람들은 문제라고 생각할 수 있다.

이 책의 집필을 마무리할 때 Ksonnet이라는 새로운 도구가 발표됐다. JSON 데이터 구조를 구축하기 위한 데이터 템플릿 언어인 Jsonnet을 기반으로 구축된 라이브러리다. 전체 JSON을 직접 작성하는 대신 매개변수화된 JSON을 정의하고 이름을 지정한 다음 여러 위치에서 동일한 JSON 코드를 반복하는 대신 이름으로 해당 JSON을 참조해 전체 JSON 매니페스트를 빌드할 수 있다. 프로그래밍 언어로 함수나 메서드를 사용한다.

Ksonnet은 쿠버네티스 리소스 매니페스트에서 찾을 수 있는 조각을 정의해 훨씬 적은

---

8   Box.com으로 엔터프라이즈 콘텐츠 저장소를 제공하는 업체로, 쿠버네티스 환경을 주로 사용하며 외부 행사에서 자신들의 경험을 많이 이야기한다. – 옮긴이

코드로 완전한 쿠버네티스 리소스 JSON 매니페스트를 빠르게 작성할 수 있다. 예제 17.10은 그 예다.

예제 17.10 Ksonnet으로 작성한 kubia 디플로이먼트: kubia.ksonnet

```
local k = import "../ksonnet-lib/ksonnet.beta.1/k.libsonnet";

local container = k.core.v1.container;
local deployment = k.apps.v1beta1.deployment;

local kubiaContainer =
  container.default("kubia", "luksa/kubia:v1") +
  container.helpers.namedPort("http", 8080);

deployment.default("kubia", kubiaContainer) +
deployment.mixin.spec.replicas(3)
```

luksa/kubia:v1 이미지를 사용하고 http 포트를 포함하는 kubia라는 컨테이너를 정의한다.

전체 디플로이먼트 리소스로 확장된다. 여기에 정의된 kubiaContainer가 디플로이먼트의 파드 템플릿에 포함된다.

예제에 표시된 kubia.ksonnet 파일은 다음 명령으로 전체 JSON 디플로이먼트 매니페스트로 변환된다.

$ jsonnet kubia.ksonnet

Ksonnet과 Jsonnet의 장점은 더 높은 수준의 조각을 정의하고 모든 매니페스트를 일관되고 중복 없이 만들 수 있다는 것을 알게 되면 더 분명해진다. https://github.com/ksonnet/ksonnet-lib에서 Ksonnet 및 Jsonnet 사용과 설치에 관한 자세한 정보를 찾을 수 있다.

17.5.5 지속적 통합과 지속적 배포

앞의 두 절에서 쿠버네티스 리소스 배포를 자동화하는 것을 다뤘지만 애플리케이션 바이너리, 컨테이너 이미지, 리소스 매니페스트를 구축한 다음 하나 이상의 쿠버네티스 클러스터에 배포하기 위한 완전한 지속적 통합과 지속적 배포CI/CD, Continuous Integration/Continuous Delivery 파이프 라인을 설정할 수 있다.

많은 온라인 자료에서 이 주제를 찾을 수 있다. 여기서는 쿠버네티스를 위한 통합 개발 플랫폼인 Fabric8 프로젝트(http://fabric8.io)를 소개하려고 한다. 그것은 쿠버네티스에서 데브옵스^{DevOps} 스타일의 마이크로서비스 개발, 배포, 관리를 위한 전체 CI/CD 파이프라인을 제공하려고 잘 알려진 오픈소스 자동화 시스템인 젠킨스^{Jenkins}와 기타 다양한 도구가 포함돼 있다.

자체 솔루션을 구축하려면 이 주제를 이야기하는 구글 클라우드 플랫폼 온라인 실습을 살펴보기 바란다. https://github.com/GoogleCloudPlatform/continuous-deployment-on-kubernetes에서 사용할 수 있다.

17.6 요약

17장의 내용으로 쿠버네티스의 동작 방식을 더 깊이 통찰하고 쿠버네티스 클러스터에 배포할 때 편안하게 애플리케이션을 빌드하는 데 도움이 되길 바란다. 17장에서 살펴본 주요 내용은 다음과 같다.

- 이 책에서 다루는 모든 리소스가 쿠버네티스에서 실행되는 일반적인 애플리케이션을 어떻게 나타내는지 보여준다.
- 머신 간 거의 이동하지 않는 애플리케이션과 파드로 자주 재배치되면서 실행되는 애플리케이션 사이의 차이를 생각한다.
- 다중 구성 요소 애플리케이션(또는 마이크로서비스)은 특정 시작 순서에 의존해서는 안 된다는 것을 이해하도록 돕는다.
- 파드를 초기화하거나 사전 조건이 충족될 때까지 파드의 주 컨테이너 시작을 지연시키는 데 사용할 수 있는 초기화 컨테이니를 소개했다.
- 컨테이너 라이프사이클 훅과 사용 시기를 살펴봤다.
- 쿠버네티스 구성 요소의 분산 특성과 궁극적 일관성 모델^{eventual consistency model}에 대한 더 깊은 통찰력을 얻었다.
- 클라이언트 연결을 끊지 않고 애플리케이션을 올바르게 종료하는 방법을 알아봤다.

- 이미지 크기를 작게 유지하고, 모든 리소스에 어노테이션과 다차원 레이블을 추가하고, 애플리케이션이 종료된 이유를 좀 더 쉽게 확인해 애플리케이션을 수월하게 관리하는 방법에 관한 몇 가지 작은 팁을 제공했다.
- 적절한 다중 노드 클러스터에 배포하기 전에 쿠버네티스 애플리케이션을 개발하고 로컬 또는 Minikube에서 실행하는 방법을 배웠다.

마지막 장인 18장에서는 사용자 정의 API 오브젝트와 컨트롤러를 사용해 쿠버네티스를 확장하는 방법과 쿠버네티스 위에 완벽한 Platform-as-a-Service^{PaaS} 솔루션을 만드는 방법을 배울 것이다.

18

쿠버네티스의 확장

거의 다 왔다. 마지막으로 API 오브젝트를 정의하고 그 오브젝트의 컨트롤러를 만드는 방법을 살펴볼 것이다. 또한 다른 사람들이 어떻게 쿠버네티스를 확장하고 그 위에 PaaS Platform-as-a-Service 솔루션을 구축했는지 살펴볼 것이다.

18.1 사용자 정의 API 오브젝트 정의

이 책 전체에서 쿠버네티스가 제공하는 API 오브젝트를 살펴보고 쿠버네티스를 애플리케이션 시스템 구축에 사용하는 방법을 배웠다. 현재 대부분의 쿠버네티스 사용자는 비교적 낮은 수준의 일반적인 개념을 나타내는 오브젝트만 사용한다.

쿠버네티스 생태계가 진화함에 따라 쿠버네티스가 현재 지원하는 리소스보다 훨씬 더 높은 수준의 오브젝트가 점점 더 많이 나타나고 있다. 디플로이먼트, 서비스, 컨피그맵 등을 처리하는 대신 전체 애플리케이션이나 소프트웨어 서비스를 나타내는 오브젝트를 생성하고 관리한다. 사용자 정의 컨트롤러는 이러한 높은 수준의 오브젝트를 관찰하고 이를 기반으로 낮은 수준의 오브젝트를 생성한다. 예를 들어 쿠버네티스 클러스터에서 메시징 브로커를 실행하려면 큐 리소스의 인스턴스를 생성하기만 하면 되며 필요한 모든 시크릿, 디플로이먼트, 서비스는 사용자 정의 큐 컨트롤러가 생성한다. 쿠버네티스는 이미 이와 같은 사용자 정의 리소스를 추가하는 방법을 제공한다.

18.1.1 CustomResourceDefinition 소개

새로운 리소스 유형을 정의하려면 CustomResourceDefinition^{CRD} 오브젝트를 쿠버네티스 API 서버에 게시하면 된다. CustomResourceDefinition 오브젝트는 사용자 정의 리소스 유형에 관한 설명이다. CRD가 게시되면 사용자는 다른 쿠버네티스 리소스와 마찬가지로 JSON 또는 YAML 매니페스트를 API 서버에 게시해 사용자 정의 리소스 인스턴스를 만들 수 있다.

> | **노트** | 쿠버네티스 1.7 이전에는 CustomResourceDefinition과 유사하지만 버전 1.8에서 제거된 ThirdPartyResource 오브젝트를 통해 사용사 성의 리소스를 정의했다.

해당 오브젝트가 클러스터에서 어떤 가시적인 동작을 만들지 않는 이상 사용자가 새로운 유형의 오브젝트를 생성하는 CRD를 생성하는 것은 유용한 기능이 아니다. 11장에서 설명한 것처럼 각 CRD에는 일반적으로 관련 컨트롤러(사용자 정의 오브젝트를 기반으로 작업을 수행하는 활성화된 구성 요소)를 갖는다. 이는 모든 코어 쿠버네티스 리소스가 관련된 컨트롤러를 갖는 것과 같은 방식이다. 사용자 정의 오브젝트의 인스턴스를 추가하는 것 이외에 CustomResourceDefinition를 통해 어떤 작업을 수행하도록 하려면 컨트롤러도 배포해야 한다. 예제 18.1을 살펴보자.

CustomResourceDefinition의 예제 소개

쿠버네티스 클러스터에서 사용자가 파드, 서비스와 기타 쿠버네티스 리소스를 처리할 필요 없이 정적 웹사이트를 최대한 쉽게 실행할 수 있게 한다고 가정해보자. 여기서 하고자하는 것은 사용자가 웹사이트 이름과 웹사이트 파일(HTML, CSS, PNG 등)을 얻을 수 있는 소스를 포함하는 Website 유형의 오브젝트를 만드는 것이다. 깃 리포지터리를 해당 파일의 소스로 사용한다. 사용자가 Website 리소스의 인스턴스를 만들면 그림 18.1과 같이 쿠버네티스가 새 웹서버 파드를 기동하고 서비스를 통해 노출하도록 한다.

Website 리소스를 생성하려면 사용자가 예제 18.1에 표시된 것과 같이 매니페스트를 게시해야 한다.

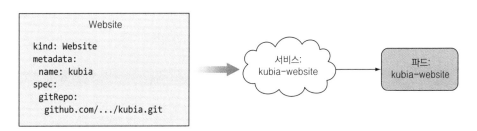

▲ 그림 18.1 각 Website 오브젝트는 서비스와 HTTP 서버 파드를 생성해야 한다.

예제 18.1 가상의 사용자 정의 리소스: imaginary-kubia-website.yaml

다른 모든 리소스와 마찬가지로 리소스에 kind와 metadata.name 필드를 포함하며 대부분의 리소스와 마찬가지로 spec 섹션도 포함한다. 여기에는 gitRepo(이름을 선택할 수 있다)라는 필드가 포함돼 있으며 웹사이트 파일이 포함된 깃 리포지터리를 지정한다. 또한 apiVersion 필드를 포함해야 하지만 사용자 정의 리소스를 위한 값이 무엇인지 아직 모른다.

쿠버네티스에 이 리소스를 게시하면 쿠버네티스가 아직 Website 오브젝트가 무엇인지 알지 못하므로 오류가 발생한다.

```
$ kubectl create -f imaginary-kubia-website.yaml
error: unable to recognize "imaginary-kubia-website.yaml": no matches for
⮑ /, Kind=Website
```

사용자 정의 오브젝트의 인스턴스를 생성하기 전에 쿠버네티스가 해당 오브젝트를 인식하도록 해야 한다.

CustomResourceDefinition 오브젝트 생성

쿠버네티스가 사용자 정의 Website 리소스 인스턴스를 허용하게 하려면 예제 18.2에 표시된 CustomResourceDefinition을 API 서버에 게시해야 한다.

예제 18.2 CustomResourceDefinition 매니페스트: website-crd.yaml

```
apiVersion: apiextensions.k8s.io/v1beta1      CustomResourceDefinition은
kind: CustomResourceDefinition                이 API 그룹과 버전에 속한다.
metadata:
  name: websites.extensions.example.com   ◀──── 사용자 정의 오브젝트의 전체 이름
spec:                                                Website 리소스가 네임스페이스
  scope: Namespaced                              ◀── 범위로 지정되길 원한다.
  group: extensions.example.com         Website 리소스의 API 그룹과
  version: v1                            버전을 정의한다.
  names:
    kind: Website                        사용자 정의 오브젝트 이름의
    singular: website                    다양한 형태를 지정해야 한다.
    plural: websites
```

매니페스트를 쿠버네티스에 게시하고 나면 사용자 정의 Website 리소스의 인스턴스를 만들 수 있다.

코드 아카이브의 website-crd.yaml 파일로 CRD를 생성할 수 있다.

```
$ kubectl create -f website-crd-definition.yaml
customresourcedefinition "websites.extensions.example.com" created
```

CRD의 긴 이름이 궁금할 것이다. 왜 Website라고 부르지 않을까? 바로 이름 충돌을 방지하기 위해서다. CRD 이름에 접미사를 추가해(일반적으로 CRD를 만든 조직의 이름이 포함된다) CRD 이름을 고유하게 유지한다. 다행히 이 긴 이름이 Website 리소스를 생성할 때 kind: websites.extensions.example.com과 함께 생성해야 한다는 것을 의미하지 않으며 CRD의 names.kind 속성에 지정한 kind: Website면 된다. extensions.example.com 부분은 생성한 리소스의 API 그룹이다.

디플로이먼트 오브젝트를 생성하려면 apiVersion을 v1 대신 apps/v1beta1으로 설정해야 함을 배웠다. 슬래시 앞의 부분은 API 그룹(디플로이먼트는 apps API 그룹에 속한다)이고 그 뒤의 부분은 버전 이름(디플로이먼트의 경우 v1beta1)이다. 사용자 정의 Website 리소스의 인스턴스를 만들 때는 apiVersion 속성을 extensions.example.com/v1으로 설정해야 한다.

사용자 정의 리소스의 인스턴스 생성

학습한 내용을 고려해 Website 리소스 인스턴스에 적합한 YAML을 만든다. YAML 매니페스트는 예제 18.3에 나와 있다.

예제 18.3 사용자 정의 Website 리소스: kubia-website.yaml

```
apiVersion: extensions.example.com/v1        ◄── 사용자 정의 API 그룹 및 버전
kind: Website                                 ◄── 이 매니페스트는 Website
metadata:                                         리소스 인스턴스를 설명한다.
  name: kubia                                 ◄── Website 인스턴스의 이름
spec:
```

gitRepo: https://github.com/luksa/kubia-website-example.git 리소스 kind는 Website이고 apiVersion은 API 그룹과 CustomResourceDefinition에서 정의한 버전 번호로 구성된다.

이제 Website 오브젝트를 만들자.

```
$ kubectl create -f kubia-website.yaml
website "kubia" created
```

응답은 API 서버가 사용자 정의 Website 오브젝트를 승인하고 저장했음을 알려준다. 이제 검색할 수 있는지 살펴보자.

사용자 정의 리소스의 인스턴스 검색

클러스터에서 모든 Website를 조회해보자.

```
$ kubectl get websites
NAME    KIND
kubia   Website.v1.extensions.example.com
```

기존 쿠버네티스 리소스와 마찬가지로 사용자 정의 리소스 인스턴스를 생성한 다음 조회할 수 있다. kubectl describe를 사용해 예제 18.4와 같이 사용자 정의 오브젝트의 세부 정보를 보거나 kubectl get을 사용해 전체 YAML을 검색할 수 있다.

예제 18.4 API 서버에서 검색된 전체 Website 리소스 정의

```
$ kubectl get website kubia -o yaml
apiVersion: extensions.example.com/v1
kind: Website
metadata:
creationTimestamp: 2017-02-26T15:53:21Z
  name: kubia
  namespace: default
  resourceVersion: "57047"
  selfLink: /apis/extensions.example.com/v1/.../default/websites/kubia
  uid: b2eb6d99-fc3b-11e6-bd71-0800270a1c50
```

```
spec:
  gitRepo: https://github.com/luksa/kubia-website-example.git
```

리소스에는 YAML 정의에 있던 모든 것이 포함돼 있으며 쿠버네티스는 다른 모든 리소스와 마찬가지로 추가 메타데이터 필드를 초기화했다.

사용자 정의 오브젝트의 인스턴스 삭제

물론 사용자 정의 오브젝트 인스턴스를 생성하고 검색하는 것 이외에 삭제도 할 수 있다.

```
$ kubectl delete website kubia
website "kubia" deleted
```

> |**노트**| Website CRD 리소스가 아닌 Website 인스턴스를 삭제한다. CRD 오브젝트 자체를 삭제할 수 있지만 다음 절에서 추가로 Website 인스턴스를 생성할 예정이므로 보류한다.

지금까지 수행한 일을 검토해보자. CustomResourceDefinition 오브젝트를 생성하면 쿠버네티스 API 서버를 통해 사용자 정의 오브젝트를 저장, 검색, 삭제할 수 있다. 이 오브젝트는 아직 아무것도 하지 않는다. 무언가를 동작하게 하려면 컨트롤러를 생성해야 한다.

일반적으로 이와 같은 사용자 정의 오브젝트를 만든다는 것이 오브젝트를 생성할 때 항상 어떤 일이 일어나게 해야 한다는 것은 아니다. 특정 사용자 정의 오브젝트는 컨피그맵과 같이 일반적인 메커니즘을 사용하는 대신, 데이터를 저장하는 데 사용된다. 파드 내에서 실행되는 애플리케이션은 API 서버에 이런 오브젝트를 쿼리해 오브젝트에 저장된 것을 읽을 수 있다.

그러나 이 경우 Website 오브젝트가 존재해 오브젝트가 참조하는 깃 리포지터리의 콘텐츠를 서비스하는 웹서버가 기동되기를 원한다. 다음 절에서 그 방법을 살펴본다.

18.1.2 사용자 정의 컨트롤러로 사용자 정의 리소스 자동화

Website 오브젝트가 서비스로 노출된 웹서버 파드를 실행하려면 Website 컨트롤러를 생성하고 배포해야 한다. Website 컨트롤러는 Website 오브젝트 생성을 위해 API 서버를 감시한 다음 서비스와 웹서버 파드를 생성한다.

파드가 관리되고 노드 장애에서 살아 남도록 하기 위해 컨트롤러는 관리되지 않는 파드unmanaged Pod 대신 디플로이먼트 리소스를 직접 생성한다. 컨트롤러의 작동은 그림 18.2에 요약돼 있다.

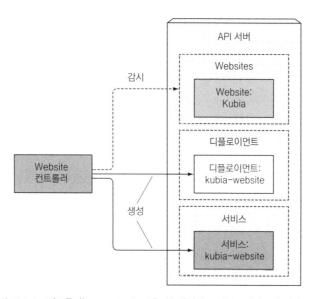

▲ **그림 18.2** Website 컨트롤러는 Website 오브젝트를 감시하고 디플로이먼트와 서비스를 생성한다.

간단히 초기 버전의 컨트롤러를 작성했다. 이 버전은 CRD와 컨트롤러의 작동 상태를 충분히 보여줄 수 있지만 지나치게 단순화돼 프로딕션에 사용하기에는 거리가 멀다. 컨테이너 이미지는 docker.io/luksa/website-controller:latest에 있으며 소스 코드는 https://github.com/luksa/k8swebsite-controller에 있다. 소스 코드를 살펴보는 대신 컨트롤러의 기능을 설명한다.

Website 컨트롤러의 동작 이해

컨트롤러는 시작하자마자 다음 URL을 요청해 Website 오브젝트를 감시하기 시작한다.

http://localhost:8001/apis/extensions.example.com/v1/websites?watch=true

호스트 이름과 포트를 볼 수 있다. 컨트롤러는 API 서버에 직접 연결하지 않지만 대신 동일한 파드에서 사이드카 컨테이너로 실행돼 API 서버로의 앰배서더 역할을 하는 kubectl proxy 프로세스에 연결한다(8장에서 앰배서더 패턴을 살펴봤다). 프록시는 TLS 암호화와 인증을 모두 처리하면서 요청을 API 서버로 전달한다(그림 18.3 참조).

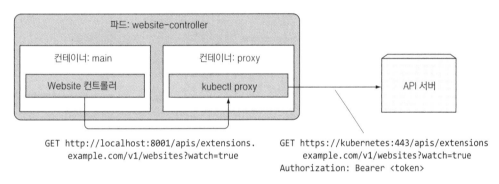

GET http://localhost:8001/apis/extensions.
example.com/v1/websites?watch=true

GET https://kubernetes:443/apis/extensions
example.com/v1/websites?watch=true
Authorization: Bearer <token>

▲ **그림 18.3** Website 컨트롤러는 (앰배서더 컨테이너 내부의) 프록시로 API 서버와 통신한다.

이 HTTP GET 요청으로 열린 연결로 API 서버는 Website 오브젝트의 모든 변경에 대한 감시 이벤트(watch event)를 보낸다.

API 서버는 새 Website 오브젝트가 생성될 때마다 **ADDED** 감시 이벤트를 보낸다. 컨트롤러가 이러한 이벤트를 수신하면, 수신한 감시 이벤트 안에 있는 Website 오브젝트에서 Website의 이름과 깃 리포지터리의 URL을 추출하고 JSON 매니페스트를 API 서버에 게시해 디플로이먼트와 서비스 오브젝트를 생성한다.

디플로이먼트 리소스에는 두 개의 컨테이너가 있는 파드의 템플릿이 있다(그림 18.4 참고). 하나는 nginx 서버를 실행하고 다른 하나는 gitsync 프로세스를 실행해 로컬 디렉터리를 깃 리포지터리의 콘텐츠와 동기화된 상태로 유지한다. 로컬 디렉터리는 emptyDir 볼륨을 nginx 컨테이너와 공유한다(6장에서 유사한 작업을 수행했지만, 로컬 디렉터리를 깃 리포지터리와 동기화된 상태로 유지하는 대신, gitRepo 볼륨을 사용해 파드가 시작될 때 깃 리포지터리의 내용을 다운로드했다. 그 이후 볼륨의 콘텐츠는 깃 리포지터리와 동기화되지 않았다). 서비스는 노드포트 서비스 타입으로 각 노드의 임의 포트로 웹서버 파드를 노출한다(모든 노드에서 동일한 포트가 사용된다). 디플로이먼트 오브젝트로 파드가 생성되면 클라이언트는 노드포트를 통해 웹사이트에 접근할 수 있다.

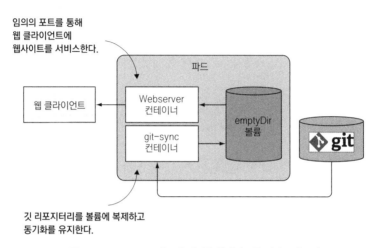

▲ **그림 18.4** Website 오브젝트에 지정된 웹사이트를 서비스하는 파드

Website 리소스 인스턴스가 삭제되면 API 서버는 DELETED 감시 이벤트를 보낸다. 이 벤트를 수신하면 컨트롤러는 이전에 작성한 디플로이먼트와 서비스 리소스를 삭제한다. 사용자가 Website 인스턴스를 삭제하자마자 컨트롤러는 해당 웹사이트를 제공하는 웹서버를 종료하고 제거한다.

> |**노트**| 이 지나치게 단순화한 컨트롤러는 적절히 구현되지 않았다. API 오브젝트를 감시하는 방식이 개별 감시 이벤트를 놓칠 수 있는 구조다. API 서버를 통해 오브젝트를 감시하는 적절한 방법은 오브젝트를 감시하는 것뿐만 아니라 감시 이벤트가 누락된 경우를 위해 모든 오브젝트를 주기적으로 조회하는 것이다.

파드 형태로 컨트롤러 실행

개발 과정에서 로컬 개발 노트북에서 컨트롤러를 실행하고 로컬로 실행 중인 kubectl proxy 프로세스(파드로 실행되지 않음)를 쿠버네티스 API 서버의 앰배서더로 사용했다. 소스 코드를 변경할 때마다 컨테이너 이미지를 빌드한 다음 쿠버네티스에서 실행할 필요가 없기 때문에 빠르게 개발할 수 있었다.

컨트롤러를 프로덕션 환경에 배포할 준비가 됐을 때 가장 좋은 방법은 다른 모든 코어 컨트롤러와 마찬가지로 쿠버네티스 안에서 컨트롤러를 실행하는 것이다. 쿠버네티스에서 컨트롤러를 실행하려면 디플로이먼트 리소스로 컨트롤러를 배포할 수 있다. 예제 18.5는 그런 디플로이먼트의 예를 보여준다.

예제 18.5 Website 컨트롤러 디플로이먼트: website-controller.yaml

```
apiVersion: apps/v1beta1
kind: Deployment
metadata:
  name: website-controller
spec:
  replicas: 1                                         컨트롤러의 하나의
  template:                                           레플리카로 실행한다.
  metadata:
    name: website-controller
    labels:
      app: website-controller
  spec:
    serviceAccountName: website-controller            특별한 서비스어카운트
    containers:                                       아래에 실행된다.
    - name: main
      image: luksa/website-controller
    - name: proxy                                     두 개의 컨테이너:
      image: luksa/kubectl-proxy:1.6.2                주 컨테이너와 프록시 사이드카
```

여기서 볼 수 있듯이 디플로이먼트는 컨테이너 두 개를 갖는 파드의 레플리카 하나를 배포한다. 한 컨테이너는 컨트롤러를 실행하고 다른 하나는 API 서버와 통신에 사용되는

앰배서더 컨테이너다. 파드는 자체 서비스어카운트 아래에서 실행되므로 컨트롤러를 배포하기 전에 만들어야 한다.

```
$ kubectl create serviceaccount website-controller
serviceaccount "website-controller" created
```

클러스터에서 역할 기반 액세스 제어[RBAC]가 활성화된 경우 쿠버네티스는 컨트롤러가 Website 리소스를 감시하거나 디플로이먼트나 서비스를 만들 수 없다. 이를 허용하려면 다음과 같이 클러스터롤바인딩을 만들어 Website 컨트롤러 서비스어카운트를 cluster-admin 클러스터롤에 바인딩해야 한다.

```
$ kubectl create clusterrolebinding website-controller
➥ --clusterrole=cluster-admin
➥ --serviceaccount=default:website-controller
clusterrolebinding "website-controller" created
```

서비스어카운트와 클러스터롤바인딩이 준비되면 컨트롤러의 디플로이먼트를 배포할 수 있다.

동작 중인 컨트롤러 살펴보기

컨트롤러가 실행 중이므로 kubia Website 리소스를 다시 생성해본다.

```
$ kubectl create -f kubia-website.yaml
website "kubia" created
```

이제 컨트롤러의 로그를 살펴보고(예제 18.6 참고) 감시 이벤트를 받았는지 확인하자.

예제 18.6 Website 컨트롤러의 로그 표시하기

```
$ kubectl logs website-controller-2429717411-q43zs -c main
2017/02/26 16:54:41 website-controller started.
2017/02/26 16:54:47 Received watch event: ADDED: kubia: https://github.c...
2017/02/26 16:54:47 Creating services with name kubia-website in namespa...
2017/02/26 16:54:47 Response status: 201 Created
```

```
2017/02/26 16:54:47 Creating deployments with name kubia-website in name...
2017/02/26 16:54:47 Response status: 201 Created
```

로그는 컨트롤러가 ADDED 이벤트를 수신했으며 kubia-website Website에 대한 서비스와 디플로이먼트를 생성했음을 나타낸다. API 서버가 **201 Created** 응답을 전달하는데 이는 두 개의 리소스가 있어야 함을 의미한다. 디플로이먼트, 서비스 리소스와 결과로 파드가 생성됐는지 확인한다. 예제 18.7은 모든 디플로이먼트, 서비스, 파드를 조회한 것이다.

예제 18.7 kubia-website로 생성된 디플로이먼트, 서비스, 파드

```
$ kubectl get deploy,svc,po
NAME                     DESIRED  CURRENT  UP-TO-DATE  AVAILABLE  AGE
deploy/kubia-website     1        1        1           1          4s
deploy/website-controller 1       1        1           1          5m

NAME                CLUSTER-IP     EXTERNAL-IP  PORT(S)       AGE
svc/kubernetes      10.96.0.1      <none>       443/TCP       38d
svc/kubia-website   10.101.48.23   <nodes>      80:32589/TCP  4s

NAME                                     READY  STATUS   RESTARTS  AGE
po/kubia-website-1029415133-rs715        2/2    Running  0         4s
po/website-controller-1571685839-qzmg6   2/2    Running  1         5m
```

웹사이트에 액세스할 수 있는 kubia-website 서비스는 모든 클러스터 노드의 32589 포트에서 사용할 수 있다. 브라우저로 액세스할 수 있다. 훌륭하지 않은가?

쿠버네티스 클러스터 사용자는 이제 몇 초만에 정적 웹사이트를 배포할 수 있다. 사용자 정의 Website 리소스를 제외하면 파드, 리소스, 기타 다른 쿠버네티스 리소스를 알 필요가 없다.

분명히 개선의 여지가 여전히 남아 있다. 예를 들어 컨트롤러가 서비스 오브젝트를 감시하고 노드포트가 할당되자마자 웹사이트에 액세스할 수 있는 URL을 Website 리소스 인스턴스의 **status** 섹션에 쓸 수 있다. 또는 각 웹사이트에 대한 인그레스 오브젝트를 만들 수도 있다. 이러한 추가 기능의 구현은 독자 여러분이 연습할 수 있도록 남겨둔다.

18.1.3 사용자 정의 오브젝트 유효성 검증

Webiste CustomResourceDefinition에서 어떤 종류의 유효성 스키마도 지정하지 않은 것을 눈치챘을 것이다. 사용자는 Website 오브젝트의 YAML에 원하는 어떤 필드든 포함할 수 있다. API 서버는 YAML의 콘텐츠를 검증하지 않으므로(apiVersion, kind, 메타데이터와 같은 일반적인 필드 제외) 사용자가 잘못된 Website 오브젝트(예: gitRepo 필드가 없는)를 만들 수 있다.

컨트롤러에 유효성 검사를 추가하고 API 서버가 유효하지 않은 오브젝트를 승인하지 않도록 할 수 있을까? 그럴 수는 없다. API 서버는 먼저 오브젝트를 저장한 다음 클라이언트(kubectl)에게 성공 응답을 반환한 이후에서야 모든 감시자(컨트롤러가 그중 하나다)에게 알리기 때문이다. 컨트롤러가 실제로 할 수 있는 일은 감시 이벤트에서 오브젝트를 수신할 때 오브젝트의 유효성을 검증하는 것이다. 오브젝트가 유효하지 않은 경우 Website 오브젝트에 오류 메시지를 작성한다(API 서버에 새 요청을 보내 오브젝트를 업데이트한다). 사용자에게 오류를 자동으로 알리지 않는다. Website 오브젝트를 API 서버에 쿼리해 오류 메시지를 확인해야 한다. 사용자가 이 작업을 수행하지 않으면 오브젝트가 유효한지를 알 수 없다.

분명 이상적이지 않다. API 서버가 오브젝트의 유효성을 검사하고 유효하지 않은 오브젝트를 즉시 거부해야 한다. 쿠버네티스 버전 1.8에서 사용자 정의 오브젝트의 유효성 검사가 알파 기능으로 도입됐다. API 서버가 사용자 정의 오브젝트의 유효성을 검증하게 하려면 API 서버에서 `CustomResourceValidation` 기능 게이트[Feature gate]를 사용하도록 하고 CRD에서 JSON 스키마를 지정해야 한다.[1]

18.1.4 사용자 정의 오브젝트를 위한 사용자 정의 API 서버 제공

쿠버네티스에서 사용자 정의 오브젝트에 대한 지원을 추가하는 좋은 방법은 자체 API 서버를 구현하고 클라이언트와 직접 통신하는 것이다.

---

1   CustomResourceValidation은 쿠버네티스 1.16 버전에서 GA가 됐으며, Beta 단계인 1.9에서부터 기본값이 true이다. - 옮긴이

API 서버 애그리게이션 소개

쿠버네티스 1.7 버전에서 API 서버 애그리게이션^{aggregation}으로 사용자 정의 API 서버를 기본 쿠버네티스 API 서버와 통합할 수 있다. 초기의 쿠버네티스 API 서버는 단일 모놀리스 구성 요소였다. 쿠버네티스 버전 1.7부터 여러 애그리게이션된 API 서버가 단일 경로로 노출된다. 클라이언트는 애그리게이션된 API에 연결해 해당 요청을 적절한 API 서버로 투명하게 전달할 수 있다. 이런 식으로 클라이언트는 여러 API 서버가 뒤에서 서로 다른 오브젝트를 처리한다는 사실을 알지 못한다. 코어 쿠버네티스 API 서버도 결국 여러 작은 API 서버로 분할되며, 에그리게이터를 통해 단일 서버로 노출된다(그림 18.5 참조).

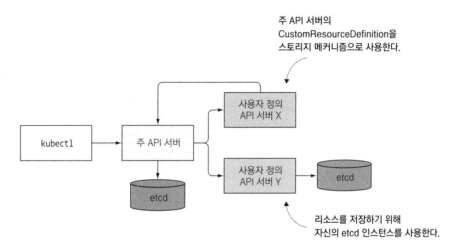

▲ **그림 18.5** API 서버 애그리게이션

이 경우에는 Website 오브젝트의 처리를 담당하는 API 서버를 만들 수 있다. 코어 쿠버네티스 API 서버가 오브젝트를 확인하는 방식으로 해당 오브젝트의 유효성을 검사한다. Website 오브젝트 유형을 사용자 정의 API 서버에 직접 구현하므로 더 이상 해당 오브젝트를 나타내기 위해 CRD를 만들 필요가 없다.

일반적으로 각 API 서버는 자신의 리소스 저장을 담당한다. 그림 18.5에서 볼 수 있듯이 자체 etcd 인스턴스(또는 전체 etcd 클러스터)를 실행하거나, 코어 API 서버에 CRD 인스턴스를 생성해 코어 API 서버의 etcd 저장소에 리소스를 저장할 수 있다. 이 경우 예제에서 수행한 방식으로 CRD 인스턴스를 생성하기 전에 먼저 CRD 오브젝트를 만들어야 한다.

사용자 정의 API 서버 등록

사용자 정의 API 서버를 클러스터에 추가하려면 파드로 배포하고 서비스를 통해 노출해야 한다. 그런 다음 이를 주 API 서버에 통합하기 위해 예제 18.8과 같은 APIService 리소스를 설명하는 YAML 매니페스트를 배포한다.

예제 18.8 APIService YAML 정의

```
apiVersion: apiregistration.k8s.io/v1beta1          APIService 리소스다.
kind: APIService
metadata:
  name: v1alpha1.extensions.example.com
spec:
  group: extensions.example.com          ◀── API 서버가 담당하는 API 그룹
  version: v1alpha1          ◀── 지원되는 API 버전
  priority: 150
  service:
    name: website-api          사용자 정의 API 서버가
    namespace: default          노출되는 서비스
```

이전 예제에서 APIService 리소스를 생성하면, extensions.example.com API 그룹과 버전 v1alpha1의 리소스를 포함하는 주 API 서버로 전달된 클라이언트 요청은 website-api 서비스로 노출된 사용자 정의 API 서버 파드로 포워딩된다.

사용자 정의 클라이언트 생성

일반 kubectl 클라이언트를 사용해 YAML 파일에서 사용자 정의 리소스를 생성할 수는 있지만, 사용자 정의 오브젝트를 좀 더 쉽게 배포할 수 있도록 사용자 정의 API 서버에 덧붙여 사용자 정의 CLI 도구를 빌드할 수도 있다. 이를 통해 kubectl create secret 또는 kubectl create deployment와 같은 리소스 전용(resource-specific) 명령어로 kubectl이 시크릿, 디플로이먼트, 기타 리소스를 생성하는 방법과 유사하게 해당 오브젝트를 조작하기 위한 전용 명령어를 추가할 수 있다.

이미 언급했듯이 사용자 정의 API 서버, API 서버 애그리게이션 및 쿠버네티스 확장과 관련된 기타 기능은 현재 집중적으로 작업 중이므로 이 책이 출간된 후에 변경될 수 있다. 이 주제에 대한 최신 정보를 얻으려면 쿠버네티스 깃허브 리포지터리(http://github.com/kubernetes)를 참조하라.

18.2 쿠버네티스 서비스 카탈로그를 통한 쿠버네티스 확장

API 서버 애그리게이션으로 쿠버네티스에 추가될 첫 번째 추가 API 서버는 서비스 카탈로그 API 서버다. 서비스 카탈로그는 쿠버네티스 커뮤니티의 뜨거운 주제이므로 이를 살펴보자.[2]

현재 파드가 서비스로 사용되려면(여기서 서비스는 서비스 리소스와 상관없이 일반적인 용어로 사용한다. 예를 들어 데이터베이스 서비스에는 사용자가 애플리케이션에서 데이터베이스를 사용하는 데 필요한 모든 것이 포함돼 있다) 누군가가 서비스 리소스와 클라이언트 파드가 서비스에 인증하는 데 사용할 수 있는 시크릿과 파드를 배포해야 한다. 그 누군가는 일반적으로 클라이언트 파드를 배포하는 동일한 사용자일 수도 있고, 팀이 이러한 유형의 일반 서비스 배포를 전담하는 경우라면, 사용자는 티켓을 제출하고 팀이 서비스를 프로비저닝할 때까지 기다려야 한다. 즉, 사용자가 서비스의 모든 구성 요소에 대한 매니페스트를 생성하거나, 기존 매니페스트 세트의 위치를 알고 올바르게 구성하는 방법을 알아 수동으로 배포하거나, 다른 팀이 수행할 때까지 기다려야 한다.

그러나 쿠버네티스는 사용하기 쉬운 셀프 서비스 시스템이어야 한다. 이상적으로는 특정 서비스가 필요한 애플리케이션(예를 들어 백엔드 데이터베이스가 필요한 웹 애플리케이션)이 있는 사용자는 쿠버네티스에게 다음과 같이 말할 수 있어야 한다. "PostgreSQL 데이터베이스가 필요해. 하나를 프로비저닝하고 어디에서 어떻게 연결하는지 알려줘." 이것은 곧 쿠버네티스 서비스 카탈로그를 통해 가능해질 것이다.

---

2 레드햇의 OperatorHub(https://operatorhub.io)나 VMware(이전 Bitnami)의 KubeApps(https://kubeapps.com)와 같은 서비스 카탈로그가 있다. – 옮긴이

18.2.1 서비스 카탈로그 소개

이름에서 알 수 있듯이 서비스 카탈로그는 서비스의 카탈로그다. 사용자는 카탈로그를 탐색할 수 있고, 서비스 실행에 필요한 파드, 서비스, 컨피그맵, 기타 리소스를 다루지 않고도 카탈로그에 나열된 서비스 인스턴스를 프로비저닝할 수 있다. 이는 Website 사용자 정의 리소스에서 수행한 것과 유사하다. 각 서비스 유형을 API 서버에 사용자 정의 리소스로 추가하는 대신 서비스 카탈로그는 다음과 같은 4가지 일반 API 리소스를 소개한다.

- ClusterServiceBroker: 서비스를 프로비저닝할 수 있는 (외부) 시스템을 기술한다.
- ClusterServiceClass: 프로비저닝할 수 있는 서비스 유형을 기술한다.
- ServiceInstance: 프로비저닝된 서비스의 한 인스턴스다.
- ServiceBinding: 클라이언트 (파드) 세트와 ServiceInstance 간의 바인딩을 나타낸다.

이 네 리소스 사이의 관계는 그림 18.6에 나타나 있으며 다음 단락에서 설명한다.

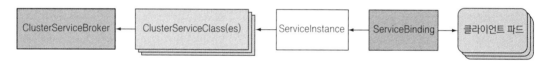

▲ **그림 18.6** 서비스 카탈로그 API 리소스 간의 관계

간단히 말해 클러스터 관리자는 클러스터에서 서비스를 제공하고자 하는 각 서비스 브로커를 ClusterServiceBroker 리소스로 생성한다. 그런 다음 쿠버네티스는 브로커에게 제공할 수 있는 서비스 목록을 요청하고, 각 서비스의 ClusterServiceClass 리소스를 생성한다. 사용자가 서비스를 프로비저닝해야 하는 경우 ServiceInstance 리소스를 생성한 다음 ServiceBinding을 사용해 해당 ServiceInstance를 파드에 바인딩한다. 그런 다음 해당 피드에는 프로비저닝된 ServiceInstance에 연결하는 데 필요한 모든 자격증명과 기타 데이터가 포함된 시크릿이 주입된다.

서비스 카탈로그 시스템 아키텍처는 그림 18.7에 나와 있다.

772

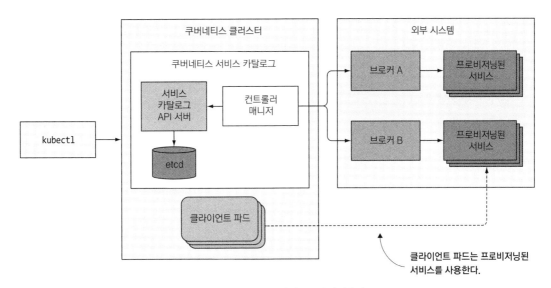

▲ **그림 18.7** 서비스 카탈로그의 아키텍처

그림에 표시된 구성 요소는 다음 절에서 설명한다.

18.2.2 서비스 카탈로그 API 서버 및 컨트롤러 매니저 소개

코어 쿠버네티스와 유사하게 서비스 카탈로그는 세 가지 구성 요소로 구성된 분산 시스템이다.

- 서비스 카탈로그 API 서버
- etcd 스토리지
- 모든 컨트롤러를 실행하는 컨트롤러 매니저

앞서 소개한 네 가지 서비스 카탈로그 관련 리소스는 YAML/JSON 매니페스트를 API 서버에 게시해 생성된다. 그런 다음 이를 자체 etcd 인스턴스에 저장하거나 기본 API 서버의 CustomResourceDefinition을 대체 스토리지 메커니즘으로 사용한다(이 경우 추가 etcd 인스턴스가 필요하지 않다).

컨트롤러 매니저에서 실행 중인 컨트롤러는 해당 리소스로 무언가를 수행한다. 다른 코어 쿠버네티스 컨트롤러가 코어 API 서버와 통신하는 방식으로 컨트롤러는 서비스 카탈로그 API 서버와 통신한다. 이러한 컨트롤러는 요청된 서비스를 스스로 프로비저닝하지 않는다. 서비스 카탈로그 API에서 ServiceBroker 리소스를 생성해 등록된 외부 서비스 브로커에 이를 남겨둔다.

18.2.3 Service Broker와 OpenServiceBroker API 소개

클러스터 관리자는 서비스 카탈로그에 하나 이상의 외부 ServiceBroker를 등록할 수 있다. 모든 브로커는 OpenServiceBroker API를 구현해야 한다.

OpenServiceBroker API 소개

서비스 카탈로그는 해당 API를 통해 브로커와 통신한다. API는 비교적 간단하다. 다음과 같은 작업을 제공하는 REST API다.

- 서비스 목록 검색(GET /v2/catalog)
- 서비스 인스턴스 프로비저닝(PUT /v2/service_instances/:id)
- 서비스 인스턴스 업데이트(PATCH /v2/service_instances/:id)
- 서비스 인스턴스 바인딩(PUT /v2/service_instances/:id/service_bindings/:binding_id)
- 인스턴스 바인딩 해제(DELETE /v2/service_instances/:id/service_bindings/:binding_id)
- 서비스 인스턴스 디프로비저닝(DELETE /v2/service_instances/:id)

https://github.com/openservicebrokerapi/servicebroker에서 OpenService Broker API 스펙을 확인할 수 있다.

서비스 카탈로그에 브로커 등록

클러스터 관리자는 예제 18.9와 같이 ServiceBroker 리소스 매니페스트를 서비스 카탈로그 API에 게시해 브로커를 등록한다.

```
apiVersion: servicecatalog.k8s.io/v1alpha1          리소스 kind, API 그룹과 버전
kind: ClusterServiceBroker
metadata:
  name: database-broker                      ◀──  브로커의 이름
spec:
  url: http://database-osbapi.myorganization.org  ◀──  서비스 카탈로그가 브로커에 연결할 수 있는 위치
                                                        (OpenServiceBroker[OSB] API URL이다)
```

이 예제는 다른 유형의 데이터베이스를 프로비저닝할 수 있는 가상의 브로커를 설명한다. 관리자가 ClusterServiceBroker 리소스를 생성한 후 서비스 카탈로그 컨트롤러 매니저의 컨트롤러는 이 브로커가 프로비저닝할 수 있는 서비스 목록을 검색하기 위해 리소스에 지정된 URL에 연결한다.

서비스 카탈로그는 서비스 목록을 검색한 후 각 서비스에 대한 ClusterServiceClass 리소스를 생성한다. 각 ClusterServiceClass 리소스는 프로비저닝할 수 있는 단일 유형의 서비스를 설명한다(ClusterServiceClass의 예는 "PostgreSQL 데이터베이스"다). 각 ClusterServiceClass에 연관된 하나 이상의 서비스 플랜이 있다. 이를 통해 사용자는 필요한 서비스 수준을 선택할 수 있다(예를 들어 데이터베이스 ClusterServiceClass는 데이터베이스의 크기가 제한되고 HDD 기반 스토리지를 사용하는 '무료' 플랜과, 크기 제한이 없고 SSD 스토리지를 포함하는 '프리미엄' 플랜을 제공할 수 있다).

클러스터에서 사용 가능한 서비스 조회

쿠버네티스 클러스터 사용자는 예제 18.10과 같이 kubectl get serviceclasses를 사용해 클러스터에서 프로비저닝할 수 있는 모든 서비스 목록을 검색할 수 있다.

```
$ kubectl get clusterserviceclasses
NAME              KIND
postgres-database ClusterServiceClass.v1alpha1.servicecatalog.k8s.io
mysql-database    ServiceClass.v1alpha1.servicecatalog.k8s.io
mongodb-database  ServiceClass.v1alpha1.servicecatalog.k8s.io
```

예제에는 가상의 데이터베이스 브로커가 제공할 수 있는 서비스에 대한 ClusterService Classes가 표시된다. 6장에서 논의한 스토리지클래스와 ClusterServiceClasses를 비교할 수 있다. 스토리지클래스를 사용하면 파드에서 사용하려는 스토리지 유형을 선택할 수 있으며 ClusterServiceClasses를 사용하면 서비스 유형을 선택할 수 있다. YAML을 검색해 ClusterServiceClasses 중 하나의 세부 사항을 볼 수 있다. 예제 18.11을 살펴보자.

예제 18.11 ClusterServiceClass 정의

```
$ kubectl get serviceclass postgres-database -o yaml
apiVersion: servicecatalog.k8s.io/v1alpha1
bindable: true
brokerName: database-broker            ◀──  이 ClusterServiceClasss는
description: A PostgreSQL database           database-broker에서
kind: ClusterServiceClass                    제공된다.
metadata:
  name: postgres-database
...
planUpdatable: false
plans:
- description: A free (but slow) PostgreSQL instance
  name: free                                           이 서비스의 무료 플랜
  osbFree: true
  ...
- description: A paid (very fast) PostgreSQL instance
  name: premium                                        유료 플랜
  osbFree: false
  ...
```

예제의 ClusterServiceClass에는 무료 플랜과 프리미엄 플랜이 포함된다. 이 Cluster ServiceClass가 **database-broker** 브로커로 제공됨을 알 수 있다.

18.2.4 프로비저닝과 서비스 사용

배포 중인 파드가 데이터베이스를 사용해야 한다고 가정해보자. 사용 가능한 ClusterService

Class 목록을 검사하고 **postgres-database** ClusterServiceClass의 무료 플랜을 사용하도록 선택했다.

ServiceInstance 프로비저닝

데이터베이스를 프로비저닝하려면 예제 18.12와 같이 ServiceInstance 리소스를 생성하면 된다.

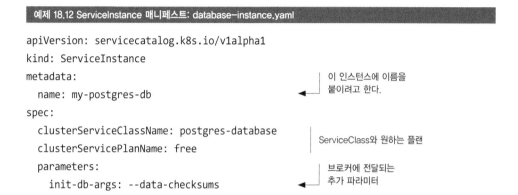

예제 18.12 ServiceInstance 매니페스트: database-instance.yaml

```
apiVersion: servicecatalog.k8s.io/v1alpha1
kind: ServiceInstance
metadata:
  name: my-postgres-db                          ◀── 이 인스턴스에 이름을
                                                     붙이려고 한다.
spec:
  clusterServiceClassName: postgres-database
  clusterServicePlanName: free                   │ ServiceClass와 원하는 플랜
  parameters:                                    ┌── 브로커에 전달되는
    init-db-args: --data-checksums          ◀──┘   추가 파라미터
```

my-postgres-db(배포할 리소스 이름)라는 ServiceInstance를 만들고 ClusterService Class와 선택한 플랜을 지정했다. 각 브로커와 ClusterServiceClass에 고유한 파라미터를 지정한다. 브로커의 설명서에서 사용 가능한 매개변수를 찾았다고 가정한다.

이 리소스를 생성하자마자 서비스 카탈로그는 ClusterServiceClass가 속한 브로커에 접속해 서비스를 프로비저닝하도록 요청한다. 선택한 ClusterServiceClass, 플랜 이름, 지정한 모든 파라미터가 전달된다.

그런 다음 이 정보로 무엇을 해야 하는지 아는 것은 전적으로 브로커에게 달려 있다. 이 경우 데이터베이스 브로커는 아마도 어딘가에 PostgreSQL 데이터베이스의 새 인스턴스를 기동할 것이다. 동일한 쿠버네티스 클러스터일 필요는 없고 또는 쿠버네티스 내부가 아닐 수도 있다. 가상머신을 실행하고 거기에서 데이터베이스를 실행할 수 있다. 서비스 카탈로그는 상관하지 않으며 사용자가 서비스를 요청하지도 않는다.

예제 18.13과 같이 생성한 my-postgres-db ServiceInstance의 **status** 섹션을 검사해 서비스가 성공적으로 프로비저닝됐는지 확인할 수 있다.

예제 18.13 ServiceInstance의 상태 검사하기

```
$ kubectl get instance my-postgres-db -o yaml
apiVersion: servicecatalog.k8s.io/v1alpha1
kind: ServiceInstance
...
status:
  asyncOpInProgress: false
  conditions:
  - lastTransitionTime: 2017-05-17T13:57:22Z
    message: The instance was provisioned successfully
    reason: ProvisionedSuccessfully
    status: "True"
    type: Ready
```
데이터베이스가 성공적으로 프로비저닝됐다.

사용 준비가 됐다.

데이터베이스 인스턴스가 현재 어딘가에서 실행 중이지만 파드에서 어떻게 사용해야 할까? 바인딩을 해야 한다.

서비스 인스턴스 바인딩

파드에서 프로비저닝된 ServiceInstance를 사용하려면 예제 18.14와 같이 ServiceBinding 리소스를 생성한다.

예제 18.14 ServiceBinding: my-postgres-db-binding.yaml

```
apiVersion: servicecatalog.k8s.io/v1alpha1
kind: ServiceBinding
metadata:
  name: my-postgres-db-binding
spec:
  instanceRef:
    name: my-postgres-db
  secretName: postgres-secret
```
이전에 생성한 인스턴스를 참조한다.

서비스에 접근하기 위해 시크릿에 저장된 자격증명을 사용한다.

예제에서 앞서 생성한 `my-postgres-db` 서비스 인스턴스를 참조하는 `my-postgres-db-binding`이라는 ServiceBinding 리소스를 정의한다. 시크릿의 이름도 지정했다. 서비스 카탈로그가 서비스 인스턴스에 액세스하는 데 필요한 모든 자격증명을 `postgres-secret`이라는 시크릿에 넣을 수도 있다. 그러나 ServiceInstance를 파드의 어디에 바인딩해야 할까? 사실 어디에도 없다.

현재 서비스 카탈로그는 아직 ServiceInstance의 자격증명을 사용해 파드에 주입할 수 없다. 이는 PodPresets[3]라는 새로운 쿠버네티스 기능을 사용할 수 있을 때 가능해질 것이다. 그때까지 자격증명을 저장할 시크릿 이름을 선택하고 해당 시크릿을 수동으로 파드에 마운트할 수 있다.

이전 예제에서 서비스 카탈로그 API 서버로 ServiceBinding 리소스를 제출하면 컨트롤러는 데이터베이스 브로커에 연결해 이전에 프로비저닝한 ServiceInstance에 대한 바인딩을 생성한다. 브로커는 데이터베이스 연결에 필요한 자격증명과 기타 데이터를 응답한다. 서비스 카탈로그는 ServiceBinding 리소스에 지정한 이름으로 새 시크릿을 만들고 모든 데이터를 시크릿에 저장한다.

클라이언트 파드에서 새로 생성된 시크릿 사용

서비스 카탈로그 시스템에서 생성한 시크릿을 파드에 마운트할 수 있으므로 내용을 읽고 이를 사용해 프로비저닝된 서비스 인스턴스(이 예제에서는 PostgreSQL 데이터베이스)에 연결할 수 있다. 시크릿은 예제 18.15와 같다.

예제 18.15 서비스 인스턴스에 연결하기 위한 자격증명을 갖는 시크릿

```
$ kubectl get secret postgres-secret -o yaml
apiVersion: v1
data:
  host: <base64-encoded hostname of the database>
  username: <base64-encoded username>
  password: <base64-encoded password>
```

이것은 파드가 데이터베이스 서비스에 연결하는 데 사용해야 하는 것이다.

---

3   번역 시점에도 alpha인 상태이다. spec.container 아래 필드를 미리 정의해놓고 기본값으로 사용할 수 있다. - 옮긴이

```
kind: Secret
metadata:
  name: postgres-secret
  namespace: default
  ...
type: Opaque
```

시크릿의 이름을 직접 선택할 수 있으므로 서비스를 프로비저닝하거나 바인딩하기 전에 파드를 배포할 수 있다. 7장에서 배웠듯이 이러한 시크릿이 존재할 때까지 파드는 시작되지 않는다.

필요한 경우 다른 파드에 여러 바인딩을 생성할 수 있다. 서비스 브로커는 모든 바인딩에서 동일한 자격증명 세트를 사용하도록 선택할 수 있지만 바인딩 인스턴스마다 새로운 자격증명 세트를 만드는 것이 좋다. 이렇게 하면 ServiceBinding 리소스를 삭제해 파드가 서비스를 사용하지 못하게 할 수 있다.

18.2.5 바인딩 해제와 프로비저닝 해제

ServiceBinding이 더 이상 필요하지 않으면 다른 리소스를 삭제하는 방법으로 Service Binding을 삭제할 수 있다.

$ kubectl delete servicebinding my-postgres-db-binding
servicebinding "my-postgres-db binding" deleted

이렇게 하면 서비스 카탈로그 컨트롤러는 시크릿을 삭제하고 브로커를 호출해 바인딩 해제 작업을 수행한다. 서비스 인스턴스(이 경우 PostgreSQL 데이터베이스)가 여전히 실행 중이다. 따라서 원하는 경우 새 ServiceBinding을 만들 수 있다.

그러나 데이터베이스 인스턴스가 더 이상 필요하지 않으면 ServiceInstance 리소스도 삭제해야 한다.

$ kubectl delete serviceinstance my-postgres-db
serviceinstance "my-postgres-db " deleted

ServiceInstance 자원을 삭제하면 서비스 카탈로그는 서비스 브로커에서 프로비저닝 해제 작업을 수행한다. 이것이 의미하는 바는 서비스 브로커에 달려 있지만 이 경우 브로커는 서비스 인스턴스를 프로비저닝할 때 생성된 PostgreSQL 데이터베이스 인스턴스를 종료해야 한다.

18.2.6 서비스 카탈로그의 이점 이해

지금까지 학습한 바와 같이 서비스 카탈로그를 통해 서비스 공급자는 해당 클러스터에 브로커를 등록해 모든 쿠버네티스 클러스터에 해당 서비스를 노출할 수 있다. 저자는 초기부터 서비스 카탈로그에 관여했고 브로커도 구현했다. 이 브로커는 메시징 시스템을 프로비저닝하고 쿠버네티스 클러스터의 파드에 노출시키는 것을 쉽게 만들었다. 다른 팀은 Amazon Web Services를 쉽게 프로비저닝할 수 있는 브로커를 구현했다.

일반적으로 서비스 브로커는 쿠버네티스에서 서비스를 쉽게 프로비저닝하고 노출할 수 있게 만들며 쿠버네티스를 애플리케이션 배포를 위한 더욱 뛰어난 플랫폼으로 만들 것이다.

18.3 쿠버네티스 기반 플랫폼

쿠버네티스가 그 자체로 훌륭한 시스템이라는 데 동의할 것이다. 모든 구성 요소를 쉽게 확장할 수 있다는 점을 감안하면 이전에 사용자 정의 플랫폼을 개발한 회사가 이제 쿠버네티스 기반으로 다시 구현하는 것이 놀라운 일이 아니다. 실제로 쿠버네티스는 차세대 PaaS의 토대로 널리 인정받는다.

쿠버네티스로 구축된 유명한 PaaS 시스템 중에는 Deis Workflow와 레드햇의 오픈시프트가 있다. 쿠버네티스가 이미 제공하고 있는 모든 멋진 기능 위에 무엇을 제공하는지 알아보기 위해 두 시스템을 간략히 살펴볼 것이다.

18.3.1 레드햇 오픈시프트 컨테이너 플랫폼

레드햇 오픈시프트는 PaaS로 개발자 경험에 중점을 둔다. 그 목표는 애플리케이션의 빠른 개발뿐만 아니라 애플리케이션의 쉬운 배포, 스케일링, 장기적인 유지 관리를 가능하게 하는 것이다. 오픈시프트는 쿠버네티스보다 훨씬 오래됐다. 오픈시프트 버전 1과 2가 쿠버네티스와 아무 관련이 없이 바닥에서부터 구축됐지만, 쿠버네티스가 발표됐을 때 레드햇은 쿠버네티스 위에서 오픈시프트 버전 3을 처음부터 다시 구축하기로 결정했다. 레드햇과 같은 회사가 이전 버전의 소프트웨어를 버리고 쿠버네티스와 같은 기존 기술 위에 새로운 소프트웨어를 구축하기로 결정할 정도라면, 쿠버네티스가 얼마나 훌륭한지 분명히 이해할 수 있을 것이다.

쿠버네티스가 롤아웃과 애플리케이션 스케일링을 자동화한다면, 오픈시프트는 클러스터에 지속적 통합^{Continuous Integration} 솔루션을 별도로 통합할 필요 없이 애플리케이션의 이미지 빌드와 배포를 자동화한다.

또한 오픈시프트는 사용자 및 그룹 관리 기능을 제공해 적절히 보안이 강화된 멀티 테넌트 쿠버네티스 클러스터를 실행할 수 있다. 여기서 개별 사용자는 자신의 쿠버네티스 네임스페이스에만 접근이 허용되며 네임스페이스에서 실행되는 애플리케이션들은 기본적으로 서로 완전히 네트워크로 격리된다.

오픈시프트에서 이용할 수 있는 추가 리소스 소개

오픈시프트는 쿠버네티스에서 사용 가능한 모든 오브젝트 외에 추가 API 오브젝트를 제공한다. 다음 몇 개 단락에서 오픈시프트의 개요와 제공하는 기능을 설명한다.

추가 리소스에는 다음이 포함된다.

- 사용자 및 그룹
- 프로젝트
- 템플릿
- BuildConfigs
- DeploymentConfigs

- ImageStreams
- Routes
- 기타

사용자, 그룹, 프로젝트의 이해

오픈시프트는 사용자에게 멀티 테넌트 환경을 제공한다고 했다. 클러스터의 개별 사용자를 나타내는 API 오브젝트가 없는 쿠버네티스와 달리(그러나 실행 중인 서비스를 나타내는 서비스어카운트가 있다) 오픈시프트는 강력한 사용자 관리 기능을 제공해 각 사용자가 무엇을 할 수 있고 무엇을 할 수 없는지 지정할 수 있다. 이러한 특징들은 현재 쿠버네티스의 표준인 RBAC[Role Based Access Control]의 이전 버전이다.

각 사용자는 특정 프로젝트에 액세스할 수 있다. 프로젝트는 추가 어노테이션이 있는 쿠버네티스 네임스페이스에 지나지 않는다. 사용자는 자신이 액세스할 수 있는 프로젝트에 있는 리소스에만 작업할 수 있다. 프로젝트에 관한 액세스 권한은 클러스터 관리자가 부여한다.

애플리케이션 템플릿 소개

쿠버네티스는 JSON이나 YAML 매니페스트를 통해 일련의 자원을 배치할 수 있게 한다. 오픈시프트는 한 단계 더 나아가 이 매니페스트를 파라미터화할 수 있다. 오픈시프트에서 파라미터화가 가능한 목록을 템플릿이라고 한다. 템플릿은 정의에 자리 표시자[placeholder]를 갖는 오브젝트의 목록이며 템플릿을 처리[process][4]해서 인스턴스화할 때 자리 표시자가 파라미터 값으로 대체된다(그림 18.8 참조).

---

4   오픈시프트에는 oc process 명령이 있어, 템플릿에 파라미터 값을 채우는 템플릿을 생성하는 과정을 process라 하며 '처리'로 번역했다. – 옮긴이

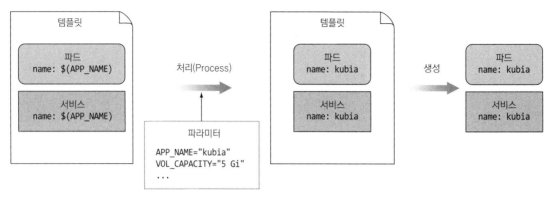

▲ 그림 18.8 오픈시프트 템플릿

템플릿 자체는 동일한 JSON/YAML에 정의된 리소스에서 참조되는 파라미터 목록을 포함하는 JSON이나 YAML 파일이다. 템플릿은 다른 오브젝트처럼 API 서버에 저장할 수 있다. 템플릿이 인스턴스화되기 전에 먼저 처리process돼야 한다. 템플릿을 처리하려면 템플릿의 파라미터 값을 제공한 다음 오픈시프트가 파라미터에 대한 참조를 해당 값으로 대체한다. 템플릿을 처리한 결과는 하나의 POST 요청으로 생성될 수 있는 쿠버네티스 리소스 목록과 정확히 일치한다.

오픈시프트는 사용자가 몇 개의 인자(또는 템플릿이 해당 인자를 적절한 기본값으로 제공하는 경우 없을 수 있다)를 지정해 복잡한 애플리케이션을 빠르게 실행할 수 있도록 사전 제작된 템플릿 목록을 제공한다. 예를 들어 템플릿을 사용하면 애플리케이션 서버 내에서 Java EE 애플리케이션을 실행하는 데 필요한 모든 쿠버네티스 리소스를 만들 수 있다. 이 서버는 동일한 템플릿의 일부로 배포된 백엔드 데이터베이스에 연결된다. 이러한 모든 구성 요소를 명령어 하나로 배포할 수 있다.

BuildConfig를 사용한 소스로 이미지 빌드하기

오픈시프트의 가장 뛰어난 기능은 오픈시프트가 애플리케이션의 소스 코드가 있는 깃 리포지터리에서 오픈시프트 클러스터에 애플리케이션을 빌드하고 즉시 배포할 수 있는 기능이다. 오픈시프트가 수행하므로 컨테이너 이미지를 만들 필요가 없다. 변경 내용이 소스의 깃 리포지터리에 커밋된 직후 컨테이너 이미지 빌드를 트리거하도록 구성된 BuildConfig 라는 리소스를 생성하면 된다.

오픈시프트는 깃 리포지터리 자체를 모니터링하지 않지만 리포지터리의 훅이 오픈시 프트에 새로운 커밋을 알릴 수 있다. 오픈시프트는 깃 리포지터리에서 변경 사항을 가져와 서 빌드 프로세스를 시작한다. Source To Image[5]라는 빌드 메커니즘은 깃 저장소에 어떤 유형의 애플리케이션이 있는지 감지하고 적절한 빌드 프로시저를 실행할 수 있다. 예를 들 어 Java Maven 형식의 프로젝트에서 사용되는 pom.xml 파일을 감지하면 Maven 빌드 를 실행한다. 결과 아티팩트는 적절한 컨테이너 이미지로 패키지된 다음 내부 컨테이너 레 지스트리(오픈시프트에서 제공됨)로 푸시된다. 거기에서 즉시 클러스터로 끌어와 실행할 수 있다.

따라서 BuildConfig 오브젝트를 생성함으로써 개발자는 깃 리포지터리만 지정하면 컨 테이너 이미지 빌드를 걱정할 필요가 없다. 개발자는 컨테이너를 거의 알 필요가 없다. 운 영 팀이 오픈시프트 클러스터를 배포하고 개발자에게 액세스 권한을 부여하면 개발자는 코드를 개발하고 커밋해 깃 리포지터리로 푸시할 수 있다. 이는 애플리케이션을 컨테이너 에 패키징하기 전에 사용했던 방식과 동일하다. 그런 다음 오픈시프트는 해당 코드에서 애 플리케이션을 빌드, 배포, 관리한다.

DeploymentConfig로 새 빌드 이미지를 자동으로 배포

새 컨테이너 이미지가 빌드되면 클러스터에 자동으로 배포할 수 있다. DeploymentConfig 오브젝트를 생성하고 ImageStream을 가리키면 이 기능이 활성화된다. 이름에서 알 수 있 듯이 ImageStream은 이미지의 스트림이다. 이미지가 만들어지면 ImageStream에 추가 된다. 이를 통해 DeploymentConfig는 새로 빌드된 이미지를 인식하고 필요한 행동을 취 해 새 이미지의 롤아웃을 시작할 수 있다(그림 18.9 참조).

---

5   약자로 S2I라고 한다. - 옮긴이

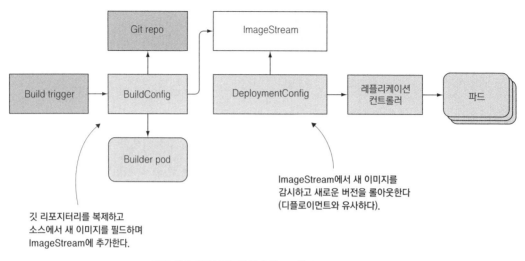

깃 리포지터리를 복제하고
소스에서 새 이미지를 빌드하며
ImageStream에 추가한다.

ImageStream에서 새 이미지를
감시하고 새로운 버전을 롤아웃한다
(디플로이먼트와 유사하다).

▲ **그림 18.9** 오픈시프트의 BuildConfig와 DeploymentConfig

DeploymentConfig는 쿠버네티스의 디플로이먼트 오브젝트와 거의 동일하지만 사전
에 배포된다. 디플로이먼트 오브젝트와 마찬가지로 디플로이먼트 간에 전환하기 위한 구
성 가능한 전략이 있다. 실제 파드를 만드는 데 사용되는 파드 템플릿이 포함돼 있고 배포
전과 사후에 배포 훅을 구성할 수도 있다. 쿠버네티스 디플로이먼트와 달리 ReplicaSet 대
신 ReplicationController를 생성하고 몇 가지 추가 기능을 제공한다.

Route를 사용해 외부로 서비스 노출하기

초기에 쿠버네티스는 인그레스 오브젝트를 제공하지 않았다. 서비스를 외부에 노출시키려
면 노드포트 또는 로드밸런서 유형 서비스를 사용해야 했다. 그러나 당시 오픈시프트는 이
미 Route 리소스를 통해 더 나은 옵션을 제공했다. Route는 인그레스와 비슷하지만 TLS
termination과 트래픽 분할과 관련된 추가적인 구성을 할 수 있다.

인그레스 컨트롤러와 마찬가지로 Route에는 로드밸런서나 프록시를 제공하는 컨트롤
러인 Router가 필요하다. 쿠버네티스와 달리 Router는 오픈시프트에서 즉시 사용할 수
있다.

오픈시프트 시험해보기

오픈시프트를 시험해보고 싶다면 오픈시프트의 Minikube에 해당하는 Minishift를 사용하거나, https://manage.openshift.com에서 무료 멀티 테넌트인 OpenShift Online Starter를 사용할 수 있다. 오픈시프트를 시작할 수 있는 호스팅 솔루션이다.

18.3.2 Deis Workflow와 Helm

최근 마이크로소프트가 인수한 Deis는 쿠버네티스를 기반으로 구축된 Workflow라는 PaaS를 제공한다. Workflow 외에도 Helm이라는 도구를 개발해 쿠버네티스에 기존 애플리케이션을 배포하는 표준 방법으로 쿠버네티스 커뮤니티에서 주목을 받고 있다. 이 두 가지를 간략하게 살펴보자.

Deis Workflow 소개

기존 쿠버네티스 클러스터에 Deis Workflow를 배포할 수 있다(API 서버와 기타 쿠버네티스 구성 요소가 수정된 완전한 클러스터인 오픈시프트와 다르다). Workflow를 실행하면 일련의 서비스와 레플리케이션컨트롤러가 만들어져 개발자에게 간단하고 친숙한 환경을 제공한다.

`git push deis master`로 변경 사항을 푸시해 애플리케이션의 새로운 버전 배포가 시작되면 Workflow가 나머지 작업을 처리한다. 오픈시프트와 마찬가지로 Workflow는 코어 쿠버네티스에서는 사용할 수 없는 소스에서 이미지로의source to image 메커니즘, 애플리케이션 롤아웃과 롤백, 에지 라우팅, 로그 집계, 메트릭 및 알람alerting을 제공한다.

쿠버네티스 클러스터에서 Workflow를 실행하려면 먼저 Deis Workflow와 Helm CLI 도구를 설치한 다음 클러스터에 Workflow를 설치해야 한다. 여기서는 그 방법을 다루지 않지만 자세한 내용을 보려면 웹사이트(https://deis.com/workflow)를 방문하라.[6] 여기서는 Workflow 없이 사용할 수 있으며 커뮤니티에서 인기를 얻고 있는 Helm 도구를 살펴본다.

---

6 번역 시점에 해당 URL은 연결되지 않았다. https://github.com/deis/workflow를 참고하라. – 옮긴이

Helm으로 리소스 배포

Helm은 쿠버네티스의 패키지 관리자다(리눅스의 yum이나 apt, 맥OS의 homebrew와 같은 OS 패키지 관리자와 유사하다).

Helm은 두 가지로 구성된다.

- helm CLI 도구(클라이언트)
- 서버 구성 요소인 Tiller로, 쿠버네티스 클러스터 내에서 파드로 실행된다.

두 구성 요소는 쿠버네티스 클러스터에서 애플리케이션 패키지를 배포하고 관리하는 데 사용된다. Helm 애플리케이션 패키지를 차트[Chart]라고 한다. 구성 정보가 포함된 컨피그와 결합돼 있으며 차트로 병합돼 애플리케이션의 인스턴스가 (차트와 Config가 결합된) 실행 중인 릴리스[Release]를 생성한다. 그림 18.10에 표시된 것처럼 Tiller 서버와 통신하는 helm CLI 도구를 사용해 릴리스를 배포하고 관리한다. Tiler는 차트에 정의된 모든 쿠버네티스 리소스를 생성하는 구성 요소다.

차트를 직접 생성해 로컬 디스크에 보관하거나 커뮤니티에서 유지 관리하는 차트 목록 (https://github.com/kubernetes/charts)에 있는 기존 차트를 사용할 수 있다. 이 목록에는 PostgreSQL, MySQL, MariaDB, Magento, Memcached, MongoDB, OpenVPN, PHPBB, RabbitMQ, Redis, WordPress 등과 같은 애플리케이션에 관한 차트가 포함돼 있다.

독자 여러분의 리눅스 시스템에 다른 사람이 개발한 애플리케이션을 수동으로 빌드해 설치하지 않는 것과 마찬가지로 그러한 애플리케이션을 위해 자신만의 쿠버네티스 매니페스트를 구축하고 관리하고 싶지 않을 것이다. 그것이 앞서 언급한 깃허브 리포지터리에서 제공되는 차트와 Helm을 사용하는 이유다.

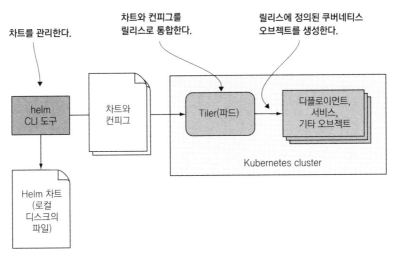

차트를 관리한다.

차트와 컨피그를
릴리스로 통합한다.

릴리스에 정의된 쿠버네티스
오브젝트를 생성한다.

helm
CLI 도구

차트와
컨피그

Tiler(파드)

디플로이먼트,
서비스,
기타 오브젝트

Kubernetes cluster

Helm 차트
(로컬
디스크의
파일)

▲ **그림 18.10** Helm 개요

쿠버네티스 클러스터에 PostgreSQL이나 MySQL 데이터베이스를 실행하려 할 때, 매
니페스트를 작성하는 것에서부터 시작하지 말고 다른 사람이 이미 같은 문제를 겪었는지
와 이를 위한 Helm 차트가 준비돼 있는지 확인하라.

누군가 특정 애플리케이션에 대한 Helm 차트를 준비해 Helm 차트를 깃허브 리포지
터리에 추가했다면 전체 애플리케이션을 설치하는 데 명령어 한 줄이면 된다. 예를 들어
쿠버네티스 클러스터에서 MySQL을 실행하려면 차트 깃 리포지터리를 로컬 머신에 복제
하고 다음 명령어를 실행하기만 하면 된다(Helm의 CLI 도구와 Tiller가 클러스터에서 실행 중인
경우).

```
$ helm install --name my-database stable/mysql
```

클러스터에서 MySQL을 실행하는 데 필요한 모든 필요한 디플로이먼트, 서비스, 시크
릿, 퍼시스턴트볼륨클레임을 생성한다. 필요한 구성 요소가 무엇인지와 MySQL을 올바르
게 실행하도록 구성하는 방법을 걱정할 필요가 없다. 굉장한 기능이라는 점에 동의할 것
이다.

> **|팁|** 리포지터리에서 사용할 수 있는 가장 흥미로운 차트 중 하나는 OpenVPN 차트다. 이는 쿠버네티스 클러스터 내부에의 OpenVPN 서버를 실행하고 로컬 머신이 클러스터의 파드인 것처럼 VPN을 통해 파드 네트워크에 들어가고 서비스에 액세스할 수 있도록 한다. 애플리케이션을 개발하고 로컬에서 실행할 때 유용하다.

쿠버네티스를 어떻게 확장할 수 있는지와 레드햇과 Deis(현재 마이크로소프트) 같은 회사에서 쿠버네티스를 어떻게 확장했는지 몇 가지 사례를 살펴봤다. 이제 쿠버네티스의 물결에 직접 올라타보자!

18.4 요약

마지막 장인 18장에서 쿠버네티스가 제공하는 기존의 기능을 넘어서는 방법과 Dies와 레드햇 같은 회사가 이를 수행한 방법을 살펴봤다. 18장에서 살펴본 주요 내용은 다음과 같다.

- CustomResourceDefinition 오브젝트를 생성해 API 서버에 사용자 정의 리소스를 등록할 수 있다.
- API 서버 코드를 변경하지 않고도 사용자 정의 오브젝트의 인스턴스를 저장, 검색, 업데이트, 삭제할 수 있다.
- 사용자 정의 컨트롤러를 구현해 이러한 오브젝트를 활성화할 수 있다.
- 쿠버네티스는 API 애그리게이션을 통해 사용자 정의 API 서버로 확장할 수 있다.
- 쿠버네티스 서비스 카탈로그를 사용하면 외부 서비스를 자체 프로비저닝하고 쿠버네티스 클러스터에서 실행 중인 파드에 노출할 수 있다.
- 쿠버네티스 위에 구축된 PaaS를 사용하면 동일한 쿠버네티스 클러스터 내에 컨테이너화된 애플리케이션을 쉽게 구축하고 실행할 수 있다.
- Helm이라는 패키지 관리자는 리소스 매니페스트를 만들지 않고도 기존 애플리케이션을 배포한다.

긴 책을 읽기 위해 시간을 내줘서 감사하다는 말을 전하고 싶다. 이 책을 쓰면서 배운 만큼 독자 여러분도 이 책을 읽으면서 많은 것을 얻었기를 바란다.

부록 A

다중 클러스터 환경에서 kubectl 사용하기

A.1 Minikube와 구글 쿠버네티스 엔진 간의 전환

이 책의 예제는 Minikube로 만든 클러스터나 구글 쿠버네티스 엔진으로 만든 클러스터에서 실행할 수 있다. 이 둘을 모두 사용할 계획이라면 이들 간에 전환하는 방법을 알아 둘 필요가 있다. 다중 클러스터 환경에서 kubectl을 사용하는 방법에 관한 자세한 설명은 다음 절에서 설명한다. 여기에서는 Minikube와 GKE 사이를 전환하는 방법을 살펴본다.

Minikube로 전환

다행히도 `minikube start`로 Minikube 클러스터를 시작할 때마다 이 클러스터를 사용하도록 kubectl을 재설정한다.

```
$ minikube start
Starting local Kubernetes cluster...
...
Setting up kubeconfig...
Kubectl is now configured to use the cluster.
```

Minikube는 클러스터를 시작할 때마다 kubectl을 설정한다.

Minikube에서 GKE로 전환한 후 Minikube를 중지했다가 다시 시작하면 Minikube로 다시 전환할 수 있다. 그렇게 하면 kubectl이 다시 Minikube 클러스터를 사용하도록 재설정된다.

GKE로 전환

GKE 클러스터를 사용하도록 전환하려면 다음 명령을 사용할 수 있다.

```
$ gcloud container clusters get-credentials my-gke-cluster
```

이렇게 하면 my-gke-cluster라는 GKE 클러스터를 사용하도록 kubectl이 설정된다.

심화 학습

이 두 가지 방법만으로도 빠르게 시작하기에 충분하지만 다중 클러스터에서 kubectl을 사용하는 전체 그림을 이해하려면 다음 절을 읽어보라.

A.2 다중 클러스터 또는 네임스페이스와 함께 kubectl 사용

서로 다른 쿠버네티스 클러스터 간에 전환해야 하거나 디폴트 네임스페이스 이외의 다른 네임스페이스에서 작업하려 kubectl을 실행할 때마다 --namespace 옵션을 지징하시 않으려면 다음과 같이 하면 된다.

A.2.1 kubeconfig 파일의 위치 설정

kubectl이 사용히는 설징 정보은 보통 ~ /.kube/config 파일에 저장된다. 설정 정보가 다른 곳에 저장돼 있다면 KUBECONFIG 환경변수가 해당 위치를 가리키게 해야 한다.

> |**노트**| KUBECONFIG 환경변수에 여러 설정 파일을 콜론으로 구분해서 지정하면, kubectl이 한꺼번에 여러 설정을 사용하도록 할 수 있다.

A.2.2 kubeconfig 파일의 내용 이해

다음 예제에 설정 파일이 예시돼 있다.

예제 A.1 kubeconfig 파일 예시

```
apiVersion: v1
clusters:
- cluster:
    certificate-authority: /home/luksa/.minikube/ca.crt        쿠버네티스 클러스터에 대한
    server: https://192.168.99.100:8443                        정보가 들어 있다.
  name: minikube
contexts:
- context:
    cluster: minikube
    user: minikube                                             kubectl 컨텍스트 정의
    namespace: default
  name: minikube
current-context: minikube           ◀──  kubectl이 사용하는
kind: Config                              현재 컨텍스트
preferences: {}
users:
- name: minikube
  user:                                                        사용자 자격증명 정보
    client-certificate: /home/luksa/.minikube/apiserver.crt
    client-key: /home/luksa/.minikube/apiserver.key
```

kubeconfig 파일은 네 부분으로 구성된다.

- 클러스터 목록
- 사용자 목록
- 컨텍스트 목록
- 현재 컨텍스트 이름

각 클러스터, 사용자 및 컨텍스트에는 이름이 있다. 이 이름은 컨텍스트, 사용자 또는 클러스터를 가리키는 데 사용된다.

클러스터(clusters)

클러스터 항목은 쿠버네티스 클러스터를 나타내며 API 서버의 URL, 인증 기관^{CA} 파일 및 API 서버와 통신하기 위한 기타 구성 옵션이 포함돼 있다. CA 인증서는 별도 파일에 저장해 kubeconfig 파일에서 참조하거나 `certificate-authority-data` 필드에 직접 포함시킬 수 있다.

사용자(users)

각 사용자는 API 서버와 통신할 때 사용할 자격증명을 정의한다. 이것은 사용자 이름과 비밀번호 쌍, 인증 토큰 또는 클라이언트 키와 인증서가 될 수 있다. 인증서와 키는 kubeconfig 파일에 포함하거나 (clientcertificate-data 및 client-key-data 속성을 통해) 별도의 파일로 저장해 예제 A.1과 같이 설정 파일에서 참조할 수 있다.

컨텍스트(contexts)

컨텍스트는 kubectl 이 명령을 수행할 때 사용할 클러스터, 사용자와 디폴트 네임스페이스를 묶어준다. 여러 컨텍스트가 동일한 사용자 또는 클러스터를 가리킬 수 있다.

현재 컨텍스트(current context)

kubeconfig 파일에 여러 컨텍스트가 정의될 수 있지만, 그중 하나만 현재 컨텍스드가 될 수 있다. 나중에 현재 컨텍스트를 어떻게 바꿀 수 있는지 살펴보겠다.

A.2.3 kube config 항목 나열, 추가, 수정

파일을 수동으로 편집해 클러스터, 사용자 또는 컨텍스트를 추가, 수정, 제거할 수 있지만 `kubectl config` 명령 중 하나로 파일을 편집할 수도 있다.

클러스터 추가 또는 수정

다른 클러스터를 추가하려면 `kubectl config set-cluster` 명령을 사용하라.

```
$ kubectl config set-cluster my-other-cluster
➥ --server=https://k8s.example.com:6443
➥ --certificate-authority=path/to/the/cafile
```

이 명령은 https://k8s.example.com:6443에 있는 API 서버에 my-other-cluster라는 클러스터를 추가한다. 명령에 전달할 수 있는 추가 옵션을 보려면 사용법 예시를 출력하도록 kubectl config set-cluster를 실행하라.

해당 이름의 클러스터가 이미 존재하면 set-cluster 명령이 해당 구성 옵션을 덮어쓴다.

사용자 자격증명 추가 또는 수정

사용자를 추가하거나 수정하는 것은 클러스터를 추가하거나 수정하는 것과 유사하다. 사용자 이름과 비밀번호를 사용해 API 서버로 인증하는 사용자를 추가하려면 다음 명령을 실행하라.

```
$ kubectl config set-credentials foo --username=foo --password=pass
```

토큰 기반 인증을 사용하려면 다음을 명령을 실행하라.

```
$ kubectl config set-credentials foo --token=mysecrettokenXFDJIQ1234
```

이 두 예제는 사용자 자격증명을 foo라는 이름으로 저장한다. 동일한 자격증명을 사용해 서로 다른 클러스터에 인증하는 경우 사용자는 하나만 정의하고 두 클러스터 모두에서 사용할 수 있다.

클러스터와 사용자 자격증명을 한데 묶기

컨텍스트는 사용자가 어떤 클러스터를 사용할 것인가를 정의할 수 있을 뿐만 아니라, --namespace 또는 -n 옵션으로 네임스페이스를 명시적으로 지정하지 않아도 kubectl이 사용할 네임스페이스를 정의할 수 있다.

다음 명령은 클러스터와 사용자를 한데 묶은 새 컨텍스트를 만든다.

```
$ kubectl config set-context some-context --cluster=my-other-cluster
➡ --user=foo --namespace=bar
```

그러면 my-other-cluster 클러스터와 foo 사용자 자격증명을 사용하는 some-context 라는 컨텍스트가 생성된다. 이 컨텍스트의 디폴트 네임스페이스는 bar로 설정된다.

동일한 명령을 사용해 현재 컨텍스트의 네임스페이스를 변경할 수도 있다. 다음과 같이 현재 컨텍스트의 이름을 얻을 수 있다.

```
$ kubectl config current-context
minikube
```

그런 다음 네임스페이스를 다음과 같이 변경한다.

```
$ kubectl config set-context minikube --namespace=another-namespace
```

이 간단한 명령을 한 번 실행하는 것이 kubectl을 실행할 때마다 --namespace 옵션을 포함시키는 것보다 훨씬 사용자 친화적이다.

> |팁| 쉽게 네임스페이스 사이를 전환하려면 다음과 같이 별칭을 정의하라. alias kcd = 'kubectl config set-context $ (kubectl config current-context) --namespace '. 그런 다음 kcd some namespace를 사용해 네임스페이스 간에 전환할 수 있다.

A.2.4 다른 클러스터, 사용자 및 컨텍스트와 함께 kubectl 사용

kubectl 명령을 실행하면 kubeconfig의 현재 컨텍스트에 정의된 클러스터, 사용자 및 네임 스페이스가 사용되지만 다음 명령행 옵션을 사용해 이를 재정의할 수 있다.

- --user는 kubeconfig 파일에서 다른 사용자를 사용한다.
- --username 및 --password는 다른 사용자 이름 혹은 암호를 사용한다(설정 파일에

지정할 필요가 없다). 다른 유형의 인증을 사용하는 경우 `--client-key` 및 `--client-certificate` 또는 `--token`을 사용할 수 있다.

- `--cluster`는 다른 클러스터를 사용한다(설정 파일에 정의돼 있어야 한다).
- `--server`는 (설정 파일에 없는) 다른 서버의 URL을 지정한다.
- `--namespace`는 다른 네임스페이스를 사용한다.

A.2.5 컨텍스트 간 전환

앞의 예제 중 하나처럼 현재 컨텍스트를 수정하는 대신 set-context 명령을 사용해 추가 컨텍스트를 만든 다음, 컨텍스트 간에 전환할 수도 있다. 이는 여러 클러스터에서 작업할 때 유용하다(set-cluster를 사용해 클러스터 항목 작성).

여러 컨텍스트를 설정하고 나면, 컨텍스트 간 전환이 간단하다.

```
$ kubectl config use-context my-other-context
```

현재 컨텍스트를 my-other-context로 전환한다.

A.2.6 컨텍스트와 클러스터 나열하기

kubeconfig 파일에 정의된 모든 컨텍스트를 나열하려면 다음 명령을 실행하라.

```
$ kubectl config get-contexts
CURRENT   NAME          CLUSTER       AUTHINFO            NAMESPACE
*         minikube      minikube       minikube           default
          rpi-cluster   rpi-cluster   admin/rpi-cluster
          rpi-foo       rpi-cluster   admin/rpi-cluster   foo
```

보다시피 세 가지 다른 컨텍스트를 사용하고 있다. rpi-cluster와 rpi-foo 컨텍스트는 동일한 클러스터와 자격증명을 사용하지만 기본적으로 다른 네임스페이스를 사용한다. 클러스터 목록도 비슷하다.

```
$ kubectl config get-clusters
NAME
rpi-cluster
minikube
```

보안상의 이유로 자격증명은 나열할 수 없다.

A.2.7 컨텍스트 및 클러스터 삭제

컨텍스트 또는 클러스터 목록을 정리하려면, kubeconfig 파일에서 항목을 수동으로 삭제하거나 다음 두 명령을 사용할 수 있다.

```
$ kubectl config delete-context my-unused-context
```

그리고 다음 명령어다.

```
$ kubectl config delete-cluster my-old-cluster
```

부록 B

kubeadm을 사용한 다중 노드 클러스터 설정하기

이 부록은 여러 노드를 갖는 쿠버네티스 클러스터를 설치하는 방법을 보여준다. 버추얼박스^{VirtualBox}를 사용해 가상머신에서 노드를 실행하지만 다른 가상화 도구 또는 베어메탈 머신을 사용할 수도 있다. 마스터 노드와 워커 노드를 설정하기 위해 kubeadm 도구를 사용한다.

B.1 OS와 필수 패키지 설정

버추얼박스를 설치하지 않은 경우 먼저 설치해야 한다. https://www.virtualbox.org/wiki/Downloads에서 다운로드할 수 있다.

일단 버추얼박스가 실행되면 https://www.centos.org/download에서 CentOS 7 최소 ISO 이미지를 다운로드하라. 다른 리눅스 배포판을 사용할 수도 있지만, http://kubernetes.io 웹사이트를 방문해서 지원 여부를 확인하라.

B.1.1 가상머신 생성

다음으로 쿠버네티스 마스터의 가상머신을 만든다. 왼쪽 상단에서 New 아이콘을 클릭해 시작하라. 그런 다음 이름으로 'k8s-master'를 입력하고 그림 B.1과 같이 Type을 Linux 로, 버전을 Red Hat(64비트)으로 선택하라.

Next 버튼을 클릭한 후 가상머신의 메모리 크기를 설정하고 하드 디스크를 설정할 수 있다. 메모리가 충분하면 2GB 이상을 선택하라(3개의 VM을 실행한다는 점에 유의하라). 하드 디스크를 만들 때는 기본 옵션을 사용한다.

저자의 경우는 다음과 같았다.

- **하드 디스크 파일 유형**: VDI^{VirtualBox Disk Image}
- **물리적 하드 디스크의 저장소**: 동적으로 할당
- **파일 위치 및 크기**: k8s-master, 8GB 크기

▲ **그림 B.1** 버추얼박스에 가상머신 생성

B.1.2 가상머신의 네트워크 어댑터 구성

가상머신을 만들었으면 네트워크 어댑터를 구성해야 한다. 기본 설정으로는 여러 노드를
제대로 실행할 수 없기 때문이다. Bridged Adpater 모드를 사용하도록 어댑터를 구성한
다. 그러면 호스트 컴퓨터와 동일한 네트워크에 가상머신이 연결된다. 각 가상머신은 호스
트 컴퓨터와 동일한 스위치에 연결된 실제 시스템과 같은 방식으로 자체 IP 주소를 갖는다.
다른 옵션은 일반적으로 두 개의 네트워크 어댑터를 설정해야 하므로 훨씬 더 복잡하다.

네트워크 어댑터를 구성하려면 메인 버추얼박스 창에서 가상머신이 선택돼 있는지 확
인한 다음 Settings 아이콘(이전에 클릭한 New 아이콘 옆)을 클릭하라.

그림 B.2와 같은 창이 나타난다. 왼쪽에서 Network를 선택한 다음 오른쪽의 메인 패널
에서 그림과 같이 Attached to : Bridged Adapter를 선택하라. Name 드롭 다운 메뉴에서 컴
퓨터를 네트워크에 연결하는 데 사용하는 호스트 컴퓨터의 어댑터를 선택하라.

▲ **그림 B.2** 가상머신의 네트워크 어댑터 설정하기

B.1.3 운영체제 설치

이제 가상머신을 실행하고 운영체제를 설치할 준비가 됐다. 목록에서 가상머신이 선택돼 있는지 확인하고 버추얼박스 메인 창 맨 위에 있는 Start 아이콘을 클릭하라.

시동 디스크 선택

가상머신을 시작하기 전에 버추얼박스에서 사용할 시동 디스크를 묻는다. 드롭다운 목록(그림 B.3 참조) 옆에 있는 아이콘을 클릭한 다음 앞서 다운로드한 CentOS ISO 이미지를 찾아서 선택하라. 그런 다음 Start를 클릭해 가상머신을 부팅하라.

▲ 그림 B.3 설치 ISO 이미지 선택

설치 시작

가상머신이 시작되면 텍스트 메뉴 화면이 나타난다. CentOS Linux 7 설치 옵션을 선택하고 Enter 키를 누른다.

설치 옵션 설정

잠시 후 CentOS Linux 7 그래픽 시작 화면이 나타나면, 사용할 언어를 선택할 수 있다. 영어로 언어를 설정하는 것이 좋다. Continue 버튼을 클릭하면 그림 B.4와 같이 기본 설정 화면으로 이동한다.

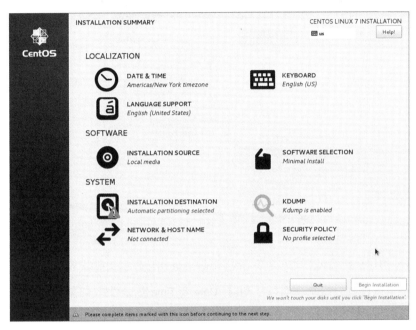

▲ 그림 B.4 메인 설치 화면

| 팁 | 가상머신 창을 클릭하면, 가상머신이 키보드와 마우스를 점유한다. 이를 해제하려면 가상머신이 실행 중인 버추얼박스 창의 오른쪽 하단에 표시된 키를 누른다. 일반적으로 Windows와 Linux의 경우 오른쪽 Control 키이며 맥OS의 경우 왼쪽 Command 키다.

먼저 Installation Destination을 클릭한 다음 나타나는 화면에서 Done 버튼을 클릭하라(다른 곳을 클릭할 필요 없다).

그런 다음 Network & Host Name을 클릭하라. 다음 화면에서 먼저 오른쪽 상단에 있는 ON/OFF 스위치를 클릭해 네트워크 어댑터를 활성화하라. 그런 다음 그림 B.5와 같이 왼쪽 하단의 필드에 호스트 이름을 입력한다. 현재 마스터를 설정하고 있으므로 호스트 이름을 master.k8s로 설정한다. 텍스트 필드 옆에 있는 Apply 버튼을 클릭해 새 호스트 이름을 확정한다.

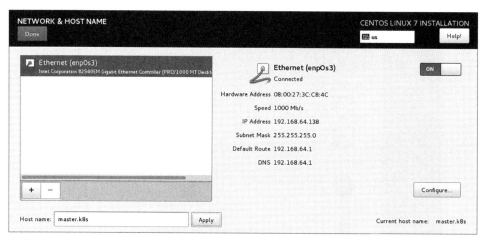

▲ 그림 B.5 호스트 이름 설정과 네트워크 어댑터 구성하기

메인 설정 화면으로 돌아가려면 왼쪽 상단에서 Done 버튼을 클릭한다.

또한 적절한 시간대를 설정해야 한다. Date & Time을 클릭한 다음 열리는 화면에서 Region과 City를 선택하거나 지도에서 위치를 클릭하라. 왼쪽 상단에서 Done 버튼을 클릭해 메인 화면으로 돌아간다.

설치 실행

설치를 시작하려면 오른쪽 하단에서 Begin Installation 버튼을 클릭한다. 그림 B.6과 같은 화면이 나타난다. OS가 설치되는 동안 root 암호를 설정하고 원하는 경우 사용자 계정을 민든다. 설치가 완료되면 오른쪽 하단의 Reboot 버튼을 클릭한다.

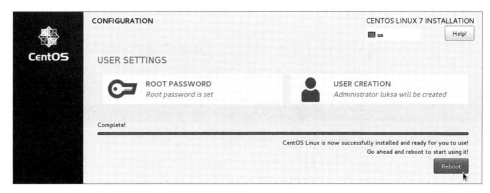

▲ **그림 B.6** OS를 설치하면서 root 패스워드를 설정하고 재부팅한다.

B.1.4 도커와 쿠버네티스 설치

컴퓨터에 root로 로그인하라. 먼저 SELinux와 방화벽의 두 가지 보안 기능을 비활성화해야 한다.

SELinux 비활성화

SELinux를 비활성화하려면 다음 명령을 실행하라

```
# setenforce 0
```

하지만 이렇게 하는 것은 (다음 재부팅 때까지) 일시적으로만 비활성화하는 것이다. 영구적으로 비활성화하려면 /etc/selinux/config 파일에서 `SELINUX=enforcing`을 `SELINUX= permissive`로 변경해야 한다.

방화벽 비활성화

또한 방화벽을 비활성화해 방화벽 관련 문제가 발생하지 않도록 한다.

다음 명령을 실행하라.

```
# systemctl disable firewalld && systemctl stop firewalld
Removed symlink /etc/systemd/system/dbus-org.fedoraproject.FirewallD1...
Removed symlink /etc/systemd/system/basic.target.wants/firewalld.service.
```

쿠버네티스 yum repo 추가

yum 패키지 관리자가 쿠버네티스 RPM 패키지를 사용할 수 있게 하려면 다음 예제처럼 kubernetes.repo 파일을 /etc/yum.repos.d/ 디렉터리에 추가한다.

예제 B.1 쿠버네티스 RPM repo 추가

```
# cat <<EOF > /etc/yum.repos.d/kubernetes.repo
[kubernetes]
name=Kubernetes
baseurl=http://yum.kubernetes.io/repos/kubernetes-el7-x86_64
enabled=1
gpgcheck=1
repo_gpgcheck=1
gpgkey=https://packages.cloud.google.com/yum/doc/yum-key.gpg
        https://packages.cloud.google.com/yum/doc/rpm-package-key.gpg
EOF
```

> |**노트**| 복사해서 붙여넣을 경우 EOF 뒤에 공백이 없는지 확인하라.

Docker, Kubelet, kubeadm, kubectl, Kubernetes-CNI 설치

이제 필요한 모든 패키지를 설치할 준비가 됐다.

```
# yum install -y docker kubelet kubeadm kubectl kubernetes-cni
```

보다시피 꽤 많은 패키지를 설치하고 있다. 여기서 설치하는 것들은 다음과 같다.

- docker: 컨테이너 런타임
- kubelet: 모든 것을 실행해주는 쿠버네티스 노드 에이전트
- kubeadm: 다중 노드 쿠버네티스 클러스터를 배포하기 위한 도구
- kubectl: 쿠버네티스와 상호작용하기 위한 명령행 도구
- kubernetes-cni: 쿠버네티스 컨테이너 네트워킹 인터페이스

설치가 완료되면 docker와 kubelet 서비스를 수동으로 활성화해야 한다.

```
# systemctl enable docker && systemctl start docker
# systemctl enable kubelet && systemctl start kubelet
```

net.bridge.bridge-nf-call-iptables 커널 옵션 활성화

저자는 뭔가가 쿠버네티스 서비스가 제대로 작동하는 데 필요한 bridge-nf-call-iptables 커널 파라미터를 비활성화한다는 것을 알아냈다. 문제를 해결하려면 다음 두 명령을 실행해야 한다.

```
# sysctl -w net.bridge.bridge-nf-call-iptables=1
# echo "net.bridge.bridge-nf-call-iptables=1" > /etc/sysctl.d/k8s.conf
```

스왑 비활성화

스왑이 활성화돼 있으면 Kubelet이 실행되지 않으므로, 다음 명령을 사용해 스왑을 비활성화하도록 설정한다.

```
# swapoff -a && sed -i '/ swap / s/^/#/' /etc/fstab
```

B.1.5 가상머신 복제

이 시점까지 수행한 모든 작업을 클러스터에서 사용하는 모든 시스템에서 수행해야 한다. 베어메탈에서 이 작업을 수행하는 경우 각 워커 노드에 이전 절에서 설명한 프로세스를 최소 두 번 더 반복해야 한다. 가상머신을 사용해 클러스터를 구축하는 경우 이제 가상머신을 복제해서 세 개의 서로 다른 가상머신을 만든다.

가상머신 종료

버추얼박스에서 머신을 복제하려면, 먼저 shutdown 명령을 실행해 가상머신을 종료하라.

```
# shutdown now
```

가상머신 복제

이제 버추얼박스 UI에서 가상머신을 마우스 오른쪽 버튼 클릭하고 Clone을 선택한다. 그림 B.7과 같이 새 머신의 이름을 입력하라(예: 첫 번째 복제본의 경우 k8s-node1을, 두 번째 복제본의 경우 k8s-node2). 모든 네트워크 카드의 MAC 주소를 다시 초기화하도록 옵션을 선택해, 각 가상머신이 서로 다른 MAC 주소를 사용하도록 한다(가상머신이 동일한 네트워크에 있기 때문에).

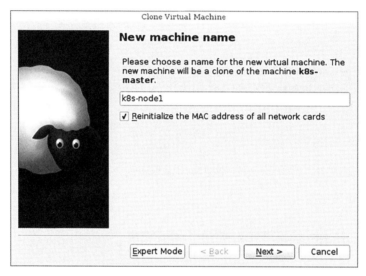

▲ **그림 B.7** 마스터 가상머신 복제하기

Next 버튼을 클릭한 후 Next 버튼을 한 번 더 클릭하기 전에 Full clone 옵션이 선택돼 있는지 확인하라. 그런 다음, 다음 화면에서 **Clone**을 클릭하라(Current machine state 옵션은 선택된 상태로 두라).

두 번째 노드의 가상머신에 위 프로세스를 반복한 다음, 세 개를 모두 선택하고 **Start** 아이콘을 클릭해서 가상머신 세 개를 모두 시작한다.

복제된 가상머신에서 호스트 이름 변경

마스터 가상머신에서 2개의 복제본을 생성했으므로 3개의 가상머신 모두 동일한 호스트 이름으로 설정돼 있다. 따라서 두 복제본의 호스트 이름을 변경해야 한다. 그렇게 하려면 root로 두 노드 각각에 로그인하고 다음 명령을 실행하라.

```
# hostnamectl --static set-hostname node1.k8s
```

> |**노트**| 두 번째 노드에서는 호스트 이름을 node2.k8s로 설정하라.

세 호스트의 네임 변환 설정

DNS 서버에 레코드를 추가하거나 모든 노드의 /etc/hosts 파일을 편집해 세 노드를 모두 주소 변환이 가능한지 확인해야 한다. 예를 들어 다음 예제에 표시된 대로 호스트 파일에 다음 세 줄을 추가해야 한다(IP를 가상머신의 IP로 바꾼다).

예제 B.2 각 클러스터 노드의 /etc/hosts에 항목 추가

```
192.168.64.138 master.k8s
192.168.64.139 node1.k8s
192.168.64.140 node2.k8s
```

다음 예제에 표시된 것처럼 노드에 root로 로그인하고 `ip addr`을 실행해서 enp0s3 네트워크 어댑터와 관련된 IP 주소를 찾아 각 노드의 IP를 가져올 수 있다.

예제 B.3 각 노드의 IP 주소 조회

```
# ip addr
1: lo: <LOOPBACK,UP,LOWER_UP> mtu 65536 qdisc noqueue state UNKNOWN qlen 1
    link/loopback 00:00:00:00:00:00 brd 00:00:00:00:00:00
    inet 127.0.0.1/8 scope host lo
        valid_lft forever preferred_lft forever
    inet6 ::1/128 scope host
        valid_lft forever preferred_lft forever
2: enp0s3: <BROADCAST,MULTICAST,UP,LOWER_UP> mtu 1500 qdisc pfifo_fast state
     UP qlen 1000
    link/ether 08:00:27:db:c3:a4 brd ff:ff:ff:ff:ff:ff
```

```
    inet 192.168.64.138/24 brd 192.168.64.255 scope global dynamic enp0s3
       valid_lft 59414sec preferred_lft 59414sec
    inet6 fe80::77a9:5ad6:2597:2e1b/64 scope link
       valid_lft forever preferred_lft forever
```

앞 예제의 출력은 머신의 IP 주소가 **192.168.64.138**임을 나타낸다. 모든 IP를 얻으려
면 각 노드에서 이 명령을 실행해야 한다.

B.2 kubeadm으로 마스터 구성

이제 마스터 노드에서 쿠버네티스 컨트롤 플레인을 설정할 준비가 됐다.

마스터를 초기화하기 위해 kubeadm init 실행

훌륭한 kubeadm 도구 덕분에 다음 예제에 표시된 것처럼, 명령어 한 줄만 실행하면 마스
터를 초기화하는 데 필요한 모든 것을 수행한다.

예제 B.4 kubeadm init으로 마스터 노드 초기화하기

```
# kubeadm init
[kubeadm] WARNING: kubeadm is in beta, please do not use it for production
clusters.
[init] Using Kubernetes version: v.1.8.4
...
You should now deploy a pod network to the cluster.
Run "kubectl apply -f [podnetwork].yaml" with one of the options listed at:
  http://kubernetes.io/docs/admin/addons/

You can now join any number of machines by running the following on each node
     as root:

kubeadm join --token eb3877.3585d0423978c549 192.168.64.138:6443
    --discovery-token-ca-cert-hash
    sha256:037d2c5505294af196048a17f184a79411c7b1eac48aaa0ad137075be3d7a
```

kubeadm은 etcd, API 서버, 스케줄러 및 컨트롤러 매니저를 포함해 필요한 모든 컨트롤 플레인 구성 요소를 배포했다. 또한 kube-proxy를 배포해 쿠버네티스 서비스를 마스터 노드에서 사용할 수 있게 했다.

B.2.1 kubeadm이 구성 요소를 실행하는 방법 이해

이러한 모든 구성 요소가 컨테이너로 실행 중이다. docker ps 명령을 사용해 이를 확인할 수 있다. 그러나 kubeadm은 도커를 직접 실행하지 않는다. YAML 디스크립터를 /etc/kubernetes/manifests 디렉터리에 배포한다. 이 디렉터리는 Kubelet에 의해 모니터링되고, 도커를 이용해 각 구성 요소가 실행된다. 각 구성 요소는 파드로 실행된다. kubectl get 명령으로 볼 수 있다. 그러나 먼저 kubectl을 설정해야 한다.

마스터에서 kubectl 실행

초기화 단계 중 하나로 kubectl을 docker, kubeadm 및 기타 패키지와 함께 설치했다. 하지만 먼저 kubeconfig 파일을 통해 클러스터를 설정하지 않으면 kubectl을 사용해 클러스터와 통신할 수 없다.

다행히 필요한 설정은 /etc/kubernetes/admin.conf 파일에 저장된다. 부록 A에 설명된 대로 KUBECONFIG 환경변수를 설정해 kubectl이 사용하도록 하기만 하면 된다.

```
# export KUBECONFIG=/etc/kubernetes/admin.conf
```

파드 나열하기

kubectl을 테스트하기 위해 다음 예제에 표시된 대로 컨트롤 플레인의 파드(kube-system 네임스페이스에 있다)를 나열할 수 있다.

```
# kubectl get po -n kube-system
NAME                                  READY  STATUS   RESTARTS  AGE
etcd-master.k8s                       1/1    Running  0         21m
kube-apiserver-master.k8s             1/1    Running  0         22m
kube-controller-manager-master.k8s    1/1    Running  0         21m
kube-dns-3913472980-cn6kz             0/3    Pending  0         22m
kube-proxy-qb709                      1/1    Running  0         22m
kube-scheduler-master.k8s             1/1    Running  0         21m
```

노드 나열하기

마스터 설정을 마쳤으니 이제 노드들을 설정해야 한다. 두 워커 노드 모두에 Kubelet을 이미 설치했지만(각 노드를 별도로 설치하거나 필요한 모든 패키지를 설치한 후 초기 가상머신을 복제했다) 아직 쿠버네티스 클러스터의 일원은 아니다. 다음과 같이 kubectl로 노드를 나열하면 확인할 수 있다.

```
# kubectl get node
NAME        STATUS    ROLES   AGE  VERSION
master.k8s  NotReady  master  2m   v1.8.4
```

마스터만 노드로 나열된다. 그리고 마스터조차도 준비 안 됨[Not-Ready]으로 표시된다. 나중에 이유를 알 수 있다. 이제 두 개의 노드를 설정할 것이다.

B.3 kubeadm으로 워커 노드 설정

kubeadm을 사용해 워커 노드를 설정하는 것은 마스터를 설정하는 것보다 훨씬 쉽다. 사실 kubeadm init 명령을 실행해 마스터를 설정할 때 워커 노드를 설정하는 방법을 이미 알려줬다(다음 예제에서 한 번 더 보여준다).

```
You can now join any number of machines by running the following on each node
    as root:

kubeadm join --token eb3877.3585d0423978c549 192.168.64.138:6443
    --discovery-token-ca-cert-hash
    sha256:037d2c5505294af196048a17f184a79411c7b1eac48aaa0ad137075be3d7a847
```

각 노드 모두에 지정된 토큰과 마스터의 IP 주소/포트를 사용해 kubeadm join 명령을 실행하기만 하면 된다. 그러면 노드가 마스터에 자신을 등록하는 데 1분도 걸리지 않는다. 마스터에서 kubectl get node 명령을 다시 실행해 등록된 것을 확인할 수 있다.

```
# kubectl get nodes
NAME         STATUS    ROLES    AGE  VERSION
master.k8s   NotReady  master   3m   v1.8.4
node1.k8s    NotReady  <none>   3s   v1.8.4
node2.k8s    NotReady  <none>   5s   v1.8.4
```

좋다. 진전이 있었다. 이제 쿠버네티스 클러스터는 세 개의 노드로 구성됐지만 어느 것도 준비가 되지 않았다. 조사해보자.

자세한 내용을 보려면 다음 예제에 있는 kubectl describe 명령을 사용하라. 상단 어딘가에 노드의 현재 조건을 보여주는 Conditions 목록이 표시된다. 그들 중 하나는 다음과 같은 이유와 메시지를 보여준다.

```
# kubectl describe node node1.k8s
...
KubeletNotReady   runtime network not ready: NetworkReady=false
                  reason:NetworkPluginNotReady message:docker:
                  network plugin is not ready: cni config uninitialized
```

이에 따르면, 컨테이너 네트워크^{CNI} 플러그인을 배포하지 않아 CNI 플러그인이 준비되지 않았기 때문에 Kubelet이 완전히 준비되지 않았다. 지금 배포해보자.

B.3.1 컨테이너 네트워크 설정

여기서는 위브 넷$^{Weave\ Net}$ 컨테이너 네트워킹 플러그인을 설치하지만 다른 플러그인을 사용할 수도 있다. 사용 가능한 쿠버네티스 애드온은 http://kubernetes.io/docs/admin/addons/에 나열돼 있다.

(대부분의 다른 애드온과 마찬가지로) 위브 넷 플러그인 배포는 다음과 같이 간단하다.

```
$ kubectl apply -f "https://cloud.weave.works/k8s/net?k8s-version=$(kubectl
    version | base64 | tr -d '\n')
```

그러면 데몬셋과 몇 가지 보안 관련 리소스가 배포된다(데몬셋과 함께 배포되는 클러스터롤과 클러스터롤바인딩에 대한 설명은 12장을 참조하라).

데몬셋 컨트롤러가 파드를 생성하고 모든 노드에서 시작되면 노드가 준비 상태가 된다.

```
# k get node
NAME          STATUS   ROLES    AGE   VERSION
master.k8s    Ready    master   9m    v1.8.4
node1.k8s     Ready    <none>   5m    v1.8.4
node2.k8s     Ready    <none>   5m    v1.8.4
```

이제 다 끝났다. 이제 위브 넷에서 제공하는 오버레이 네트워크를 갖춘 완전히 작동하는 세 개 노드의 쿠버네티스 클러스터를 갖게 됐다. 다음 예제와 같이 Kubelet 자체를 제외한 모든 필수 구성 요소는 파드로 실행되며 Kubelet이 관리한다.

예제 B.8 위브 넷 배포 후 kube-system 네임스페이스의 시스템 파드

```
# kubectl get po --all-namespaces
NAMESPACE     NAME                                      READY   STATUS    AGE
kube-system   etcd-master.k8s                           1/1     Running   1h
kube-system   kube-apiserver-master.k8s                 1/1     Running   1h
kube-system   kube-controller-manager-master.k8s        1/1     Running   1h
kube-system   kube-dns-3913472980-cn6kz                 3/3     Running   1h
kube-system   kube-proxy-hcqnx                          1/1     Running   24m
kube-system   kube-proxy-jvdlr                          1/1     Running   24m
kube-system   kube-proxy-qb709                          1/1     Running   1h
```

```
kube-system   kube-scheduler-master.k8s          1/1   Running   1h
kube-system   weave-net-58zbk                    2/2   Running   7m
kube-system   weave-net-91kjd                    2/2   Running   7m
kube-system   weave-net-vt279                    2/2   Running   7m
```

B.4 로컬 머신에서 클러스터 사용

지금까지 마스터 노드에서 kubectl을 사용해 클러스터와 통신했다. 로컬 컴퓨터에서도
kubectl 인스턴스를 구성하고 싶을 것이다.

이렇게 하려면 다음 명령을 사용해 /etc/kubernetes/admin.conf 파일을 마스터에서
로컬 시스템으로 복사해야 한다.

```
$ scp root@192.168.64.138:/etc/kubernetes/admin.conf ~/.kube/config2
```

IP를 마스터 서버의 IP로 교체하라. 그런 다음 KUBECONFIG 환경변수를 ~/.kube/
config2 파일로 지정하라.

```
$ export KUBECONFIG=~/.kube/config2
```

Kubectl은 이제 이 설정 파일을 사용한다. 이전에 사용하던 변수로 다시 전환하려면
환경변수 설정을 해제하면 된다.

이제 로컬 컴퓨터에서 클러스터를 사용할 준비가 완료됐다.

C

다른 컨테이너
런타임 사용하기

C.1 도커를 rkt로 교체

이 책에서 rkt(로킷으로 발음)을 몇 차례 언급했다. rkt은 도커에서 사용하는 것과 같은 리눅스 기술을 사용해 격리된 컨테이너에서 애플리케이션을 실행한다. rkt이 도커와 어떻게 다른지와 Minikube에서 사용하는 방법을 살펴보자.

rkt의 첫 번째 장점은 개별 컨테이너만 실행하는 도커와 달리 파드 (여러 관련 컨테이너 실행) 개념을 직접 지원한다는 것이다. rkt은 개방형 표준을 기반으로 하며 처음부터 보안을 염두에 두고 만들었다(예: 이미지가 서명돼 있어서 조작되지 않았음을 확신할 수 있다). 초기에 systemd와 같은 init 시스템에서 잘 작동하지 않는 클라이언트 서버 기반 아키텍처를 가지고 있던 도커와 달리 rkt은 데몬에게 실행하라고 명령하는 대신 컨테이너를 직접 실행하는 CLI 툴이다. rkt의 좋은 점은 기존 도커 형식의 컨테이너 이미지를 실행할 수 있으므로 rkt을 시작하기 위해 애플리케이션을 다시 패키징할 필요가 없다는 것이다.

C.1.1 rkt을 사용하도록 쿠버네티스 구성

11장의 기억을 되살려보면, Kubelet은 컨테이너 런타임과 통신하는 유일한 쿠버네티스 구성 요소다. 쿠버네티스가 도커 대신 rkt을 사용하도록 하려면 --container-runtime=rkt 명령행 옵션으로 실행해 Kubelet을 설정해야 한다. 그러나 rkt에 대한 지원은 도커만큼 성숙하지 못했다는 것을 기억해야 한다.

rkt 사용 방법과 지원에 관한 자세한 내용은 쿠버네티스 설명서를 참조하라. 이제 간단한 예를 살펴보자.

C.1.2 Minikube에서 rkt 시도하기

다행히도 쿠버네티스에서 rkt을 시작하려면 이미 사용 중인 Minikube 실행파일만 있으면 된다. Minikube에서 rkt을 컨테이너 런타임으로 사용하려면 다음 두 가지 옵션으로 Minikube를 시작하면 된다.

```
$ minikube start --container-runtime=rkt --network-plugin=cni
```

> |노트| 먼저 기존 Minikube 가상머신을 삭제하려면 minikube delete를 실행해야 할 수도 있다.

--container-runtime=rkt 옵션은 Kubelet이 rkt을 컨테이너 런타임으로 사용하도록 명시적으로 구성하는 반면, --network-plugin=cni는 컨테이너 네트워크 인터페이스Container Network Interface 네트워크 플러그인으로 사용하도록 한다. 이 옵션이 없으면 파드가 실행되지 않으므로 반드시 사용해야 한다.

파드 실행

Minikube 가상머신이 실행되면 이전과 동일하게 쿠버네티스와 상호작용할 수 있다.

예를 들어 kubectl run 명령 사용해 kubia 애플리케이션을 배포할 수 있다.

```
$ kubectl run kubia --image=luksa/kubia --port 8080
deployment "kubia" created
```

820

다음 예제와 같이 kubectl describe 명령으로 컨테이너를 검사해 보면 파드가 rkt을 통해 실행되고 있음을 확인할 수 있다.

예제 C.1 rkt을 사용한 파드 실행

```
$ kubectl describe pods
Name: kubia-3604679414-l1nn3
...
Status: Running
IP: 10.1.0.2
Controllers: ReplicaSet/kubia-3604679414
Containers:
  kubia:
    Container ID: rkt://87a138ce-...-96e375852997:kubia
    Image: luksa/kubia
    Image ID: rkt://sha512-5bbc5c7df6148d30d74e0...
...
```

> Container ID와 Image ID에 도커 대신 rkt이 표시된다.

또한 파드의 HTTP 포트를 접속해 HTTP 요청에 제대로 응답하는지 확인할 수도 있다. 이를테면 NodePort 서비스를 작성하거나 kubectl port-forward를 사용해 이를 수행할 수 있다.

Minikube 가상머신에서 실행 중인 컨테이너 살펴보기

rkt에 익숙해지기 위해 다음 명령을 사용해 Minikube 가상머신에 로그인해보자.

```
$ minikube ssh
```

그런 다음 rkt list를 사용해 다음 예제와 같이 실행 중인 파드와 컨테이너를 볼 수 있다.

예제 C.2 rkt list를 사용해 실행 중인 컨테이너 나열하기

```
$ rkt list
UUID      APP            IMAGE NAME                    STATE ...
4900e0a5  k8s-dashboard  gcr.io/google_containers/kun... running ...
```

```
564a6234  nginx-ingr-ctrlr      gcr.io/google_containers/ngi...  running ...
5dcafffd  dflt-http-backend     gcr.io/google_containers/def...  running ...
707a306c  kube-addon-manager    gcr.io/google-containers/kub...  running ...
87a138ce  kubia                 registry-1.docker.io/luksa/k...  running ...
d97f5c29  kubedns               gcr.io/google_containers/k8s...  running ...
          dnsmasq               gcr.io/google_containers/k8...
          sidecar               gcr.io/google_containers/k8...
```

kubia 컨테이너와 여러 시스템 컨테이너(kube-system 네임스페이스의 파드에 배포된 컨테이너)가 실행 중인 것을 볼 수 있다. 맨 아래 두 컨테이너의 UUID와 STATE 열에 값이 없는 것에 주목하자. 이는 위에 나열된 kubedns 컨테이너와 동일한 파드에 속하기 때문이다.

rkt은 동일한 파드에 속하는 컨테이너를 그룹화해서 표시한다. 각각의 컨테이너 대신 각 파드별로 고유한 UUID와 STATE가 있다. 도커를 컨테이너 런타임으로 사용할 때 이를 시도해보면, rkt으로 모든 파드와 해당 컨테이너를 보는 것이 얼마나 쉬운지 감사하게 될 것이다. 각 파드마다 인프라 컨테이너가 존재하지 않는다는 것을 알게 될 것이다(11장에서 설명). 이는 rkt이 파드를 기본적으로 지원하기 때문이다.

컨테이너 이미지 나열하기

도커 CLI 명령을 사용해 봤다면 rkt의 명령에 빠르게 익숙해질 것이다. 인자 없이 rkt을 실행하면 실행할 수 있는 모든 명령이 표시된다. 예를 들어 컨테이너 이미지를 나열하려면 다음 예제의 명령을 실행하면 된다.

예제 C.3 rkt image list를 사용해 이미지 나열하기

```
$ rkt image list
ID           NAME                          SIZE    TMPORT TIME LAST USED
sha512-a9c3  ...addon-manager:v6.4-beta.1  245MiB  24 min ago   24 min ago
sha512-a078  .../rkt/stage1-coreos:1.24.0  224MiB  24 min ago   24 min ago
sha512-5bbc  ...ker.io/luksa/kubia:latest  1.3GiB  23 min ago   23 min ago
sha512-3931  ...es-dashboard-amd64:v1.6.1  257MiB  22 min ago   22 min ago
sha512-2826  ...ainers/defaultbackend:1.0  15MiB   22 min ago   22 min ago
sha512-8b59  ...s-controller:0.9.0-beta.4  233MiB  22 min ago   22 min ago
sha512-7b59  ...dns-kube-dns-amd64:1.14.2  100MiB  21 min ago   21 min ago
```

```
sha512-39c6   ...nsmasq-nanny-amd64:1.14.2   86MiB    21 min ago   21 min ago
sha512-89fe   ...-dns-sidecar-amd64:1.14.2   85MiB    21 min ago   21 min ago
```

이들은 모두 도커 형식의 컨테이너 이미지다. https://github.com/containers/build 에서 제공하는 acbuild 도구를 사용해 OCI 이미지 형식(OCI는 Open Container Initiative의 약자다)으로 이미지를 빌드하고, rkt으로 이미지를 실행할 수도 있다. 그렇게 하는 것은 이 책의 범위를 벗어나므로 직접 시도해보기 바란다.

지금까지 설명한 내용이면 쿠버네티스에서 rkt을 사용해보기에 충분할 것이다. 자세한 내용은 https://coreos.com/rkt의 rkt 설명서와 https://kubernetes.io/docs의 쿠버네티스 설명서를 참조하라.

C.2   CRI를 통한 다른 컨테이너 런타임 사용

다른 컨테이너 런타임에 대한 쿠버네티스의 지원은 도커와 rkt에서 끝나지 않는다. 두 런타임 모두 초기에 쿠버네티스에 직접 통합됐지만 쿠버네티스 버전 1.5에서 CRI[Container Runtime Interface]가 도입됐다. CRI는 다른 컨테이너 런타임을 쿠버네티스와 쉽게 통합할 수 있는 플러그인 API이다.

이제 쿠버네티스 코드를 깊이 파고들지 않고도 다른 컨테이너 런타임을 쿠버네티스에 자유롭게 연결할 수 있다. 단지 몇 가지 인터페이스 메서드를 구현하면 된다.

쿠버네티스 버전 1.6부터 CRI는 Kubelet이 사용하는 기본 인터페이스다. 도커와 rkt 은 이제 더 이상 직접 실행하지 않고 CRI를 통해 실행한다.

C.2.1   CRI-O 컨테이너 런타임 소개

도커와 rkt 외에도 CRI-O라는 새로운 CRI 구현을 사용하면 쿠버네티스에서 추가 컨테이너 런타임을 배포하지 않고도 OCI 호환 컨테이너를 직접 시작하고 관리할 수 있다.

시작할 때 `--container-runtime=crio` 옵션을 사용하면 Minikube에서 CRI-O를 사용해볼 수 있다.

C.2.2 컨테이너 대신 가상머신에서 애플리케이션 실행

쿠버네티스는 컨테이너 오케스트레이션 시스템이다. 이 책 전체에서 오케스트레이션 시스템 이상의 기능을 보여주는 많은 기능을 살펴봤지만, 결론은 기본적으로 쿠버네티스는 애플리케이션이 컨테이너에서 실행된다는 것이다. 더 이상 그렇지 않은 것을 보고 놀랄 수도 있다.

쿠버네티스가 컨테이너가 아닌 가상머신에서 애플리케이션을 실행할 수 있도록 하는 새로운 CRI 구현이 개발되고 있다. 이런 구현 중 하나인 Frakti를 사용하면 하이퍼바이저를 통해 일반 도커 기반 컨테이너 이미지를 직접 실행할 수 있다. 즉, 각 컨테이너가 자체 커널을 실행한다. 이렇게 하면 컨테이너들이 같은 커널을 사용할 때보다 훨씬 효과적으로 컨테이너를 격리할 수 있다.

그리고 그 외에도 더 있다. 또 다른 CRI 구현인 Mirantis Virtlet으로 컨테이너 이미지 대신 실제 가상머신 이미지(QEMU 가상머신 도구에서 사용되는 형식 중 하나인 QCOW2 이미지 파일 형식)를 실행할 수 있다. Virtlet을 CRI 플러그인으로 사용하면 쿠버네티스에서 각 파드를 가상머신으로 기동시킬 수 있다. 멋지지 않은가?

부록 D

클러스터 페더레이션

11장의 '고가용성' 절에서 쿠버네티스가 개별 머신의 장애나 전체 서버 랙의 장애 또는 기반 인프라의 장애에 대처하는 방법을 살펴봤다. 그러나 전체 데이터 센터에 문제가 발생하면 어떻게 될까?

데이터 센터 전체 장애에 취약하지 않도록 애플리케이션을 여러 데이터 센터 또는 클라우드 가용 영역Availability Zone에 배포해야 한다. 이러한 데이터 센터 또는 가용 영역 중 하나를 사용할 수 없게 되면 나머지 정상 데이터 센터 또는 가용 영역에서 실행 중인 애플리케이션으로 클라이언트의 요청을 라우팅할 수 있다.

쿠버네티스는 컨트롤 플레인과 노드를 같은 데이터 센터에 함께 실행할 필요는 없지만, 네트워크 지연을 낮게 유지하고 서로 연결이 끊어질 가능성을 줄이고자 대부분 같은 데이터 센터에 구성한다. 하나의 클러스터를 여러 위치에 분산시키는 대신, 각 위치별로 별도의 쿠버네티스 클러스터를 사용하는 것이 더 낫다.

여기서는 이런 접근 방식을 살펴본다.

D.1 쿠버네티스 클러스터 페더레이션 소개

쿠버네티스를 사용하면 클러스터 페더레이션을 통해 여러 클러스터를 하나의 클러스터로 결합할 수 있다. 이렇게 하면 사용자는 전 세계의 서로 다른 위치에서 실행되는 여러 클러스터뿐만 아니라 온프레미스 클러스터(하이브리드 클라우드)와 결합된 여러 클라우드 공급자에 걸쳐서 애플리케이션을 배포하고 관리할 수 있다. 클러스터 페더레이션의 모티브는 고가용성을 보장할 뿐만 아니라 여러 이기종 클러스터를 단일한 관리 인터페이스를 통해 관리하는 단일 수퍼 클러스터로 결합하는 것이다.

예를 들어 온프레미스 클러스터를 클라우드 공급자의 인프라에서 실행되는 클러스터와 결합하면, 개인정보에 민감한 컴포넌트는 온프레미스에서 실행하고 민감하지 않은 부분은 클라우드에서 실행할 수 있다.

또 다른 예는 초기에 소규모로 온프레미스 클러스터에서 애플리케이션을 실행하지만 컴퓨팅 요구 사항이 클러스터 용량을 초과하면 애플리케이션을 클라우드 기반 클러스터로 넘겨서 클라우드 공급자의 인프라에 자동으로 프로비저닝하게 된다.

D.2 아키텍처 이해

쿠버네티스 클러스터 페더레이션이 무엇인지 간단히 살펴보겠다. 클러스터들의 클러스터는 일반적인 클러스터에서 노드가 있어야 할 지리에 노드 대신 완전한 기능을 하는 클러스터가 위치해 있다고 생각해볼 수 있다. 쿠버네티스 클러스터가 컨트롤 플레인과 여러 워커 노드로 구성된 것처럼 페더레이티드 클러스터는 페더레이티드 컨트롤 플레인Federated Control Plane과 여러 쿠버네티스 클러스터로 구성된다. 쿠버네티스 컨트롤 플레인이 일련의 워커 노드에서 애플리케이션을 관리하는 방식과 유사하게 페더레이티드 컨트롤 플레인은 동일한 기능을 수행하지만 노드 대신 일련의 클러스터들을 관리한다.

페더레이티드 컨트롤 플레인은 다음 세 가지로 구성된다.

- 페더레이티드 API 오브젝트를 저장하기 위한 etcd
- 페더레이션 API 서버

■ 페더레이션 컨트롤러 매니저

이것은 일반적인 쿠버네티스 컨트롤 플레인과 크게 다르지 않다. etcd는 페더레이티드 API 오브젝트를 저장하고, API 서버는 다른 모든 구성 요소와 통신하는 REST 엔드포인트 이며, 페더레이션 컨트롤러 매니저는 API 서버를 통해 작성한 API 오브젝트를 기반으로 작업을 수행하는 다양한 페더레이션 컨트롤러를 실행한다.

사용자는 페더레이션 API 서버와 통신해 페더레이티드 API 오브젝트(또는 페더레이티드 리소스)를 작성한다. 페더레이션 컨트롤러는 이러한 오브젝트를 보고^{watch} 하위 클러스터의 API 서버와 통신해서 일반적인 쿠버네티스 리소스를 만든다. 페더레이티드 클러스터의 아키텍처는 그림 D.1에 나와 있다.

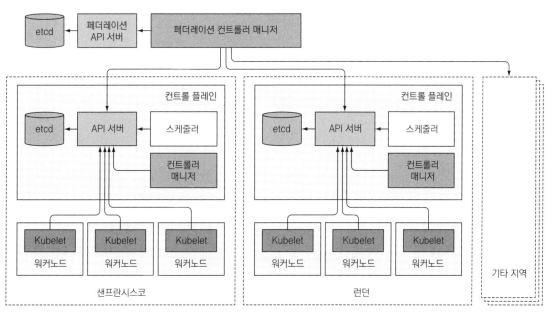

▲ **그림 D.1** 지리적으로 다른 위치에 있는 클러스터 간의 페더레이션 클러스터

D.3 페더레이티드 API 오브젝트 이해

페더레이티드 API 서버를 사용하면 책에서 배운 다양한 오브젝트를 페더레이션 타입의 오브젝트로 만들 수 있다.

D.3.1 쿠버네티스 리소스의 페더레이션 버전 소개

글을 쓰는 시점에는 다음과 같은 페더레이티드 리소스가 지원된다.

- 네임스페이스
- 컨피그맵과 시크릿
- 서비스와 인그레스
- 디플로이먼트, 레플리카셋, 잡과 데몬셋
- HorizontalPodAutoscaler

> | **노트** | 지원되는 페더레이션 리소스의 최신 목록은 쿠버네티스 클러스트 페더레이션 설명서를 확인하라.

이러한 리소스 외에도 페더레이티드 API 서버는 노드 오브젝트가 하위 쿠버네티스 클러스터의 워커 노드를 나타내는 것과 동일한 방식으로 하위 쿠버네티스 클러스터를 나타내는 클러스터 오브젝드도 지원한다. 페더레이티드 오브젝트가 하위 클러스터에서 생성된 오브젝트와 어떻게 관련되는지 시각화하려면 그림 D.2를 참조하라.

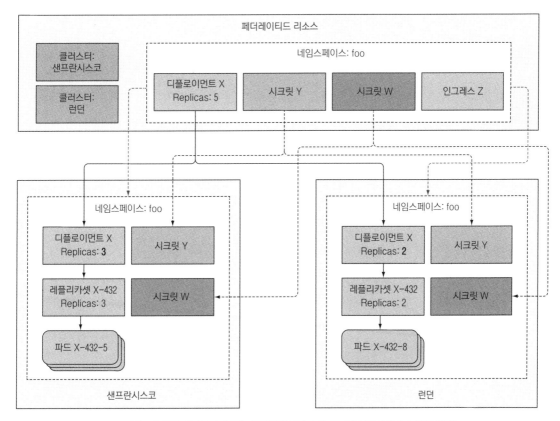

▲ **그림 D.2** 하위 클러스터에 있는 일반적인 리소스와 페더레이티드 리소스 간의 관계

D.3.2 페더레이티드 리소스의 기능 이해

페더레이션 API 서버에서 페더레이티드 오브젝트를 만들면, 페더레이션 컨트롤러 매니저
에서 실행되는 컨트롤러가 모든 하위 쿠버네티스 클러스터에 일반적인 클러스터 범위의
리소스를 만들고 페더레이티드 오브젝트가 삭제될 때까지 관리한다.

특정 페더레이티드 리소스 유형의 경우 하위 클러스터에서 생성된 리소스는 페더레이
티드 리소스의 정확한 복제본replicas이다. 다른 리소스들은 약간 수정된 버전인 반면, 어떤
페더레이티드 리소스는 하위 클러스터에 아무것도 생성하지 않는다. 복제본은 원래 페더
레이티드 버전과 동기화돼 유지된다. 그러나 동기화는 페더레이션 서버에서 하위 클러스

터로의 단방향이다. 하위 클러스터에서 리소스를 수정하면 변경 내용이 페더레이션 API 서버에 동기화되지 않는다.

예를 들어 페더레이션 API 서버에서 네임스페이스를 작성하면 이름이 같은 네임스페이스가 모든 하위 클러스터에 생성된다. 그런 다음 해당 네임스페이스 내에 페더레이티드 컨피그맵을 만들면 정확히 같은 이름과 내용을 갖는 컨피크맵이 모든 하위 클러스터의 같은 네임스페이스에 만들어진다. 이는 시크릿, 서비스, 데몬셋에도 적용된다.

레플리카셋과 디플로이먼트는 다르다. 사용자가 일반적으로 원하는 것이 아니기 때문에 하위 클러스터에 맹목적으로 복사되지 않는다. 아무튼 원하는 레플리카 수가 10인 디플로이먼트를 생성하는 경우 아마도 각 하위 클러스터마다 파드 레플리카 열 개가 실행되는 상황을 원하진 않을 것이다. 합쳐서 레플리카 열 개가 실행되는 것을 원할 것이다. 따라서 디플로이먼트나 레플리카셋에 원하는 레플리카 수를 지정하면 페더레이션 컨트롤러는 하위 디플로이먼트나 레플리카셋을 만들어 원하는 레플리카 수의 합계가 페더레이션 디플로이먼트나 레플리카셋에 지정한 수와 일치하도록 한다. 기본적으로 레플리카는 클러스터 전체에 고르게 분산되지만 이를 재정의할 수 있다.

| **노트** | 현재는 각 클러스터의 API 서버에 개별적으로 연결해 해당 클러스터에서 실행 중인 파드 목록을 가져와야 한다. 페더레이티드 API 서버를 통해 모든 클러스터 파드를 나열할 수는 없다.

반면 페더레이티드 인그레스 리소스는 하위 클러스터에 인그레스 오브젝트를 만들지 않는다. 5장에서, 인그레스는 외부 클라이언트가 서비스에 대한 단일 진입점을 나타난다는 언급을 했던 것을 기억할 것이다. 이로 인해 페더레이티드 인그레스 리소스는 모든 하위 클러스터에 걸쳐 서비스에 대한 글로벌 다중 클러스터 선체의 진입접을 생성한다.

| **노트** | 일반 인그레스의 경우 페더레이티드 인그레스 컨트롤러가 필요하다.

페더레이티드 쿠버네티스 클러스터를 설정하는 방법은 이 책의 범위를 벗어나는 것으로 쿠버네티스 온라인 설명서(http://kubernetes.io/docs/)의 사용자 및 관리 안내서의 '클러스터 페더레이션' 절에서 자세히 살펴볼 수 있다.

책에서 다루는 쿠버네티스 리소스

	리소스 (약어) [API 버전]	설명	단원
	Namespace* (ns) [v1]	겹치지 않는 그룹으로 리소스를 구성(예: 테넌트당)	3.7
워크로드 배포	Pod (po) [v1]	하나 이상의 프로세스를 갖는 여러 컨테이너를 포함하는 배포 가능한 기본 단위	3.1
	ReplicaSet (rs) [apps/v1beta2**]	하나 이상의 파드 레플리카를 계속 실행	4.3
	ReplicationController (rc) [v1]	이전 버전의 덜 강력한 ReplicaSet에 해당	4.2
	Job [batch/v1]	완료 가능한 태스크를 수행하는 파드를 실행	4.5
	CronJob [batch/v1beta1]	예약된 작업을 한 번 또는 주기적으로 실행	4.6
	DaemonSet (ds) [apps/v1beta2**]	노드당 하나의 파드 레플리카를 실행(모든 노드에서 또는 노드 셀렉터와 일치하는 노드에서만)	4.4
	StatefulSet (sts) [apps/v1beta1**]	안정적인 아이덴티티로 상태 저장 및 파드 실행	10.2
	Deployment (deploy) [apps/v1beta1**]	파드의 선언적인 배포 및 업데이트 실행	9.3
클러스터 상태	Service (svc) [v1]	하나의 안정적인 IP 주소와 포트 쌍에 하나 이상의 파드를 노출	5.1
	Endpoints (ep) [v1]	서비스를 통해 노출되는 파드(또는 다른 서버)를 정의	5.2.1
	Ingress (ing) [extensions/v1beta1]	외부에서 접근 가능한 단일 IP 주소를 통해 하나 이상의 서비스를 외부 클라이언트에 노출	5.4
보안	ConfigMap (cm) [v1]	애플리케이션에 민감하지 않은 구성 옵션을 저장하고 이를 노출하기 위한 키-값 맵	7.4
	Secret [v1]	ConfigMap과 같지만 민감한 데이터를 저장	7.5
기타	PersistentVolume* (pv) [v1]	PersistentVolumeClaim을 통해 파드에 마운트할 수 있는 영구 저장소를 가리킴	6.5
	PersistentVolumeClaim (pvc) [v1]	PersistentVolume에 대한 요청 및 클레임	6.5
	StorageClass* (sc) [storage.k8s.io/v1]	PersistentVolumeClaim에서 클레임할 수 있는 동적으로 프로비저닝된 스토리지 유형을 정의	6.6

* 클러스터 수준 리소스(네임스페이스에 한정되지 않음)
** 다른 API 버전도 있으며 나열된 버전은 이 책에서 사용된 버전이다.

	리소스 (약어) [API 버전]	설명	단원
스케일링	**HorizontalPodAutoscaler** (hpa) [autoscaling/v2beta1**]	CPU 사용량 또는 다른 메트릭에 따라 파드 레플리카 수를 자동으로 조정	15.1
	PodDisruptionBudget (pdb) [policy/v1beta1]	노드 제거 시 실행 상태를 유지해야 하는 최소 파드 수 정의	15.3.3
리소스	**LimitRange** (limits) [v1]	네임스페이스에서 파드에 대한 최소, 최대, 기본 제한 및 기본 요청 정의	14.4
	ResourceQuota (quota) [v1]	네임스페이스에서 파드에 사용할 수 있는 컴퓨팅 리소스의 양 정의	14.5
클러스터 상태	**Node*** (no) [v1]	쿠버네티스 워커 노드를 나타냄	2.2.2
	Cluster* [federation/v1beta1]	쿠버네티스 클러스터(클러스터 페더레이션에서 사용됨)	App. D
	ComponentStatus* (cs) [v1]	컨트롤 플레인 구성 요소의 상태	11.11
	Event (ev) [v1]	클러스터에서 발생하는 이벤트 보고	11.2.3
보안	**ServiceAccount** (sa) [v1]	파드에서 실행되는 애플리케이션에서 사용하는 계정	12.1.2
	Role [rbac.authorization.k8s.io/v1]	주체가 어떤 자원에 수행할 수 있는 액션을 정의(네임스페이스당)	12.2.3
	ClusterRole* [rbac.authorization.k8s.io/v1]	롤과 유사하지만 클러스터 수준의 리소스 또는 모든 네임스페이스의 리소스에 대한 액세스 권한을 부여	12.2.4
	RoleBinding [rbac.authorization.k8s.io/v1]	네임스페이스 내에서 Role 또는 ClusterRole에 정의된 액션을 누가 수행할 수 있는지 정의	12.2.3
	ClusterRoleBinding* [rbac.authorization.k8s.io/v1]	RoleBinding과 유사하지만, 모든 네임스페이스에 대해 정의된 액션을 누가 수행할 수 있는지 정의	12.2.4
	PodSecurityPolicy* (psp) [extensions/v1beta1]	파드에서 사용할 수 있는 보안 관련 기능을 정의하는 클러스터 수준 리소스	13.3.1
	NetworkPolicy (netpol) [networking.k8s.io/v1]	서로 연결할 수 있는 파드를 지정해 파드 간의 네트워크 분리	13.4
	CertificateSigningRequest* (csr) [certificates.k8s.io/v1beta1]	공개 키 인증서 서명 요청	5.4.4
보안 기타	**CustomResourceDefinition*** (crd) [apiextensions.k8s.io/v1beta1]	사용자 정의 리소스의 인스턴스를 생성할 수 있도록 사용자 정의 리소스를 정의	18.1

* 클러스터 수준 리소스(네임스페이스에 한정되지 않음)

** 다른 API 버전도 있으며 나열된 버전은 이 책에서 사용된 버전이다.

찾아보기

ㅇ

ㅈ

ㅊ

W

Workflow   781, 787

Y

YAML   152

기호

$(VAR)   315
--record   407

쿠버네티스 인 액션

그림과 상세한 설명으로 명확하게 이해하는

발   행 | 2020년 3월 31일

옮긴이 | 강인호 · 황주필 · 이원기 · 임찬식
지은이 | 마르코 룩샤

펴낸이 | 권 성 준
편집장 | 황 영 주
편   집 | 김 진 아
              임 지 원
디자인 | 윤 서 빈

에이콘출판주식회사
서울특별시 양천구 국회대로 287 (목동)
전화 02-2653-7600, 팩스 02-2653-0433
www.acornpub.co.kr / editor@acornpub.co.kr

한국어판 © 에이콘출판주식회사, 2020, Printed in Korea.
ISBN 979-11-6175-404-8
http://www.acornpub.co.kr/book/k8s-in-action-new

이 도서의 국립중앙도서관 출판시도서목록(CIP)은 서지정보유통지원시스템 홈페이지(http://seoji.nl.go.kr)와
국가자료공동목록시스템(http://www.nl.go.kr/kolisnet)에서 이용하실 수 있습니다.(CIP제어번호: CIP2020011625)